L'ÉTIOLOGIE RELIGIEUSE DANS LES *FASTES* D'OVIDE

à mes parents bien-aimés

UNIVERSITÉ DE GRENOBLE III
Centre de Recherches sur Ovide

COLLECTION D'ÉTUDES ANCIENNES
publiée sous le patronage de l'*ASSOCIATION GUILLAUME BUDÉ*

L'ÉTIOLOGIE RELIGIEUSE DANS LES *FASTES* D'OVIDE

PAR

DANIELLE PORTE

Maître-Assistant à l'Université de Paris-Sorbonne

PARIS
SOCIÉTÉ D'ÉDITION « *LES BELLES LETTRES* »
95, Boulevard Raspail 75006 PARIS

1985

UNIVERSITÉ DE GRENOBLE III
Centre de Recherches sur Ovide

La loi du 11 mars 1957 n'autorisant, aux termes des alinéas 2 et 3 de l'article 41, d'une part, que les « copies de reproductions strictement réservées à l'usage privé du copiste et non destinées à une utilisation collective » et, d'autre part, que les analyses et les courtes citations dans un but d'exemple et d'illustration, « toute représentation ou reproduction intégrale, ou partielle, faite sans le consentement de l'auteur ou de ses ayants droit ou ayants cause, est illicite » (alinéa 1er de l'article 40).

Cette représentation ou reproduction par quelque procédé que ce soit, constituerait donc une contrefaçon sanctionnée par les articles 425 et suivants du Code Pénal.

© Société d'édition « LES BELLES LETTRES », Paris, 1985
ISBN 2.251.32.855.6
ISSN 0184.7112

Cet ouvrage, imprimé grâce à une subvention ministérielle, à l'accueil courtois des Belles Lettres, et au soutien de l'Association Guillaume Budé, est extrait d'une thèse de Doctorat, présentée le 30 juin 1980.

Que M. le Professeur Henri Le Bonniec veuille bien trouver ici l'expression d'une reconnaissance quasi filiale : cette thèse doit beaucoup à sa sollicitude. Si sa générosité intellectuelle n'a jamais fait d'opposition aux théories présentées dans ce travail, sa rigueur scientifique s'est exercée sans relâche dans la critique des démonstrations et de l'écriture, tandis qu'il m'imposait comme première loi le respect des textes ; ma formation scientifique s'est trouvée orientée par sa méthode et ses principes.

Les autres membres de mon jury, MM. Beaujeu, Frécaut, Meslin et Mme Tupet, m'ont apporté des critiques et des suggestions précieuses, dont je me suis efforcée de tenir le plus grand compte. M. Marc Frécaut, mon premier maître, m'a donné le goût de la recherche, et celui de la poésie ovidienne. Mme Tupet, lorsque j'étais sa collègue à Paris, m'a souvent, pour ce travail comme pour mes essais antérieurs, aidée de ses conseils amicaux ; ses leçons de courtoisie ont parfois tempéré heureusement la vivacité de mes affirmations.

Mes collègues et amis Jean-Pierre Néraudau et Gérard Capdeville ont toujours été des interlocuteurs fins et avisés, dont les suggestions et les désaccords mêmes étaient source d'approfondissements fructueux.

Aux professeurs Jacques Perret, Jacques André, Jean Collart, Guy Serbat, Pierre Flobert, Wolfgang Haase, je dois, sur quantité de sujets de leur spécialité maints conseils judicieux et maintes observations constructives.

Je tiens enfin à évoquer avec reconnaissance le souvenir de Pierre Wuilleumier, qui, avant M. Pierre Grimal, a guidé avec bienveillance ma carrière administrative.

Il n'est point accoutumé qu'un directeur de thèse assume également la tâche de réviseur ; M. Le Bonniec s'est pourtant chargé de ce pensum. Grâce à sa vigilance, beaucoup d'imperfections ont disparu : je revendique la responsabilité de celles qui subsistent.

« *Felix qui potuit...* »

Les *Fastes* d'Ovide, et, à l'intérieur des *Fastes*, l'étiologie, voilà qui peut paraître un thème de recherches bien limité, sur un sujet bien particulier. En effet, si l'œuvre d'Ovide a suscité de très nombreuses études, les *Fastes* ne sont pas considérés comme l'œuvre majeure du poète [1], et ce pour de multiples raisons. Avant même qu'on ouvre le livre, le sujet, à vrai dire singulier, ne met guère en confiance les deux catégories de lecteurs qu'il peut concerner. Pour qui juge l'œuvre à un point de vue littéraire, la perspective est peu alléchante, en ce qu'un pareil thème — les fêtes du calendrier et leurs origines —, promet des développements trop arides, annonce une poésie didactique, donc ennuyeuse. S'occupe-t-on de religion romaine au premier chef ? On se défie alors de la valeur de l'œuvre sur un autre plan, et l'on redoute chez son auteur un manque de qualification prévisible : les fêtes et les rites commentés par un poète, cela promet des recherches trop peu scientifiques...

Ce double préjugé a pesé longtemps sur les études ovidiennes, au point que rares sont les travaux dont l'objet soit exclusivement un commentaire aux *Fastes* [2]. Si l'on désire un point de comparaison, il suffit d'ouvrir les recueils consacrés à Ovide pour s'apercevoir qu'en regard de ses autres œuvres, les *Fastes* n'existent pas.

---

1. On se reportera à la *Bibliografia Ovidiana*, publiée en 1958 par E. Paratore.
2. Remarque formulée par R. Schilling, *Quel crédit faut-il accorder à Ovide, poète des Fastes*, conférences de Bruxelles réunies dans le tome 107 de la collection *Latomus*, 1965-1966, 9-24, p. 9, n. 3. H. Le Bonniec a dressé un *État présent des Études sur les Fastes d'Ovide* (depuis 1950), dans les *Acta Conv. Tomes, 1972*, Bucarest, 1976, 407-420. Pour les années antérieures, on possède la mise au point de E. Martini, *Einleitung zu Ovid*, Prague,

Lorsque M. von Albrecht réunit des publications antérieures en vue de constituer son *Ovid*[3], il ne retient, pour présenter les *Fastes*, que deux études : un extrait de l'*Ovidio*[4] de S. d'Elia traitant de l'ironie dans cette œuvre, et une autre, due à lui-même, sur un point de grammaire[5] ! Déjà, N. Herescu, formant le recueil *Ovidiana*, distinguait, en s'inspirant d'un titre célèbre[6], trois étapes dans l'œuvre d'Ovide. L'étape intitulée « Le poète des dieux », dans laquelle on s'attendrait à voir les *Fastes* occuper la place d'honneur, comprend dix articles, dont neuf concernent les *Métamorphoses*, et... un seul[7] l'ouvrage typiquement religieux de notre poète. Même à l'occasion des congrès mondiaux, nul ne se soucie de réhabiliter une œuvre injustement dédaignée, et l'on ne trouve, dans les Actes du congrès de Sulmone en 1958, qu'une étude métrique sur l'hexamètre dactylique dans les *Fastes*[8]. Le congrès précédent ne reproduisait qu'une recherche, considérable il est vrai, de D. Marin consacrée à l'exil d'Ovide[9], à côté d'articles très mineurs dont aucun ne concernait les *Fastes*, poèmes à la gloire d'Ovide ou extraits du livre de V. Horia *Dieu est né en exil*[10]. A peine les *Fastes* ont-ils connu un regain d'intérêt lors du dernier congrès de Tomes : à côté d'un article solide déjà cité[11], une mince étude sur quelques rites survolés, ou un aperçu de la religion personnelle d'Ovide, dû à R. Schilling, qui emprunte les quelques exemples qu'il cite aux *Métamorphoses*, aux *Tristes*, aux *Pontiques*[12].

Une œuvre injustement dédaignée, donc. Est-ce bien certain ? Le peu d'intérêt que l'on porte aux *Fastes* n'est-il pas imputable à la médiocrité de l'œuvre elle-même ? Pour fonder son jugement, il convient de se reporter

---

1933, 1-102, p. 42-49. Nous avions écrit ces lignes depuis bien longtemps, lorsque a paru une importante étude due à W. Fauth : *Römische Religion im Spiegel der Fasti* dans *Aufstieg und Niedergang der Römischen Welt*, II, 16, 1, 1978, 104-186. Bonne mise au point d'ensemble, très documentée, peut-être insuffisamment critique.

3. *Ovid*, Darmstadt, 1968.
4. *Die Ironie in Ovid's Fasten*, p. 438 sqq.
5. *Zur Funktion der Tempora in Ovid's elegischen Erzählung*, p. 451 sqq.
6. *Ovide poète de l'amour, des dieux et de l'exil*, de É. Ripert, Paris, 1921.
7. *Laus Veneris*, de P. Ferrarino, dans *Ovidiana, Recherches sur Ovide*, publiées par N.I. Herescu, Paris, 1958, p. 301 sqq.
8. *Temps fort et accent de prose aux 5ᵉ et 6ᵉ pieds de l'hexamètre dactylique dans les Fastes d'Ovide*, de F. Peeters, dans *Atti Conv. internaz. Ovidiano*, Sulmone, 1959, p. 85 sqq.
9. *Ovidio fu relegato per la sua opposizione al regime augusteo ?* dans les *Fasti pontici Ov. poetae dicati*, = *Acta philologica* 1, Rome, 1958, 97-252.
10. Roman publié à Paris en 1960.
11. Voir note 2.
12. I. Danka, *De Religione ovidiana*, 215-232 ; R. Schilling, *De Religione interiore Ovidii*, 549-554.

aux monographies consacrées à Ovide. Et l'on se convaincra sans peine que si l'on veut poursuivre avec optimisme un travail quelconque sur les *Fastes*, on doit s'imposer l'ignorance du réquisitoire implacable dressé par des générations successives. Il faudrait, en effet, bien de la vertu pour accorder de longues années de recherches et un demi-millier de pages à Blanche-Neige ou Cendrillon... Or, l'une des critiques les plus bienveillantes formulées à l'encontre des *Fastes* leur reproche justement d'être tout au plus un recueil de contes de nourrice : « La meilleure disposition pour apprécier les *Fastes*, » écrit H. Fränkel, pourtant indulgent à l'égard des autres œuvres d'Ovide, « c'est de les lire comme s'il s'agissait d'un livre pour enfants [13] ».

L'une des plus bienveillantes, oui. Qu'on en juge par les quelques perspectives rassemblées ci-après.

Aucun aspect des *Fastes* n'a trouvé grâce aux yeux d'une critique souvent partiale, et ce qu'un É. Ripert appelait le « Génie du Paganisme [14] » est, à en croire d'autres censeurs, une œuvre manquée de bout en bout. Sur le plan littéraire, échec, dû à quantité d'imperfections. Un mètre inadéquat, d'abord : « Qu'on se figure un oratorio écrit sur un mouvement de gavotte [15] ! » Un sujet disproportionné aux faibles moyens de son auteur, fermé au charme du passé et dépourvu de l'esprit religieux national indispensable [16], mais en revanche trop bien doué d'un autre « esprit » condamnable à tous égards, celui du mondain, du précieux, du boulevardier, ouvrant la voie à « Mascarille, qui travaillait à mettre en madrigaux toute l'histoire romaine [17] ». Ovide n'est pas Virgile, on ne se fait pas faute de nous le rappeler, et même sur un plan mineur, celui de l'adulation envers

---

13. *Ovid, a Poet Between Two Worlds*, Berkeley, 1956, p. 14 : *The best attitude, I think, for appreciating the Fasti is to read it as if it were a book for children.*
14. *Ovide, poète de l'amour, des dieux et de l'exil*, Paris, 1921, p. 171.
15. R. Pichon, *Hist. litt. lat.*, Paris, 1898, réed. 1947, p. 425. Que n'adresse-t-il le même reproche à Properce ! Ovide était conscient de cette « erreur » métrique, et se faisait à lui-même le reproche formulé par R. Pichon : « (moi) qui chante de grands sujets », écrit-il, *Fast.* VI, 22, « sur un mètre sans grandeur ».
16. *Ibid.* ; aussi H. Fränkel, *op. cit.*, p. 146 : *That sweet nostalgia for pristine things which actuates the Antiquarian did not come to him naturally. Oldness had for him no inherent merit. Nor was Ovid so made as to be pious in the national Roman style.* Jugement tout aussi sévère de la part de S. Mariotti, *La Carriera poetica di Ovidio*, dans *Belfagor*, 12, 1957, 609-635, p. 629 : *Ovidio non ha e non dà rilievo al senso del sacro.*
17. R. Pichon, *Hist. litt...*, p. 425, opinion qu'on nuancera par une mise au point de J.M. Frécaut, *L'Esprit et l'humour chez Ovide*, Grenoble, 1972, p. 300 : « Il fallait à Ovide de l'esprit pour écrire les *Fastes*, pour traiter un tel sujet sans tomber dans la monotonie et le pédantisme ; il lui en fallait assez pour éviter d'en avoir trop et de discréditer, par la plaisanterie et le persiflage, des croyances qui (...) constituaient l'héritage prestigieux légué à la Rome impériale par d'innombrables générations ».

Auguste, il assène la flatterie à coups de cymbales retentissantes, tandis que Virgile préfère les graves et nobles tonalités de l'orgue [18].

Le talent artistique d'Ovide se trouve péniblement entravé par la structure choisie : l'ordre du calendrier [19]. Les épisodes sont reliés entre eux par des formules stéréotypées, aussi « la répétition des dates et des nombres est-elle prosaïque, exaspérante [20] ». L'ensemble se trouve dépourvu de toute charpente poétique, ce qui entraîne « la faillite intégrale de l'ouvrage sur le plan artistique [21] ». En effet, l'esprit de synthèse fait totalement défaut à Ovide, et la mesquinerie de ses vues l'amène à fractionner son sujet, à juxtaposer des observations de toute nature « sans exercer sur elles le moindre esprit critique [22] », appréciation que nous aurons l'occasion de corriger en bien des pages de cette étude.

Pareils regards incisifs scrutent les épisodes considérés isolément, les uns trouvant à leur goût ce que les autres jugent détestable. Lorsque Ovide, inférieur déjà au poète grec Callimaque [23], se risque à imiter des écrivains latins, Virgile, Tite-Live, la comparaison ne tourne jamais à son avantage : ainsi, sa Lucrèce n'est-elle, en face du drame « si sobrement, si naturellement conté » par Tite-Live, que l'héroïne d' « une historiette à la façon de Boccace [24] », gâtée, ajoute un autre critique, par un « faux goût patriotard et moralisateur [25] ». Lorsqu'il innove, il n'est pas plus heureux ! : « On a

---

18. K. Allen, *The Fasti of Ovid and the Augustan Propaganda*, dans *A.J.Ph.*, 43, 1922, 250-266, p. 251 : *...sounded in the notes of tinkling cymbals as compared with the organ tones of Virgil.*

19. Le choix du calendrier romain comme thème d'une œuvre poétique suscite deux réactions opposées : l'indignation (S. d'Elia, *Ovidio*, Naples, 1959, p. 347 ; É. Nageotte, *Ovide, sa vie, ses œuvres*, Mâcon, 1872, p. 239 ; S. Mariotti, *op. cit.*, p. 628), ou l'admiration (É. Ripert, *op. cit.*, p. 150-152 sur deux pages vibrantes). Pour R. Schilling, *Ovide, poète des Fastes*, dans *Mélanges J. Carcopino*, Paris, 1966, 863-875, p. 865, « Il a prouvé en même temps la sûreté de son instinct, en choisissant de suivre le calendrier au fil des jours. En effet, par ce choix, il a retenu le genre qui, sur le registre grave, était sans doute le seul qui pût convenir à son génie poétique, beaucoup plus porté à la notation des détails significatifs qu'aux vastes synthèses ».

20. S. d'Elia, *op. cit.*, p. 347 ; S. Mariotti, *op. cit.*, p. 628.

21. S. d'Elia, *ibid.*, p. 342.

22. S. d'Elia, *ibid.*, p. 334.

23. Appréciation personnelle de H. Fränkel, *op. cit.*, p. 146.

24. É. Nageotte, *op. cit.*, p. 242-245, pour qui, en face de Virgile et de Tite-Live, Ovide est « faible et mesquin ». Jugement similaire chez C. Marchesi, *Leggende romane nei Fasti di Ovidio*, dans *A. & R.*, 13, 1910, 110-120 et 170-184 ; opposer A.G. Lee, *Ovid's Lucretia*, dans *G. & R.*, 22, 1953, p. 107-118.

25. *Pseudo gusto patriottardo e moralistico*, c'est l'avis de S. d'Elia, *op. cit.*, p. 326-327 ; sur le récit de Mézence et Énée : *il tentativo non riesce* (p. 330) ; sur les *Fabii : fallito*, p. 328, etc.

toujours le sentiment qu'Ovide est entré trop tard dans la carrière [26] », soupire L. P. Wilkinson. Et l'on a beau jeu de décrier cet érotisme omniprésent [27], cette mythologie de pacotille, cet Olympe revu et corrigé avant Offenbach, peuplé de libidineux Silènes et de nymphes court-vêtues [28]. « Trop souvent », estime A.J. Hild, « les *Fastes* rabaissent l'histoire des divinités romaines au niveau d'un conte de boudoir, sinon de mauvais lieu. Et partout, on surprend le sourire de l'homme indifférent ou blasé, qui se moque de lui-même, du lecteur et de son sujet [29] » : le sourire de Voltaire, en quelque sorte... De fait, Rome et son austère *maiestas* ont été desservies par un chantre qui trahit son devoir. Ovide n'éprouvant pas la moindre émotion artistique devant l'antiquité de la Ville et la grandeur de son destin, ce refus de se faire une âme antique ne pouvait qu'entraîner l'avortement lamentable de ses ambitieux projets ; voilà pourquoi, conclut S. d'Elia en une réflexion aussi intransigeante qu'indéfendable, dont on trouve l'annonce, déjà, chez G. Lafaye [30], nous ne possédons des *Fastes* que les six premiers livres : Ovide résolut d'abandonner l'œuvre en chantier parce qu'il avait pris conscience de son échec [31] !

En bref, les quelques lignes qui définissent la valeur des *Fastes* dans une des Histoires de la littérature qui font autorité, reflètent assez bien l'opinion unanime : « L'érudition de seconde main mal assimilée (...), le thème peu adapté à son tempérament et la froideur avec laquelle il l'aborde, l'état d'inachèvement et d'ébauche de l'œuvre telle qu'il l'a laissée, concourent à en faire le produit le plus hermétique de sa très abondante production. On admire quelques traits heureux dans la description réaliste de telle ou telle fête (...), et un ou deux épisodes dans lesquels on voit pointer la note érotique, comme celui d'Anna Perenna. Mais l'expression elle-même est inhabituellement négligée [32] ».

---

26. *Ovid Recalled*, Cambridge, 1955, p. 270 (*Janus et Aristée*).
27. Contre les outrances du chapitre « Der Fall Ovid » dû à F. Altheim, *Röm. Rel...*, 255-262, nous avons tenté de rendre justice au poète dans *Les Fastes d'Ovide et le sourcil latin*, paru dans *Latomus*, 37, 4, 1978, 851-873.
28. R. Pichon, *Hist. litt...*, p. 427.
29. A.J. Hild, *Les Fastes d'Ovide*, dans *B.F.L.P.*, 5, 1887-1888, 5-17, p. 16.
30. *Ovide, Métamorphoses*, Paris, 1904, p. 235.
31. *Il poeta non solo a causa dell'esilio dovette abbandonare la stesura del poema, ma nella consapevolezza di questo fallimento (...) cosi, i Fasti son rimasti incompiuti.* (op. cit., p. 352).
32. E. Paratore, *Storia della letteratura Latina*, Florence, 1951, p. 497 : *L'erudizione di seconda mano mal digerita (...), l'argomento poco adatto al suo temperamento, la freddezza con cui egli lo affronto, lo stato d'incompiutezza, anzi di abbozzo in cui egli lascio l'opera concorrono a farne il prodotto più opaco della sua abbondantissima vena. Si ammira qualche tratto felice di realistica descrizione di questa o quell'altra festa, (...) e uno o due*

Sur le plan religieux, la critique se montre aussi défavorable, lors même qu'elle consent à considérer les *Fastes* comme un ouvrage de religion : pas une ligne sur eux dans la *Religion romaine* de G. Boissier [33] ; le même silence dédaigneux dans un article que E.E. Burriss consacre à la religion romaine, au chapitre : « les poètes » [34].

Pourquoi, d'abord, aller choisir un tel sujet ? Pure flagornerie politique, répond-on, envers Auguste et son œuvre de régénération morale et religieuse, à laquelle Ovide ne croyait pas le moins du monde, sauf à la cautionner par seul souci de ses intérêts, « puisque, en tout cas, il ne semble pas avoir été un homme aux principes rigides » écrit, arbitrairement, L.P. Wilkinson [35]. De temps à autre, le véritable Ovide, le sceptique moqueur, jette effrontément le masque, et glisse quelques insinuations perfides sur les croyances les mieux ancrées et les rites les plus vénérables [36]. On chercherait vainement dans son poème une philosophie de la religion semblable à celle qu'expose un Lucrèce : « il n'y a plus, dans les *Fastes*, qu'à peine une trace de religion [37] » ! Le livre est une collection de petits faits, de broutilles liturgiques, amassés par le mythographe, l'archéologue, l'historien, personnage multiforme qui ignore systématiquement l'interprétation philosophique des mythes autant que les spéculations sur l'origine et l'essence des dieux, symbole, en quelque sorte, de son époque [38].

A la défense d'Ovide, il faut convenir que l'esprit religieux romain n'était nullement porté vers l'absconse théologie, mais essentiellement vers la pratique du culte : « C'est avec le culte », écrit W. Warde Fowler, « que commence et finit l'étude de la religion romaine [39] ». Sur le plan du rituel, justement, nous espérons nous trouver enfin en terrain solide : la documen-

episodi in cui la nota erotica torna a far capolino, come quello di Anna Perenna. Ma persino l'espressione è inusitatamente trasandata.

33. *La Religion romaine d'Auguste aux Antonins*, Paris, 1880.
34. *The Roman and his Religion*, dans *C.J.*, 24, 1928-1929, 599-603.
35. *Op. cit.*, p. 267.
36. *Ibid.*, p. 263. On verra, avec beaucoup de prudence toutefois, les articles de A.W.J. Holleman, *An Enigmatic Function of the Flamen Dialis and the Augustan Reform*, dans *Numen*, 20, 3, 1973, 222-228, et *Ovid and the Lupercalia*, dans *Historia*, 22, 1973, 260-268. D'autres avis : Ovide, prétend F. Peeters, *Les Fastes d'Ovide*, Bruxelles, 1939, p. 16, est devenu « une sorte de *uates* inspiré, grave et respectueux »,... ce que déplore L.P. Wilkinson ! (*Op. cit.*, p. 274).
37. *Von Religion, ist kaum noch eine Spur*, F. Bömer, *Die Fasten*, 1, Heidelberg, 1957, p. 14 ; même remarque de la part de U. von Wilamovitz, *Glaube der Hellenen*, 2, Berlin, 1931, p. 338.
38. D'après A. Pease, édition du *De Natura Deorum*, Cambridge, 1955, rééd. Darmstadt, 1968, p. 12, n. 7.
39. *Roman Ideas of Deity*, Londres, 1914, p. 11 et p. 83.

tation d'Ovide est de tout premier ordre, peut-on penser, et les *Fastes* sont indispensables à l'historien des religions, qui ressent cruellement leur absence une fois qu'on est parvenu au mois de juillet [40]... Erreur grossière ! Si l'on fait le tri des renseignements que l'on doit au seul Ovide, la récolte est « singulièrement maigre [41] », et ne fait qu'accroître notre regret d'avoir perdu les originaux de Varron et de Verrius Flaccus.

En effet, les *Fastes* ne sauraient servir de manuel de religion romaine, et ils n'offrent pas l'intérêt d'une œuvre originale, puisque Ovide se contente de prendre çà et là son bien chez les érudits, et, simple compilateur maladroit, de mettre à la portée du peuple le travail des autres [42]. On est allé jusqu'à prétendre qu'Ovide avait négligé de consulter les ouvrages de Varron et de Verrius Flaccus, et s'était contenté de feuilleter un almanach de fêtes dans le style des *Fastes* de Préneste [43]. Son ignorance des faits de la Rome archaïque est totale, les formules rituelles authentiques deviennent sous sa plume autant de pastiches de Callimaque, bref, on a intérêt à chercher la véritable religion romaine sur les bas-reliefs plutôt que dans son livre [44].

De telles critiques ne seraient pas déterminantes, émises qu'elles sont dans des ouvrages purement littéraires, si le verdict n'était formulé par des spécialistes modernes au nom prestigieux dans le domaine de la religion romaine : G. Wissowa, par exemple, ou G. Dumézil. Le savant français juge sans indulgence le piètre sentiment religieux qui anime Ovide. Évoquant au passage les jeunes Kâfirs Bashgul, sceptiques, ridiculisant les cérémonies sacrées, « prêts à abandonner leur religion à n'importe quel moment et sans grand regret (...) pour des motifs d'intérêt matériel », G. Dumézil ajoute cette note perfide et que la rareté de nos informations sur les sentiments véritables d'Ovide ne peut autoriser : « Ces lignes sont une excellente préface aux *Fastes* d'Ovide [45] ». L'authenticité de l'information religieuse,

---

40. *The Roman Festivals...*, Londres, 1899, p. 13 sq. : *And when, after the month of June, we lose him as a companion, we may well feel that the subject not only loses with him what little literary interest it can boast of, but becomes for the most part a mere investigation of fossil rites from which all life and meaning have departed for ever.* Dans le même sens, J.C. Elster, *Observationes ad P. Ovidii Nasonis Fastorum libros VI*, Progr. Helmstadt, 1840, p. 1-2.
41. *The residue is remarkably meagre*, formule de L.P. Wilkinson, *op. cit.*, p. 267 ; l'observation qui suit est de W. Warde Fowler, *Rom. Fest...*, p. 13.
42. H. Fränkel, *op. cit.*, p. 147 ; W. Warde Fowler, *op. cit.*, p. 13.
43. H. Winther, *De Fastis Verrii Flacci ab Ovidio adhibitis*, diss. Berlin, 1885, *passim*. Au contraire, F. Peeters, *Les Fastes d'Ovide*, Bruxelles, 1939, parle, p. 17, de « son érudition exemplaire », dont « on reste confondu ».
44. S. d'Elia, *Ovidio*, Naples, 1959, p. 331.
45. G. Dumézil, *La Religion romaine archaïque*, Paris, 1966, p. 71.

estime-t-il, est sujette à caution, « et l'omniprésence de l'hellénisme ne contribue pas à faire disparaître tous les doutes [46] ». Quant à l'érudit allemand, il dénie tout uniment aux *Fastes* la qualité de source pour toute étude religieuse [47]...

Cette espèce d'animosité universelle qui poursuit notre poète se décèle même dans de petits détails, engendre des remarques incidentes qui, souvent, ne se justifient pas. Ainsi, les épithètes que J. Gagé accroche à certains passages d'Ovide : « *bizarre* récit étiologique », « explication développée *avec légèreté* [48] », témoignent-elles d'un parti pris certain, de même que la note suivante : « il suffit de lire les vers où Ovide, débridant toute sa fantaisie, comme il l'a fait trop souvent, en quelque sorte à nos dépens, dans ses *Fastes* [49] »... La vindicte imprudente des critiques les amène parfois, du reste, à se fourvoyer. Nous les voyons attribuer à Ovide des erreurs que le malheureux poète s'est borné à reproduire d'après ses sources, et dont, désormais, il porte tout le poids : G. Dumézil estime qu'Ovide « dépasse sa science [50] », lorsqu'il met en rapport les deux mots *fetus* et *forda* ; pourquoi incriminer Ovide, qui n'est pas l'auteur de la trouvaille, plutôt que Verrius Flaccus ? D'autres poursuivent de jugements désobligeants des anecdotes qui, malheureusement pour eux, ne se trouvent pas dans les *Fastes* ! Amusant est donc l'adverbe « *complaisamment* » dans cette phrase de J. Hubaux : « Ovide, mythographe expert, n'avait-il pas complaisamment narré les amours d'Anna avec Énée, l'ancêtre des Romains [51] » : en aucun endroit du livre III, il n'est question d'une quelconque idylle entre Énée et Anna. Mieux encore, on incrimine la paresse d'Ovide, alors que l'absence de telle notice attendue est causée par une impossibilité technique : A. Bouché-Leclercq regrette l'absence de tout commentaire sur le sigle calendaire N^p en ajoutant sèchement : « Ovide ne se souciait guère de pareils détails [52] ». On aimerait savoir par quel miracle d'ingéniosité le pointilleux critique aurait pu introduire le sigle N^p dans un hexamètre dactylique.

---

46. G. Dumézil, *Le Festin d'Immortalité,* Paris, 1923, p. 126.
47. G. Wissowa, *Römische Sagen,* dans le recueil *Gesammelte Abhandlungen,* Munich, 1904, 129-143, p. 136 ; de même, W.F. Otto, *Römische Sagen,* dans *W.S.,* 34, 1912, 318-331, p. 318 *sqq.*
48. J. Gagé, *Le Témoignage de Julius Proculus sur l'assomption de Romulus-Quirinus et les prodiges fulguratoires dans l'ancien Ritus comitialis,* dans *A.C.,* 41, 1, 1972, 49-77, p. 77 ; aussi p. 54, n. 9.
49. *Ibid.,* p. 75.
50. *Rituels indo-européens à Rome,* Paris, 1954, p. 11.
51. *Angerona,* dans *A.C.,* 13, 1944, 37-43, p. 39.
52. *Dict. Ant., s. u.* « Fasti », p. 990, n. 21. N^p = N + P ? N + F ?

Voilà donc le triste sort des *Fastes* : qu'on les considère d'un point de vue littéraire ou d'un point de vue scientifique, tous s'accordent à critiquer leurs évidentes faiblesses, en se bornant à épargner quelque épisode plus réussi, quelque détail rituel précieux, date, sacerdoce ou sacrifice. Tout le reste est considéré comme *nugae* indignes de retenir l'attention des gens sérieux.

Et justement, ces *nugae* indignes, ce sont les passages étiologiques.

On a fini par admettre de nos jours que, pour la connaissance des rites, les *Fastes* nous étaient de première utilité. Plusieurs savants, J.C. Elster, J.G. Frazer, F. Bömer, R. Schilling, H. Le Bonniec [53], ont tenté une réhabilitation d'Ovide, généreuse et urgente. On découvre en effet dans ses vers des rites importants, inconnus par ailleurs, et dont certains apportent des révélations si stupéfiantes qu'on a pu mettre en doute leur authenticité : telles la présence du *Flamen Dialis* aux *Lupercalia*, celle du *Quirinalis* aux *Robigalia* [54]. Des détails liturgiques dont Ovide a pu être l'observateur direct, ainsi les rites des *Parilia,* font de lui un témoin digne de créance : c'est lui-même qui a pris en main la cendre de veau et les pailles de fèves, lui qui a franchi le brasier rituel et secoué le laurier purificateur [55]. On apprend de lui avec reconnaissance la composition d'un breuvage nuptial [56], la recette d'un plat d'offrande [57]. Les phases d'une opération magique décrites avec minutie [58], et la déesse *Muta,* invoquée en février par une vieille officiante, loin d'être née de la fantaisie du poète, a vu son nom corroboré par la découverte de tablettes magiques [59]. C'est aux *Fastes* qu'il faut demander le déroulement d'une fête connue par trois vers et une demi-phrase

---

53. Respectivement : *Observationes ad P. Ov. Nas. Fastorum libros VI,* Progr. Helmstadt, 1840, 1-2 ; *Ovid, The Fasti,* 1, Londres, 1929, p. XI sqq. ; *Die Fasten,* 1, Heidelberg, 1957, Einl. ; *Quel crédit faut-il accorder à Ovide...,* coll. *Latomus,* 107, 1965-1966, 9-24, p. 15 sqq. ; *Les Fastes,* 1, Catane, 1969, p. XVII-XXII.

54. Bibliographie dans notre article *Trois vers problématiques dans les Fastes d'Ovide,* dans *Latomus,* 35, 4, 1976, 834-850. Le second problème est abordé par G. Dumézil, *Le Flamen Quirinalis aux Consualia,* dans *R.É.L.,* 39, 1961, 31-33. Rappelons que K. Latte suspecte l'authenticité de l'information donnée par Ovide, *op. cit.,* p. 67 ; aussi p. 114 du même ouvrage, n. 1.

55. *Fast.,* IV, 725-728 : *Certe ego de uitulo cinerem stipulasque fabales/Saepe tuli plena, februa tosta, manu/Certe ego transilui positas ter in ordine flammas/Vdaque roratas laurea misit aquas.*

56. *Fast.,* IV, 151-152 ; sur ses propriétés exactes, on verra le c.r. du livre de R. Schilling (*La Religion romaine de Vénus*) par J. André, dans *R. Ph.,* 31, 1, 1957, p. 136.

57. *Fast.,* IV, 367 ; IV, 743 ; VI, 169-170.

58. Rite de l'enchaînement des langues, *Fast.,* II, 571-582.

59. On lira sur ce point A.M. Tupet, *La Magie dans la poésie latine,* Paris, 1976, p. 398-414, surtout p. 413.

d'autres écrivains[60], voire des rites dont l'existence nous demeurerait, sans Ovide, totalement ignorée[61]. Et si la question du calendrier dans le Latium établit entre Ovide et Verrius Flaccus une irréductible opposition, l'historien apprécie, en revanche, les précisions apportées par le poète sur la place du mois de juin dans d'autres cités italiques[62].

Quant aux explications des rites, les *aitia,* on ne peut sauver sur l'ensemble qu'une douzaine d'interprétations admissibles, en majorité issues de conceptions religieuses dont on reconnaît encore aujourd'hui la valeur : magie de sympathie, purification, fécondité, expiation. Tout le reste n'est que fantaisie sur le plan religieux, source d'inconvénients majeurs sur le plan littéraire. S. d'Elia va jusqu'à imputer l'« échec » des *Fastes* à cette inopportune et pesante étiologie. Le poète, en effet, se voit paralysé par les exigences d'une œuvre didactique : le devoir d'enseigner, et donc de fournir des éclaircissements sur les rites qu'il expose, provoque le fractionnement des récits, leur interruption par des causes glissées en aparté et qui en ruinent tout l'intérêt. « Même les pages réussies », juge S. d'Elia[63], « demeurent comme étouffées par cette structure démonstrative ».

Mais laissons S. d'Elia à sa morosité. Les *Fastes* sans l'étiologie ne seraient plus les *Fastes.* Est-il plus joli passage que ces vers où notre poète-journaliste quitte, avec quelques paroles de courtoisie, la vieille femme obligeante à laquelle il doit des éclaircissements sur Vertumne et le Vélabre ? « Au revoir, dis-je, excellente aïeule ! Toutes les années qui te restent à vivre te soient douces ! » :

> *Reddiderat causam : « Valeas, anus optima, » dixi,*
> *« Quod superest aeui, molle sit omne tui ! »*
> VI, 415-416

Même si cette voisine bien informée est sortie de l'imagination du poète, son intervention est le prétexte à quelques vers exquis. Peut-on invectiver alors l'étiologie et ses contraintes ? Plus le cadre est rigide, plus Ovide, épris des gageures, excelle à le faire éclater pour offrir à son lecteur un « régal littéraire[64] ».

---

60. Fête d'Anna Perenna, *Fast.,* III, 523-544 ; l'étude la plus complète est sur ce point celle de R. Lamacchia, *Annae Festum geniale Perennae,* dans *P.P.,* 13, 1958, 381-403.
61. Les renards aux *Cerealia,* les rites de *Vacuna,* voir p. 150-158, p. 290.
62. *Fast.,* III, 79-98 ; bonne étude de J. Whatmough, *The Calendar in Ancient Italy outside Rome,* dans *H.S.,* 42, 1931, 157-179.
63. *Ovidio,* Naples, 1959, p. 351-352 : *Anche le pagine riuscite restano come soffocate da questa sovrastrutture dimostrativa.*
64. Expression de H. Le Bonniec, *F. éd. comm.,* p. XXII.

La valeur scientifique de l'étiologie ovidienne, nous tâcherons de la déterminer tout au long de cette étude. Citons simplement ici quelques lignes qui lui rendent justice : « Quant à ses interprétations, à ses « étiologies », on ne saurait lui reprocher leurs insuffisances : il ne les invente presque jamais, mais se contente de mettre en vers celles que lui proposent ses sources : Varron, Verrius Flaccus, *etc.* S'il lui arrive de céder à son démon, et d'inventer, ou de développer à l'excès, telle anecdote amoureuse dont la valeur étiologique est nulle, il ne trompe personne. Par contre, il lui arrive de définir avec précision la signification de certains rituels et de trouver des formules que ratifient les historiens modernes de la religion romaine [65] ».

Pourtant, abstraction faite des services qu'elle peut rendre à la recherche, on accorde rarement à l'étiologie ovidienne l'importance qu'elle mérite. Légitimement amené à placer au premier rang de ses préoccupations le rituel qu'il étudie, en le débarrassant de la gangue épaisse dont l'ont entouré les interprétations antiques, le chercheur moderne coupe de leur contexte les *aitia* qu'il se propose d'utiliser, et ne leur accorde d'intérêt qu'en fonction des indices qu'ils peuvent fournir pour aider à l'élucidation d'un geste rituel. Parmi l'échantillonnage de causes proposé par Ovide, la critique moderne n'en retient souvent qu'une seule, celle qui, en général, coïncide avec une explication donnée par un auteur réputé « sérieux », Varron ou Verrius Flaccus. On cherche en vain une ligne, dans l'ensemble des ouvrages consacrés aux problèmes religieux, sur des causes jugées sans intérêt : l'émigration des colons expliquant les *Parilia,* la mort d'Iphigénie alléguée pour justifier le sacrifice de la biche. Nul ne se soucie de savoir où Ovide a pu découvrir de pareilles causes, s'il les a inventées, et sinon, comment il a été amené à en faire état.

Ainsi l'étiologie est-elle traitée comme une humble servante des rites, sans que jamais on s'intéresse à son statut propre. Il s'agit toujours, lorsqu'on lui accorde quelque importance, d'envisager le-témoignage-d'Ovide - sur-les-Argées, sur-les-*Parilia,* sur-les-*Quirinalia,* jamais le témoignage d'Ovide pris dans son ensemble, étudié par et pour lui-même, document *ovidien* et non document religieux.

Pourquoi, comment, les *Fastes* sont-ils une œuvre étiologique ? Quels sont, parmi les témoignages fournis par ses devanciers, ceux qu'Ovide a retenus, et selon quels critères ? Quelles influences ont pu s'exercer sur lui, qui déterminent, en certains cas, un complet désaccord avec ce qu'écrivent ses prédécesseurs ? Les *aitia* fournis amènent-ils à soulever des problèmes religieux ? Il vaut la peine de poser ces questions. Ovide, après tout, mérite

---

65. *Ibid.,* p. XXI.

qu'on s'intéresse à ses *Fastes* indépendamment de la jouissance esthétique qu'ils peuvent offrir, à ses *causae* indépendamment de l'intérêt religieux et scientifique qu'un Moderne compte y trouver.

H. Fränkel s'est avisé de cette lacune touchant l'aspect étiologique des *Fastes* lorsqu'il écrit : « il vaudrait la peine de rechercher les principes sur lesquels se fondent les explications ovidiennes [66] ». Voilà qui pourrait être la phrase-programme de cette étude.

---

66. *It would perhaps be worth while to investigate the principles on which Ovid's explanations are based (Ovid, a Poet Between Two Worlds,* Berkeley, 1956, p. 240, n. 11).

PREMIÈRE PARTIE

RECHERCHE ET CRÉATION

A

LES FASTES : ŒUVRE ÉTIOLOGIQUE

1. Les intentions étiologiques de l'œuvre

Avant même d'être un ouvrage de religion, les *Fastes* sont un ouvrage d'étiologie, leur poésie est une poésie didactique. Informer ses lecteurs, c'est d'abord leur décrire un rituel, c'est ensuite et surtout le leur expliquer, et, dans le cas de la religion romaine où les rituels pieusement reproduits sont incompréhensibles même pour leurs célébrants, le besoin d'explication se fait impérieusement sentir. Au lieu donc d'accuser Ovide d'avoir introduit dans son livre un trop grand nombre d'étiologies, on devrait bien plutôt comprendre que la matière même de l'ouvrage, *c'est l'étiologie,* et féliciter le poète pour les grâces dont il a revêtu cette discipline austère entre toutes. Non, la présence dans les *Fastes* de développements explicatifs ne provient pas d'une *mania dimostrativa* [1]. Il était impossible, à Rome, de s'occuper de religion sans s'occuper d'étiologie.

---

1. S. d'Elia, *op. cit.*, p. 350.

Cet état de fait permet de comprendre l'absence de méditations philosophiques sur l' « essence et les manifestations du sacré » dont on a fait grief à Ovide. Notre poète n'a pas de si hautes préoccupations, et le public non plus, qui viendra chercher un enseignement dans son livre. Conçu comme un ouvrage pratique, comme un almanach de consultation quotidienne à l'usage du grand public, ce livre a forcément des ambitions limitées, et qui les juge mesquines se trompe sur la finalité de l'œuvre. Un calendrier souhaite seulement renseigner ses lecteurs sur les cérémonies qu'ils ont à célébrer, ce n'est pas l'œuvre d'un philosophe écrite pour des philosophes. Or, quel historien de la religion romaine songerait à tenir rigueur à Ovide d'avoir préféré à de fumeuses considérations sur la théologie, plus ou moins rabâchées du grec, la recette d'une mixture sacrificielle, le texte d'une prière archaïsante, ou même la description du rituel mystérieux des *Lemuria* ? Cela dit, l'importance de l'exposé des rites est, dans les *Fastes,* primordiale, mais la recherche étiologique prévaut incontestablement, au point que, parfois, les informations sur la liturgie se voient escamotées au profit des *aitia* [2]. Ovide était conduit à cela tout naturellement.

En premier lieu, son imitation avouée de Callimaque, *literary grandparent of the Fasti* [3], l'obligeait à accorder une place majeure aux *aitia,* de même que l'y obligeait le *true father* des *Fastes,* le livre IV de Properce. Mais aussi, le goût d'alors ne devait point du tout répugner aux ouvrages consacrés à des problèmes étiologiques. Les Romains, estime W. Kraus, avaient, plus que tout autre peuple, « l'étiologie dans le sang [4] ». Déjà Butas, l'affranchi de Caton, avait publié un opuscule d'*Aitia* [5], où il traitait de l'origine de certains rites ; de nombreux auteurs républicains avaient composé des *Fastes,* dont il ne nous reste rien, mais qui nous prouvent que la recherche sur les questions religieuses était florissante à Rome : nous avons conservé les noms de Fulvius Nobilior [6], L. Cingius [7], pour les temps antérieurs à l'époque d'Ovide. Varron lui-même, outre ses *Antiquités divines,* avait publié un opuscule d'*Aitia,* concernant les usages de la vie romaine,

---

2. Voir p. 46-52 ; index : « Rituel ».

3. Cet arbre généalogique anglais des *Fastes* est dû à L.P. Wilkinson, *Ovid Recalled,* Cambridge, 1955, p. 241.

4. *Das ätiologische Denken lag den Römern, wenn irgend einem Volken, im Blute und hatte den grössten Anteil an der Ausbildung ihrer fiktiven Geschichte gehabt.* « Ovidius Naso » dans *Realenc...,* 18, 2, c. 1953.

5. Plutarque, *Rom.,* 21, 8 : Butas écrivait des élégies sur les usages romains, dont les Lupercales.

6. Macrobe, *Sat.,* I, 12, 16 : *Fuluius Nobilior in Fastis quos in aede Herculis Musarum posuit.*

7. *Ibid.,* et Jean le Lydien, *Mens.,* IV, 64 : Κίγκιος, ὁ Ῥωμαῖος σοφιστῆς. D'autres noms sont donnés par Macrobe : Masurius Sabinus, Cornélius Labéo, Nisus, Julius Modestus.

recueil qui a inspiré les Αἴτια 'Ρωμαϊκά de Plutarque [8]. Or, ces *« Questions romaines »* contiennent quantité de rites et d'explications que nous trouvons dans les *Fastes* d'Ovide [9] : comment ne pas penser qu'Ovide avait en main l'ouvrage de Varron ?

Le souci descriptif, enfin, et le souci explicatif sont complémentaires. Que l'on songe à la bizarrerie de certains gestes, de certaines paroles du culte — pour ne pas dire : du culte romain tout entier ! L'information correcte du lecteur exigeait que l'exposé de ces paroles ou de ces gestes fût assorti chaque fois d'une notice qui en précisât le sens, l'origine et la portée. L'esprit romain est avant tout profondément rationaliste et épris de logique : la société divine est organisée, à Rome, sur le modèle de la société humaine, « amie des listes et des précisions, de la méthode et du travail bien divisé [10] ». Si d'autres gens en d'autres peuples, poursuit G. Dumézil, « avec les mots ont produit du lyrisme, ont rêvé, amplifié, le Romain, pendant longtemps, a plutôt composé des énoncés exacts et utiles [11] ». Aussi cet esprit romain réclame-t-il comme un élément vital qu'on lui dévoile le pourquoi des choses. « *Pourquoi...* » L'ouvrage tout entier de Plutarque n'est-il pas construit sur la répétition obstinée, automatique, de cent treize Διά τι ; correspondant peut-être à autant de *Cur* ou de *Quamobrem* varroniens ?

Dans un pareil contexte idéologique, choisissant comme thème de sa réflexion le calendrier romain qui avait déjà fait l'objet de recherches antérieures, il était fatal qu'Ovide se posât les questions que d'autres s'étaient posées avant lui sur le sens des fêtes, la place des sacrifices, la personnalité des dieux, le pourquoi des gestes. Et donc qu'il fît œuvre didactique : on ne prescrit pas à un peuple les actes qui vont orienter toute sa vie quotidienne sans lui faire savoir *pourquoi* on exige précisément de lui, à telle date fixe, l'accomplissement de tel geste fixé.

Il est aisé de se rendre compte qu'Ovide a nettement conscience des intentions étiologiques de son œuvre. Ces intentions, il les souligne dans

---

8. H.J. Rose, *The Roman Questions of Plutarch*, Oxford, 1924, p. 28-34. G. Thilo, *De Varrone Plut. Quaest. Rom. auctore praecipuo*, diss. Bonn, 1853. F.Ritschl, *Die Schriftstellerei des M. Ter. Varro*, dans *Rh. M.*, 6, 1848, 481-560.

9. P. ex. les questions n⁰ˢ 16, 17, 19, 22, 32, 36, 39, 41, 51, 55, *etc*. Deux écoles s'opposent : celle qui considère qu'Ovide s'est borné à consulter une seule source (*cf.* p. 15), et celle qui dresse des listes de sources impressionnantes (on les trouvera dans les ouvrages de R. Merkel, F. Peeters, F. Bömer). Ovide pouvait aussi consulter des traités techniques sur chaque point précis : sur les seuls Augures existaient les livres de Varron, Nigidius Figulus, Appius Claudius, L. César, Tarquitius Priscus, Caecina, Véranius, Granius Flaccus, Aufustius, Clodius Tuscus, Cornélius Labéo ! *Cf.* W.S. Teuffel, *Hist. litt. rom.*, trad. J. Bonnard, 1, Paris, 1879, p. 114, § 4.

10. G. Dumézil, *Rel. rom. arch...*, p. 51.

11. *Ibidem*, p. 53.

certains vers-programmes, conçus comme un écho, parfois, d'autres vers célèbres. *Sacra diesque canam, et cognomina prisca locorum* [12] écrivait Properce : déjà, l'expression *cognomina prisca* contient l'annonce des éclaircissements utiles à la compréhension de toponymes tombés dans l'oubli. Le premier vers des *Fastes* [13] unit, lui, *tempora* et *causas* en un tout indissociable. Au livre IV, la même expression revient encore :

> *Tempora cum causis annalibus eruta priscis*
> *Lapsaque sub terras ortaque signa cano*
>
> IV, 11-12

Lorsqu'un dieu consent à se manifester directement au poète et lui confère l'inspiration, la révélation divine est avant tout celle des causes :

> *Sensimus, et causae subito patuere dierum*
>
> IV, 17

Si parfois la tentation mythologique s'empare d'Ovide et l'entraîne à des vagabondages poétiques prohibés, il sait bien rappeler à l'ordre sa Muse indocile, en invoquant les limites strictes imposées par son sujet : « J'aimerais bien évoquer la métamorphose en poissons et le prodige des Tyrrhéniens, mais là n'est pas le sujet de mon poème. Le sujet de mon poème, c'est d'exposer les raisons pour lesquelles le Planteur de vigne appelle le peuple vers ses gâteaux sacrés [14] ».

Aussi pourrait-ce être un vers des *Fastes*, soupiré par le poète aux prises avec la rédaction ardue de son œuvre, que le célèbre et virgilien : *Felix qui potuit rerum cognoscere causas* !

Plus, toutefois, qu'aux déclarations d'un poète, le caractère foncièrement étiologique des *Fastes* se reconnaît aux structures mêmes de l'œuvre.

2. La structure étiologique des Fastes

S'il était possible de soumettre un ouvrage poétique aux lois idéales de la recherche scientifique, on s'attendrait à voir Ovide appliquer à chaque

---

12. IV, 1, 69.
13.   *Tempora cum causis Latium digesta per annum*
    Lapsaque sub terras ortaque signa canam.
14. *Fast.*, III, 723-726 :
    Ecce libet subitos pisces Tyrrhenaque monstra
    Dicere, sed non est carminis huius opus.
    Carminis huius opus causas exponere quare
    Vitisator populos ad sua liba uocet.

célébration étudiée un même processus d'enquête. Il devrait s'interroger d'abord sur le nom de la fête et sur celui du dieu qui y préside, décrire le rituel, envisager pour finir une explication. La description du rituel devrait, bien sûr, occuper l'essentiel de l'exposé, puisque c'est à partir de lui que vont naître les questions commandant la recherche étiologique.

Se fondant sans doute sur ce type de raisonnement moderne, R. Schilling a dégagé un schéma général auquel on devrait pouvoir ramener les structures successives qui apparaissent dans les *Fastes* : « Ovide adopte, la plupart du temps, un triple point de vue pour analyser les fêtes religieuses : il les décrit sur le plan du *rite*, il les situe sur le plan de l'*histoire*, il les explique sur le plan du *mythe* [15] ». Admissible pour la fête des *Vinalia*, ce schéma trouve dans les *Fastes* une application restreinte, et rares sont les cérémonies où l'on puisse distinguer les trois plans ci-dessus définis. Ovide a conçu son sujet comme pouvait le faire un poète : pas d'exposé construit, pas de méthode unique, son poème n'étant pas un traité technique. « J'aime l'allure poétique », pourrait-il dire avec Montaigne [16], « à sauts et à gambades ». Or, cette allure, c'est la passion étiologique qui la lui impose. Les « Pourquoi ? » passent pour lui avant les « Comment ? ».

Aussi, les indications liturgiques, le contenu rituel d'une fête, les prescriptions d'un sacrifice, devons-nous les chercher sous les questions étiologiques, à travers elles. Et pour pouvoir dresser une perspective d'ensemble sur une cérémonie, force nous est de reconstituer son déroulement en extrayant d'une narration étiologique les renseignements désirés. Jamais ou presque [17], ne nous est proposé d'abord un compte rendu systématique des divers rites pratiqués.

Veut-on un exemple ? Prenons celui des *Megalesia* [18]. La description du cortège n'est qu'ébauchée, et ce n'est qu'au fur et à mesure des questions que nous en dégageons les éléments constitutifs, au point qu'il a fallu un article de P. Boyancé [19] pour qu'on s'avise que les eunuques faisaient partie de la procession romaine. Les questions se succèdent sans ordre, comme elles naîtraient dans la tête d'un spectateur ordinaire, curieux d'expliquer

---

15. *Quel crédit...*, p. 15 sqq. ; repris de *Ovide poète des Fastes*, dans *Mélanges J. Carcopino*, Paris, 1966, 863-875 ; l'expression figurait déjà textuellement dans *La Religion romaine de Vénus*, Paris, 1954, p. 152 ; elle est redonnée allusivement dans *Ovide interprète de la religion romaine*, dans *R.É.L.*, 45, 1968, 222-235, p. 227, et traduite en anglais dans l'article *Roman Festivals and their Significance*, dans *Acta classica*, 7, 1964, 44-56, p. 48.
16. Montaigne, *Essais*, III, 9.
17. Les seuls cas d'exposé en forme sont les *Parilia*, la fête d'Anna Perenna, le rituel de Tacita.
18. *Fast.*, IV, 179-372.
19. *Cybèle aux Mégalésies*, dans *Latomus*, 13, 1954, 337-342.

tout ce qu'il voit à mesure qu'il le voit, assourdi qu'il est par le vacarme : « pourquoi ce bruit ? » « pourquoi ces lions ? » « pourquoi cette couronne de tours ? » « pourquoi ces mutilations ? ». La question sur l'origine du culte, qui aurait dû introduire un exposé en forme, n'arrive qu'à la fin, précédée par les questions sur les éléments du spectacle. La démarche logique est sacrifiée au profit d'un ordre plus arbitraire, répondant au souci de contenter la curiosité des lecteurs, suscitée par l'étrangeté du cérémonial : l'information immédiate prend le pas sur les exigences scientifiques. Quant à la partie importante de la célébration, la *lauatio* de l'idole dans l'Almo, que l'on ne compte pas d'ordinaire au nombre des fêtes d'avril mais parmi les « fêtes phrygiennes de mars [20] », sa description s'installe au beau milieu du miracle de Claudia Quinta [21], sans qu'Ovide se donne la peine de la replacer à son moment habituel, portant ainsi, dans la querelle qui divise les Modernes sur la date de ce bain rituel, une lourde responsabilité.

Et pourtant, on a critiqué sévèrement Ovide pour avoir adopté une charpente trop... scientifique ! « On conviendra », écrit É. Nageotte, « que ce n'est pas ainsi que procède la poésie. Qu'un archéologue divise et subdivise dans un traité, on aurait tort de vouloir lui faire le moindre reproche, s'il a besoin de ces moyens techniques (...) pour démêler un sujet épineux. Mais le poète ne doit prendre que des matières capables d'être traitées poétiquement. (...) *Et quae/ desperat tractata nitescere posse, relinquit* [22] ». En fait, une fois admis que les *Fastes* sont un calendrier versifié, il ne faut pas tenir rigueur à Ovide d'avoir cherché à agrémenter son sujet. Et le moyen de l'agrémenter, c'est-à-dire d'échapper à la monotonie d'un exposé pur et simple, c'est bien de l'*expliquer,* ce qui permet de varier les perspectives en faisant appel à une foule de considérations empruntées à tous les domaines : mythologie, physique, folklore, us et coutumes, histoire, anecdote, *etc.*

Or, cette prédilection pour les explications comporte un réel danger. Si elle enrichit le sujet, elle risque de provoquer l'oubli, en cours de route, de tout ou partie d'un rituel, soit que la préoccupation étiologique le relègue à l'arrière-plan, soit que l'auteur n'ait pas de questions à se poser à son sujet. L'exemple le plus éloquent est celui des fonctions des Saliens. Le développement ovidien est commandé par une question : « Qui va me dire maintenant pour quelle raison les Saliens [23]... ». Quelque cent vingt-cinq vers plus loin, voici la réponse, précédée de capricieux détours par d'autres cultes étrangers à la question traitée, et dans cette réponse, c'est à peine si l'on trouve

---

20. Voir étude B.620 (*Klio*, 66, 1984, 93-103).
21. *Fast.*, IV, 329-340.
22. *Ovide, sa vie, ses œuvres,* Mâcon, 1872, p. 241.
23. *Fast.*, III, 259 *sq.*

quelques bribes de la liturgie des Saliens. Tous les éléments du rituel qui ne suscitent aucune question particulière sont passés sous silence.

Si l'on prend en compte les seuls et uniques *Matralia*, on peut bien sûr écrire que le poète n'a « jamais sacrifié le rite aux enjolivures de la mythologie [24] ». D'autres fêtes prouvent, à l'évidence, le contraire.

Ainsi, ce n'est pas Ovide qu'il nous faudra consulter si nous désirons des renseignements sur les rites des *Matronalia* : cadeaux des maris à leurs femmes, repas des esclaves, prières diverses *pro conseruatione coniugum* : Ovide est trop occupé à se poser une question parfaitement oiseuse sur les rapports paradoxaux qui unissent en ce jour les femmes et la guerre, et à la résoudre en nous déroulant un grand morceau des légendes sabines [25]. Puisque le rituel ne pose aucun problème, il se dispense de le décrire.

Même phénomène dans l'exposé sur les *Cerealia* : omission des échanges de visites entre les plébéiens (*mutitationes*), des distributions de noix dans le Cirque ; mais omission pardonnable à cause de l'anecdote des renards de Carséoles, sur lesquels, par chance pour la recherche moderne, Ovide avait des questions à se poser [26] ! Lorsqu'il traite des *Floralia*, l'effeuillage des courtisanes au théâtre ne donnant lieu à aucune conjecture, et quelque souci de décence l'invitant peut-être à ne point s'y appesantir, il le passe sous silence [27], tout comme, du reste, les distributions de fèves et de lupins par les édiles [28], ou les cortèges fleuris.

Dernier exemple frappant : celui du *Regifugium*, à l'occasion duquel notre poète s'empresse de conter par le menu la fuite des Tarquins, en oubliant de nous parler du rituel. Nous connaissons heureusement, par Plutarque [29], la curieuse course du *Rex sacrorum* après son sacrifice annuel au Comitium, et cette fuite d'un prêtre ne présente, hormis la double présence du mot *Rex*, aucun rapport avec la fuite historique *des* Rois !

Un historien, un sociologue, s'attacherait avant tout à offrir du rite une relation exacte. Les questions et leurs réponses, avec ce qu'elles supposent

---

24. R. Schilling, *Quel crédit...*, p. 18.
25. *Fast.*, III, 169-228.
26. Lire H. Le Bonniec, *Le Culte de Cérès à Rome,* Paris, 1958, p. 114-122 ; nous reviendrons sur cette question p. 150-158.
27. Voir p. 109 et B. 642.
28. Perse, *Sat.*, V, 177 *sq.* ; Porphyre, *Ad Hor. Sat*, II, 32, 82 ; Philostrate, *Ep.*, 55.
29. Voir étude p. 293-294 et 368-71. On possède une notice de Festus à ce sujet, qui définit au moins le nom de la fête, si elle est avare de détails sur le rituel lui-même. Seraient à citer aussi les *Quirinalia*, à propos desquels Ovide s'occupe de résoudre une question délicate, l'appellation « Fête des Sots », ce qui lui fait oublier de nous décrire le rituel dévolu à Quirinus (*Fast.*, II, 475-532).

d'hypothétique, d'arbitraire, viendraient seulement ensuite. Ovide a adopté le processus inverse, plus vivant, certes, mais peu scientifique.

3. Les systèmes question-réponse

La présentation du poème se révèle aussi de type étiologique, encore que, « fuyant comme la peste la monotonie [30] », Ovide se garde d'adopter une méthode aussi rigoureuse que celle des *Questions romaines* de Plutarque. Grâce au Ciel, il en était incapable, et il a su harmoniser avec bonheur les exigences de la poésie et celles de l'érudition. Le pourquoi des choses se trouve ainsi protégé et habilement masqué par l'enveloppe littéraire.

Quelques structures néanmoins restent de type didactique. Le modèle en est l'articulation nettement exprimée — puisqu'elle consiste en une asyndète ! — qui unit rite et *aition* des *Parilia* :

Expositus mos est, moris mihi restat origo
IV, 783

Mais une telle structure admet bien des variantes. Certaines sont maladroites, sentent la démonstration sèche et quasi scolaire. Ainsi l'alternance des formules introductives : *siue quod... seu quia... siue quod... an quia* [31], ou encore l'enchaînement pesant des diverses causes données aux *Parilia* : *Idcirco purgat / An quia / An quod / Sunt qui credant / Pars quoque ferunt / An magis / Nunc tamen* [32]. Il était, convenons-en, difficile d'échapper à cette loi du genre, et d'introduire élégamment sept étiologies successives !

D'autres architectures sont savantes et concertées, tels ces systèmes de questions et de réponses conçus comme des mécanismes bien huilés qu'Ovide, loin de prévoir le tollé de la critique moderne, se plaît à réaliser : « Elle s'était tue, je repris..., Je m'étais tu, elle reprit... » :

Desierat ; coepi : « Cur huic genus acre leonum
Praebent insolitas ad iuga curua iubas ? »
Desieram ; coepit : « ... »
IV, 215-217

---

30. Expression de H. Le Bonniec, *F. éd. comm.*, p. XXI.
31. *Fast.*, III, 773-779.
32. *Fast.*, IV, 786-801.

ou encore ce jeu de scène parfaitement réglé entre Ovide et Janus, le mortel ouvrant la bouche au moment où le dieu ferme la sienne :

Presserat ora deus : tunc sic ego nostra resolui
I, 255

On peut considérer comme un moyen adroit d'échapper aux contraintes formelles, ces conversations avec les divinités, auxquelles Ovide a souvent recours et qu'on lui a tant reprochées [33]. Psychologiquement invraisemblables [34], elles sont rendues nécessaires, ce que C. Santini a bien compris [35], par la structure étiologique. C'est là une ingénieuse fiction, inspirée de Callimaque [36] auquel personne ne s'avise de chercher querelle, pour assouplir un schéma démonstratif trop rigide en ce qu'il ne tolère qu'un seul personnage parlant, susciter des interlocuteurs assez qualifiés pour pouvoir répondre aux multiples « pourquoi ? » de l'enquêteur patient. É. Nageotte en fait grief à notre poète : « Janus, sans se fâcher, sans dire, comme le dieu de La Fontaine : *Tes pourquoi ne finiront jamais !* répond aussi docilement qu'un enfant qui récite son catéchisme [37] ». La fiction, pourtant, est élégamment introduite : Ovide n'est-il pas un *uates*, habilité par ce seul titre à communiquer avec les dieux ?

Fas mihi praecipue uoltus uidisse deorum
Vel quia sum uates, uel quia sacra cano
VI, 7-8

Les interlocuteurs sont choisis, afin de respecter la vraisemblance, dans des catégories de gens qui savent de quoi ils parlent, prêtres ou vieillards. Ainsi défilent sous nos yeux un vétéran de César, un paysan de Carséoles, une vieille du Vélabre, le *Flamen Quirinalis* et la *Flaminica Dialis* [38], tous personnages avec lesquels il est plausible qu'Ovide ait pu converser [39], et

---

33. Par exemple, *Fast.*, VI, 801-810 (Clio) ; VI, 695-710 (Minerve) ; V, 695-720 (Mercure) ; IV, 195-372 (Erato), etc.
34. *Too bizarre to be poetically plausible*, juge H. Fränkel, *Ovid, a Poet Between Two Worlds*, Berkeley, 1956, p. 146.
35. *Tali interviste rispondevano ad una funzione di struttura cioè servivano a fondere elementi espositivi con elementi dialogici*, p. 50 de *Toni e strutture nella rappresentazione delle divinità nei Fasti*, dans *G.I.F.*, 25, 1, 1973-1974, 41-62.
36. L.P. Wilkinson, *Ovid Recalled*, Cambridge, 1955, p. 248 ; W. Kraus, « P. Ovidius Naso », dans *Realenc.*, XVIII, 2, 1958 sqq.
37. *Ovide, sa vie, ses œuvres*, Mâcon, 1872, p. 239. P. Fargues juge le procédé de composition « un peu trop simpliste » (B 302, p. 142).
38. *Fast.*, IV, 377-386 ; IV, 687-712 ; VI, 399-416 ; IV, 907-942 ; VI, 226-234.
39. H. Le Bonniec, *F. éd. comm.*, 1, p. XVIII, et L.P. Wilkinson, *op. cit.*, p. 248, commentent ainsi l'entretien avec la prêtresse. Sans le considérer comme pure fiction, nous trouvons

qui contribuent à « faire passer le précepte avec (eux) », selon la recette éprouvée du Fabuliste.

Une contrainte plus gênante consisterait dans l'inévitable présence du mot *causa* [40] à chaque instant de l'exposé : quatre-vingt-un emplois du mot dans les *Fastes,* — ce qui reste raisonnable. Ovide, il faut l'avouer, ne s'est point trop soucié d'établir des équivalents subtils, et cette répétition du mot *causa* ou de systèmes *Cur... Quia* souligne un aspect démonstratif de son livre qu'il ne cherche nullement à renier : il lui plaît, nous le savons, de poser au *praeceptor* ! De temps à autre il essaie d'obvier aux inconvénients de cette méthode en recourant à divers palliatifs. Une simple juxtaposition peut ainsi remplacer un système causal plus élaboré :

Melle pater fruitur, liboque infusa calenti
Iure repertori splendida mella damus
III, 761-762

Ce procédé permet d'obtenir une formule particulièrement lapidaire :

Amne perenne latens, Anna Perenna uocor
III, 654

D'autres fois, la cause étant présentée comme une conséquence, l'ordre normal des facteurs se trouve inversé : au lieu de se demander d'abord quelle est l'origine du mot *Februarius* et de l'expliquer par son *etymon Februa,* Ovide définit les *Februa* pour en tirer ensuite un dérivé, *Februarius* :

Denique, quodcumque est quo corpora nostra piantur,
Hoc apud intonsos nomen habebat auos
Mensis ab his dictus...
II, 29-31

Autres éléments de variation : piquer la curiosité du lecteur en dissimulant une cause évidente sous une apparence énigmatique ; un synonyme, par exemple, est substitué au mot *fari,* véritable *etymon* de *fastus* : comprendre que *silentur* équivaut à *ne+fari* ayant donné *nefastus* exige du lecteur une démarche intellectuelle supplémentaire :

Ille nefastus erit per quem tria uerba silentur
Fastus erit per quem lege licebit agi
I, 47-48

surprenant qu'Ovide ait voulu marier sa fille *justement* pendant une période interdite au mariage...
40. Voir la concordance établie par R.J. Deferrari, M.I. Barry et M.AP.Mc Guire, Washington, 1939, p. 270.

De même, le rapport entre Flora et les courtisanes est indiqué par le seul emploi du verbe *floreat* [41], le lecteur étant invité à rétablir lui-même le système d'équivalences.

L'exemple du châtiment des Vestales est plus subtil. Au lieu d'en expliciter clairement la motivation (Vesta est assimilée à la Terre, donc on *enterre*, pour que la déesse se venge elle-même, la Vestale qui a offensé Vesta), Ovide se plaît à nous donner la solution de son raisonnement sous forme d'énigme, l'équation-clef « Vesta=la Terre » étant reléguée à la fin du pentamètre :

> *Sic incesta perit, quia quam uiolauit in illam*
> *Conditur, et Tellus Vestaque numen idem* [42]
>   VI, 459-460

Quant à l'étiologie, elle sait revêtir des formes très diverses, et s'adapter souplement aux intentions du poète. Elle peut compléter la description d'un rite : c'est le cas des *Parilia* [43] ; s'intégrer à lui en un mélange indissociable : les *Floralia* [44] ; faire alterner savamment questions et réponses : les *Liberalia* [45] ; présenter les rites comme autant de conséquences nées au fur et à mesure du déroulement d'un mythe, au lieu d'opérer une synthèse : les mystères d'Éleusis, dont les détails rituels viennent s'intercaler capricieusement dans le récit du rapt de Proserpine [46]. Rien de systématique, mais un effort constant de variété dans la présentation étiologique. La technique éprouvée d'Ovide lui permet de présenter de façon originale et poétique des considérations totalement dépourvues d'attrait littéraire. Rien de rebutant, dans l'exposé ni dans la discussion, mais un enseignement plein de vivacité. Comme dans les *Héroïdes*, où le sujet choisi paraît une gageure, puisqu'il s'agit de traiter vingt et une fois différemment un thème identique, Ovide

---

41. *Fast.*, V, 353.
42. Pour l'étude du châtiment des Vestales, voir étude à paraître, B. 650.
43. Rituel : *Fast.*, IV, 721-782 ; étiologie : 783-862.
44. *Fast.*, V, 183-376.
45. *Fast.*, III, 771-790.
46. *Fast.*, IV, 503-504 : nom du roc Agelastos (transcrit par le latin « *Triste* ») :
    Hic primum sedit, gelido maestissima saxo,
      Illud Cecropidae nunc quoque « Triste » uocant.
   535-536 : étiologie du repas crépusculaire absorbé rituellement à Éleusis :
      Quae, quia principio posuit ieiunia noctis,
        Tempus habent mystae sidera uisa cibi.
   493-494 : étiologie des torches allumées lors des mystères :
      Illic accendit geminas pro lampade pinus,
        Hinc Cereris sacris nunc quoque taeda datur.

trouvait dans les *Fastes* une occasion séduisante et redoutable d'exercer sa virtuosité.

4. Le contexte étiologique romain

Avant d'en venir à l'examen des causes elles-mêmes, il nous paraît nécessaire de nous attarder quelque peu sur une question importante : celle des moyens dont pouvait disposer Ovide pour mener sa tâche à bien. Pour procéder à cette étude, il convient de replacer l'étiologie ovidienne dans le contexte plus général de la recherche étiologique romaine.

En ce qui concerne les conditions de la recherche à Rome, les textes sont formels, et l'on s'étonne de ne jamais les voir mis en valeur dans les ouvrages modernes. On ne dira jamais assez que l'effective insuffisance de l'étiologie romaine est provoquée, autant et plus que par l'inintelligence souvent déplorée des écrivains, par l'autorité infrangible des gardiens de la religion et de ses secrets.

Quod tamen ex ipsis licuit mihi discere fastis[47]... On accorde rarement toute son importance à ce *licuit* d'Ovide. Certes, on allègue de vagues interdictions religieuses, sans toutefois cerner le problème d'assez près. Or, on sait bien que les autorités religieuses s'opposaient à ce que fussent divulguées les arcanes de la liturgie romaine. On cite à ce sujet l'ignorance où nous sommes touchant le nom même de la Ville et celui de son dieu protecteur[48], au point qu'A. Brelich doit bien avouer, au terme d'une étude consacrée à cette question, qu'il lui est impossible d'y répondre : *Wer ist die Schutzgottheit von Rom ? Welcher ist ihr geheimer Name ? Die so gestellten Fragen werden durch die vorstehenden Untersuchungen nicht beantwortet*[49]. L'histoire ajoute même qu'un tribun fut crucifié pour avoir osé braver les interdits, événement considérable qui nous est rapporté de plusieurs côtés, sous l'autorité de Varron[50] : les Pontifes devaient entretenir soigneusement le souvenir de ce drame, afin d'intimider les curiosités intempestives. De l'avis de Macrobe, une telle précaution visait à préserver Rome

---

47. *Fast.*, I, 289.
48. Servius Daniélis, *Ad Aen.*, I, 277, et beaucoup d'autres.
49. *Die geheime Schutzgottheit von Rom*, Zurich, 1949, p. 49.
50. *Denique tribunus plebei quidam Valerius Soranus ut ait Varro et (multi alii) hoc nomen ausus enuntiare (ut quidam dicunt raptus a Senatu) in crucem leuatus est*, Servius, *Ad Aen.*, I, 277 ; aussi V, 737 ; *Ad Georg.*, I, 498 ; Pline, *Nat. Hist.*, XXVIII, 18 ; Plutarque, *Quaest. Rom.*, 61.

d'un terrible danger, l'évocation de ses dieux par l'ennemi [51]. Et de fait, si le livre des *Rerum reconditarum* publié par Sammonicus Serenus [52] dévoile bien les formules de l'*euocatio* et de la *deuotio*, il reste muet sur le nom de Rome et sur celui de son dieu. D'autres secrets ne sont pas moins jalousement gardés : ainsi, le sacrifice offert par les Augures sur l'*Arx* est-il à ce point écarté de la connaissance du vulgaire qu'on ne le confie même pas à l'écriture, mais qu'on se le transmet de bouche à oreille [53].

L'étiologie se trouve la première victime de ces interdictions sévères, et un texte capital de Macrobe nous apprend qu'on n'avait pas le droit de divulguer *les véritables causes* des rites : « l'origine lointaine des Saturnales », dit-il en commençant, « rien, dans la Loi religieuse ne me défend de l'exposer ; non pas celle qui se rapporte à la nature suprême de la divinité, mais celle que l'on expose, mêlée à des traits fabuleux, ou celle que les physiciens enseignent publiquement. En effet, *les causes secrètes*, et qui découlent de la vérité pure, même dans les mystères il n'est pas permis d'en parler, et quiconque arrive à les pénétrer doit les tenir cachées au fond de lui-même [54] ». Encore à une époque tardive, par conséquent, les interdits ont gardé toute leur force, puisque Macrobe éprouve le besoin d'introduire son exposé à l'aide de ces lignes prudentes.

De l'aveu même des Anciens, nous ne pouvons avoir accès aux causes véritables. Les écrivains savent pertinemment que les causes indiquées dans leurs différents ouvrages ne sont que des étiologies de fantaisie, forgées officiellement à l'usage du peuple, qui doit bien s'en contenter. De là le caractère puéril, rudimentaire, des explications populaires. L'étymologie n'est point épargnée : souvenir des époques où *nomen* égalait *numen*, les noms de tous les dieux sont, et doivent rester, inconnus [55]. Cicéron, par exemple, tourne en dérision les explications de certaines appellations qu'avançaient les Stoïciens : « Tu prétends que Neptune tire son nom de *nando* (« nager »)... Ce en quoi, certes, tu me parais nager plus encore que Neptune

---

51. *Sat.*, III, 9, 4, 2-3.
52. *Ibid.*, 6. Lire à ce sujet V. Basanoff, *Evocatio*, Paris, 1947, p. 25-30.
53. Paulus-Festus, p. 14-15 L, *s.u. Arcani* : ... *adeo remotum a notitia uulgari ut ne litteris quidem mandetur, sed per memoriam successorum celebretur.*
54. *Sat.*, I, 7, 18 : *Saturnaliorum originem, illam mihi in medium proferre fas est, non quae ad arcanam diuinitatis naturam refertur, sed quae aut fabulosis admixta disseritur aut a physicis in uulgus aperitur. Nam occultas et manantes ex meri ueri fonte rationes, ne in ipsis quidem sacris enarrari permittitur, sed siquis illas adsequitur, continere intra conscientiam tectas iubetur.*
55. Servius, *Ad Aen.*, II, 351 : *et iure pontificum cautum est, ne suis nominibus Dii Romani appellarentur, ne exaugurari possint, (...) et pontifices ita precabantur : « Juppiter Optime Maxime, siue quo alio nomine te appellari uolueris ».*

lui-même [56] ! ». Le sexe des divinités était souvent indéterminé [57], et, survivance probable d'un ancien tabou, quiconque prononçait le nom de *Seia* ou *Segetia* devait célébrer des *feriae* [58] : autant d'entraves à l'approfondissement étiologique.

Privés des secours de l'archéologie et du comparatisme religieux, réduits à la seule méthode possible : l'exploitation de la *tradition,* les chercheurs anciens se voient trahis par cette tradition elle-même : la vérité qu'on se transmet de génération en génération n'est point celle que les Pontifes conservent jalousement par devers eux, enfermée dans des documents inaccessibles ou dans quelques bouches muettes.

A quoi bon, dès lors, incriminer la sottise, la faiblesse, la fantaisie de l'étiologie ancienne ? Si les érudits connaissaient, par le plus grand des hasards, les causes réelles retenues par la science pontificale, il leur était interdit de les révéler !

Ainsi, étudier de près les renseignements que nous ont laissés ces érudits sur le nom de Rome [59], par exemple, qui admettrait comme origine les mots *Romulus, Roma, Rumo, rumen* et bien d'autres, est-il une entreprise vouée d'avance à l'échec, *puisque le nom de Rome n'était pas « Rome »* ! Sur un point aussi capital, les Pontifes nous tiennent irrémédiablement en échec, comme ils trompaient déjà les curiosités antiques. Le jeu de l'étiologie est donc par avance un jeu de dupes.

D'autres facteurs ne sont pas moins importants pour comprendre le mode d'action de l'étiologie ovidienne. Le premier est le hiatus de plusieurs siècles qui sépare les rituels à expliquer des hommes qui les expliquent. C'était à coup sûr le moment, pour ces derniers, de se faire une âme antique ! Mais comment auraient-ils pu élucider convenablement des rituels datant d'âges si reculés que les bribes qui en subsistaient n'étaient plus, comme c'est le cas pour les Hymnes des Arvales ou le Chant des Saliens, que de misérables fragments ? L'esprit conservateur des Romains nous a sauvé les textes, avec combien de déformations, puisque les prêtres les débitaient sans les comprendre [60] ! nous permet de connaître encore le vocabu-

---

56. Cicéron, *Nat. Deor.*, III, 62.
57. On connaît les formules *siue mas, siue femina, si deo si deae* destinées à annihiler les risques de *piacula* résultant de cette incertitude : Aulu-Gelle, II, 28 ; ou *Acta Fratr. Aru.*, dans *C.I.L.*, VI, 2099, II.
58. Macrobe, *Sat.*, I, 16, 8. *Cf.* R. Braun, *Les Tabous des feriae* dans *A.S.*, 3, 1959, 49-125.
59. Paulus-Festus, p. 326-328 L., *Rhomen, Romus, Roma, Rhomus* (trois personnages de ce nom) ; parmi lesquels, des compagnons d'Énée, des esclaves, la femme de Latinus, le fils de Circé... et la fin du texte manque !
60. Quintilien, *Inst. Or.*, I, 6, 40 : ...*et Saliorum carmina uix sacerdotibus suis satis intellecta.*

laire religieux, les gestes ; l'extérieur, en somme, du rite. Mais son esprit, sa force vive en quelque sorte, avaient déjà disparu. « Les érudits du dernier siècle avant Jésus-Christ », remarque O. Gigon [61], « savent seulement proposer leurs propres hypothèses, souvent d'une folle témérité ».

Il n'est pas surprenant qu'Ovide se soit trouvé aux prises avec les mêmes difficultés. S'il a bien noté quelques exemples de purifications, il ne sait plus nous dire le pourquoi des gestes : pourquoi la *Flaminica Dialis* réclame précisément une branche de pin qu'elle utilise comme *februum*, ni à quoi sert le sel qu'un licteur emporte, si notre texte est exact, « dans les maisons souillées par un meurtre [62] ». Le type même de ces fêtes ou rituels incompris est la cérémonie des Lupercales : à l'époque d'Ovide, on la *définit* en termes de purification, mais on la *célèbre* pour un idéal avoué de fécondité : il existe une antinomie complète entre le contenu et le contenant [63].

Il faut compter avec les méfaits de l'hellénisme, insidieux falsificateur de bien des rites romains [64]. Même un Varron, qui connaît l'étymologie exacte du mot « *Salien* » hésite à rejeter le *Salius* originaire de Mantinée, trouvaille de l'étiologie hellénisante. Les dieux latins se retrouvent, à l'époque des Antiquaires, fortement contaminés, recouverts, étouffés par l'apport grec. Comment résister alors à la tentation d'expliquer la poignée de misérables résidus qu'est pour nous le culte de Liber, en les rapprochant des vigoureuses légendes de Dionysos, surtout lorsque le dieu grec a pour surnom *Eleutheros,* traduction exacte de l'épithète latine *Liber* « libre » [65] ! Comment retrouver dans un *Veiouis* irrémédiablement confondu avec Apollon (au point que la *gens Iulia* favorisera la confusion [66]), une personnalité ancienne que contribuent encore à obscurcir les fantaisies étymologiques ? Comment sauver Libera d'Ariane, Virbius d'Hippolyte, Cérès de Déméter ?

---

61. *Probleme der Römischen Religionsgeschichte*, dans *Estudis Romanics*, 1, Barcelone, 1961, p. 81.
62. *Fast.*, II, 23 : *Quaeque capit lictor domibus purgamina caedis*, correction de H. Le Bonniec sur le texte litigieux *certis*, dans *R. Ph.*, 34, 1960, 194-215. B. Gladigow conclut de l'usage du sel (constituant de la *mola salsa*) que ledit licteur est celui des Vestales (*Die sakralen Funktionen der Liktoren*, Dans *Aufstieg...*, 1, 2, Berlin, 1972, 295-314, p. 304).
63. Définitions : *Lustrare, purgare, februare,* chez Varron, *Ling. Lat.*, VI, 34, et Festus, p. 75 L. ; interprétation : à partir d'Ovide, *Fast.*, II, 427 ; j'ai soutenu sur ce point une controverse avec L. Foucher (*Le Témoignage de Varron et de Verrius sur les Lupercales*, dans *R.É.L.*, 54, 1976, 55-60).
64. O. Gigon, *op. cit. supra*, p. 78-81 ; voir synthèse, pages 514-520.
65. A. Bruhl, *Liber Pater*, Paris, 1953, p. 119-132 ; G.W. Elderkin, *Dionysos Eleutheros and Liber*, dans *C. Ph.*, 31, 3, 1936, 52-58.
66. St. Weinstock, *Divus Iulius*, Oxford, 1971, p. 13-14. Voir aussi J. Gagé, *L'Apollon romain*, Paris, 1955, p. 469-470.

Il convient d'ajouter à cela une considération mineure, mais significative. Pour l'étude des rituels réservés aux femmes, dont nous mesurons l'importance au nombre (fêtes de *Bona Dea*, de *Damia*, de *Iuno Caprotina*, d'*Anna Perenna*, de *Mater Matuta*, de *Fortuna Virilis*, de deux *Pudicitiae*, de Vénus même), et au mystère qui les entoure, nous sommes réduits à des conjectures fondées sur de maigres renseignements. La plupart de ces fêtes étaient sinon interdites, du moins difficilement accessibles aux hommes. Et, malheureusement pour nous, les écrivains romains sont tous des hommes. Nous mesurons ici le prix des *Fastes*, en ce qui concerne, par exemple, la fête de Vénus *Verticordia*, dont les rites nous demeureraient inconnus sans Ovide. Sans doute, de telles informations, rares et précieuses, sont-elles le fruit des indiscrétions de quelque célébrante...

Pour toutes ces raisons, l'étiologie antique ne pouvait pas se prétendre une science exacte. Chacun s'essayait à résoudre les énigmes passionnantes que constituent les gestes reproduits depuis des siècles sans qu'on sût pourquoi, les paroles incompréhensibles et scrupuleusement répétées par des bouches qui n'en connaissaient plus la valeur. Et cela, selon sa formation personnelle, son appartenance philosophique, son goût pour le folklore, son bon sens ou sa fantaisie. Ainsi voyons-nous Macrobe expliquer tous les dieux romains en les ramenant à un dieu unique : le Soleil. Les Stoïciens sont capables de donner de n'importe quelle figure divine une interprétation physique. Varron ou Verrius Flaccus s'intéressent avant tout à la langue et aux vieilles coutumes, qu'ils expliquent par des rapprochements de diverse nature, plus ou moins heureux. Dans le cours de leurs explications, nous pouvons isoler parfois des notions religieuses universelles et très anciennes : purification, expiation, rite de passage, fécondité, action de grâces... Vieilles idées reçues du fond des âges, et déformées tour à tour par toutes les générations qui se les transmettaient.

Ainsi existe-t-il pour chaque rite une pluralité d'explications de divers types, qui offrent au collectionneur d'antiquités une moisson particulièrement riche, mais dans laquelle il lui faut, comme dans toute moisson, séparer le bon grain de l'ivraie. Étudier les étiologies des *Fastes*, c'est essayer de savoir si Ovide a été ou non un bon moissonneur.

B

LE CHOIX D'OVIDE

Replacer dans son ambiance de composition une œuvre aussi dense que les *Fastes* n'est pas une tâche facile, mais *non piget incepti* [1]. La multiplicité des informations recueillies, leur diversité, nous font entrevoir l'ouvrage comme un vaste creuset, où viendraient se juxtaposer et se fondre quantité de travaux antérieurs d'origine et d'inspiration aussi différentes que possible. Il serait passionnant d'essayer de surprendre, s'il se peut, Ovide au travail, au moment où, en présence de tous les documents dont il peut disposer [2], il doit effectuer l'indispensable tri avant de composer une œuvre sienne. *Apes enim quodam modo debemus imitari*, écrivait Macrobe après Sénèque et avant Montaigne [3], *quae uagantur et flores carpunt, deinde, quicquid attulere disponunt, ac per fauos diuidunt, et sucum uarium in unum saporem mixtura quadam et proprietate spiritus sui mutant*. Nos

---

1. *Fast.*, III, 175.
2. Voir F. Peeters, *Les Fastes d'Ovide*, Bruxelles, 1939, p. 49-63. Rappelons aussi le travail de R. Kriegshammer, *De Varronis et Verrii fontibus*, Iéna, 1903, notamment p. 86-101, qui reconstitue le contenu des *Antiquités divines* de Varron.
3. *Sat., praef.*, 5-6 ; Sénèque, *Ad Luc.*, XI, 84, 4-5 ; Montaigne, *Essais*, I, 26.

quoque quicquid diuersa lectione quaesiuimus, committemus stilo, ut in ordinem eodem digerente coalescat : la comparaison célèbre avec le travail des abeilles se justifie particulièrement dans le cas du travail scientifique à Rome, où tout exposé sur la religion devait s'efforcer d'être d'abord une synthèse.

S. d'Elia voit dans les *Fastes* une simple compilation, de valeur très médiocre : « Il s'agit de documents de seconde main, comme ce n'était pas le cas pour Callimaque. Les informations recueillies ne sont pas critiquées ; pour la plupart, elles sont simplement juxtaposées [4] ». On trouve, pourtant, en bien des endroits des *Fastes,* des explications originales, quelle qu'en soit la valeur, et de nombreuses déductions personnelles auxquelles Ovide a bien dû se livrer lorsque les sources sollicitées ne répondaient pas à ses espoirs. Prenons un exemple. Les rites des *Liberalia*, Ovide pouvait les trouver chez Varron, en une ligne fort sèche, et dépourvus de la moindre explication étiologique : *Liberalia dicta quod per totum oppidum eo die sedent sacerdotes Liberi, anus hedera coronatae, cum libis et foculo, pro emptore sacrificantes* [5]. Ovide a reproduit cette notice, mais en associant à chaque articulation du rituel décrit une question que Varron n'avait pas pris la peine de se poser : « Pourquoi les femmes honorent-elles Liber ? » « Pourquoi sont-ce de *vieilles* femmes ? » « Pourquoi sont-elles couronnées de lierre ? » « Pourquoi offrent-elles des gâteaux sacrés [6] ? » Peu importent les raisons de fantaisie qu'il nous propose. Elles nous prouvent du moins, accessoirement qu'Ovide et son époque confondaient Liber et Dionysos, essentiellement qu'Ovide sait avoir devant un texte trop elliptique une réaction personnelle. Certes, « le lien étymologique entre *Liber* et *liba* est pure imagination », juge A. Bruhl, « et les autres arguments n'ont même pas besoin d'être réfutés [7] ». Pour notre propos, il valait tout de même la peine de souligner qu'Ovide ne saurait être considéré comme un servile imitateur de Varron.

Le choix d'Ovide... Cette question d'aspect si secondaire constitue en fait le problème central des *Fastes*. Un premier choix s'impose à Ovide : celui des questions à traiter. Contraint de suivre l'ordre du calendrier au fil des jours, Ovide doit se limiter à celles des fêtes qui y figurent, sans se laisser entraîner par sa facilité de conteur, et prodiguer trop de détails sur un personnage rencontré en cours de route : *Vester honos ueniet*, dit-il ferme-

---

4. *Si tratta di notizie di seconda mano, come non accadeva a Callimaco. Le notizie raccolte non sono vagliate ; per lo più, solo giustapposte* : S. d'Elia, *Ovidio*, Naples, 1959, p. 324.
5. *Ling. Lat.*, VI, 14. Voir Paulus-Festus, p. 103 L.
6. *Fast.*, III, 763-770.
7. *Liber Pater*, Paris, 1953, p. 15.

ment à Larentia et à Faustulus, *cum Larentalia dicam* [8]. Pour ce qui est des sujets retenus, eux-mêmes nécessitent un choix : il est hors de question qu'Ovide déverse, à propos d'une fête, tout ce qu'il sait sur le dieu concerné. S'il s'étend quelque peu sur la fête de Janus, par exemple, complaisance encouragée par la pénurie de fêtes au mois de janvier et le désir d'équilibrer l'économie intérieure du livre I, nous sommes encore loin de la luxuriance de renseignements qui envahit les chapitres de Macrobe et de Jean le Lydien consacrés à ce dieu !

L'aspect le plus intéressant du choix sera la sélection des *aitia*. Elle nous montrera qu'Ovide sait éliminer parfois les causes trop invraisemblables, sauf à en avancer lui-même de telles quand il y trouve son compte ; qu'il se cantonne dans un certain nombre de domaines précis ; qu'il n'aime guère les assimilations philosophiques touchant les dieux romains ; qu'il a su intégrer à ses vers des considérations imposées par certaines influences extérieures. Le choix d'un auteur, dans une synthèse érudite, révèle beaucoup sur sa personnalité scientifique.

Dans le cas le plus simple, Ovide évite de choisir. Toutes les causes inventoriées lui paraissent dignes d'attention et, incapable de faire le départ lui-même entre les unes et les autres, il confie à son lecteur cette tâche délicate, en lui mettant en mains tous les éléments souhaitables pour qu'il puisse s'en acquitter.

Plus complexe, en ce qu'il suppose à la base un raisonnement qu'il est difficile de reconstituer, le choix affirmé. Ovide marque ses préférences pour une cause particulière, et il faut essayer de déterminer quelles influences l'y ont résolu. Mais parfois aussi, le choix a été opéré *a priori,* avant même que soient indiquées toutes les solutions possibles. Cette sélection préalable prive cette fois le lecteur des éléments nécessaires à une critique fructueuse.

Le troisième volet sera constitué par des recherches plus particulières, plus ambitieuses, plus hasardeuses aussi. Dans la présentation de plusieurs fêtes, on peut conclure à une action personnelle d'Ovide, à un travail assez mystérieux sur des rites ou des mythes, travail dans lequel éclatent son parti pris personnel autant que sa parfaite indépendance à l'égard des auteurs qu'il a consultés et, d'ordinaire, respecte. Celui qu'on tient pour un copiste médiocre et laborieux se permet de rompre avec toute une tradition, bouleverse, contamine, invente.

Étiologue d'une étiologie, nous devrons nous demander encore : *Pourquoi ?*

**

---

8. *Fast.*, III, 57.

1. La sélection des thèmes : littérature et calendrier

Son sujet, le calendrier, une fois choisi, Ovide n'a point à se soucier des structures de son œuvre : elles sont automatiquement mises en place. Les fêtes, dans leur ordre naturel de succession, les anniversaires des temples, ceux d'événements historiques fameux. Le caractère officiel d'un pareil thème semble interdire à son illustrateur la moindre fantaisie : voué à la *commémoration,* il doit s'inspirer uniquement des traditions reçues.

On a noté déjà la parfaite — ou quasi parfaite — concordance entre les *Fastes* d'Ovide et ceux, épigraphiques, de Préneste, dont la rédaction fut confiée à Verrius Flaccus [9]. Ovide en a eu connaissance. Il est infiniment probable aussi qu'il a pu avoir entre les mains l'autre ouvrage de Verrius, le *De Verborum significatu,* au moins en chapitres séparés, puisque Verrius acheva son ouvrage après le départ d'Ovide en exil [10]. Selon l'hypothèse de R. Merkel [11], Ovide connut les Fastes épigraphiques sous forme de *uolumina* rédigés au préalable par Verrius : en effet, Macrobe cite plus de notices que nous n'en trouvons gravées dans le marbre, et le verbe *euolui* employé par Ovide [12] s'applique évidemment à un volume de parchemin, non à des tables gravées. Si Ovide ne s'est pas limité à cette source unique, il a, en revanche, exploité commodément les informations offertes par le savant travail de Verrius Flaccus [13].

Pourtant, de nombreux développements suivis, de nombreuses notations éparses, nous prouvent qu'Ovide se sent à l'étroit dans un cadre rigide. Ce que des *Fastes* officiels doivent indiquer en une formule condensée sur une ou deux lignes prend parfois chez lui les proportions d'épisodes très élaborés, cent vers ou plus. Les *Fastes* de Préneste ne sont pour lui qu'un point de départ, un répertoire de sujets qu'on peut modeler ensuite à son gré. Bien des faits, bien des explications échappent au domaine strictement religieux, et n'auraient aucun titre à figurer dans un document officiel : sans parler des contes populaires, les simples étymologies.

---

9. C'est l'objet du livre de H. Winther, *De Fastis Verrii Flacci ab Ovidio adhibitis,* diss. Berlin, 1885, p. 13-41 surtout.
10. W.S. Teuffel, *Histoire de la littérature romaine,* trad. J. Bonnard, Paris, 1879, p. 121. F. Bömer, *F. éd. comm.,* 1, p. 23.
11. *F. prol.,* p. XVII.
12. *Fast.,* I, 657 : *Ter, quater, euolui signantes tempora fastos.*
13. Et à travers lui, par les *Antiquités divines* de Varron.

Nous voudrions essayer de découvrir pourquoi Ovide a supprimé ici pour ajouter là, pourquoi il a jugé bon d'étoffer certaines données trop sèches du calendrier, tout en passant sous silence des fêtes et des explications qu'il y trouvait.

L'une des raisons essentielles est d'ordre littéraire, à la fois pour le choix des sujets et celui des étiologies. Outre cette curiosité native qui l'incite à creuser les choses plus profondément que ne peut le faire le rédacteur d'un document épigraphique, Ovide est doué d'un inimitable talent de conteur, qui l'amène à enjoliver de maints détails explicatifs la seule mention d'une date ou d'un fait religieux. Pour lui aussi, « *La Science / trace autour de la Terre un chemin triste et droit* [14] ». Un poète s'accommode mal du maigre espace imparti à chaque cérémonie sur le calendrier civil, surtout lorsque, à lui seul, un nom ouvre des perspectives littéraires si riches qu'il est bien difficile de résister ! Le cas typique est celui du rapt de Proserpine [15], dont on cherche en vain la parenté avec les *Cerealia* romains [16]. Ovide excuse ainsi les deux cent deux vers qu'il lui a généreusement impartis : « c'est l'occasion qui me force à raconter l'enlèvement de la vierge » :

Exigit ipse locus raptus ut uirginis edam
IV, 417

Certes, il sait imposer parfois un frein brutal à sa facilité de conteur, effort méritoire, puisque, de vers en vers, de nom en nom, on pourrait récrire des chapitres entiers de Tite-Live, si l'on ne savait tenir en bride son imagination :

Tertia causa mihi spatio maiore canenda est
Nos tamen adductos intus agemus equos
VI, 585-586

Mais lorsque la tentation est trop forte, il sait se réfugier derrière la coïncidence des dates qui, aubaine inespérée, vient inviter le poète chantant les *Parilia* à s'offrir un excursus inévitable : le récit de la fondation de Rome, dont le 21 avril est l'anniversaire. On sent une maligne allégresse dans la

---

14. A. de Vigny, *Les Destinées (La Maison du Berger)*, 140-141.
15. Sur le sujet, on lira H. Herter, *Ovids Persephone Erzählungen und ihre hellenistischen Quellen*, dans *Rh. M.*, 90, 1941, 236-268.
16. Deux études à ce propos : J. Bayet, *Les « Cerialia », altération d'un culte latin par le mythe grec*, dans *R.B.Ph.*, 29, 1951, 5-32 et 341-366 (*Croyances...*, 89-129) ; et les pages 330 à 341 du *Culte de Cérès à Rome*, Paris, 1958, où H. Le Bonniec expose, critique et assouplit la position de J. Bayet.

formule introductive : « c'est le hasard seul qui fournit une justification au poète : voici venir la fondation de la Ville » :

> *Ipse locum casus uati facit : Vrbis origo*
> *Venit.*
>
> IV, 807-808

Ovide va donc pouvoir, avec la bénédiction officielle, se livrer à son démon favori...

Cette bénédiction n'est, certes, qu'exceptionnelle. Cela n'empêche pas Ovide de faire naître les occasions, en dépit de ses déclarations très sages : nous le surprenons souvent en flagrant délit de coquetterie littéraire, et son penchant bien connu pour la *retractatio* vient étouffer des scrupules d'ailleurs assez timides. Comment résister au plaisir de rivaliser avec d'autres, ou avec soi-même, sur des morceaux de bravoure aussi tentants que le viol de Lucrèce [17], la naissance de Romulus et la mort de Rémus [18], l'invocation à Vénus [19], le rapt des Sabines [20] ? Bien des *aitia* dans les *Fastes* n'ont ainsi d'autre droit à l'existence que celui d'être l'objet d'illustres récits : les possibilités littéraires offertes par telle ou telle explication constituent donc un facteur déterminant du choix ovidien.

Est-ce à dire que le penchant littéraire et le goût des variations sur un thème contraignent Ovide à donner à un *aition* le pas sur un autre, pour l'unique raison que le premier lui ouvre une carrière poétique que le second lui refuserait ? Ce réflexe ne semble pas, fort heureusement, systématique. Mais pour trois exemples au moins, nous pouvons en être sûrs. Ovide expédie en deux vers quatre explications du nom d'*Anna Perenna* : Io, Thémis, Hagnô, la Lune [21]. Mais celle à qui vont toutes ses complaisances, c'est Anna, la sœur de Didon, fabuleuse coïncidence de noms qui lui offre l'occasion de rédiger un *compendium* de l'*Énéide* [22]. Éclairer la personnalité d'une déesse archaïque antérieure à la réforme du calendrier « de Numa », grâce à un personnage d'un poème augustéen nécessite, on l'avouera, des acrobaties

---

17. Source directe : Tite-Live, I, 57-59.
18. Tite-Live, I, 4 ; Denys, I, 79, citant Fabius Pictor, Cingius, Caton, Calpurnius Pison, Valérius Antias ; mort de Rémus : Tite-Live, I, 7, Denys, I, 87, Cicéron, *Rep.*, II, 2-10.
19. Lucrèce, I, 1-40 ; on verra P. Ferrarino, *Laus Veneris,* dans *Ovidiana*, Paris, 1958, 301-316.
20. Tite-Live, I, 9 et 13 ; Denys, II, 30 ; Ovide, *Ars,* I, 101-132 ; Il faudrait aussi évoquer l'histoire d'Évandre, qui transpose en vers élégiaques les pages célèbres de l'*Énéide*.
21. *Fast.,* III, 657-660 : *Sunt quibus haec Luna est quia mensibus impleat annum / Pars Themin, Inachiam pars putat esse bouem / Inuenies qui te nymphen Atlantida dicant//Teque Ioui primos, Anna, dedisse cibos.*
22. Voir étude de ce passage aux pages 142-150.

chronologiques. Mais que pèse la chronologie en face de richesses poétiques si faciles à exploiter ? Nous parlerons plus à loisir du sacrifice du bœuf [23], qu'Ovide commente, avec une sereine mauvaise foi, en faisant intervenir Aristée. Il sait bien, puisqu'il a lu les *Géorgiques,* qu'un tel « sacrifice » n'a rien de religieux ! La seule excuse à cette étiologie indue est qu'elle lui permet de pasticher un texte illustre. Le troisième exemple est celui du *Regifugium* [24] : Ovide reste sourd aux objurgations de Verrius Flaccus, qui prétendait avec raison ne voir aucun rapport entre cette fête et la fuite des Tarquins [25]. Ovide a préféré le récit épique du viol de Lucrèce et de l'expulsion des Rois, sans même accorder l'honneur d'un seul vers au *Rex sacrorum,* dont la fuite constitue l'étiologie authentique de la fête.

Si de pareils récits nous entraînent un peu loin du calendrier et des réalités proprement religieuses, qu'importe ? Leur intérêt ne fait aucun doute aux yeux d'Ovide, et ce n'est point sa faute si le démon poétique parle en lui plus haut que tout : « Cette farcissure est un peu hors de mon thème ; je m'égare, mais c'est plutôt par licence que par mégarde. Mes fantaisies se suivent, mais parfois c'est de loin, et se regardent, mais d'une vue oblique [26] ». Cette allure poétique est l'un des plus grands charmes des *Fastes* : les développements ainsi constitués, quelque gratuits qu'ils apparaissent, insufflent une vie nouvelle à des rites oubliés, entourent de personnages et de péripéties l'austère mention d'une simple date, grâce au sourire de la poésie ou à la flamme de l'épopée.

Toute une série de récits et de questions dont la nécessité religieuse ou étiologique ne s'impose pas, se trouvent enchâssés dans le développement en cours parce qu'un mot les y appelle, et fait resurgir dans l'esprit de l'auteur des bribes de lectures érudites. Le déroulement des récits n'en est guère perturbé, malgré l'avis contraire de S. d'Elia : « dans l'ouvrage d'Ovide, la recherche étiologique cause trop d'interruptions, même dans des passages réussis, comme le rapt de Proserpine » [27]. Ce ne sont pourtant pas les deux vers qu'Ovide glisse incidemment sur deux rites d'Éleusis qui peuvent compromettre la cohérence de l'épisode ! Le lecteur curieux et friand d'étiologie ne saurait s'en plaindre, et de tels procédés permettent d'assouplir la structure trop rigide de l'ouvrage. Un poète répugnant à concevoir un développement selon un plan précis et immuable, toutes les occasions sont

---

23. |*Fast.,* I, 362-380.
24. Voir pages 368-371.
25. Paulus-Festus, p. 346 L. : *...quia* (eo die Tarquinius rex fugerit ex Vrbe) *quod fal* (sum est.) Suit tout le rituel du Comitium pratiqué par le *Rex* et les *Saliens.*
26. Montaigne, *Essais,* IX, 3.
27. *Nell'opera ovidiana, la ricerca eziologica interrompe troppe volte, perfino un raconto nel complesso riuscito, come quello di Proserpina.* S. d'Elia, *Ovidio,* Naples, 1959, p. 350.

bonnes pour échapper à cette contrainte. Les étymologies qu'Ovide nous propose au passage ne sont pas intégrées dans la trame du récit. Elles étaient parfaitement à leur place chez Varron, adaptées à son propos, groupées de surcroît en séries organiques : les fêtes, les dieux, les lieux... Elles le sont beaucoup moins chez Ovide, parce que détachées de leur contexte primitif, isolées au milieu de considérations étrangères. Ainsi les étymologies des mots *locuples* et *pecunia* [28], données sans avertissement au beau milieu du discours de Flore ; celle du mot *manipulus* [29], qui complète, sans qu'on sache trop pourquoi, la définition du mot *signum* au cours d'un excursus sur le calendrier pré-romuléen. Également celles de divers toponymes, Trinacrie, Faléries, Zancle, les Esquilies, Sulmone [30], dont la justification suffisante est un souci de variété au sein de fastidieuses énumérations de localités ; enfin les noms des rois *Auentinus* et *Tiberinus* qui rompent la monotonie du catalogue des membres de la dynastie julienne [31].

2. Les silences ovidiens

Tributaire d'un calendrier officiel, enrichi d'excursus littéraires et de notices étymologiques, l'ouvrage d'Ovide n'est pourtant pas absolument complet, en ce qui concerne les thèmes traités [32]. Il est des rituels auxquels Ovide n'a pas consacré le moindre commentaire, ou dont il n'a pas même fait mention, tandis que le calendrier de Préneste les signale : les libations funéraires que, le dernier jour d'avril, le *Flamen Martialis* versait sur la tombe d'Acca Larentia [33] n'ont pas l'honneur d'une allusion dans les *Fastes*. Aucune mention des Jeux de Robigus, le 25 avril [34] ou de la fête des *pueri lenonii* [35] le même jour. Aucun détail non plus sur le sacrifice d'un *uitulus* à Fortuna Primigenia [36]. Pour les deux fêtes de l'obscur Véiovis,

---

28. *Fast.*, V, 279-281.
29. *Fast.*, III, 117-118.
30. *Fast.*, IV, 420 ; IV, 73-74 ; IV, 474 ; III, 245-246 ; IV, 79-80.
31. *Fast.*, IV, 47-48 et 51-52 ; on peut rappeler aussi le surnom de Silvius donné à Postumus parce que né *in siluis*, IV, 41-42.
32. Comparer les *Fasti annales ouidiani* à ceux de Préneste dans l'édition de G.B. Pighi, C.S.L.P., 1973, 163-172 et 135-146 du vol. 2.
33. Plutarque, *Rom.*, IV, 5 : Ταύτῃ δὲ καὶ θύουσι Ῥωμαῖοι, καὶ χοὰς ἐπιφέρει τοῦ Ἀπριλίου μηνὸς αὐτῇ ὁ τοῦ Ἄρεως ἱερεύς, καὶ Λαρεντίαν καλοῦσι τὴν ἑορτήν.
34. Cal. de Préneste à la date : *Feriae Robigo uia Claudia ad milliarium V ne robigo frum(e)ntis noceat. Sacrificium et ludi cursoribus maioribus minoribusq. fiunt.*
35. *Ibid.* : *Festus est pu(e)rorum leno niorum, quia proximus superior mer(e)tricum est.*
36. Le 10 avril, toujours dans le Calendrier de Préneste : (Biduo sacrific)*ium maximu*(m) (fit) *Fortunae Prim*(i)g. *Vtro eorum die eius oraclum patet IIuiri uitulum i*(mmolant).

celle du 1ᵉʳ janvier apparaît dans les *Fastes* sous le nom de Jupiter [37], celle du 21 mai n'y figure pas. Même absence des *Ludi compitalicii* du 4 janvier, et de toutes les fêtes des Saliens [38]. C'est à de telles omissions que nous pouvons mesurer le prix des *Fastes* et de leurs surabondants commentaires à propos d'autres célébrations : une ligne squelettique sur un bloc de pierre, c'est tout ce que nous connaîtrons jamais des cérémonies citées plus haut...

Quelques manques troublants peuvent être imputés à la structure étiologique des *Fastes* [39] : les rites des *Matronalia*, ceux des *Cerealia* urbains. Dans les deux cas, l'étiologie, qu'il s'agisse du rapt des Sabines ou de celui de Perséphone, a occupé déjà quelque deux cents vers : Ovide juge bon de passer alors à autre chose, en oubliant une description précise de la cérémonie. Il est significatif que la fête sur laquelle Ovide nous donne le plus de renseignements soit celle des *Lemuria*, qui ne comporte, pour l'explication des rites, aucune étiologie : « Il sait même dominer son imagination vagabonde », note R. Schilling [40], « pour n'être plus qu'un fidèle observateur de la liturgie ».

Le silence d'Ovide sur tout le cérémonial de la grotte du Lupercal suscite bien des questions : le rituel est-il authentiquement romain ? N'aurait-on pas affaire à une innovation tardive, que L. Deubner [41] veut même orphique ? Le savant allemand suppose que la cérémonie de la grotte et même la flagellation des femmes sont des rites cathartiques empruntés par Auguste à la religion hellénistique, et insérés dans la religion nationale. Le poète Butas se serait employé à leur donner une antiquité convenable, et ses vers, par l'intermédiaire de Juba, auraient été utilisés par Plutarque, notre unique source. Ovide, au lieu d'aller se renseigner sur place, ou de faire confiance à Verrius Flaccus « qui connaissait à coup sûr ce rituel [42] », aurait préféré faire confiance, paresseusement, à Varron, qui lui, et pour cause, ne parlait pas de cet ajout augustéen. Quelles spéculations peut entraîner le silence d'un poète !

---

37. I, 293-294 ; celle du 21 mai est attestée par *Fast. Venusini*.
38. *Fastes* de Polémius Silvius ; Denys, IV. 14, 3 ; Festus, p. 108 L., *s.u. Laneae effigies*.
39. Voir pages 27-29.
40. *Ovide poète...*, p. 874 ; aussi *Ovide interprète...*, p. 227 ; la formule devient, dans cet article : « Ovide s'est gardé de mêler à ces rites funéraires l'affabulation mythologique ».
41. *Lupercalia*, dans *A.R.W.*, 13, 1910, 482-508, p. 501 *sqq*.
42. *Op. cit.*, p. 507-508 : *Für Ovid ergibt sich, da er von dem Wiedergeburtsritus schweigt, dass er höchstwahrscheinlich dem Varro folgt (...) nicht dem Verrius, der den Brauch wohl sicher gekannt hat*. Il ne nous manque donc... que le texte de Verrius ! Et L. Deubner d'ajouter ce commentaire malveillant à l'égard d'Ovide : *Für seine Arbeitsweise ist es nicht unwichtig festzustellen, dass er wenigstens in diesem Falle sich nicht bemüht hat, das von ihm beschriebene Fest selbst kennen zu lernen*.

De fait, ce fameux rituel inconnu fait couler beaucoup plus d'encre que les rites des Lupercales que nous trouvons commentés chez Ovide et ailleurs [43]. Il s'agit de la curieuse onction pratiquée avec un couteau ensanglanté, puis essuyée avec de la laine et du lait, tandis que les deux patients doivent éclater de rire. Omission d'Ovide ? Confusion commise par l'un des deux Grecs, Butas ou Plutarque ? La question reste ouverte.

Nous expliquerons par une mutation dans le sens de la cérémonie une autre célébration mystérieuse, celle des *Mamuralia* [44]. Une fois encore, silence d'Ovide sur un rite important, l'expulsion du prétendu bouc émissaire, tandis que les Saliens frappent une peau avec des baguettes. Des textes tardifs nous attestent ces rites, et il semble bien que le personnage même de Mamurius ait subi une évolution, de bienfaiteur honoré à malfaiteur expulsé.

L'absence totale des rites de la Bonne Déesse aux Calendes de mai n'est guère plus facile à élucider, d'autant qu'un *Interea Diua canenda Bona est* [45] nous annonce qu'Ovide va s'attaquer à un développement substantiel. Les documents ne nous manquent pas, cette fois, et ils sont antérieurs à Ovide [46]. Les *curiosa* eux-mêmes abondent, et auraient dû piquer la per-

---

43. En dernier lieu, E. Binder, *Die Aussetzung des Königskindes*, Meisenheim am Glan, 1964, 96-121, pour qui le rire rituel reproduit celui de Romulus (*Fast.*, II, 377) et A. Alföldi, *Die Struktur des Voretruskischen Römerstaates*, Heidelberg, 1974, 86-106, qui en reste au symbolisme de mort et de résurrection qu'on entrevoyait jusque-là. On pourrait rapprocher de ce rituel le cérémonial qui se déroulait dans la grotte de Trophonios à Lébadès, en Béotie (le pays de Plutarque). Trophonios est un dieu oraculaire, comme *Faunus* (*cf.* Virgile, *Aen.*, VII, 81 *sqq.*). L'oracle se cache dans une grotte souterraine, où *deux jeunes gens* s'occupent d'*oindre* et de *laver* le consultant avant sa descente dans la caverne : Δύο παῖδες τῶν ἀστῶν ἔτη τρία που καὶ δέκα γεγονότες... Ἀγαγόντες δὲ ἐλαίῳ χρίουσι καὶ λούουσι. (Pausanias, IX, 39, 3-14). Paralysé par la terreur lorsqu'on le ramène, il peut bientôt recouvrer ses facultés, et notamment celle de *rire* : Ὕστερον μέντοι τά τε ἄλλα οὐδέν τι φρονήσει μεῖον ἢ πρότερον καὶ γέλως ἐπάνεισίν οἱ. Résumons : un dieu oraculaire, une grotte, deux jeunes gens, des onctions qu'on essuie, le rire. Aux Lupercales : un dieu oraculaire, une grotte, deux jeunes gens ; des onctions essuyées (il s'agit cette fois de sang), et le rire. Le rire chasse la « mélancolie » qui accable les patients de Trophonios (Paus., *op. cit.*, § 13) ; les Luperques sont souvent sentis comme des loups, et la « mélancolie », dit Marcellus de Side, περὶ λυκανθρώπε, 79, accable les loups-garous justement *en février* ! La coïncidence peut faire réfléchir. Plutarque aime rapprocher les rites romains des rites béotiens, on le voit par l'exemple de Mater Matuta (*Quaest. Rom.*, 16). A-t-il rajouté quelque élément béotien (peut-être le rire, que ne mentionne pas Butas) aux rites latins ? Sur l'ensemble des rituels relatifs aux grottes et gouffres sacrés, on lira J. Toutain, *Cavernes sacrées...* (p. 176 pour Trophonios), et l'étude savoureuse de Fontenelle, *Histoire des Oracles*, 1re diss., ch. 15.

44. Nous l'étudierons p. 423-428.

45. *Fast.*, V, 148.

46. Macrobe, *Sat.*, I, 12, 18 : *Cingius mensem nominatum putat a Maia quam Vulcani dixit uxorem, argumentoque utitur quod Flamen Vulcanalis Kalendis Maiis huic deae rem*

plexité d'un amateur tel qu'Ovide : la déesse porte une couronne de vigne alors qu'il est interdit d'introduire du vin dans son temple, et qu'on doit l'appeler « lait ». La jarre qui le contient doit être nommée « vase à miel » et l'on ne doit pas voir de myrte dans le temple. Ovide n'a rien retenu des rites ni des explications offerts par Cingius ; il s'est borné à huit vers sur le sanctuaire, dont deux concernent la restauration commandée par Livie.

A ces quelques manques, on opposera facilement la quantité de détails liturgiques inédits que nous devons à Ovide et à lui seul touchant des festivités importantes : *Robigalia, Lemuria, Parilia, Vestalia,* fête d'Anna Perenna. Néanmoins, il valait la peine de signaler ces omissions, qu'elles fussent ou non volontaires.

Bien des rites étudiés par les devanciers d'Ovide, à propos des fêtes qu'il décrit, n'ont pas suscité la curiosité de notre poète. Personne d'autre que lui, du reste, ne pourrait savoir pourquoi. On voudrait qu'il évoquât au moins le problème, qu'il avouât une ignorance...

Voyons celles des *Questions romaines* qui concernent les fêtes dont Ovide nous entretient : pourquoi Hercule possède-t-il un sanctuaire commun avec les Muses [47] ? Ovide clôt les *Fastes* sur l'évocation de ce sanctuaire, mais néglige de souligner le paradoxe d'un Hercule musicien [48]. Pourquoi offre-t-on la dîme à ce même Hercule [49] ? Pourquoi immole-t-on un chien aux Lupercales [50] ? Pourquoi offre-t-on aux morts des fèves et des pois chiches [51] ? Pourquoi la Fortune « de Servius » est-elle appelée *Fortuna Breuis* [52] ?

Plusieurs célébrations sur lesquelles d'autres auteurs nous ont livré de précieux renseignements ne suscitent qu'à peine l'intérêt d'Ovide. S'il nous a fait part d'une dédicace à Juturne [53], il a oublié de nous préciser le nom du dédicant, et ne nous apprend pas que cette déesse est implorée en cas de sécheresse, ou par les ouvriers dont le métier nécessite l'utilisation de

---

diuinam facit... (§ 25 sqq.) *uinum in templum eius non suo nomine soleat inferri, sed uas in quo uinum inditum est mellarium nominetur et uinum lac nuncupetur etc.*
47. *Quaest. Rom.*, 59.
48. *Fast.*, VI, 799-812.
49. *Quaest. Rom.*, 18. Sur cette question, voir J. Toutain, *Observations sur le culte d'Hercule à Rome*, dans *R.É.L.*, 6, 1928, 200-212, p. 207, qui en fait un rite typiquement romain, et D. van Berchem, *Hercules Melquart à l'Ara Maxima*, dans *R.P.A.A.*, 32, 1959-1960, 61-68, p. 62, qui retrouve cet usage en Phénicie.
50. *Quaest. Rom.*, 68.
51. *Quaest. Rom.*, 95.
52. *Quaest. Rom.*, 74.
53. *Fast.*, I, 463-464.

l'eau [54] ; Servius, qui nous a livré ces informations, cite une phrase de Varron, dans les *Antiquités*, et tenait donc ses renseignements du célèbre polygraphe : Ovide, en conséquence, pouvait avoir accès aux mêmes informations.

En ce qui regarde les *Piscatorii Ludi* du 8 juin [55], nous disposons d'intéressantes indications grâce à Verrius Flaccus : le lieu de la fête, *trans Tiberim*, la présence du préteur urbain, le sacrifice de substitution offert *pro animis humanis* au dieu Volcanus [56]. Ovide se montre très discret sur ce rituel curieux, et ne se pose même pas la question attendue : pourquoi sacrifier des poissons, animaux aquatiques, au dieu du Feu, ennemi de l'Eau ? L'antinomie maintes fois soulignée entre les deux éléments appelait les interrogations.

A la date du 21 juin, Ovide se borne à rajouter à la dédicace d'un temple au dieu Summanus une note laconique : *Quisquis is est* [57], formule commode, et qui témoigne d'une aimable désinvolture. Ovide ne pouvait cependant ignorer les définitions proposées avant lui et qui faisaient de Summanus un dieu des éclairs nocturnes [58]. Également superflue devait lui apparaître la question que nous jugeons inévitable : pourquoi offre-t-on à cette divinité des gâteaux en forme de roue [59] ?

---

54. Servius, *Ad Aen.*, XII, 139 : *Huic fonti propter aquarum inopiam sacrificari solet. Cui Lutatius Catulus primus templum in Campo Martio fecit ; nam et Iuturnas ferias celebrant qui artificium aqua exercent, quem diem festum Iuturnalia dicunt. Varro Rerum Diuinarum quarto decimo ait : « Iuturna inter proprios deos nymphasque ponitur »*.

55. Que les calendriers donnent le 7, date acceptée par A. Degrassi, *Fasti.*, p. 466, tandis que J. Le Gall, *Recherches sur le culte du Tibre*, Paris, 1953, p. 48-50, accepte la date de *Fast.*, VI, 235.

56. Paulus-Festus, p. 232 et 274 L. : *Piscatorii ludi uocantur qui quotannis mense Iunio trans Tiberim fieri solent a praetore urbano pro piscatoribus Tiberinis, quorum quaestus non in macellum peruenit, sed fere in aream Volkani quod id genus pisciculorum uiuorum datur ei deo pro animis humanis.* Lire sur ce sujet J. Carcopino, *Virgile et les origines d'Ostie*, 2, 1968², p. 107 ; J. Le Gall, *op. cit.*, p. 48 et le compte rendu de J. Guey sur ce dernier, dans *R.É.A.*, 56, 1954, p. 492. Aussi l'article de J. Toutain, *Sur un rite curieux et significatif du culte de Vulcain à Rome*, dans *R.H.R.*, 103, 1931, 136-143. En dernier lieu, G. Dumézil, *Fêtes d'été...*, p. 70-72.

57. *Fast.*, VI, 731.

58. Paulus-Festus, p. 66 L. : *dium fulgur appellabant diurnum, quod putabant Iouis, ut nocturnum, Summani.* Aussi Pline, *Nat. Hist.*, II, 138 ; Varron, chez Augustin, *Ciu. Dei*, IV, 23.

59. Paulus-Festus, p. 474 L. : *Summanalia liba : farinacea in modum rotae fincta.* Cf. R. Pettazzoni, *La Ruota nel simbolismo rituale di alcuni populi indoeuropei*, dans *S.M.S.R.*, 22, 1949-1950, 124-138. H. Petrikovitz, *Summanus*, dans *M. V. K. Ph. W.* 8, 1931, 35-42 ; Note brève de P. Mingazzini, *Il dio Summano...* dans *Mélanges L. Banti*, Rome, 1965, 249-253.

Nous évoquions plus haut le dieu Hercule et la fondation de l'*Ara Maxima*. Ovide s'est plu à narrer tout du long la légende de Cacus, plus grecque que vraiment romaine. Ce faisant, il a laissé complètement de côté la célèbre légende, à laquelle on attendrait ne fût-ce qu'une allusion, des *Pinarii* et des *Potitii*, étroitement reliée qu'elle est à la fondation et au statut du Grand Autel d'Hercule. Ovide pouvait la lire dans les écrits de Tite-Live, de Virgile, de Verrius Flaccus, et il est vraisemblable qu'elle devait traîner un peu partout chez les Annalistes [60]. Silence complet de sa part. Quelques questions annexes auraient été les bienvenues, qui motivent, par delà Varron, la curiosité de Plutarque [61], ainsi l'interdiction de l'autel aux femmes, aux mouches et aux chiens [62]. De tels *curiosa* convenaient parfaitement au style et au propos des *Fastes*.

Quant à Semo Sancus, il se voit traiter, lui, son nom double, son temple et ses fonctions, en six vers :

> *Quaerebam nonas Sanco Fidione referrem,*
> *An tibi, Semo pater ; tum mihi Sancus ait :*
> *« Cuicumque ex istis dederis, ego munus habebo :*
> *Nomina terna fero ; sic uoluere Cures ».*
> *Hunc igitur ueteres donarunt aede Sabini,*
> *Inque Quirinali constituere iugo.*
>
> VI, 213-218

Pas trace d'un rite ; pas d'interrogations sur le lien entre le dieu et la prestation du serment [63], pas de problème posé touchant la présence, dans le temple de Sancus, d'une statue de *Gaïa Caecilia* portant fuseau, laine, « rouet », sandales [64]. Ces instruments et leur place dans le temple ont pour-

---

60. Virgile, *Aen.*, VIII, 269-270, avec commentaire de Servius *ad. loc.* ; Tite-Live, I, 7 ; allusions chez Plutarque, *Quaest. Rom.*, 60, chez Valère-Maxime, I, 2, 2, et Denys d'Halicarnasse, I, 40, 4 sq. Il faut lire l'admirable synopse présentée, sur la légende d'Hercule à Rome, par J. Garret Winter, *The Myth of Hercules at Rome*, dans les *Univ. of Michigan Stud.*, 4, 1910, New York, 171-273, surtout p. 186-231. Le nom des *Pinarii*, « les affamés » est une *aetiological accretion* (p. 226) : raison de plus pour voir le récit figurer dans un ouvrage étiologique ! Aussi, J. Bayet, *Les Origines de l'Hercule romain*, 1926, p. 301 ; p. 253 sq.

61. *Quaest. Rom.*, 60 ; aussi Pline, *Nat. Hist.*, X, 79 : *Romae in aedem Herculis in Foro Boario nec muscae nec canes intrant*.

62. J. Carcopino, *Aspects mystiques de la Rome païenne*, Paris, 1942, p. 194 ; l'explication du tabou des mouches n'entraîne pas la conviction, si celle du tabou des chiens (origine pythagoricienne), satisfait davantage. D. van Berchem, *op. cit.*, p. 61 et p. 66, retrouve des interdits semblables dans les sanctuaires phéniciens de Gadès, d'Érythrées, de Thasos.

63. Paulus-Festus, *s.u. Medius Fidius*, p. 133 L. J. Poucet, *Semo Sancus Dius Fidius, une première mise au point*, dans *Rech. Phil. Lingu.*, 3, 1972, 33-68.

64. Pline, *Nat. Hist.*, VIII, 194 et Plutarque, *Quaest. Rom.*, 30. Étude de J. Gagé consacrée

tant intrigué la recherche actuelle. Les curiosités d'Ovide, doit-on croire, avaient d'autres motivations que les nôtres.

3. Les curiosités ovidiennes : le goût du paradoxe

Une fois déterminés les sujets d'étude, choisis et écartés les rites retenus et les rites à omettre, s'impose une seconde sélection, celle-là plus délicate : quelles questions va-t-on se poser à propos de chaque rituel ?

Là encore, il ne faut pas chercher dans les *Fastes* un plan systématique. Point de « qui ? », « où ? », « quand ? », « pourquoi ? », « comment ? », auxquels les réponses s'efforceraient de résoudre les difficultés soulevées par chaque fête. Le choix des problèmes est nécessairement laissé au gré de l'auteur, qui réagit en face du rite selon ses préférences et ses étonnements personnels, ou surtout, en fonction des réponses dont il dispose.

Ovide ne se soucie pas toujours d'élucider les *noms* des dieux et ceux des fêtes, alors qu'en bonne logique il aurait dû commencer par là. Quels noms reçoivent une analyse ? *Flora*, qu'il est seul à définir, comme pour narguer la critique, et qui se voit expliquer au moyen d'un surprenant détour par la mythologie grecque, elle dont le nom est si transparent [65] ! *Quirinus*, royalement doté de trois étymologies [66], *Anna Perenna*, qui offre au poète plusieurs occasions de jongleries verbales [67]. *Veiouis* lui permet de transcrire en poésie d'importantes discussions de grammairiens, si *Carmenta* est beaucoup plus facile à élucider [68]. Mais pourquoi ne donne-t-il pas, autrement que par allusions obscures, les étymologies variées que l'Antiquité affectait au nom de Janus [69] ? Pourquoi la description si complète des

---

aux instruments de Gaïa Caecilia : *Tanaquil et les rites étrusques de la Fortune oiseleuse*, dans *S.E.*, 22, 2, 1953, 79-102.

65. Voir p. 239. *Fast.*, V, 195-196.
66. *Fast.*, II, 477 *(curis)*, 479 *(Quirites)*, 480 *(Cures)*.
67. *Fast.*, III, 654-657 et 673. Nous ne reprendrons pas la question de l'étymologie, traitée dans une étude antérieure : *Anna Perenna, Bonne et Heureuse Année ?* dans *R.Ph.*, 45, 2, 1971, 282-291.
68. *Fast.*, I, 467 pour *Carmenta* : III, 445-448 pour Véiovis. Voir Denys, I, 31, 1.
69. *Eanus* pour Cicéron, *Nat. Deor.*, II, 67, cité dans Cornificius, *Etym.*, III, chez Macrobe, *Sat.*, I, 9, 11 ; *Enos*, pour Callimaque, *Aitia*, I, cité par J. Lydus, *Mens.*, IV, 1 ; *Ias = Mia* pour les Pythagoriciens, et *Aiôn* pour Longin, au même endroit chez Jean le Lydien ; voir aussi Servius, *Ad Aen.*, VII, 610.

fêtes de Palès n'est-elle pas assortie d'un échantillonnage d'explications sur le nom de la cérémonie, ou sur celui, si controversé, du Palatin [70] ? Rien non plus sur l'origine de divers autres noms : *Cybele*, pour laquelle Ovide dispose d'au moins un texte de Verrius Flaccus [71] ; *Ceres*, qu'on faisait venir, au choix, de *creare* ou de *gerere* [72] ; *Venus*, avec les jeux verbaux sur *uenire, uincire, uenia*, tous vocables diversement mis en rapport avec les fonctions de la déesse [73]. Pour *Mater Matuta*, elle était triplement définie par Verrius [74], de même que Minerve, dont on commentait abondamment le nom, fût-ce avec quelques fantaisies [75]. On attendrait également quelques suggestions sur le nom de *Gradiuus*, qu'Ovide cite au passage [76] sans le commenter. Quant à Mercure, son nom recevait comme *etymon* un *mĕdĭcŭrĭus* qu'on excusera facilement Ovide de n'avoir pas introduit dans un distique élégiaque.

La documentation ne faisait nullement défaut à notre poète, puisque les ouvrages dont sont extraites les étymologies ci-dessus sont soit antérieurs, soit inspirés d'auteurs antérieurs à lui. A-t-il éprouvé des difficultés à faire passer en poésie des considérations déjà peu commodes à établir en prose,

---

70. Paulus-Festus, p. 245 L. ; Varron, *Ling. Lat.*, V, 53 ; Liv., I, 5 ; parmi les étymologies avancées : *parere, Pales, balare, Pallantô, Pallas* !

71. Paulus-Festus, p. 45 L. ; *Cybebe ita appellabatur quod ageret homines in furorem, quod Graeci κύβηβον dicunt.* Servius, *Ad Aen.*, III, 111 : *Alii Cybele ἀπὸ τοῦ κυβιστᾶν τὴν κεφαλήν* (ou : κιβισται) *id est a capitis rotatione quod proprium est eius sacerdotum*. H. Graillot, *Le Culte de Cybèle Mère des Dieux*, Paris, 1912, p. 16, n. 2 ; A. Sayce *Kybele and Gallos in the Hittite Texts*, dans *C.R.* 42, 1928, 161-163.

72. Paulus-Festus, pour *Cerus*, p. 109 L. ; Servius, *Ad Georg.*, I, 7 ; Isidore, *Etym.*, VIII, 11, 59 ; Fulgence, *Myth.*, I, 10 ; Cicéron, *Nat. Deor.*, II, 67 ; III, 52 ; Varron, *Ling. Lat.*, V, 64 ; Firmicus Maternus, *Err.*, XVII, 3 ; Voir H. Le Bonniec, *Le Culte de Cérès*, Paris, 1958, p. 22-24.

73. Cicéron, *Nat. Deor.*, II, 69 : *quae autem dea ad res omnes ueniret, Venerem nostri nominauerunt*, définition qu'Arnobe démythifie malignement en un : *quod ad cunctos ueniat, Adu. Nat.*, III, 33 ; Servius, *Ad Aen.*, I, 720, propose *ueniam*, et Varron, *Ling. Lat.*, V, 62, *uincire*. Voir R. Schilling, *La Religion romaine de Vénus*, Paris, 1954, p. 33-59.

74. P. 109 L., et 154 L. : à l'aide des mots *mane, maturus* et *mater* ; aussi Augustin, *Ciu. Dei*, IV, 8 ; Servius, *Ad Georg.*, I, 437 ; et Nonius Marcellus, I, p. 65-66 Q.

75. *Minuere* ; Cicéron, *Nat. Deor.*, II, 67, qui donne aussi *minari* ; *Meminerua*, pour Arnobe, *Adu. Nat.*, III, 31 ; *monere* pour Festus, *s.u. Minerua*, p. 109 L., qui cite le *minitare* de Cornificius. On lira J.L. Girard, *Les Origines du culte de Minerve*, dans *R.É.L.*, 48, 1970, 469-472 : l'origine du mot serait la racine * *Men*, indiquant la sphère d'activité de la déesse (intelligence, technique), contaminée par la phonétique étrusque ou falisque.

76. *Fast.*, II, 861. Étymologie : *gradior, gramen* (à cause de la *corona graminea* : Paulus-Festus, p. 86 L.) ; Servius, *Ad Aen.*, III, 35. Festus hasarde également le grec κραδαίνειν, « brandir ses armes ». Lire R. Stark, *Mars Gradiuus et Auerruncus*, dans *A.R.W.*, 35, 1938, 139-149 ; Aussi J. Frotingham, B. 329, ou G. Garbini, *Grabovius*, dans Mélanges V. Pisani, Brescia, 1969, 391-400.

notamment des *etyma* grecs ? Il serait absurde de prétendre qu'Ovide ne ressent pas d'intérêt pour l'étymologie, puisque cette recherche est surabondante dans les *Fastes* [77], puisqu'il a pris plaisir à hasarder lui-même quelques hypothèses, enfin puisqu'il a introduit des étymologies dans son texte là où rien ne les appelait. On se bornera donc à souligner le fait.

*
**

Comment naît la curiosité à propos d'un rite ? Tandis que d'autres auteurs restent insensibles à des paradoxes ou des illogismes flagrants qui parsèment la liturgie romaine, l'insatiable curiosité de notre poète s'attache à *expliquer l'inexplicable,* voire à susciter des contradictions là où elles n'existent pas, pour le seul plaisir de les résoudre. Aussi la question naît-elle souvent de la seule constatation d'un détail qui contredit un ordre attendu. Naissance spontanée ou coquetterie littéraire, d'ailleurs, fausse naïveté plutôt, celle du Romain moyen, point trop versé dans les subtilités religieuses, et qui juge en la matière avec son seul bon sens un peu fruste. Le plus raffiné des élégiaques latins semble ainsi s'amuser à se créer un personnage, et, traitant de réalités anciennes et nationales, à se faire une âme antique et bien romaine. A la lecture de son œuvre, le peuple est censé redécouvrir, comme en un miroir, ses propres étonnements.

En certains cas du moins, le procédé n'est qu'un pur artifice, destiné à vivifier un exposé trop aride. L'incorrigible curieux va puiser aux sources les réponses aux énigmes qui le sollicitent, et interroger directement le dieu Janus ou quelque Flamine ! Pourquoi, offre-t-on au Nouvel An des pièces qui n'ont plus cours [78] ? Pareille aberration exige un commentaire ! Ovide connaît bien la vraie raison, simplement la commémoration d'un usage ancien. Il pourrait en tirer d'heureuses conclusions sur le conservatisme fondamental qui caractérise la mentalité romaine ; mais il préfère exploiter un cliché de l'élégie, avec la diatribe obligée contre les méfaits du modernisme.

Toujours à propos du Nouvel An, second paradoxe : l'année devrait commencer (et le poète parle ici au même titre que l'honnête homme), avec la saison du renouveau, ce qui satisferait à la fois la logique et la poésie. « Prendre le solstice d'hiver comme point de départ pour l'année », constate

---

77. Voir p. 197 *sqq.*
78. *Fast.,* I, 189-226, dont 219-221 :

Tu tamen auspicium si sit stipis utile quaeris
Curque iuuent uestras aera uetusta manus ?
Aera dabant olim, melius nunc omen in auro est...

avec raison P. Grimal [79], « est une idée qui naît moins spontanément que celle de choisir la venue des pluies du printemps ». La surprise du poète est celle de l'homme naïf ; elle est, d'ailleurs, feinte, puisqu'on peut prendre Ovide sur le fait : lui-même nous apprend que l'année ancienne commençait bel et bien en mars, et les *Fastes* sont l'un de nos plus sûrs documents à ce sujet [80] ! Pourtant, ni l'homme de la rue ni le poète ne sont au fait des exigences astronomiques, et la logique ovidienne se voit mise en défaut par l'information scientifique de Janus :

> *Dic, age, frigoribus quare nouus incipit annus,*
> *Qui melius per uer incipiendus erat ? (...)*
> *Bruma noui prima est ueterisque nouissima solis*
> *Principium capiunt Phoebus et annus idem*
> I, 149-150
> 163-164

Ovide se plaît parfois à rendre évident le procédé qu'il emploie à l'aide de tours syntaxiques fortement marqués. Des « Pourquoi donc... alors que » traduisent nettement dans l'expression même la fausse naïveté de l'étiologue amateur. Ainsi, lorsqu'il cherche à découvrir une origine acceptable au nom des prêtres de Cybèle, les *Galli*, s'étonne-t-il, comme s'étonnait certainement son lecteur romain, et légitimement : « Ils ne sont pourtant pas *Gaulois* ! » Et le pentamètre exprime l'objection, que le vulgaire estime péremptoire, contre une étymologie aberrante que les savants croient lui faire admettre impunément :

> *Cur igitur Gallos qui se excidere uocamus,*
> *Cum tanto a Phrygia Gallica distet humus ?*
> IV, 361-362

Puisque c'est décidément un profane, fermé à tout symbolisme religieux, qui interroge Erato, nous retrouvons sans surprise, quelques vers plus bas, une même indignation béotienne : est-il possible qu'on ose offrir à une déesse le *moretum*, ce plat si grossier [81] ? Quant aux lions pacifique-

---

79. *Le Dieu Janus et les origines de Rome*, dans *L. H.*, 4, 1945, 15-121, p. 120. Étude de J. Crawford, *De Bruma et brumalibus festis*, dans *By. Z.*, 23, 1914, 365-396 ; L. van Johnson, *Natalis Vrbis et Principium anni*, dans *T.A.Ph.A.*, 91, 1960, 109-119.
80. *Fast.*, III, 135-150, qu'Ovide introduit ainsi : « Si on doutait que les calendes de mars aient été jadis les premières, on pourrait prendre garde aux indices que voici... ».
81. *Fast.*, IV, 367. Il s'agit du *moretum herbosum*. Sur son origine on hésite : s'agit-il d'un plat typiquement romain substitué à une nourriture orientale impossible à confectionner à Rome ? (H. Graillot, *Le Culte de Cybèle...*, p. 80) ; voir aussi P. Lambrechts, *Cybèle divinité étrangère ou nationale*, dans *B.S.b.A.P.*, 62, 1951, 44-60, p. 59, n. 1. A. Brelich y voit un

ment attachés à un char... quant à la *uenatio* des lièvres et des chevreuils inoffensifs lors des *Floralia,* ils donnent vraiment l'impression que le monde tourne à l'envers [82] ! Chaque fois, une épithète, les lions « race *indomptable* », ou au contraire : « d'*inoffensifs* chevreuils », « des lièvres *peureux au lieu de lionnes* de Libye » vient rendre tangible le caractère paradoxal du rituel présenté.

Ovide se substitue ainsi à l'homme du peuple, déconcerté par les étrangetés du culte, et se plaît à se poser les questions qu'une intelligence moyenne peut se poser. Nous cherchions souvent ces problèmes chez Varron ou chez Verrius, sans les y trouver : hommes de science, tous deux ne s'intéressent qu'aux questions auxquelles la science peut apporter une réponse, et ils se bornent à consigner cette réponse, sans se soucier de son aspect parfois surprenant : la religion le veut ainsi, telle est leur loi. Ovide, lui, s'étonne à propos de tout, et pose le doigt précisément sur les points délicats de la liturgie romaine, en légitimant sa curiosité grâce à l'énoncé d'une idée reçue, d'un jugement populaire contrariés par le dogme religieux.

Pourquoi, ainsi, invoque-t-on Janus en tête de toutes les prières, *même si l'on veut solliciter le secours d'une autre divinité* ?

> ... *Cur, quamuis aliorum numina placem,*
> *Iane, tibi primum tura merumque fero ?*
> I, 171-172

Pourquoi, *tandis que Rome compte de très nombreux passages publics,* les *iani,* un seul d'entre eux est-il consacré à Janus [83] ?

> *Cum tot sint iani, cur stas sacratus in uno,*
> *Hic ubi iuncta Foris templa duobus habes ?*
> I, 257-258

Les deux questions sont pertinentes, et Ovide, qui est seul à se les poser, fait montre ici d'une intelligence affinée : de fait, le paradoxe a de quoi surpren-

---

symbole, celui d'une forme d'existence antérieure à la culture des céréales, laquelle admet une autre traduction dans les rites avec l'interdiction du pain... *(Offerte e interdizioni alimentari...,* dans *S.M.S.R.,* 36, 1965, 27-42, p. 40-41).
82. *Fast.,* IV, 215-216 et V, 371-372.
83. Réponse de P. Grimal, *Le Dieu Janus et les origines de Rome,* dans *L. H.,* 4, 1945, 15-121, p. 54 : « Il n'y a donc pas lieu de s'étonner non plus que, dans la ville fortifiée, le concept de porte soit resté essentiellement indépendant de celui de *ianus,* puisque toutes les portes étaient des moyens matériels d'accès, des « portae », et qu'une seule d'entre elles réalisait le passage magique, le *ianus* (...) Or, cette porte privilégiée, nous la connaissons : elle s'appelait, à Rome, la *Porta Ianualis,* et c'est là que le dieu Janus avait son principal sanctuaire ».

dre, et il est méritoire de s'en être avisé. Voici une question posée sous la forme d'une observation empreinte d'une inattaquable logique : « Pourquoi dans le sanctuaire de la Fortune a-t-on enveloppé de toges une statue ancienne, *puisque tout le monde sait bien qu'elle représente le roi Servius* » :

> *Lux eadem, Fortuna, tua est, auctorque locusque*
> *Sed superiniectis quis latet iste togis ?*
> *Seruius est, et constat enim ; sed causa latendi*
> *Discrepat...*
> VI, 569-572

Seuls, l'enfant et le poète peuvent connaître d'aussi candides perplexités, et la formulation adoptée par Ovide témoigne bien de ses intentions malignes : il se doute bien que lesdites toges ne servent pas à *dissimuler* qui que ce soit, mais ont une valeur purement rituelle. Aussi tourne-t-il sa question de façon à bien faire ressortir l'absurdité de ces voiles, qui, en fait, ne voilent rien !

Le domaine privilégié du paradoxe demeure celui du sacrifice ; si la raison pure et quelques obscurs rapports de sympathie semblent présider à certains décrets pontificaux, (victimes noires aux dieux infernaux, victimes mâles aux divinités mâles), le choix des animaux heurte, lui, le sens commun. C'est un principe simple qui guide l'étiologie du sacrifice, dans l'Antiquité, celui du rapport faute-punition [84]. La mise à mort de certains animaux plutôt que d'autres résulte forcément d'un manquement par eux commis : *Ratio enim uictimarum fit pro qualitate numinum. Nam, aut haec immolantur quae obsunt eorum muneribus, ut porcus Cereri, quia obest frugibus, hircus Libero, quia uitibus nocet ; aut certe ad similitudinem ut Inferis nigras pecudes, Superis albas immolent ; item Tempestati atras, candidas Serenitati* [85].

L'application automatique d'un pareil principe débouche toutefois sur des sacrifices inexplicables, devant lesquels Ovide réagit spontanément : ni le bœuf ni la brebis ne devraient alors être sacrifiés !

> *Culpa sui nocuit, nocuit quoque culpa capellae*
> *Quid bos, quid placidae commeruistis, oues ?*
> I, 361-362

On songe ici au long développement des *Métamorphoses* [86], dont sont visiblement inspirés certains vers des *Fastes*, mais aussi à la « prosopopée »

---

84. G. Capdeville, *Substitution de victimes dans les sacrifices d'animaux à Rome*, M.É.F.R.A., 83, 1971, 2, 283-323, p. 284-288 surtout.
85. Servius, *Ad Aen.*, III, 118.
86. *Met.*, XV, 60-142.

du bœuf chez Arnobe, où le paisible ruminant interrogé sur le pourquoi de son sacrifice, plaide non coupable [87].

Un cas limite nous fait toucher du doigt combien cette bonne foi d'Ovide n'est qu'un procédé, fort subtil au demeurant : celui des oies sacrifiées à Isis. Aucune anomalie dans ce sacrifice. Qu'à cela ne tienne, il est bien facile de créer de toutes pièces un paradoxe satisfaisant : « les oies ont sauvé le Capitole, mais la reconnaissance qu'on leur doit n'arrête pas le sacrificateur » :

> *Nec defensa iuuant Capitolia quo minus anser*
> *Det iecur in lances, Inachi lauta, tuas.*
> I, 453-454

Ce qu'Ovide oublie de se demander, c'est le rapport qui pourrait exister entre Isis et le Capitole, et comment la défense de la citadelle romaine pourrait sauver des oies *égyptiennes* !

L'exemple précédent pouvait être attribué au goût très vif de notre poète pour l'insolite, plus qu'au plaisir de résoudre savamment un paradoxe, puisqu'il se garde d'avancer une explication qui susciterait d'immédiates protestations. En revanche, son peu de scrupules à fabriquer de toutes pièces une belle antithèse éclate dans le traitement qu'il fait subir à deux fêtes importantes, les *Vinalia* et les *Matronalia*.

Les *Vinalia* sont la fête de Vénus, affirme Ovide, sourd, nous le verrons, aux objurgations de ses prédécesseurs qui soutiennent unanimement le contraire [88]. Comment se fait-il alors qu'ils soient consacrés à Jupiter ? :

> *Cur igitur Veneris festum Vinalia dicant*
> *Quaeritis, et quare sit Iouis ista dies ?*
> IV, 877-878

Ces liens établis par Ovide entre deux fêtes indépendantes, quoique situées le même jour, les *Vinalia*, « fêtes du vin », et l'anniversaire des temples voués à Vénus *Erycina*, « fête de Vénus », ont soulevé une polémique non encore éteinte aujourd'hui : y avait-il ou non participation de Vénus aux *Vinalia* ? Instruite par les exemples qui précèdent, nous pouvons déjà répondre « non », avant de traiter la question plus à loisir : c'est la proximité phonique des deux mots « *Venus* » et « *Vinalia* » qui suscite un jeu verbal, et qui amène Ovide à rendre sensible, dans la formulation du problème, un

---

87. *Adu. Nat.*, VII, 9.
88. Voir p. 85-87.

paradoxe frappant : la fête de Vénus est appelée d'un nom qui n'est pas formé sur *Venus* !

Il ne faut pas se leurrer et faire dire au texte d'Ovide ce qu'il n'a pas dit. On doit distinguer entre deux manières de poser la question qui placent le problème sur deux plans différents. « Pourquoi les *Vinalia* sont-ils consacrés à Vénus ? » : c'est ce qu'Ovide n'a garde de se demander ! Et la réponse qu'il donne, — le mythe du vin, Énée et Jupiter —, nous le montre expressément : il n'envisage à aucun moment une présence possible de Vénus dans la fête ancienne [89]. Ce qu'il se demande, c'est pourquoi la fête dédiée à Vénus (c'est-à-dire la dédicace des temples) a été dotée d'un nom formé sur le mot *uinum*, le vin. Pour ce faire, il a bousculé la chronologie, et doté la fête de Vénus *Erycina* d'une antiquité aussi respectable que celle des *Vinalia*, comme si le jour du 23 avril avait appartenu de tout temps à Vénus, au lieu de ne l'accueillir que depuis 215 av. J.-C., date de l'érection d'un de ses temples. Ce sont alors Jupiter et les rites du vin qui font figure d'intrus, et le nom de *Vinalia* qui paraît injustement surimposé au nom de Vénus ! Comment accorder à cette spécieuse rhétorique augustéenne la moindre valeur religieuse ? La subtilité du poète est devenue ici l'art de jeter de la poudre aux yeux.

Pour les *Matronalia*, en revanche, la critique moderne n'a point fait à Ovide l'honneur de prendre en compte la somme des étiologies laborieuses qu'il a rassemblées pour résoudre une contradiction flagrante : Mars, dieu de la guerre, est honoré par les femmes !

Cum sis officiis, Gradiue, uirilibus aptus,
Dic mihi matronae cur tua festa colant ?
III, 169-170

En fait, les femmes ne rendent d'honneurs à Mars que parce que Ovide, encore une fois, désire créer un paradoxe là où la simultanéité de deux célébrations en un même jour lui permet de jouer sur les mots et sur les rites. La véritable dédicataire des *Matronalia* est une déesse, et qui plus est, *la* déesse spécifique des fonctions physiologiques féminines, Junon *Lucina* [90]. Son temple a été dédié le 1ᵉʳ mars, toutes les kalendes étant con-

---

89. On se reportera aux pages 82-99, qui traitent l'ensemble de la question. Mais il faut déjà confronter avec les textes certaines assertions de R. Schilling à ce sujet. Puisque Vénus n'intervient pas dans les *Vinalia* primitifs et dans le mythe original, il est difficile d'écrire que « la présence de Vénus à la fête rappelait en quelque sorte le potentiel séducteur, la vertu vénusienne du vin » (*Ovide interprète...*, p. 228) ou que « Le mythe troyen justifie la participation simultanée des deux divinités », (*ibid.*, et : *Quel crédit...*, p. 22, *Ovide poète des Fastes...*, p. 873 ; ou *Roman Festivals...*, p. 51).

90. Tertullien, *Idol.*, 14 ; Paulus-Festus, p. 131 L., *s.u. Martias Kalendas* ; J. Lydus, *Mens.*, IV, 42.

sacrées à Junon [91], et celles de mars, mois de la naissance universelle, ce qu'Ovide a fort bien vu [92], tout particulièrement. Mais il est probable, encore que les textes fassent défaut, qu'en ce jour devait se dérouler quelque solennité en l'honneur du dieu Mars, patron de Rome, patron du mois, patron du jour de l'an archaïque [93], ne seraient-ce que les danses des Saliens. Il s'agit donc d'une coïncidence, et non de la participation des matrones aux fêtes, si fêtes il y a, de Mars. La juxtaposition de deux divinités, Mars et Junon, comme celle de Vénus et Jupiter le 23 avril, est pourtant transformée par Ovide en une union profonde et logiquement explicable, processus qu'il nous faut analyser un peu plus longuement, puisque la recherche moderne ne s'y est pas intéressée.

Une explication qui ne ferait appel qu'à la coexistence fortuite de deux cultes différents à une même date ne peut contenter Ovide, dont l'esthétique subtile exige de plus grands raffinements. Il substitue donc au *mois* de mars le *dieu* Mars, ce qui lui permet d'établir une superbe antithèse : le dieu de la guerre, *Mars Gradiuus,* vocable choisi à dessein pour son potentiel guerrier [94], fêté par les femmes, ennemies naturelles de la guerre. Et il s'occupe de résoudre le problème à l'aide de considérations créées sur mesure par un *acumen ingenii* hors de pair. Les légendes sabines, d'abord, avec le geste héroïque des femmes qui *finierant lacrimis Martia bella suis* [95]. Viennent ensuite l'aventure d'Ilia, enceinte des œuvres du dieu [96] ; le *Natalis* du temple de Junon sur l'Esquilin [97], origine authentique de la fête, mais rejetée par Ovide, sans doute, estime justement H. Le Bonniec [98], parce qu'elle ne permet d'établir aucun lien avec le dieu Mars. Enfin, diverses considérations d'ordre physique (identité entre la saison symbolique de l'enfantement et celle de la fécondité universelle [99]) ou littéraire, l'emploi métaphorique et

---

91. Macrobe, *Sat.*, I, 15, 18, d'ap. Varron, et I, 9, 15-16.
92. *Fast.*, III, 235-244.
93. J. Gagé, *Matronalia*, coll. Latomus, 60, 1963, p. 67. Nous ne possédons que des attestations épigraphiques (*D.K. MART N°, Feriae M(a)rti ; Iun(o)ni Lucinai*, dans les *Fasti Praenestini*).
94. Textes, p. 53, n. 76.
95. *Fast.*, III, 231-232 ; cause retenue par Servius, *Ad Aen.*, VIII, 638 et Plutarque, *Rom.*, 21.
96. *Fast.*, III, 233-234 et 11-70 ; ce *partus Iliae* a suggéré une étymologie des *Parilia* (!) à Charisius, *G.R.F.*, 1, p. 58.
97. *Fast.*, III, 245-248 ; Paulus-Festus, p. 131 L., *s.u. Martias Kalendas* ; Pline, *Hist. Nat.*, XVI, 235 ; *Fast. Praen., ad loc.*
98. *F. éd.*, 1, 1969, p. 180, n. 54.
99. *Fast.*, III, 235 sqq.

élégiaque du mot *pugna* : l'enfantement est le combat et le service militaire de la femme !

> *Tempora iure colunt Latiae fecunda parentes*
> *Quarum militiam uotaque partus habet*
> III, 243-244

C'est la métaphore qui vient ici obscurcir l'expression. Si Ovide avait simplement écrit : « le printemps étant la saison de l'enfantement, c'est au printemps que les femmes ont placé leur fête de l'enfantement », le rapport établi serait meilleur mais le dieu Mars et la guerre n'apparaîtraient plus, et avec eux, le rapport laborieusement établi entre les femmes et Mars. Quant à l'*aition* préféré par Ovide : « Junon, déesse tutélaire des femmes, est en même temps la mère de Mars », le fait que cela soit vrai dans la seule mythologie grecque ne semble guère gêner le poète hellénisant, qui l'exprime, d'ailleurs, à l'aide de considérations romaines : la *pietas*, due par tout bon Romain, et *a fortiori* par le dieu patron de Rome, à la *materfamilias* :

> *Mater amat nuptas : matrum me turba frequentat,*
> *Haec nos praecipue tam pia causa decet*
> III, 251-252

Le texte des deux vers est mal établi. Les éditeurs ont adopté la leçon *matrum me*, donnée par le *Gemblacensis*, à l'exception de quelques-uns : H. Peter, R. Ehwald, R. Merkel [100], qui ont préféré une correction : *matrem mea*. Dans le premier cas, (« La foule des mères M'honore »), ce sont les femmes qui célèbrent le culte du dieu Mars. Dans le second, (« la foule de mes sujets — *mea turba* — honore MA MÈRE »), c'est Junon qui reçoit les hommages. Cette double interprétation nous amène à évoquer la question inévitable : Mars avait-il réellement une place aux *Matronalia* ? J. Gagé a répondu par la négative, considérant qu'une fête de Mars devait mobiliser surtout les hommes [101], et que le dieu se souciait peu d'offrandes féminines. Toutefois, on perçoit une hésitation, due à l'influence d'Ovide, dans une phrase de ce type : « Le premier jour de l'année ancienne, année toute militaire de structure, devait être d'honneur pour les compagnes des fondateurs, les mères d'une génération héroïque [102] ».

---

100. On trouvera les références dans l'édition de G.B. Pighi, au C.S.L.P., 1, 1973, *ad loc.*
101. *Matronalia...*, p. 67. Nous ajouterons à l'évidence de l'esprit un argument tiré du rituel : s'il est vrai que le sacrifice offert à Mars exige l'exclusion radicale de la gent féminine, *Mulier ad eam rem diuinam ne adsit neue uideat quomodo fiat*, Caton, *Agr.*, 83, il serait curieux que le dieu lui-même s'intéressât aux célébrations des femmes.
102. P. 69.

Or, cette abondance de raisons ne masque pas l'essentiel : on ne connaît, en ce jour, *aucun rite précis qui s'adresse à Mars* !

Aussi, notre fin poète se montre-t-il discret sur les différentes phases de la cérémonie. Tout au plus, le vers :

> *Rite colunt matres sacra diemque meum*
>
> III, 234

pourrait-il faire illusion. Mais ce vers résonne comme un pur écho d'un autre vers, venu, celui-là, du *Corpus Tibullianum* !

> *Sulpicia est tibi culta tuis, Mars magne, Kalendis* [103].

Dans ce vers, le mot *tibi* amorce un jeu littéraire : Mars risque de lâcher ses armes devant la beauté de Sulpicia, ce qui pourrait irriter Vénus : rien là de religieux. Sulpicia s'est parée pour les « Kalendes de mars », c'est-à-dire pour les *Matronalia* ! Lygdamus atteste les cadeaux offerts par les maris à leurs épouses :

> *Martis Romani festae uenere kalendae,* (...)
> *Et uaga nunc certa discurrunt undique pompa*
> *Perque uias urbis munera perque domos* [104].

Nous savons, grâce à Ausone, que les femmes prient *pro laude uirorum* [105] ; grâce au pseudo-Acron, que les maris prient *pro conseruatione coniugii* [106] : nous ignorons, en revanche, à quel dieu allaient ces prières. Les seuls rites mentionnés par Ovide concernent Junon *Lucina*, tant la prière de la parturiente, cheveux dénoués, que l'offrande de fleurs fraîches [107]. Macrobe ne mentionne que le repas des servantes, analogue à celui des esclaves aux Saturnales [108], — festivité qui ne concerne pas Mars !

Tout nous invite à voir dans l'ambivalence cultuelle des *Matronalia*, la coïncidence en un même jour de célébrations étrangères l'une à l'autre, et à comprendre la présentation ovidienne des cérémonies du 1ᵉʳ mars comme

---

103. *Corp. Tib.*, III, 8, 1.
104. *Corp. Tib.*, III, 1, 1 et 3-4.
105. *Fer. rom.*, 7-8 éd. Jasinski, Paris, p. 192.
106. *Ad Hor. Carm.*, III, 8, 1.
107. *Fast.*, III, 253-258.
108. Macrobe, *Sat.*, I, 12, 7 : *Hoc mense... seruis cenas apponebant matronae, ut domini Saturnalibus : illae ut principio anni ad promptum obsequium honore seruos inuitarent, hi quia gratiam perfecti operis exsoluerunt.* Quelques allusions également chez Jean le Lydien, *Mens.*, III, 15. Dans ses *Saturnales*, VI, 4, 13, Macrobe nous a conservé un passage d'une atellane de Pomponius intitulée *Kalendae Martiae*.

l'exploitation littéraire d'une confusion concertée entre mars-mois et Mars - dieu. Il n'y a donc pas lieu d'accorder à Mars, en cette fête privée des femmes, plus de place qu'il n'en occupe réellement ! Lorsque J. Gagé écrit : « Cette présence de Mars est si capitale, probablement si vivement sentie encore au début de l'Empire qu'Ovide lui a subordonné presque tout son récit aitiologique [109] », il prend pour argent comptant ce qui n'est qu'un morceau de virtuosité poétique.

4. Le choix parmi les documents

Quelque imprudente ou contestable que paraisse l'action personnelle d'Ovide, elle existe, et opère dès la mise en œuvre du poème, dès le choix des questions. Ovide ne se pose guère de questions essentielles touchant la religion ou les motivations du sacré, mais réserve son intérêt pour les aspects inexplicables de la liturgie. Et parmi les paradoxes innombrables de la religion romaine, il ne retient point les véritables et cruciales énigmes qui intriguent encore la recherche moderne : que l'officiant des *Robigalia*, par exemple, ne soit pas un prêtre spécialisé mais le Flamine de *Quirinus* [110]. En revanche, il s'interrogera sur les femmes qui descendent pieds nus aux *Vestalia* [111]. Point ne l'intriguera l'union surprenante des tiges de fèves vides, du sang de cheval et des cendres d'embryons de veaux aux *Parilia*, mais il dissertera longuement sur les torches en usage aux fêtes de Flore, et dont la raison d'être semble... lumineuse, puisqu'il s'agit d'une fête nocturne [112].

En ce qui concerne le choix qu'Ovide effectue parmi les documents dont il peut disposer, nous nous sentirons sur un terrain plus solide. Nous possédons, cette fois, une manne de renseignements autres que ceux inclus dans les *Fastes*, traitant des faits qui éveillaient l'intérêt d'Ovide. La comparaison est alors possible et souvent fructueuse.

Convenons d'abord que, placé devant un amoncellement de notes résumant les opinions de Verrius Flaccus, de Cicéron, de Varron, et même de

---

109. *Matronalia...*, p. 66. Par distraction, M. Meslin installe dans la fête d'Anna Perenna, le 15 mars, le rite du repas des servantes offert par les matrones, qui appartient, sans l'ombre d'un doute, aux *Matronalia* ! (*Calendes...*, p. 13).
110. *Fast.*, IV, 907.
111. Voir p. 205 *sqq*.
112. Le cortège des *Floralia* de 32 ap. J.-C. compte ainsi 5 000 enfants porteurs de torches, Dion Cassius, LVIII, 19, 2.

Caton l'Ancien, de Valérius Antias et de Cingius, peut-être aussi de Denys d'Halicarnasse, et de tant d'autres, un écrivain peu familiarisé de par ses préoccupations antérieures avec la grammaire et la liturgie puisse éprouver parfois quelque peine à se décider. L'un étaie ses dires de toute sa rigueur grammaticale, mais l'autre recourt à la séduction insidieuse des étymologies populaires ; celui-là brandit la date historique, celui-ci propose au contraire l'insituable et savoureux récit tiré des folklores anciens ; l'explication classique et satisfaisante offerte par une source sérieuse devrait entraîner l'adhésion, mais la théorie insoutenable de cette autre sourit davantage à un esprit d'humoriste capable de prendre ses distances avec tout sujet sérieux : voilà notre Ovide placé entre le Vice et la Vertu, comme il s'est vu à maintes reprises placé entre la Tragédie menaçante et la souriante Élégie [113]. Ses préférences vont souvent au mythe, au détail pittoresque, à la *fabula plena ioci* [114] : Par delà la recherche scientifique, l'objectif qu'il se propose est d'abord d'intéresser ceux qui parcourront son ouvrage : *L'intimo fine della sua poesia, anche eziologica, sta nel divertimento, in quanto egli si limita a proporre le varie « causae » al gusto del lettore, perchè questi scelga poi « quae placeat »* [115].

a) *L'érudit perplexe*

Les causes qui n'ont point eu l'heur de plaire à Ovide gardent tout de même à ses yeux beaucoup d'importance. Sans doute notre étiologue est-il très conscient de la fragilité de ses préférences !

Il n'est pas rare que nous trouvions plusieurs étiologies alignées sagement à la file, entre lesquelles l'auteur précise ou ne précise pas ses préférences : S. d'Elia s'est élevé [116] contre cette juxtaposition, qui lui paraît anti-littéraire. Scientifiquement parlant, cette méthode présente un immense intérêt : si Ovide avait trop souvent éliminé ce qui ne lui convenait pas, combien de renseignements précieux seraient irrémédiablement perdus ! La méthode d'un écrivain est toujours intéressante, jusqu'en ses errements. Et si l'on s'avise que les options déclarées d'Ovide sont loin d'être toujours infaillibles, on le remercie alors de n'avoir pas toujours choisi. Pour nous en tenir à un seul exemple, si le poète accumule les explications spécieuses sur l'épithète de Minerve, *Capta,* il nous a également suggéré un rapport entre l'érection du temple de cette Minerve et la prise de Faléries, rapport reconnu comme exact par les Modernes, et authentifié, ajoute le poète, par

---

113. P. ex., *Am.,* III, 1.
114. Expression de *Fast.,* II, 304.
115. C. Santini, *Toni e strutture...,* p. 52-53.
116. *Ovidio...,* p. 333 ; aussi L.P. Wilkinson, *Ovid Recalled,* Cambridge, 1955, p. 265.

l'inscription qui accompagne la statue [117] : aucun autre auteur ne s'est soucié de nous conserver ce détail.

Si parfois le caractère didactique de l'ouvrage entraîne quelque gaucherie dans l'exposé ou dans les énumérations, il nous vaut, en d'autres occasions, des moments très réussis, où nous voyons Ovide avouer fort joliment son embarras : voyageur arrêté à la croisée des chemins, il se sent incapable d'opter pour l'une ou l'autre des routes offertes :

> *Vt stat, et, incertus qua sit sibi nescit eundum,*
> *Cum uidet ex omni parte uiator iter,*
> *Sic, quia posse datur diuersas reddere causas,*
> *Qua ferar ignoro, copiaque ipsa nocet !*
> V, 3-6

Pour départager les neuf Muses qui se prononcent à égalité sur trois propositions, Ovide rend les armes :

> *Quid faciam ? Turbae pars habet omnis idem !*
> *Gratia Pieridum nobis aequaliter adsit,*
> *Nullaque laudetur plusue minusue mihi !*
> V, 108-110

Loin d'être un pur jeu de l'esprit, la fiction littéraire sert ici à dissimuler un réel embarras scientifique.

Pour l'étymologie de juin s'opposent *Juno, iungere* et les *iuuenes* représentés par Hébé, dont l'antagonisme avec Héra-Junon est bien connu [118]. Junon se faisant le champion de la première étymologie, il devient impossible de décider sans impiété entre la mère et la fille ! — surtout lorsqu'on a en mémoire la kyrielle d'inconvénients auxquels expose l'imprudence de ne pas choisir Junon... Et l'on sourit, en découvrant l'allusion à la guerre de Troie, devinée par tout lecteur ami d'Ovide [119] :

> *Dicta triplex causa est. At uos, ignoscite, diuae !*
> *Res est arbitrio non dirimenda meo.*
> *Ite pares a me. Perierunt iudice formae*
> *Pergama : plus laedunt quam iuuat una duae.*
> VI, 97-100

---

117. *Fast.*, III, 843-844.
118. Apollodore, *Bibl.*, I, 3, 1 ; Hésiode, *Théog.*, 952-956, *etc.*
119. Bonne étude de ce passage par C. Santini, *Toni e strutture...*, p. 53 ; évoquons aussi l'accumulation des causes affectées aux *Parilia*, à propos desquelles P. Fargues écrit : « En vérité, seules la première et la dernière cause méritaient d'être exposées, et Ovide aurait dû nous faire grâce des autres » (B. 302, p. 462).

Ce refus de s'engager matérialise la discordance qui oppose les deux plans du rite et de l'étiologie. Qui s'occupe des rites peut aisément se contenter de décrire des réalités existantes. Qui désire les interpréter se heurte d'emblée à des difficultés nombreuses : l'interprétation repose forcément sur des hypothèses forgées bien des siècles après la naissance des rites, et par tant d'hommes différents ! Pour sa part, Ovide vient à la suite de trois autorités au moins — Cicéron, Varron, Verrius Flaccus —, et d'une pléiade d'écrivains moins connus, mais qui ont joué eux aussi, et de fort bon cœur, au jeu de l'étiologie. Doué, comme Cicéron, d'un esprit éclectique, Ovide emprunte à chacun ce qui lui convient, en avouant que tout, ou presque, lui convient. Aussi trouvons-nous parfois le schéma suivant : « Voilà le rite. Mais pour la cause, je vous laisse juges entre... » :

> *Seruius est, et constat enim ; sed causa latendi*
> *Discrepat, et dubium me quoque mentis habet*
> VI, 571-572

formule qui admet des variantes :

> *Expositus mos est, moris mihi restat origo*
> *Turba facit dubium, coeptaque nostra tenet*
> IV, 783-784

On se tromperait, toutefois, si l'on attribuait l'absence de choix à une carence scientifique. Dans plusieurs textes, on pressent au contraire une volonté concertée d'information, qui oblige Ovide à grouper, à l'intention de son lecteur, tous les documents dont il dispose. Ce souci, positif, d'exactitude, ce scrupule de professeur consciencieux n'a jamais été reconnu à Ovide, et pourtant, il est bien réel :

> *Quae tamen haec dea sit, quoniam rumoribus errat,*
> *Fabula proposito nulla tegenda meo*
> III, 543-544

écrit-il avant d'énumérer les six possibles étymologies du nom de la déesse *Anna Perenna*[120]. De la même façon, il ne rendra pas sa liberté à Janus avant que le dieu lui ait donné tous les détails sur sa fête : *Pars mihi de festo ne labet ulla tuo* (I, 190).

---

120. Pour mémoire : on peut hésiter entre Thémis, mère des Heures, (*etymon* par *annus*) ; l'*Atlantide nourrice de Jupiter* (= *Hagnô*) ; la déesse Io (sous la forme *bos Inachia*) dont le rapport avec *Anna* est plus mystérieux ; la Lune, encore par le biais de *annus* ; la vieille femme déifiée et honorée d'une statue pérennisant ses bienfaits (*Anna + perenne*) ; enfin, la sœur de Didon, *Anna*, avec l'absurde étymologie *amne perenne*.

En cela, notre poète se rapproche de Verrius Flaccus plutôt que du laconique Varron : le second a effectué une sélection préalable, et se borne à produire une ou deux hypothèses. Verrius, lui, aligne infatigablement les solutions envisageables, sans les critiquer. Comparons seulement le contenu du *De Verborum Significatione* à celui du *De Lingua latina* sur le simple nom de Rome [121] !

b) *L'érudit s'engage*

Une fois étudié le cas limite où Ovide se refuse à choisir, nous en viendrons aux très nombreux exemples d'un choix affirmé qu'il nous est loisible de rencontrer dans les *Fastes*. Et tout d'abord, ce que nous appellerons le « choix fondé », c'est-à-dire opéré seulement *après* l'exposé impartial de plusieurs solutions acceptables ou jugées comme telles par celui qui les expose.

1. OVIDE FACE A SON TEXTE

Ami des contes populaires et du merveilleux mythique, Ovide sait bien, pourtant, lorsqu'il écrit les *Fastes,* que la réaction de son public devant l'œuvre nouvelle sera différente de ce qu'elle était à la lecture des *Métamorphoses*. Il ne s'agit pas là de fantaisies et d'aventures prodigieuses, il s'agit de religion, et qui plus est, de religion nationale, officielle, *romaine* enfin. Or, la supériorité de la religion romaine sur la grecque, c'est précisément, aux dires de Denys d'Halicarnasse, qu'elle est réfractaire aux mythes [122].

Aussi Ovide éprouve-t-il le besoin d'excuser parfois le caractère merveilleux de ses étiologies.

Nous rencontrons ainsi de prudentes formules. Un *uix equidem credo* [123] introduit un rapprochement, à vrai dire assez inattendu, entre les légendes de Deucalion et de Phaéton et la fête des *Parilia,* on ne peut plus romaine, puisqu'elle coïncide avec l'anniversaire de la fondation de la Ville. Nous reparlerons de ce *uix equidem credo,* qui ne nous paraît point très orthodoxe. La même formule accompagne le récit populaire qui attribue l'institution des *Parentalia* à une revendication des revenants peu satisfaits des hommages reçus, et qui sévirent « un jour » contre leurs descendants [124].

---

121. P. 326-330 L. ; *Ling. Lat.,* V, 33.
122. *Rom.,* II, 18-20 : τοὺς δὲ παραδεδομένους περὶ αὐτῶν μύθους, ἐν οἷς βλασφημίαι τινὲς ἔνεισι κατ' αὐτῶν ἢ κακηγορίαι πονηροὺς καὶ ἀνωφελεῖς καὶ ἀσχήμονας ὑπολαβὼν εἶναι καὶ οὐχ ὅτι θεῶν ἀλλ' οὐδ' ἀνθρώπων ἀγαθῶν ἀξίους ἅπαντας ἐξέβαλε (18,3).
123. *Fast.,* IV, 793.
124. *Fast.,* II, 551.

Léger doute, également, sur l'oracle des Lupercales, « que le bouc sacré pénètre les matrones », dont la crudité devait choquer même des âmes habituées aux vers fescennins et aux obscénités rituelles :

> ... *Et Dea per lucos mira locuta suos*
> *« Italidas matres », inquit, « sacer hircus inito »*
> II, 440-441

Quant aux paroles prononcées par la statue de Cybèle, c'est un *mira canam* [125] qui vient atténuer leur apparence surnaturelle.

Ce mot *mira* revient à plusieurs autres reprises dans les *Fastes*, doté de significations variables. Il n'exprime pas toujours une nuance de scepticisme. Dans des tours tels que : *« mira sed acta loquor », « mira... loquar », « mirum quis credat ? Tamen... »*, il s'agit d'un encouragement adressé par Ovide à son lecteur [126], dont il perçoit la réticence, et qu'il invite à ne pas élever d'objections malséantes sur des affirmations invraisemblables. Nous rencontrons ce type de formules au sein de récits légendaires officialisés, dont la tradition a fait des dogmes, et que le poète accepte comme tels avec une exquise bonne grâce : ainsi, l'épisode de la louve nourricière, le miracle de Claudia, dont des jeux scéniques contribuaient encore de son temps à asseoir l'authenticité [127]. Elles accompagnent aussi certaines affirmations des autorités, qui tiennent à ce que la foule accepte sans chercher plus loin des thèses aussi arbitraires que celle de la mainmise de Vénus sur le mois d'avril : « Bien fou qui prétendrait le contraire [128] ! » s'exclame l'imprudent. Elles proclament enfin l'inutilité de toute contestation touchant des traditions séculaires, telle la légende de Saturne dévorant ses enfants [129].

On croit surprendre parfois comme un sourire d'Ovide dans l'énoncé de certaines de ces formules. L'état misérable de notre tradition touchant les œuvres perdues des Antiquaires nous interdit d'affirmer que telle ou telle cause soit une trouvaille ovidienne. Il fallait toutefois un esprit fantaisiste, féru de mythologie grecque, et pourvu d'une belle audace, pour oser éclairer un rite religieux romain où l'on voit intervenir l'eau et le feu, agents reconnus de purification, à l'aide d'une référence à deux mythes grecs, dépourvus de la moindre parenté l'un par rapport à l'autre, et se référant l'un au déluge, l'autre à la colère du Soleil [130]... En ce cas, le tour *uix equidem credo*,

---

125. *Fast.*, IV, 267.
126. Respectivement : *Fast.*, III, 370 et VI, 612 ; IV, 326 ; II, 413.
127. *Fast.*, IV, 326 : *Mira, sed et scaena testificata loquar.*
128. *Fast.*, IV, 115-116 : *... a nobis sit furor iste procul !*
129. *Fast.*, IV, 197 *sqq.*
130. *Fast.*, IV, 793-794.

qu'Ovide affectionne, et que nous retrouvons employé ici, pourrait s'entendre comme une adresse à un lecteur point dupe : Ovide n'est-il pas coutumier de ces rapprochements hasardeux ? C'est bien lui, en effet, qui entoure ailleurs la Flore latine des dieux grecs Borée, Zéphyr et Orithye ; qui affecte au Mars national la naissance miraculeuse d'Arès et introduit au beau milieu des Lupercales Omphale et Hercule [131] !

Les paroles de la *Magna Mater*, au livre IV, sont, elles, manifestement inventées par Ovide, désireux de corser un récit emprunté à Tite-Live, où, et pour cause, Cybèle ne souffle mot. De plus, elles font suite à un oracle lui aussi inventé par Ovide : est-il, alors, de bon aloi, le *mira canam* qui les introduit [132] ? Quant aux plaintes du roi Servius enfoui sous ses toges, elles n'ont pas d'autre réalité historique que ce texte d'Ovide, auquel elles apportent un enrichissement dramatique :

> *Et uox audita est : « Voltus abscondite nostros*
> *Ne natae uideant ora nefanda meae »*
> VI, 615-616

Le mot *dicitur* semble attester qu'Ovide s'inspire d'une tradition authentique, un *mira quidem sed tamen acta loquar* [133] réclame la confiance d'un lecteur qu'on s'apprête à abuser : dans ces protestations d'innocence que multiplie Ovide, nous décelons comme une ironique duplicité : d'autres écrivains assurent en effet que le personnage caché sous les toges n'est pas le roi Servius. Ovide serait fort embarrassé s'il devait donner des précisions sur l'autorité dont il se réclame, et qu'il n'évoque que par ce vague *dicitur* !

*
* *

Ces formules traduisent une prise de position d'Ovide par rapport à ses propres récits, soit qu'il émette quelques doutes sur leur authenticité en tant qu'étiologies d'un rite, soit qu'il essaye d'entraîner l'adhésion souriante d'un lecteur d'abord sceptique. Plus souvent, il rejette expressément certaines causes possibles pour en privilégier une seule et lui affecter l'origine de la célébration étudiée.

Ainsi, le poète refuse-t-il catégoriquement, pour l'explication des Argées, la survivance symbolique d'une effective élimination des sexagénai-

---

131. On lira de H. Le Bonniec : *Hercule et Omphale dans les Fastes d'Ovide,* dans les *Hommages à Albert Grenier,* Bruxelles, 2, 1962, 974-980. Sur Flore et Arès, et le problème de la fleur d'Olène, on se reportera à B. 649.
132. *Fast.*, IV, 267.
133. *Fast.*, VI, 612.

res en des temps reculés [134]. Une telle justification lui paraît incompatible avec la morale traditionnelle et la piété que tout Romain doit observer envers parents et ancêtres :

> *Corpora post decies senos qui credidit annos*
> *Missa neci, sceleris crimine damnat auos*
> V, 623-624

Le choix, parfois, ne s'impose que pour des raisons d'esthétique littéraire ! Ovide nous avoue ainsi avec quelque ingénuité que le crime de Tullia lui offre une carrière poétique plus vaste que ne le pourrait une autre étiologie [135]. Si l'émigration des colons lui a paru la cause légitime des *Parilia* [136] — *Nunc tamen est uero propius* —, c'est parce qu'elle lui permet une transition naturelle vers l'évocation des origines de Rome, liée à l'anniversaire de la fondation. Ce critère littéraire l'empêche souvent de discerner la véritable cause des rites,... alors qu'il l'a lui-même mentionnée au passage : ainsi, pour ces mêmes *Parilia*, a-t-il défini au début de son développement la valeur purifiante des ingrédients utilisés ; pour les *Matronalia*, le *dies natalis* du temple est indiqué puis abandonné, parce que Ovide a cru entrevoir un rapport, illusoire, entre Junon, Mars et Arès [137] : c'est alors le mythographe impénitent qui parle, et qui ferme les yeux sur l'appartenance à la religion grecque de la parenté entrevue.

Raison littéraire, encore, pour l'anecdote qui met en scène la vieille Anna de Bovillae, devenue la déesse Anna Perenna. Ovide a développé d'abord sans le moindre scrupule l'odyssée de l'Anna sœur de Didon, nous laissant à penser qu'à elle allaient ses préférences, en dépit de l'évidente faiblesse étiologique de son explication. Mais au terme de son récit, un *fama nec a ueri dissidet illa fide* [138] nous fait lier connaissance avec un autre personnage, la brave vieille de Bovillae, experte en pâtisserie, et dont nous montrerons ailleurs [139] que l'aventure telle qu'elle apparaît dans les *Fastes* n'est guère plus authentique. Pourquoi cette préférence clairement indiquée ? C'est parce qu'il a besoin d'une vieille femme comme protagoniste de son anecdote montrant le dieu Mars dupé par la vieille Anna, épisode sans doute extrait d'un mime, dont nous avons conservé le titre [140]. La sœur de

---

134. *Fast.*, V, 623-624.
135. *Fast.*, VI, 585-586.
136. *Fast.*, IV, 801.
137. *Fast.*, III, 251-252.
138. *Fast.*, III, 662.
139. Sur l'*Anna soror*, voir p. 142-150 ; sur la vieille de Bovillae, p. 381-385.
140. Il s'intitule *Anna Peranna* et fut composé par Labérius : Aulu-Gelle, XVI, 7, 10.

Didon, personnage d'épopée, jeune et noble, ne peut convenir au style de ce récit truculent, tandis que la vieille boulangère de la banlieue romaine peut à merveille se transformer en une entremetteuse complaisante. C. Santini a supposé que le rôle de la vieille Anna dans l'épisode des amours de Mars serait une allusion au rôle de l'*Anna soror* dans la rencontre virgilienne d'Énée et de Didon [141]. A tort, selon nous. La place de ce récit sur Mars, Minerve et Anna, séparé de l'épisode virgilien par l'historiette de la vieille de Bovillae, la qualité de *comis anus* d'Anna, l'aveu même d'Ovide selon lequel nous tenons, avec la vieille boulangère, l'étiologie véritable, tout nous montre que, lorsqu'il en vient à retracer les amours contrariées du dieu Mars, il a bien oublié la sœur de Didon, simple prétexte à variations littéraires.

Deux choix seulement n'apparaissent pas dictés par des impératifs littéraires. L'étymologie des *Agonalia* montre une préférence marquée d'Ovide pour les dérivations populaires présentées par Verrius Flaccus contre l'opinion de Varron, énoncée en premier lieu [142]. Quant à l'origine des Argées, notre poète la trouve dans le vœu d'un Argien moribond exprimant le désir de voir confier son cadavre aux flots qui l'emporteront vers sa patrie :

> *Thybri, doce uerum !...*
> V, 635
> *Saepe tamen patriae dulci tanguntur amore,*
> *Atque aliquis moriens hoc breue mandat opus :*
> *« Mittite me in Tiberim ! Tiberinis uectus in undis*
> *Litus ad Inachium puluis inanis eam »*
> V, 653-656

Ce choix est étrange : comment supposer raisonnablement qu'un corps jeté dans le Tibre pourra regagner Argos ? Quelque précaires que fussent les notions géographiques des Anciens, n'importe qui pouvait tout de même sentir la faiblesse de l'explication. Pourquoi, du reste, commémorer par l'offrande de vingt-sept mannequins la sépulture marine jadis offerte à un seul homme ? On peut songer à un remaniement de ce passage, effectué pendant l'exil : Ovide aurait pu rajouter ces quelques vers à un moment où il se sentait en communauté d'esprit avec cet exilé nostalgique...

2. L'ÉTIOLOGIE VERSATILE

Qu'Ovide subordonne parfois la science à la poésie n'est point dommageable pour nous, puisqu'il nous a fourni équitablement les autres étiologies possibles.

---

141. *Toni e strutture...*, p. 56.
142. *Fast.*, I, 332. Voir p. 209 *sqq*.

En revanche, beaucoup ont fait grief à notre étiologue de sa versatilité native qui l'amène à renier son choix d'un livre à l'autre, pour mettre en accord son étiologie avec les exigences de son contexte littéraire immédiat. L'indignation des critiques semble fondée en raison, et il nous est difficile de prétendre que telle est la conduite souhaitable chez un historien des religions.

Admettons encore que, d'une œuvre à l'autre, Ovide change d'avis. Certaines des explications proposées dans les *Fastes* l'étaient auparavant dans d'autres ouvrages, et l'on peut constater que des variations légères ou plus accusées désunissent des passages qu'on voudrait identiques. Ainsi, la présence de lions attachés au char de la *Magna Mater* n'est pas justifiée de la même façon dans les *Fastes* que dans les *Métamorphoses*[143]. La chèvre est mise à mort en l'honneur de Junon, à Faléries, cérémonie décrite dans les *Amours*, elle se trouve remplacée, dans les *Fastes*, par le bouc sacrifié à Bacchus[144], et Ovide n'a pas jugé bon de reproduire une étiologie pourtant intéressante. L'étymologie du nom de Janus a varié, entre les *Métamorphoses* et les *Fastes*[145]. Félicitons-en Ovide, car c'était une *atrocious* étymologie, qu'on est heureux de le voir abandonner[146] ! G. Krassowsky a pu ainsi consacrer une dissertation aux modifications que subissent des épisodes identiques entre les *Fastes* et les *Métamorphoses*[147]. Ovide n'a pas suivi les mêmes auteurs dans la rédaction des deux ouvrages, ce qui entraîne des variations de détail : En *Met.*, V, 504 sq., c'est Aréthuse qui prévient Cérès du rapt de sa fille, parce qu'Ovide a besoin d'introduire son nom dans son récit, tandis que dans les *Fastes*[148], ce rôle est dévolu au dieu Sol, d'après l'*Hymne homérique*[149]. Dans l'une des deux œuvres, Ascalaphus descend aux Enfers, dans l'autre, c'est Mercure[150]. Ou bien encore, c'est le nombre des grains de grenade goûtés par Proserpine qui change entre les deux

---

143. *Fast.*, IV, 215-218 ; *Met.*, X, 686-707.

144. *Fast.*, I, 355-360, et *Am.*, III, 13. Dans ce dernier texte, l'animal est puni pour avoir dénoncé Junon à Jupiter (en quelle occasion pourtant ?). Ce type d'étiologie convenait fort bien au système illustré par le livre I des *Fastes*, où les sacrifices sont justifiés par une faute de l'animal mis à mort. Peut-être faut-il même voir là une allusion à la mythologie de Junon dans le Latium ? La « faute » commise par le bouc est beaucoup plus vague, et apparaît comme un motif plus grec que romain, en ce que la vigne rongée est la plante de Dionysos, non de Liber pater. *Cf. La Fête de Junon au pays des Falisques*, H. Le Bonniec, B. 493.

145. *Met.*, XIV, 334 : *Ionio* donnant *Iano* !

146. Ainsi en juge H. Fränkel, *Ovid.*, Berkeley, 1956, p. 240, n. 11.

147. *Ovidius quomodo in isdem fabulis enarrandis a se ipso discrepuerit*, diss. Königsberg, 1896-1897, p. 5-31.

148. *Fast.*, IV, 583.

149. *Hymn. hom. Déméter*, 71.

150. *Met.*, V, 533 sqq. ; *Fast.*, IV, 605.

récits : trois dans les *Fastes,* sept dans les *Métamorphoses,* contre un seul dans *l'Hymne homérique* [151]...

Il y a plus grave : la conviction d'Ovide n'est même pas fermement établie entre deux livres différents d'une même œuvre, entre deux passages différents d'un même livre !

Tout défenseur inconditionnel d'Ovide ripostera que si le procédé n'est pas courant à Rome, il peut s'y rencontrer accidentellement, et citera des hésitations varroniennes attestées par des écrivains antiques : sur l'étymologie du mois de mai, *maiores* dans le *De Lingua Latina,* mais ailleurs, aux dires de Censorinus [152], le nom de la déesse *Maïa.* Ovide, il est vrai, commet ce péché de négligence beaucoup plus fréquemment : il manque sans doute d'une certaine hauteur de vues qui lui ferait dominer son sujet dans son ensemble et à chaque instant : une cause est valable, à ses yeux, dans un contexte donné, à un moment donné, elle n'est pas omnivalente. C'est là, naturellement, un raisonnement de poète, non de logicien. « Ne lui demandons point, » écrit É. Ripert [153], « une science critique que, du reste, prosateurs ou poètes, aucun de ses contemporains ne possède ».

Le meilleur exemple de cette inconstance est sans doute celui du calendrier. Voici un tableau comparatif des étymologies admises dans les *Fastes* pour les mois de mai et de juin :

MAI		JUIN	
senes	I,41	*iuuenes*	I,41
maiores	V,73	*iuuenes*	V,78
maiores	V,427		
senes	VI,88	*iuuenes*	VI, 88
maiestas	V,25	*iungere*	VI,96
Maïa	V,85	*Iuno*	VI,26
Maïa	VI,35		

S'il a éliminé d'office une étymologie par *Maius,* mois du calendrier de Tusculum, ou une autre qui faisait intervenir le nom gentilice de Brutus,

---

151. *Hymn.,* 371-374.
152. *De Die,* 22.
153. *Ovide poète de l'amour, des dieux et de l'exil,* Paris, 1921, p. 155.

Iunius, toutes deux proposées avant lui [154], Ovide a conservé les trois solutions les plus représentatives. Lorsqu'il rédige le livre I, il élabore tout un contexte autour du personnage de Romulus et envisage le moment historique où le Fondateur institua le calendrier. Toute sa vision s'organise selon ce point de vue initial : les noms de mars et d'avril sont mis en rapport avec le père de Romulus, Mars, et son ancêtre, Vénus-Aphrodite ; ceux de mai et de juin sont interprétés en fonction des éléments constitutifs du peuple romuléen : les forces armées composées des *iuniores,* et les réserves pensantes qui gouvernent la cité, les *seniores,* représentés par le mot équivalent : *maiores.* Afin de ne pas altérer la cohérence d'un tel tableau, Ovide se garde bien à ce moment-là de mentionner les autres étymologies qu'il connaît et utilise ailleurs ! Au livre V, le point de vue a changé. Ovide hésite alors entre *maiores, Maïa,* dont il fait la mère d'Hermès, mieux connue des Muses, sans doute, que la latine *Maïa Volkani,* et, pour obtenir trois hypothèses, s'en va exhumer d'un livre de Calpurnius Pison la divine *Maiestas* [155]. A l'intérieur du même livre V, pourtant, lorsqu'il traitera des *Lemuria,* il devra bien expliquer la présence au mois de mai d'une fête dédiée aux ombres des ancêtres, et donnera sa préférence à l'étymologie qui enferme en elle le souvenir des ancêtres, *maiores.* Lorsqu'il abordera de nouveau la question au livre VI, le point de vue sera encore différent : *maiores* fournira un argument aux revendications d'Hébé [156], déesse des jeunes gens, désireuse d'obtenir pour ses *iuniores* les mêmes droits que les *maiores* ont obtenus sur mai ; en revanche, l'*etymon Maïa* permettra à Junon d'opposer ses droits d'épouse légitime à ceux de la concubine indûment honorée par l'octroi d'un mois précédant celui qu'elle revendique ! Le choix d'Ovide, — ainsi, d'ailleurs, que son refus de choisir, — nous apparaît donc étroitement assujetti aux nécessités du moment.

Le nom du mois de juin nous permet les mêmes remarques. Soucieux d'obtenir trois étymologies différentes, Ovide recourt à un expédient, et nous propose la déesse Concordia, tout simplement parce qu'elle a uni (en latin : *iungere* !) les Romains et les Sabins, peut-être aussi parce que Auguste lui voue une dilection particulière [157]. Il faut comprendre qu'Ovide cède ici à des exigences littéraires (allusion au jugement de Pâris, parallélisme avec le début du livre V, *uariatio* par rapport au texte correspondant sur le mois

---

154. Elles sont recueillies par Macrobe, *Sat.,* I, 12, 17 ; I, 12, 31 ; sur le nom de Junius Brutus, voir remarques page 104.
155. *Maïa Volkani* : Aulu-Gelle, XIII, 23 ; *Maiestas* : Macrobe, *Sat.,* I, 12, 18. Neuf Muses, du moins chez Hésiode ! car elles sont trois chez Ephorus, quatre chez Mnaséas, sept chez Myrtilus, huit chez Cratès. Tous les chiffres sont cités par Arnobe, *Adu. Nat.,* III, 37.
156. *Fast.,* VI, 83-88 et 35-36.
157. *Fast.,* VI, 91. Le temple a été dédié en l'an 7 av. J.-C. par Tibère.

de mai), pour s'expliquer la présence de cette déesse là où les sources suivies n'admettaient que les mots *Iuno* et *iuuenes*. Observons au passage la désinvolture du poète : une déesse latine, Junon, se trouve aux prises avec une autre déesse latine, *Iuuentas,* baptisée Hébé pour les besoins de la cause et devenue sa belle-fille selon la mythologie grecque, dans un contexte olympien grec — voire troyen ! —, où Hébé se trouve représenter les forces vives *(iuniores)* du peuple romain... Ni la fiction littéraire ni la mythologie ovidienne n'ont décidément de frontière définie !

L'étymologie du surnom de la même Junon, *Lucina*, n'est pas établie avec certitude. Deux *etyma* s'affrontent : *lucus,* le bois sacré, *lux,* la lumière. Le problème se pose lors de l'évocation des Lupercales : Junon y est invoquée pour guérir une stérilité générale : son nom doit donc venir de *lux*, puisque ce mot désigne par image la lumière de la vie que Junon offre aux nouveau-nés [158]. Mais les femmes se rendent, pour interroger son oracle, dans son bois sacré : comment, alors, ignorer *lucus* [159] ? En d'autres endroits, Ovide n'hésite plus : le jour des *Matronalia,* fête des mères de famille, placée sous le patronage de Junon, il admet l'étymologie par *lux* [160]. Et quand cette même étymologie fournit un argument à Junon, qui, dénommée d'après les jours (*luces* donnant *Lucina*) s'indigne de n'avoir pas droit à un mois [161], on oublie sans l'ombre d'un remords un *lucus* devenu inutile...

Le catalogue des dérivations proposées par les Anciens au sujet de *Quirinus* nous laisse entrevoir que les Romains étaient impuissants à déterminer, entre autres problèmes, si *Quirinus* vient du mot *Quirites,* ou si *Quirites* vient de *Quirinus*. Nous pensions avoir découvert avec Ovide une autorité parfaitement renseignée sur ce sujet, lorsque nous lisions le vers : *Siue suo regi nomen posuere Quirites* [162]. Hélas, la conviction du poète n'est pas plus fermement établie que celle de ses devanciers. Un vers d'apparence innocente vient nous en donner la preuve :

Tum iuuenem nondum facti fleuere Quirites
IV, 855

Puisque les Quirites n'ont pas encore reçu ce nom, c'est qu'ils en sont empêchés chronologiquement, parce que Romulus, n'étant pas encore divinisé,

---

158. Servius en plusieurs passages, notamment *Ad Aen.,* II, 610 *nam portam luminis nascentibus praebet.*
159. *Fast.,* II, 449-450. Pline, *Nat. Hist.,* XVI, 235 *sq.*
160. *Fast.,* III, 255.
161. *Fast.,* VI, 39.
162. *Fast.,* II, 479.

n'a pu recevoir le *cognomen* de *Quirinus,* et donc transférer à ses sujets le surnom de *Quirites.* On doit conclure qu'Ovide admet au livre V une dérivation *Quirinus → Quirites,* et non plus la dérivation *Quirites → Quirinus* qu'il préconisait au livre II.

Ce vers, dira-t-on, peut contenir une autre signification, et lier le mot *Quirites* non pas à la divinisation de Romulus, mais à la prise de Cures. Si l'on admet que Romulus conquiert la ville de Cures, en tire le surnom de *Quirinus,* puis gratifie ses hommes du nom de *Quirites,* la même contradiction vient s'établir avec le vers qui affirme que les *Quirites* donnèrent leur nom à leur roi [163]. De quelque façon qu'on retourne le problème, l'un des livres infirme toujours les assertions de l'autre.

Même indécision en ce qui concerne le sacrifice de la truie. Au livre I (349-352), Cérès tire vengeance d'une offense personnelle et située dans le temps : la truie avait dévoré un jour le blé en herbe, et le sacrifice de la bête est une simple commémoration de ce fait premier. Au livre IV (413-414), c'est le mode de vie de la truie, opposé à celui du bœuf, courageux travailleur, qui motive l'immolation de l'animal paresseux.

Dans un autre passage du même livre, où Cérès, cherchant Proserpine enlevée par Pluton, doit renoncer à suivre la trace de sa fille parce qu'elle a été brouillée par un troupeau de porcs, nous décelons encore un montage étiologique [164] : ce trait du mythe devait être l'explication éleusinienne du sacrifice des troupeaux de porcs, précipités dans un gouffre lors des Thesmophories [165]. Un événement circonstancié, une motivation atemporelle, un mythe : la nature même de l'étiologie a varié entre les trois passages.

Le problème le plus crucial est sans doute la double explication des places respectives de janvier et de février à l'intérieur du calendrier romain. Au livre I, le mois de mars inaugure l'année, et les mois de janvier et de février sont rajoutés au bout des dix autres mois à partir de Numa seulement [166]. Au livre II, la perspective change. A l'origine, janvier était le premier mois ; suivaient mars et les dix autres dans l'ordre habituel ; février, enfin, fermait le cortège. Si donc on envisage l'enchaînement de deux années, on obtient : ... novembre, décembre, *février/janvier,* mars, avril,

---

163. *Fast.,* II, 479.
164. *Fast.,* IV, 465-466 :
    Forsitan illa dies erroris summa fuisset
    Si non turbassent signa reperta sues.
165. On lira J.G. Frazer, *F. éd. comm.,* 3, p. 28.
166. *Fast.,* I, 39-44. Voir H. Le Bonniec, *F. éd.* I, p. 17-18, et la savante étude de E. Gjerstad, *Notes on the Early Roman Calendar,* dans *A.A.,* 32, 1961, 193-214, surtout p. 204-205, avec une proposition originale de mois d'été dédoublés.

mai... Ce furent les Décemvirs, nous dit Ovide, soucieux d'expliquer cette anomalie, qui intervertirent les deux mois litigieux, restituant ainsi la succession habituelle : ... novembre, décembre, *janvier/février*, mars, avril, mai... :

> *Sed tamen, antiqui ne nescius ordinis erres,*
> *Primus, ut est, Iani mensis et ante fuit ;*
> *Qui sequitur Ianum, ueteris fuit ultimus anni (...)*
> *Postmodo creduntur spatio distantia longo*
> *Tempora bis quini continuasse uiri*
>   II, 47-54

Or, on sait bien, Ovide lui-même savait bien, que janvier n'avait pas toujours ouvert l'année. D'autres textes des *Fastes* énumèrent au contraire les rites d'entrée pratiqués au mois de mars ! Si l'on veut, Ovide a envisagé tout d'abord un ordre fondé sur la logique et supposé par les noms mêmes des mois : la raison voudrait que janvier, mois du dieu des commencements, fût, du moins aux origines, le premier de l'année. Elle voudrait également que février, mois des purifications, des rites de clôture (*Terminalia, Regifugium*) et des morts, *imi Manes*, soit placé au bout de l'an. L'ordre devrait donc être : *janvier*, mars, avril, mai... novembre, décembre, *février* ! celui-là même qu'il nous cite, et qui donne, pour deux années consécutives : novembre, décembre, *février/janvier*, mars, avril. Mais en ce cas, on se heurte à une contradiction entre cet ordre idéal et l'ordre existant, ordre illogique, puisque le mois des commencements est immédiatement suivi par le mois des clôtures, lui-même suivi par tout le reste de l'année. Pour expliquer ce qui lui paraît une absurdité, Ovide doit bien faire intervenir une décision historique, ce type d'explication laissant la place à tout l'arbitraire qu'on voudra. Et il suppose que la réforme prit effet à partir des Décemvirs, en ajoutant sans scrupules un décret supplémentaire aux réformes qu'ils avaient effectivement appliquées [167].

Quant à la contradiction qui oppose les deux étymologies du mot *Quinquatrus* données aux livres III et VI [168], elle est certainement le fruit d'une étourderie d'Ovide. Au livre VI, le mot n'est pas commenté, et le poète renvoie tout bonnement son lecteur au livre III, pour l'étymologie du mot. Or, dans l'explication donnée au livre III

---

167. La question laisse perplexes les savants modernes. En dernier lieu, W.J. Henderson, *What Ovid tells us about the Roman Calendar*, dans *Akroterion*, 17, 4, 1972, 9-20. Voir p. 526 et 316-318.
168. *Fast.*, III, 809-810 et VI, 693-696. Voir p. 240-243.

> *Nominaque a iunctis quinque diebus habent*
> III, 810

Ovide définit le nom de la fête à l'aide du mot *quinque*, la fête durant effectivement *cinq* jours. De ce fait, la dérivation est inadmissible pour la fête de juin, limitée, elle, à un seul jour, le 13 ! Signalons au passage une autre inadvertance : deux anniversaires différents pour le temple de Minerve sur l'Aventin, soit le 19 mars, soit le 19 juin [169].

Aussi, les jugements des critiques sont-ils sévères sur ce point particulier des recherches ovidiennes. L.P. Wilkinson relève d'autres indéniables négligences : la Paix est enfermée dans le temple de Janus en *Fast.*, I, 281, tandis que l'hôte du temple est, en *Fast.*, I, 124, la Guerre ; Romulus est coupable du meurtre de Rémus en *Fast.*, II, 143, et innocent en IV, 841-856. Puis il formule le jugement définitif : « Acceptons la réalité : Ovide s'intéressait en premier lieu à l'effet rhétorique ou littéraire, et en second lieu seulement à la vérité [170] ».

Les reproches de L.P. Wilkinson sont malheureusement fondés. Certes, la vérité scientifique doit être une, fixe, invariable. Mais peut-on faire grief à un poète de ne pas se proposer comme seul but la vérité scientifique ? Au milieu d'une si grande pluralité d'explications, Ovide est bien excusable d'avoir hésité, rectifié son choix, renié des options prises antérieurement pour des opinions nouvelles, et que, peut-être, il abandonnera un peu plus loin. « Le poète, dit Platon, assis sur le trépied des Muses, verse de furie tout ce qui lui vient en la bouche, comme la gargouille d'une fontaine, sans le ruminer et poiser, et lui eschappe des choses de diverse couleur, de contraire substance, et d'un cours rompu [171] ». Fier d'être ce *uates*, Ovide ne saurait critiquer les diverses inspirations que ses Muses lui envoient au gré de leur caprice...

3. LE CHOIX PRÉORIENTÉ : LES VINALIA

Nous voici parvenue au stade le plus intéressant de notre recherche sur le choix d'Ovide, celui où nous allons pouvoir examiner des étiologies pour l'établissement desquelles intervient un parti pris très net de la part de l'auteur. La démarche d'Ovide est orientée, bien souvent, dès le départ, par certains impératifs qui le conduisent à adopter, sur quelques points, une

---

169. En *Fast.*, III, 812 et VI, 727-728. Paulus-Festus, *s.u. Quinquatrus*, p. 306 L.
170. *Ovid Recalled*, Cambridge, 1955, p. 265 : *More reprehensible, he will support one version in one place, and another in another, from sheer literary opportunism... Let us accept the fact : Ovid was interested primarily in rhetorical or literary effect, and only secondarily in truth.*
171. Montaigne, *Essais*, III, 9.

attitude monolithique en face de toute une tradition. Son objectivité, déjà très relative, disparaît alors totalement. Plus d'hésitations entre plusieurs points de vue, mais un choix concerté et d'avance imposé à son lecteur.

Peut-être a-t-il péché en toute innocence ? Peut-être ignorait-il les interprétations qui avaient retenu l'attention de ses devanciers ? La chose est bien improbable, puisque les tentatives d'explication auxquelles il aurait pu faire référence figurent chez des auteurs qu'il consulte régulièrement d'ordinaire, nous en avons la preuve grâce à tant d'autres emprunts !

Un premier cas sera l'étymologie du mois d'avril. Tout comme celle de mars, nous la voyons occuper dans les *Fastes* une position inexpugnable. Préside à cet état de fait une triple raison de patriotisme national, de satisfaction littéraire, d'évidence mythologique : Mars et Vénus sont les dieux protecteurs du peuple romain :

> *Martis erat primus mensis, Venerisque secundus*
> *Haec generis princeps, ipsius ille pater*
> I, 39-40

Romulus descendant à la fois de Mars et d'Énée, il est parfaitement légitime que le Fondateur de Rome ait octroyé à Mars et Vénus, mère d'Énée, une place conjointe dans l'année romaine. Cette logique humaine concorde avec un épisode bien connu de la mythologie : les amours de Mars et de Vénus, ou si l'on veut, d'Arès et d'Aphrodite [172]. Mythologie *grecque*, mais qu'importe ? Elle permet à Ovide d'écrire :

> *Et formosa Venus formoso tempore digna est*
> *Vtque solet, Marti continuata suo est*
> IV, 129-130

Cette satisfaction ne résiste pas à un examen plus approfondi ; si les avis des autres écrivains correspondent aux assertions d'Ovide sur le patronage du dieu Mars, ils n'accordent pas, loin de là, à Vénus, une importance égale [173]...

Une première tradition, qui remonte à Fulvius Nobilior et à Junius Gracchanus [174], devait proposer comme étymologie d'avril le nom grec de

---

172. Homère, *Od.*, VIII, 266 *sqq.*.
173. A cause de la paternité de Mars : Servius, *Ad Georg.*, I, 43 ; Macrobe, *Sat.*, I, 12, 8 ; Plutarque, *Num.*, 19, 4 ; J. Lydus, *Mens.*, IV, 33 ; ou à cause de la vocation guerrière de Rome : Macrobe, *Sat.*, I, 12, 9 ; Plutarque, *Quaest. Rom.*, 19.
174. Censorinus, *De Die*, 22, 9 : *Nomina decem mensibus antiquis Romulum fecisse Fuluius et Iunius auctores sunt, et quidem duos primos a parentibus suis nominasse, Martium a Marte patre, Aprilem ab Aphrodite, id est Venere, unde maiores eius oriundi dicebantur.*

Vénus, Aphrodite, ancêtre de Romulus, par le biais du mot grec ἀφρός, l'écume, évoquant sa naissance [175]. Néanmoins, Cingius le premier, puis Varron [176], s'élevèrent avec la plus grande fermeté contre cette tradition absurde, alléguant que Vénus, déesse d'importation récente, ne saurait être l'éponyme de ce mois dès l'époque roméenne. Tous ajoutent aux observations historiques des observations religieuses. Ils démontrent, par exemple, que Vénus ne s'est vu consacrer aucun jour de fête au mois d'avril ; qu'elle n'y reçoit aucun sacrifice ; qu'elle n'est même pas nommée dans le Chant des Saliens. Et le philologue Varron ajoute pertinemment qu'une divinité dont on ne trouve pas le nom dans les documents remontant aux rois ne pouvait pas avoir donné ce nom à un mois du calendrier royal. De telles attaques ébranlaient sérieusement la position de Vénus. Macrobe, qui les recense, ajoute aux arguments grammaticaux des observations météorologiques qui lui paraissent renforcer l'étymologie concurrente [177], celle qui fait appel au verbe *aperire*, évoquant la renaissance de la nature au mois d'avril.

Pour ce qui est de Verrius Flaccus, l'autre maître à penser d'Ovide, il fait la part égale, dans les *Fastes* de Préneste, entre Vénus et *aperire* :

(Aprilis a) *V*(e)*n*(e)*r*(e) *quod ea cum* (Anchisa iuncta mater fuit Aene)*ae regis* (Latinor)*um a quo p.R. ortus e*(st. Alii ab ape)*ri*(li) *q*(uod)*am i*(n m)*ense quia fruges floris animaliaque ac maria et terrae aperiuntur* [178].

Placé ainsi en face de deux options contradictoires, Ovide doit bien choisir. Et il se range sans hésitation à l'avis de Fulvius Nobilior et de Junius, en adoptant ἀφρός et Aphrodite :

Sed Veneris mensem Graio sermone notatum
Auguror, a spumis est dea dicta maris

IV, 61-62

---

175. Étude fort documentée de J.É. Dugand, *Aphrodite-Astartè*, dans les *Hommages à P. Fargues* publiés par la Faculté de Nice, 21, 1974, 72-98.
176. Macrobe, *Sat.*, I, 12, 12 : *Sed Cingius, in eo libro quem de Fastis reliquit, ait imperite quosdam opinari Aprilem mensem antiquos a Venere dixisse, cum nullus dies festus nullumque sacrificium insigne Veneri per hunc mensem a maioribus institutum sit, sed ne in carminibus quidem Saliorum Veneris ulla, ut ceterorum caelestium, laus celebretur. Cingio etiam Varro consentit, affirmans nomen Veneris ne sub regibus quidem apud Romanos uel Latinum uel Graecum fuisse, et ideo non potuisse mensem a Venere nominari.* Mais nous possédons directement l'avis de Varron à ce sujet, dans le *De Lingua Latina*, VI, 33 : *secundus, ut Fuluius scribit et Iunius a Venere, quod ea sit Aphrodite. Cuius nomen ego antiquis litteris quod nusquam inueni, magis puto dictum, quod uer omnia aperit, Aprilem.*
177. Macrobe, *Sat.*, I, 12, 14.
178. *C.I.L.*, I², p. 235.

Quelles peuvent être les raisons de ce choix, qui, il vaut la peine de le mentionner, concorde avec la plupart des théories modernes émises sur le sujet ?

Ce ne sont pas, certes, des raisons scientifiques ou philosophiques, l'étymologie d'*Aprilis* par ἀφρός étant sans valeur [179]. A moins, bien sûr, qu'une mystérieuse prescience n'ait été donnée à Ovide par quelque bénédiction divine comme le veut R. Schilling : « Les poètes », écrit-il en effet, « se sont insurgés contre cette éviction. Comme s'ils avaient été les dépositaires d'une vieille tradition, ils n'ont jamais mis en doute le patronage de Vénus sur *ce mois qui du beau nom d'Aphrodite s'appelle* [180] ».

Une autre explication a été avancée par P. Boyancé [181]. Faisant observer que dans le domaine de l'étymologie Ovide accorde toujours la préférence à l'avis de Fulvius Nobilior lorsque celui-ci contredit l'avis de Varron, il fait ressortir la communauté de leurs tendances pythagoriciennes. Raison philosophique, alors ?

Nous en préférerons une troisième, politique. N'oublions pas que les *Iulii* professaient une dévotion particulière à Vénus, l'*Aeneadum Genetrix*. N'est-il pas significatif qu'en son livre IV Ovide invite Auguste à se pencher avec lui sur la généalogie de sa race, qui remonte à Énée et à Vénus [182] ? La place conjointe de Mars et de Vénus était, en effet, interprétée politiquement par les *Iulii* : cette *gens* unissait au culte du dieu patron de l'État, Mars, son propre culte gentilice, Vénus [183]. On sait que César avait introduit à Rome le culte de Vénus *Genetrix*, et qu'Auguste éleva, après la mort de son père adoptif, un temple à Mars *Vltor* [184].

Aussi ne saurait-on prétendre arracher à Vénus l'honneur de patronner avril, comme l'osait Varron, et le poète flétrit vigoureusement l'audace de la philologie :

> *Quo non liuor adit ? Sunt qui tibi mensis honorem*
> *Eripuisse uelint, inuideantque, Venus*
>   IV, 85-86

---

179. P. Chantraine, *Dictionnaire étymologique de la langue grecque*, Paris, 1968, p. 148, taxe d'« étymologie populaire », l'*etymon* ἀφρός donnant l'étrusque *Apru*. J.É. Dugand le rejette dans l'ouvrage cité à la note 175, p. 87.
180. *La Religion romaine de Vénus*, Paris, 1954, p. 179, H. Winther estime qu'Ovide a réagi en poète *quia Veneris laudatio aptior uidebatur ad carmen exornandum quam aperiendi uocabulum*, dans *De Fastis Verrii...*, p. 29. Cela paraît évident.
181. *Fulvius Nobilior et le Dieu Ineffable*, dans *R. Ph.*, 29, 1955, 172-192, p. 178-179.
182. *Fast.*, IV, 19 *sqq.*
183. G. Wissowa, *Rel. u. Kult.*, Munich, 1912, p. 292.
184. *Res Gestae*, 21.

Mais pour quelle obscure raison ? N'est-ce pas parce qu'à l'époque d'Ovide il n'était pas question de contester la version officielle de l'étymologie d'avril ? N'en trouvons-nous pas l'aveu dans cette exclamation aussi spontanée qu'imprudente : « Loin de moi pareille folie ! » :

>   *A nobis sit furor iste procul !*
>
>   IV, 116

La déesse est l'ancêtre des *Iulii*, Jules César le rappelle dans la célèbre oraison funèbre de Julia, où il souligne orgueilleusement sa double filiation royale, (les *Marcii Reges* [185]), et divine, (Vénus [186]) : cela doit rendre superflue toute discussion.

Mais interrogeons de plus près le texte des *Fastes* : Ovide réussit à ne s'aliéner les bonnes grâces ni d'Auguste ni des grammairiens.

Comment justifie-t-il l'étymologie d'*Aprilis* par Aphrodite ?

>   *Nec Veneri tempus quam uer erat aptius ullum*
>   *Vere nitent terrae uere remissus ager ;*
>   *Nunc herbae rupta tellure cacumina tollunt,*
>   *Nunc tumido gemmas cortice palmes agit.*
>
>   IV, 125-128

« Alors le blé en herbe, déchirant la terre, dresse la tête ; alors la vigne pousse ses bourgeons hors de l'écorce gonflée [187] » : n'est-ce pas là une illustration parfaite du verbe... *aperire* ? Avril est la saison du renouveau, mais le renouveau s'accomplit sous les auspices de Vénus... La grammaire est satisfaite, l'orgueil des dynastes est sauf ! Quelle admirable élégance dans l'art d'esquiver les difficultés...

Les Modernes, après avoir souvent préféré, sous l'influence de Varron et de Verrius, *aperire* à ἀφρός se tournent aujourd'hui vers l'Étrurie et la déesse *Apru* pour expliquer le nom latin d'avril [188]. Ils donnent ainsi raison à Ovide, à César et Auguste, à l'opinion populaire.

Un second cas litigieux est étroitement lié à l'étymologie d'avril, le cas des deux *Vinalia* : Doit-on attribuer les *Vinalia* à Jupiter ou à Vénus ?

---

185. St. Weinstock suggère que César aurait pu également rattacher Mars à sa *gens* grâce aux *Marcii Reges* dont le nom évoque celui du dieu. Il préféra exploiter les possibilités allusives de *Rex*... *Divus Julius*, Oxford, 1971, p. 17.

186. Suétone, *Iul.*, 6.

187. Trad. H. Le Bonniec, 1970.

188. C'est J.M. Stowasser, *Etymologica*, dans *W.S.*, 31, 1910, 145-152, qui a découvert *Apru*. L'Aphrodite étrusque n'est pourtant pas *Apru*, mais *Turan* ; détail, mais détail gênant.

R. Schilling reproche aux Modernes d'avoir poursuivi l'examen de cette question qui a créé un faux problème ; contester les droits de Vénus, c'est, écrit-il [189], « reprendre la dispute antique sur les prérogatives des deux divinités, sans avancer d'un pas ». Mais pour nous qui étudions les procédés de l'étiologie ovidienne, force est de reprendre la discussion « dans les ornières tracées par les Anciens [190] ».

Dans les nombreux textes qui traitent des *Vinalia*, nous pouvons glaner les précisions suivantes :

— Les *Vinalia* sont deux fêtes différenciées par leur nom et par leur date. La première, en suivant le calendrier, se situe le 23 avril ; on la nomme *Vinalia priora*. L'autre a lieu le 19 août, ce sont les *Vinalia rustica* [191]. Les deux fêtes sont données comme des fêtes du vin, *(uinum)*, et placées sous le patronage de Jupiter.

— Mais pour compliquer la question, ces deux jours avaient été choisis comme « jours de fondation », *dies natales*, de quatre temples de Vénus : le 23 avril, deux temples de Vénus *Erycina*, l'un sur le Capitole, l'autre à la Porte Colline, dédiés en 215 et 181 av. J.-C. [192]. Le 19 août, un temple de Vénus *Obsequens*, dédié en 295 dans la *uallis Murcia*, et un autre de Vénus *Libitina*, situé dans le bois sacré de la même déesse, le *lucus Libitinensis*, et voué à une date non précisée du IIIe siècle [193].

— A première vue, par conséquent, les *Vinalia* pouvaient être rapprochés soit du mot *uinum*, soit du mot *Venus*, et la ressemblance phonique des

---

189. *La Religion romaine de Vénus*, Paris, 1954, p. 91, 114-124, 141, citation p. 118.
190. *Ibid.*, p. 114.
191. Varron, *Ling. Lat.*, VI, 16 : (1) *Vinalia a uino ; hic dies Iouis, non Veneris.* (2) *Huius rei cura non leuis in Latio. Nam aliquot locis uindemiae primum ab sacerdotibus publice fiebant, ut Romae etiam nunc. Nam Flamen Dialis auspicatur uindemiam, et, ut iussit uinum legere, agna Ioui facit, inter cuius exta caesa et proiecta, Flamen+porus+uinum legit.* (3) *In Tusculanis hortis est scriptum :* « *uinum nouum ne uehatur in urbem ante quam Vinalia kalentur* ».
Ce texte se divise en trois moments (*Cf.* F. Bömer, *Jupiter und die Römische Weinfeste*, dans *Rh. M.*, 90, 1941, 30-58 ; aussi R. Schilling *Vénus...*, p. 101-102) : (1) définition des *Vinalia priora*, vu la place du texte entre les *Parilia* et les *Robigalia* ; (2) rites des *Vinalia rustica* ; (3) prescription tusculane concernant les *priora*. Bonne étude des *Vinalia rustica* et de l'expression *inter exta caesa et porrecta* par G. Dumézil, *Quaestiunculae indo-italicae*, dans *R. É. L.*, 39, 1961, 262-270. Autres textes sur les deux fêtes : Varron, *Ling. Lat.*, VI, 20 ; *Res Rust.*, I, 1, 6 ; Paulus-Festus, p. 322 ; 366 ; 323 ; 57 ; 517 L. ; Ovide, *Fast.*, IV, 865-900 ; Pline, *Nat. Hist.*, XVIII, 284-289.
192. Tite-Live, XXII, 9-10 ; XL, 34,4, et notre texte d'Ovide.
193. Tite-Live, X, 31, 9 ; Festus, p. 322 L. ; on se reportera à G. Wissowa, *Rel. und Kult.*, Munich, 1912, p. 245. R. Schilling, *Vénus...*, p. 27, 93, 202, 248-266, et *Le Temple de Vénus Capitoline et la tradition pomériale*, dans *R. Ph.*, 23, 1949, 27-35.

trois mots *Vinalia, uinum, Venus,* ne pouvait que plonger dans une perplexité compréhensible les fervents d'étymologie.

Pour trancher la question, ils pouvaient se reporter aux rituels.

Si l'on excepte une confusion commise par Paulus [194], on peut admettre la répartition suivante :

Aux *Vinalia rustica,* le 19 août, on prie Jupiter pour le salut des grappes mûrissantes [195] en même temps qu'on ouvre religieusement la vendange par l'offrande des prémices : le Flamine de Jupiter cueille les grappes encore vertes, en un rite homologue de l'offrande des épis verts à Cérès : « le flamine offre une brebis, la victime « propre » de Jupiter, afin d'obtenir la permission de cueillir le raisin, qui en droit appartient au dieu ; peut-on souhaiter un parallélisme plus rigoureux avec le texte de Caton, qui prescrit de sacrifier la truie *avant de récolter les fruits de la terre* [196] ? » Ce même jour se déroulaient des festivités réservées aux marchands de légumes, les *Holitores* [197].

Aux *Vinalia priora,* le 23 avril, on ouvre les tonneaux, et l'on offre, toujours à Jupiter, le *calpar* [198] : la fête correspond aux *Pithoigia* grecs [199].

Ces fêtes, donc, appartiennent au cycle du vin, et non à celui de la vigne, ce qui semble en accord avec l'affirmation de Pline : *nihil ad fructus attinent* [200]. Il ne s'agit plus des soins à apporter à la plante, ni des périls dont il faut la protéger, mais des fêtes du vin, produit industrialisé. En cela, les *Vinalia* ne se situent pas sur le même plan que les *Robigalia*, et Pline l'a bien vu. « Celui qui soigne la vigne », écrit G. Dumézil [201] « à travers la fécondité des ceps, a surtout en vue les merveilles du vin ». De ce texte de

---

194. Depuis longtemps reconnue comme telle : *rustica Vinalia quarto decimo kalendas septembres celebrabant, quo die primum in Vrbem uinum deferebant,* p. 323 L. ; ce texte s'oppose à ceux de Varron, déjà cité, de Paulus, *s.u.,* p. 57 L., de Pline, *Nat. Hist.,* XVIII, 287, et à la coutume grecque d'ouvrir les tonneaux en avril : Plutarque, *Quaest. Conu.,* VIII, 10, 3 ; voir R. Merkel, *F. Proleg.,* p. XLVII.
195. Formule de H. Le Bonniec, *F. éd. comm.,* II, p. 5. Voir les thèses modernes dans l'ouvrage de R. Schilling, p. 114 *sqq.* : célébration météorologique pour A. von Domaszewski, *Festcycl...,* p. 333-344, (vues contredites par le fait que le vin est versé en avril, ce qui ne peut concerner la bonne pousse de la plante) aussi G. Wissowa, W. Warde Fowler, F. Bömer. Célébration purement religieuse pour G. Dumézil, *Quaestiunculae...,* dans *R.É.L.,* 39, 1961, 262-270, p. 266 ou A. Bruhl, *Liber Pater,* Paris, 1953, p. 20.
196. H. Le Bonniec, *Cérès...,* p. 155-156.
197. Varron, *Ling. Lat.,* VI, 20 ; Paulus-Festus, p. 322, 366 L.
198. Paulus-Festus, p. 57 L.
199. Plutarque, *Quaest. Conu.,* III, 7, 1.
200. Pline, *Nat. Hist.,* XVIII, 287.
201. *Op. cit.,* p. 262.

Pline, toutefois, R. Schilling a déduit une interprétation sensiblement différente des *Vinalia* qui scellent, par l'offrande du vin, et « renouvellent périodiquement l'alliance de Jupiter avec le peuple romain [202] ».

La question importante pour les Anciens est moins la signification des rites que l'identité de leur protecteur divin : Vénus ou Jupiter ?

Une étymologie populaire devait préférer sans doute Vénus comme dédicataire des fêtes du *uinum* ; cela ressort de la rigueur tranchante avec laquelle Varron écrit : *Hic dies Iouis non Veneris* [203], qui semble traduire l'exaspération du philologue devant l'ignorance du vulgaire, plus, d'ailleurs, que « les disputes possibles entre les érudits de l'époque classique [204] » : les trois érudits dont nous avons conservé les œuvres sont, sur la question, parfaitement d'accord. Nous en verrions également la preuve dans le témoignage de Plutarque, donnant la fête comme des *Veneralia* : d'introduction beaucoup plus récente, puisqu'elle ne saurait remonter plus haut que l'érection des temples, la fête de Vénus avait fini par supplanter les vieux rites puisqu'on en était venu à verser le vin devant le temple de Vénus [205] ; la joyeuse cérémonie urbaine célébrée ce jour-là par les courtisanes, pittoresque et licencieuse, obnubilait les anciens rituels religieux de style campagnard : au geste gravement religieux du *Flamen Dialis* inaugurant la vendange, le peuple avait dû préférer, au cours des âges, les réjouissances plus libres dont le vin est le symbole et Vénus la maîtresse. Ajoutons que la coïncidence du jour de dédicace des temples avec les deux *Vinalia* conduisait naturellement à réduire la part de Jupiter au profit de Vénus, de même que Minerve usurpait, aux Quinquatries, la place de Mars [206].

Quant aux érudits, ils savaient bien que de toute antiquité le jour avait été consacré à Jupiter, de même que lui revenaient de droit toutes les offrandes de vin : c'était le *Flamen Dialis* qui officiait, détail liturgique qui suffit à nous donner une conviction formelle, ce prêtre n'assurant aucun autre culte que celui de Jupiter. Les autres cérémonies du vin sont en relation exclusive avec Jupiter : on lui offre le *calpar* en avril, et aux *Meditrinalia* d'octobre, c'est encore Jupiter que l'on voit invoquer [207]. Pour les témoignages exprès, il faut noter un document épigraphique important, dans les *Fasti Allifani* [208] :

---

202. *Op. cit.*, p. 148. Voir aussi *Ovide poète des Fastes...*, p. 872.
203. *Ling. Lat.*, VI, 16 ; V, 13 : *nec Vinalia sine uino expediri.*
204. R. Schilling, *Vénus...*, p. 108.
205. Plutarque, *Quaest. Rom.*, 45 ; F. Bömer, *op. cit.*, p. 39 ; G. Dumézil, *op. cit.*, p. 269.
206. G. Wissowa, *Rel. u. Kult.*, p. 253.
207. *C.I.L.*, I², p. 245. Étude par F. Bömer, *op. cit.*, p. 51 *sqq.*
208. *C.I.L.*, I², p. 217. Noter l'appréciation de M. Poplawski, *La Vie sexuelle...*, dans *Eos*,

VIN. F/F Ioui (*Vinalia* ; jour faste ; fête de Jupiter)

et la frappante unanimité des témoignages littéraires :

Hic dies	Iouis	*non Veneris*	Varron, *L.L.*, VI, 16
	Iouis	*dies festus*	Festus, p. 322 L.
	Ioui	*prius sua uina libabant*	Paulus, p. 57 L.
Nouum uinum	Ioui	*libabant*	Paulus, p. 517 L.
Quare sit	Iouis	*ista dies ?*	Ovide, *Fast.*, IV, 878
Vinaliorum dies	Ioui	*sacer est*	Macrobe, *Sat.*, I, 4, 6
			d'ap. Masurius

 Il est possible que Verrius Flaccus (représenté, dans notre tableau, par Festus et Paulus), se soit rangé à l'avis de Varron, ce qui diminuerait le nombre de nos documents. Mais rien n'est moins sûr, Verrius conservant d'ordinaire une parfaite indépendance à l'égard de Varron.

 Quant aux témoignages épigraphiques, il faut les interpréter correctement. « Dans la mesure où les calendriers mentionnent en petites capitales le nom d'une divinité », fait observer R. Schilling [209], « *cette mention est, à une exception près, en l'honneur de Vénus* ». Certes. Mais on n'aura pas de peine à valoriser l'exception, celle, précisément, des *Fasti Allifani*, puisque c'est la seule à nommer la divinité bénéficiaire des *Vinalia* ! Les autres calendriers mentionnent Vénus non pas comme divinité des *Vinalia*, mais comme dédicataire des temples qui fêtent leur *natalis* ce jour-là, ce qui est très différent... Lorsqu'on lit, par exemple :

Veneri ad Circum Maximum

ou encore

Vener. Eruc. [210],

comment peut-on rapporter à la fête archaïque des *Vinalia* ces notices qui désignent les temples de Vénus postérieurs au 3ᵉ siècle ?

29, 1926, 101-134, p. 111 : « comme démon féminin de tous les produits d'horticulture, la protectrice des vergers, des jardins, des vignes..., la déesse qui donne les légumes », « on célébrait sa fête quand on travaillait au champ et dans les jardins, quand on cultivait les légumes et les raisins ». L'auteur donne comme « témoignage indiscutable » que les fêtes des légumes étaient célébrées par les hétaïres le texte de *Fast.* IV, 865.

209. *Vénus...*, p. 108.

210. Les premiers mots sont extraits des *Fasti Vallenses*, les seconds des *Fasti Antiatini ueteres*. Voir A. Degrassi, *Inscr. Ital...*, p. 149.

Reste le témoignage de Varron. Désireux de l'anéantir, R. Schilling a souligné la confusion dont il s'est rendu coupable, lui qui assigne les *Vinalia* à Jupiter en *Ling. lat.*, VI, 16, et à Vénus en *Res rust.*, I, 1, 6. A prendre ces textes au pied de la lettre en effet, Varron semble vouloir dire qu'en avril, c'est le vin qui a fourni son nom à la fête, *Vinalia a uino*, et qu'en août, c'est Vénus, patronne des jardins : *quo nomine rustica Vinalia instituta*, écrit-il dans son traité d'agronomie. Nous aurions donc deux étymologies, *uinum* et *Venus*, pour un seul mot, ou mieux, deux fêtes homonymes [211].

Il est possible de comprendre ce double point de vue, si l'on admet, ce que R. Schilling dénie énergiquement, que Vénus ait exercé un patronage ancien sur les jardins. Les *horti*, pense le savant moderne, sont d'introduction tardive, et les témoignages d'agronomes manquent [212]. Mais il est indéniable que la fête des marchands de légumes se déroulait le 19 août : *(rustica Vinalia) mense Augu(sto) quod eodem ille... est iumenta... omnes horti in (tutela Veneris)*. Bien que mutilée, cette notice de Festus, corroborée par d'autres textes [213], est tout de même explicite.

Que Vénus ne soit pas nommée dans le Chant des Arvales, par exemple, ne constitue pas un fait probant. Cérès ne l'est pas non plus, sans qu'on songe pour autant à lui refuser des fonctions agraires [214] ! Et plusieurs inscriptions citent Vénus en compagnie de Cérès [215]. Nous disposons en outre d'une inscription campanienne [216], du texte de Plaute commenté par Pline [217], qui « assigne la tutelle de Vénus aux jardins », et d'une citation de Naevius, qui pose une curieuse équation : *Venus = olera*, les légumes.

Après avoir éliminé les témoignages de l'inscription et de Plaute par divers arguments, R. Schilling en vient au texte de Naevius et à son commentaire par Festus [218]. Pourquoi : « des légumes » représentant, par métonymie, Vénus ? C'est un « jeu de mots personnel » répond R. Schilling,

---

211. K.O. Müller, cité par R. Merkel, *F. Proleg.*, p. XVII, accepte la coïncidence de deux étymologies pour un seul mot : *statuit in utroque feriarum nomine duplicem originationem a uino et a Venere.*
212. *Op. cit.*, p. 15-28.
213. *S.u. Rustica Vinalia*, p. 366 L. ; Varron, *Ling. Lat.*, VI, 20.
214. H. Le Bonniec, *Cérès...*, p. 202.
215. Elles sont recensées dans *Realenc.*, VII, A, 1, p. 185.
216. *C.I.L.*, IV, 2776 : *Presta mi sinceru, sic te amet que custodit ortu Venus.* (= quae custodit hortum, Venus).
217. *Nat. Hist.*, XIX, 50 : *quanquam hortos tutelae Veneris adsignante Plauto.*
218. *S.u. Cocum*, p. 51 L. : *Cocum et pistorem apud antiquos eundem fuisse accepimus. Naeuius : « Cocus, inquit, edit Neptunum, Venerem, Cererem ». Significat per Cererem : panem, per Neptunum : pisces, per Venerem : olera.* R. Schilling, *Vénus...*, p. 16-17.

« un trait fugitif jailli dans le feu de l'improvisation [219] ». Dans un article de très peu postérieur à la thèse de R. Schilling [220], K. Koch retrouve la même expression : « un trait d'esprit surprenant, jailli en éclair », sans vouloir admettre davantage qu'il pourrait s'agir d'une allusion à un culte populaire de Vénus déesse des légumes.

C'est là confondre fâcheusement comédie latine et théâtre d'avant-garde ! Comment le public romain aurait-il compris le vers de Naevius, si Vénus n'avait entretenu pour lui aucun rapport religieux avec les légumes ? Comment admettre que Plaute se soit fondé sur deux mots de Naevius, et qui plus est, deux mots totalement gratuits, pour attester, comme il le fait, la mainmise de Vénus sur les jardins ? Comment surtout la corporation des marchands de légumes aurait-elle choisi Vénus pour protectrice divine ? Inattendue, paradoxale autant qu'on veut, l'affirmation de Naevius devait pourtant avoir une résonance familière aux oreilles du public, puisqu'elle suit deux autres équations bien connues : Neptune représentant les poissons, et Cérès le pain, conformément aux attributions habituelles des divinités citées.

Varron, quant à lui, assure par deux fois que Vénus s'occupe des jardins. Comment l'aurait-il fait, puisque, à son époque, Vénus est comprise franchement comme la déesse de l'amour, si la conscience populaire n'avait senti encore, même confusément, un lien entre Vénus et les légumes ? Pour ce qui est de Verrius Flaccus, il semble juger que le 19 août étant la fête des *olitores*, il était normal que ce jour eût été choisi pour qu'on y plaçât l'anniversaire des temples élevés à leur patronne : *Eodem autem die, Veneri templa sunt consecrata, alterum ad Circum Maximum, alterum in luco Libitinensi, quia in eius deae tutela sunt horti* [221].

Lors donc que Varron assigne les *Vinalia rustica* à Vénus, déesse des jardiniers — il donne même la précision —, il se peut qu'il songe à la partie de la fête dévolue aux jardiniers, non à celle réservée au vin et au dieu

---

219. *Op. cit.*, p. 18 ; G. Wissowa, *Realenc.*, VIII,A,1, p. 188.
220. *Untersuchungen zur Geschichte der Römischen Venusverehrung*, dans *Hermes*, 83, 1955, 1-51, p. 10 : *Dabei wirkte die Eponymie Venus-holera als überraschender Geistesblitz des Dichters, kräftiger denn als Anwendung einer halbwegs volkstümlichen Vorstellung.*
221. *S.u. Rustica Vinalia*, p. 322 L. A propos des jardins et de Vénus, il faudrait mentionner ici une théorie surprenante, due à P.T. Eden, *Venus and the Cabbage*, dans *Hermes*, 91, 1963, 449-459. L'origine de l'attribution des légumes à Vénus serait à chercher dans un contresens commis par les yeux du peuple sur les inscriptions en l'honneur de Vénus *Erycina*. Ce nom de Vénus devait être abrégé par les lapicides en *Vener. Eruc.*, et le bon peuple aurait lu, au lieu de *Venus ERVCINA*, déesse du Mont Eryx, *Venus ERVCINA*, déesse de *l'eruca*, c'est-à-dire d'une variété de chou... Pline, *Nat. Hist.*, XIX, 154 : *l'eruca* est aphrodisiaque.

suprême, non plus à celle qui regarde Vénus et ses temples. Ainsi, lorsqu'il donne pour titre à l'une de ses *Satires* : *Vinalia* : Περὶ Ἀφροδυσίων, a-t-il sans doute en tête la fête des courtisanes [222]. Ayant défini en *Ling. Lat.*, VI, 16, les rites des deux *Vinalia,* il pouvait s'attacher ailleurs à une autre partie de la fête.

Lorsque Varron et Verrius Flaccus accordent à Vénus une place dans la fête d'août, ils ne mettent jamais la déesse en rapport avec l'offrande du vin, mais toujours avec les jardins et les temples :

Vinalia rustica Août	Jupiter	Vénus
F. *Allifani* .... Jupiter		
Varron, VI, 16 .... Jupiter ; le vin		
Varron, VI, 20 .... Vénus ; temples jardins		
Varron, *R. R.*, I, 1 .... Vénus ; jardins		
Verrius, p. 322 .... Jupiter ; le vin .... Vénus ; temples jardins		
Paulus, p. 323 .... le vin		
Verrius, p. 366 .... Vénus ; jardins		
Vinalia priora Avril	Jupiter	Vénus
F. *Praenestini* .... Jupiter ; le vin		
Varron, VI, 16 .... Jupiter ; le vin		
Masurius=Macrobe, I, 4, 6 .... Jupiter		
Paulus, p. 57 .... Jupiter ; le vin		
Paulus, p. 517 .... Jupiter ; le vin		

Deux évidences se dégagent aisément.

La première est l'absence totale de Vénus en avril, pour les *Vinalia priora* ; la seconde est la parfaite conséquence des avis exprimés, qui tous instituent un cloisonnement étanche entre Jupiter et le vin, d'une part, et, de l'autre, Vénus et les jardins. Avant Ovide, les *Vinalia* sont exclusivement les fêtes de Jupiter et du vin. Si Vénus y figure, c'est uniquement à cause de la fête des jardiniers et de l'anniversaire de ses temples : elle ne saurait donc revendiquer aucune place, à époque ancienne, dans la fête.

---

222. Titre mentionné par Nonius, p. 8 Q., *s.u. sartores*.

Dans le développement d'Ovide, nous ne trouvons plus ce partage tranché. Une transformation évidente frappe d'emblée : les *Vinalia* n'apparaissent plus comme une fête du vin à laquelle se seraient adjoints par la suite le chômage des jardiniers et la dédicace des temples, mais bien comme une cérémonie *réservée originellement à Vénus*, qu'on appelle « fêtes du vin » ou « jour de Jupiter » à cause d'une vieille histoire de vendanges :

> *Cur igitur Veneris festum Vinalia dicant*
> *Quaeritis, et quare sit Iouis ista dies* [223] ?
>
> IV, 877-878

Ce renversement de perspective, qui néglige superbement la chronologie, doit d'emblée nous mettre en défiance : quel que soit le récit destiné à fournir l'explication, il supposera nécessairement un hiatus historique, puisqu'un « mythe » archaïque va tenter de justifier un état de fait forcément postérieur au IIIe siècle. Aussi ne peut-on admettre le *satisfecit* que décerne R. Schilling à notre poète pour la parfaite adéquation du rite et de son étiologie, à l'aide de formules variées : « rite et mythe se trouvent en correspondance harmonieuse [224] », « rite et mythe se trouvent en concordance harmonieuse [225] », « *both of them should be united in a harmonious synthesis* [226] ».

Varron mettait ses lecteurs en garde contre l'erreur populaire qui installait la déesse dans la fête d'un autre patron divin. Ovide a donc *choisi* l'erreur populaire en toute connaissance de cause.

A l'appui de sa thèse, Ovide développe alors ce mythe explicatif dont on nous fait admirer la parfaite correspondance avec les rites des *Vinalia*. Si la présence de Vénus est sentie par lui si vivement, nous dit-on, c'est à cause d'une activité sous-jacente de cette déesse *dans le mythe* et dans la fête.

Or, les faits s'opposent à toute interprétation de ce genre.

L'histoire est connue : pour gagner l'alliance de l'Étrusque Mézence, Turnus accepte de lui livrer les fruits de sa première vendange. Apprenant ce marché, Énée s'empresse d'offrir la sienne à Jupiter :

> « *Hostica Tyrrheno uota est uindemia regi,*
> *Iuppiter, e Latio palmite musta feres !* »
>
> IV, 893-894

---

223. La question ainsi posée fait apparaître une ambivalence qui eût dû frapper Ovide : si les *Vinalia* sont *Veneris festum*, ils ne peuvent être aussi *Iouis dies*.
224. *Ovide poète...*, p. 872.
225. *Ovide interprète...*, p. 227.
226. *Roman Festivals and their Significance*, dans *Acta Classica*, 7, 1964, 44-56, p. 51 ;

Le vœu le plus religieux l'emporte. Énée tue donc Mézence, et, une fois l'automne venu, s'acquitte de sa promesse :

> *Venerat Autumnus, calcatis sordidus uuis,*
> *Redduntur merito debita uina Ioui.*
> *Dicta dies hinc est Vinalia. Iuppiter illam*
> *Vindicat, et festis gaudet inesse suis.*
>   IV, 897-900

R. Schilling souligne le bien-fondé du choix d'Énée. Sa généalogie en effet, — fils de Vénus, petit-fils de Jupiter — « assure d'emblée au héros troyen l'autorité requise pour officier à une fête intéressant à la fois Jupiter et Vénus. Du même coup, le mythe troyen justifie la participation simultanée des deux divinités, tout en maintenant la hiérarchie de rigueur, puisque le fils de Vénus adresse ses vœux au souverain Jupiter [227] ». Et le savant moderne de mettre en évidence la permanence du mythe et son invariabilité à travers les traditions. Ce mythe met en œuvre « un thème qui n'a pour ainsi dire pas varié depuis son apparition dans la littérature avec Caton et qui a reçu une consécration officielle, puisqu'il figure à la date des *Vinalia* d'avril, dans la publication des *Fasti Praenestini* faite par le savant Verrius Flaccus, à l'époque d'Auguste [228] ».

Certes, à travers les récits des différents auteurs qui nous ont transmis l'épisode, « le thème reste identique, malgré quelques variantes de détail [229] ». Ce sont précisément ces variantes qui exigent une analyse plus poussée.

Une simple juxtaposition des différentes versions du mythe nous montre aussitôt qu'Énée n'est pas automatiquement le protagoniste de l'événement dans tous les textes. Il s'en faut même de beaucoup, et l'on peut apprécier à ce sujet une évolution éloquente :

Caton (= Macrobe, III, 5, 10)..................... Latins et Rutules
Varron (= Pline, XIV, 88) .... Latins
Denys, I, 65, 2 .... Ascagne et les Latins

---

on retrouve ces formules également dans *Vénus...*, p. 137, 145, 147, 154, dans *Quel crédit...*, p. 22-23.

227. Cette formulation est extraite de *Vénus...*, p. 227. Mais on peut préférer d'autres expressions de la même idée, dans les articles déjà évoqués de *R.É.L.*, 46, 1968, p. 228, de la collection *Latomus*, n° 107, p. 22, des *Mélanges J. Carcopino*, 1966, p. 873, ou la version anglaise.

228. *Ovide poète...*, p. 872-873.

229. *Vénus...*, p. 138.

Fasti Praenestini...............................	Latins
Verrius Flaccus (= Festus, p. 322)...............	Latins
Ovide, *Fast.*, IV, 879-900.......................	ÉNÉE
Plutarque, *Quaest. Rom.*, 45.....................	Énée
Dion Cassius (= Tzetzes, *Lyc.*, 1232)............	Ascagne
Servius, *ad Aen.*, I, 267.......................	Ascagne [230]

Le commentaire est aisé : c'est *seulement avec Ovide* qu'apparaît Énée en son nom propre. Les autres versions antérieures à lui, et même les *Fastes* de Préneste, contemporains, ne proposent qu'un nom générique, *les Latins*, ou, s'ils individualisent un personnage, *Ascagne*.

Il est aisé de se débarrasser de la difficulté en alléguant qu' « Énée et ses Troyens sont déjà assimilés aux Latins dans toutes ces versions [231] », et en lisant le nom d'Énée chaque fois qu'un texte ancien écrit *Latini*... Mais il est infiniment préférable et de meilleure méthode, de se demander *pourquoi Énée n'est jamais nommé avant Ovide* !

La réponse est simple : dans la version initiale, c'est-à-dire *pré-virgilienne* de la légende, la guerre contre Mézence, et donc la surenchère pour l'offrande du vin, se déroulent *après la mort d'Énée, disparu pendant un duel contre Mézence* [232]...

La présence fréquente, dans les textes cités ci-dessus, du mot *Latini*, de même que le nom d'Ascagne, doivent nous amener à replacer l'épisode du vin dans la *troisième* guerre opposant Mézence aux Troyens devenus Latins [233]. Et il faut attendre Virgile pour voir Énée en personne vaincre l'Étrusque et lui survivre. « Il me paraît raisonnable de croire que Virgile a

---

230. Quelques textes : Macrobe *Sat.*, III, 5, 10, citant Caton : (In primo libro Originum Catonis...) *ait enim Mezentium Rutulis imperasse ut sibi offerrent quas dis primitias offerebant, et Latinos... ita uouisse etc.* Verrius : *Latini bellum gerentes aduersus Mezentium omnis uini libationem ei deo dedicauerunt.* Dion Cassius, l. 1, p. 4 Boiss. : Ἀσκάνιος παῖς βασιλεύει, ὅς καὶ τὸν Μαζέντιον πολέμῳ συμβαλόντα νικᾷ τελείος, μὴ δεχόμενον τὰς πρεσβείας, ἀλλὰ τὰ τοῦ Λατίνου πάντα εἰς ἐτήσιον δασμὸν ζητοῦντα. Il est remarquable que Servius, bien après Ovide, ne connaisse que l'ancienne version, tirée, dit-il lui-même, des traditions des *Iulii* : *migrasse postea in Ascanium et Mezentium bella, sed eos singulari certamine dimicasse. Et occiso Mezentio, Ascanium, sicut Iulius Caesar scribit, Iulum coeptum uocari (etc.).* Même remarque pour l'auteur de *l'Origo gentis Romanae* (Aurelius Victor ?) qui, en dépit de l'*Énéide* et des *Fastes*, ne fait intervenir Mézence qu'après la mort de Turnus, et son adversaire est le seul Ascagne (ch. 14).
231. *Vénus...*, p. 138, n. 3.
232. Servius, *Ad Aen.*, I, 267, citant Caton ; IV, 620 ; VI, 760 ; IX, 742 ; Tite-Live, I, 3, 4, d'ap. Varron (?) ; Denys, I, 65, *etc.*
233. M.J. Perret pense à une « combinaison mythographique catonienne, (ou à la rigueur pictorienne) » introduisant l'anecdote dans la tradition existante.

innové », m'écrivait M. le Professeur J. Perret [234] « car cette modification de la chronologie traditionnelle s'expliquerait bien par le dessein qu'il a eu de regrouper en une seule guerre et antérieurement à la mort de Turnus la diversité des épisodes guerriers que la tradition antérieure prolongeait beaucoup plus longtemps ».

On pourrait imaginer aussi que Virgile fut amené à modifier la tradition à cause des exigences de son poème augustéen, consacré à l'ancêtre héroïque d'Auguste, la disparition du héros pendant un duel l'opposant à un roi étrusque paraissant fâcheuse pour l'orgueil national et julien.

G. Dumézil, dans une récente étude, explique par des considérations compliquées l'absence de l'épisode des *Vinalia* dans l'œuvre virgilienne. Ce sont trois *fata* (promesse de renaissance pour Troie en Italie faite à Énée / promesse de mariage pour Lavinia avec un époux non italien / promesse d'un chef étranger aux Étrusques de Tarchon) qui assurent d'avance la victoire à Énée, « et il n'y avait évidemment plus de place pour un marchandage de dernière heure, pour le *uota ualent meliora* d'Ovide [235] ».

Nous préférons comprendre que le refus virgilien d'utiliser l'épisode des vendanges répondait à des exigences historiques et littéraires : jusqu'à Virgile, Énée ne sortait pas vainqueur du duel qui l'opposait à Mézence, et c'est Ascagne que la tradition, pleine de logique, nomme régulièrement. D'autre part, ce récit religieux et national qui fait disparaître Énée pendant le duel, et le voit ressusciter sous les apparences de Jupiter Indigète, ne pouvait se concilier avec les exigences du poème épique virgilien, où il était tout de même souhaitable que le héros demeurât en vie à la fin de l'œuvre ! Virgile renonça donc purement et simplement à l'épisode des vendanges, et donna au duel entre Mézence et le Troyen le dénouement que l'on sait. Le bon sens, à défaut de la tradition, en sort satisfait, puisqu'il paraît bien invraisemblable que, point encore maîtres du sol et luttant pour leur survie, les Troyens en Italie aient eu déjà le loisir de planter la vigne, de la voir grandir et porter du fruit ; les conquérants primitifs ne sont point encore de paisibles viticulteurs !

Une fois reconnue la responsabilité de notre poète dans l'introduction au sein du mythe du personnage d'Énée, nous pouvons restituer l'état originel de ce mythe, et supprimer le nom d'Énée : alors tombe le *seul* lien qui pouvait rattacher Vénus aux *Vinalia*...

---

234. On nous excusera de citer textuellement un document privé (lettre du 24 janvier 1974).
235. *Fêtes romaines d'été et d'automne,* Paris, 1975, p. 256, n. 1.

R. Schilling en convient implicitement, lorsqu'il écrit : « Ce n'est qu'en fonction de la légende troyenne que Vénus intervient dans les *Vinalia* [236] ». Il est dangereux de se fonder sur une anecdote vraisemblablement née à l'époque de Caton pour en déduire un rôle de Vénus dans une fête archaïque. D'autre part, c'est le mythe *seul* qui « associe étroitement » Jupiter et Vénus dans la fête. Puisque Vénus n'est pas nommée, *même par Ovide qui n'ose franchir le pas,* son association avec Jupiter ne devait pas être aussi étroite qu'on veut nous le faire croire... Certes, « cette double référence ressort avec une netteté particulière dans la présentation d'Ovide », écrit encore R. Schilling [237]. Et pour cause, Ovide étant le seul auteur à nommer Énée ! Encore que cette « netteté » soit sujette à caution, puisque, nous l'avons dit, Ovide se garde de nommer Vénus, il est indéniable que son texte constitue un tournant dans la tradition ; aussi nous paraît-il bien aléatoire de privilégier son texte aux dépens des versions plus anciennes. On ne peut lire sans surprise que « rite et mythe se fondaient tous deux sur la vertu du sortilège vénusien [238] » puisque Vénus *n'apparaît dans aucun texte.*

Que l'épisode du vin ne présente aucun lien avec la religion de Vénus nous paraît chose assurée ; qu'il ait un rapport avec les *Vinalia,* nous nous permettrons également d'en douter.

Nous le rencontrons d'abord chez des historiens, comme un épisode *historique,* sans que jamais soit établi le moindre lien avec les réalités liturgiques qui devraient en découler, c'est-à-dire le rituel de la fête. J. Carcopino estime que ce « mythe » a été créé pour rendre compte du rite : on s'étonne, alors, de ne le voir jamais mis en relation, avant Ovide, avec les *Vinalia* [239]. On attendrait, en effet, après l'annonce de la victoire remportée par Ascagne sur Mézence, grâce à Jupiter, une formule du type : « en conséquence de quoi on institua les Vinalia ». Rien de tel. Et un savant moderne, J.G. Frazer [240], a pu ainsi considérer ce mythe non plus comme une étiologie des *Vinalia,* mais comme une symbolique de l'offrande des fruits aux Étrusques maîtres de Rome, ou aux rois latins, honorés de la sorte par leurs sujets : Caton ne mentionne-t-il pas, au lieu du vin, l'ensemble des prémices offerts aux dieux ? Il se peut donc que l'introduction du « mythe » du « vin »

---

236. *Vénus...,* p. 147. D.P. Harmon a suivi R. Schilling, *(The Public Festivals of Rome,* dans *Aufstieg...,* II, 16, 2, 1978, 1440-1468) : *The interest, then, of both Jupiter and Venus who cooperate in these festivities can be explained by the power that inheres in the wine* (p. 1466).
237. *Ibid.,* p. 138.
238. P. 154.
239. J. Carcopino, dans l'article « Vinalia » du *Dict. Ant.,* V, p. 894.
240. *F. éd. comm...,* IV, p. 401. Texte de Caton (*cf.* n. 230) : *imperassent ut sibi offerrent quas dis primitias offerebant.*

à l'intérieur des *Vinalia* soit due à un historien de la religion romaine en quête d'une étiologie.

Attribuer la prépondérance à Vénus au détriment de Jupiter n'est pas la seule liberté qu'Ovide se soit permise à l'égard de ses prédécesseurs. Une autre question nous paraît intéressante, qui éclaire d'un jour nouveau les conditions du choix ovidien : à laquelle des deux fêtes, celle d'août ou celle d'avril, doit-on attribuer le « mythe » explicatif ?

C'est Verrius Flaccus qui, en deux de ses ouvrages, fournit à Ovide le canevas du récit développé dans les *Fastes*. Et force est de constater qu'entre le *De Verborum Significatu* et les *Fastes* de Préneste, Verrius a modifié ses vues sur la question, puisque le texte littéraire assigne le mythe aux *Vinalia priora* d'avril [241] !

Promettre la vendange en avril pour pouvoir l'offrir l'automne venu (version ovidienne) satisfait sans doute la logique. Mais c'est là un point de vue fondé sur la priorité chronologique d'avril par rapport à août [242], qui ne répond pas aux conceptions religieuses dont s'inspire la distribution des deux *Vinalia*. Le premier rite, en effet, l'offrande des prémices encore inconsommables, et avec lui la promesse de l'offrande du vin une fois fabriqué, se place en août, tandis que le second rite, la *libatio* proprement dite, a lieu quelques mois après, au mois d'avril de l'année suivante : « Cette fête se déploie en deux temps (...) selon un mécanisme familier à la religion romaine. Elle développe le même compas temporel que le *uouit-dedicauit* qui revient si souvent dans les annales des historiens [243] ». Il nous paraît légitime que le mythe s'articule sur le schéma liturgique qui lui a donné naissance et qu'il doit refléter : tout comme le Flamine de Jupiter promettait, en automne, la vendange future à son dieu, Énée devait promettre sa vendange en automne ; de même qu'on offrait le vin nouveau à Jupiter au mois d'avril, Énée aurait dû verser le vin en avril. Ovide a inversé les deux moments du rite, et son *Venerat autumnus* prouve bien qu'il n'a pas pénétré le sens profond des deux cérémonies.

Il apparaît, en conséquence, que le meilleur des deux textes de Verrius est celui du *De Verborum Significatu*. Verrius avait-il une raison pour

---

241. Préneste : *23 A VIIII VIN F IO*(ui) *m*(...) *ded*(...) (uini omnis noui libamentum Ioui) *consecratum* (est cum Latini bello preme)*rentur ab Rutulis, quia Mezentius rex Etru*(sco)*rum paciscebatur si subsidio ueniss*(e)*t omnium annorum uini fructum.* ` Verb. Sign.*, p. 322 L. : *Rustica Vinalia appellantur mense Augusto XIIII kal. Sept. Iouis dies festus, quia Latini bellum gerentes aduersus Mezentium omnis uini libationem ei deo dedicauerunt.*
242. F. Bömer, *F. éd. comm...*, 2, p. 48-50, donne raison à Ovide contre Verrius, parce que Ovide donne le récit en avril et que la libation a lieu en avril ; il oublie qu'Ovide, plaçant le vœu au printemps, fait répandre la libation en automne !
243. R. Schilling, *op. cit.*, p. 142.

déplacer le mythe, sur son calendrier de marbre, et pour l'affecter aux *Vinalia priora* ? Nous n'en voyons aucune. En revanche, Ovide, lui, en avait une.

Il peut alors n'être point aberrant de supposer une influence d'Ovide sur Verrius Flaccus. Plusieurs savants ont accepté l'éventualité de cette influence pour d'autres étiologies, ce que nous signalerons à l'occasion. La chronologie, maîtresse souveraine de pareilles suppositions, ne s'y oppose nullement : les *Fastes* de Préneste ont été gravés entre 4 et 10 ap. J.-C., ceux d'Ovide ont été rédigés entre le début de l'ère chrétienne et 8 ap. J.-C. : ils étaient donc couchés sur le papier au moins deux ans *avant* la publication de ceux de Verrius : qu'est-ce qui empêchait alors Verrius, libre sans doute de nos préjugés contre Ovide, d'adopter certaines de ses formules [244] ?

Qu'Ovide ait modifié les renseignements donnés par le *De Verb. Significatu* de Verrius, ou qu'il ait préféré le texte des *Fastes* de Préneste à celui de l'ouvrage sur parchemin, il a opté formellement pour avril.

Ce choix correspond, ce semble, à la nécessité d'étayer un autre choix qui, privé de l'appui des *Vinalia*, reposerait sur des bases trop fragiles.

Nous songeons à l'étymologie d'avril. Pour l'établir, Ovide reniait l'autorité de la grammaire et de la religion, optait sans hésitation pour le nom grec de l'écume, lié à la légende de Vénus-Aphrodite, l'ancêtre divine de la *gens Iulia*.

Une aussi ferme détermination, toutefois, ne saurait faire oublier les affirmations de Cingius, Varron, Masurius, qui interdisaient toute étymologie d'avril par des mots liés de quelque façon à Vénus [245]. Nous lisons ces témoignages dans les *Saturnales,* et Macrobe, leur auteur, ajoute : « Verrius Flaccus ne nie pas que *plus tard* il fut décidé que les matrones célébreraient un sacrifice le jour des kalendes d'avril, en l'honneur de Vénus ». *Plus tard* : nous savons bien à quelle date : 215 et 181, dates d'introduction des cultes de Vénus *Erycina*, tandis que le culte de Vénus *Verticordia*, célébré aux kalendes d'avril, était institué seulement en l'année 114.

Avec tout le dévouement possible à l'idéologie julienne prônée par Auguste, Ovide ne pouvait raccrocher ces fêtes d'institution récente au calendrier de Numa qu'il était censé suivre. Or, on aboutit à un paradoxe assez piquant : *Vénus patronne un mois dans lequel aucune fête ne lui est consacrée* !

Comment, dès lors, imposer l'étymologie par *aphros* et Aphrodite, affirmée au vers 61 et fermement soutenue dans les vers 85 à 124 ? D'autant

---

244. Voir l'article « Verrius Flaccus » dans la *Realenc.*, VIII, a2, col. 1636-1645, et H. Winther, *De Fastis Verrii...*, p. 10-12.
245. Varron, *Ling. Lat.*, VI, 33 ; Macrobe, *Sat.*, I, 12, 12-15.

qu'au mois d'avril trônent, comme par un fait exprès, d'autres grandes divinités, autrement qualifiées que Vénus pour assurer la présidence de ce mois, et auxquelles Ovide lui-même accorde des développements sans commune mesure avec l'insignifiance des passages où apparaît Vénus !

    Cybèle, 194 vers (179-372)
    Cérès, 262 vers (393-620 et 679-712)
    Tellus, 44 vers (629-672)
    Palès, 76 vers (721-806)...

En face de cette coalition, Vénus n'a droit qu'aux vers 61-84 et 113-162, augmentés, si l'on veut se montrer généreux, de la généalogie des *Iulii*, parfaitement gratuite, (19-60) et de l'Hymne à Vénus (91-132) pastiche de Lucrèce. La longueur de ces textes, où se trahit l'exploitation de tous les prétextes possibles, ne saurait masquer la réalité : ils sont des développements artificiels, destinés à étoffer quelques rites squelettiques et tardifs...

Dès lors, pour permettre à Ovide d'écrire, avec la conscience un peu plus légère,

    Venimus ad quartum, quo tu celeberrima mense
                                          IV, 13

« Nous voilà au quatrième mois, durant lequel tu es particulièrement fêtée » (!), — il est vital qu'au moins les *Vinalia* soient dédiés à Vénus...

Ovide a donc recours au « mythe » expliquant l'institution des *Vinalia*, mythe qui pourra, si l'on n'y regarde de trop près, donner des lettres de noblesse et une antiquité convenable à un culte trop récent.

Ce faisant, Ovide commet une petite maladresse. Il annonce les *Vinalia* comme étant un jour « de Vénus », accidentellement mis en rapport avec le vin ; et il semble du même coup proposer un *aition* à la fondation des temples dont il vient de parler :

    Templa frequentari Collinae proxima portae
      Nunc decet...
    Carmine uiuacis Venus est translata Sibyllae
      Inque suae stirpis maluit Vrbe coli.
    Cur igitur Veneris festum Vinalia dicant...
                                IV, 871 (...) 877

Et les Modernes de prendre cette affirmation au pied de la lettre. R. Schilling cite ainsi une note de E. Aust [246], en ajoutant : « Aussi bien, le

---

246. *De Aedibus sacris*, Marbourg, 1889, p. 3, n. 58, § 3.

mythe étiologique ne s'applique-t-il pas, à vrai dire, à la fondation du temple de la Porte Colline, mais à l'institution du culte de l'Erycine sur le Capitole [247] ». D'une part, il est difficile d'expliquer par une légende troyenne la fondation d'un temple érigé en 215 av. J.-C. ; et surtout, comment vouloir décider si un mythe où il n'est pas question de Vénus se rapporte à l'un de ses temples plutôt qu'à l'autre ?

Il est impossible d'accorder à Vénus dans les *Vinalia* un « rôle d'intercession », ou un « rôle de médiatrice [248] ». Il faut par trop solliciter le texte d'Ovide pour oser écrire que Vénus confère, par son association avec Jupiter « plus d'efficacité au sacrifice offert au dieu suprême [249] », puisque, d'une part, elle est absente du récit expliquant ce sacrifice, et puisqu'il n'y a, dans les *Vinalia*, de Vénus que par Énée, et d'Énée que par Ovide !

Entraîné par ces affirmations péremptoires de R. Schilling, G. Dumézil en vient lui aussi à voir Vénus là où elle ne se trouve pas. Dans un article tout récent, après avoir interprété la libation d'avril comme une mise en garde aux hommes contre les périls qu'entraîne « la solidarité entre l'ivresse du vin et les autres formes d'ivresse, celle de l'amour physique en particulier », — ce qui est une modernisation du texte de Plutarque [250], n'écrit-il pas qu'« une fois en possession du rite positif des *Vinalia*, Énée aura introduit sa mère dans l'exécution du rite négatif [251] ». Il faudrait admettre alors que la libation d'avril est postérieure à la rédaction des *Fastes*, puisque c'est dans les *Fastes* que nous rencontrons d'abord Énée ; admettre aussi qu'Énée disposait d'un temple de Vénus pour pouvoir stigmatiser sur son parvis les méfaits de sa propre mère ; admettre encore que dans les *Vinalia* se cache la condamnation de l'amour physique, ce qui semble, vu le rituel, étonnant : il s'agit, aux *Vinalia* d'avril, de l'exécution d'une promesse faite à l'automne, pas du tout de la destruction d'un produit nocif ! La sagesse voudrait que l'on s'en tienne aux textes avant de lâcher la bride à l'imagination [252], et ce que nous disent les textes nous paraît sans équivoque.

---

247. R. Schilling, *Vénus*, p. 105, n. 3.
248. R. Schilling, *op. cit.*, p. 146-147 ; p. 154 ; p. 155.
249. P. 155.
250. « Les dieux préfèrent un grand gaspillage à une consommation excessive de vin pur ». Curieuse définition de la libation religieuse ! (Plutarque. *Quaest. Rom.*, 45).
251. *Virgile, Mézence et les Vinalia*, dans les *Mélanges J. Heurgon*, Rome, 1976, 1, 253-263, p. 254.
252. Nous songeons à l'application que fait G. Dumézil de son interprétation des *Vinalia* à l'épisode de Nisus et Euryale (p. 259-263), rapprochement pour le moins inattendu.

Consacrés exclusivement à Jupiter, les *Vinalia* sont la double fête du vin, de sa promesse en août, de sa consommation en avril. Ils furent choisis comme anniversaire des temples de Vénus, nous le pensons, à cause de l'extrême ressemblance des deux mots *uinum* et *Venus,* associés par jeu de mots dans l'esprit populaire, et associés aussi par le constant usage, dans les plaisirs romains, du vin et des joies de Vénus ; les jardiniers choisirent pour date de leur fête le jour de consécration des temples à leur patronne (que ce patronage s'explique par quelque raison qu'on voudra, il existe), et Vénus ne participe aux *Vinalia* que par l'effet d'une coïncidence de syllabes.

S'il est vrai, d'autre part, que la lutte des Latins et de Mézence est d'abord un récit historique avant d'avoir été annexée au domaine religieux, et c'est ce que les textes nous enseignent, alors disparaît le caractère « vénusien » de l'offrande à Jupiter.

**

Les deux développements que nous venons de consacrer à l'étymologie d'avril et à la fête des *Vinalia,* ont montré, nous le croyons, à quel point le choix d'Ovide était orienté par des motifs d'opportunité politique. Le rapprochement de plusieurs *aitia* dont la construction témoigne d'une même orientation politique, fût-elle de surface, présente à nos yeux beaucoup d'intérêt.

Les *Fastes,* à coup sûr, ne sont pas exclusivement un panégyrique julien, malgré les nombreuses notes et notices relatives à la dynastie semées par tout l'ouvrage et qui forment comme un embryon de culte impérial : développements sur l'œuvre d'Auguste, anniversaires des *Iulii,* considérations généalogiques, *etc.* [253]. Un relevé de tout ce qui, dans les *Fastes,* concerne Auguste, a été opéré déjà par A.K. Allen [254] ; P. Becker a étudié les rapports entre Ovide et la dynastie régnante [255] ; M. Rostovtzeff les idéaux religieux d'Auguste dont on peut trouver un écho dans les *Fastes* [256]. Nous voudrions pour notre part attirer l'attention sur un point négligé mais important : le parti pris « augustéen » de certaines étiologies ovidiennes. Autant, du reste, que les choix, bien des omissions, dans le rituel ou dans les

---

253. Exemples : constructions impériales : VI, 637-648 ; II, 59-66 ; généalogie : IV, 9-60 ; apothéose de César : III, 697-710 ; nom d'Auguste : I, 589-616 ; Anniversaire de l'*Ara Pacis* : I, 709-722 ; Thapsus et Modène : IV, 377-384 et IV, 625-628 *etc.*
254. *The Fasti of Ovid and the Augustan Propaganda,* dans *A.J.Ph.,* 43, 1922, 250-266, p. 251.
255. *Ovid und der Prinzipat,* diss. Köln, 1953.
256. *Augustus, Univ. Wisconsin Stud.,* 15, 1922.

étiologies, sont significatives. Il est aisé de percevoir le souci constant d'Ovide de rester dans la ligne tracée par Auguste, voire de conditionner en ce sens l'esprit de ses lecteurs romains : lorsque Auguste se préoccupe de stimuler la natalité chez ses sujets, les *Fastes* ne s'écrient-ils pas : *Nupta, quid expectas* [257] ? afin d'encourager les jeunes Romaines à se présenter au fouet des Luperques ?

La mythologie nationale est omniprésente, dans les *Fastes,* et la part y est taillée belle pour la mythologie augustéenne, qui vient à se confondre ainsi avec la mythologie nationale. Si certains *aitia* refusent de se plier à cette idéologie et à cette morale nouvelle, ils sont éliminés.

Nous assistons ainsi à une épuration flagrante de l'ancienne religion. La grivoiserie se fait rarement jour dans les *Fastes,* et jamais à propos de récits importants ou de dieux majeurs. L'anecdote de Mars dupé par Anna, très anodine, avait fait déjà l'objet d'un mime de Labérius, et appartenait donc au répertoire classique romain [258] ; dans la mésaventure de Priape et Vesta, tous les traits qui donnaient piquante saveur au récit analogue concernant Priape et Lotis [259] (d'aspect oriental, celui-là, et non romain, puisque concernant un sacrifice pratiqué dans les pays d'Hellespont) ont été atténués. Vénus est même devenue une déesse très sage, sous le règne de laquelle *Et forma, et mores, et bona fama manet* [260] : un comble !

Nous avons eu l'occasion, dans un travail précédent [261], de discuter la démonstration de F. Altheim, pour qui les *Fastes* sont un ouvrage érotique, en rupture avec les idéaux du Principat. Nous montrions que les *Fastes* apparaissaient au contraire comme un modèle de pudique réserve face à d'autres ouvrages moins scrupuleux. On imagine ainsi avec un peu d'inquiétude les *Fastes* qu'Ovide aurait pu écrire en reproduisant certaines des histoires savoureuses que ses devanciers affectaient comme origine aux rites qu'ils s'occupaient à décrire.

Ces efforts manifestes d'Ovide concourent à donner aux *Fastes* le style qui est le leur : primesautier, amusant, leste parfois, mais toujours respectueux de l'*austeritas* et de la *maiestas* officielles, caractéristiques de l'ancienne religion romaine vue par Auguste.

---

257. *Fast.,* II, 425.
258. *Fast.,* III, 675-696 ; Aulu-Gelle, XVI, 7, 10.
259. *Fast.,* VI, 319-348 et I, 391-440 ; surtt. 429-432 et 437-438.
260. *Fast.,* IV, 156. Songeons aux efforts d'Auguste pour restaurer la dignité dans les ménages romains : Suétone, *Aug.,* XXXIV, par la *Lex Iulia de adulteriis,* notamment.
261. *Les Fastes d'Ovide et le sourcil latin,* paru dans *Latomus,* 37, 4, 1978, 851-873 ; l'opinion de F. Altheim est émise dans le chapitre *Der Fall Ovid* de sa *Röm. Religionsgeschichte.*

Hors du domaine des bonnes mœurs apparaît en maintes occasions ce souci opiniâtre d'Ovide. Nous avons constaté que le poète s'employait activement à donner à Vénus une place en avril, et une place de choix. Il s'opposait ainsi à Varron, qui s'efforçait, lui, d'expulser, par tous les arguments, l'intruse divine d'un mois qui ne devait pas tomber sous sa coupe. Croira-t-on que seuls des motifs grammaticaux aient guidé Varron dans cette rage obstinée contre Vénus, et Ovide dans cette chaude sympathie pour elle ? Il serait étonnant que leur attitude respective [262] vis-à-vis de la première famille de Rome n'y soit pas pour quelque chose...

Même attitude de la part des deux écrivains à propos d'un autre personnage qui intéresse fort les *Iulii* : Quirinus. Tandis que Varron le range au nombre des dieux sabins importés à Rome par Titus Tatius [263], ce qui équivaut à le faire préexister à Romulus, dont il ne peut plus, dès lors, représenter la figure divinisée, tandis que Cicéron fait quelques difficultés pour accepter l'apothéose, version officielle de la mort du fondateur, et introduit par un perfide : *Quidam putant* [264] l'épisode de Proculus *Julius*, au nom fort significatif ; tandis que Denys d'Halicarnasse et Tite-Live lui-même laissent ouverte la question cruciale : « apothéose ou assassinat ? [265] », Ovide prend fermement parti pour l'apothéose, tant dans les *Métamorphoses* que dans les *Fastes* [266] :

Luctus erat, falsaeque Patres in crimine caedis...

Romulus-Quirinus n'est-il pas l'ancêtre des *Iulii*, qui favorisaient tout spécialement sa légende ? Aussi Ovide s'ingénie-t-il à estomper toute ombre susceptible de ternir la réputation du héros : il octroie à Rémus le patronage des *Lemuria*, institués à la mémoire de son frère défunt par un Romulus inconsolable [267]. Les infimes modifications qu'Ovide fait subir à la vulgate sont très habiles. Ce n'est pas Romulus qui a tué Rémus, mais Céler, sans doute selon cette « version moins répandue » que mentionne Tite-Live [268] ; les paroles très cyniques qu'il prononce, ailleurs, après le meurtre, lui sont dictées, prétend Ovide, par les devoirs de sa charge :

---

262. Varron est un Pompéien, rallié après coup à César ; il commande l'armée d'Espagne contre lui (Suétone, *Iul.*, 34).
263. *Ling. Lat.*, V, 74.
264. *Nat. Deor.*, II, 62 ; *Rep.*, II, 10, 20 ; le mot désigne sans doute les *Iulii* ; c'est aussi l'avis de W. Burckert, *Caesar und Romulus-Quirinus*, dans *Historia*, 11, 1962, 356-376.
265. Denys, II, 56 et 63 ; Tite-Live, I, 16.
266. *Met.*, XIV, 808 *sqq.* ; *Fast.*, II, 497.
267. *Fast.*, V, 479-480 ; Servius, *Ad Aen.*, I, 276 ; ps. Acron, *Ad Hor. Ep.*, II, 2, 209.
268. I, 7.

> *Haec ubi rex didicit, lacrimas introrsus obortas*
> *Deuorat, et clausum pectore uolnus habet.*
> *Flere palam non uolt, exemplaque fortia seruat :*
> *« Sicque meos muros transeat hostis ! » ait.*
> *Dat tamen exsequias, nec iam suspendere fletum*
> *Sustinet, et pietas dissimulata patet...*
> IV, 845-850

Enfin Rémus en personne vient, sous forme de fantôme, affirmer l'innocence de son frère :

> *« Saeue Celer, crudelem animam per uolnera reddas,*
> *Vtque ego, sub terras sanguinulentus eas !*
> *Noluit hoc frater, pietas aequalis in illo est.*
> *Quod potuit, lacrimas, manibus ille dedit »*
> V, 469-472

La sûreté de main et la justesse du goût dans l'adaptation sont remarquables. Romulus ne paraît point hypocrite, mais se comporte en chef de clan conscient de ses devoirs, en autre Brutus. Soucieux du détail qui porte, Ovide a subtilement transformé le texte de l'imprécation romuléenne. Au « périsse ainsi *quiconque* franchira mes murailles » de Tite-Live, souhait seulement présomptueux, répond, chez Ovide, une exclamation d'une tout autre portée : « périsse ainsi tout *ennemi* qui franchira mes murs ». Le blasphème est transformé en *omen*, le cri du fondateur devient un gage précieux pour sa Rome, puisqu'il lui assure l'inexpugnabilité. L'insolence impie se comprend comme un souci religieux, et le meurtre de Rémus comme un meurtre symbolique, un « premier sacrifice » destiné à assurer d'avance la pérennité de la fondation romuléenne [269]. Le héros fondateur n'est pas plus coupable qu'Abraham sacrifiant Isaac...

On peut déceler un souci analogue dans l'absence du récit concernant Acca Larentia et le sacristain d'Hercule, où la mère nourricière de Romulus apparaît sous un jour peu flatteur, puisque dépeinte comme une courtisane de bas étage *(scortum)* tandis que le peuple romain est prêt à diviniser une fille de trottoir sous prétexte qu'elle l'a fait héritier de sa fortune !

> 23 (E X LA)*R NP* (Fer)*iae Ioui Accae*
> *Larentin*(ae parentalia fiunt)

---

[269]. Florus, déjà, comprend le meurtre comme un sacrifice de pérennité (I, 1, 8) : *Prima certe uictima fuit, munitionemque urbis nouae sanguine suo consecrauit* : c'est l'interprétation sociologique et magique des Modernes. On lira, sans en adopter forcément les conclusions, l'article de R. Schilling, *Romulus l'élu et Rémus le réprouvé*, dans *R.É.L.*, 38, 1960, 182-199.

Hanc alii Remi et Rom(uli nutricem alii)
meretricem, Herculis scortum (fuisse dic)*unt /*
Parentari ei publice quod p.R. he(redem fece)*rit*
magnae pecuniae quam accepe(rat testame)*nto*
Tarutili amatoris sui.

Tel est le texte que nous propose le calendrier de Préneste, version officielle et augustéenne, précisément pour la fête du mois d'avril. Et l'histoire était connue, depuis Caton l'Ancien ou Valérius Antias, mentionnée même par Tite-Live [270] ! Aux yeux d'Ovide, la mère nourricière de Romulus ne doit même pas être soupçonnée, et c'est respectueusement qu'il s'adresse à elle : *Vester honor ueniet* [271].

Toutes ces petites attentions pour les légendes des origines peuvent être comprises comme autant d'efforts pour policer l'ancienne religion romaine, remodeler l'Antiquité de Rome selon les idées impériales en matière de sacré.

Dans le domaine purement politique, mêmes tentatives.

La critique moderne a souvent souligné une inconséquence d'Ovide, qui fait dépendre d'une cause historique, la prise de Syracuse en 212 av. J.-C., l'introduction du culte de Vénus *Erycina* dans la Ville, et confond en même temps les deux temples du Capitole et de la Porte Colline.

De ces deux confusions, la seconde s'explique sans difficulté : « Le poète a opté pour le sanctuaire qui devait offrir, à l'époque impériale, les cérémonies les plus spectaculaires, avec la procession de la statue de la déesse, au milieu des guirlandes de roses, dans le flot joyeux des courtisanes en fête [272] ». La justification est parfaitement acceptable.

En revanche, nul ne s'est soucié d'élucider cette question des dates erronées, d'autant plus surprenante qu'Ovide mentionne la consultation faite, avant l'installation de Vénus à Rome, des Livres Sibyllins, étiologie authentique de cette institution.

N'oublions pas, Ovide prenant grand soin de le préciser [273], que le

---

270. Caton, chez Macrobe, *Sat.*, I, 10, 12-15 et 16 ; Valérius Antias, chez Aulu-Gelle, VII, 7 ; Varron, chez Augustin, *Ciu. Dei*, VI, 7, *etc.* (textes de Plutarque, *Quaest. Rom.*, 35, Servius, Arnobe) ; Tite-Live, I, 4.

271. *Fast.*, III, 57.

272. R. Schilling, *Vénus...*, p. 105. G. Wissowa, *Rel. u. Kult...*, p. 290, n. 8 et R. Schilling, *Le Temple de Vénus Capitoline et la tradition pomériale,* dans *R. Ph.*, 23, 1949, 27-35 apportent d'utiles remarques. Aussi D. Kienast, *Rom und die Venus vom Eryx*, dans *Hermes*, 93, 4, 1965, 478-489.

273.   *Vtque Syracusas Arethusidas abstulit armis*
        Claudius, et bello te quoque cepit, Eryx.
Fast., IV, 873-74.

vainqueur de Syracuse n'est autre qu'un héros particulièrement cher au cœur du Prince, celui même dont Virgile écrivait :

Aspice ut insignis spoliis Marcellus opimis
Ingreditur, uictorque uiros supereminet omnis [274]...

Vénus, déesse des *Iulii,* doit alors sa venue à Rome au grand Marcellus, ancêtre des *Claudii* : les deux *gentes* qui dominent la ville en la personne d'Auguste, fils de Jules César et époux de Livie ! Comment Ovide pourrait-il laisser passer l'occasion de mentionner ce glorieux ancêtre, fût-ce au prix d'une entorse à la vérité historique ?

Comme il est des noms souhaitables, il est des noms gênants... Ovide excelle à glisser la louange discrète, à l'occasion de l'énoncé d'un simple nom, mais il sait aussi supprimer de son texte les rappels offensants pour la gloire du maître de Rome.

Ainsi, l'étymologie de juin, *iunius*. Ovide fait intervenir la déesse *Concordia,* pour expliquer, par l'intermédiaire du mot *iungere,* le nom de ce mois [275], et nous savons que *Concordia* plaît aux oreilles impériales [276]. En revanche, Ovide se garde de mentionner, fût-ce par allusion, une autre des étymologies affectées couramment à ce nom, parce que blessante pour les oreilles d'un *Iulius*. Nous savons en effet, grâce à Macrobe, que cette étymologie était le nom gentilice de... Brutus : *Iunius* [277] : on évoquait, pour la justifier, le sacrifice que le premier libérateur de Rome, Lucius Junius Brutus, offrit, en ce mois, sur le mont Caelius, à la déesse Carna, première divinité de juin. Il est évident qu'à l'époque d'Ovide, ce Junius-là rappellerait trop fâcheusement Marcus, le second Brutus, meurtrier de César ! Mentionner son nom paraît déjà une impensable audace. Songeons en outre qu'un Brutus aurait, par ancêtre interposé, donné son nom à un mois qui *précède* les deux mois attitrés de César et d'Auguste, juillet et août ! Inspiré par une louable prudence, Ovide écarte donc ce *Iunius* importun au profit de l'inoffensif *iungere*. Le même procédé lui avait d'ailleurs permis, lorsqu'il expliquait le *Regifugium* de février, de réduire au minimum le rôle joué par le premier Brutus dans l'expulsion des Tarquins [278].

La figure de Junon, telle que nous la présente le livre VI est, F. Lieberg l'a démontré [279], parfaitement conforme aux directives du Pouvoir, et tout le

---

274. *Aen.,* VI, 855-856.
275. *Fast.,* VI, 89-100.
276. *Cf.* n. 280.
277. *Sat.,* I, 12, 31.
278. *Fast.,* II, 685-852 ; *cf.* H. Le Bonniec, *F. éd. comm.,* 1, p. 152, n. 161.
279. *Fast.,* VI, 17-64 ; *Iuno bei Ovid,* dans *Latomus,* 28, 1969, 923-947.

développement ovidien fourmille d'intentions secrètes. L'insistance avec laquelle est soulignée l'harmonie de son union sans nuages (!) avec Jupiter ressort particulièrement, mais il faut scruter certaines allégories pour saisir les allusions voilées. Ainsi, la déesse *Concordia,* couronnée des lauriers d'Apollon [280], le dieu favori d'Auguste, symbolise, à la fin du passage, la concorde établie à l'intérieur du couple impérial Livie-Auguste [281]. De même, la Paix du Livre I nous est-elle présentée ceinte des lauriers d'Actium [282]. La déesse *Maiestas,* qui établit son règne sur le monde après la guerre entre Jupiter et les Géants, transpose probablement l'accession au trône d'Auguste, survenue à la suite d'une époque chaotique [283]. L'opiniâtreté de la répétition du mot *Iouis* et l'allusion transparente inclinent à le faire supposer :

> *Adsidet inde Ioui, Iouis est fidissima custos,*
> *Et praestat sine ui sceptra timenda Ioui*
> V, 45-46

H. Wagenvoort, légitimement surpris par le vers qui nous montre un Ovide plongé dans la prière et mystiquement uni à Vesta [284], piété pour le moins inattendue de sa part, a pu montrer, grâce à des recoupements subtils, qu'il fallait déceler là encore une allusion à la religiosité reconnue du Prince. Il avance même l'idée qu'on pourrait attribuer à une même intention du poète courtisan la mention de Vesta en tête des prières, place qui contredit le rite habituel [285] : « Quand, comme beaucoup de commentateurs, on se contente de constater qu'Ovide suit ici l'usage grec à propos d'Hestia, on néglige son ton décisif *(praefamur)* et on ne tient pas compte de la possibilité qu'il s'agisse ici encore d'une marque de la place prépondérante que Vesta occupait dans les idées d'Auguste vieillissant [286] ».

---

280. *Fast.,* VI, 91-92 :
> *Venit Apollinea longas Concordia lauro*
> *Nexa comas, placidi numen opusque ducis.*

On lira sur ce point P. Lambrechts, *La Politique apollinienne d'Auguste et le culte impérial,* dans *Nouvelle Clio,* 5, 1953, 65-82, et *Auguste et la religion romaine,* dans *Latomus,* 6, 1947, 177-191.

281. *Fast.,* VI, 637-638.

282. *Fast.,* I, 711-712 :
> *Frondibus Actiacis comptos redimita capillos*
> *Pax, ades, et toto mitis in orbe mane!*

283. C'est du moins l'avis de É. Nageotte, *Ovide, sa vie, ses œuvres,* Mâcon, 1872, p. 247.

284. *Mélanges J. Carcopino,* Paris, 1966, 965-978 *(Auguste et Vesta)* sur *Fast.,* VI, 251 : *In prece totus eram, caelestia numina sensi.*

285. Voir p. 255.

286. *Op. cit.,* p. 974.

Ce souci de rester le plus possible dans l'ombre de la politique augustéenne amène notre poète à écrire parfois des vers doublement contradictoires, d'une part avec les traditions antérieures, d'autre part avec le simple bon sens.

Ainsi, l'étiologie affectée à la fermeture du *ianus* de l'Argilète. Le texte des *Fastes* ne concorde pas avec celui d'autres auteurs, et notamment avec le célèbre *Claudentur belli portae* de Virgile, pour qui le temple enferme évidemment la Guerre. Mais surtout, il établit une situation inextricable : si le temple est fermé *en temps de paix* pour garder la Paix qui règne sur le monde, on se demande alors comment la Paix pourrait être à la fois dehors et dedans, aucun texte ancien n'attestant chez cette déesse le précieux don d'ubiquité.

La motivation de l'étiologie proposée par Ovide est pourtant claire. Auguste avait mis un soin particulier à faire coïncider la notion de *Pax Romana* avec les fonctions du dieu Janus [287]. On se souvient de sa persistance à affirmer, dans les *Res gestae*, qu'il a rétabli la *Pax augusta* et fermé le temple [288]. Ne fit-il pas placer dans son Forum le tableau d'Apelle représentant Alexandre traînant la Guerre derrière son char, œuvre qui, aux dires de Servius [289], inspira Virgile lorsqu'il peignait le *Furor impius* captif dans le temple du *Bifrons* ? Dès lors, le dieu Janus se trouve associé à l'idée de paix plus qu'à l'idée de guerre. L'ouverture et la fermeture de son temple symbolisant aussi bien l'un et l'autre état, puisque la fin de la guerre marque automatiquement le début de la paix, il suffit d'attirer l'attention du lecteur sur celle des deux idéologies qui bénéficie des faveurs du Régime. Ainsi le poète, choisissant la Paix de préférence à la Guerre, se ménage de surcroît une transition habile vers la conclusion de son étude consacrée à Janus, vision quasi cosmique de bonheur universel autant qu'hymne à la paix :

« *Pace fores obdo, ne qua discedere possit*
  Caesareoque diu numine clausus ero ».
Dixit ; et, attollens oculos diuersa uidentes,
Adspexit toto quicquid in orbe fuit.
Pax erat, et uestri, Germanice, causa triumphi.

---

287. On lira E. Cocchia, *Elementi naturalistici e poetici nella mitologia romana nel culto di Giano*, dans *Mouseion*, 1, 1923, 3-23, p. 11-14, pour qui, dans l'optique augustéenne, les deux concepts de paix et de guerre se confondent dans la figure mythique du dieu. Voir aussi G. Dumézil, *Jupiter, Mars, Quirinus*, dans R.É.L., 39, 1951, 323-324, et *Rel. rom. arch.*, p. 265-266.
288. *Res Gestae*, 13 ; Suétone, *Aug.*, XXII. Voir J.P. Richard, *Pax, Concordia, et la religion officielle de Janus*, dans *M.É.F.R.A.*, 75, 2, 1963, 303-385. R. Syme, *History in Ovid*, Oxford, 1978, p. 23-30.
289. *Ad Aen.*, I, 291, 294.

Tradiderat famulas iam tibi Rhenus aquas.
Iane, fac aeternos pacem pacisque ministros,
Neue suum praesta deserat auctor opus
I, 281-288

Une autre occasion de célébrer discrètement Auguste va s'offrir à Ovide, avec le développement consacré aux *Lares Praestites* [290]. « Développement » serait ici un bien grand mot. Un nom transparent, des fonctions évidentes, un culte tombé dans l'oubli : le tour de la question est très, trop vite fait, la pauvreté de l'étiologie criante. Aussi Ovide dérive-t-il vers d'autres Lares, plus connus et plus consistants ceux-là, honorés, qui plus est, des faveurs impériales : les *Lares Compitales* [291]. La jonction entre les deux cultes différents est habilement opérée, si habilement qu'on a quelque peine à déceler la substitution. Dans la même phrase, en effet, l'expression *bina gemellorum signa* désigne les *Lares Praestites,* et le *mille Lares* désigne les *Lares Compitales,* préposés à la surveillance des carrefours [292] !

Nous avons étudié récemment l'importance prise chez Ovide par le personnage de Claudia Quinta, et l'avons attribuée au désir que ressentait le poète de laver la réputation de Julie, fille d'Auguste, le Prince lui-même se plaisant à croire que la jeune effrontée était, comme Claudia, victime des apparences [293]. Pour complaire au maître de Rome, le poète a donc dû modifier une tradition historique et religieuse bien établie.

Le goût d'Auguste pour les *prisca,* son souci de restaurer la morale au sein d'une société corrompue, voire les tendances générales de sa politique, ont influencé le choix des étiologies ovidiennes et leur présentation. Certes, le poète ne devait point souscrire à toutes les idées du Prince, et il est vraisemblable qu'il fit partie, à un moment ou à un autre, de l' « opposition [294] ». Mais il ne faudrait pas interpréter pour autant tous ses vers dans un sens satirique ! A.W.J. Holleman s'y est essayé, qui voit un peu partout (dans la mention de la présence du *Dialis* aux Lupercales [295], dans la nudité des

---

290. *Fast.,* V, 129-146.
291. V. 145-146.
292. V. 143-144 *(Praestites),* et 145-146 *(Compitales : uici numina trina colunt).*
293. *Claudia Quinta et le rituel de la lauatio dans les Fastes,* dans *Klio,* 66, 1984, 93-103.
294. Depuis l'ouvrage de G. Boissier, *L'Opposition sous les Césars,* Paris, 1875, on retiendra, parmi de nombreuses études, celles de K. et de P. Becker (B. 66 et 67). Étude sur l'engagement politique dans les *Fastes* : B. 651.
295. *An Enigmatic Function of the Flamen Dialis and the Augustan Reform,* dans *Numen,* 20, 3, 1973, 222-228. Voir notre étude *Trois vers problématiques,* dans *Latomus,* 35, 4, 1976, 834-850.

prêtres revêtus d'un pagne par décret impérial [296], *etc.*) des intentions narquoises. Ainsi, l'exclamation fameuse de *Fast.*, II, 425 : *Nupta, quid expectas* ? signifierait, selon lui, qu'Ovide tourne en dérision les moyens magiques destinés à enrayer la stérilité, persuadé qu'il est de la parfaite capacité des jeunes femmes à se débrouiller toutes seules [297] ! Il est difficile de suivre A.W.J. Holleman lorsqu'il déclare que l'exclamation de Romulus : « Que me sert donc d'avoir enlevé les Sabines [298] ! » signifie en réalité que le programme moral d'Auguste est aussi « tyrannique que ridicule » [299], les Sabines représentant, dans le texte ovidien, les dames de la bonne société, enlevées sur l'ordre d'Auguste, pour être livrées à des affranchis impériaux, qui agirent envers elles comme devait agir le bouc sacré (!)... Trop d'exemples, hors des Lupercales, de la sincérité desquels on ne peut douter, montrent que le poète essaie d'aligner ses vers sur les tendances de l'idéologie augustéenne.

Ces quelques analyses dans les pages précédentes sur certains développements selon toute apparence « orientés », peuvent donc étayer une idée que nous croyons juste : il y a, parmi les raisons qui motivent le choix d'Ovide entre plusieurs *aitia* possibles, ou la mise en lumière de certains rites et l'effacement d'autres rites, autant que de préférences personnelles ou de raisons religieuses, un souci affirmé de se maintenir dans la ligne prescrite par le maître de la religion et de l'État romains, le chef de la toute-puissante *gens Iulia* [300].

4. L'ÉTIOLOGIE SUBJECTIVE ET DÉSINVOLTE

Il existe, pourtant, d'autres critères de sélection.

Le choix qu'Ovide opère pour établir les fonctions de *Flora*, déesse des... fleurs, semble dicté par un souci poétique. Mais il devait bien savoir que *Flora* s'occupe de la floraison sur un plan général, puisqu'il pouvait trouver chez Verrrius Flaccus une définition du *Florifertum* qui englobe les épis [301], et puisque Varron assigne à cette déesse la surveillance de la florai-

---

296. Même article, et *Ovid and the Lupercalia*, dans *Hist.*, 22, 1973, 260-268 ; voir notre *Note sur les Luperci nudi*, dans *Mélanges J. Heurgon*, 1976, 2, 817-824.
297. Article de *Historia*, p. 263 : « *Though knowing better, young wife, you simply have to accept...* ».
298. *Fast.*, II, 431-434.
299. *Op. cit.*, p. 266.
300. Sur l'idéologie religieuse d'Auguste, on consultera A. Levi, *Il Tempo di Augusto*, Florence, 1931, p. 75-108 ; K. Scott, *Notes on Augustus Religious Policy*, dans *A.R.W.*, 35, 1938, 121-130 ; J. Gagé, *Les Sacerdoces d'Auguste et ses réformes religieuses*, dans *M.É.F.R.A.*, 48, 1931, 75-108.
301. P. 81 L. ; *cf.* H. Le Bonniec, *Cérès...*, p. 197 *sqq.*

son en général, qu'elle doit assurer à bonne époque [302]. Pareilles informations se retrouvent, du reste, chez Augustin, Lactance [303], et les Modernes semblent d'accord sur les fonctions de la déesse [304]. Il faut noter, pour sa richesse poétique, l'explication que donne J. Bayet de la *uenatio* des chevreuils et des lièvres lors des *Floralia* : « Non pour la raison absurde qu'en donne Ovide, mais pour prévenir, par figuration magique, le brout des moissons en fleurs ou succulentes de grains lactescents [305] ».

Or, les vers 261-274 du livre V prouvent qu'Ovide était correctement informé sur la spécialité de *Flora* : ils évoquent les champs cultivés, les blés, la vigne, les oliviers, les vesces, les fèves, les lentilles ! L'action de Flora s'étend même sur le vin, le miel, les corps des jeunes hommes. Pourtant, lorsqu'on en vient à l'étiologie, tous les rapports établis le sont *exclusivement avec les fleurs*, jamais avec d'autres produits agricoles : Ovide se sent plus à son aise avec les roses qu'avec les fèves et les lentilles, et succombe à la tentation offerte par les scènes de banquets où tombent par jonchées roses, couronnes, fleurs de tilleul [306]... Aussi brosse-t-il des pastels alexandrins du meilleur goût, montre les Grâces tressant leurs guirlandes [307], rappelle l'origine de certaines fleurs, — et il a la partie belle, avec les métamorphoses ! — : crocus, hyacinthe, narcisse, anémone [308]. L'explication des rites établit des rapports délicats entre le monde des fleurs et celui des courtisanes : la licence aux *Floralia* [309] ? Les fleurs sont symbole de liesse ; les torches, les vêtements colorés ? Ils reproduisent l'éclat des fleurs ; les courtisanes ? Elles n'ont de succès que lorsqu'elles sont en fleur ! Et quelques vers exquis rivalisent avec le *Carpe diem* d'Horace :

> *Et monet aetatis specie, dum floreat, uti :*
> *Contemnunt spinam, cum cecidere rosae*
> V, 353-354

Il était fatal que, dans l'esprit de la foule, les préoccupations agricoles cédassent le pas à l'effeuillage des *meretrices* ! le souci artistique est donc en pleine harmonie avec la voix populaire.

---

302. *Res Rust.*, I, 1, 6.
303. *Ciu. Dei*, IV, 8 ; *Diu. Inst.*, I, 20 ; Arnobe, *Adu. Nat.*, III, 23.
304. H. Le Bonniec, *op. cit.*, p. 195-202.
305. *Les Cerialia...*, dans *Croyances et rites...*, 89-129, p. 97.
306. *Fast.*, V, 335-345.
307. *Fast.*, V, 215-220.
308. V, 221-260 ; *cf. Met.*, X, 162-219 ; III, 346 *sqq.* ; IV, 283 ; X, 519-739, *etc.*
309. *Fast.*, V, 331-350.

C'est également à cette voix populaire qu'Ovide va obéir pour commenter les activités de Janus, et l'abondance de ses sources et de leurs informations rend plus flagrant le parti pris qu'il adopte.

Pour le premier venu, en effet, le rapprochement *Ianus-ianua* est éloquent, et le dieu ne peut que protéger les portes. Comment donc faire accepter au peuple les ratiocinations des philosophes établissant les fonctions cosmiques de Janus ? Certes, Lutatius tenait Janus pour un dieu du Soleil [310] ; l'Augure Messala pour la représentation du Monde [311] ; Longinus : du Temps [312] ; Callimaque : de l'Année [313] ; les Pythagoriciens : de l'Unité [314]. Il est dieu du Ciel et maître suprême pour Varron, de même que dans le *Chant* des Saliens [315]. Les textes sur lesquels les Modernes se fondent pour voir en Janus un dieu des Commencements [316], ceux de Cicéron, Verrius, Varron, lui étaient parfaitement accessibles. Ovide a préféré faire confiance à une opinion populaire, reprise par Cornélius Labéo, et définir Janus comme un dieu portier. Il se peut aussi que la trouvaille soit de lui, ce qui motive l'indignation de L.M. de Padierniga : ¿ *Cómo vamos a confundir a una divinidad tan excelsa a quien los Salios desde los tiempos más remotos,... con un Forculus, o Portunus, divinidades caseras y tan viles que sólo podían defender una porta, y ésa no entera ?* [317].

Bien sûr, Cicéron, Nigidius Figulus, Servius, Jean le Lydien ou Macrobe nous apprennent qu'on admettait couramment la relation *Ianus-ianua* [318] ; mais celle-ci est conçue comme une annexe à de plus hautes fonctions : Janus commande aux *portes* du Ciel, en tant que

---

310. J. Lydus, *Mens.*, IV, 2 ; Janus est en effet le *Matutinus Pater* pour Horace, *Sat.*, II, 6, 20.
311. Chez Macrobe, *Sat.*, I, 9, 14.
312. J. Lydus, *Mens.*, IV, 1.
313. Dans ses *Aitia*, 1, nous apprend J. Lydus, *Mens.*, IV, 1, qui cite aussi le livre *des Statues* de Fontéius.
314. J. Lydus, *Mens.*, IV, 1. Étude, par F. Börtzler, des diverses épithètes citées : *Janus und seine Deuter*, dans *Abhandl. u. Vorträge d. Bremerwiss. Gesellschaft*, IV, 3-4, 1930, 106-196, p. 112-170 ; O. Huth, *Janus*, Bonn, 1932, 10-95 ; études plus succinctes chez L.A. Mc Kay, *Janus*, *U.C.Ph.*, XV, 4, 1956, 157-181, et G. Capdeville, *Les Épithètes cultuelles de Janus*, dans *M.É.F.R.A.*, 85, 1973, 2, 395-436.
315. *Antiquités Divines*, d'ap. Lydus, *Mens.*, IV, 2 ; Macrobe, *Sat.*, I, 9, 14.
316. Cicéron, *Nat. Deor.*, II, 67 ; Varron, chez Augustin, *Ciu. Dei*, VII, 9 : *Penes Ianum sunt prima, penes Iouem summa* ; Paulus-Festus, p. 45 L., *s.u. Chaos*.
317. *Naturaleza de Jano segùn los Fastos de Ovidio*, dans *Emerita*, 1942, 66-97, p. 97.
318. *Nat. Deor*, II, 67 ; Macrobe, qui rapproche, d'ap. Nigidius, Janus et Apollon *Agyieus*, dont les insignes sont la clef et la baguette, *Sat.*, I, 9, 6-7 ; Servius, *Ad Aen.*, I, 449 ; J. Lydus, *Mens.*, IV, 1.

Dieu-Soleil [319] ; dieu suprême, il possède le pouvoir d'ouvrir la *porte* des Enfers [320] ; protégeant les Commencements, il protège la *porte*, commencement d'une maison [321]. Ce n'est donc pas uniquement le *numen* de la *ianua*, promu au rang de grande divinité un peu par l'effet du hasard.

Pour sa part, Ovide n'a pas adopté ces vues, trop philosophiques. Janus a, chez lui, deux visages, tout simplement parce qu'une porte a deux faces, et que le portier, terrestre Janus, doit pouvoir regarder à la fois côté *atrium* et côté jardin :

> *Vtque sedens primi uester prope limina tecti*
> *Ianitor egressus introitusque uidet,*
> *Sic ego...*
>
> I, 137-139

Ces vues entraînent l'adhésion de C. Bailey, pour qui le *ianus* admet les amis et repousse les ennemis, voit le dedans et le dehors [322]. Seulement, et c'est là une addition cocasse propre à Ovide, les dieux doivent être mieux armés que les hommes pour pouvoir accomplir les tâches qui leur incombent : Janus possède deux visages, ce qui lui évite d'avoir à tourner la tête !

> *Et mihi, ne flexu ceruicis tempora perdam,*
> *Cernere non moto corpore bina licet.*
>
> I, 143-144

Cette représentation du dieu admet chez les autres auteurs des motivations différentes, parfois divertissantes ; aucune n'établit de lien de cause à effet avec un Janus portier. Janus est doté de deux visages parce qu'il lui faut regarder, depuis janvier, l'an passé et l'an nouveau [323] ; ou bien, il ressemble à la bouche, pourvue de deux orifices, l'un donnant sur le gosier, l'autre sur l'extérieur [324], justification ahurissante, avancée par Varron ; ou bien, selon une doctrine evhémériste, c'était un roi sage, doué du pouvoir de lire dans le passé et dans l'avenir [325] ; à moins que, dieu du Ciel, il ne regarde

---

319. Lydus, *Mens.*, IV, 2, d'ap. Lutatius.
320. Macrobe, *Sat.*, I, 9, 13, d'ap. le *De Deis* de Gavius Bassus.
321. Servius, *Ad Aen.*, I, 449. Notons que Janus, à en croire Isidore de Séville, patronne également les sorties : *Ianua : a Iano quodam appellatur, cui gentiles omne* (Lindsay ; omnem Areval, 1797) *introitum uel exitum sacrauerunt* (*Etym.*, XV, 7, 3).
322. *Roman Religion and the Advent of Philosophy*, dans *Cambr. Hist.*, 8, 1930, 423-465, p. 432.
323. Dion le Romain, cité par J. Lydus, *Mens.*, IV, 2.
324. Varron, chez Augustin, *Ciu. Dei*, VII, 8.
325. Hygin et Protarchus de Tralles, cités par Macrobe, *Sat.*, 1, 7, 19-20.

vers l'Orient et vers l'Occident [326] ; cette dernière information, empruntée sans doute à Lutatius, a inspiré les vers d'Ovide. Mais, conséquent avec lui-même, Ovide a substitué au Soleil de Lutatius son dieu portier :

> *Sic ego perspicio, caelestis Ianitor aulae,*
> *Eoas partes Hesperiasque simul* [327].
>
> I, 139-140

Cette idée préconçue de notre poète se retrouve à propos de toutes les questions que la liturgie du dieu peut susciter. Pourquoi invoque-t-on Janus avant tout autre dieu ? C'est, répond Cicéron, parce que les *prima* possèdent, à Rome, une particulière importance ominale [328] ; et il faut noter qu'Ovide a repris à son compte cette explication, correcte et intelligente, mais pour une autre question [329] ! C'est, répond Xénon aux dires de Macrobe [330], parce que Janus fut le premier à édifier des temples. Ovide en juge autrement. Sa conception, terre à terre, du concierge introduisant les visiteurs chez ses maîtres, a été reprise, sous une forme plus élevée, par d'autres auteurs [331], qui considèrent le dieu comme le « Bon Médiateur » chargé de faire parvenir aux divinités concernées les prières des hommes :

> *Vt possis aditum per me, qui limina seruo,*
> *Ad quoscumque uoles, inquit, habere deos*
> I, 173-174

L'explication destinée à justifier la fermeture du *ianus* de l'Argilète se fonde sur une même conception du dieu : le temple demeure ouvert afin que les soldats puissent rentrer chez eux [332].

Avouons que les attributs de Janus, la clef et la baguette, le rendent très proche du portier terrestre. Il est possible qu'Ovide ait été amené à cette conception, outre la tradition populaire, par un vers de Virgile, car le texte

---

326. J. Lydus, *Mens.*, IV, 2, ou Servius, *Ad Aen.*, VII, 607, 610.
327. Autres interprétations : le *Janus bifrons* symboliserait la fusion de deux royaumes, selon Servius, *Ad Aen.*, I, 291. (Pour P. Grimal, *La Colline de Janus*, dans *R.A.*, 24, 1945, 56-87, p. 81-83, les deux faces symbolisent la fonction royale de Janus). Ses deux visages correspondent à la mutation des mœurs chez les peuples italiques : Plutarque, *Quaest. Rom.*, 22.
328. *Nat. Deor.*, II, 67.
329. I, 178 : *Omina principiis, inquit, inesse solent.*
330. Macrobe, *Sat.*, I, 9, 3.
331. Pseudo-Acron, *Ad Serm.*, II, 6, 20 ; Servius, *Ad Aen.*, VII, 610.
332. *Fast.*, I, 279-280.

des *Fastes* en peut passer pour le développement allégorique : « Et le gardien, Janus, ne s'éloigne pas du seuil » :

Nec custos absistit limine Ianus[333].

L'explication qu'il a choisie des fonctions du dieu satisfaisait ainsi son rationalisme, et lui permettait une *uariatio* sur le texte virgilien. Cela ne l'empêche d'ailleurs nullement de connaître les autres étiologies de nature philosophique, et de les utiliser le cas échéant : il explique sans embarras, quelques vers plus loin, l'importance des « débuts » à Rome et leur influence sur les rites, lorsqu'il analyse les cadeaux sucrés, les mots de bon augure[334] ; et cela, sans établir la moindre correspondance entre ces rites de début qu'il reconnaît comme tels, et le dieu qui, patronnant le mois de janvier et le jour de l'An, est donné par ses sources comme un dieu des Commencements !

Si l'on peut regretter cette désinvolture scientifique, on doit reconnaître dans cette conception une vision originale de la naissance d'un concept divin. Alors que d'autres auteurs supposent d'abord un dieu des *prima*, et lui octroient, en conséquence, une puissance sur les portes, Ovide adopte le processus inverse : à l'origine, existaient la porte et le portier, divinisés l'un et l'autre par les hommes. Les dieux peuvent donc être compris comme une création de l'esprit humain ! Il est rare de trouver, dans les textes romains de l'époque, pareilles résonances[335].

D'autres voix que celle de la foule parlent aussi très haut pour Ovide, et le poussent à faire fi des traditions romaines, à imposer son point de vue en face de toute une lignée d'explications divergentes : la voix, notamment, de la mythologie hellénique, dont nous verrons plus à loisir les ravages.

Mais aussi le parti pris intellectuel : lorsqu'il évoque les fonctions de la déesse *Carmenta*, la prophétesse-accoucheuse. Il est normal qu'un poète accorde la primauté aux dons divinatoires, et l'on ne s'étonnera pas de voir le nom *Carmenta* expliqué par *carmen*[336], pas davantage de découvrir un raisonnement analogue touchant les noms des deux personnages évoluant dans la sphère de *Carmenta, Porrima* et *Postuerta*, qui, selon Varron, aide-

---

333. Virgile, *Aen.*, VII, 610.
334. En *Fast.*, I, 175-226.
335. Un autre exemple est la naissance de la déesse *Fornax*, par divinisation du four. *Facta dea est Fornax* : cette formule se trouve, également, chez le seul Ovide.
336. *Fast.*, I, 467, et 635-636. L. Lacroix, *Recherches sur la religion des Romains d'après les Fastes d'Ovide*, Paris, 1846, p. 89, insiste sur le lien entre la naissance et les incantations salvatrices ; cette même idée soutient toute la thèse de L.L. Tels de Jong, *Sur quelques divinités romaines de la naissance et de la prophétie*, Leyde, 1959.

raient à une heureuse naissance [337], en plaçant l'enfant dans une position favorable, et qui, selon Ovide, chantent les événements passés et futurs ! Son explication a causé une confusion inattendue de la part de Macrobe, qui, envisageant le dieu Janus comme un prophète doué du pouvoir de lire le passé et l'avenir, accorde sa confiance à Ovide, et lui attribue comme compagnes... les deux *Carmentes*, *Anteuorta* et *Postuorta*, étrangères au domaine religieux de Janus [338] !

S'il s'oppose à Varron, Ovide reste conséquent avec lui-même, puisqu'il emprunte des explications à un même registre, la prophétie. Ce n'est qu'une apparence : il fait intervenir, lorsque son sujet l'exige, la qualité d'accoucheuse de *Carmenta* : c'est ainsi qu'il explique l'existence de deux fêtes de la déesse... l'une pour les garçons, l'autre pour les filles [339]. Il se borne donc à juxtaposer au lieu de fondre et d'unifier.

Même désinvolture dans l'explication des flèches que brandit la main de bronze de Véiovis, et dont il se garde de parler, affirmant même que le dieu est *inermis*, parce que l'existence de ces flèches tendrait à prouver la vérité de l'étiologie opposée à celle qu'il favorise [340]. Qu'il soit mythologique ou littéraire, populaire ou politique, le choix d'Ovide obéit souvent plus à des impératifs de convenances personnelles qu'à des considérations religieuses ou grammaticales.

5. L'ÉTIOLOGIE SOUVERAINE

Avec l'exemple de *Porrima* et de *Postuerta*, nous mesurions déjà une tendance spécifique d'Ovide, celle qui le pousse fréquemment à faire passer l'étiologie avant la liturgie, ce qui est naturellement fort dommageable pour la qualité de ses explications, la confrontation avec un rituel établi leur ôtant immédiatement toute valeur.

Nous voudrions mettre en lumière, dans le développement qui suit, la domination absolue de l'étiologie sur les rituels, en trois cas révélateurs, touchant des actes ou des questions majeurs de la liturgie, les *Parilia*, les *Lupercalia*, les fonctions de Vesta.

---

337. Aulu-Gelle, XVI, 16, 4, : « *quando igitur* » (Varro) « *inquit, contra naturam forte conuersi in pedes bracchiis plerumque diductis retineri solent, aegriusque tunc mulieres enituntur, huius periculi deprecandi gratia, arae statutae sunt Romae duabus Carmentibus, quarum altera Postuerta cognominata est, Prorsa altera, a recti peruersique partus et potestate et nomine* ».
338. Macrobe, *Sat.*, I, 7, 20 : *qui et praeterita nosset et futura prospiceret*, Janus devait naturellement avoir comme compagnes, *diuinitatis scilicet aptissimae comites*, des divinités prophètes.
339. *Fast.*, I, 627-628.
340. Voir p. 232-236.

La démarche est triplement identique. L'abondance des explications dont il dispose, et qui ne cadrent pas forcément avec le rite, gêne terriblement l'étiologue. S'immisçant dans tous les domaines, Ovide doit bien amalgamer ses diverses moissons en un tout cohérent. Or, ces trois thèmes sont si vastes, offrent tant d'aspects complexes, (que cette complexité existât dès l'origine ou qu'elle provînt d'apports successifs), qu'un type d'explication convient merveilleusement à telle face du sujet, mais point du tout à telle autre. Comment concilier des étiologies qui s'éliminent les unes les autres dès qu'on tente de les associer ? Ovide ne peut se résigner à un constat d'échec : puisqu'il est impossible d'adapter toutes les étiologies au sujet traité, qu'à cela ne tienne ! c'est le sujet qui devra s'assouplir, et s'adapter à l'étiologie...

Pour rendre compte des rites, temple, sacerdoce, en rapport avec Vesta, Ovide se trouve confronté à deux explications diamétralement opposées : Vesta est le Feu / Vesta est la Terre.

La première option appartient aux Stoïciens [341], la seconde apparaît chez Varron [342], qui, s'il l'a inventée, l'a tirée peut-être d'une fausse étymologie, ou de considérations sur la forme du temple. Chacune est adoptée par les autres chercheurs avec des fortunes diverses, encore que, sur le plan numérique, le Feu l'emporte franchement.

Pour son compte, Ovide a renoncé à décerner la palme à quelque interprétation que ce fût. Vesta est tantôt la Terre, tantôt le Feu, selon les exigences de l'instant !

On alléguera que les *Fastes* n'ont pas reçu la dernière main. Rien n'est moins sûr, si l'on considère la présentation formelle du passage : elle résulte d'une volonté concertée, puisque les contradictions alternent harmonieusement de trois en trois vers, Ovide avançant imperturbablement chaque explication aussi souvent que nécessaire : « Vesta n'est autre que *la Terre* ; un *Feu* vigilant brûle en l'une et en l'autre, *la Terre* et *le Feu* sont donc son séjour... *La Terre* est semblable à une balle, elle ne s'appuie sur aucun support... Comprends que Vesta n'est rien d'autre que *la Flamme* vivante, et l'on ne voit aucun être créé à partir du *Feu*. Un *Feu* inextinguible brûle, caché, dans son temple, Vesta ni le *Feu* ne possèdent de statues... *la Terre* se soutient par sa propre force : c'est de *ui stando* que Vesta tire son nom. Mais le nom du *Foyer* vient de *flammis* et il est appelé ainsi parce qu'il chauffe *(fouet)* tout... (La Vestale coupable est enterrée) parce qu'on l'enfouit dans celle même qu'elle a offensée, et Vesta et *la Terre* sont une seule

---

341. Cicéron, *Nat. Deor.*, II, 67-68 ; Lactance, *Diu. Inst.*, I, 11.
342. Augustin, *Ciu. Dei*, VII, 24 : *Tellurem... putant esse... Vestam, quod u e s t i a t u r herbis !*

et même puissance divine [343] ». Pareille indécision ne peut être attribuée à un manque d'harmonisation littéraire.

S'il est vrai qu'Ovide confère un semblant de logique interne à son texte, en même temps qu'il pose en principe que Vesta est à la fois Terre et Feu, l'une contenant l'autre, son parti pris d'alternance et de juxtaposition appelle des objections systématiques. Il est concevable que la déesse, entendue comme le Feu, soit stérile, et donc exige un personnel religieux exclusivement composé de vierges. Mais si elle est aussi la Terre, elle est créatrice et nourricière : dès lors, pour assurer le service d'une déesse surnommée *Mater*, des vierges ne semblent plus à leur place ! Et ces mêmes Vestales, servantes du Feu à la religion duquel elles restent attachées leur vie durant, voilà qu'on les *enterre* en cas d'inceste, parce que leur maîtresse est la Terre ! La solution de facilité adoptée par le poète, rattacher chaque explication à celui des deux personnages-symboles de Vesta qui s'en trouve le mieux, sans qu'aucun effort d'harmonisation soit consenti, entraîne donc bien des illogismes.

L'illogisme est plus flagrant encore dans le système d'explication qu'Ovide a employé pour traiter des *Parilia* [344]. « Les explications oscillent entre réalités rituelles, symbolismes, mythologies cosmiques, à quoi s'ajoutent les « historisations » (...) Pour le reste, le poète s'abandonne aux flottements d'un scepticisme complaisant [345] ».

Le problème est ici celui de l'emploi de deux ingrédients à la nature contraire : l'eau et le feu [346]. Certes, d'autres produits, autrement inhabituels, sont employés ce jour-là : cendres de veaux brûlés le jour des *Fordicidia*, tiges de fèves calcinées, sang provenant d'une queue de cheval :

........*Vestae munere purus eris :*
Sanguis equi suffimen erit uitulique fauilla,
Tertia res durae culmen inane fabae
IV, 732-734

Voilà qui exigerait un commentaire, la recherche moderne serait d'accord sur ce point, elle qui a exprimé tout le suc de ces vers, les seuls de la littérature romaine qui nous décrivent le rituel [347].

---

343. *Fast.*, VI, 267-269 ; 291-292 ; 297-299 ; 301 ; 458-460.
344. L'étude des *Parilia* chez Ovide a été menée par R. Schilling en divers articles : *Quel crédit...*, p. 15-16 ; *Ovide poète...*, p. 869-870. Pour une mise au point sur le rituel, on se reportera à G. Dumézil, *Palès*, dans *Idées romaines*, Paris, 1970, p. 275-287 ; aussi, le chapitre des *Fêtes romaines*, Paris, 1975, consacré au Cheval d'Octobre.
345. J. Bayet, *Les Cerialia...*, dans *Croyances et rites*, 1971, 89-129, p. 104 et n. 3.
346. Étude de leur valeur rituelle, p. 269-270.
347. Tibulle, II, 5, 87, et Properce, IV, 1, 19 ; IV, 4, 73, traitent à peu près exclusivement du saut par-dessus le brasier.

L'eau est employée dans toutes les cérémonies à caractère lustral, et nul n'a éprouvé le besoin de s'interroger sur son utilisation. Quant au feu, c'est simplement aussi un instrument de purification, ce qu'Ovide sait fort bien [348].

Ces deux instruments lustratoires ne sont pas, aux *Parilia*, employés *conjointement*. L'eau nettoie le sol de la bergerie et purifie les mains du berger [349], tandis que le feu, dans un second temps de la fête, sert à embraser un tas de paille au-dessus lequel sautent pasteurs et troupeaux [350]. D'autres couples seraient intéressants à étudier, qui, eux, sont de vrais couples : l'eau unie au laurier employé comme aspersoir, ou le feu utilisé de pair avec le soufre [351]. Mais Ovide ne témoigne d'intérêt qu'à l'eau et au feu, qu'il tente d'expliquer comme un tout rituel. C'est qu'il dispose d'un certain nombre de textes concernant l'emploi conjoint de l'eau et du feu, cette union des contraires étant propre à piquer la curiosité des physiciens.

Héraclite et Pythagore rendent compte du caractère mâle du feu et du caractère femelle de l'eau par le mythe de la naissance de Vénus [352], faisant découler ensuite de ce mythe le don du feu et de l'eau à la jeune mariée [353]. Le symbolisme est d'une logique rigoureuse, puisque l'union du couple humain est mise en relation avec l'union de deux éléments qui, mythiquement, acquirent valeur fécondante.

Mais aucune des phases de cette explication ne pourrait s'appliquer aux *Parilia*, fête de purification non de fécondation, où le feu et l'eau sont employés séparément, à l'intérieur de deux rituels de purification différents. Seulement, Ovide tient à exploiter ses lectures, et transpose donc à l'intérieur de la purification des troupeaux un rite nuptial, quitte à introduire entre le feu et l'eau des *Parilia* un lien que rien n'impose.

Ce dessein initial, toutefois, expliquer l'*union* de deux éléments, va le plonger dans un cruel embarras. Ovide ne sait pas se limiter, et, au lieu de se borner à sa première explication, parcourt tous les registres de l'étiologie, mythe, histoire, us et coutumes, physique, y découvre un certain nombre d'explications relatives à l'usage du feu [354] : passage d'Énée à travers l'in-

---

348. Il l'affirme en IV, 785-786.
349. IV, 736 et 778.
350. IV, 781-782.
351. IV, 736, 739-40.
352. Une étincelle du feu divin qui tombe dans la mer.
353. Dans Plutarque, *Quaest. Rom.*, 1 : Διά τὴν γαμουμένην ἅπτεσθαι πυρὸς καὶ ὕδατος κελεύουσι ;
354. Les *aitia* se distribuent ainsi : le feu (IV, 785-786) ; l'eau et le feu (IV, 791-792) ; (787-790) ; (793-794) ; le feu (795-798) ; (799-800) ; (801-806).

cendie de Troie, expérience des bergers primitifs découvrant le feu, mythes de Deucalion et de Phaéton, émigration des colons lors de la construction de la Ville. « Le thème du feu sert en quelque sorte de dénominateur commun, quel que soit le plan de l'analyse : le poète se contente d'adapter un motif relevant du même thème à chaque registre [355] ». D'eau, point.

Bien entendu, ces explications glanées un peu partout sont sans aucune commune mesure avec la valeur religieuse de la fête, dont Ovide est parfaitement instruit. A la dépendance logique, au lien organique, se substitue une sorte de placage artificiel maladroitement réalisé : le feu ne purifie plus rien ni personne dans le mythe de Phaéton, pas plus que dans la fuite d'Énée. Une fête romaine se trouve comprise comme la commémoration de mythes grecs, tandis que la légende de Deucalion est aussi étrangère qu'il est possible à celle de Phaéton, pourtant couplée avec elle par notre poète.

Un processus analogue se dégage aisément dans le passage où sont exposées les raisons pour lesquelles les Luperques courent en état de nudité quasi complète, « fors », précise Plutarque dans la traduction d'Amyot, « qu'ils ont un linge ceint devant leur nature [356] ».

La course, la nudité, l'emploi de lanières en peau de bouc, ont une valeur de purification, connue et admise par Ovide lui-même [357]. Comme il advient dans le cas des *Parilia,* cette valeur fondamentale disparaît au fil des divers épisodes explicatifs. Quoi qu'il en soit, toute explication devrait envisager *ensemble* la course, la nudité, la flagellation. Les commentaires d'Ovide ne respectent guère cette exigence.

L'imitation des mœurs du dieu Pan, « patron » des Lupercales, rend compte de deux rites, la nudité et la course, mais laisse de côté la flagellation [358]. Le parallèle établi avec les coutumes arcadiennes explique la nudité, mais ignore flagellation et course [359]. Même chose

355. R. Schilling, *Ovide poète...,* p. 870.
356. Plutarque, *Rom.,* 21. Le caleçon ou l'absence de caleçon des Luperques est une question passionnante, traitée successivement en deux articles par A.W.J. Holleman, et par nous-même. On se reportera à *Note sur les Luperci nudi,* dans *Mélanges J. Heurgon,* Rome, 1976, 817-824. Et l'on ajoutera aux exemples cités la procédure de l'enquête, où la nudité est requise (Gaïus, *Inst.,* III, 190-192 : *nudus quaerat. linteo cinctus*). H. Le Bonniec consacre quelques réflexions pertinentes à ce problème, dans *Nudus ara sere nudus, Mélanges P. Wuilleumier,* Paris, 1980, p. 215-220. On peut aussi alléguer une affirmation de Pline, *Hist. Nat.,* XXXIV, 18, qui établit une distinction entre les statues *nudae* et les statues vêtues *more lupercorum* : à l'évidence, ce sont pour lui deux tenues différentes.
357. *Fast.,* II, 32 et V, 102.
358. *Fast.,* II, 277-288.
359. *Fast.,* II, 289-302. Contre toute attente, cette *causa* est retenue par E. Binder, *Die Aussetzung des Königskindes,* Meisenheim am Glan, 1964 : *die kultischen Handlungen der Luperci spiegeln das Leben der ersten Menschen* (p. 103).

pour l'aventure de Faune et Omphale, où tout l'intérêt se concentre sur le rite de la nudité, à l'exclusion des deux autres [360]. L'aventure de Romulus et sa poursuite des brigands, épisode emprunté à Fabius Pictor et Dioclès de Péparèthe [361], s'applique encore uniquement à la course des prêtres nus. Comme il faut bien parler de la flagellation, Ovide raconte la guérison des Sabines stériles, opérée grâce à ce procédé, par un devin étrusque. L'épisode est détaché du restant de la fête par une brusque rupture dans l'exposé [362]. Et religieusement, il ne s'y rattache pas davantage, puisque le devin immole un autre bouc que celui des Lupercales pour opérer la guérison. Son processus magique se fond ensuite imparfaitement dans un rituel religieux. Et pourtant, la flagellation constitue le noyau original et fondamental de la fête. Chez Ovide, elle semble résulter uniquement d'un accident dans la natalité romaine !

La fête se trouve ainsi découpée en pièces et morceaux, dont l'assemblage est laissé un peu au hasard. Rien n'y répond plus à l'annonce antérieure de sa signification : la purification de fin d'année :

Mensis ab his dictus, secta quia pelle Luperci
  Omne solum l u s t r a n t, idque p i a m e n habent [363].

R. Heinze a vu une contradiction dans l'affirmation selon laquelle Romulus aurait célébré les Lupercales encore berger, et l'étiologie qui fait instituer ce même rite par Romulus une fois devenu roi [364]. Pourtant, Ovide n'a jamais prétendu que le « sacrifice à Faune » célébré par les jumeaux [365] fût les Lupercales telles que nous les connaissons ! Dans la perspective qu'il a adoptée, les Lupercales s'articulent ainsi :
— à l'origine, un simple sacrifice à *Faunus,*
— à la suite de la course pour récupérer les bestiaux volés, les prêtres se dénudent et courent,
— après l'exécution de l'oracle ayant remédié à la stérilité des Sabines, les prêtres s'arment de courroies et flagellent les femmes.

---

360. *Fast.*, II, 303-358.
361. *Fast.*, II, 359-380.
362. L'exclamation *Nupta, quid expectas ?* (425) sans lien avec ce qui la précède.
363. *Fast.*, II, 31-32. C'est l'aspect lustratoire du rite qui a donné le nom du mois, *Februarius,* tiré du mot *Februum,* purification. Structures littéraires dégagées par Y.M. Duval, *La Victoire de Rémus à la course des Lupercales chez Ovide,* dans *Caesarodunum,* 7, 1972, 201-219, p. 201-202, et par R.J. Littlewood, *Ovid's Lupercalia,* dans *Latomus,* 34, 4, 1975, 1060-1072.
364. *Ovid's elegische Erzählung,* Leipzig, 1919, p. 29 *sqq.*
365. *Fast.*, II, 361.

Le sens *religieux* de la cérémonie dépend donc d'épisodes *historiques* créés eux-mêmes par un pur hasard : le rite devient une simple commémoration, douée on ne sait pourquoi d'une valeur religieuse, puisqu'elle ne se préoccupe que de reproduire un moment ou un autre de la vie du Fondateur. A vouloir approfondir chaque détail, on perd de vue l'ensemble : il y a là une désorganisation complète d'un complexe liturgique, de par le travail pseudo-scientifique de l'étiologie.

CONCLUSION :
les Fastes et l'étiologie populaire

Encore qu'existe en chaque écrivain une indéniable part de subjectivité, ce qui nous interdit de prétendre avoir percé à jour les moindres motivations ayant orienté le travail d'Ovide, il nous semble que nous ne sommes point trop hors du vrai en attribuant la plupart des choix ovidiens à des impératifs littéraires ou politiques.

Ce dernier domaine est d'un abord délicat, et l'on nous reprochera peut-être d'en exagérer parfois les influences. Quoi qu'il en soit, une œuvre telle que les *Fastes*, conçue dans le même esprit que les *Géorgiques*, est une œuvre officielle : son auteur est donc tenu d'obéir à des injonctions gouvernementales, et de plier son génie poétique autant que ses préférences intellectuelles à la ligne de pensée qu'on lui suggère. On connaît le souci augustéen de restaurer au cœur des mentalités romaines les anciennes vertus, les traditions oubliées, les croyances en sommeil [366], tout ce qui constituait l'idéal « Vieille-Rome » cher au cœur du prince.

Dans le cas des *Fastes*, il s'agit d'écrire pour le *peuple* romain, afin de lui remettre en mémoire ses devoirs religieux et d'amener à sa portée la réflexion des Pontifes ou des législateurs de l'ancienne Rome. Les lecteurs d'Ovide ne seront plus le public fin lettré auquel il s'adresse habituellement. Et le peuple, ce n'est pas seulement la plèbe urbaine, c'est aussi l'homme des campagnes, dans l'esprit duquel il faut faire pénétrer une religion nationale dénaturée déjà par la philosophie grecque.

De là provient l'importante proportion d'*aitia* dits « populaires », soigneusement recueillis tels quels par Ovide, ou inventés par lui dans un

---

366. On lira, entre autres, P. Lambrechts, *Auguste et la religion romaine*, dans *Latomus*, 6, 1947, 177-191.

esprit populaire. Il ne sait pas, a-t-on dit, se faire une âme antique [367]. Il sait merveilleusement, en revanche, se faire une âme simple, et se poser les questions, s'étonner des paradoxes, qui troublent les cœurs simples : pourquoi appeler *Galli* des gens qui ne sont pas Gaulois ?...

De là provient aussi le refus de certaines étymologies placées par une science austère à un trop haut niveau intellectuel [368]. Et de là aussi l'omission de certains détails liturgiques, de rituels trop particuliers, qu'Ovide connaissait sans doute, mais qu'il a négligé de reproduire. Certaines cérémonies, comme l'offrande du *uitulus* à *Fortuna Primigenia* par les *Duumuiri*, ou les libations du *Flamen Martialis* sur la tombe d'Acca Larentia ne présentent pas, pour les travaux et les jours d'un peuple, un intérêt capital ! En revanche, certaines descriptions, la fête des *Lemuria*, le rituel de *Vacuna*, celui de *Tacita*, éclairaient, pour le peuple célébrant, des gestes dont il ne saisissait peut-être pas toute la portée.

Mais qu'Ovide ne soit pas un savant et ne veuille pas l'être nous a valu bien d'autres acquis précieux. Dans la mesure où aucun problème ne vient compliquer des gestes très simples, cadeaux du premier de l'An, offrandes de légumes, envois de fleurs, des écrivains plus intellectuels n'éprouvent pas le besoin de se poser des questions, ni même celui d'évoquer ces *nugae* liturgiques. Ovide pose ces questions, évoque ces détails, et, par là-même, nous les sauve. Ainsi réserve-t-il plutôt son intérêt, c'est un trait prédominant de son ouvrage, à des *curiosa,* au détriment, parfois, de questions plus importantes : l'esprit populaire n'est-il pas davantage intrigué par les fèves au lard de Carna que par les discussions des philosophes sur l'essence des dieux ?

Encore que nous puissions attribuer à des considérations stylistiques la formulation de certains vers où l'étiologie s'exprime par une simple répétition de mots [369], il semble qu'on pourrait y voir également un souci de rendre perceptibles aux esprits simples et frustes des explications trop subtiles, en renforçant par une évidence visuelle ou auditive l'évidence intellectuelle. Ainsi :

> *Plebs colit hanc, quia qui posuit de plebe fuisse*
> *Fertur.*
>
> VI, 781-2

ou encore, aux vers suivants :

---

367. S. d'Elia, *Ovidio,* Naples, 1959, p. 330.
368. Voir page 209 p. ex. ou 216.
369. Voir pages 483-487.

Conuenit et seruis serua quia Tullius ortus
Constituit dubiae templa propinqua deae
VI, 783-4

Cette soumission à la croyance populaire interdit à Ovide toute velléité de s'élever contre des courants d'opinion trop bien établis. Que les savants préfèrent voir en Janus un dieu des commencements plutôt qu'un dieu des portes ! Ovide prêtera, lui, sa voix à l'opinion courante. C'est ainsi que nous le voyons cautionner des conceptions chères à la foule, lors même qu'il les savait contestées par des spécialistes en science religieuse. Un exemple éloquent : celui des Quinquatries [370], fête populaire par excellence, puisqu'elle rassemble tous les ouvriers de la Ville, dans toutes les spécialités artisanales : teinturerie, sculpture, métallurgie, professorat et bien d'autres. Ces « Quinquatries » ne sont pas ainsi dénommées à partir d'un radical « *quinque* », affirme Verrius Flaccus [371] et il est fort probable qu'il s'agit d'une fête de Mars, supplanté au cours des temps par Minerve [372]. Dédaignant cet avis, Ovide consacre le jour à Minerve et reprend sciemment une étymologie populaire erronée qui fait venir le mot de la racine *quinque*, « cinq », alors que, par un processus inverse, c'est cette fausse étymologie par *quinque* qui se trouve responsable de l'allongement à cinq jours des festivités originelles. Le mot *Quinquatrus,* désignant un seul jour, le 19 mars, ne pouvait provenir d'une racine *quinque* [373] ! Les Quinquatries de juin sont dédiées, elles, à Jupiter *Inuictus* [374]. Ovide le sait bien, lui qui mentionne dans son propre texte [375] la dédicace du temple à ce dieu. Il n'empêche que, dans son étiologie, conformément à la *uox populi*, Jupiter se voit remplacé par Minerve, puisque la participation des flûtistes aux festivités est justifiée par la découverte de la flûte que fit la savante déesse [376]. Et dans l'épisode fameux des « flûtistes aux Quinquatries », que l'interdiction de célébrer leur banquet annuel dans le temple de Jupiter *Inuictus,* avait poussés à la grève, le dieu n'apparaît même plus... Semblable indulgence pour les idées reçues à propos du *Tubilustrium* de mars [377], attribué à Minerve, ou de la même fête en mai [378], attribuée à Vulcain.

---

370. *Fast.*, III, 809-834.
371. Dans Festus, p. 304 L., *s.u. Quinquatrus.*
372. Charisius, dans *G.R.F.*, p. 81 (Keil), ainsi que l'Hémérologe du Vatican (W. Kubitschek, *Die Kalenderbücher...*, 1915) y mentionnent une lustration des anciles.
373. Varron, *Ling. Lat.*, VI, 14 ; Festus, p. 306 L.
374. *C.I.L.*, I², p. 320, et comm. de Th. Mommsen.
375. *Fast.*, VI, 650 : *Idibus Inuicto sunt data templa Ioui.*
376. *Fast.*, VI, 693-710.
377. *Fast.*, III, 849-850.
378. *Fast.*, V, 725-726. F. Bömer, *F. éd. comm.,* 2, p. 202, élève des doutes sur ce double patronage.

Qu'il nous expose les raisons de sa perplexité ou qu'il ait procédé par avance à un choix défini, Ovide a dû, dans les deux cas, se livrer à un travail approfondi de recherche, de comparaison, de réflexion. Point toujours scientifique et rigoureux, ce travail se mesure pourtant à la diversité des influences subies, et donc sollicitées, à la minutie des choix, qui révèle une attention et un intérêt profonds portés par l'auteur à son œuvre. H. Winther a placé à la base d'une longue étude sur les *Fastes* le postulat qu'Ovide n'aimait pas le travail [379]. On l'imagine mal, écrit-il, « plongé dans les livres des savants, et particulièrement dans les vastes œuvres d'un Varron, pour en extraire, au prix d'un travail ardu et de maintes sueurs, tous les éléments qui lui paraissent propres à enrichir ses *Fastes,* et qui se cachaient parfois sous une foule d'autres sujets très divers ». Aussi, conclut H. Winther, Ovide a-t-il dû se limiter à la consultation d'une source unique. C'est commettre là une injustice flagrante à l'égard d'Ovide, en même temps qu'un grave contresens sur son œuvre. Que de passages, en effet, pour la rédaction desquels Ovide a minutieusement sélectionné ses textes ! Que de développements dans lesquels il se sépare de ses sources pour se livrer à des conjectures qui ne doivent rien à personne, développements qui ne sont pas, pour nous, les moins intéressants ! Que d'endroits trompeurs aussi, dans lesquels Ovide modifie si subtilement ses modèles que certains textes, nous l'allons voir, ont pu faire illusion jusqu'à nos jours. Nous ne croyons donc pas à ce dilettantisme d'Ovide, si souvent déploré [380].

« Les *Fastes* sont, de toutes ses œuvres, la plus livresque, et ce n'est pas peu dire [381] », écrit J. Hubaux ; et c'est la seule raison qui l'empêche d'envisager comme une trouvaille personnelle d'Ovide le rapport établi entre la bataille de la Crémère et l'hécatombe de la *gens Fabia.* La plus livresque, oui, en ce qu'elle touche par tous ses vers à quantité d'autres œuvres connues ou seulement pressenties. Mais point du tout livresque en ce qu'Ovide sélectionne dans ses modèles ce qu'il entend conserver, et se permet d'éliminer ce que ses goûts ou ses besoins du moment l'engagent à rejeter.

**

Une étude spéciale va nous permettre maintenant d'apprécier plus à loisir l'originalité foncière de notre poète, et de mesurer les distances qu'il a

---

379. *De Fastis Verrii Flacci ab Ovidio adhibitis,* Berlin, 1885, p. 1-2 : *...uersatum in libris uirorum doctorum, imprimis in uastis Varronis operibus, atque ex eis, omnia quae ad Fastos illustrandos idonea uiderentur diuersissimis scilicet rebus abdita multo labore et sudore eruisse.*
380. H. Peter, *Ed. des Fastes,* 2, Leipzig, 1879, p. 16 : *sonst aber ist es mir höchst zweifelhaft ob die Quellenstudien unseres Dichters zu den Fasten sehr ausgedehnt und gründlich gewesen sind.*
381. *Rome et Véies,* Paris, 1958, p. 49.

su prendre avec ses devanciers pour des motifs point toujours très orthodoxes. On peut déceler en effet dans les *Fastes,* outre un travail de recherche, un travail de création. Et la critique moderne ferait bien d'y prendre garde, qui étudie la religion romaine sur un *corpus* de documents pris à toutes mains, sans s'attarder à effectuer un classement chronologique. Or, le moindre essai de classement montre que bien des traditions sur lesquelles on échafaude d'audacieuses théories partent, en fait, du texte d'Ovide. Il est alors prudent de confronter ce témoignage avec d'autres documents, ce qu'on ne fait pas toujours. Le travail d'analyse n'est guère facilité, dans la mesure où les étiologies que nous allons examiner dans le détail semblent, pour des yeux non avertis ou des esprits pleins du préjugé qu'Ovide *ne peut pas* être original, de parfaits décalques de travaux antérieurs. Abusés par cette apparente innocence d'une copie scrupuleuse, certains ont manifesté lassitude ou irritation, d'autres ont fondé de bonne foi leurs hypothèses sur des textes trompeurs. De toute façon, Ovide est toujours considéré comme un simple copiste, fidèle et laborieux.

Copiste ? Fidèle ? La question vaut la peine d'être posée.

C

INITIATIVES
ET AUDACES CRÉATRICES

Refusant de reconnaître l'indéniable subjectivité qui imprègne l'ouvrage, S. d'Elia insinue que ces « notices de seconde main » constituent « une superposition de strates d'origine diverse, sans qu'Ovide ait exercé sur elles le moindre esprit critique [1] ». Il est possible qu'Ovide ait manqué de bonheur dans ses jugements ; d'esprit critique, rien n'est moins sûr.

Bien des textes nous permettent de conclure à un travail de création de la main d'Ovide. Nous pourrons nous montrer affirmative, lorsque, possédant d'autres textes dont tel morceau des *Fastes* passe pour être la copie pure et simple, une comparaison attentive nous permettra de présumer, grâce à un détail souvent infime, que sous une apparence d'innocente réplique se cache un travail subtil. Ce travail, extrêmement intelligent, modifie, augmente, déforme, transfigure, avec une discrétion et une finesse de touche sans égales. Et s'il se révèle dommageable sur le plan scientifique,

---

1. *Ovidio*, Naples, 1959, p. 324-325 ; p. 334 : *si tratta di una sovrapposizione di strati diversi, senza che su di esse si sia esercitato il minimo potere critico.*

il se révèle d'un indéniable intérêt pour l'étude de la genèse des *Fastes*. L'originalité foncière, la profonde indépendance d'Ovide s'y manifestent dans toute leur force. On s'est souvent attaché à mettre en lumière les emprunts d'Ovide à Varron ou à Verrius Flaccus. On a tout aussi souvent négligé des textes où l'on ne retrouvait pas la pensée de l'un et de l'autre, ceux où quelque détail apparaissait comme particulier aux *Fastes*. En ce cas, on se borne à signaler que, sur tel point, Ovide se sépare de ses sources, sans se demander pourquoi et comment il le fait.

Il arrive souvent qu'à une première lecture, un vague soupçon, l'impression d'un « déjà lu ailleurs », le sentiment d'une fêlure dans l'exposé, ne fassent qu'effleurer l'esprit du lecteur. Un examen plus attentif permet alors d'isoler le point critique, le détail litigieux. Et tout un jeu de recoupements amène à mettre au jour de mystérieuses combinaisons, par lesquelles Ovide avait créé des hybrides compliqués, qui pourtant, présentés avec un art consommé, demeuraient parfaitement vraisemblables en apparence. Tantôt Ovide emprunte des mythes à une fête pour les installer dans une autre, sans justification plus sérieuse que les besoins de l'étiologie ; tantôt, il profite des analogies qui unissent deux célébrations pour traiter de l'une sous le nom de l'autre ; tantôt, il soude et donne comme une même tradition deux ou plusieurs récits indépendants ; tantôt, enfin, il s'inspire d'une étiologie existante pour créer, au bénéfice d'une cérémonie totalement indépendante, une explication illicite.

Il n'y a pas là coupable tricherie.

Tout d'abord, cette attitude de création, ou de re-création, vis-à-vis d'un patrimoine étiologique bien établi, ne doit pas être imputée à un manque de scrupules qui entraînerait Ovide à prendre avec ses sources de trop grandes libertés. C'est bien plutôt l'attitude propre au poète mythologue. « En mythologie », écrit A.H. Krappe [2], « ce travail des poètes se fait jour à chaque pas. Ils simplifient continuellement, laissant tomber des divinités moins connues ou désuètes, transposant leurs mythes à d'autres plus en vue, plus « modernes ». Ils précisent les actions et leurs motifs pour y faire entrer une logique plus rigoureuse ». Et, plus loin, A.H. Krappe incrimine les Antiquaires : « ce qu'ils ont fait, c'est piller les mythologies étrangères et plus anciennes, transposer des mythes entiers ou certains motifs, tout en les fusionnant avec d'autres éléments, folkloriques ou non. Qu'il suffise de dire ici que la « mythologie romaine », telle qu'elle se lit dans Tite-Live ou dans Ovide, est en grande partie l'œuvre des « Antiquaires » [3] ».

Antiquaire, Ovide l'est aussi, après d'autres. Et les habitudes mythographiques romaines l'encourageaient dans la voie de l'adaptation.

---

2. *La Genèse des mythes*, Paris, 1952, p. 20.
3. *Ibid.*, p. 26.

Pas plus qu'il n'existe, à Rome, de propriété littéraire, la *retractatio*, ou variation sur un thème, y étant considérée comme l'un des beaux-arts, il ne peut y exister de « propriété étiologique ». Modernes, habitués à raisonner scientifiquement, nous crions à la trahison lorsque nous découvrons quelque théorie visiblement calquée sur des travaux antérieurs. Il n'y avait pas, aux yeux des Romains, matière à scandale, lorsqu'un de leurs dieux prêtait ses *aitia* à quelque divinité voisine. Tout se passe, à Rome, comme si les écrivains pouvaient disposer d'une réserve de mythes, explications, calamités diverses, pestes, stérilités, famines, réserve dans laquelle ils puiseraient à loisir, en pratiquant toutes les adaptations exigibles.

La répétition pure et simple, ainsi que la contamination d'*aitia*, trouvent un terrain favorable dans la ressemblance de certains rites.Quelle tentation, par exemple, pour les faiseurs d'explications romains, que ce trou dans le toit d'un temple, évidemment source de problèmes ! Nous le trouvons, bien sûr, dans le temple de Terminus [4]. Et il reçoit son explication particulière, en accord avec le caractère du dieu. Mais voici que le même accident se reproduit, cette fois dans le temple de Dius Fidius : *itaque, inde eius perforatum tectum,* explique Varron, *ut ea uideatur diuum, id est caelum* [5]. Mais cela ne suffit pas : et nous trouvons un troisième orifice dans le toit du sanctuaire de Liber, assimilé par les Thraces au Soleil [6] ! Comment veut-on qu'un honnête étiologue s'y reconnaisse ?

Nous devons admettre qu'il circulait à Rome des sortes de légendes populaires, d'épisodes folkloriques, fabriqués sur un canevas si extensible qu'ils en devenaient interchangeables. Aussi, un écrivain n'éprouve-t-il pas de scrupules à exploiter à son profit un type général, devenu du domaine public, sur lequel il modèlera son étiologie personnelle, en modifiant les noms et l'époque. Ce procédé rend l'étiologie inattaquable, du fait que le modèle du récit proposé est déjà connu, religieusement admis, et scientifiquement catalogué. Les dieux romains ne sont pas des dieux jaloux : au contraire, ils aiment, dirait-on, à se trouver en pays de connaissance !

Prenons l'exemple d'Acca Larentia. Qui est-elle ? Une courtisane, répond Aulu-Gelle, si attachée à sa patrie qu'elle légua toute sa fortune au peuple romain, en récompense de quoi elle obtint les honneurs divins [7]. L'explication séduit Lactance, qui l'adopte pour commenter les jeux

---

4. Ovide, *Fast.,* II, 671-672 ; Servius, *Ad Aen.,* IX, 446 ; Augustin, *Ciu. Dei,* IV, 29 ; V, 21 ; Lactance, *Diu. Inst.,* I, 20 ; Denys d'Halicarnasse, III, 69, 5-6.
5. Varron, *Ling. Lat.,* V, 66.
6. Macrobe, *Sat.,* I, 18, 11.
7. VII, 7, 6, d'après Valérius Antias ; l'histoire remonte à Caton (chez Macrobe, *Sat.,* I, 10, 12-14) ; aussi Plutarque, *Rom.,* IV, 5, et *Quaest. Rom.,* 35 ; Augustin, *Ciu. Dei,* VI, 7.

annuels de *Flora,* courtisane qui, ayant légué toute sa fortune au peuple romain, reçut en conséquence des honneurs divins : cette fantaisie pseudo-historique a, d'ailleurs, suscité une étude de P. Mingazzini, qui prend le texte de Lactance au pied de la lettre [8].

Honneurs quasi divins pour un autre personnage encore, Mamurius Veturius. Qu'a-t-il fait pour les mériter ? Les onze répliques du bouclier sacré, répondent Verrius Flaccus et Ovide, ce qui est la tradition généralement acceptée [9]. Cela n'empêche pas Properce, à la même époque, de lui attribuer la statue du dieu étrusque Vertumne [10], et Servius, beaucoup plus tard, de lui avoir fait réaliser des copies du Palladium, pendant les guerres contre... Mithridate [11] ! Un même artisan aurait donc vécu, au choix, à l'époque de Numa, à celle des Tarquins, au 1er siècle av. J.-C., tant l'étiologie romaine se montre peu exigeante sur les dates ! En fait, lorsqu'on se pose des questions sur l'origine d'un objet de bronze, on l'attribue, sans plus chercher, au célèbre forgeron.

Et que dire des sacrifices de substitution ! Le rituel romain en comporte une quantité appréciable, et l'on peut soupçonner que, lorsqu'un rituel réclamait le sacrifice de produits singuliers, on recourait au canevas habituel : la substitution de ces ingrédients sans valeur à ce qui était originellement un sacrifice humain. Cette manière de faire était si répandue que A. Bouché-Leclercq peut évoquer la « finesse de grammairien [12] » d'Hercule, qui joue des équivoques de la langue grecque avec un art consommé. C'est, en effet, un jeu sur les homonymes $φώς$ (mortel) et $φῶς$ (lumière), qui permet de remplacer des êtres humains par des chandelles dans le culte de Saturne. Un jeu, sans doute, sur *caput,* qui a substitué à des têtes humaines des têtes d'ail et de pavot, dans un sacrifice aux Lares *Compitales* [13]. Et enfin, un triple jeu, plus subtil encore, qui est à l'origine de la fameuse substitution d'oignons, de sardines et de cheveux [14] aux êtres humains exigés par Jupiter *Elicius.*

Ovide a fort bien su exploiter ce procédé caractéristique de la recherche romaine. S'il n'a pas inventé certaines anecdotes qui figurent dans les seuls *Fastes,* il en trouvait du moins les ressorts dans ces collections

---

8. Voir pages 364-365.
9. *Fast.,* III, 383-392 ; *Verb. Sign.,* p. 117 L.
10. IV, 2, 61-63.
11. *Ad Aen.,* II, 166.
12. *Les Pontifes de l'ancienne Rome,* Paris, 1871, p. 276.
13. Macrobe, *Sat.,* I, 7, 31-32.
14. Voir page 133. Sur ces rites, on lira G. Capdeville, *Substitution de victimes dans les sacrifices d'animaux à Rome,* dans *M.É.F.R.A.,* 83, 1971, 2, 283-323.

d'*aitia* que nous venons d'évoquer. Le canevas ne lui appartient donc pas, mais le rapport établi entre ces anecdotes et les rituels lui appartient sans aucun doute.

Supposer les intermédiaires inconnus que l'on propose toujours d'insérer entre certains récits célèbres et le texte des *Fastes* nous paraît souvent une précaution inutile. Ainsi, F. Bömer se pose-t-il la question de savoir qui aurait pu servir de modèle à Ovide entre la *Casina* et son propre récit [15]. Ovide n'est donc pas capable lui-même de lire Plaute et de l'accommoder à son propos ? Lorsqu'on ne possède aucune anecdote connue susceptible de servir de source à un passage ovidien, tel celui qui met en scène Mars et Anna Perenna, on ne se résigne pas facilement à en laisser la paternité à Ovide : *Doch ist der Verdacht, dass Ovid frei erfunden hat, wohl unbegründet* [16].

Il reste que les *Fastes* renferment un certain nombre de doublets et d'explications curieuses, qu'Ovide a fait figurer dans son œuvre en toute connaissance de cause. Si, ce qui est fort improbable, Ovide n'est pas le coupable, il est du moins le complice. Et si, selon la formule consacrée, on cherche « à qui le crime profite », c'est à coup sûr à lui !

Exemples de novation

Ino

Le crime, voilà, certes, un bien grand mot, pour quelques contaminations anodines reconnues dès que lues, et que nous rappellerons en une ligne : les essaims d'Aristée utilisés pour justifier l'immolation du bœuf [17], le symbolisme des noces ajusté tant bien que mal aux *Parilia* [18], ou ces deux récits, que nous commenterons plus tard, sur la vieille Anna Perenna et la vieille prêtresse de Liber. Ce ne sont là que détournements de mythes, de phénomènes sociaux ou biologiques, totalement dépourvus de toute signification religieuse mais qu'il insère artificiellement dans un contexte religieux.

Le cas le plus inoffensif est l'arrangement, à l'intérieur d'une même légende, de deux épisodes indépendants, fondus en un seul. C'est

---

15. *F. éd. comm.*, 2, p. 104.
16. *Ibid.*, p. 191.
17. Voir p. 444.
18. Voir p. 269-270.

celui d'une légende grecque adaptée à une fête romaine, l'aventure d'Ino-Leucothéa devenue à Rome *Mater Matuta* [19].

Le rite principal de la fête est l'expulsion hors du temple d'une esclave étolienne qu'on doit chasser en la frappant [20]. L'épisode légendaire, par lequel Ovide explique ce rite, est un arrangement de deux morceaux indépendants, que nous trouvons reproduits dans deux *Questions Romaines* de Plutarque : en un premier temps, la reine Ino, jalouse des enfants de son mari, Phryxus et Hellé, distribue aux paysans des semences desséchées ; comme la disette s'abat sur le pays, un oracle, soudoyé par elle, persuade le roi Athamas de faire périr ses deux enfants. En un second temps, l'adultère d'Athamas avec une esclave étolienne est découvert par Ino ; devenue folle, cette dernière tue son fils Léarque. Rancunière, Ino, métamorphosée en une déesse marine après sa mort, interdit aux esclaves étoliennes l'accès de son temple [21].

Ovide a combiné les deux moments en un seul, ce qui ne simplifie pas le déroulement des événements. Ino persuade les paysannes de faire griller les semences avant de les planter, ce qui détruit d'avance tout espoir de récolte ; l'oracle, consulté, décrète la mort de Phryxus et d'Hellé. Mais une esclave étolienne, maîtresse d'Athamas, révèle au roi la duplicité de sa femme. Fou de rage, Athamas tue Léarque, fils d'Ino, ce qui cause la folie de cette dernière, et la pousse à fuir éperdument vers les flots, son second fils, Mélicerte, dans les bras, puis à s'y jeter. Pris de compassion, les dieux la transforment en Leucothéa, déesse marine, et Mélicerte devient Palémon. Une fois déesse, Ino, se souvenant de l'Étolienne, interdit l'accès du temple aux esclaves de sa race, et une sorte de mimodrame reproduit chaque année les péripéties de cette éviction [22].

Pour G. Krassowsky, Ovide a suivi là une forme déjà romanisée de la légende [23]. Mais Ovide est bien capable d'avoir opéré tout seul les modifica-

---

19. Une brève comparaison entre la forme grecque de la légende et sa forme latine a été dressée par J. Gagé, *Les Traditions mixtes de l'Étrurie méridionale*, dans *R.H.*, 240, 1968, 1-32.
20. *Fast.*, VI, 551-558. L'étude de R. Schilling, dans *Quel crédit...*, 9-24, p. 20 *sqq.*, analyse le texte ovidien comme si c'était celui de Plutarque ; les divergences sont pourtant criantes !
21. Plutarque, *Quaest. Rom.*, 16.
22. Études par F. Ritschl, *Ino-Leucothea*, Bonn, 1865 ; L. Curtius, *Mater Matuta*, dans *M.D.A.I.*, 36, 1921, 479-484 ; L. Deubner, même titre, même revue, 40, 1925, 281-288 ; M. Halberstadt, *Mater Matuta*, [*Frankf. Stud. z. Rel. u. Kultur der Antike*, 8, 1934]. Surtout : G. Dumézil, *Déesses latines et mythes védiques*, Paris, 1956, p. 9-43, *etc.*
23. *Quomodo Ovidius in iisdem fabulis enarrandis a se ipso discrepuerit*, diss. Königsberg, 1897, p. 11 : *cum Ovidius in hoc libro* (= *Metam.*) *Graecam fabulae formam sequatur, Fast. VI, 475, Romana utitur. Cf.* Probus, *Ad Georg.*, I, 437.

tions qu'il a fait subir au texte originel : n'a-t-il pas déjà humanisé un peu certains traits qu'il nous rapportait, dans les *Métamorphoses,* avec toute leur férocité : Ino tue Léarque de sa main, et plonge Mélicerte dans un chaudron d'eau bouillante, avant de se jeter dans les flots avec son cadavre [24].

La preuve de la contamination, nous la trouvons dans un petit détail. Chez Plutarque, celui qui dénonce Ino à son époux, c'est le messager chargé du meurtre de Phryxus et d'Hellé, pris d'une juste indignation devant l'erreur judiciaire commise par Athamas. L'esclave étolienne, qui appartient à l'épisode de l'adultère d'Athamas et non pas à celui des semences grillées, n'a aucune part dans cette dénonciation. Chez Ovide au contraire, le messager, inutile, a disparu, et le lien entre les deux récits qu'il désire fondre en un seul est constitué par la dénonciation à Athamas du crime d'Ino, faite par l'esclave étolienne. Ainsi Ovide peut-il faire entrer dans son étiologie l'accident des semences grillées, bien qu'il soit étranger au contexte décrit.

Réalisé à l'intérieur d'une seule légende, grecque de surcroît, ce montage n'entraîne pas de conséquences religieuses. Il en va tout autrement lorsque Ovide procède à l'amalgame de légendes différentes.

Elicius et Numa

Ainsi, l'explication qu'Ovide nous propose des mots « Mamurius Veturius », que les Saliens prononçaient à la fin de leur hymne rituel, fait-elle intervenir l'épisode de Jupiter *Elicius,* attiré magiquement sur terre par Numa et les deux génies de l'Aventin, épisode qui se prolonge par la chute de l'ancile. Comme la contamination n'a jamais été signalée, il nous faut entrer un peu dans les détails.

La foudre frappe sans relâche, et le roi Numa, conseillé par Égérie, se décide à consulter Faunus et Picus, génies de l'Aventin, pour apprendre d'eux les techniques d'expiation (*Fast.,* III, 285-322). Les deux génies attirent Jupiter sur l'Aventin, d'où son nom de *Elicius,* formé à partir du verbe *elicere,* « attirer magiquement » :

Eliciunt caelo te, Iuppiter ; unde minores
Nunc quoque te celebrant Eliciumque uocant
III, 327-28

A l'issue d'un duel verbal serré avec le dieu suprême, Numa obtient de lui qu'il renonce à l'expiation qu'il exigeait d'emblée, c'est-à-dire à un sacrifice

---

24. *Met.,* IV, 513-542.

humain, pour se contenter de produits sacrificiels inoffensifs : le dieu demande « une tête », Numa conjure le danger en ajoutant aussitôt : « d'oignon » ; le dieu précise : « d'homme », Numa ajoute : « des cheveux » ; Jupiter enfin, croyant mettre les choses au point, demande : « un être vivant ! » et Numa remporte la victoire finale en offrant « un poisson »[25].

Mis en vers par Ovide, ce processus de substitution est très approximatif. Il faut restituer un premier jeu sur les sonorités : *caput / caepitium*, « l'oignon », devenu *cepa* chez Ovide pour des raisons métriques ; un second jeu, toujours de sonorités : *caput / capilli*. Enfin un troisième, subtil, entre *anima*, et le nom du petit poisson, sardine ou anchois, *maena*, qui en est tout simplement l'anagramme (on trouve *maena* et *maina*). Ainsi, Jupiter obtient-il ce qu'il demande, à cela près que les lettres ne sont pas dans l'ordre !

En se retirant, Jupiter, bien disposé envers Numa, promet au roi de Rome un gage de domination pour la Cité (v. 347-359), et, le lendemain, le bouclier sacré tombe du ciel. Prudent, Numa confie la commande de onze copies du bouclier miraculeux au forgeron Mamurius. En récompense de ce service rendu à la patrie, les Saliens reçoivent mission d'éterniser par leur hymne l'œuvre de Mamurius en citant son nom dans les derniers vers du Chant :

Tum sic Mamurius : « Merces mihi gloria detur,
  Nominaque extremo carmine nostra sonent ! »
Inde sacerdotes operi promissa uetusto
  Praemia persoluunt, Mamuriumque uocant.

III, 389-392

La première partie du texte concerne, donc, Jupiter *Elicius*. Dans ce « potlatch » ou défi sacré, J. Bayet met en lumière la puissance contraignante et ambiguë du m o t, utilisée en une casuistique savante, qui permet de jouer au plus fin avec une divinité sans toutefois se l'aliéner[26]. Le meilleur

---

25.   *Adnuit oranti ; sed uerum ambage remota*
         Abdidit, et dubio terruit ore uirum :
      « Caede caput ! » dixit. Cui rex : « Parebimus, inquit,
         caedenda est hortis eruta cepa meis ».
      Addidit hic : « Hominis ! ». « Sumes, ait ille, capillos ».
      Postulat hic « Animam », cui Numa « piscis » ait.
                                                III, 337-42

26.   *Hist. pol. et psycho.*, p. 141 : « les légendes qui mettent en contact Numa avec Jupiter Elicius déguisent mal, même sous le formulaire juridique, cette réalité de la provocation ». Pourtant, d'autres substitutions (*Compitalia*, Saturnales) ne reposent pas sur un défi ; nous préférons les considérations de la page 53 sur la valeur ominale et magique de tout mot prononcé.

commentaire en a été donné par G. Dumézil : « Modernes, nous avons envie de dire ici : qui trompe-t-on ? Qui espère-t-on tromper ? (...) Le Romain ne trompe pas les dieux. Il les traite comme des juristes, autant que lui persuadés de l'excellence des formes [27] ». Faut-il voir dans ce mythe la simple élaboration d'une recherche savante, désireuse d'affecter à un rite étrange une étiologie satisfaisante ? Les textes nous affirment en effet que l'on « procurait » bel et bien la foudre à l'aide d'oignons, de cheveux et de sardines. L'auteur du mythe se serait alors simplement inspiré d'autres mythes de substitution existant en Grèce ou à Rome : en Grèce, par exemple, on sacrifie à Hercule des pommes ($μῆλα$) aux lieu et place de moutons ($μῆλα$) [28] ! Faut-il admettre au contraire dès l'origine un réel sacrifice humain, adouci au cours des âges ? C'est l'opinion de G. Capdeville : « On a en quelque sorte une mise en scène du processus intellectuel qui a permis la substitution. Peu importe que Jupiter ait été ou non présent, peu importe que son interlocuteur ait été ou non Numa ; il reste certainement qu'un prêtre, un jour, a pris des têtes d'oignon et des poissons pour remplacer une victime humaine [29] ». Deux interprétations, donc : une substitution effective et historique à un sacrifice effectif, ou un simple travail intellectuel sur des ingrédients bizarres, amenant à supposer de toutes pièces un sacrifice humain imaginaire. D'autres ont vu dans cette curieuse offrande la tentative de persuader la foudre qu'elle a déjà frappé et tué, et donc que récidiver est inutile, son œuvre de mort une fois accomplie [30]. Quoi qu'il en puisse être du rite, le mythe, lui, primitif ou plus récent, est sans le moindre doute un mythe de substitution.

Ce n'est pas le sens de ce mythe que nous voudrions étudier, mais la structure et les articulations du récit étiologique ovidien.

Le point central du récit est sans contredit la chute de l'ancile, à laquelle sont subordonnées les cérémonies célébrées par les Saliens au long du mois de mars [31]. Ovide lui-même en juge bien ainsi, puisqu'il annonce son développement en ces termes : « qui me dira la raison pour laquelle les Saliens portent les armes célestes de Mars et chantent Mamurius ? » :

Quis mihi nunc dicet quare caelestia Martis

---

27. *Rel. rom. arch.*, p. 130.
28. Pollux, *Onom.*, I, 1, 27.
29. *Substitution de victimes dans les sacrifices d'animaux à Rome*, dans *M.É.F.R.A.*, 83, 1971, 2, 283-323.
30. H.J. Rose, *The Cult of Volcanus at Rome*, dans *J.R.S.*, 23, 1933, 46-63, p. 61.
31. Danses des Saliens : le 1er mars (anniv. de la chute) ; le 9 ; le 14 (*Mamurius*) ; le 17 (*Agonium Martiale*) ; le 19 (*Quinquatrus*) ; le 23 (*Tubilustrium*). Voir R. Cirilli, *Les Prêtres-danseurs de Rome*, Paris, 1913.

> *Arma ferant Salii Mamuriumque canant ?*
> III, 259-260

Un simple calcul nous montre pourtant que, si 113 vers sont accordés aux préliminaires de l'événement, c'est-à-dire à l'évocation de Jupiter *Elicius,* 47 seulement traitent de la chute elle-même : il faut attendre le vers 373 pour entendre enfin parler des anciles !

Ovide semble donc avoir oublié son dessein initial, et s'être laissé entraîné à narrer dans le détail une péripétie secondaire. Secondaire à un double titre : parce que l'évocation d'*Elicius* ne paraît pas jouer un rôle déterminant dans la chute de l'ancile, et parce que cette chute est présentée par Ovide lui-même comme une pure coïncidence : Jupiter est appelé pour une raison bien précise : donner les moyens de détourner sa propre foudre ; telle est la demande formulée par Numa :

> ... « *Da certa piamina, dixit,*
> *Fulminis, altorum rexque paterque deum »*
> III, 333-334

Il les donne, en quelques vers :

> *Risit. Et : « His, inquit, facito mea tela procures,*
> *O uir conloquio non abigende deum ! »*
> III, 343-344 [32]

et, en repartant, promet un gage de domination... *que personne ne lui avait demandé* ! :

> « *Sed tibi, protulerit cum totum crastinus orbem*
> *Cynthius, imperii pignora certa dabo »*
> III, 345-346

Tout le problème réside donc dans ces deux vers-charnières.

Nous assistons à une mutation dans l'importance des centres d'intérêt : l'épisode des anciles, au lieu d'être placé au premier plan, semble conçu comme un prolongement fortuit, fruit d'une bienveillance soudaine et capricieuse de Jupiter à l'égard de Numa. Il devient un simple satellite du noyau principal, constitué par le développement consacré à l'évocation de Jupiter *Elicius.*

---

32. Ce vers 344 est traduit ainsi par H. Le Bonniec, *F. éd. comm.,* 1, p. 188 : « Mortel qui ne crains pas de t'entretenir avec les Dieux ». La nuance d'obligation contenue dans la forme *abigende,* « qui dois être renvoyé », nous ferait préférer quelque chose comme : « Mortel que les dieux sont bien obligés de considérer comme interlocuteur valable ». Cette formule sanctionnerait mieux la défaite de Jupiter vis-à-vis de l'astucieux Numa.

Or, ce développement ne saurait être entendu autrement que comme un excursus. L'étymologie du nom *Elicius* n'est pas l'objet premier de la recherche ovidienne, énoncée qu'elle est au détour d'un vers, accidentellement dirait-on. Enrichi, amplifié, travaillé, l'excursus en vient donc à occuper la place dévolue de droit à l'étiologie des danses des Saliens. En artiste consommé, toutefois, Ovide a su nous donner l'impression que les deux morceaux formaient un tout, le premier n'étant pas consacré à commenter l'épiclèse *Elicius*, mais à expliquer pourquoi Jupiter se trouvait aussi bien disposé envers Numa. Séduit par un récit au développement si harmonieux et si fluide, le lecteur cherchera en vain le point de rupture.

Or, si nous consultons les autres textes relatifs tant à Jupiter *Elicius* qu'à l'ancile, nous devons nous rendre à l'évidence : *Ovide est le seul auteur qui traite ensemble de l'un et de l'autre.*

Verrius Flaccus, Denys d'Halicarnasse, Servius [33], commencent leurs notices et récits à la chute du bouclier sacré, sans qu'on trouve trace, dans leurs textes, d'une intervention de Jupiter *Elicius*.

Inversement, Valérius Antias chez Arnobe, et Plutarque [34], reproduisent la conversation entre Numa et Jupiter *Elicius*, en concluant tous deux leurs paragraphes de la façon la plus logique : « c'est avec ces ingrédients-là que l'on procure la foudre » : *Nam ego humanis capitibus procurari constitueram fulgurita, tu maena, capillo, caepicio ; quoniam me tamen tua circumuenit astutia, quem uoluisti habeto morem, et his rebus quas pactus es procurationem semper suscipies fulguritorum*. Aucun paragraphe conclusif, ni chez l'un ni chez l'autre, n'évoque la chute de l'ancile. Bien au contraire, Plutarque, chez qui nous trouvons également l'épisode des boucliers sacrés, distribue les deux événements sur deux chapitres différents, séparés par de tout autres considérations intermédiaires [35]. Le culte de Jupiter *Elicius* est institué, chez lui, à cause de la foudre, mais la chute de l'ancile est consécutive à une *peste*, qui cesse, d'ailleurs, sitôt le talisman tombé [36] : Τοὺς δὲ Σαλίους ἱερεῖς ἐκ τῆς τοιαύτης λέγεται συστήσασθαι προφάσεως· Ἔτος ὄγδοον αὐτοῦ βασιλεύοντος, λοιμώδης νόσος περιιοῦσα τὴν Ἰταλίαν ἐστρόβησε καὶ τὴν Ῥώμην (13).

Pourquoi Ovide a-t-il tenu à réunir deux épisodes indépendants, ce qui l'oblige d'abord à supprimer la peste, cause originelle de la chute du bouclier, selon les auteurs qu'il consulte, et ensuite à supposer un lien unis-

---

33. Paulus-Festus, p. 117 L. ; Denys, II, 70 ; Servius, *Ad Aen.*, VII, 188.
34. Le premier : *Adu. Nat.*, V, 1 ; le second : *Num.*, 15.
35. Ch. 13 et ch. 15.
36. D'où une étymologie des plus fantaisistes, *ancile* venant de ἀνάσχεσις, « la fin du fléau ». 13, 10.

sant Jupiter *Elicius* et les anciles ? Numa, dans le récit de Plutarque, ne consacre pas à Jupiter le terrain sur lequel tomba le bouclier, mais aux Nymphes, et invite les Vestales à y venir puiser l'eau nécessaire à la purification du temple de Vesta, décret fort compréhensible dans le cas où le bouclier devait effectivement purifier le territoire romain à la suite d'une peste. Chez Denys d'Halicarnasse, le bouclier est découvert dans la *Regia*, sans que personne l'y ait apporté, ce qui persuade aussitôt le peuple qu'il est un cadeau céleste : Εὑρεθῆναι δ' αὐτήν φασιν ἐν τοῖς βασιλείοις τοῖς Νόμα, μηδενὸς ἀνθρώπων εἰσενέγκαντος (...) ἐξ ὧν, ὑπολαβεῖν Ῥωμαίους θεόπεμπτον εἶναι τὸ ὅπλον... (II, 71, 1). « *E caelo* », telle est d'ailleurs l'expression qu'emploient Tite-Live, Festus, Servius [37], aucun d'eux ne précisant que le généreux donateur était Jupiter *Elicius*.

Or, les anciles ne sont pas consacrés à Jupiter, comme tel serait le cas si le texte d'Ovide avait force de loi, mais *à Mars* : *Salios item duodecim Marti Gradiuo legit... caelestiaque arma quae ancilia appellantur ferre iussit* [38] : le témoignage de Tite-Live est formel. Si Ovide était le seul à rapporter la chute de l'ancile, on en conclurait aussitôt que les boucliers étaient consacrés à Jupiter, et l'artifice littéraire se trouverait donc entraîner des conséquences importantes sur le plan religieux.

D'un point de vue purement religieux, donc, il n'existe aucun lien entre les deux récits, exception faite pour la présence, en chacun d'eux, du roi Numa. C'est si vrai que la critique moderne a traité les deux rituels tout à fait séparément [39].

Quelle peut être la raison de ce montage de textes ? Une réponse évidente se présente aussitôt à l'esprit. Ovide a choisi de commenter le calendrier romain, ce qui lui impose d'abord toutes les fêtes inscrites dans les Fastes officiels... *mais seulement celles-là* ! Or, le calendrier romain ne connaît aucune fête dédiée à Jupiter *Elicius,* ce qui se comprend aisément, puisque, l'expiation étant liée aux coups de foudre, le dieu ne saurait se contenter d'une cérémonie à date fixe. Ovide pouvait-il réserver l'entretien de Jupiter et de Numa pour la date anniversaire de l'autel d'*Elicius*, sur l'Aventin ? Mais elle non plus ne figure pas sur les calendriers, et nul ne s'est hasardé à risquer des conjectures à ce sujet [40]. Si Ovide tient à insérer

---

37. Tite-Live, I, 20 ; Festus, p. 117 L. ; Servius, *Ad Aen.*, VII, 188 : *Regnante Numa, caelo huius modi scutum lapsum est.*
38. Tite-Live, I, 20 ; mêmes affirmations chez Denys, II, 71 ; Servius, *Ad Aen.*, VIII, 664 : *multa similia facta sunt, et in templo Martis locata.*
39. Sauf A. Illuminati, voir *infra*, ou L. Preller, *Röm. Myth.*, p. 189 du t. 1 : *Jupiter dem Numa das erste Ancile das himmliche Urbild der Übrigen, auf sein Gebet unmittelbar vom Himmel und zwar gleichfalls als Unterpfand (pignus) seines göttlichen Segens sendet.*
40. Aucune date n'est avancée dans le Dictionnaire topographique de S.B. Platner, 1965, à la rubrique voulue.

dans son ouvrage ce conte, bien séduisant, avouons-le, il doit le glisser dans un autre rituel, à titre d'*excursus,* et c'est précisément ce qu'il a fait.

Le choix de l'épisode des anciles lui était suggéré par la présence de Numa, protagoniste des événements à la fois dans le récit relatif à *Elicius* et dans celui relatif aux anciles. Comme les boucliers tombent du ciel, et qu'*Elicius* en descend lui aussi, la soudure entre les deux anecdotes s'établissait d'elle-même. Il se peut aussi qu'ait favorisé ce choix le détail des douze *casti iuuenes* dont s'entoure Numa, dans le texte de Valérius Antias, et qui peuvent évoquer les Saliens [41], à moins que l'épiclèse de Picus, *Martius,* dans ce même texte, n'ait appelé l'installation du récit au mois de mars. La soudure, fort habile, consiste en une supposition ingénieuse, celle que l'ancile est une récompense pour l'habileté de Numa, un gage payé par Jupiter, qui a trouvé plus fort que lui.

Ovide s'inspire probablement de deux auteurs différents. Le mot *recisum,* par lequel il décrit le bouclier, est un terme technique emprunté à Varron, qui en fait l'*etymon* de *ancile* [42]. Toutefois, le mot *angulus* du vers 378 ne peut fournir d'étymologie à *ancile* que par le biais du grec ἀγκύλος, en une étymologie *a contrario* (*angulus omnis abest* [43]). Ovide s'inspire alors de Juba, « qui veut à toute force, » écrit Plutarque, « que le mot *ancile* ait été tiré de la langue grecque [44] », et qui, du reste, a avancé le mot ἀγκύλος.

Cette soudure savante a, de nos jours, trompé un critique, A. Illuminati dont la théorie mérite l'examen.

Le forgeron Mamurius doit être, pour répondre à d'autres types étrusques, un personnage à la conduite ambiguë, et la fabrication des anciles doit être subordonnée à une ruse. Or, dans la tradition légendaire indépendante d'Ovide et relative aux anciles, on ne peut découvrir aucune tromperie, si ce n'est que le forgeron, avec, du reste, la bénédiction royale, fabrique onze faux ! Il n'y a de tromperie que dans l'histoire d'*Elicius,* avec le fameux duel verbal au cours duquel Numa trompe Jupiter. Qu'à cela ne tienne, on peut, en privilégiant le texte d'Ovide, découvrir chez lui tous les éléments désirables.

Mais la ruse de Numa face à Jupiter, c'est précisément la ruse *de Numa,* et non pas celle de Mamurius ! Un si mince argument n'arrête pas

---

41. *Eine Truppe deren Zahl an die Salier erinnert,* juge W.F. Otto, *s.u.* « Faunus », *Realenc.,* VI, 2, 2055, 1.41, tandis que L. Preller, *op. cit.,* p. 388, n. 3, songe, Dieu sait pourquoi, aux Luperques !
42. Ovide, *Fast.,* III, 377.
43. Voir chapitre « étymologie », p. 327.
44. Étymologies proposées par Juba |Ἀγκύλος,|ἀγκών|; par Plutarque, qui se pique au jeu : ἀνέκαθεν, ἄκεσις, αὐχμὸς, ἀνάσχεσις (*Num.,* 13, 9-10).

longtemps le savant italien, qui n'hésite pas à confondre les deux personnages. Le forgeron n'est-il pas *un pallido e unilaterale riflesso della polivalente personalità di Numa* [45] ? Et n'est-il pas licite, alors, d'opérer une sorte d'osmose entre les deux hommes, *una sorta di conciliabilità fenomenica tra la figura sciamanica di Numa et quella del fabbro* [46] ? Une fois formé cet hybride Numa-Mamurius on peut mettre l'accent sur son comportement louche, tant à l'égard de Jupiter, indignement trompé, qu'à l'égard des Romains, puisqu'il opère l'illégale multiplication des *ancilia* [47]. Et ce n'est là qu'une étape. Le récit s'inscrit obligatoirement au nombre des récits « de fondation », puisque les fondations de villes s'accompagnent toujours de risques surmontés grâce à une ruse (le duel Jupiter-Numa), ou consécutifs à une ruse (punition de Mamurius après sa falsification [48]). Cette conclusion une fois assimilée, A. Illuminati peut aborder la seconde étape de son raisonnement. Toute fondation d'empire exige des têtes (qu'on songe au sacrifice de soldats rebelles ordonné par César, fondateur d'empire) ; on connaît l'anecdote de la tête humaine découverte dans les fondations du Capitole, et qui présageait l'*Imperium Romanum*. En voici la confirmation grâce au texte d'Ovide : les têtes exigées par Jupiter *Elicius* présagent la chute de l'ancile, *pignus imperii* [49]. La tête du Capitole, les têtes exigées par *Elicius*, le sacrifice de substitution et la chute de l'ancile : nous sommes bien dans un mythe de fondation.

Pareil amalgame se serait révélé impossible, si le savant moderne s'était appuyé sur tout texte autre que celui d'Ovide, où les épisodes de Numa et de Mamurius sont indépendants l'un de l'autre. Si l'ancile est vraiment lié à l'*imperium*, il n'existe aucun rapport entre l'*imperium* et Jupiter *Elicius*. Si l'on fait abstraction du texte d'Ovide, on ne voit plus, dans l'histoire des anciles, aucun sacrifice humain. Enfin, si l'on se sert du texte de Plutarque, où l'ancile tombe *avant* l'évocation d'*Elicius,* on ne peut plus trouver dans l'évocation du dieu les préliminaires nécessaires à la chute du bouclier ! On mesure avec quelque perplexité la somme de rapprochements hasardeux et de perspectives plus qu'audacieuses que ce texte d'Ovide a favorisée, parce que sollicité aveuglément.

G. Dumézil, qui dégage, dans le récit d'Ovide, une contamination entre un motif grec (la capture des Génies) et un motif latin (le duel Numa-Jupi-

---

45. P. 45 de *Mamurius Veturius*, dans *S.M.S.R.*, 32, 1961, 41-80.
46. *Ibidem.*
47. P. 50.
48. Cette punition ne se rencontre que dans des textes tardifs, Servius et Lydus (voir p. 423-428). Quant à la « fondation », on la cherche en vain à l'époque de Numa...
49. P. 42.

ter), n'a pas distingué entre les deux récits différents concernant Jupiter *Elicius* et les anciles. L'interprétation qu'il nous propose [50] d'une cuve d'ambroisie, prise par erreur pour un bouclier, conquise par un dieu (Faunus) sur un génie aquatique (Jupiter *Elicius*), est viciée dès l'origine.

Sementiuae

Une seconde pratique, plus dommageable pour la vérité religieuse, puisque le montage de sources s'y décèle moins facilement, consiste à substituer au rite qu'on est censé étudier un autre rite, sans bien sûr, le signaler ce qui conduit le lecteur à prendre le faux pour le vrai. Entraîné par le plaisir de composer un pastiche sur un morceau poétique célèbre, Ovide s'inspire, dans sa description de la fête rustique des Semailles, les *Sementiuae* [51], d'un texte de Tibulle [52]. On croyait que ce texte se rapportait aux *Paganalia*, fête voisine des *Sementiuae*, située elle aussi au mois de janvier [53]. Pourtant, W. Warde Fowler a démontré [54], entraînant l'adhésion de J.P. Postgate [55], qu'il s'agissait en réalité d'une *lustratio pagi* du printemps. Entre autres indices, l'expression *fruges lustramus* [56] se comprend difficilement pour une fête de janvier, où l'on est bien loin de parler de *fruges*, tout comme l'expression : *plenis agris confisus* [57]. Pour les labours mentionnés par Ovide [58], ils ne peuvent que conforter nos doutes, s'il est vrai que janvier est précisément l'un des mois pendant lesquels on ne laboure pas [59] ! Le développement d'Ovide traite en réalité, sous le nom des *Sementiuae* hivernales, d'une fête printanière décrite d'après Tibulle... Mais alors, un doute en entraînant un autre, on peut se demander si toutes les pratiques décrites par lui se déroulaient effectivement aux *Sementiuae*, ou si elles n'ont d'autre existence que dans le texte de Tibulle ! Où s'arrête l'emprunt ? Il ne serait pas facile de le préciser.

---

50. *Le Festin d'Immortalité*, Paris, 1923, p. 154-156.
51. *Fast.*, I, 657-704.
52. *Tibulle*, II, 1.
53. J. Bayet, *Les Feriae Sementiuae...*, dans *R.H.R.*, 137, 1950, 172-206 ; L. Delatte, *Recherches sur quelques fêtes mobiles du calendrier romain*, dans *A. C.*, 5, 1936, 381-391 ; H. Le Bonniec, *Le Culte de Cérès à Rome*, Paris, 1958, p. 56-57.
54. *Notes on a Country Festival in Tibullus II, 1*, dans *C.R.*, 22, 1908, 36-40.
55. A la suite de l'étude de W. Warde Fowler, p. 40.
56. II, 1, v. 1.
57. V. 21.
58. I, 665 : *Rusticus emeritum palo suspendat aratrum* : le paysan doit suspendre la charrue « qui a bien travaillé » donc après une période de labours.
59. Varron, *Res Rust.*, I, 36 ; Columelle, *R. rust.*, I, 8.

L'emprunt, Ovide le pratique avec délectation de l'un à l'autre de ses écrits. Le moment n'est pas venu d'examiner dans le détail l'importante cérémonie des *Fordicidia*. Mais nous pouvons déjà y signaler un vers insolite :

Telluri plenae uictima plena datur

IV, 634

Ce vers est une reproduction libre mais bien reconnaissable d'un vers relatif aux *Sementiuae* :

Seminibus iactis est ubi fetus ager

I, 662

Mais s'il s'adapte parfaitement aux réalités agricoles de l'une des deux fêtes, il ne convient pas du tout à l'autre...

Avançons d'un degré dans la gravité des contaminations effectuées : nous rencontrons alors la déesse *Carna*.

Carna et Janus

Dans le développement consacré à cette déesse, le 1er juin, une contamination est évidente, dans le domaine du rite, entre deux divinités différentes, la déesse des *uiscera*, celle qui permet l'ingestion et l'assimilation des aliments, selon Ovide et Macrobe [60], et dont le nom paraît formé, sans problème, sur le nom de la chair, *caro, carnis* ; et une autre déesse, celle des gonds, *cardo, cardinis*, soit la déesse *Cardea*. Voici comment Ovide explique le passage de l'une à l'autre : la nymphe, héroïne de son historiette, se nommait autrefois *Cranè*, mais son nom fut transformé en *Carna*, après que le dieu Janus lui eut donné, à titre de compensation pour sa virginité perdue, un pouvoir sur les gonds [61].

Nous sommes en présence, ici, d'une dérivation linguistique de haute fantaisie, malgré l'avis contraire de S. Ferri [62]. Voici le jugement de G. Dumézil : « Quant à la dérivation à partir de *cardo- cardinis* (que *Cardea* soit authentique ou non)..., elle n'est qu'un de ces jeux de mots que les anciens étaient plus excusables que les modernes de prendre au sérieux. C'est elle sans doute qui est responsable de la liaison que le poète établit, par un mythe évidemment littéraire, entre *Cranè-Carna* et Janus, alors que rien, ni

---

60. Ovide, *Fast.*, VI, 169-182 ; Macrobe, *Sat.*, I, 12, 31-33.
61. Nous connaissons *Cardea* par Tertullien ; voir étude p. 230-232.
62. *Osservazioni ai nomi di alcuni « dei Indigetes »*, dans *R.P.A.A.*, 37, 1964-1965, 49-62.

dans la fête annuelle, ni dans le rituel apotropaïque, ne contient la moindre allusion aux gonds [63] ».

On a émis l'idée, depuis longtemps déjà, que le conte pourrait n'être pas authentique : « Combien y a-t-il, dans ce conte, de tradition populaire ancienne, combien d'invention poétique ovidienne, la chose est difficile à déterminer en l'absence d'autres documents [64] ». G. Wissowa était encore indulgent d'aller songer à d'authentiques traditions populaires ! Nous avons affaire ici à un montage typiquement ovidien.

Il faut demander à la Grèce une source possible, puisque ce thème de la poursuite amoureuse est attesté par des contes grecs : Apollon et Daphné, Zeus et Io, Pan et Syrinx, combien d'autres encore. Ce sont autant de contes étiologiques destinés à expliquer l'origine d'une plante, d'un instrument de musique, les avatars d'une divinité. Le don d'un objet quelconque forme en général la conclusion de ce type de récits.

Le rapprochement effectué par Ovide entre *Carna* et les gonds [65] appelle l'intervention du dieu Janus, et la caractéristique de ce dieu, ses deux visages, offre des perspectives prometteuses à l'imagination.

Carna, ou plutôt *Cardea,* est donc une nymphe malicieuse, qui prend plaisir à duper ses poursuivants en les attirant dans une grotte par de fallacieux serments. Mais, au dernier moment, elle se cache, et l'amoureux déçu reste sur ses espérances trompées :

Credulus ante ut iit, frutices haec nacta resistit,
    Et latet et nullo est inuenienda modo
                                            VI, 117-118

Ce n'est pas une œuvre alexandrine que nous devons envisager comme source de ce *pretty folk tale* [66], mais une œuvre classique et célèbre : la *Lysistrata* d'Aristophane, et dans cette œuvre, l'épisode de Cinésias et Myrrhine [67].

Privé depuis longtemps de sa femme, Cinésias aimerait bien avoir avec elle un entretien particulier, et immédiatement. Mais la fine mouche, fidèle

---

63. *Idées romaines*, Paris, 1969, p. 258.
64. *Wieviel, an diesem Märchen, alte Volkstradition, wieviel dichterische Erfindung Ovids ist, lässt sich bei dem Mangel andrer Überlieferung nicht mehr feststellen. Lexicon...*, I, 1, col. 854 ; voir aussi « Römische Sagen » dans *Gesammelte Abhandlungen,* Munich, 1904, p. 138-139.
65. W. Warde Fowler pense qu'Ovide a sciemment opéré la substitution, afin de placer son anecdote sur Janus et *Cardea* : *Rom. Fest.*, p. 131.
66. Expression de W. Warde Fowler, *loc. cit. supra*.
67. Le rapprochement nous a été suggéré par notre maître et ami J.M. Frécaut.

aux consignes du parti féministe, se dérobe : pas question de céder aux exigences du conjoint dans la maison même. Seul lieu de rendez-vous possible : la *grotte* de Pan. Une fois dans cette grotte, Myrrhine exaspère les désirs de son époux par toutes sortes de retards et d'exigences : une natte, puis un oreiller, une couverture, un flacon de parfum. Elle met bien du temps à se déchausser, à se déshabiller, et, finalement, s'éclipse [68].

Le seul détail de la grotte est déjà révélateur. Mais de plus, le thème est exactement semblable : l'amoureux crédule reste, si l'on peut dire, sur sa faim ! Il serait étonnant qu'Ovide ne se fût pas souvenu d'Aristophane en contant l'aventure de Janus et *Carna*.

Plusieurs critiques modernes ont pourtant estimé que le récit d'Ovide reposait sur des bases rituelles authentiques. M. Renard, en particulier, voit dans l'histoire de Carna une transposition mythologique du rituel pratiqué au *Tigillum Sororium* [69] : « D'une part, Janus pénètre sous une grotte pour y atteindre Granè-Carna, qui ressemble fort à Junon. De l'autre, le *numen* du mouvement préside au passage sous le *Tigillum* au cours d'un rite de purification (...). L'*aition* de Carna nous permet à présent d'évoquer la coutume répandue de la purification et de la fécondation par le recours au passage à travers une ouverture rocheuse, un trou creusé dans le sol, ou la crevasse que présentent parfois les arbres, tous symboles de la terre nourricière et de la nature vivante ». Cette thèse nous paraît hardie, et nous préférons croire qu'Ovide, comme il l'a déjà fait dans le récit relatant la mésaventure de Faunus au livre II, s'est inspiré d'un épisode classique de la comédie [70].

Anna Perenna et l'Énéide

Autre vieille déesse du calendrier romain, *Anna Perenna* n'est pas traitée par notre poète avec beaucoup plus de respect, ce que prouvent deux arrangements minutieux.

Lorsque nous consacrions quelques pages à l'étymologie du nom *Anna Perenna* [71], nous n'accordions guère d'importance à la première hypothèse

---

68. *Lysistrata*, 855-955.
69. *Aspects anciens de Janus et de Junon*, dans *R.B.Ph.*, 31, 1, 1953, 5-21, p. 18 ; aussi E. Cocchia, *Elementi naturalistici e poetici nella mitologia romana, nel culto di Giano*, dans *Mouseion*, 1, 1923, 3-23, p. 19.
70. L. Lacroix, *Recherches sur la religion des Romains d'après les Fastes d'Ovide*, Paris, 1846, p. 64, en juge ainsi : « Cette anecdote, une des moins heureuses inventions d'Ovide, est tout à fait incompatible avec le caractère et les mœurs du dieu ». Il est exact que Janus n'a jamais commis *quicquam quod ad probrum pertineat* (Aug., *Ciu. Dei*, VII, 4).
71. *Anna Perenna, « Bonne et Heureuse Année ! »* ?, dans *R. Ph.*, 45, 2, 1971, 282-291.

d'Ovide : *Amne perenne latens, Anna Perenna uocor*[72], si infime est sa valeur scientifique. Ce n'est qu'un jeu verbal, un à-peu-près phonique, élevé par Ovide au rang d'*aition*, à seule fin de réaliser un de ces vers qu'il affectionne, et où les deux hémistiches se répondent impeccablement[73]. Pour donner la parole à un spécialiste : « La paronomase explicative se réduit à un calembour suspect. L'excès de logique cache un tour de passe-passe[74] ». *Amne* n'explique pas *Anna*, c'est certain : Ovide lui-même, s'il a développé complaisamment son récit, ne considère pas l'étymologie qui le clôt comme décisive. Surtout, la meilleure preuve qu'Ovide n'envisage pas sérieusement cette étymologie, c'est que, dans l'hypothèse où Anna Perenna serait la sœur de Didon, il n'a aucun besoin d'expliquer *Anna* ! Anna Perenna s'appelait *Anna* avant de se jeter dans le Numicus *parce que c'était son nom*, tout simplement. Et si l'on accorde une importance trop grande au rapprochement *amne → Anna,* on fait dire à Ovide qu'Anna ne s'appela *Anna* qu'après sa mort...

De nos jours, les critiques sont unanimes à rejeter l'étymologie par *amne perenne*, que l'on qualifie d'extravagante[75]. Mais on accorde souvent de l'importance à l'assertion d'Ovide selon laquelle Anna Perenna serait une déesse des ondes : *Placidi sum Nympha Numici*[76]. R.H. Klausen rencontre notre Anna à Lavinium, à Albe : *Auch ist uns Name und Gestalt dieser Nymphe bei Lavinium, bei Alba, bei Rom bekannt : es ist an allen Orten die geschäftige, gefällige Alte, Anna Perenna. Ihr Wesen spricht Ovid klar und kurz aus, indem er sie Nymphe des milden Numicius nennt*[77]. Nous retrouvons cette même confiance chez un auteur contemporain, M. Meslin : « Le fleuve dans lequel Anna désespérée se noie n'est qu'une hiérophanie du temps qui s'écoule et revient identique dans son cours : *Amne perenne latens, Anna Perenna uocor*[78] ». Mieux encore : W. Warde Fowler suppose que la noyade dans le Numicus serait une survivance d'un rite analogue à celui des Argées du 15 mai, rite selon lequel on aurait jeté dans le fleuve une image d'Anna[79] (!), supposition encouragée sans doute

---

72. *Fast.*, III, 654.
73. Ex. : *Oscula aperta dabas/oscula aperta dabis, Her.* IV, 144.
74. J.M. Frécaut, *L'Esprit et l'humour chez Ovide*, Grenoble, 1972, p. 48-49.
75. *Thörichte* : H. Usener, *Italische Mythen*, dans *Rh. M.*, 30, 1875, p. 207 ; G. Wissowa, *s.u.* « Anna », dans *Realenc.*, I, 2, c. 2223 ; seul, L. Preller, *Röm. Myth.*, I, p. 344, l'admet un moment.
76. *Fast.*, III, 653.
77. *Aeneas und die Penaten*, Hambourg, 1839, 2, p. 719.
78. *Les Calendes de janvier*, Paris, 1970, p. 13.
79. *Rom. Fest.*, p. 52.

par une ligne de H. Usener : *Als Formel des Ritus, hätte es heissen müssen : Anna oder ihr Bild wird in den Fluss geworfen* [80], mais qui ne mérite que de demeurer ce que l'auteur lui-même appelle *simply hypothesis*. Néanmoins, ces théories nous amènent à poser la question attendue : existe-t-il, indépendamment du récit d'Ovide, une légende d'Anna noyée dans le Numicus ?

On admet généralement l'existence d'une tradition relative à la Nymphe du Numicus, sur laquelle se serait greffée l'aventure d'Anna telle qu'elle nous est contée par Ovide [81]. Il paraîtrait pourtant bien aléatoire de supposer qu'entre Virgile et Ovide quelque autre écrivain ait pu composer une histoire d'Anna sans qu'aucun écho nous en soit jamais parvenu. De là à penser que le rapprochement entre *Anna Perenna* et l'*Anna soror* est l'œuvre d'Ovide, il n'y a qu'un pas, ce rapprochement étant, pour un poète de l'époque augustéenne, une évidence autant qu'une nécessité. F. Bömer n'a pas osé aller jusqu'au fond des choses, et s'en tient à des considérations prudentes : « L'âge, l'origine et les antécédents de ce récit sont tout à fait mystérieux [82] ».

S'il ne disposait pas d'un récit en forme relatant le destin d'Anna, Ovide pouvait connaître d'autres légendes qui expliquaient comment des figures grecques ou romaines avaient obtenu la divinisation : Ilia, après sa noyade dans l'Anio [83], Hellé, unie à Poséidon après sa chute dans la mer [84]. Le thème d'une *noyade* prélude à la divinisation était donc courant.

La tâche consistait pour Ovide à imaginer pour Anna, abandonnée à son sort par Virgile dès les premiers chants de l'*Énéide*, un destin semblable, et à l'y mener ; si l'on veut, à écrire une suite au chant IV qui ne déparât point trop l'illustre modèle.

La solution la plus élégante, qui, de surcroît, satisfaisait le penchant bien connu d'Ovide pour le pastiche autant que sa subtilité, consistait *à emprunter cette suite à Virgile lui-même*... Avec une surprise amusée, le lecteur des *Fastes* découvre qu'Ovide a composé une *Énéide* en miniature, dont Anna est, cette fois, l'héroïne !

Le morceau qu'Ovide nous propose a été particulièrement élaboré, et ne se compose pas, comme d'autres récits, d'une simple collection de thèmes épiques, suffisante pour « donner le ton » à un développement étiolo-

---

80. *Italische Mythen,* dans *Rh. M.*, 30, 1875, p. 207.
81. H. Usener, *loc. cit. supra.*
82. *F. éd. comm.*, 2, p. 182 : *Alter, Herkunft und Vorgeschichte dieser Erzählung sind völlig rätselhaft.*
83. Ennius, *Ann.*, I, frg. XXVIII (35) Vahl.
84. *Fast.*, III, 851 *sqq.*

gique en rapport avec une épopée célèbre. Il y a là davantage qu'un « simple rappel des épisodes de l'*Odyssée* et de l'*Énéide*[85] ». La composition du passage est amoureusement fignolée, et chaque détail choisi pour — évoquant sans cesse le souvenir d'Énée — opérer une *assimilation* complète entre *Énée* et *Anna*.

Qu'on en juge. Avant d'aborder à Carthage, Énée a erré durant sept ans, comme le lui rappelle Didon[86]. Anna a séjourné, quant à elle, trois ans à Carthage et trois à Malte : c'est donc pour elle aussi la septième année d'exil[87]. Il ne nous paraît guère possible que sept ans se soient écoulés, couvrant les voyages d'Anna, depuis le départ d'Énée de Carthage, Jupiter annonçant à Vénus qu'il régnerait trois ans avant de disparaître[88]. On peut en conclure qu'Ovide a négligé la vraisemblance de la chronologie pour obtenir une symétrie parfaite entre la durée des voyages d'Anna et ceux d'Énée : sept ans.

La structure de ces voyages est également symétrique. Trois étapes pour chacun : Carthage, la Sicile, l'Italie, pour Énée ; Malte, la Sicile, l'Italie, pour Anna.

Énée s'enfuit de Troie, Anna s'enfuit de Carthage. Les Numides ont envahi le royaume de Didon, après sa mort, tout comme les Grecs, une fois Hector disparu, avaient envahi Troie[89]. Comme les Tyriens, les Troyens avaient jadis pris la fuite, et les noms mêmes, *Troii, Troes, Tyrii*, appellent le rapprochement. Le « malicieux Ovide[90] » réutilise une célèbre comparaison virgilienne entre les Tyriens et les abeilles, pour en tirer des conséquences logiques autant qu'humoristiques, et les utiliser à ses fins : n'était-il pas inévitable que ce peuple, laborieuse ruche, imite, dans sa détresse, le comportement des abeilles lorsqu'elles ont perdu leur chef :

> ... *ut olim*
> *Amisso dubiae rege uagantur apes*[91]
>
> III, 555-556

---

85. J.M. Frécaut, *op. cit.*, p. 125 ; C. Santini a bien étudié le pastiche de l'*Énéide*, *Toni e Strutture...*, p. 54-56, mais sans s'interroger sur les intentions d'Ovide.
86. *Aen.*, I, 755 ; Denys d'Halicarnasse, I, 64.
87. *Fast.*, III, 557 et 575.
88. *Aen.*, I, 265-266 :
    Tertia dum Latio regnantem uiderit aestas
    Ternaque transierint Rutulis hiberna subactis.
89. *Sine uindice regnum*, *Fast.*, III, 551.
90. Titre d'un article dû à E. de Saint-Denis, dans *Ovidiana*, 1958.
91. Virgile, *Aen.*, I, 430 *sqq*.

Énée devait, jadis, abandonner Creüse, Anna devra laisser les cendres de sa sœur [92]. Énée cherchait et trouvait un navire, Anna s'en procure un, ainsi qu'un équipage. Et comme Énée encore, qui suivait des yeux les murs de Carthage, Anna cherche à distinguer, depuis la mer, les hauts remparts.

Moenia respiciens, quae iam infelicis Elissae
Collucent flammis [93],

ces deux vers de Virgile sont dans toutes les mémoires ; le vers qu'Ovide accorde aux cendres d'Élissa dégage une pareille harmonieuse nostalgie :

Moenia respiciens, dulce sororis opus
III, 566

L'escale d'Anna à Malte, chez le roi Battus, ne s'explique guère en soi. Regardons pourtant d'un peu plus près le vers 572 :

Haec, inquit, tellus, quantulacumque tua est.

Ce souhait de bienvenue adressé par le roi à la fugitive reproduit très exactement les offres amicales que Didon faisait à Énée :

Vrbem quam statuo uestra est [94].

Le séjour d'Anna à Malte pourrait donc correspondre à l'escale d'Énée à Carthage. Pourquoi Malte ? L'île est voisine de Carthage. Mais surtout, Ovide a dû fonder son choix sur des coïncidences phoniques et poétiques. Malte, c'est, en grec, Μελίτη, nom presque identique à celui de l'abeille, Μέλιττα, et nous avons déjà rappelé que chez Virgile, Carthage est la cité des abeilles [95]. D'autre part, le nom gentilice Battus est inconnu pour les rois de Malte, mais célèbre, en revanche, à Cyrène, et c'est si vrai que l'adaptateur du texte d'Ovide, Silius Italicus, placera l'escale d'Anna non à Malte mais à Cyrène [96]. Cyrène, patrie d'Aristée, l'inventeur du miel...

Au moment où l'ennemi pénètre au palais, ne nous attardons pas sur la fuite d'Anna, qui rappelle évidemment l'illustre fuite d'Énée hors de Troie, et venons-en à son arrivée sur les côtes d'Italie, où elle est jetée par la tempête, après avoir gémi, on s'y attend maintenant, quelque chose comme : *O*

---

92. *Fast.*, III, 560.
93. *Aen.*, V, 3-4.
94. *Aen.*, I, 573.
95. *Aen.*, I, 430-436.
96. *Pun.*, VIII, 57.

terque quaterque beati [97]... Sur ces rivages ausoniens, Anna va rencontrer Énée, qui règne sur les Troyens et les Latins, réalisant ainsi un vœu de Didon [98] touchant Troyens et Tyriens.

Nous allons assister alors à un renversement de perspectives par rapport à l'*Énéide*, puisque c'est Énée qui va jouer le rôle qu'assumait jadis Didon, la reine secourable, tandis qu'Anna la naufragée va revivre les heures qu'Énée fugitif vivait à Carthage.

Énée se promène sur la grève, accompagné du seul Achate, *solo comitatus Achate* [99], ce qui est une parodie flagrante du célèbre *Ipse uno graditur comitatus Achate* [100], à cela près qu'Ovide le fait se promener « les pieds nus », *nudo pede*. La précision inattendue a, bien sûr, suscité nombre d'hypothèses [101] ! Il y rencontre Anna errante, et entend de sa bouche le récit de ses aventures, tout comme Didon écoutait jadis le récit de ses malheurs à lui. Anna se voit bientôt comblée de cadeaux, comme son hôte d'à présent l'avait été jadis par sa sœur Didon [102]. Mais Lavinia veille...

Si Énée incarne l'un des aspects de Didon, la « Didon-secourable », c'est Lavinia qui en fait revivre l'aspect opposé, la « Didon-furieuse ». Au *Furiis incensa feror* [103] de la reine outragée, dans l'œuvre virgilienne, répond

---

97. *Aen.*, I, 94. Texte des *Fastes* (III, 597-598) :
   Tunc primum Dido felix est dicta sorori,
   Et quaecumque aliquam corpore pressit humum.
F. Bömer, *F. éd. comm.*, 2, p. 187, comprend *corpore pressit humum* comme si Ovide avait écrit *quarum corpus humo premitur*, et traduit par « celles qui sont enterrées », au lieu de « celles dont le corps repose sur une terre ferme ». Voir J.M. Frécaut, *op. cit.*, p. 124, n. 112, pour la note humoristique contenue dans le *quaecumque* : étant femme, Anna ne peut s'intéresser qu'au sort des femmes naufragées, et Ovide transforme donc en féminin féministe le masculin pluriel de l'*Énéide* !

98. *Fast.*, III, 602 ; *Aen.*, I, 574.

99. *Fast.*, III, 603.

100. *Aen.*, I, 312.

101. Par exemple E.H. Alton, *Problems in Ovid's Fasti*, dans *C.Q.*, 23, 1973, 144-151, p. 145, qui propose une correction « domino pede » et établit ainsi la genèse de la faute : *secretum domino (pede)* écrit par le copiste *secretu dño* et, mal compris par le copiste suivant, donnant d'abord *secretudno* puis *secretum nudo* ; dans le même article, D.E.W. Wormell voudrait conserver le texte des manuscrits, car un texte de Pline nous affirme que les Romains en vacances se promenaient *pieds nus*. Nous y verrions nous-même un rappel de l'*Énéide*, destiné à assimiler Énée à Didon : sur le point de célébrer le sacrifice magique, la reine, en effet, se déchausse d'un pied seulement, et le *unum exuta pedem* de Virgile, IV, 518, est bien proche de notre *nudo pede*, lui aussi au singulier...

102. *Fast.*, III, 635 ; *Aen.*, IV, 261-264.

103. *Aen.*, IV, 376 ; la jalousie de Lavinia a probablement été suggérée à Ovide par une note de Varron (Servius, *Ad Aen.*, V, 4) : *sane sciendum Varronem dicere Aenean ab Anna amatum.*

en écho, le vers ovidien : *Furialiter odit / Et parat insidias* [104]. Se croyant trahie par son époux, Lavinia médite un traquenard pour supprimer Anna, et nous rappelle ainsi Didon, qui préparait l'incendie des nefs troyennes [105]. Pourtant, il ne faut pas oublier que nous lisons un pastiche de l'*Énéide*, et qu'Ovide a su prendre, élégant humoriste, quelques libertés subtiles avec le modèle qu'il démarque. « Je mourrai sans vengeance ! », *moriemur inultae*, se lamentait l'impuissante Didon [106]. Plus énergique, Lavinia souhaite la mort, mais *après* s'être vengée : *cupit ulta mori* [107]...

Voici la nuit du drame. Est-il même utile d'évoquer le songe d'Énée, l'ombre sanglante d'Hector, ses paroles désespérées, lorsque nous lisons :

Nox erat : ante torum uisa est adstare sororis
Squalenti Dido sanguinulenta coma
Et « Fuge ! Ne dubita ! maestum fuge », dicere, « tectum [108] *».*
III, 639-641

Là s'arrête le rapprochement avec l'*Énéide*.

Venons-en à la conclusion.

On pouvait substituer Énée à Anna tout au long de ce développement des *Fastes*, il en est de même au moment où doit s'accomplir le destin d'Anna. D'après la légende primitive, légende que mentionnent encore, à l'époque d'Ovide, Tite-Live et Verrius Flaccus, et dont notre première attestation remonte à Caton l'Ancien [109], Énée, combattant contre Mézence, disparaît *dans le Numicus,* devenu, dès lors, le Numicius, et voit son nom commué en « Jupiter Indigète ». Denys atteste même un culte rendu à Énée « qui tempère les eaux du Numicius [110] ».

---

104. III, 637-638.
105. *Aen.*, IV, 592-594.
106. IV, 659.
107. *Fast.*, III, 638.
108. *Aen.*, II, 270 *sqq.* :
  In somnis ecce ante oculos maestissimus Hector
  Visus adesse mihi largosque effundere fletus, (...)
  (277) *Squalentem barbam, et concretos sanguine crines*
  Vulneraque illa gerens...
  (289) *« Heu ! Fuge, nate dea... »*
109. Tite-Live, I, 2 ; Pline, *Nat. Hist.*, III, 56 ; Paulus-Festus, p. 94 L. ; Augustin, d'ap. Varron, *Ciu. Dei*, XVIII, 19 ; Servius, Ad Aen., I, 259 ; IV, 620 ; XII, 794 ; Scholiaste de Vérone, *Ad. Aen.*, d'ap. Caton, I, 259 ; Zonaras, *Ann.*, VII, 1 ; Arnobe, *Adu. Nat.*, I, 36.
110. I, 64, 5 : καὶ αὐτῷ κατασκευάζουσιν οἱ Λατῖνοι ἡρῷον ἐπιγραφῇ τοιᾷδε κοσμούμενον· Πατρὸς θεοῦ χθονίου ὃς ποταμοῦ Νομικίου ῥεῦμα διέπει.

Comment ne pas être frappé par la similitude qui unit les destinées de nos deux héros ? R.H. Klausen la souligne dans ses moindres détails [111], mais prend pour argent comptant et vérité religieuse ce qui n'est que fiction littéraire ovidienne. Peut-on croire sérieusement que deux héros d'une même épopée, dont les noms sont presque les mêmes, dont les aventures sont presque les mêmes, auraient trouvé, dans un même fleuve, une même mort, aboutissant à une même divinisation ?

La légende authentique, cela va de soi, c'est celle d'Énée. Il n'existe, en revanche, hormis le texte d'Ovide, *aucun* témoignage sur la mort d'Anna. Servius, qui, après lui, traite plusieurs fois de la noyade d'Énée, ne cite jamais le texte des *Fastes,* pour souligner une coïncidence qui eût dû raisonnablement attirer son attention, si la mort d'Anna avait été une tradition indépendante du texte ovidien.

Il est probable que la confection minutieuse de ce remarquable morceau dut causer à son auteur une intense délectation. Nous en surprenons une preuve dans un clin d'œil savoureux adressé par Ovide, à propos de sa propre supercherie, à son lecteur complice et séduit :

Dum secum Aeneas : « Anna est ! » exclamat Achates
III, 607

Libérons ces mots de la ponctuation moderne, et que lisons-nous ?

Dum secum Aeneas Anna est exclamat Achates.

Le rapprochement de trois mots unis par une ressemblance phonique extrême, peut constituer un calembour acceptable par jeu d'échange entre syllabes identiques, et livre la clef du montage de textes opéré par Ovide : *Aeneas Anna est*. Jeu amusant pour l'oreille, et indication humoristique : « Énée, c'est Anna », « Anna, c'est Énée », comme on voudra...

Une correspondance topographique plus sérieuse mérite d'être signalée. Nul ne s'est demandé où pouvait bien être situé ce fameux bois d'Anna Perenna, et si son emplacement géographique était de quelque utilité pour élucider certains points de la légende. Ce bois s'étend aux confins du territoire de Laurentum, et, nous apprend une ligne de E. Ulbach, jouxte le bois sacré de... Jupiter *Indigète* [112], épiclèse d'Énée une fois divinisé. Cette circonstance a dû inciter Ovide à transposer, pour Anna, la divinisation

---

111. *Aeneas und die Penaten*, 2, Hambourg, 1839, p. 719 *sqq.* : *Ihr menschliches Leben endet in diesen Wellen, wie das seinige ; ihr göttliches ist, wie das seinige, an dieselben geheftet, etc.*

112. *The Sacred Groves in Italy*, dans *C.J.*, 29, 1934, p. 658 ; aussi O. Immisch, *Der Hain der Anna Perenna*, dans *Philologus*, 83, 1928, p. 183-192.

d'Énée : un même bois étant consacré à Énée-Jupiter et à Anna Perenna, il était logique que le fleuve lié à Énée, le Numicus, fût aussi lié de quelque façon à Anna Perenna.

La voie était ouverte à Ovide par l'existence d'une double tradition, depuis Virgile, sur l'issue du duel entre Énée et Mézence. Virgile, nous l'avons signalé à propos des *Vinalia*[113], a modifié l'épilogue traditionnel. Rien n'indique, dans les ultimes pages de l'*Énéide*, qu'Énée doit se noyer bientôt. L'*Énéide* est inachevée ? Certes. Mais Virgile ne pouvait plus, après avoir fait tuer Mézence par Énée, ressusciter l'Étrusque afin de rendre la mort d'Énée conforme aux données préexistantes. Après l'*Énéide*, il n'est plus possible non plus à un auteur latin de reprendre la forme ancienne de la légende, évoquant la noyade d'Énée : à l'époque d'Ovide, on n'allait pas contre Virgile. L'utilisation de cette noyade pour peindre la mort d'un autre personnage devenait donc possible, ne contredisant pas le texte de Virgile : et c'est ce qui, sans doute, importait seul aux yeux de l'Élégiaque. Dans les *Métamorphoses*, Ovide n'écrit même pas le nom de Mézence, et la noyade est transformée en une sorte de purification d'immortalité, dispensée à son fils par Vénus[114]. Dans les *Fastes*, la disparition d'Anna reproduit le schéma de celle d'Énée chez Caton : le héros disparaît, on le cherche ; on conclut à sa divinisation, et on fête sa mémoire[115].

Les renards de Carseoles

Le dernier exemple que nous proposerons de ces substitutions d'un rite à un autre, d'un personnage à un autre, se voudra un exemple prudent. Il s'agit d'un texte énigmatique, dont les deux derniers vers ont fait couler beaucoup d'encre[116], mais dont tous les critiques s'accordent à vanter l'aspect folklorique et primitif, la saveur de terroir, le pittoresque de bon aloi. A ces traits, on aura reconnu l'anecdote des renards de Carséoles, contée par un vieux paysan à notre poète féru de fabliaux campagnards. A son tour, Ovide nous la propose en guise d'étiologie pour un rite barbare pratiqué le jour des *Cerealia* romains : on lâchait dans le Cirque des renards au dos desquels on avait fixé des torches enflammées[117].

---

113. *Cf.* p. 92-93. Virgile a modifié également, selon E. Griset, *La Leggenda di Anna, Didone ed Enea*, dans *R.S.C.*, 9, 1961, 302-307, une forme primitive de la légende, attestée par Servius d'après Varron, dans laquelle Anna aimait Énée et se suicidait à son départ.
114. *Met.*, XIV, 598-608.
115. Scholiaste de Vérone, I, 259.
116. Bibliographie dans notre article *Trois vers problématiques...*, *Latomus*, 35, 4, 1976, 834-850, p. 839.
117. *Fast.*, IV, 679-712.

Un jeune garçon capture un renard, lui enflamme la queue, et le lâche dans les moissons qu'il détruit : ce conte, nous le rencontrons, encore une fois, chez le seul Ovide. Le sacrifice même auquel il sert de justification, c'est le texte des *Fastes* seul qui l'atteste.

On a longuement analysé et le rituel et l'étiologie. Si l'on s'accorde à considérer l'explication comme « plutôt niaise [118] », on s'accorde aussi à reconnaître les qualités d'un récit jugé « charmant [119] ».

Toutes les théories ont été avancées déjà quant à la signification du rituel [120]. Les plus anciennes font appel à l'inévitable « esprit de la végétation », incarné dans le renard, qui, traversant les champs, devait leur apporter la fécondité [121] : curieuse façon d'augmenter le rendement des champs, que de livrer le blé à l'incendie ! Selon d'autres, on sacrifiait le renard, et, avec lui, un champ, pour que cet abandon au feu d'une pièce de blé épargnât magiquement aux autres récoltes — *pars pro toto* —, les ardeurs dangereuses du soleil [122]. On y a vu aussi un essai d'intimidation, visant les renards trop audacieux, invités à contempler la fin atroce de ceux des leurs qu'on capture dans les champs [123]. En dépit de son caractère un peu fantaisiste, cette opinion a eu quelque crédit. Mais on allègue de nos jours, et c'est l'opinion qui prévaut, qu'il s'agit d'une magie fécondante, destinée à fortifier l'épi au moment critique de sa formation [124].

On a supposé aussi, et non sans vraisemblance, que ce récit serait sorti tout simplement du cerveau d'Ovide, inspiré par quelque fable de style oriental dont on connaît certaines versions : l'épisode rappelle immédiatement une histoire analogue, celle de Samson enflammant la queue de renards pour les lancer contre l'ennemi [125]. Une action personnelle d'Ovide

---

118. J. Bayet, *Les Cerialia...*, dans *R.B.Ph.*, 29, 1951, 5-32, p. 17.
119. A. Festugière, *L'Enfant d'Agrigente*, Paris, 1950 ; H. Le Bonniec, *Le Culte de Cérès*, Paris, 1958, p. 116. C'est un des rares passages des *Fastes* qui trouvent grâce aux yeux de S. d'Elia, *Ovidio*, Naples, 1959, p. 367.
120. On les trouvera dans l'ouvrage de H. Le Bonniec cité ci-dessus.
121. W. Mannhardt, *Mythologische Forschungen*, Strasbourg, 1884, p. 108-110. L'auteur le plus récent, D.P. Harmon (B. 394) songe à un type original de spectacle, d'où serait absente toute signification religieuse. C'est aller au plus simple !
122. S. Reinach, *Cultes, Mythes et Religions*, IV, Paris, 1912, 2, p. 158.
123. J.G. Frazer, *F. éd. comm.*, 3, p. 331. Voir J. Bayet, *Les Cerialia...*, p. 23, n. (= *Croyances*, p. 98, n. 6).
124. J. Bayet, *op. cit.*, p. 22 (= *Croyances*, p. 102-103) ; H. Le Bonniec, *op. cit.*, p. 121 *sqq*.
125. K. Buschenhagen, *Das Cerealienfest, die Robigalien und Simsons Füchse*, dans *Gymnasium*, 61, 1954, 422-426 ; F. Bömer, *Die Römische Ernteopfer*, dans *W.S.*, 69, 1956, 372-384. J. Bayet admet le rapprochement, *op. cit.*, p. 18 (= *Cr.*, p. 99) ; mais H. Le Bonniec

ne nous paraît pas exclue *a priori*, sans pour autant qu'il ait travaillé à partir de rien.

Aussi accorderons-nous beaucoup d'importance à une suggestion de H. Le Bonniec, fondée sur des observations de J. Bayet [126]. On soupçonne en effet « qu'il peut s'agir d'un rite magique indépendant à l'origine du culte de Cérès, auquel on l'aurait rattaché anciennement ». Anciennement ? Toute la question est là...

L'étude de ce rite des *Cerealia* ne peut se mener seule. Il faut immédiatement faire appel à deux fêtes très proches dans le temps et par leur contenu [127] : d'une part les *Robigalia,* le 25 avril, et de l'autre, l'*Augurium Canarium,* fête mobile, fixée d'ordinaire en avril-mai. Ce rapprochement a suscité les critiques de H. Le Bonniec ; néanmoins, il attire invinciblement l'attention.

Les dates sont, d'abord, voisines : 19 avril pour les *Cerealia,* 25 avril pour les *Robigalia,* fin avril ou début mai pour l'*Augurium Canarium* [128].

L'objet du sacrifice est défini dans deux des cas : il s'agit, aux *Robigalia,* de chasser la rouille des blés, ou d'apaiser la Canicule [129] ; il s'agit, à l'*Augurium,* d'apaiser la Canicule [130].

Les animaux sacrifiés sont, respectivement, aux *Robigalia* une chienne, dont on ignore la couleur [131] ; à l'*Augurium,* des chiennes rousses [132], aux *Cerealia,* des renards, donc des animaux roux [133].

Nous ne connaissons, enfin, qu'une seule des divinités honorées, Robigo, ou Robigus ; le dédicataire du sacrifice de l'*Augurium* est inconnu, et Ovide ne précise pas à l'adresse de quel dieu était organisée la mise à mort des renards.

---

l'a critiqué dans *Les Renards aux Cerialia,* dans les *Mélanges J. Carcopino,* Paris, 1966, 605-612.
126. *Le Culte de Cérès à Rome,* Paris, 1958, p. 117.
127. Entre autres : L. Preller, *Röm. Myth...,* p. 43 sq. ; S. Eitrem, *Opferritus und Voropfer,* Christiania, 1915, p. 170 ; L. Deubner, *Zur Entwicklungsgeschichte altröm. Rel.,* dans *N.J.k.A.,* 27, 1911, p. 328 ; C. Clemen, *Römische Feste und Ovids Fasten,* dans *H. G.,* 45, 1934, p. 93, *etc.*
128. La date des *Robigalia* est donnée par Pline, *Nat. Hist.,* XVIII, 285 ; Paulus-Festus, p. 325 L. ; Ovide, *loc. cit.*
129. Pline, *loc. cit.* : *quoniam tunc fere segetes robigo occupat... uera causa est quod (...) Canis occidit.*
130. Festus, p. 358 L.
131. Ovide, *Fast.,* IV, 905-942, surtout v. 908 et 941 ; Columelle, *R. rust.,* X, 342-343.
132. Festus, p. 39 et p. 358 L., *s.u. Catularia porta* et *Rutilae canes.*
133. Seul texte d'Ovide.

Bien évidemment, ce qui attire l'attention, c'est la similitude des animaux sacrifiés. Ils sont peut-être de race différente [134], ils sont du moins de très proches parents : une chienne, des chiennes rousses, des renards... Mais ce qui est important, c'est que, parmi ces trois fêtes, la seule pour laquelle ne soit pas précisée la couleur des victimes est justement *celle qui porte dans son nom le mot « ruber »*, roux, c'est-à-dire les *Robigalia*...

Il y a là un paradoxe surprenant. Si surprenant que, par mégarde ou parce que l'esprit remet instinctivement les choses dans leur ordre logique, de nombreux Modernes parlent sans méfiance des chiennes *rousses* immolées à Robigo, alors que la précision, attendue, légitime, est absente de tous les textes ! Quelques exemples : « Les jeunes victimes étaient de couleur rousse, et cette préférence est fondée sur le principe de l'homéopathie. On voulait que les céréales, en mûrissant, prennent la couleur, le rouge de la santé ; que les grains jaunissants parviennent à la maturité. Selon d'autres, « la couleur rousse des victimes concernait à écarter *(sic)* la couleur rouillée de la nielle, puisque, comme dit Festus, la couleur rousse est plus proche du rouge. La couleur rouge de la victime est liée à l'étymologie de Robigo : *robus-rufus,* de la même famille que le latin *rubens-ruber* [135] ». Ou encore N. Turchi : *il colore della vittima per criterio di magia imitativa è simile a quello della divinità da deprecare* [136]. Ces explications sont satisfaisantes, certes, pour la raison, elles n'en manquent pas moins de l'appui des textes.

La raison nous fait également trouver surprenante l'existence de trois célébrations identiques à trois dates très voisines, avec trois objectifs différents : promouvoir la fertilité (?) aux *Cerealia,* lutter contre la rouille aux *Robigalia,* apaiser la Canicule à l'*Augurium Canarium.* Il nous semble que l'extrême proximité des rites a pu induire en erreur les écrivains antiques qui nous ont livré les fragments d'indications sur lesquels nous devons réfléchir. De fait, lorsque Servius nous parle du lever de la Canicule, pour l'*Augurium* [137], l'erreur est manifeste, le lever de cet astre se plaçant en juillet-août !

Si nous regardons d'un peu près les textes d'Ovide et de Verrius Flaccus, nous pouvons dégager une seconde confusion. Le poète, qui analyse la

---

134. H. Le Bonniec, *Le Culte de Cérès,* p. 119.

135. M. Zaganiaris, *Sacrifices de chiens dans l'antiquité classique,* dans *Platon,* 27, 1975, 322-328, p. 322.

136. *La Religione di Roma antica,* Bologne, 1939, p. 85. Aussi R. Schilling, *Religion et magie à Rome,* dans *Ann. Éc. Hautes Études,* 75, 1967-1968, 33-34 qui confond les *Robigalia* et l'*Augurium* ; E.E. Burriss : *Reddish puppies, near an otherwise unknown Puppies' Gate. (Taboo, Magic, Spirits,* p. 139) ; E. Galli, *Scoperta di antichità,* dans *N. Scavi,* 21, 1924, 157-178, p. 175, qui cite pourtant le texte entier, parle d'une *fulva cagna.*

137. *Ad Georg.,* IV, 424. *Cf.* L. Delatte, *Fêtes mobiles,* dans *A.C.,* 5, 1936, 93-103.

fête de la déesse Robigo, la nielle des blés, termine son texte sur une note surprenante, puisqu'elle semble indiquer que le sacrifice ne s'adressait pas à Robigo mais à la Canicule : « Il existe une constellation, le Chien, dit Chien d'Icarus ; quand elle se lève, la terre desséchée a soif, et la moisson mûrit avant terme. C'est à la place du chien astral que ce chien-ci est offert sur l'autel, et son nom seul le désigne comme victime [138] ». Pour avancer cette explication, Ovide a reproduit le texte similaire de Verrius Flaccus, sans prendre garde qu'il ne se rapportait pas aux *Robigalia*, mais à *l'Augurium Canarium* : *Rutilae canes, id est non procul a rubro colore, immolantur, ut ait Ateius Capito, canario sacrificio, pro frugibus, deprecandae saeuitiae causa sideris Caniculae* [139]. Un texte identique nous parle de *rufae canes* [140], il s'agit donc, sans équivoque, de chiennes rousses. La méprise d'Ovide était favorisée par l'expression même de Verrius, qui remplace un mot tout à fait intelligible, *rutilae*, par son équivalent *ruber,* qui évoque immédiatement les *Robigalia* ! L'emprunt à Verrius d'une explication limpide, où des chiennes sont sacrifiées à cause de la constellation de la « Petite Chienne », la Canicule, débouche à la fois sur une erreur de dates, puisque le lever de l'astre se place en juillet, et sur une double finalité du sacrifice, puisqu'il se trouve apaiser à la fois Robigo et la Canicule, deux divinités nuisibles, certes, mais dont l'action n'est pas complémentaire. Retenons ce premier point : Ovide nous commente les *Robigalia* à l'aide d'une étiologie destinée par Verrius à l'*Augurium Canarium*.

Cette proximité des deux fêtes a été expliquée par Pline, qui, lui aussi, semble bien faire une confusion. Que nous dit-il ? Que les Anciens célébraient les *Robigalia* pour apaiser la Rouille des blés, mais que la raison véritable est le *coucher* de Sirius, le terrible Chien astral, qui tient en suspens, durant les quatre derniers jours d'avril, la vie agricole : *Robigalia Numa constituit anno regni sui XI, quae nunc aguntur a.d. VII kal. Mai., quoniam tunc fere segetes robigo occupat... Vera causa est quod post dies undeuiginti ab aequinoctio uerno, per id quadriduum uaria gentium obseruatione, in IIII kal. Mai. Canis occidit, sidus et per se uehemens, et cui praeoccidere Caniculam necesse sit* [141]. Le quatrième jour avant les kalen-

---

138. *Fast.*, IV, 939-942. Trad. H. Le Bonniec.
139. P. 358 L.
140. P. 39 : *Catularia porta Romae dicta est, quia non longe ab ea, ad placandum Caniculae sidus frugibus inimicum, rufae canes immolabantur, ut fruges flauescentes ad maturitatem perducerentur.*
141. XVIII, 285. Doit-on traduire *praeoccidere Caniculam necesse sit* par « dont le coucher est nécessairement précédé par celui du petit Chien (Canicule) », ou bien par « à qui il est nécessaire d'immoler par avance une petite chienne » ? On lira la discussion dans l'édition des Belles Lettres, 1972, p. 295, due à H. Le Bonniec et A. Le Boeuffle.

des de mai, cela nous donne le 28 avril, non le 25, et cela peut correspondre plutôt à l'*Augurium,* situé fin avril-début mai. Il serait curieux que les *Robigalia* aillent à quelqu'un d'autre qu'à Robigo, tandis que, pour apaiser le Chien astral à son coucher, un sacrifice de chiens semblerait tout indiqué. La confusion provient sans doute du fait que, mobiles à l'intérieur d'avril, les cérémonies de l'*Augurium* pouvaient tomber à la même date que les *Robigalia,* et égarer les commentateurs. Certains Modernes ont suivi Pline, et réuni en une seule célébration le sacrifice offert à Robigo et celui offert à la Canicule [142], bien que les lieux en soient différents. Mais on peut toujours admettre une coïncidence épisodique en un même jour.

Cette répartition des fêtes et des divinités une fois effectuée, il reste à régler le sort des renards, dont, à vrai dire, on ne sait trop que faire aux *Cerealia* : un sacrifice de bêtes rousses situé à peine une semaine avant celui des *Robigalia* et celui de l'*Augurium* pouvait-il avoir une signification différente ? J. Bayet est conscient de cette difficulté : « On est en effet, ce 19 avril... trop près des Robigalia pour supposer qu'une cérémonie de même sens, mais tombée au point d'obscurité que révèle le texte d'Ovide, se soit maintenue en valeur religieuse six jours avant la solennité explicite [143] ». Pourtant, le sacrifice des renards est mieux en situation dans le contexte des *Robigalia* que dans celui des *Cerealia.*

Il n'existe pas de ressemblance frappante entre l'état du blé aux *Cerealia,* où l'épi est seulement en train de se former dans la gaine verte [144], où Cérès n'est même pas encore « blonde », *flaua,* et la couleur du renard, un roux de blé mûr. Or, les Anciens attachaient une particulière importance à des analogies qui parsèment le culte : victimes noires aux Infernaux, victimes pleines à la Terre pleine, chiens pour le chien astral, *etc.* Un sacrifice de bêtes rousses devait s'adresser exclusivement à une divinité présentant, en son nom ou ses fonctions, un rapport avec la couleur rouge. Quelle divinité serait mieux indiquée que Robigo ?

Le feu rituel, rouge lui aussi, trouve sa place et sa justification aux *Robigalia,* mieux qu'aux *Cerealia* où rien ne l'explique, et où, malgré l'argumentation de J. Bayet, la notion de feu fécondant ne s'impose pas à l'esprit. C. Clemen fait heureusement remarquer qu'un même mot désigne, en allemand, la torche, *Brand,* et la rouille des blés [145] ; en langue grecque, le mot rouge et le nom de la rouille sont, comme en latin, voisins, $\dot{\epsilon}\rho\nu\theta\rho\delta\varsigma$ contre $\dot{\epsilon}\rho\upsilon\sigma\dot{\iota}\beta\eta$. Mais surtout, un autre acte rituel se déroule aux *Robigalia,* l'allu-

---

142. W. Warde Fowler, *Rom. Fest...,* p. 77.
143. *Les Cerealia...,* p. 19 (= *Croy.,* p. 100).
144. H. Le Bonniec, *op. cit.,* p. 123.
145. *Römische Feste und Ovids Fasten,* dans *H. G.,* 45, 1934, p. 94.

mage dans les champs de tas de paille, en vue d'éloigner la rouille des blés [146]. H. Le Bonniec explicite excellemment le symbolisme : « la rouille des blés est conçue comme un feu dévorant que seul le feu peut expulser, selon le principe de la magie homéopathique [147] ».

Un ensemble de relations évidentes unit alors notre lâcher de renards et les autres phases des *Robigalia* : le rite le plus connu de la fête est le sacrifice d'une chienne, et l'on trouve attesté d'autre part l'incendie de pailles et sarments : le feu doit, par sa couleur rouge, lutter contre la rouille des blés. Ailleurs, on nous signale un lâcher de renards, rouges par nature, portant sur leur dos des torches, rouges, enflammées. Si nous réunissions les deux rituels, nous serions en face d'un système d'une rare cohérence : rouge lui-même, le feu était l'instrument qui s'imposait pour la mise à mort des renards roux offerts au dieu de la rouille, et cette triple présence du rouge, celui des renards, celui du feu, celui du dieu, qui rendait flagrante la destination du sacrifice, lui conférait une valeur maximale, le portait, pour ainsi dire, à un état de perfection [148].

Le point critique de cette reconstruction idéale est, naturellement, le simple fait qu'Ovide nous donne ce rite comme partie intégrante des *Cerealia*, non des *Robigalia*.

Habituée que nous sommes à avoir rencontré dans les *Fastes* des exemples sûrs de pareils transferts ovidiens, nous nous risquerons une fois encore à engager la responsabilité, consciente ou non, de notre poète. Nous y sommes d'autant plus disposée que ce rituel ne pouvait constituer l'acte central des *Cerealia* [149] : sans Ovide, il nous demeurerait inconnu, dédaigné qu'il est par l'ensemble de la tradition antique. Même les Pères de l'Église, qui auraient trouvé là ample matière à stigmatiser la cruauté des païens, et qui s'indignent des sacrifices courants où l'animal est mis à mort avec un minimum de souffrances, ne lui font pas l'honneur d'une allusion.

On observera d'abord qu'Ovide ne paraît pas avoir eu, sur l'ensemble de ces fêtes d'avril, une doctrine très arrêtée : n'a-t-il pas formellement assi-

---

146. Pline, *Nat. Hist.*, XVIII, 293 : *Sarmenta aut palearum aceruos et euulsas herbas fruticesque, per uineas camposque, cum timebis, incendito.*
147. *Op. cit.*, p. 119.
148. Sur la couleur, voir E. Wunderlich (B.827) ; H. Le Bonniec estime que, dans le cas où le sacrifice viserait la rouille, la couleur rouge de la bête portée à son paroxysme par le feu risquerait d'en renforcer les effets dévastateurs (p. 119) ; une telle considération semble étrangère à la mentalité romaine, préoccupée de réaliser la ressemblance la plus étroite possible entre la victime et le dieu bénéficiaire. On ne songe pas, par exemple, qu'un massacre de vaches pleines en avril risque de faire avorter la terre, elle aussi pleine.
149. Contrairement à ce qu'affirme J. Bayet, pour qui c'est « le seul résidu du culte le plus ancien à nous saisissable », *op. cit.*, p. 98.

gné aux *Robigalia* l'*aition* que Verrius Flaccus assignait à l'*Augurium canarium*, causant l'erreur de Servius, qui, après lui, confond le lever et le coucher de la Canicule ! Mais il faut admettre aussi qu'il est troublant de voir expliquer un rituel romain par une historiette locale de Carséoles [150] ; en prenant le problème à l'envers, il est tout aussi étonnant qu'une prescription particulière à cette bourgade soit mise en application dans la capitale, où l'on peut croire que les renards ne pullulaient point !

L'anecdote des renards est située immédiatement après le vers consacré aux jeux de Cérès, celui-là même qui permet de supposer que la mise à mort des renards avait lieu au Cirque : « Lorsque, pour la troisième fois, le jour se sera levé après la disparition des Hyades », (17 avril *au soir*, selon Ovide, ce qui amènerait à placer les jeux le 20) [151] « le grand Cirque verra les chevaux répartis dans leurs remises. Mais pourquoi lâche-t-on des renards, dont le dos en feu porte, attachées, des torches ?... » :

> *Tertia post Hyadas, cum lux erit orta remotas,*
> *Carcere partitos Circus habebit equos.*
> *Cur igitur missae uinctis ardentia taedis*
> *Terga ferant uolpes, causa docenda mihi est.*
>
>   IV, 679-682

Or, si nous avisons la notice du 25 avril dans les *Fastes* de Préneste, nous découvrons que des *Ludi* et un sacrifice accompagnaient également les solennités dédiées à Robigo :

> *Sacrificium*
> *Et Ludi cursoribus maioribus minoribusque*
> *Fiunt* [152].

Ovide n'a pas soufflé mot de ces *Ludi* !

Il n'y a rien de plus banal, de plus aisément interchangeable, que les vers par lesquels le poète mentionne les jeux du Cirque. Aussi peut-on envisager deux sortes d'erreurs à propos de notre passage. Soit une erreur d'Ovide, attribuant la course des renards aux *Ludi* de Cérès au lieu de les attribuer à ceux de Robigo ; soit une erreur commise dans la tradition manuscrite après Ovide. G. Nick a pu expliquer par un « bourdon » analogue l'erreur de dates qu'Ovide a commise à propos des *Feralia*, et qui disparaît, dès lors

---

150. W. Warde Fowler fait remarquer qu'Ovide n'indique pas expressément le Cirque comme lieu du sacrifice. Pourtant, le mot *mittere* et le contexte désignent le Cirque, selon H. Le Bonniec, *op. cit.*, p. 117.
151. Les *Cerealia* ont lieu le 19.
152. A. Degrassi, *Inscr. Ital.*, XIII, 2, Rome, 1963, p. 130.

qu'on remet à sa place un groupe de vers que les copistes avaient décalé [153]. On pourrait imaginer qu'une confusion entre deux vers presque identiques, l'un concernant les *Ludi* de Cérès au Cirque, l'autre ceux de Robigo, amena à transcrire à la suite du vers concernant Cérès le développement sur les renards qui suivait normalement le vers concernant Robigo, causant la suppression de la phrase mentionnant les jeux de cette déesse. A moins que, dans le vers 711 qui clôt le texte, *Vtque luat poenas gens haec Cerealibus ardet/Quoque modo segetes perdidit, ipsa perit,* le mot *cerealibus*, qui peut signifier aussi bien « en faveur des céréales » que « aux jeux de Cérès », pris à tort pour un nom propre, ait entraîné le rattachement aux fêtes de Cérès d'un texte appartenant à une autre fête : dans un calendrier inspiré des *Fastes* ne cite-t-on pas Ovide... en supprimant le mot *Cerealibus* ! :

*Sicque luit poenas genus illud et IGNIBUS ardet
Quoque modo segetes perdidit, ipsa perit...* [154]

Les cérémonies dédiées à Robigo, la déesse Rouge, formeraient alors un ensemble important : un sacrifice de chiennes par le Flamine de Quirinus, dans le bois sacré de la déesse ; l'allumage, dans les champs, de tas d'herbes et de branchages ; des *Ludi*, au Cirque, comportant, peut-être, une course de renards en feu. Ces jeux urbains pourraient être compris comme le pendant des feux allumés dans les campagnes.

D'un côté, un texte mal inséré dans son entourage religieux, une première entorse d'Ovide à la tradition étiologique des *Robigalia*, et l'absence suspecte des jeux de la déesse. De l'autre, une reconstruction idéale, cautionnée par toutes les erreurs des Modernes, qui supposent aux *Robigalia* des animaux roux qu'aucun texte ne mentionne, mais qui oblige à taxer d'erreur le seul texte que nous possédions sur les jeux archaïques de Cérès... La prudence nous conseille de rester, hélas, dans le droit chemin de la tradition, même si cette « tradition » se réduit, en fait, à un seul texte ovidien. Le poète lui-même nous donne l'exemple : *Medio tutissimus ibis* [155]...

L'oracle de Cybèle

Revenons sur un terrain plus solide, avec toute une série d'étiologies douteuses, dont la caractéristique commune est d'introduire dans un

---

153. *Noch einmal die Datierung der Feralia*, dans *Philologus*, 41, 1882, 538-539. Autre exemple de bourdon causé par la répétition, à bref intervalle, de mots semblables : dans le manuscrit *U*, le vers sur le *Dialis*, II, 282, qui suit un vers terminé par *locus erat*, se voit transplanté après le vers 316, terminé par *riuus erat*, tandis qu'une note de *U* indique qu'il faut le replacer après le vers 281.
154. Voir Bibl. n° 100.
155. *Met.*, II, 137.

contexte quelconque des éléments étrangers, soit dans les rites, soit, le plus souvent, dans les explications.

Un cas fort simple se présente à nous, avec l'oracle de la Sibylle, qui, au livre IV, prescrit aux Romains d'aller « chercher la mère ».

H. Graillot, dans son étude toujours précieuse sur Cybèle, a mis en lumière les altérations qu'avait subies la tradition relatant l'introduction de la Déesse à Rome, notamment la supercherie qui fit croire aux Romains qu'on était allé leur chercher la Dame de Pessinonte, alors qu'Attale n'avait pas bougé de chez lui et avait tout bonnement livré à ses hôtes l'idole de son propre pays, la Dame de Pergame [156]. Tite-Live nous a conservé, sous une forme archaïsante, le texte de l'oracle sibyllin qui motiva le départ des ambassadeurs chez Attale : *Quandoque hostis alienigena terrae bellum intulisset, eum pelli Italia uincique posse, si Mater Idaea a Pessinunte Romam aduecta foret* [157]. Pour une fois, l'oracle parle clairement, ce qui ne fait pas l'affaire d'Ovide, persuadé, comme tout poète, qu'un oracle doit adopter un langage enveloppé. Voici le texte authentique, selon Ovide : « La Mère n'est pas là ; Romain, je te l'ordonne, va chercher la Mère » :

Mater abest ; Matrem iubeo, Romane, requiras
IV, 259

Perplexité des Sénateurs à qui l'on répète les injonctions divines : de quelle mère peut-il bien s'agir ? Aussi doit-on recourir à l'intermédiaire de l'oracle d'Apollon à Delphes pour résoudre l'énigme sibylline, et c'est la Pythie qui finit par identifier la « Mère » en question : Cybèle, Mère des Dieux, la grande déesse de l'Ida phrygien [158].

L'escale des diplomates chez la Pythie, telle que nous la présentait Tite-Live, avait simplement pour but d'obtenir de la prophétesse des gages de succès touchant l'ambassade chez le roi Attale. Une telle demande était conforme aux traditions delphiques, la Pythie ne répondant jamais que par oui ou par non. Ovide rompt avec ces traditions, et nous affirme que la visite des Romains à Delphes avait pour but d'interpréter l'oracle de la Sibylle, ce qui corse le récit livien, limpide, puisque dès le départ les Romains étaient instruits de l'identité de la « Mère » qu'ils allaient quérir à Pergame. Excellent romancier, Ovide tient ses lecteurs en suspens jusqu'à Delphes.

---

156. H. Graillot, *Le Culte de Cybèle, Mère des Dieux, à Rome et dans l'Empire Romain*, Paris, 1912, p. 47-48.
157. Tite-Live, XXIX, 10.
158. Voir H. Graillot, *op. cit.*, p. 44-52, et les études de E. Norden et A. Momigliano, respectivement dans *N.J.*, 7, 1901, 249-282, 313-336, p. 256, et dans *R. A. L.*, 15, 1960, 310-320, p. 312.

Il faut reconstituer alors la fabrication de l'oracle sibyllin transcrit par Ovide. L'idée de départ, c'est-à-dire l'équivoque sur le mot « Mère », il l'a trouvée dans l'histoire du premier Brutus, que nous lisons, du reste, dans les *Fastes.* La « Mère », cela peut désigner aussi bien une mère humaine qu'une déesse, la Terre-mère. Et déjà, Ovide jouait savamment sur l'ambiguïté :

Consulitur Phoebus : sors est ita reddita : « Matri
Qui dederit princeps oscula, uictor erit »
II, 713-714

Quant à la formulation même de l'énigme, Ovide l'a empruntée... à Virgile, dont il démarque un texte prophétique :

Antiquam exquirite matrem [159].

Seulement, Virgile ne s'occupait pas de l'arrivée de Cybèle à Rome en 204 av. J.-C. : l'oracle tel qu'il le concevait se référait, loin de toute date historique, à la consultation d'Apollon par Énée et Anchise ! Il est donc surprenant de retrouver cet oracle dans la bouche de la Sibylle un bon nombre de siècles plus tard, dans un tout autre contexte. Mais cette utilisation est bénéfique sur un autre plan : la « *Mater* » à laquelle songeait Apollon dans l'œuvre virgilienne, c'était l'Italie, qu'un Phrygien, Énée, cherchait à atteindre. Dans les *Fastes,* le mot désigne la déesse phrygienne Cybèle, que les Romains vont aller chercher ; un ingénieux renversement de valeurs traduit donc de façon persuasive l'étroitesse des liens qui unissaient Rome et la Phrygie [160], idéologie importante dans les années 204, puisque au cœur des préoccupations sénatoriales, et tout particulièrement importante à l'époque augustéenne.

Pour le plaisir de pasticher un vers de Virgile, de corser les péripéties d'un récit trop simple, et d'agrémenter son propre texte, Ovide en arrive à dénaturer complètement le développement livien.

L'oracle de Faunus

Même désinvolture à propos d'un autre oracle, celui des *Fordicidia.* Une première explication du mot nous est offerte, et sa valeur est religieuse : il s'agit d'une offrande de vaches pleines à la Terre pleine [161], fondée sur un rapport de similitude entre l'animal sacrifié et la divinité dédicataire. Puis,

---

159. *Aen.,* III, 96.
160. Lire P. Lambrechts, *Cybèle, divinité étrangère ou nationale,* dans *B. S.b. A. P.,* 62, 1951, 44-60.
161. *Fast.,* IV, 629-672.

sans qu'Ovide se donne la peine d'ébaucher une transition, un conte explicatif simplement juxtaposé à l'étiologie première vient expliciter sur un plan mythique l'*aition* trop général : lors d'une disette, le roi Numa consulte Faunus, dont voici la réponse ambiguë : « On doit apaiser Tellus par le sacrifice de deux existences en une seule » :

> *Morte boum tibi, rex, Tellus placanda duarum,*
> *Det sacris animas una iuuenca duas.*
> IV, 665-666

Et c'est Égérie qui tire de peine son amant royal, en lui suggérant d'immoler une vache pleine :

> *Et dixit : « Grauidae posceris exta bouis »*
> IV, 670

L'explication étymologique est empruntée, sans mystère, à Verrius, mais amalgamée avec une définition varronienne [162]. Quant au conte, il était parfaitement inutile. Mais la sécheresse de deux lignes de précisions grammaticales pouvait-elle satisfaire Ovide, lorsqu'il s'agissait de commenter une fête dont le caractère de « boucherie sacrée », ou, selon l'expression de J. Bayet, de « boucherie sans nom [163] », réclamait de plus pittoresques développements ?

La question de la source ne nous arrêtera guère, étant résolue déjà : Ovide s'est inspiré de Virgile, et très étroitement [164]. Quelques citations le montreront sans peine [165] :

Ovide : *Ille dabat tacitis animo responsa quieto/Noctibus*
Virgile : *Haec responsa patris Fauni monitusque silenti*
   Nocte datos

Ovide : *Hic geminas rex Numa mactat oues*
Virgile : *Centum lanigeras mactabat rite bidentes*

Ovide : *Sternitur in duro uellus utrumque solo*
Virgile : *Atque harum effultus tergo stratisque iacebat*
   Velleribus...

Le passage virgilien décrit lui aussi la consultation du dieu Faunus par la méthode oniromantique. Mais il n'appartient nullement au domaine reli-

---

162. Voir pages 206-208.
163. *Hist. pol. et psycho...*, p. 81.
164. *Aen.*, VII, 81-103.
165. *Fast.*, IV, 651, 652 et 654 ; *Aen.*, VII, 102-103, 93, 94-95.

gieux, *a fortiori* aux *Fordicidia* : le protagoniste n'est pas Numa, mais le roi Latinus, qui vient interroger le dieu Faunus son père, au sujet du mariage de sa fille Lavinia !

Le motif littéraire emprunté par Ovide ne présente pas l'ombre d'un rapport avec la fête religieuse qu'il est censé expliquer, et, une fois encore, l'emprunt va poser un problème : Ovide a-t-il seulement copié quelques traits dans le récit de son illustre prédécesseur pour enrichir une tradition préexistante, ou a-t-il purement et simplement transplanté dans le rituel qu'il décrit l'oracle rendu au roi Latinus dans un autre contexte ?

A. Bouché-Leclercq fait confiance à Ovide, et admet la réalité des consultations dans le culte de Faunus. Il estime qu'Ovide a dû « s'inspirer d'usages encore existants, bannis du culte officiel, mais conservés par la religion populaire ». En effet, « on retrouve, dans ce passage des *Fastes,* des vestiges d'authentiques habitudes romaines ». A ses yeux, c'est Virgile qui a opéré une transposition littéraire, en substituant Latinus à Numa [166], tandis qu'Ovide serait le dépositaire d'une réelle tradition religieuse.

La critique interne peut nous aider à avancer vers la solution du problème. La facture du morceau est typiquement ovidienne, calquée sur un autre passage des *Fastes,* dans lequel Ovide nous dépeint l'entrevue de Numa avec Faunus. Le déroulement des deux épisodes est identique :

— Une catastrophe nationale (III : chute de foudres), (IV : disette) ;
— Un recours de Numa à Faunus (III : par la force), (IV : par la prière) ;
— Un oracle ambigu (III : *Caede caput),* (IV : *Dei animas una iuuenca duas)* ;
— Et, dans les deux cas, la présence efficace d'Égérie.

D'autre part, un détail rituel se répète dans les deux textes, alors qu'il manque chez Virgile : Numa immole une brebis à la Source, au livre III, ou fait, avant l'acte cultuel, des ablutions d'eau de source, au livre IV [167].

Tout nous invite, donc, à chercher chez Ovide lui-même la matière de son récit, et non pas à le supposer issu d'une tradition antérieure et religieuse. Plutarque fait à l'épisode de Numa et Jupiter l'honneur d'une large mention dans sa *Vie de Numa,* tandis qu'il n'accorde même pas à la seconde consultation de Faunus par le roi la moindre allusion.

La structure du récit est empruntée à un autre passage des *Fastes* ; son oracle est une invention ovidienne, d'après un autre morceau des *Fastes* ; le déroulement du morceau démarque dans tous ses détails un développement

---

166. *Histoire de la divination dans l'Antiquité,* Paris, 4, 1882, p. 124 *sqq.*
167. *Fast.,* III, 300 ; IV, 655.

virgilien : il semble assuré que nous avons là un double pastiche, dans lequel Ovide s'inspire à la fois de Virgile et de lui-même.

On a pourtant découvert à cet oracle des ancêtres indo-européens. Pour G. Dumézil, l' « énigme plaisante garantit l'authenticité [168] » du passage d'Ovide, et cautionne le rapprochement avec un texte védique. Déjà, W. Schulze, relevant des exemples d'un type d'oracle qui évoque la « vache à huit pattes », c'est-à-dire une vache pleine, clôt son tour d'horizon par le texte des *Fastes* [169]. Après eux, F. Bömer voit lui aussi dans l'oracle du livre IV une devinette du vieux folklore indo-européen, tout en précisant que ce type était encore inconnu dans le Latium [170]. Sans rejeter la coïncidence, nous inclinerions à y voir plutôt un simple jeu verbal, inspiré peut-être de l'épigramme alexandrine.

Aussi n'adopterons-nous pas les conclusions de J. Bayet, amené par le texte d'Ovide à élever des doutes sur la divinité dédicataire des *Fordicidia* : « Une déesse personnelle était-elle appelée à répondre ainsi au sacrifice ? Bien que le culte de la terre soit sans âge, nous hésiterons à l'affirmer : la légende étiologique faisait intervenir Faunus [171] ». La participation effective de Faunus aux *Fordicidia* nous apparaît, à la lumière des rapprochements qui précèdent, pour le moins douteuse.

Proserpine aux Cerealia

Rappelons une autre contamination : l'utilisation indue du mythe de Proserpine, d'origine grecque, plaqué en surimpression sur une fête romaine et ancienne, celle des *Cerealia,* dont il contribue à gauchir le sens en y faisant pénétrer une symbolique toute différente [172]. L'exposé de J. Bayet a été discuté déjà par H. Le Bonniec [173]. Les formules qui jugent le montage ovidien sont catégoriques et incendiaires : seule, l'existence de témoignages numismatiques, écrit J. Bayet, le retient de mettre Ovide en accusation, à propos de « l'introduction plus que suspecte du mythe de Proserpine au milieu des *Cerealia* romains ». En effet, ajoute le critique moderne, « le mot de scandale serait à peine trop fort pour qualifier cette étrangeté [174] ».

---

168. *Rituels indo-européens à Rome,* Paris, 1954, p. 6, et p. 24-25.
169. *Das Rätsel vom trächtigen Tiere,* dans le recueil *Kleine Schriften,* 1933, p. 640-646.
170. *F. éd. comm.,* 2, 1958, p. 268.
171. *Hist. pol. et psycho...,* 1957, p. 82.
172. *Fast.,* IV, 417-618.
173. *Le Culte de Cérès...,* p. 328-341.
174. *Les Cerialia : altération d'un culte latin par le mythe grec,* dans *R.B.Ph.,* 29, 1951, 5-32 et 341-366, p. 25 (= *Croyances,* p. 105).

Admettant donc, sur la foi des monnaies, que le mythe éleusinien « était officiellement à la base des *Cerialia* au premier siècle avant notre ère [175] », J. Bayet dénonce en cet emprunt « la plus irrémissible des absurdités [176] ». En effet, le mythe de Proserpine évoque symboliquement la captivité du grain sous terre durant la saison hivernale, et son retour dans notre monde au printemps. Les Romains résumant six mois en un seul jour, l'attente angoissée des hommes jusqu'à la réapparition du grain, qui s'exprime par la douleur de Déméter, est vidée de son sens et de son contenu dramatique.

H. Le Bonniec incline à accroître la responsabilité d'Ovide dans l'insertion du mythe grec au sein de la fête latine [177], ce qui n'est pas pour nous surprendre, Ovide regardant volontiers du côté de la Grèce. D'autre part, H. Le Bonniec ne voit rien de scandaleux dans cette commémoration par un jour unique d'un drame sacré étalé sur de longs mois : les Athéniens n'avaient-ils pas déjà opéré ce blocage en une seule solennité [178] ? Ovide n'a pas cherché l'inspiration dans la version éleusinienne du mythe, mais dans sa version sicilienne, tout en conservant quelques éléments éleusiniens, « si bien que le caractère composite de son récit est tout à fait frappant [179] ». Toutefois, l'adaptation du mythe aux réalités biologiques des *Cerialia* n'a rien d'absurde [180]. H. Le Bonniec ne croit pas que l'interprétation d'Ovide fût admise dans le culte et ritualisée, n'étant sentie que comme une spéculation poétique. Surtout, les Romains célébraient fin juin-début juillet la fête du *sacrum anniuersarium Cereris,* adoptée au cours du IIIe siècle av. J.-C., et qui solennise le retour de Proserpine [181]. Voir dans les *Cerialia* d'avril la commémoration de ce retour nous amènerait à considérer que les deux fêtes avaient un seul objet, ce qui serait surprenant.

Si l'on veut chercher des excuses à Ovide, car la responsabilité du mélange des traditions lui incombe, nous le croyons aussi, entièrement, on est obligé d'admettre, grâce à un ingénieux détour, que les *Cerealia* tels qu'ils sont entendus par le poète ne célèbrent pas exactement le retour de Proserpine, mais seulement la promesse faite par Jupiter à Cérès d'assurer plus tard le retour de sa fille, retour qu'on célèbrera en juin-juillet [182]. Cette subtilité n'était peut-être pas dans l'esprit d'Ovide, seulement préoccupé de

---

175. *Op. cit.,* p. 26 (= *Croyances,* p. 105).
176. P. 28 (= *Croyances,* p. 107).
177. *Le Culte de Cérès...,* p. 331-333.
178. P. 336.
179. P. 340.
180. P. 341.
181. P. 341, et p. 412-420.
182. P. 341 : « Les *Cerialia* sont la fête propitiatoire de la formation de l'épi nouveau dans son fourreau de feuilles ; le « retour » de Proserpine est donc tout proche : on le fête par anti-

raconter une belle légende, et de rivaliser avec un précédent récit des *Métamorphoses* [183]. La meilleure preuve qu'il ne s'est pas soucié d'harmoniser son développement avec le *sacrum anniuersarium Cereris,* c'est, outre le fait que le retour de Proserpine est déjà évoqué au livre IV pour les *Cerealia,* l'omission pure et simple dans les *Fastes* du *sacrum anniuersarium* qu'il signalait dans les *Métamorphoses* [184]. Incapable de perdre l'occasion de conter l'histoire de Proserpine, il l'a insérée dans les *Fastes* au prix d'une impropriété religieuse, puisque le mythe concerne en réalité la fête de juin : « c'est pour cette fête hellénique », convient H. Le Bonniec, « et non pour les *Cerialia,* que nous pourrons restituer un rituel en exacte connexion avec le mythe [185] ». Notons que la préoccupation littéraire déborde, comme on peut s'y attendre, la préoccupation religieuse : dans cette fête de liesse et d'allégresse, où l'on circule dans la ville en vêtements blancs, symbole de joie [186], six vers seulement nous parlent de sujets joyeux, tandis qu'au deuil sont consacrés cent soixante-dix vers ! Comme pour tranquilliser son lecteur, nous voyons Ovide annoncer le plus long développement des *Fastes,* calqué sur un des plus longs développements des *Métamorphoses* [187], où il ne nous fait grâce d'aucune cité, d'aucun pays, d'aucun promontoire, par un vers rassurant : « tu reconnaîtras beaucoup de choses, je ne t'en apprendrai pas beaucoup » : *Plura recognosces, pauca docendus eris* [188] ! Dans les *Métamorphoses,* un seul vers évoque les errances de Cérès : « il serait trop long d'entrer dans le détail », *Dicere longa mora est...*

La castration des Galles

Revenons aux *Megalesia,* dont chaque articulation est la source de questions parfois épineuses [189]. Nous n'avons pas encore abordé le pro-

---

cipation, on l'appelle de ses vœux ». P. 419 : « les *Cerialia* auraient pu s'interpréter comme la promesse de Jupiter laissant espérer à Cérès que sa fille lui sera bientôt rendue, et le *sacrum anniuersarium* comme l'accomplissement de cette promesse ».

183. V, 341-572.
184. X, 431-434.
185. H. Le Bonniec, *op. cit.,* p. 341. Sur les deux récits des *Fastes* et des *Métamorphoses,* on lira R. Förster, *Der Raub und die Rückkehr der Persephone,* Stuttgart, 1874, p. 75-88 et 292-296 ; G. Krassowsky, *Quomodo Ouidius...,* p. 5-9 ; W.C. Greene, *The Return of Persephone,* dans *C.Ph.,* 41, 1946, 105-107 ; L. Malten, *Der Raub der Kore,* dans *A.R.W.,* 12, 1909, 285-312. Surtout H. Herter, *Ovids Persephone Erzähl. u. ihre hellenist. Quellen,* dans *Rh.M.,* 90, 1941, 236-268.
186. Sur la signification de ce symbolisme, on verra la page 291.
187. *Met.,* V, 332-572.
188. IV, 418.
189. Sur les questions de date et de topographie concernant la *lauatio,* voir notre étude *Claudia Quinta...,* B. 652.

blème de la présence d'eunuques dans le culte de Cybèle, ou du moins, le problème de l'étiologie ovidienne qui les concerne. Ovide justifie la castration des Galles, serviteurs sacrés de Cybèle, en recourant à l'éviration d'Attis, qu'il explique par une crise de démence infligée par Cybèle jalouse :

...« *Vnde uenit* », *dixi,* « *sua membra secandi*
Impetus ? » *Vt tacui, Pieris orsa loqui :*
« *Phryx puer...*
Venit in exemplum furor hic, mollesque ministri
Caedunt iactatis uilia membra comis ».
IV, 221-223 et 243-244

Pour mettre en relation avec la légende d'Attis le geste fou des Galles, il faudrait que la mutilation sexuelle ne se pratiquât que dans les cultes phrygiens. Or, cette habitude se retrouve dans d'autres religions orientales : dans le culte de la déesse Syrienne en particulier [190] ; la castration des prêtres desservants de ces cultes n'a rien à voir avec la légende du Phrygien Attis, ce qui rend inadéquate l'explication ovidienne.

Il y a plus grave. Désireux de découvrir une raison plausible au vacarme infernal qui assourdit les spectateurs au passage du cortège de Cybèle, Ovide allègue le bruit que firent, en entrechoquant leurs armes, les Corybantes chargés de protéger Zeus tout enfant :

...
Pars clipeos sudibus, galeas pars tundit inanes :
Hoc Curetes habent, hoc Corybantes opus.
Res latuit, priscique manent imitamina facti :
Aera deae comites raucaque terga mouent.
IV, 209-212

L'*aition* n'est pas satisfaisant, loin de là. Tout d'abord, parce que les instruments utilisés lors de la fête de Cybèle ne sont pas des épées et des boucliers, comme le voudrait une commémoration scrupuleuse de l'action des Corybantes, prêtres guerriers, mais des flûtes et des tambourins. Avec quelle désinvolture, Ovide nous affirme qu'on remplaça tout bonnement les

---

190. Voir F. Cumont, *Religions orientales...*, 1963, p. 32. On possède le précieux traité de Lucien sur la *Dea Syria*, qui nous décrit minutieusement les rites. La première attestation de l'éviration d'Attis remonte à Hermésianax, cité par Pausanias, VII, 17, 9, et le plus copieux commentaire est fourni par Arnobe, *Adu. Nat.*, V, 7. Notons que Verrius Flaccus explique la castration des Galles sans référence aucune à la légende d'Attis, p. 84 L. Pour les religions orientales, on verra I. Rapaport, *Les Faits de castration rituelle* (B. 676), p. 9-11 : eunuchisme dans le culte d'Atargatis, d'Isthar-Nana, d'Astarté, d'Hécate à Stratonikè, de Diane à Éphèse (Strabon, XIV, 64 ; Pline, *Hist. Nat.*, XXXV, 93, *etc.*).

uns par les autres, sans prendre la peine de donner à cet échange, qu'il invente séance tenante, l'ombre d'une justification : « Les serviteurs de la déesse font retentir le bronze et les peaux au son rauque. Ils frappent des cymbales en guise de casques, des tambourins en guise de boucliers » (212-213) : l'étiologie nous est assénée telle quelle, dans toute son absurdité.

Cette justification gratuite dissimule une supercherie supplémentaire. Ovide vient d'évoquer la naissance de Zeus, localisée en Crète par Hésiode [191], comme chacun sait, sur le mont Ida. Et il nous offre audacieusement ce récit comme étiologie pour des rituels appartenant à l'Ida *phrygien* ! Lorsque nous lisons le vers :

Ardua iamdudum resonat tinnitibus Ide,
(tutus ut infanti uagiat ore puer),

IV, 207-208

nous sommes encore sur l'Ida crétois. Mais lorsque nous lisons le dernier vers :

Tibia dat Phrygios, ut dedit ante, modos,

IV, 214

nous l'avons quitté, sans nous apercevoir de la rupture, pour l'Ida phrygien... L'identité des deux noms encourageait Ovide à cet échange et le fait aussi qu'on emploie, en musique, l'expression « mode phrygien » en dehors de la Phrygie ! Néanmoins, on peut juger sévèrement ici l'effronterie avec laquelle Ovide spécule sur la distraction de ses lecteurs.

Il trouvait l'inspiration, dira-t-on, dans quelques vers de Lucrèce [192]. Certes ; mais Lucrèce indique nettement les noms des localités, et, en particulier, établit une distinction entre les Curètes crétois habitants du mont Dicté, et les Curètes phrygiens [193]. Ovide ne se préoccupe pas d'identifier sûrement les uns et les autres.

Tout se passe comme si Ovide avait lu les quelques vers de Lucrèce évoquant la musique phrygienne :

---

191. *Théog.*, 468. La confusion entre les deux Ida existe chez le scholiaste d'Apollonius de Rhodes, III, 134, mais elle n'est pas ancienne. Notons que lorsque Ovide a besoin que Zeus naisse en Arcadie, parce qu'il lui faut une transition pour l'épisode de Callisto, localisé en Arcadie, il fait naître Zeus en Arcadie ! *Cf. Met.*, II, 400. Étude archéologique sur l'antre de l'Ida et les nombreux boucliers votifs dans J. Toutain, *Les Cavernes sacrées*, dans *Conf. musée Guimet*, 39, 1912, 137-187.
192. II, 600-660 dont II, 629-640 et II 618-620. On lira l'article de J. Perret, *Le Mythe de Cybèle*, dans *R.É.L.*, 13, 1935, 332-357.
193. II, 629-633. Lire F. Bellandi, *Sanguine laeti*, dans *Athenaeum*, 53, 1975, 18-32.

> *Tympana tenta tonant palmis et cymbala circum*
> *Concaua, raucisonoque minantur cornua cantu,*
> *Et Phrygio stimulat numero caua tibia mentis,*

et les avait commentés en empruntant, une vingtaine de vers plus loin (II, 629-640), l'étiologie destinée à justifier les simulacres de combat autour de Cybèle. D'où la gêne qu'il éprouve à faire cadrer ensemble une explication et un rite qui appartiennent à des domaines différents !

Lemuria

Les deux vers par lesquels Ovide introduit les rites des *Lemuria* nous paraissent pareillement détonner dans leur contexte :

> *Inferias tacitis Manibus illa dabunt.*
> ...
> *Iam tamen extincto cineri sua dona ferebant,*
> *(Compositique nepos busta piabat aui)...*
>   V, 422, 425-26

Les *Lemuria* sont situés sur un tout autre plan rituel que les *Parentalia* de février : si ces derniers étaient destinés à honorer les morts de chaque famille et à leur porter les offrandes prescrites, les festivités correspondantes de mai tendaient, elles, à l'expulsion des revenants et ombres mauvaises, traitant les morts non plus comme des ancêtres vénérés, mais comme des ennemis [194] : elles appartiennent au domaine magique, non au domaine religieux ; et d'ailleurs, la coexistence à Rome de ces deux manières d'envisager le culte des Morts, où l'on s'adresse aux mêmes ombres avec des mots d'adoration aussi bien qu'avec des formules comminatoires − nous songeons au fameux *Manes exite paterni !*, « Mânes de mes pères, dehors [195] ! » − est l'une des originalités de la liturgie romaine.

Surtout, les deux vers d'Ovide que nous avons cités contiennent le mot *fero*, soit directement *(ferebant)*, soit sous la forme *Inferias*, mot technique spécialisé pour les offrandes des tombeaux, et qu'on faisait dériver du même *fero* : *Inferiae, sacrificia quae dis Manibus inferebant* [196]. Or, ce mot est une étymologie du nom des fêtes de février, les *Feralia* : *Ab Inferis et f e r e n d o, quod ferunt tum epulas ad sepulcrum quibus ius sibi (ibi* Kent*)*

---

194. La différence est étudiée par L. Banti, *Il Culto dei morti...*, dans *S.I.F.C.*, 7, 1929, 171-198 ; G. Herzog-Hauser, *Zum Römischen Seelenkult*, dans *W.S.*, 55, 1937, 172-179 ; É. Jobbé-Duval, *Les Morts malfaisants...*, Paris, 1924.
195. *Fast.*, V, 443 ; H.J. Rose, *U.C.Ph.*, 12, 1933, *Manes exite paterni !*
196. Paulus-Festus, p. 99 L.

parentare[197]. Les vers d'Ovide sont donc une variation par rapport à un groupe de vers qu'il a déjà composé pour les fêtes de février[198], et dans lequel apparaît l'étymologie de *Feralia* par *fero*. S'il est vrai, on peut se demander alors si les offrandes mentionnées par Ovide pour les fêtes de mai ont une autre existence que dans ses vers ?

Dans un autre morceau de la fête de mai, même glissement désinvolte des *Lemuria* aux *Parentalia*. Comment Ovide explique-t-il ces fêtes de mai ? Encore une fois, comme une pieuse festivité familiale, dont l'institution remonterait à Romulus, désireux d'assurer à son frère Rémus des honneurs compensatoires pour l'avoir laissé mettre à mort par son tribun Céler :

> ...
> *Vmbra cruenta Remi uisa est adsistere lecto,*
>   *Atque haec exiguo murmure uerba loqui :*
> *(...)*
> *Vt secum fugiens somnos abduxit imago,*
>   *Ad regem uoces fratris uterque ferunt,*
> *Romulus obsequitur, lucemque R e m u r i a dicit,*
>   *Illam, qua positis iusta feruntur auis.*
>   V, 457...480

Cette dernière précision est suspecte, nous l'avons dit, puisque les *Lemuria* ne sont pas fondés sur la même idéologie que les *Feralia*. Nous trouvons une confirmation de nos soupçons dans les gloses postérieures. Servius nous apprend qu'on s'occupa d'assurer à Rémus des honneurs particuliers, comportant notamment un jour de fête, une chaise curule près du siège royal, comme s'il devait assister encore aux conseils présidés par son jumeau, un sceptre et une couronne[199]. Mais cette tradition, établie peut-être d'après l'attitude de quelque statue dans quelque sanctuaire, se rapporte-t-elle bien aux *Lemuria* ? On peut en douter. Si Servius ne donne pas de précision à ce sujet, le pseudo-Acron nous livre un texte composite et embrouillé, qui s'inspire d'Ovide pour ce qui est de l'étymologie des *Lemu-*

---

197. Varron, *Ling. Lat.*, VI, 13 ; Paulus-Festus, p. 75 L.
198.   *Est honor et tumulis animas placare paternas*
           paruaque in extructas munera ferre pyras.
       ... Hanc, quia iusta ferunt, dixere Feralia lucem,
           Ultima placandis Manibus illa dies.
                               (II, 533-34 et 569-570).
199. *Remo scilicet interempto, post cuius mortem natam constat pestilentiam ; unde consulta oracula dixerunt placandos esse Manes fratris extincti, ob quam rem sella curulis cum sceptro et corona et ceteris regni insignibus semper iuxta sancientem aliquid Romulum ponebatur, ut pariter imperare uiderentur. Ad Aen.*, I, 276.

ria, tirée du nom de *Remus*, mais nous assure que la fête à lui dédiée était les *Parentalia*, célébrés d'abord en mai, puis transportés en février lorsque ce mois fut rajouté au calendrier ancien : *Et putant Lemures esse dictos, quasi R e m u l e s, a Remo, cuius occisi umbras frater Romulus cum placare uellet, Lemuria instituit, id est Parentalia, quae mense Maio, per triduum celebrari solent, ante additum anno mensem Februarium* [200]. La peste que mentionne Servius, qui motive la consultation des oracles et les expiations offertes à l'ombre de Rémus, pourrait correspondre à cette calamité qui, à date ancienne, emplit Rome de bûchers funéraires, et força les Romains à apaiser les ombres des ancêtres irrités : nous trouvons cette notice au livre II des *Fastes*, et elle explique les *Parentalia*. Ce transport de Rémus au mois de mai risque de nous le faire ranger parmi les morts maléfiques et menaçants, ce qui contredit les propos qu'Ovide prête au jeune homme.

Les Lautolae

Un autre récit étiologique, dans un contexte différent, n'est pas moins curieux, celui de Janus et des sources. Pour arrêter l'avance des Sabins, le dieu fait jaillir hors de son sanctuaire de l'Argilète des sources d'eau bouillante, obstacle qui freine l'ardeur des guerriers de Tatius [201]. Aucune trace de cette intervention miraculeuse avant Ovide, même chez Properce, qui traite longuement de Tarpéia et des guerres sabines [202]. On la retrouve chez Macrobe, il est vrai, mais sous une forme un peu différente : la porte s'ouvre miraculeusement plusieurs fois de suite avant l'intervention du dieu ; ensuite, détail important, il n'est pas question des portes du temple même de Janus, mais de la *porta Ianualis*, ouvrant sur le Viminal [203]. L'initiative du dieu est supprimée, et les eaux surgissent simplement du temple [204].

P. Grimal estime qu'Ovide a déformé une légende plus ancienne, puisque son étiologie semble se rapporter au temple de Janus sis sur le Comitium. La porte miraculeusement ouverte par Junon devant l'envahisseur ne peut être que la porte *Pandana* qui mène au Capitole, et le récit de Macrobe nomme la porte *Ianualis* ! Le récit d'Ovide est un arrangement, « plus poétique qu'exact [205] », juge P. Grimal, puisque la porte que défend

---

200. Pseudo-Acron, *Ad Hor. Ep.*, II, 2, 209.
201. *Fast.*, I, 257-272.
202. IV, 4.
203. *Sat.*, I, 9, 17 ; sur les différentes portes de Rome, on lira P. Grimal, *Le Dieu Janus et les origines de Rome*, dans *L.H.*, 4, 1945, 15-121, p. 55-85.
204. I, 9, 18 : *Cumque Sabini per portam patentem irrupturi essent, fertur ex aede Iani per hanc portam magnam uim torrentium undis scatentibus erupisse multasque perduellium cateruas aut exustas feruenti aut deuoratas rapida uoragine deperisse.*
205. *La Colline de Janus*, dans *R.A.*, 24, 1945, 56-87, p. 73.

Janus ouvre sur le Capitole, tandis que le sanctuaire dont la légende explique le rituel est situé au Comitium. La véritable version concernerait la *porta Ianualis,* comme nous l'indique Macrobe, identique au *Ianus Geminus,* commandant le chemin de l'*Arx.* Ovide a réuni en un seul morceau deux phases distinctes des guerres sabines, celle de l'escalade de la citadelle par Tatius, sous la conduite de Tarpéia, la vierge traîtresse, et celle du sauvetage miraculeux opéré par Janus, en un autre site [206]. Il l'a fait « sans doute par goût du pittoresque, pour ne laisser perdre aucun récit curieux ».

Ovide n'a pas borné là son intervention.

Le récit primitif, où des torrents d'eaux chaudes jaillissent près du temple de Janus, nous paraît un proche parent d'autres explications, fournies par Varron ou Verrius Flaccus, et relatives au lieu-dit *Lautolae* : *Ab lauando, quod ibi ad Ianum Geminum aquae caldae fuerunt,* dit laconiquement Varron [207] ; *Lautulae, locus extra Vrbem, quo loco, quia aqua fluebat, lauandi usum exercebant* [208], écrit Verrius, ce qui est une étiologie tirée d'un usage de la vie courante, point du tout une explication historique. Lorsque Servius commente le nom, il fait référence à l'anecdote des guerres sabines : *(Lautis carinis) Alii quod Romani Sabinis instantibus fugientes, eruptione aquae feruentis et ipsi liberati, et hostes ab insequendo repressi (sint ; aut) quia calida aqua lauandis uulneribus apta fuit, locus Lautulus appellatus est* [209], mais, pas plus que ses prédécesseurs, il n'accorde de place à l'intervention de Janus. C'est si vrai que le temple du dieu est donné par Tite-Live comme une construction postérieure aux guerres sabines, due au pacifique Numa [210] ! Et notre Ovide lui-même est si peu persuadé que le miracle fut l'œuvre de Janus que, dans ses *Métamorphoses,* il nous redonne la même histoire, mais, cette fois-ci, sans Janus : ce sont les « nymphes » qui, pour barrer la route à Titus Tatius, font jaillir de l'eau mêlée à du bitume et à du soufre [211].

Une première étiologie devait expliquer le lieu-dit *« Lautolae »* de la façon la plus simple, c'est-à-dire comme un endroit réservé à la lessive ; puis, on rattacha des circonstances historiques à l'apparition des eaux chaudes, mais toujours sans référence au dieu Janus. C'est Ovide le premier, qui, sans susciter d'échos, prétend que le dieu, dont le sanctuaire est situé tout

---

206. P. 75.
207. *Ling. Lat.,* V, 156.
208. P. 105 L.
209. *Ad Aen.,* VIII, 361.
210. I, 19 ; selon Varron, la prescription du temple date également de Numa (V, 165). Voir M. Guarducci, *Ianus Geminus,* dans *Mélanges A. Piganiol,* 3, Paris, 1966, 1607-1621.
211. *Met.,* XIV, 775-804.

près des *Lautolae,* intervint personnellement [212]. Malgré cela, E. Cocchia tient le conte pour une authentique tradition nationale, capable, à ce titre, de confirmer l'authenticité d'autres épisodes où intervient Janus, comme l'épisode de Carna [213]. Il semble toutefois que l'ouverture du *ianus* n'a rien à voir avec l'histoire des sources chaudes.

On peut se demander si le fameux pouvoir de Janus sur les eaux [214], donné comme une conséquence de ses fonctions d' « ouvreur [215] », ne résulterait pas lui aussi de voisinages topographiques et d'assimilations en chaîne.

Ce patronage du dieu sur les eaux est attesté par les alliances de Janus, et par sa généalogie mythique. Janus est, en effet, l'époux de la nymphe Juturne, et le père du dieu *Fons* ou *Fontus* [216] ; le père de *Canens,* de par son union avec la déesse marine *Venilia* [217] ; le père, enfin, de *Tiberinus,* grâce à la nymphe Camasène, d'après Servius Daniel [218]. Ces diverses filiations sont probablement secondaires : le *Tiberinus* de Servius est un personnage différent du descendant d'Énée, connu par l'*Énéide* [219]. La déesse *Venilia* est donnée par Augustin, qui suit Varron, comme la femme de Neptune, concurremment avec *Salacia,* à cause d'une prétendue étymologie par *uenire,* que Varron explique par le reflux des vagues [220]. Quant à Juturne, elle est, dans l'*Énéide,* la sœur de Turnus, et la fille du roi mythique Daunus, époux de la même déesse [221] *Venilia* : et n'oublions pas ses amours avec le maître des Dieux !

L'antériorité des légendes virgiliennes et des étymologies varroniennes ne prêche guère en faveur des légendes rapportées par Ovide, Servius ou Arnobe. Janus aurait donc eu pour épouses ou pour maîtresses à la fois *Venilia* et sa fille Juturne, elle-même déjà l'amante de Jupiter !

---

212. *Fast.,* I, 257-258.
213. *Elementi naturalistici...,* p. 19 : *Questa graziosa istoria non può scambiarsi come una pietosa invenzione del poeta delle Metamorfosi, nè potè esser pressa a prestito, dalla tradizione forestiera.*
214. Lire L.A. Holland, *Janus and the Bridge,* (Rome Amer. Acad., 21), 1961, *passim,* et L.A. Holland et L.R. Taylor, *Janus and the Fasti,* dans *C.Ph.,* 47, 3, 1952, 137-141.
215. W.H. Roscher, « Ianus », *Lexicon,* II, 1, col. 41.
216. Arnobe, *Adu. Nat.,* III, 29.
217. Ovide, *Met.,* XIV, 334.
218. *Ad Aen.,* VIII, 330 ; voir L.A. McKay, *Ianus,* dans *U.C.Ph.,* 15, 4, 1956, 157-182, p. 175-176.
219. *Aen.,* VI 873.
220. Chez Augustin, *Ciu. Dei,* VII, 22.
221. XII, 134-148.

En réalité, l'autel de Juturne et son bassin sont situés sur le Forum, non loin du temple de Janus ; l'autel de *Fons* s'élève sur le Janicule [222] ; quant à *Tiberinus,* ses rapports avec Janus découlent de la proximité du fleuve et du sanctuaire, aussi bien que de l'effigie du dieu gravée sur l'*as,* à l'avers d'une proue de navire. A partir d'éléments topographiques semblables se développèrent plusieurs légendes tardives, qui ne semblent pas avoir connu une grande audience, et contredisent des traditions antérieures. Par exemple, dans le cas de *Venilia,* il est possible qu'ait joué l'étymologie par *uenire* : l'une des racines du nom de *Ianus* étant le verbe *ire,* aller, il était bien facile d'unir au dieu une déesse dont le nom signifiait « venir » ! On peut donc supposer que l'épisode de Janus et des sources, s'il n'est pas exactement à l'origine de ces greffes sur la mythologie originelle du dieu, les a du moins puissamment encouragées.

Les Lupercales

Le rituel lui-même n'est pas épargné. C'est l'aventure burlesque du dieu Faune et de la belle Omphale qui prétend expliquer la nudité des Luperques, et qui met en œuvre un échange de vêtements entre Hercule et sa maîtresse, échange auquel le dieu Faune, amoureux de la reine, se laisse prendre [223]. On a montré déjà qu'un tel récit démarquait la *Casina* de Plaute [224] ; mais il pouvait être inspiré aussi par d'autres rituels où se pratiquaient des travestissements. Or, précisément, à Rome, lors des mystères d'Hercule *Inuictus,* les hommes se déguisaient en femmes [225], détail surprenant, du reste, puisque le Grand Autel était interdit, nous l'avons signalé, aux mouches, aux chiens, aux femmes [226]. C'est dans ce rituel qu'il nous faut chercher la source de l'*aition* suggéré par Ovide. L'anecdote a été introduite par lui dans la fête romaine de Faune, avec pour but de plaire, sans doute, aux *Fabii* amis et alliés d'Ovide, dont l'un des cultes gentilices honorait Hercule, et dont la *gens* fournissait l'un des deux groupes de Luperques, les *Luperci Fabiani* [227]. Quoi qu'il en soit, la légende d'Hercule et d'Omphale

---

222. Il faut rapprocher deux textes, Cicéron, *Leg.,* II, 22, 56, et Plutarque, *Num.,* XXII ; voir P. Grimal, *La Colline...,* p. 76.
223. *Fast.,* II, 303-358. *Cf.* H. Le Bonniec, *F. éd.,* 2, p. 51, n. (contre R. Turcan).
224. Voir B. 776.
225. Lydus, *Mens.,* IV, 67 ; lire J. Bayet, *Les Origines de l'Hercule romain,* Paris, 1926, pp. 314, 356, 449 ; L.R. Farnell, *Sociological Hypotheses* dans *A.R.W.,* 7, 1904, 70-94, p. 75-76 et p. 88 *sqq.*
226. Voir p. 51.
227. O. Crusius, *Die Fabiani in der Lupercalienfeier,* dans *Rh.M.,* 39, 1884, 164-168, p. 164.

— si tant est qu'on puisse écrire à son propos le mot de « légende » ! — appartient davantage aux mystères d'Hercule qu'aux Lupercales. Ovide a donc sciemment introduit dans une fête archaïque et nationale une fable empruntée à une autre fête, grecque de surcroît : on pourrait imaginer que le travestissement d'hommes en femmes dans les mystères trouvait une justification tirée de l'histoire même du dieu, sans que le visiteur nocturne fût obligatoirement *Faunus* ; et qu'Ovide se serait emparé de l'étiologie pour l'adapter à ses Lupercales en faisant intervenir leur dieu patron. A moins qu'Ovide n'ait combiné lui-même, tant sur le modèle de la *Casina* qu'en s'inspirant d'autres morceaux des *Fastes*, (Priape et Lotis, par exemple), l'aventure gaillarde de Faune. Ce qui ne saurait nous surprendre.

La fête de Faunus enferme encore, dans la présentation qu'en fait Ovide, d'autres morceaux à l'aspect peu orthodoxe. Puisque nous avons déjà traité ailleurs des vers 425-452 du livre II [228], nous reprendrons la question sous une forme succincte.

Le morceau concerne le rite de la flagellation aux Lupercales, le 15 février. Ovide l'explique par une référence au règne de Romulus : les Sabines enlevées se révélant stériles, un oracle édicté par Junon aurait enjoint aux femmes de se présenter au « bouc sacré » : *Italidas matres, inquit, sacer hircus inito* (II, 441). Ce remède brutal déconcertant les mentalités d'alors, l'astuce d'un devin étrusque lui apporta un adoucissement, et les épouses romaines se virent invitées à s'offrir aux coups des lanières en peau de bouc maniées par ceux qui allaient devenir les Luperques.

Il n'est pas difficile d'isoler les quelques vers sur lesquels Ovide conclut son étiologie :

Gratia Lucinae ! Dedit haec tibi nomina lucus,
 Aut quia principium tu, dea, lucis habes.
Parce, precor, grauidis, facilis Lucina, puellis,
 Maturumque utero molliter aufer onus,

II, 449-452

et de les rapprocher d'un autre passage, pas très loin dans l'ouvrage :

Dicite : tu nobis lucem, Lucina, dedisti.
 Dicite : tu uoto parturientis ades.
Si qua tamen grauida est, resoluto crine precetur,
 Vt soluat partus molliter illa suos.

III, 255-258

---

228. *Le Devin, son bouc et Junon*, dans *R.É.L.*, 51, 1973 (1974), 171-189.

Il apparaît immédiatement que le premier groupe de vers reproduit exactement le second.

Il n'est pas moins évident que le texte « authentique » est celui du livre III. Il justifie le nom de Junon *Lucina*, dédicataire de la fête des *Matronalia*, et déesse des naissances, tandis que les Lupercales sont dédiées au dieu Faune, dont le nom n'apparaît pas dans les quelques lignes par lesquelles Ovide termine l'exposé de sa fête. S'il est vrai qu'apparaît aux Lupercales une Junon, mentionnée par Verrius Flaccus avec un exceptionnel luxe de détails rituels, cette Junon n'est pas *Lucina*, l'accoucheuse [229], mais *Februlis*, la purificatrice [230]. Il semblerait aller de soi que dans un contexte aussi dense et aussi cohérent que celui des Lupercales, situées au mois de *Februarius*, nom formé sur *februa*, en un jour défini comme *dies februatus* [231], jour de purifications, où les femmes sont dites purifiées (*februabantur* [232]) à l'aide de lanières rituelles désignées comme étant des « instruments de purification », des *februa* [233], une Junon *Februlis* soit tout à fait à sa place, tandis que rien n'appelle au 15 février une Junon *Lucina*, que tous nos textes et nos calendriers invitent à officier quelques jours plus tard, le 1er mars ! Les fêtes de *Februlis* sont les Lupercales, Verrius Flaccus est formel [234], et son texte atteste les liens de *Februlis* avec le bouc, tandis que la victime attitrée de *Junon* est une truie, ou une agnelle [235], dont on chercherait vainement la trace aux Lupercales.

Le texte ovidien est le seul document qui signale la venue de *Lucina* aux Lupercales, et notre poète va porter, une fois encore, une lourde responsabilité.

Comme nous l'avons montré en effet, toute la riche tradition qui, des Anciens aux Modernes, comprend les Lupercales comme une fête de fécondité, repose sur ce texte, charnière capitale entre deux concepts totalement opposés. Y.M. Duval peut ironiser sur la « vigueur » de mes affirmations [236], ni lui ni L. Foucher ne peuvent faire que Varron et Verrius Flaccus ne

---

229. Y.-M. Duval, *Les Lupercales, Junon et le printemps*, dans *A.B.*, 83, 1976, 253-272, qui privilégie le texte d'Ovide pour voir dans les Lupercales la fête de Lucina, déesse de fécondité.
230. Les deux fonctions sont attestées par Augustin, *Ciu. Dei*, VII, 3 : *omnium purgandorum pariendorum Iunonem*.
231. Censorinus, 20 ; Varron, *Ling. Lat.*, VI, 34, *etc.*
232. Festus, *s.u. Februarius*, p. 75 L.
233. Servius, *Ad Aen.*, VIII, 343 : *...pellem ipsam capri ueteres februm uocabant*.
234. *Eius feriae erant Lupercalia*.
235. Macrobe, *Sat.*, I, 15, 19 : *(Regis uxor) porcam uel agnam in Regia Iunoni immolat*.
236. *Des Lupercales de Constantinople...*, p. 267, n. 3.

soient pas antérieurs à Ovide et n'aient pas, sur le sens de la fête, des opinions différentes des siennes [237]. Or, Varron comme Verrius, dont le lexique rituel tourne exclusivement autour de l'idée de purification, (*dies februatus, populus februatur, lustratur,* chez l'un [238], *februaretur populus, lustraretur, purgaretur, Februata, Februalem, Februlim, februabantur mulieres, dies februatus* chez l'autre [239]), n'accordent pas même une allusion à l'idée de fécondité, et, *a fortiori*, à la stérilité des Sabines. Après eux, vient Ovide, qui, en d'autres endroits, définit la fête comme une lustration [240] ; et, après lui, malgré des définitions encore cohérentes et conformes à l'idée ancienne [241], hésitations, explications doubles, synthèses plus ou moins bien forgées [242] ; pour finir, un retour inattendu aux valeurs antiques avec la décision du pape Gélase, et la transformation des Lupercales en Purification de la Vierge [243].

La question se pose donc : purification, ou fécondité ? Une évolution peut être retenue de la première notion à la seconde, mais une ambivalence originelle semble exclue, à cause de détails rituels importants. On peut purifier des remparts [244], guère les féconder ! On féconderait tout aussi diffi-

---

237. Pour L. Foucher, il n'existe pas de différence entre la purification et la fécondation (*op. cit.*, p. 275), tandis qu'il en existe une entre purification fécondante et purification expiatoire (p. 276) : « Cette purification n'a aucun rapport avec l'expulsion des pêchés *(sic)* commis, comme aux *Mamuralia* ».
238. *Ling. Lat.*, VI, 34.
239. P. 75 L.
240. *Fast.*, II, 31-32 et V, 102.
241. Censorinus, 20 : *Februarius : a februis sacris Lupercorum ; item februare purgare et purum facere ; in hoc autem mense, Lupercalibus, cum Roma lustratur, salem calidum ferunt, quod februum adpellant. Vnde dies Lupercalium proprie februatus uocitatur.*
242. Servius, *Ad Aen.*, VIII, 343 ; Lydus, *Mens.*, IV, 25 ; Plutarque, *Rom.*, 21, *Caes.*, 61.
243. *Ad Androm.*, p. 110 éd. Migne, vol. 59.
244. Varron, *Ling. Lat.*, VI, 34 ; Fastes de Polémius Silvius, *moenia, C.I.L.*, I², p. 269. Lorsque G. Dumézil (parmi tant d'autres) évoque « la fécondation pittoresque à laquelle se livrent les Luperques » (*Fêtes romaines*, p. 214), il devrait réserver le cas des remparts, des hommes, du sol et des femmes enceintes. M. Renard et G. Dury-Moyaers, *Aperçu critique de travaux relatifs au culte de Junon*, dans *Aufstieg...*, II, 17, 1, 1981, 142-202, préfèrent également l'interprétation « moderne » des Lupercales aux textes anciens, refusant d'accorder de l'attention à la flagellation des murs et des femmes enceintes. Le rapprochement que nous avons établi entre Lupercales et Nones Caprotines « caricature, en les mélangeant, les témoignages des Anciens » (p. 160), alors qu'il est désormais courant, depuis J.G. Frazer, de lier les deux cérémonies. La séparation que nous avons faite des valeurs de purification et de fécondité aux Lupercales paraît « excessive » (p. 154), et (notre) « article fait appel à une logique et une rationalité peu conciliables avec la pensée religieuse » *(ibid.)*. Les auteurs préfèrent des thèses modernes « plus harmonieuses » *(ibid.)*, mais qui n'ont que le tort de reposer sur des idées mouvantes, non sur les textes anciens. Le respect des textes n'est d'ail-

cilement, d'ailleurs, des hommes, ou des femmes *enceintes* [245] ! Si ces détails sont absents du texte ovidien, c'est que le fait qu'on frappait les murs, le sol, les hommes, les femmes déjà fécondées, anéantissait son explication et son oracle. D'un autre côté, s'il est avéré que la fécondation animale s'effectuait sous les auspices du dieu Faune, elle n'était pas du tout pratiquée en février, mais un peu avant le mois de décembre, comme l'atteste Columelle [246]. La déesse des Lupercales, *Iuno Februlis,* est mise en relation avec les purifications féminines [247], point du tout avec la fécondation, opération qui n'est pas davantage du ressort de *Lucina* ! Enfin, et bien que Y.M. Duval ait soulevé récemment le problème, en montrant que le printemps romain est plus précoce que le nôtre [248], on ne peut nier deux données religieuses. L'une est que les Lupercales sont suivies de cérémonies de clôture, *Regifugium, Terminalia* [249], phénomène paradoxal dans le cas où elles seraient une fête d' « ouverture » [250] sur le printemps, ou, selon le vocabulaire que préfère l'auteur, de « ré-animation », de « préparation ». L'autre, que les mariages sont interdits durant toute la période néfaste de février, dans laquelle se situent les Lupercales [251], décret religieux peu compréhensible si l'on avait senti cette célébration comme un substitut des unions ordinaires. Comment admettre une première série de rites « préparatoires » au Nouvel An le 15 février, suivie de la fête de clôture religieuse que sont les *Terminalia* [252], et débouchant sur une nouvelle série de rites d'ouverture, le 1er et le 15 mars, ceux-là reconnus et signalés comme tels par les traditions anciennes [253] ? L'organisation de leur année nous montre que les Romains n'avaient pas souhaité introduire dans février une fête de fécondité, et la purification assurée par les Lupercales nous paraît être non seulement l' « état neutre » que

leurs pas mis en œuvre dans cette étude : ne nous fait-on pas écrire que nous « voyons une participation de Junon *Lucina* aux Lupercales qui ne sont pas sa fête » (p. 155), alors que tout notre article visait à établir que Lucina était *absente* des rites chez tous les autres auteurs qu'Ovide, remplacée qu'elle est, d'une façon *logique,* par Junon *Februlis* ! Une protestation auprès des auteurs n'a pas reçu de réponse.

245. Plutarque, *Caes.,* 61.
246. *R. rust.,* VII, 6,6.
247. Martianus Capella, II, 149 ; *Mythogr. Rom.,* III, 3.
248. *Op. cit.,* p. 237 ; voir aussi p. 262.
249. Textes dans notre article p. 175-176. Rappelons que les purifications de fin d'année se pratiquaient à la fin du dernier mois et à la fin du jour (J. Lydus, *Mens.,* IV, 25).
250. Déjà P. Lambrechts en faisait une fête charnière, *Les Lupercales, une fête prédéiste ?* dans *Mélanges J. Bidez et F. Cumont,* 2, 1948, 167-176, p. 174.
251. Ovide, *Fast.,* II, 557-562.
252. Pseudo-Acron, *Ad Hor. Epod.,* II, 59 : *(agna Termino) siue in honorem mortuorum ipse colebatur dies et festus (?) post Parentalia, eo quod iam sacris terminus poneretur.*
253. Macrobe, *Sat.,* I, 12, 5-6, après Ovide, *Fast.,* III, 135-150.

refuse d'envisager Y.M. Duval [254], mais même un achèvement, une liquidation, une soustraction. Nous pourrions accepter l'équation : purification engendre fécondité, si le fouet des Luperques visait seulement les femmes stériles : les femmes enceintes s'offrant également aux coups, il faut placer le sens de la fête dans un domaine beaucoup plus vaste. Les femmes ressemblent à des écolières punies, note Juvénal [255], lorsqu'elles offrent leurs paumes aux coups. Cette idée nous oriente alors vers les notions d'expiation, de nettoyage des fautes commises par toute la communauté durant l'année écoulée, plutôt que vers le domaine trop restreint de la stérilité féminine. Cette vue tranchée des choses, où la fin d'un cycle doit précéder le début d'un autre, et où, surtout, le début d'un cycle doit attendre la fin du cycle précédent, était déjà celle d'Augustin. Pour lui, il existe un mois des commencements, *janvier,* un mois des fins et des purifications, *février* ; il n'y a pas d'interférences entre les deux valeurs : *Nam propter initia et fines, duobus istis diis, duos menses perhibent dedicatos : (...) Ianuarium Iano, Februarium Termino. Ideo, Terminalia eodem mense Februario celebrari dicunt, cum fit sacrum purgatorium quod uocant februm, unde mensis nomen accepit.*

Cette stérilité, qu'aucun historien ne mentionne, a donc été inventée pour justifier l'intervention de l'Augure étrusque et le récit étiologique [256]. Introduisant une idée de fécondité au beau milieu d'un contexte de purification, changeant en *Lucina* le surnom de *Februlis* que porte, dans d'autres textes, la Junon des Lupercales, doté d'une conclusion copiée sur le rituel des *Matronalia*, rompant avec des réalités paysannes qui veulent la fécondation des chèvres à l'automne et amenant à placer la symbolique de la fécondation seulement quinze jours avant celle de l'accouchement, le texte d'Ovide, bien mal intégré dans l'ambiance des Lupercales, nous paraît être un morceau surajouté à des fins étiologiques. Nous y avons vu une influence probable des idées gouvernementales en matière de natalité [257]. Pour établir franchement dans les esprits que les Lupercales devaient aider les conceptions paresseuses, Ovide s'inspire sans doute d'un passage de Tite-Live, à nous conservé par la seule lettre du pape Gélase, et où l'on apprend que dans les années 282-218 av. J.-C., ce qui correspond à la seconde décade livienne, le rite fut célébré pour guérir une stérilité [258]. Antidater cette célé-

---

254. *Op. cit.,* p. 266 : « la purification ne vise pas à restaurer un état *neutre*. La source qui est obstruée et que l'on purifie se met à couler naturellement avec abondance. Sa puissance peut se donner libre cours ».
255. *Sat.,* II, 142.
256. J. Bayet la tient pour un ajout (*Hist. pol. et psycho.,* p. 80).
257. Suétone, *Aug.,* 46 ; Gaïus, *Inst.,* II, 111, *etc.*
258. Voir p. 179 de notre étude B. 646.

bration pour l'affecter aux Lupercales roméennes n'était pour Ovide qu'une formalité : lorsqu'on souhaitait, à l'époque d'Auguste, une coïncidence de dates favorable, on n'hésitait pas à anticiper sur les prescriptions sacrées : songeons aux tricheries chronologiques qui entourent les Jeux Séculaires [259]. Aussi, pour conférer à l'institution rénovée une allure antique, Ovide dut emprunter l'oracle des Lupercales à un autre contexte, comme il le fait pour celui des *Megalesia*.

Argées et Saturnales

Nous conclurons sur un dernier texte [260] lui aussi composé de traditions différentes et diversement utilisées, pour le déchiffrage duquel, toutefois, il suffit de lire les textes et de les interpréter sans parti pris : celui des Argées.

Les domaines dans lesquels sont choisis les *aitia* qu'on assigne à cette fête du 15 mai sont multiples : histoire, avec l'interprétation des mannequins de paille qu'on jette ce jour-là du haut du pont Sublicius comme représentant les bouches inutiles expulsées pendant l'occupation gauloise ; sociologie, avec l'interdiction aux sexagénaires du pont au vote sur le Champ de Mars [261] ; mythologie, avec les légendes appartenant au cycle d'Hercule. Il semble qu'une explication première devait faire intervenir un sacrifice humain et son allègement par substitution, puisque Varron s'inscrit en faux contre cette théorie et lui préfère l'explication politique par l'interdiction du vote : *Sexagenarios per pontem mittendos male diu popularitas intellexit, cum Varro, De Vita populi Romani lib. IV, honestam causam religiosamque patefecerit... ut diceretur sexagenarios de ponte deici oportere id est quod suffragium non ferant, quod per pontem ferebant* [262].

Le plus bel éventail d'explications nous est offert par Ovide, qui réunit tout un choix d'*aitia* empruntés à Varron, à Verrius Flaccus et à d'autres, avant de prendre parti. L'*aition* que nous voulons étudier ici n'a pas sa

---

259. A.J. Hild, « *Saeculares Ludi* » dans *Dict. Ant.*, *s.u.* Sur les exigences d'Auguste, les jeux furent célébrés en 17, et des calculs réellement sibyllins prouvèrent que cette date était la bonne, par falsification des dates de célébration antérieures ! Voir G.B. Pighi, *De Ludis Saecularibus P.R.Q.*, Amsterdam, 1965. Les seuls jeux repérables sûrement sont ceux de 249 : un calcul prenant pour point de départ l'an 17 ne peut aboutir à cette date, ce qui prouve l'intervention politique dans la règle religieuse. La responsabilité en incomberait à Atéius Capito.
260. Nous publierons ultérieurement les études concernant les Lupercales, les toges de *Fortuna*, les *Veneralia* et les Argées qui n'ont pu trouver place dans ce volume.
261. Voir un essai d'explication p. 310-314 *sqq*.
262. Nonius Marcellus, p. 842 L., 612 Q.

préférence, néanmoins, son histoire est intéressante. C'est la substitution à des hommes réellement noyés de mannequins confectionnés en osier, et c'est Hercule qui le premier enseigne aux indigènes à pratiquer l'opération :

> *Fama uetus, tum cum Saturnia terra uocata est,*
> *Talia fatidici dicta fuisse senis* [263] *:*
> *« Falcifero libata Seni duo corpora gentis*
> *Mittite, quae Tuscis excipiantur aquis ».*
> *Donec in haec uenit Tirynthius arua, quotannis,*
> *Tristia Leucadio sacra peracta modo.*
> *Illum stramineos in aquam misisse Quirites.*
> V, 625-631

Pour affecter à ces vers une source directe, nous pourrons choisir entre les textes de Denys d'Halicarnasse et de Verrius Flaccus. Tous deux mentionnent Hercule, un sacrifice humain, une substitution. L'un retrace les aventures d'Hercule en Italie, et s'attache à étudier son œuvre civilisatrice [264]. Le second s'essaye à découvrir l'origine du proverbe fameux « Les Sexagénaires en bas du pont ! », proverbe étonnant, qui exerçait la sagacité des Antiquaires. Son texte est dans un tel état de délabrement qu'il ne peut être utilisé qu'avec précautions, les lacunes étant plus nombreuses que les lettres conservées. Le voici, accompagné des restitutions modernes dues aux travaux de K.O. Müller, Th. Mommsen et G. Wissowa [265] :

> *Sexagenarios*
> de ponte olim deiciebant *cuius causam Mani*
> -lius hanc refert Roma*m qui incoluerint*
> primi Aborigines aliquem *hominem sexaginta*
> annorum qui esset immola*re Diti Patri quot*
> -annis soliti fuerint *quod facere eos de*
> -stitisse aduentu Her*culis sed religio*
> -sa ueteris ritus obseruatione sc*irpeas hominum ef*
> -figies de ponte in Tiberim antiquo *modo mittere*
> instituisse. Alii dicunt *morante in Italia*
> Hercule quod quidam eiu*s comitum habitaue*
> -rint .... *am haberi atque Arga*
> -eos .... *fuerint arui quorum pro*
> -pagatam .... memori*am redintegrari eo ge*

---

263. Ce *Fatidicus Senex* est Protée pour H. Le Bonniec, *F. éd. comm.*, 2, p. 162, et l'oracle de Dodone pour G. Wissowa, *Realenc.*, II, 1, col. 692, 1.21.
264. I, 38. Hercule occupe les § 34 à 44.
265. P. 450 L., *s.u. Sexagenarios.*

-nere sacri .... *a legatum quondam Arga*
-eum ....*ssi Romae moratum esse is ut*
diem .... obierit *institutum a sacerdotibus ut*
.... effigies s*cirpea ex omnibus cumque publicae*
............................nu*ntiauisset per flumen ac mare
in patriam remitteretur.*

... Tout ce que l'on peut en dire, c'est qu'une allusion aux Argées réside dans les mots *scirpeas hominum ef* (figies), qu'on peut mettre en rapport avec un autre texte de Verrius où il nomme les *Argei* : *scirpeas effigies* [266]. Pour le reste, on peut restituer avec certitude dans *-culis* les deux dernières syllabes de *Herculis,* et compléter *-re Diti patri* en *immolare Diti Patri.* Dans les lignes finales, un peu plus complètes, on peut pressentir une explication voisine de celle que donne Ovide, avec les cadavres des Argiens qu'on jette au Tibre pour leur permettre de regagner leur patrie [267]. On y découvre, en effet, les mots *morante in Italia, comitum, per flumen ac mare in patriam remitteretur.* Quant au mot tronqué *Arga-* que l'on complète en *Argaeos* ou *Argaeum,* il peut désigner les Argiens, encore qu'il constitue un hapax, le mot latin pour « Argien » étant *Argeius* ou *Argiuus,* tandis que le nom *Argaeus* s'applique à une montagne de Cappadoce [268].

Le texte d'Ovide reproduit celui de Verrius, à quelques détails près cependant. Ovide n'attribue pas le sacrifice à *Dis Pater* (c'est-à-dire Pluton), mais à Saturne. Il fait intervenir un oracle ; il donne, enfin, comme chiffre des victimes, deux hommes, tandis que Verrius écrit *hominem.*

La question se pose de savoir où Ovide s'est procuré l'oracle, absent du texte de Verrius et de celui de Denys, et qui n'appartient visiblement pas aux Argées.

Il existe, traitant d'une autre fête, un texte suffisamment proche de celui que nous étudions pour que nous lui consacrions une attention spéciale [269]. Il s'agit d'un passage de Varron, dont nous extrayons les lignes ci-dessous : « Les Pélasges, ne sachant où se fixer, reçurent de l'oracle cette

---

266. Paulus, p. 14 L., *s.u. Argeos.*
267. Dans *Les Pontifes de l'ancienne Rome,* Paris, 1871, p. 271, A. Bouché-Leclercq parle d'une « création de l'érudit aux abois ».
268. *Thesaurus,* II, 513 et 514 ; W.F. Otto y complète notre texte ainsi : quod quidam eius *comitum habitaue*rint secundum ripam Tiberis, *atque Arga*eos se a patria uocauerint Argis, *quorum pro*pagatam memoria*m redintegrari eo ge*nere sacri. Alii a Graecis *legatum quondam Arga*eum temporibus antiquis *Romae moratum esse.* On voit que les deux restitutions ne concordent pas toujours !
269. G. Wissowa a analysé les rapports que ce texte présente avec les Argées, dans *Realenc.,* II, 1, col. 691 *sqq.*

réponse : *Allez chercher la terre des Siciliens, consacrée à Saturne, et des Aborigènes, Cotylè où flotte une île ; et quand vous en aurez pris possession, offrez la dîme à Phébus, des têtes à Hadès, et à son père des hommes (...)* ». Longtemps, on sacrifia des êtres humains, croyant accomplir l'oracle ; puis, « Hercule, traversant l'Italie, avec le troupeau de Géryon, conseilla à leurs descendants de changer ces sacrifices funestes en d'autres de plus heureux augure, et d'offrir à Dis non pas des têtes humaines, mais de petites figures où l'art reproduisait l'apparence humaine, et d'honorer les autels de Saturne non pas en immolant un homme, mais en allumant des flambeaux, car φῶς (φώς) signifie non seulement « hommes » mais aussi « flambeaux [270] ».

Ces lignes renferment une allusion à *Dis Pater* et une autre à *Saturne*, ce qui réconcilie Verrius Flaccus et Ovide ; une substitution opérée par Hercule qui rentre chez lui en ramenant ses troupeaux (le vers correspondant est chez Ovide : *donec in haec uenit Tirynthius arua*) ; quant à l'expression *oscilla ad humanam effigiem simulata*, elle pourrait passer pour une convenable définition des *Argei*.

Malheureusement... ce texte ne concerne pas les Argées, mais *les Saturnales* ! Bien qu'un critique moderne le cite parmi les documents que nous possédons sur les Argées, Macrobe, qui nous le transmet, est formel sur ce point [271]. D'ailleurs, les lignes qui suivent ne laissent aucun doute : *et aras Saturnias non mactando uiro sed accensis luminibus excolentes, quia non solum « uirum » sed et « lumina » significat* φως : ainsi explique-t-on la coutume de s'envoyer mutuellement des torches à l'occasion des Saturnales. Denys d'Halicarnasse connaît l'oracle, et le rapporte en propres termes dans son chapitre sur la vie des Aborigènes : il n'en fait pas usage lorsqu'il s'intéresse aux Argées [272].

Il est hors de doute qu'avec la plus grande simplicité, Ovide a agrémenté l'exposé de Verrius par l'emprunt d'un oracle au chapitre de Varron concernant les Saturnales. Le chiffre qu'il avance, *duo corpora*, ne correspond pas au nombre des mannequins annuellement précipités dans le Tibre, qu'il soit 24,27 ou 30, et suffit donc à prouver que cet oracle n'a rien à voir avec les Argées [273].

---

270. Macrobe, *Sat.*, I, 7, 28-31 : *Pelasgi, sicut Varro memorat, (...) confluxerunt plerique Dodonam, et incerti quibus haererent locis, eius modi accepere responsum :* ... δεκάτην ἐκπέμπετε Φοίβῳ,/καὶ κεφαλὰς Ἄιδῃ, καὶ τῷ πατρὶ πέμπετε φῶτα · (...) *Herculem ferunt postea... suasisse... ut faustis sacrificiis infausta mutarent, inferentes Diti non hominum capita sed oscilla ad humanam effigiem arte simulata.*
271. *Nec illam causam quae Saturnalibus assignatur ignoro (ibid.).*
272. I, 19, 3.
273. G. Wissowa, *loc. cit.* : *Der Orakelspruch mit diesen ursprünglich nichts zu thun hatte.*

Quelques détails peuvent accréditer cette conclusion. La mention faite par Ovide de l'époque à laquelle doit remonter le rite, *tum cum Saturnia terra uocata est,* se réfère précisément, ainsi que l'expression *Falcifer senex,* au texte de Varron. C'est à l'époque où les colons s'établissent sur le territoire nommé *Saturnia* que l'oracle commande le sacrifice. Or, s'il est normal que, s'établissant sur une terre nommée *Saturnia,* les colons aient dû payer la dîme à Saturne, et commémoré l'événement par l'institution des Saturnales, la chose ne se comprend guère pour les Argées ! Accordant au texte d'Ovide une excessive confiance, A. Bouché-Leclercq écrit : « Le nom de Saturne introduisit dans la théorie des Argées les légendes déjà groupées autour de lui, la ville de Saturnia et la visite d'Hercule [274] ». C'est comprendre les choses à l'envers, puisque c'est au contraire l'emprunt de l'oracle aux Saturnales qui introduisit dans les Argées le nom de Saturne !

Un document postérieur nous apporte une confirmation sans équivoque. Traitant des Argées, Lactance cite textuellement le passage de Varron que nous avons évoqué, et qui concerne les Saturnales, d'où un premier rapprochement surprenant : l'homme dont l'oracle ordonne le sacrifice à Saturne est jeté dans le Tibre du haut du pont Milvius, ce qui est proprement, au nom du pont près, le rituel des Argées [275]. Il ne peut s'agir que du texte concernant les Saturnales, puisque Lactance reproduit le dernier vers du texte cité par Varron donnant l'oracle. Puis, Lactance poursuit sa description du rite en citant... Ovide et les vers des *Fastes* ! *Verum id genus sacrificii... dicitur esse sublatum, ut Ouidius in Fastis docet :* « *Donec in haec uenit Tirynthius arua* ». Pour parachever son montage de textes, Lactance commet une maladresse insigne : il donne comme un rite des Argées l'offrande d'une torche, ce qu'Ovide s'était bien gardé de faire, pour l'excellente raison que ce rite appartient aux Saturnales : *quod quia uidetur ambiguum, et fax illi et homo iaci solet.* Lactance a donc utilisé pour les Argées le texte d'Ovide, mais en en restituant, comme il se doit, la première partie à Varron et aux Saturnales, tandis que l'offrande de la torche vient nous prouver, s'il était besoin, que l'oracle de Varron cité par Ovide provient bien des Saturnales, non d'un texte perdu sur les Argées.

Le mythe originel est assurément celui des Saturnales, qui paraît avoir des origines grecques connues. Avant d'être utilisé pour l'explication de cette fête, c'était un oracle indépendant, qui existait à Dodone, gravé sur un trépied, et dont un certain L. Manlius transcrivit la teneur, cité ensuite par

---

274. *Pontifes...,* p. 277.
275. Lactance, *Diu. Inst.,* I, 21. *Apparet tamen anticum esse hunc immolandorum ritum... ut non homo ad aram immolaretur, sed ut in Tiberim de ponte Miluio mitteretur. Quod ex responso quodam factitatum Varro est auctor : cuius responsi ultimus uersus est talis :* καὶ κεφαλὰς Ἅιδῃ καὶ τῷ πατρὶ πέμπετε φῶτα.

Denys d'Halicarnasse [276]. Mais on décèle une tendance des Anciens à attribuer à Hercule (on ne prête qu'aux riches), nombre de substitutions d'objets inertes à des victimes humaines. On s'habitua dès lors à considérer le héros comme responsable de la forme surprenante que revêtirent les rites des Saturnales et des Argées : offrande de torches, pendaison de statuettes en terre cuite dans le rite voisin des Sigillaires [277], et noyade des mannequins. Quoi d'étonnant qu'en présence d'une expression aussi curieuse que celle de *Sexagenarios de ponte,* qu'on ne pouvait pas ne pas rapprocher d'une cérémonie dans laquelle des hommes de paille sont jetés en bas d'un pont, on ait attribué à Hercule une substitution de plus que n'en comprend sa geste héroïque, et déformé un peu le schéma de son intervention aux Saturnales pour l'adapter aux Argées ? L'adaptation, en effet, était nécessaire : il n'y a pas de noyade aux Saturnales, il n'y a pas de torches aux Argées. Voilà pourquoi Verrius, savant prudent et spécialiste des Saturnales [278], se garde bien de citer en propres termes un oracle où les mots φῶτα et κεφαλάς se rapportent trop visiblement aux rites des Saturnales, où l'on emploie des chandelles et des statuettes. En effet, tout oracle comporte un jeu de mots qui permet d'en tourner le sens à loisir : comment adapter le mot φῶς aux Argées, où l'on ne trouve pas de chandelles ?

Ni Verrius Flaccus ni Denys n'ont utilisé directement l'oracle des Saturnales pour expliquer les Argées. L. Manlius avait copié le texte de l'oracle de Dodone, mais nous ne savons pas à quelle fête il en faisait l'application : sans doute aux Saturnales, à cause du jeu de mots sur φῶς, inséparable de la fête. Il se peut qu'il ait rapproché des Saturnales le rituel des Argées, et qu'il ait supposé qu'Hercule était intervenu également dans l'évolution de l'offrande, si toutefois le *Mani-* du texte de Festus transcrit son nom [279].

Reste Ovide. Lui, franchit le pas, sans s'aviser qu'un texte oraculaire comportant « des têtes » et « un homme » s'adapte malaisément à une fête où l'on sacrifie vingt-sept mannequins de jonc !

---

276. I, 19, 3 : ὁ γὰρ ἐν Δωδώνῃ γενόμενος αὐτοῖς χρησμός, ὅν φησι Λεύκιος Μάλλιος (...) Αὐτὸς ἰδεῖν ἐπί τινος τῶν (...) τριπόδων γράμμασιν ἀρχαίοις ἐγκεχαραγμένον. Pour l'identification de ce Λεύκιος Μάλλιος, *cf. Realenc.,* XIV, 1, col. 115. Sénateur en 97 av. J.-C., on trouve son nom sous différentes formes : Μάλλιος (mss. Μάμιος) chez Denys, *Mallius* chez Macrobe, I, 10, 4, *Manlius* chez Varron, V, 31, *Manilius* dans les *Ebd.,* VII, 16 et 28, et chez Arnobe, *Adu. Nat.,* III, 38.

277. Macrobe, *Sat.,* I, 11, 48.

278. On sait par Macrobe, I, 4, 7, que Verrius avait rédigé un ouvrage traitant de Saturne et de son culte.

279. G. Wissowa pense que le responsable du rapprochement entre les Saturnales et le proverbe relatif aux Sexagénaires n'est pas L. Manlius lui-même, mais Verrius Flaccus.

Un autre *aition* des Argées nous réserve une surprise semblable. Verrius Flaccus et Ovide affectent au proverbe ou aux Argées une autre origine : les compagnons d'Hercule, demeurés en Italie, désirent que leurs cadavres soient jetés aux flots marins, qui les emporteront jusqu'en Argos. On leur substitue des mannequins d'osier qu'on jette dans le Tibre, et c'est là l'étiologie qui a les faveurs d'Ovide :

> *Displicet heredi mandati cura sepulcri.*
> *Mortuus Ausonia conditur hospes humo.*
> *Scirpea pro domino Tiberi iactatur imago,*
> *Vt repetat Graias per freta longa domos.*
>   V, 657-660

Cette explication est extraite d'un texte de Cornélius Épicadus, grammairien affranchi par Sylla, et dont Macrobe reproduit le contenu : *Epicadus refert Herculem, occiso Geryone, cum uictor per Italiam armenta duxisset, ponte qui nunc Sublicius dicitur ad tempus instructo, hominum simulacra pro numero sociorum quos casus peregrinationis amiserat in fluuium demisisse, ut aqua secunda in mare aducta pro corporibus defunctorum ueluti patriis sedibus redderentur. Et inde usum talia simulacra fingendi inter sacra mansisse* [280].

En dépit de ressemblances frappantes, une fois encore, ce texte ne concerne pas les Argées... mais la fête hivernale des *Sigillaires* ! Il est étonnant, bien sûr, de voir Hercule accomplir un rite quasi analogue à celui des Argées (sauf que les figurines sont en argile et les *Argei* en osier), au sein d'une explication qui se rapporte aux Sigillaires, où l'on ne jette pas des figurines du haut du pont Sublicius, puisqu'elles sont suspendues dans la chapelle de *Dis Pater* [281]. Il est probable que, cette fois, ce sont les Argées qui ont influencé l'explication des Sigillaires : attiré sans doute par la proximité phonique entre *Argei* et *argilla*, Épicadus a introduit dans le contexte des Sigillaires le pont Sublicius qui appartient au contexte des Argées. Néanmoins, la fable qu'il développe prétendait formellement expliquer les Sigillaires, non les Argées : *nunc de Sigillaribus,* écrit Macrobe, avant d'introduire la citation d'Épicadus. Verrius Flaccus et Ovide en ont donc fait un emploi illégitime.

Illégitime, chez Ovide, mais non pas inintelligent : le recours à cette étiologie lui permet de concilier deux textes contradictoires de Verrius Flaccus. Une note du grammairien définissait les Argées-chapelles (*Argea*) comme des tombeaux d'Argiens [282] : *Argea loca Romae appellantur quod*

---

280. *Sat.*, I, 11, 47.
281. Voir étude B. 653.
282. Paulus, p. 18 L., *s.u. Argea.*

in his sepulti essent quidam Argiuorum illustres uiri. Comment admettre que les Argiens ont été enterrés dans ces chapelles, dénommées dès lors *Argea,* et admettre ailleurs qu'on a jeté dans le Tibre des cadavres d'Argiens, remplacés ensuite par des mannequins dénommés *Argei* ? Ovide suppose donc ingénieusement qu'on n'avait pas noyé les corps, mais qu'on les avait enterrés *(mortuus Ausonia conditur hospes humo)* tandis que les héritiers avaient remplacé les vrais corps par des mannequins. Ainsi, les traditions sur les Argées-chapelles et les Argées-mannequins ne s'excluent-elles pas l'une l'autre.

Que les Anciens, qu'Ovide, utilisent sans discernement des documents relatifs à des fêtes différentes, le fait est excusable. Mais l'on ne peut approuver pareille pratique de la part des Modernes, qui, faisant fi de la distinction entre Saturnales et Argées, utilisent, dans un parfait mépris des textes, les témoignages antiques.

Nous voyons naître alors des mixtures de textes souvent surprenantes. Ainsi, une note de H. Steuding [283] définit-elle les dédicataires des Argées comme étant Saturne (Lactance, Ovide), Kronos (Denys d'Halicarnasse), Dis Pater (Festus), Hadès (Macrobe) : où et quand Macrobe a-t-il parlé des Argées ? Denys et Festus ont rapproché les deux séries de rites, jamais Macrobe.

Même procédé chez H. Jordan : « Pour l'offrande de mannequins du 15 mai, Varron connaissait déjà trois explications » ; et à la suite de cette affirmation inacceptable, les références : *Varro bei Macr., I, 7, 28 ff. und bei Lactanz., I, 21, 6... Das Orakel hat auch Dionys. und Lactanz* Κρονίδη, *Macrobius* Ἅιδῃ *; auch bei Festus ist Diti patri quot (annis) erhalten. Hercules substituirt dafür imagines ex scirpo (oscilla Macr.)* [284]. Voilà bien la plus belle confusion de textes et de rites qu'on puisse imaginer : Varron n'a pas en tête, lorsqu'il cite son oracle, les Argées, mais les Saturnales. Lorsque Denys reproduit le même texte, c'est dans un morceau qui décrit la vie des Aborigènes, où il n'est aucunement question des Argées. Et comment appliquer le texte où Macrobe écrit *oscilla,* et évoque donc les poupées d'argile qu'on suspendait le jour des Sigillaires, au rite des Argées où il est question d'hommes d'osier *(scirpea)* ? Il est inutile d'aligner quatre pages denses de considérations subtiles et de minutieuses déductions, pour proclamer en conclusion : « l'oracle donné par Ovide pour les Argées est une interpolation », alors qu'un seul coup d'œil sur le texte de Macrobe qui donne le même oracle à propos des Saturnales suffit à établir la conviction.

---

283. *Lexicon* de W.H. Roscher, *s.u.* « Argei ».
284. *Topographie der Stadt Rom in Altertum,* 2, Berlin, 1871, p. 282.

On ne devrait pas avoir le droit, sous prétexte qu'Ovide a détourné sans vergogne un texte de Varron étranger au rituel qu'il décrit, d'en conclure que Varron lui-même donnait ce texte pour les Argées ! Ainsi fait pourtant H. Diels, en même temps qu'il s'enflamme contre l'innocent grammairien, pour avoir mis en relation avec les Argées un oracle grec, « évidemment une falsification stupide, créée par un *graeculus* [285] ». Encore une fois, Varron a-t-il même esquissé le rapprochement avec les Argées ?

Varron n'est point le seul à se voir maltraité par une critique moderne bien mal avisée. Voici le plus beau texte du lot, où le grand coupable de la confusion entre les deux fêtes devient... Macrobe, le malheureux Macrobe qui, dans toutes ses *Saturnales,* n'a jamais écrit la première lettre du mot « Argées » ! ce qui n'empêche pas qu'on lise : « Le grammairien Macrobe, qui ne semble posséder sur la cérémonie des Argées que des notions assez vagues » (!) « considère l'offrande des *Sigillaria* comme identique à la noyade des mannequins. Il se peut qu'il ait été trompé par un passage de Varron que rapporte Lactance, où l'oracle de Dodone figure avec une légère variante, en même temps que l'usage de lancer du haut d'un pont, à Rome, des mannequins dans le Tibre [286] ».

On croit rêver. A moins que le texte des *Saturnales* que J.A. Hild avait sous les yeux ne fût pas le même que le nôtre ?

CONCLUSION

Que conclure de cette étude sur la déformation des sources pratiquée par Ovide ? Bien sûr, que l'action personnelle du poète sur les étiologies dont il dispose se révèle incontestable. Elle se manifeste fortement à propos de certains *aitia,* et modifie si profondément un contexte explicatif qu'elle en vient parfois à fausser l'ambiance du rite, et par là-même sa compréhension. Prendre pour argent comptant les mythes ou récits divers que nous propose Ovide, sans aviser le point de rupture entre eux et le sujet ni tenir compte du fait qu'ils sont étrangers à la cérémonie décrite, peut entraîner les historiens de la religion à formuler bien des hypothèses hasardeuses, démenties dès leur naissance par le simple fait que leur fondement, loin d'être un solide appui, est par avance l'instrument de leur perte. *Es wäre daher ein Fehler,*

---

285. *Sibyllinische Blätter,* Berlin, 1890, p. 43-44.
286. *Fables et superstitions populaires dans la littérature latine : les Argées,* dans *B.F.L.P.,* jan. 1889, 36-50 et fév., 115-132 ; citation n° de janvier, p. 41.

écrit sagement E. Lefèvre [287], *mangelhafte oder fehlende Motivationen zum Anlass für weitreichende philologische Schlüsse zu nehmen, wie dies in der früheren Ovidliteratur haüfig der Fall gewesen ist*. En d'autres termes, l'homme qui bâtit avec trop de confiance son édifice religieux sur le terrain étiologique des *Fastes* risque bien de bâtir sur le sable !

Cette observation peut nous amener à nous poser la question attendue, celle du crédit qu'il convient d'accorder aux *Fastes*, question abordée déjà par R. Schilling [288]. Dans l'ensemble, R. Schilling accorde un *satisfecit* à notre poète. Bien sûr, « l'anecdote bouffonne » qui met en scène Mars et Anna Perenna « ne saurait être érigée au rang de mythe [289] », pas plus que l' « histoire extravagante [290] » de Tacita, ce que d'ailleurs nul ne conteste. En revanche, il convient de créditer Ovide de certains détails rituels uniques : l'anniversaire du temple de Jupiter *Libertas* [291], ou la mention de *Coronis* [292], qui vient heureusement compléter un texte épigraphique lacunaire. On doit aussi le remercier pour certaines exégèses précieuses : celle des rites de Leucothéa, par exemple, « où la mythologie hellénique n'a servi finalement qu'à authentifier le rite romain, en proposant, à défaut de la signification authentique, une explication intelligible [293] ».

La conclusion de R. Schilling est, d'une part, que « le déséquilibre que nous ressentons parfois entre la description rituelle et la justification mythique ne doit pas accabler le poète », car il correspond à un déséquilibre entre traditions romaines et goût hellénistique et, d'autre part, qu'Ovide « ne demande qu'à respecter les faits quand ils s'imposent avec la force d'une tradition authentique [294] ».

Le déséquilibre ressenti doit être imputé aussi, pensons-nous, à l'action d'Ovide lui-même, qui mêle, très consciemment, des étiologies d'origine diverse. Quant à ce prétendu respect de traditions prétendues authentiques, il est, pour le moins, sujet à caution. R. Schilling se fonde, pour en compli-

---

287. *Die Lehre von der Entstehung der Tieropfer in Ovids Fasten*, dans Rh.M., 119, 1, 1976, 39-64.
288. *Quel crédit faut-il accorder à Ovide, poète des Fastes ?* dans un recueil de conférences réunies par la coll. *Latomus*, 107, 1966, 9-24.
289. P. 17.
290. *Ibid.* ; aussi dans *Ovide, poète des Fastes*, dans les *Mélanges J. Carcopino*, 1966, 863-875, p. 871.
291. IV, 623-624 ; notons que justement, Ovide a commis une confusion, reproduite par R. Schilling ; voir p. 362.
292. *Op. cit.*, p. 15 ; voir également p. 361.
293. P. 20.
294. P. 18 ; p. 23.

menter Ovide, sur l'unique fête des *Vinalia*, à propos de laquelle il a sollicité le texte des *Fastes*, et lui a fait dire que l'on fêtait Vénus aux *Vinalia*, alors que même le texte ovidien, le plus dévoué de tous à l'idéologie julienne et au service de Vénus, n'a pu nommer la déesse dans un contexte où elle n'apparaît pas. C'est par une véritable distorsion de sens que R. Schilling a lu *« Vénus »* dans les vers où Ovide avait écrit *« Énée »* [295]. Privilégier, parmi d'autres sources, le texte d'Ovide parce que son *Aeneas*, là où d'autres parlaient de *Latini*, permet de glisser Vénus dans les *Vinalia*, ce n'est certes pas privilégier une tradition authentique, d'autant que cette tradition se réduit à un seul document.

Où est donc la tradition authentique, dans l'accueil de Cybèle à Rome ? Est-ce le récit rigoureux de Tite-Live, où il n'est pas question d'un quelconque incident ayant pu retarder l'accostage du navire, où Claudia Quinta ne touche même pas l'idole, où le jeune Scipion Nasica exécute ponctuellement les instructions de l'oracle, lui, l'*optimus uir* choisi par les dieux ? Est-ce au contraire la fable ovidienne qui donne la première place à Claudia, et décrit une véritable ordalie, dont elle emprunte les termes à des jugements de Vestales, ou qui introduit dans la fête, au mépris des réalités topographiques, le bain de la Pierre noire dans l'Almo [296] ? Où est la vérité, dans la célébration des Lupercales, dont Ovide modifie complètement le contexte de deuil, de purification, d'expiation, pour y faire pénétrer de tout autres idées et y glisser une autre Junon ? Où il installe un épisode, fruit d'une triple contamination, pour amener les Modernes à supposer dans le rituel une manducation d'*exta* qui n'y existe pas [297] ? Où est la vérité des danses saliennes ? Est-elle dans le livre III des *Fastes*, où un texte prétendument consacré aux Saliens escamote purement et simplement leur liturgie au profit de l'histoire de Jupiter *Elicius* ? Et ce texte que l'on suppose décrire les *Sementiuae*, n'est-il pas imité d'un morceau de Tibulle retraçant une autre fête ? Ces oracles, qui émaillent les *Fastes* et ajoutent à leur pittoresque, peuvent-ils vraiment plaider pour le scrupuleux respect du poète envers son sujet, empruntés qu'ils sont à des traditions étrangères aux rituels traités, et enchâssés dans les *Fastes* avec une habileté perverse ? L'utilisation des traditions sur les *Parentalia* pour leur faire illustrer les *Lemuria*, est-elle légitime ? Le détournement d'une historiette relative aux sources des *Lautolae* pour en faire un épisode des guerres sabines en liaison avec Janus, est-il le fait d'un historien scrupuleux ? Et est-ce bien jouer franc jeu que de faire prendre à son lecteur *Cardea* pour *Carna*, l'*Ida* crétois pour l'*Ida* phrygien,

---

295. Ovide, *Fast.*, IV, 891-900.
296. Voir étude B. 652.
297. Voir étude B. 651.

les Lares *Compitales* pour les *Praestites,* la mort d'Énée pour la mort d'Anna ? Peut-on se fonder, enfin, sur le seul texte des *Fastes,* qui atteste le lâcher de renards en feu aux *Cerealia* ? En conclusion, la liturgie ovidienne a-t-elle quelque chose à voir avec la liturgie traditionnelle ? Au niveau du rituel, oui. Au niveau de l'étiologie, certainement non.

Les nombreuses manipulations qu'Ovide a fait subir à son corpus de textes nous donnent donc l'impression qu'il a traité la tradition étiologique comme sa propriété personnelle, malléable selon son gré. Il n'a jamais hésité devant la contamination d'*aitia*, empruntant à toutes mains pour enrichir son propre texte, et fermant les yeux sur les hiatus et les distorsions qu'entraîne inévitablement l'insertion d'un *aition* étranger dans une tradition établie : toute étiologie, nous le verrons de façon plus précise, est façonnée sur le moule du rituel qu'elle explique, puisque ce sont les éléments de ce rituel qui lui donnent naissance. Il est fatal que l'adaptation d'un *aition* à un rite pour lequel il n'a pas été créé ne se fasse pas sans difficultés. Le plus bel exemple est le dernier cas que nous avons étudié, où l'insertion de l'oracle des Saturnales dans les Argées essaie de faire coïncider un texte qui parle d' « *un* mortel » avec un rite où l'on sacrifie vingt-sept mannequins, et laisse résolument de côté la torche, qui permet un jeu de mots entre les deux sens grecs de φώς.

Ces hiatus ne se décèlent qu'au stade d'un examen plus approfondi que la simple lecture d'agrément, tant l'art incomparable d'Ovide sait merveilleusement fondre, organiser, amalgamer des éléments de nature très différente. A coup sûr, on ne doit point minimiser toutes les modifications qu'il a apportées aux données traditionnelles, en alléguant que seule importe la description des rites, l'étiologie n'étant qu'un luxe superflu, dont la physionomie originale n'importe guère : du moment qu'Ovide raconte à peu près la même chose que ses devanciers, on ne se préoccupe pas d'isoler les points sur lesquels précisément il se sépare d'eux.

Loin d'accorder une aveugle confiance aux étiologies d'Ovide comme à celles d'un copiste banal et fidèle, le critique moderne doit compter avec une puissante personnalité littéraire, qui imprime profondément sa marque dans la tradition antérieure, la modèle, la transforme et la fait sienne, jusqu'à l'imposer avec une impudente mauvaise foi à ses lecteurs crédules, jusqu'à égarer bien souvent sur de fausses pistes la recherche moderne elle-même.

Naïveté ? Incompréhension foncière d'un contexte religieux ? Esprit brouillon, incapable de distinguer un domaine religieux d'un autre ? Rien de tout cela, bien sûr, les arrangements que nous avons signalés et commentés étant souvent réalisés avec une technique littéraire et même scientifique impeccable. Mais bien au contraire, l'art infiniment subtil et dangereux d'un illusionniste.

DEUXIÈME PARTIE

LES CADRES ÉTIOLOGIQUES

Les différentes études que nous avons menées jusqu'ici visaient un double but. Nous replacions d'abord les *Fastes* à l'intérieur d'un contexte littéraire et scientifique, en essayant d'évaluer l'aide qu'Ovide pouvait recevoir de ses devanciers, et d'apprécier son aptitude à exploiter les ressources qu'ils mettaient à sa disposition. Nous faisions ressortir son attitude critique en face de ses sources, en montrant qu'il savait prendre ses distances avec elles pour opérer un choix concerté, répondant aux intentions de son œuvre ou à ses propres aspirations. Nous mesurions l'influence qu'avait pu exercer, dans le choix ou la présentation des causes, une certaine orientation de la politique religieuse augustéenne. C'était là une première approche d'un personnage passionnant à découvrir : le chercheur scientifique Ovide, aux prises avec une tâche difficile pour le poète qu'il est surtout.

Dans un second temps, afin de mettre davantage en lumière l'originalité d'Ovide, nous avons étudié quelques exemples d'innovation subtile dans une œuvre si souvent présentée comme une pieuse reproduction des recherches varroniennes ou verriennes. Nous avons conclu que l'historien des religions, qui traite souvent à la légère le texte ovidien, doit compter avec un adversaire à sa mesure, et ne point sous-estimer la redoutable intelligence cachée sous la bonne foi un peu naïve dont cet autre Brutus couvre certains arrangements fallacieux : de nombreux textes apparemment « sincères » — au sens latin du terme — ont provoqué bien des erreurs dans la recherche moderne, Ovide ne se comportant pas en serviteur consciencieux d'une science à laquelle il aurait dû tout sacrifier. Certes, l'image d'un poète scrupuleux, soucieux de probité historique et d'exactitude envers ses devanciers, en sort un peu amoindrie. Mais la biographie d'un auteur, et surtout sa biographie scientifique, ne doit pas être pour autant un panégyrique. L'Ovide subtil, volontiers trompeur et habile faussaire, que nous avons rencontré dans plusieurs montages illicites, est d'ailleurs un personnage plus intéressant à découvrir que le copiste un peu borné, ennuyé et ennuyeux, qu'on voyait souvent dans le rédacteur des *Fastes*.

Une fois définies les conditions de recherche qui s'offraient à Ovide et sa conception de l'œuvre entreprise, il nous faut étudier cette recherche elle-même en ses éléments constitutifs, dégager des caractères fondamentaux, établir s'il se peut les constantes de l'étiologie ovidienne. Nous ne pouvions aborder cette étude qu'après nous être assurée qu'il y avait bien originalité et choix personnel de la part du poète : son œuvre étant constituée à partir d'éléments préexistants dont il doit s'inspirer, cette recherche n'avait d'intérêt que dans la mesure où se manifestaient sur ces éléments une initiative ovidienne et une réflexion concertée.

Les différents domaines entre lesquels se répartissent les étiologies vont nous permettre d'approfondir cette originalité et ce travail d'Ovide. Notre Élégiaque va devoir s'improviser simultanément mythographe, sociologue, liturgiste, historien, philosophe, grammairien ! Chaque catégorie comporte ses techniques, ses difficultés, ses exigences : il nous faudra étudier la manière dont Ovide, confronté avec ces difficultés et ces exigences, s'en accommode et en vient à bout. Dans le cas d'un travail versifié, un problème supplémentaire se pose à l'étiologue : concilier la précision et l'exactitude scientifiques avec le rythme du distique élégiaque, étude qui nous réservera quelques découvertes intéressantes.

Nous avons isolé les étymologies, qui constituent un groupe étiologique spécial. La recherche la plus immédiate, en effet, touchant une fête, un dieu, un rite, concerne leur *nom,* et s'attache à élucider les raisons profondes qui leur font attribuer telle ou telle appellation. L'étude des noms a été et demeure encore l'une des sources les plus fécondes de la recherche étiologique. Mais l'étymologie doit être placée en première ligne pour une autre raison spécifique : chaque explication grammaticale qui décompose un nom pour le réduire à une racine s'appuie immédiatement sur des considérations de fonctions, d'histoire, sur des observations scientifiques en tout genre destinées à justifier la dérivation proposée [1] : « tel mot provient de telle racine, *parce que...* ». Si bien que toute étymologie doit se redéfinir immédiatement en termes de sociologie, d'histoire, de mythe.

Les autres catégories étiologiques ont été déterminées sur un critère unique : le caractère archétypal ou ectypal de chaque *causa.*

---

1. Toute étymologie religieuse n'est acceptable que si la dérivation tient compte des éléments rituels conservés, qui, plus que le nom, aident à préciser l'essence de la divinité et son appartenance à une sphère liturgique. Lorsqu'on analyse *Lupercus* en fonction de *lupus,* il faut prendre garde au fait que le rituel ne parle pas de la présence du loup ; lorsque G. Radke (B.671) fait de *Larentia* une déesse verdoyante (p. 166), il oublie les offrandes funéraires à elle adressées, et la date de la fête ; lorsqu'il analyse *curia* comme issu de * *co - vers-ya,* la racine * *vers-* signifiant « mouiller » ou « féconder », il ne se demande pas comment concilier l'idée d'humidité ou de fécondité avec la réalité politique de la *curia* (*Archaïsches Latein,* Darmstadt, 1981).

Dans la catégorie des causes ectypales ou atemporelles, nous commencerons, comme il se doit, par les causes « religieuses », suivies par les causes « sociologiques » et par les causes « philosophiques ». Ces trois séries possèdent en commun une même caractéristique : elles ne cherchent pas à rattacher la naissance d'un rite à un homme unique, à un lieu défini, à un événement circonstancié, mais témoignent de croyances répandues en tous temps et en tous lieux. C'est une étiologie horizontale, statique. Nous prendrons comme exemple l'étiologie des *Caristia* : « Pourquoi célébrer des réjouissances familiales au sortir des fêtes des Morts ? » « C'est en vérité », nous répond Ovide [2], « un réconfort, en quittant les tombeaux et ceux de nos proches qui ont péri, de reporter aussitôt nos regards sur les vivants, et, après tant de deuils, d'avoir sous les yeux tout ce qui reste de notre sang ». Il est impossible d'affecter au culte des Morts une date d'apparition, une histoire, un fondateur.

Les causes archétypales, au contraire, sont des causes temporelles, verticales, relevant d'une étiologie plus dynamique. Elles cherchent à cerner au plus près un événement unique, à s'appuyer sur un personnage identifiable, à fixer une date. Préférant le particulier au général, le ponctuel à l'étendu, elles réduisent la naissance du rite à un simple point dans le temps, que ce temps soit humain ou divin, mythique ou historique. Ainsi, l'autre fête des Morts, les *Lemuria,* est-elle analysée par le même Ovide sur un autre plan que la première, et mise en rapport avec la mort de Rémus : un personnage, une date, des circonstances précises. Allant du plus proche au plus éloigné, nous traiterons d'abord des causes « historiques », puis des causes « légendaires », enfin, des causes « mythiques ».

---

2. *Fast.*, II, 619-622, trad. H. Le Bonniec ; texte :
   Scilicet a tumulis et qui periere propinquis
   Protinus ad uiuos ora referre iuuat,
   Postque tot amissos quidquid de sanguine restat
   Adspicere et generis dinumerare gradus.

A

L'ÉTYMOLOGIE

1. Rome et l'étymologie

« Elle touche à tout », écrit P. Guiraud [3], « et tout le monde y touche » : tributaire d'une foule d'autres disciplines spécialisées, archéologie, droit, histoire, science des Antiquités, phonétique, géographie, histoire des langues [4], l'étymologie relève aussi, paradoxalement, du domaine public, et, l'étymologie dite « populaire » en est la preuve, l'homme de la rue autant que le grammairien peuvent s'y essayer. L'étymologie des noms propres, l'onomastique, est l'une des branches majeures de l'étiologie, et sûrement l'une des plus anciennes. A tort ou à raison, les Anciens accordaient une grande importance à ces révélations qu'entraîne l'examen d'un nom propre — on relève les premières étymologies chez Homère — et l'on admet généralement que les édifices imposants constitués par les débuts de l'histoire

---

3. *L'Étymologie*, Paris, 1972, p. 5 ; lire aussi J. Vendryès, *Le Langage*, Paris, 1968[3], p. 198.
4. Selon A. Traglia, *Dottrine etimologiche ed etimologie varroniane*, dans les *Entretiens sur l'Antiquité classique*, 9, Genève, 1962, 35-67.

romaine ont commencé de s'élever sur la base d'étymologies vraies ou fausses [5]. D'autre part, l'étymologie a été « la source d'un très grand nombre de mythes. Le peuple est un philologue qui veut se rendre compte des noms qu'il entend, et qui, grâce à son imagination, trouve aisément une histoire pour expliquer un nom propre. Plus même le conte qu'il invente est bizarre, plus il s'y attache, et bientôt il cite le nom comme preuve à l'appui du récit [6] ». Ces quelques observations de M. Bréal nous paraissent exprimer lumineusement la démarche de la recherche populaire.

Mais le peuple n'est que rarement un bon philologue, et les mécanismes de sa technique sont des plus rudimentaires : *Etymology in ancient times was nothing but empirical word-play* [7], estime, avec raison, F.H. Lee. Comme, du reste, l'étymologie médiévale, l'étymologie antique est loin d'être une science exacte. Elle doit procéder « par analogie intuitive, en l'absence de tous critères rationnels et objectifs propres à la définir [8] ». Si l'on ajoute à ces considérations déjà pessimistes la fantaisie et le manque de sérieux dont on fait habituellement grief à notre poète, on aura des raisons valables de considérer avec quelque suspicion les assertions grammaticales contenues dans son ouvrage : les idées d'Ovide sur la dérivation des mots « font sourire » H. Fränkel [9] et « épouvantent » L.P. Wilkinson [10] !

**

Dès les premiers temps de l'accession de Rome à la culture, l'étymologie passionne, et, comme ailleurs, passionne tout le monde. Les premiers noms que l'on est en mesure de relever ne sont pas des noms de philologues, mais de poètes : Naevius, Accius, Ennius [11]. Historiens, légistes, politiciens, Antiquaires, techniciens en toutes branches s'exercent à l'étymologie : Fabius Pictor, Caton l'Ancien, Fulvius Nobilior, Cassius Hémina, Cincius Alimentus, Cornélius Labéo, Calpurnius Piso, Lutatius Catullus, Épicadus, et la liste exhaustive ne s'arrêterait pas là, si vif est, à Rome, « le besoin curieux et quasi mystique de découvrir la clef des désignations verbales [12] ».

---

5. O. Gigon, *Probleme der Römischen Religionsgeschichte*, dans les *Mélanges Nicolau d'Olwer*, 1, Barcelone, 1961, 77-97, p. 79.
6. M. Bréal, *« Hercule et Cacus »*, Paris, 1882, p. 16.
7. F.H. Lee, *Etymological Tendancies of the Romans*, dans *C.W.*, 7, 1914, 90-96, p. 90.
8. P. Guiraud, *op. cit.*, p. 16.
9. *Ovid, a Poet...*, p. 147.
10. *Ovid Recalled*, p. 265.
11. Exposé exhaustif dans l'ouvrage de J. Collart, *Varron, grammairien latin*, Paris, 1954, notamment p. 251-302.
12. *Ibid.*, p. 254. Il faudrait ajouter aux noms cités celui de Cicéron, dont le *De Natura Deorum* nous a conservé les tentatives des Stoïciens pour élucider les théonymes latins.

A l'époque de Varron, immédiat prédécesseur d'Ovide, les lecteurs romains réclament des publications étymologiques, puisque l'illustre et irascible érudit proteste contre leurs exigences [13]. « Nous sommes assurés, » affirme J. Collart, « que poètes et historiens n'obéissaient pas à un caprice en émaillant leurs œuvres d'indications étymologiques *a priori* inopportunes [14] ».

Nous avons évoqué Varron : après Aelius Stilo, son maître, l'infatigable polygraphe est à coup sûr le premier grammairien de Rome, « le premier jalon tangible », en tout cas, « de la science grammaticale à Rome, et quasi le créateur d'une doctrine et d'une terminologie [15] ».

Si Varron est l'héritier des traditions étymologiques grecques [16], il a su se dégager en partie de leurs diverses influences : « Avant de recourir aux découvertes et aux compilations d'autrui, » estime A. Traglia [17], « il pouvait recourir à sa propre expérience et à sa propre doctrine ».

Encore que nous ignorions la pensée profonde de Varron, puisque les premiers livres du *De Lingua latina* où elle est exprimée ne nous sont pas parvenus, il nous est loisible d'en prendre une idée grâce à un résumé placé en tête du livre V [18], et à quelques lignes de Saint-Augustin [19], où l'on trouve énumérés les principes sur lesquels se réglaient les Stoïciens pour ne laisser échapper l'explication d'aucun mot de la langue : onomatopées et harmonies imitatives, catachrèse, antiphrase, métonymie, synecdoque. L'étymologie antique, en effet, ne se préoccupe pas d'établir l'arbre généalogique d'un mot, elle préfère en éclairer le sens par l'établissement de rapports introduits entre des mots phonétiquement voisins. On aboutit, comme il faut s'y attendre, à des catastrophes, avec, par exemple, la célèbre explication du nom du renard, *uolpes* : « celui qui a des ailes aux pieds » *quod uolat pedibus* [20]...

---

13. Édition de Varron, *Ling. Lat.*, V, p. XIV.
14. *Op. cit.*, p. 256.
15. J. Collart, édition de Varron, *Ling. Lat.*, V, Paris, 1954, p. IX.
16. Elles se subdivisent en deux écoles, celle de la $\varphi\acute{v}\sigma\iota\varsigma$ (Héraclite et Pythagore) (Épicure et Cléanthe) et celle de la $T\acute{v}\chi\eta$ (Démocrite et Aristote), Platon conciliant l'une et l'autre.
17. *Op. cit.*, p. 44.
18. § 7-9. Au premier niveau, l'étude dont est capable l'homme de la rue, c'est-à-dire la simple distinction des éléments d'un composé ; puis, celle des grammairiens, avec l'analyse du lexique poétique ; au-dessus, celle des philosophes Stoïciens, qui retrouvent le « cœur » du mot, ou *primigenium*. Enfin, au stade suprême, celle des Pythagoriciens, familiarisés avec l'harmonie transcendantale, et du *Rex Sacrorum*, détenteur des arcanes de la religion.
19. *Principia Dialecticae*, VI, § *De Origine uerbi*, Patrologie, 32, 1, p. 1411 ; *cf.* Quintilien, *Inst. Or.*, I, 6, 28.
20. Aelius Stilo, cité par Varron, *Ling. Lat.*, V, 101, et Quintilien, *Inst. Or.*, I, 6, 33 ; à titre de récréation, autant que pour faire pardonner les faiblesses de l'étymologie ovidienne, voici

Il s'agit, en fait, de décomposer chaque vocable en plusieurs syllabes, et de découvrir, pour chacune d'entre elles, d'autres mots qu'elles contribuent à former, et qui présentent avec le premier mot un rapport de sens tendant à l'éclairer. C'est ce qui se passe dans le cas du mot *ancile*, que Varron décompose en * *amb* + *caedere*, ce qui est encore une dérivation plausible [21]. Mais il serait étonnant qu'un tel système assure la découverte infaillible de la bonne explication dans des cas moins transparents. Si l'on veut, puisque Varron affirme pouvoir, à travers le fruit, retrouver le tronc, puis la branche, puis les racines, tout se passe comme si, en présence du mot « poire », il déclarait, se fondant sur l'initiale commune et la présence d'un tronc, que peuvent lui avoir donné naissance le *p*ommier, le *p*oirier, le *p*runier ou le *p*almier [22] !

On aurait tort, pourtant, de se montrer aussi sévère qu'on a pu l'être pour l'étymologie varronienne, aussi sévère pour l'étymologie ovidienne. La recherche latine se heurtait à des obstacles sérieux, dont le moindre n'est pas qu'elle devait travailler sur des mots dont le sens était perdu depuis bien longtemps, en particulier dans le domaine du lexique religieux. « Varron et ses pareils se trouvaient face à un langage sacral très riche, qui ne leur était intelligible que pour une modique part. Ils se voyaient contraints de se lancer à l'eau, avec leur seule méthode de combinaison de choses et de mots héritée des érudits alexandrins, ce qui les a conduits occasionnellement à des résultats plausibles, quelquefois à des résultats fantastiques, et presque toujours à des résultats totalement incontrôlables [23] ».

---

quelques perles de la philologie latine : « épi » venant d' « espoir », *a spe spicae* (Varr., V, 37) ; « chien » de « chanter », *canis* de *canere* (V, 99) ; l'*apex*, coiffure du Flamine, du fait qu'il est « loin de ses pieds » *apex, quod longe sit a pedibus* (Isid., *Etym.*, I, 4, 15) ; le « célibataire », *caelebs*, du fait qu'il mène une vie « céleste », *quod dignam caelo uitam agat* (Paulus, p. 38 L.).

21. *Ling. Lat.*, VII, 43. Voir p. 227.
22. *Ling. Lat.*, VII, 4 : *neque, si non norim radices arboris, non posse me dicere pirum esse ex ramo, ramum ex arbore, eam ex radicibus quas non uideo*. L'exemple que nous avons choisi est outré à dessein : pour une même explication, il faut respecter deux exigences complémentaires, celle du « sens voisin » et celle du « rapport sémantique ».
  Lorsque Varron écrit que *templum* sort de *tueri*, il prend en compte l'identité de l'initiale, mais aussi le rapport de sens ; même chose pour *hiatus, hiems*, cités par J. Collart, *Varron*, p. 278. Mais dans le cas de « solitude » et de « solution », que J. Collart, avec quelque malignité, fait dériver l'une de l'autre sur le modèle des assimilations varroniennes, il existe un rapport de son, pas de sens.
23. O. Gigon, *op. cit.*, p. 82 : *Varro und seinesgleichen standen schon einer umfangreichen Sakralsprache gegenüber, die ihnen nur noch zum geringen Teile verständlich war. Sie sahen sich gezwungen, mit ihren aus der alexandrinischen Gelehrsamkeit übernommenen Methoden der Sachkombination und Wortdeutung einzuspringen, was gelegentlich zu möglichen,*

Lorsqu'on interprétait en fonction de réalités romaines des vocables italiques ou étrusques, *Mercurius* par *merces, Carmenta* par *carmen, Vertumnus* par *uertere, Patulcius* par *patere, Veiouis* par *ue + Iouis* [24], il est bien évident qu'on ne pouvait le faire grâce à des rapprochements linguistiques accessibles seulement à des philologues modernes. A. Traglia a plaidé l'indulgence, en termes très convaincants, pour les errements antiques, et son texte mérite d'être reproduit [25] : « Nous sourions aujourd'hui des étymologies varroniennes (...). Si nous songeons à la carence presque absolue de moyens pour la recherche étymologique dont lui et ses sources plus accréditées souffraient alors, et ce pour une recherche difficile même pour nous, qui sommes en ce domaine bien mieux armés que les Anciens, nous devrions bien plutôt nous émerveiller et rester stupéfaits en face du courage avec lequel Grecs et Latins se sont lancés dans une entreprise de loin supérieure à leurs capacités ».

Un peu après Varron, viennent Atéius, surnommé *Philologus*, et Valérius Caton, dont les œuvres sont presque totalement perdues ; puis Verrius Flaccus, l'une des sources directes d'Ovide, qui reproduit Varron avec la plus grande simplicité, encore qu'il s'écarte volontiers, sur quelques points, du *De Lingua latina* [26]. La renommée fâcheuse de Varron rejaillit sur ses disciples, au point que, lorsqu'on tombe sur quelque écrit grammatical inepte, on suppose aussitôt que Varron doit l'avoir inspiré : *Eine Schrift*, écrit F. Schwegler [27], *die unsere Meinung von Varro's Geschmack und Urtheilkraft nur herabstimmen kann, so sehr wimmelt sie von unsinnigen, kindischen, selbst gegen die Anfangsgründe der lateinischen Grammatik verstossenden Etymologieen.*

Lorsqu'on aborde la question de l'étymologie dans les *Fastes*, l'étude semble à première vue offrir des perspectives restreintes, puisque Ovide,

---

nicht selten zu phantastischen und fast immer zu völlig unkontrollierbaren Ergebnissen geführt hat.

24. Voir F. Bömer, *F. éd. comm.*, 2, 1958, p. 31.

25. *Op. cit.*, p. 66 : *Noi oggi sorridiamo delle etimologie varroniane che talvolta ci sbalordiscono per la loro ingenuità e grossolanità. Ma spesso il nostro atteggiamento critico in questo campo non è sufficientemente fondato sul piano della storia e finisce perciò col diventare ingiusto. Varrone è figlio ed espressione della cultura del suo tempo e non possiamo giudicarlo come giudicheremmo uomini della nostra età. Se pensiamo alla mancanza pressoché assoluta di mezzi per la ricerca etimologica in cui egli e le sue fonti più accreditate si trovavano, per une ricerca, çioè, assai difficile anche per noi che siamo in questo campo ben più agguerriti degli antichi, dovremmo ben più meravigliarci e rimanere sbalorditi di fronte al coraggio con cui Greci e Latini si gettarono in una ricerca di gran lunga superiore alle loro forze.*

26. W.S. Teuffel, *Gesch. Röm. Litt.*, (trad. J. Bonnard), Paris, 1879, p. 64.

27. F. Schwegler, *Römische Geschichte*, 1, Tubingen, 1868, p. 127.

incapable, on le sait, de raisonner par lui-même, et soucieux seulement de composer un condensé de recherches antérieures [28], a dû se borner à démarquer Verrius Flaccus et Varron. Une telle recherche ne risque-t-elle donc pas de concerner au premier chef Varron ou Verrius à travers Ovide, sans nous apprendre quoi que ce soit sur les capacités philologiques de notre poète ? En fait, nous sommes persuadée précisément que le point important n'est pas la valeur intrinsèque des étymologies ovidiennes. Elle est celle des étymologies de Varron, encore qu'Ovide sache nous réserver, à l'occasion, quelques surprises, et il serait vain d'incriminer le seul Ovide lorsqu'il reproduit une étymologie erronée, ou lorsqu'il en propose une de son cru, selon les normes déjà exposées de la recherche latine [29]. Pas de « méthodes », donc, ou de « critères » de la philologie ovidienne, puisque Ovide n'est pas un philologue. Seulement d'autres aspects intéressants : procédés d'insertion, par exemple, des *etyma* à l'intérieur d'un développement versifié, choix d'Ovide entre plusieurs dérivations également séduisantes, étymologies propres à Ovide et qui contredisent celles proposées par ses devanciers, problèmes inhérents au double caractère grammatical et poétique de sa recherche, et notamment les difficultés métriques.

Nous préférerons donc à un classement par catégories étymologiques — métathèses, synecdoques, *etc.* — un classement qui mette mieux en valeur l'originalité d'Ovide par rapport à ses sources, et la conception qu'il se fait de l'étymologie, maîtresse ou servante de la mythologie et de la religion.

2. L'étymologie soumise

Nous n'épiloguerons point longtemps sur certaines étymologies qu'Ovide a rencontrées au hasard de ses lectures, et qu'il épingle dans son texte au hasard d'un mot : il ne fait là que reproduire l'opinion courante à son époque.

Pour les mots *locuples* et *pecunia,* accord de Cicéron, de Varron, de Verrius Flaccus et des Modernes [30]. Notons seulement que leur présence

---

28. W. Warde Fowler, *Rom. Fest...*, p. 13 : *No great scholar himself, he aimed at producing a popular account of the results of the work of scholars, picking and choosing here and there as suited his purpose and not troubled himself to write with scientific accuracy.*
29. L.P. Wilkinson, *Ovid Recalled*, Berkeley, 1955, p. 265.
30. *Fast.*, V, 280-281 ; Cicéron, *Rep.*, II, 16 ; Varron, *Ling. Lat.*, V, 95 ; Paulus-Festus, *s.u. peculatus*, p. 232 L. ; Columelle, *R. rust.*, VI, *praef.* § 4 ; Pline, *Nat. Hist.*, XVIII, 11 et XXXIII, 43 ; Lydus, *Mag. Rep.*, I, 21 ; Nonius Marcellus, p. 535 Q. ; Nigidius Figulus chez Aulu-Gelle, X, 5, 2 ; Isidore, *Etym.*, 156. J. Collart, *Varron, éd. livre V*, p. 202, juge les rap-

dans les *Fastes* est surprenante, ces doctes observations, placées par Ovide dans la bouche d'une jolie déesse frivole, étant un peu hors de propos. Ovide a-t-il recherché un plaisant contraste, ou bien, oubliant qu'il faisait parler Flore, a-t-il voulu conférer à son exposé du sérieux et de la tenue ?

Les deux étymologies de mai et de juin par référence aux mots *maiores* et *iuniores* sont aussi très répandues [31]. « C'étaient les vieillards qui légiféraient pour le peuple... Romulus comprit tout cela, et il donna le nom de « Pères » à des hommes d'élite auxquels il confia le gouvernement de la cité nouvelle. C'est pourquoi j'incline à penser que les Anciens ont donné leur nom au mois de mai, par considération pour leur âge... Une preuve non négligeable de ce privilège des vieillards nous est fournie par le mois suivant : juin tire son nom des jeunes gens [32] ». Il est évident que l'étymologie de juin par *iuniores* a entraîné celle de mai par *maiores*, au prix d'une inexactitude, que le texte d'Ovide nous permet d'apprécier : les vieillards sont en latin les *seniores*, nullement les *maiores*, ce dernier mot désignant les ancêtres ; tout le passage des *Fastes* est une variation autour du mot *senex* : *senilis, senatus, senior, sene, senecta, senibus.*

Les choses sont moins simples pour le nom du dieu Vertumne. Ce n'est pas qu'il faille chercher longtemps la source d'Ovide : elle apparaît immédiatement, avec l'élégie de Properce à ce dieu consacrée. Ce n'est pas non plus qu'il soit besoin d'étudier longuement les procédés de l'adaptation ovidienne, puisque le *uerso ab amne* de l'un [33] devient, chez l'autre, *ab amne uerso* ! Le point litigieux est simplement le sens à donner au mot *uertere*, dans lequel on voit l'étymologie de *Vertumnus* : doit-on l'entendre comme l'expression du caractère « changeant » d'un dieu ressemblant fort à Protée, (auquel, peut-être, il a emprunté sa légende), à partir de l'étymologie par *uertere*, « changer (de forme) » ? S'applique-t-il au contraire au « changement de direction » du Tibre, après une inondation [34] ? Les Modernes eux non plus ne sont pas unanimes, et le texte qui atteste l'origine étrusque du

---

ports correctement établis ; L. Havet, dans un article de *M.S.L.*, 4, 1881, p. 228, précise que *pecunia* résulte de * *pecudnia/pecuznia*, et provient bien de *pecus, -udis* ; *cf. L.E.W.*, II, p. 272, et A. Ernout, *Éléments dialectaux du vocabulaire latin*, Paris, 1909, p. 211 ; dérivation voisine chez Servius, *Ad Buc.*, I, 32.

31. Voir p. 319-320.
32. *Fast.*, V, 57-78.
33. Properce, IV, 2, 10 ; *Fast.*, VI, 409-410.
34. Properce admet successivement le détournement du Tibre, *loc. cit.*, 7-10, puis le dieu protéiforme, 19-46 ; Ovide adopte bien sûr cette dernière théorie dans *Met.*, XIV, 685 ; Servius, *Ad Aen.*, VIII, 90, parle seulement du Tibre ; Tibulle, III, 8, 13-14, et Horace, *Sat.*, II, 7, 14, préfèrent le dieu multiforme.

dieu [35] a suscité bien des recherches et des controverses. On a vu d'abord dans Vertumne une divinité latine, que les Étrusques se seraient appropriée [36]. Mais A. Ernout a rapproché du nom les formes étrusques *Voltumna, Voltumnia, Lars Tolumnius*, et rejette donc une étymologie par *uertere* [37]. Si É. Benveniste après lui se fonde sur le caractère typiquement étrusque du suffixe *-umn* pour révoquer en doute la nationalité latine du dieu [38], G. Devoto lui oppose plusieurs mots terminés par ce suffixe, comme *alumnus*, auxquels personne ne songerait à affecter une origine étrusque, et distingue en conséquence deux suffixes *-umn* d'origine différente, admettant pour *Vertumnus* le suffixe latin, et le *uertere* de nos sources latines [39]. Les recherches actuelles tendent à rejeter *uertere*, dans lequel on voit une étymologie populaire sur un mot étranger mal compris, et préfèrent comprendre Vertumne comme un grand dieu étrusque, importé peut-être à Rome au moyen de l' « évocation » [40]. On cherche du côté de la cité étrusque *Volsinii*, dont le dieu, *Volturnus*, possède un nom proche de celui de Vertumne, sous sa forme *Vortumnus* : Vertumne est un dérivé de Volturnus, aux yeux de J.G. Frazer [41], mais seulement un dieu parent, selon l'estimation de R. Bloch [42] et de J. Heurgon [43]. Il est possible, du reste, que le mot étrusque *Veltune* ait été transformé en *Vertumnus*, sous l'influence d'une étymologie populaire souhaitant interpréter ce nom grâce au verbe *uerto* [44]. Une voix dissidente, celle de G. Radke, pour qui le nom est ombrien, et le dieu une figure analogue à celle du *princeps* Janus, chargé de

---

35. Varron, *Ling. Lat.*, V, 46 : *uicus Tuscus, et ideo ibi Vortumnum stare, quod is deus Etruriae princeps.*
36. P. Kretschmer, *Die Protindogermanische Schicht*, dans *Glotta*, 14, 1925, p. 314 ; L.R. Taylor, *Local Cults in Etruria*, Rome, 1923, p. 153.
37. *Éléments étrusques du vocabulaire latin*, dans *B.S.L.*, 30, 1929, 82-124, p. 98.
38. *Notes étrusques : le suffixe *-umn*, dans *S.E.*, 7, 1933, 252-258.
39. *Nomi di divinità etrusche, III, Vertumno*, dans *S.E.*, 14, 1940, 275-280.
40. V. Basanoff, *Euocatio*, Paris, 1945, p. 56-58 ; aussi : *La Vénus du Forum et de la nécropole d'Orvieto*, dans *R.H.R.*, 126, 1943, 5-14, p. 5-6 ; L. Preller entrevoyait déjà cette solution, dans *Röm. Myth.*, Berlin, 1883, 1, p. 451.
41. *F. éd. comm.*, p. 253, d'après Tite-Live, IV, 23, 5.
42. *Volsinies étrusque, essai historique et topographique*, dans *M.É.F.R.A.*, 59, 1947, 9-39.
43. *Recherches sur l'histoire et la civilisation de Capoue préromaine*, Paris, 1942, p. 72, et *Voltur*, dans *R.É.L.*, 14, 1936, 109-118.
44. *Éléments étrusques...*, p. 82 ; *Dict. Étym.*, 1967, p. 727. Pour G. Dumézil, la confusion s'est instaurée entre un vieux dieu latin et la déesse *Voltumna*, ou *Velthune*, de Volsinies (*Fêtes romaines...*, p. 78-82) ; sur le nom, voir W. Meid, *Das Suffix NO in Götternamen*, dans *B.N.*, 8, 1957, 72-108.

porter les offrandes aux dieux majeurs [45]. Comme on le voit, la question est loin d'être éclaircie.

Notons, pour la méthode, qu'ici encore l'étymologie est un élément parfaitement accessoire. Son expression est, d'ailleurs, fort contournée : faut-il comprendre que la présence du dieu *Vertumnus,* dont le nom n'apparaît même pas dans le texte [46], fournit un argument sensible permettant d'affirmer l'existence, à date ancienne, sur le sol de la Ville, d'étendues marécageuses ? Nous reviendrons sous peu sur cette curieuse étymologie.

Dans cette catégorie, nous trouvons encore tout un groupe d'étymologies pour lesquelles Ovide s'est borné à retranscrire, sans changements notables, les traditions antérieures. Tout près du développement consacré à Vertumne, nous pouvons isoler l'étymologie du mot « Vélabre ». Ovide n'en a pas fait le centre d'un développement, mais il s'est arrangé pour glisser au passage, comme il le fit dans le cas du *floreat* destiné à expliquer *Flora* [47], celle des deux étymologies admises qui lui plaisait davantage, sans l'expliciter autrement que par un clin d'œil à son lecteur. On proposait avant lui le verbe *ueho,* transporter (en barque) ou le mot *uelum* (la voile), tous deux par référence aux conditions de traversée du marécage [48]. Ovide a reproduit, dans le vers *Et pede uelato non adeunda palus* [49] l'étymologie par *uelum,* étymologie *a contrario,* qu'il oriente, du reste, autrement que ne le faisait Varron, en suggérant que le mot *Velabrum (palus)* a été nommé ainsi à cause du rite de nudité des pieds en cet endroit. L'explication n'est pas convaincante, puisqu'il est vraisemblable qu'on se déchaussait précisément parce qu'il y avait des marécages à traverser ! Néanmoins, Ovide tire parti du « rite » pour inclure dans son texte une déduction ingénieuse, nous permettant de croire à un travail personnel sur les recherches de ses devanciers.

Les *Fastes* ne nous apprendront rien de nouveau concernant l'origine du nom *Feralia,* issu du verbe *fĕro,* porter, ce qui repose sur une conjecture erronée de Varron [50], *fĕro* étant incompatible, pour des raisons métriques,

---

45. *Die Götter Altitaliens*, p. 317-320 ; aussi R.S. Conway, *Praeitalic Dialects of Italy,* Londres, 1933, 1, n° 3, 5, 9, 18 ; F. Sommer, *Zur Ven. Schr. u. Sprache* dans *I.F.,* 42, 1924, 90-132, p. 107 ; W. Schulze, *Eigennamen.,* p. 252, rapproche le mot d'un gentilice étrusque, ce qui suscite les critiques de P. Kretschmer, *op. cit. supra.*
46. *Fast.,* VI, 409-410 ; Vertumne est désigné par *deus.*
47. Voir p. 485.
48. Varron, *Ling. Lat.,* V, 43-44.
49. *Fast.,* VI, 412.
50. *Fast.,* II, 569-570 ; Varron, *Ling. Lat.,* VI, 13 ; lire L. Banti, *Il Culto dei morti...,* dans *S.I.F.C.,* 7, 1929, 171-198 ; F. Bömer, *Ahnenkult...,* p. 30 sq. ; G. Herzog-Hauser, *Zum*

avec *Fēralia*, tandis qu'Ovide néglige, si clairs lui paraissent ces rites de visites et d'offrandes aux tombeaux, la seconde hypothèse de Varron faisant appel aux Infernaux, les *Inferi*, et le verbe *ferio*, proposé par Verrius Flaccus [51]. Nous étudierons plus tard l'origine du surnom *Augustus*, qu'Ovide place dans le verbe *augere*, dérivation que H. Le Bonniec qualifie d' « excellent commentaire philologique [52] », ainsi que l'explication dont elle est assortie. Autre passage considéré d'ordinaire comme excellent, celui qui traite des *Fordicidia* :

Forda ferens bos est, fecundaque dicta ferendo.
IV, 631

Bien entendu, Ovide s'inspire étroitement de Varron : *Bos forda, quae fert in uentre... A fordis caedendis, Fordicidia dicta* [53]. On admet le bien-fondé de cette étymologie, qui satisfait la logique : si les vaches *fordae* sont celles qui portent déjà un embryon de veau, les *Fordicidia*, massacre de vaches pleines, doivent tirer leur nom de *caedere*, tuer, et de *forda* : « Le nom de la fête, tiré du rituel, est transparent : *forda* + *caedo* (tuer) [54] ». Mais cette transparence nous inspire quelques soupçons, et avait déjà éveillé la méfiance de J. Whatmough [55]. Laissons à ce savant les arguments linguistiques, et réservons-nous des observations plus simples, fondées sur l'existence d'autres noms pour cette fête. On connaît d'abord une variante, que A. Ernout juge dialectale [56], proposée par Varron, et reproduite avec un singulier entêtement par Verrius Flaccus [57] : *Hordicidia*. Admettons qu'il s'agisse du même mot, puisque l'alternance *f/h* est cautionnée par Varron dans un autre développement, grâce aux exemples de *haedus* et de *hircus*, en langue sabine, ce qui nous obligerait, du reste, à tenir les *Fordicidia* pour sabins ! Mais il existe d'autres versions du mot, dont on ne peut guère

---

Römischen Seelenkult, dans *W.S.*, 55, 1937, 172-179. A. Ernout, *Dict. Étym.*, p. 226, propose un lien entre *Feralia* et *feriae* ; A. Walde et E. Hofmann, *L.E.W.*, admettent le *dhvesa = « fantôme », suggéré par F.C.A. Fick, *Vergl. Wörterbuch*, 2, Göttingen, 1894, p. 151 ; C. Pascal préfère un thème *dhes → *fesru* → *Februus, feralis, Feronia, Feretrius*, dans *Le Divinità infere...*, *Rend. Lincei*, 5, 4, 1895, 141-144.

51. *S.u. Feralia*, p. 75 L.
52. *F. éd. comm.*, 1, p. 58, n. 135.
53. *Ling. Lat.*, VI, 15 ; Servius, *Ad Aen.*, II, 140.
54. H. Le Bonniec, *F. éd. comm.*, 2, p. 68, n. 147 ; aussi A. Ernout, *Élém. dial...*, p. 182 ; *L.E.W.*, 1, p. 527.
55. *Fordus and Fordicidia*, dans *C.Q.*, 15, 1921, 108-109, p. 108.
56. *Élém. dial.*, n. 53.
57. Paulus, p. 91 L. : *Horda : praegnans, unde dies quo grauidae hostiae immolabantur Hordicidia*. Sur les Fastes de Préneste, dictés par le même Verrius Flaccus, on trouve : *Fordicidia*.

rendre compte par la même explication, car les éléments premiers de l'appellation traditionnelle n'apparaissent plus : *Fordicalia*, ou même *Hordicalia* [58]. St. Weinstock pense qu'il s'agit d'une formation secondaire, imitée d'autres noms de fêtes, les *Fornacalia* (de *Fornax*), ou les *Lupercalia* (de *Luperci*) [59]. Cette explication serait recevable s'il s'agissait de vocables utilisés seulement par les auteurs tardifs, tel Jean le Lydien [60], auquel cas on pourrait songer à une confusion entre deux noms voisins, les *Fordicidia* et les *Fornacalia*. Mais ce mot figure déjà dans les écrits varroniens ! Comment le philologue aurait-il admis sans discussion cette variante *Hordicalia*, (bâtarde, puisqu'une finale en *-*calia* doit être envisagée seulement pour des radicaux terminés par *c* ou *x*), alors même qu'il connaissait le nom courant de la fête, son explication étymologique, et d'autres formes dialectales ? Nous nous demandons si le nom primitif ne serait pas *Hordicalia*, quelque difficile qu'en soit l'explication, et *Fordicidia* une appellation secondaire transparente, créée, en vue d'expliciter grâce au nom de la fête son contenu rituel, par quelque philologue antique ou quelque voix populaire. Déjà, du reste, M. Bréal repoussait l'étymologie de *forda* par *fero*, et soupçonnait, d'après le synonyme conservé par Varron, comme consonne initiale primitive un *gh* ou un *g* : *horda* serait un simple doublet de *grauida*, le *-*aui* passant à *au* puis à *o* [61]. On ne peut rien affirmer, naturellement. Mais l'existence de *Fordicalia* est tout de même inquiétante : si *Fordicidia* était le nom primitif, pourquoi aurait-on éprouvé le besoin, sa forme étant plus que limpide, de créer à côté de ce mot un doublet incompréhensible, inutile, et d'allure peu orthodoxe, *Fordicalia*/*Hordicalia* ?

Voici d'autres dérivations plus reposantes : *Galli*, les Galles, prêtres eunuques de Cybèle, ceux qui ont bu aux eaux fatales du fleuve *Gallus* [62], explication empruntée à Verrius Flaccus [63]. *Focus*, le foyer, du verbe *foueo* [64], chauffer, dérivation courante et d'apparence pertinente, mais tenue malgré cela pour inexacte [65]. *Senatus*, de *senex* [66], admise encore

---

58. Alternance *f/h* : *Ling. Lat.*, V, 97 ; *Hordicalia* : *Res rust.*, II, 5, 6.
59. *Tellus*, dans *Glotta*, 22, 1934, 140-163, p. 145.
60. *Mens.*, IV, 72. Pour une simple « variante dialectale », ce *Hordicalia* a la vie dure ! Il apparaît chez Jean le Lydien sous la graphie Φορδικάλια.
61. *Notes grecques et latines*, dans *M.S.L.*, 7, 1892, 20-38, p. 31.
62. *Fast.*, IV, 364-365 : *Amnis it insana, nomine Gallus, aqua/ Qui bibit inde furit...*
63. *S.u. Galli*, p. 84 L. ; à noter le rapport entre le coq, *gallus*, et la castration, établi par Isidore de Séville, *Etym.*, XII, 50.
64. *Fast.*, VI, 301 ; Festus, *s.u. Focus*, p. 75 L. ; Varron, chez Servius, *Ad Aen.*, XII, 118 ; III, 134.
65. A. Ernout, *Dict. Étym.*, 1959, p. 243.
66. *Fast.*, V, 64 ; *Nomen et aetatis mite Senatus habet* ; voir A. Ernout dans *Philologica*, 1, Paris, 1946, p. 133-163.

aujourd'hui, un état de fait analogue existant à Sparte, dont l'assemblée gouvernementale, la *gerousia*, est composée elle aussi de vieillards (*gerontes*) ; en ce qui concerne le nom des *« Argei »*, Ovide s'en tient à la voix populaire qui, contre toute vraisemblance, y voulait retrouver des « Argiens [67] ». D'autres étymologies parsèment les *Fastes* au hasard d'un nom, réminiscences de lectures antérieures : *Auentinus, Tiberinus,* dont nous aurons à reparler [68] ; la Muse *Erato,* ainsi dénommée à partir du nom de l'Amour, *Erôs* [69] ; *Falerii,* la ville fondée par *Halaesus,* auquel elle emprunte son nom [70] ; *Trinacria,* l'île « aux trois pointes », dont le nom latin est, d'après Servius, *Triquetra* [71] ; Zankle, enfin, dont on met le nom en rapport avec le mot désignant la faucille [72].

Quant aux noms des deux compagnes de la déesse Carmenta, *Porrima* et *Postuerta,* ils se laissent facilement décomposer en *porro* ou *post* et *uertere.* Nous verrons les justifications varroniennes. Pour sa part, Ovide adopte les conclusions du grammairien quant à la formation des mots, mais réserve son opinion quant à leur explication. « Ovide est le seul », remarque L.L. Tels de Jong [73], « qui donne une véritable explication étymologique. Il dit : *altera quod porro fuerat cecinisse putatur,* ce qui signifie que d'après lui, *Porrima* vient de *porro,* et : *altera uersurum postmodo quidquid erat,* c'est-à-dire qu'il tient *Postuerta* pour une dérivation de *post* + *uertere* ». Cet effort d'explication est à porter au compte d'Ovide.

3. L'étymologie indépendante

Notre poète, nous le voyons par cet exemple, ne se contente pas toujours de reproduire les recherches grammaticales antérieures. Placé, au

---

67. Voir p. 181 et B. 653.
68. *Fast.,* IV, 47 et 51 ; voir ci-après, p. 408.
69. *Fast.,* IV, 196, d'après Platon, *Phèdre,* § 259, ou Apollonios de Rhodes, *Arg.,* III, 1.
70. *Fast.,* IV, 73 ; *Am.,* III, 13, 31 *sqq.* ; Caton, frg. 47 ; Virgile, *Aen.,* VII, 724 ; Servius, *Ad Aen.,* VII, 695 ; Solinus, I, 7 ; Ch. Huelsen la taxe de « jeu étymologique » dans *R.E.,* VI, 2, 1969 *sqq., s.u.*
71. *Fast.,* IV, 420 : *Trinacris, a positu nomen adepta loci. Triquetra* apparaît chez Servius, *Ad Aen.,* I, 196.
72. *Fast.,* IV, 474. *Cf.* Thucydide, VI, 4, qui cite le nom de la faucille en langue sicule ; Diodore, IV, 85, 1, qui donne, d'après Timée, le nom du roi Zanclos ; Nicandre, frg. 15 (21), chez Stéphane de Byzance, *s.u.* Ζάγκλη, la faucille de Kronos, Jacoby, III, A, p. 90 ; Servius, *Ad Aen.,* III, 707 ; lire l'article de H. Philipp, dans *Realenc.,* XV, p. 1214, *s.u.* Messene.
73. *Sur quelques divinités romaines de la naissance et de la prophétie,* Leyde, 1959, p. 43.

sujet d'un même nom, devant des hypothèses contradictoires, le poète a dû souvent se résoudre à exprimer ses préférences. Devant le silence de la tradition, il a dû aussi se livrer à des recherches personnelles, et modifier pour son compte les explications découvertes chez autrui. Variée et nombreuse, source de problèmes parfois insolubles, cette seconde catégorie nous retiendra davantage. Chaque fois qu'un écrivain prend des libertés avec la tradition, surtout dans le domaine qui nous occupe, protégé par la double barrière réputée infranchissable de la grammaire et de la religion, son intervention est déjà remarquable en elle-même. Lorsque cet écrivain s'appelle Ovide, la chose ne peut manquer de se révéler fertile en découvertes d'un grand intérêt. Et déjà, le fait même qu'il se prononce et ose imposer ses vues à l'encontre d'une tradition autorisée, est la marque d'une forte personnalité scientifique.

Le livre I, déjà, nous offre la fête des *Agonalia* [74], dont le nom admet, selon Ovide, six origines possibles : l'exclamation rituelle : « *Agone ?* », et le mot *actus*, tous deux du verbe *agere* ; *Agnus*, donnant des *Agnalia* primitifs, transformés ensuite en *Agonalia* ; le grec ἀγωνία, « l'agonie » ; un autre mot grec, ἀγών, « la fête », « le sacrifice » ; et le latin *agonia*, ancien mot pour désigner la « victime », ce dernier ayant les préférences d'Ovide. C'est, dit-on, la première qui est la bonne [75], et le mot *Agonalia* serait donc formé sur le verbe *agere*. Encore faut-il s'entendre, avant d'accepter cette dérivation, et sur le contenu du texte d'Ovide, et sur le sens de cet *agere* ! Les premiers vers du texte semblent se référer à l'expression rituelle bien

---

74. *Fast.*, I, 317-332 :
    Quattuor adde dies ductos ex ordine Nonis,
       Ianus Agonali luce piandus erit.
    Nominis esse potest succinctus causa minister
       Hostia caelitibus quo feriente cadit,
    Qui calido strictos tincturus sanguine cultros
       Semper « agatne » rogans nec nisi iussus agit.
    Pars quia non ueniant pecudes sed agantur, ab actu
       Nomen Agonalem credit habere diem.
    | *Pars putat hoc festum priscis Agnalia dictum,*|
       Vna sit ut proprio littera dempta loco.
    An, quia praeuisos in aqua timet hostia cultros,
       A pecoris lux est ipsa notata metu ?
    Fas etiam fieri solitis aetate priorum,
       Nomina de ludis graeca tulisse diem.
    Et pecus antiquus dicebat agonia sermo,
       Veraque iudicio est ultima causa meo.

75. A. Ernout et A. Meillet, *Dict. Étym.*, 1, 1967, p. 16 ; pour la teneur du texte ovidien, on lira W. Gilbert, *Zu Ovidius Fasten*, dans *J.K.Ph.*, 117, 1878, 771-784, p. 773-774, et G. Nick. *Kritisches...*, dans *Phil.*, 36, 1877, 428-444, p. 428 ; *id.*, 41, 538-539, p. 538.

connue, qu'Ovide emprunte à Varron : « *Agone ?* », « puis-je sacrifier ? », et non pas, comme le croit F. Bömer, à un grade sacerdotal bien hypothétique, celui d'« *Ago* ». Un seul texte nous mentionne ce titre d'*Ago*, et c'est une scholie de Stace : *Sacerdotum consuetudo talis est ut aut ipsi percutiant uictimas, et « agones » appellentur, etc.* [76]. Sur la foi de ce texte, il faudrait comprendre que les *Agonalia* seraient une fête des victimaires ! L'étymologie à laquelle semble songer Ovide, et qu'il livre sous une forme contournée, nous la trouvons dans le second distique :

> *Qui calido strictos tincturus sanguine cultros,*
> *Semper « agatne » rogans, nec nisi iussus agit.*
>
> I, 321-322

C'est l'expression rituelle *« Agone ? »*, non pas le titre du victimaire, ce qui nous invite à envisager une « fête de l'Immolation ».

Le sens précis, dans ce contexte, du verbe *agere* a divisé les Modernes. A. Zimmermann le traduirait volontiers par « offrir [77] », J.C. Rolfe par « faire, accomplir [78] », tandis que J.H. Drake [79] estime qu'au moment crucial, l'officiant doit plutôt demander : « puis-je *frapper* [80] ? » Il nous semble que cette interprétation est la bonne, et, pour l'étayer d'un argument supplémentaire, nous citerons la notice de Nonius, qui commente l'expression *« Agone »* à l'aide d'un synonyme : *leto dare* [81], ce qui tranche la question, et permet de traduire *agere* par « mettre à mort », sens que nous indiquait déjà le *percutiant* du Scholiaste.

La seconde explication utilise encore le mot *agere*, mais dans une acception différente. Il s'appliquerait au cortège des victimes que l'on « pousse » jusqu'à l'autel. En ce cas, n'importe quel sacrifice pourrait s'appeler *Agonalia*, et l'explication est bien faible. La troisième est un pur jeu phonique entre deux mots présentant en commun quelques lettres : *Agonalia* et *agnus*, entraînant la création, pour passer de l'un à l'autre, d'un prétendu nom ancien : *Agnalia. Les connaissances philologiques d'Ovide

---

76. *Schol. Theb.*, IV, 463. F. Bömer, *F. éd. comm.*, 2, p. 39 : *Ovid bringt sechs Ableitungen, von denen nur die von « Ago, agonis », Opferpriester... richtig ist.* L'étymologie par *agere* figure chez Varron, *Ling. Lat.*, VI, 12 ; Sénèque, *Controu.*, II, 3, 19 ; Plutarque, *Quaest. Conu.*, VIII, 8 ; Paulus, *s.u. Agonium* p. 9 L. ; Plutarque, *Num.*, 14, 5.
77. *Etymologisches Wörterbuch.*, Hanovre, 1915, p. 7-8 : *opfern*.
78. *Notes on Suetonius*, dans *C.Ph.*, 28, 1933, 47-48 ; aussi dans *T.A.Ph.A.*, 45, 1914, 35-47, p. 38-39.
79. *Again « Hoc age »* dans *C.Ph.*, 30, 193, 72-74, p. 74.
80. Le vocabulaire du sacrifice semble, à Rome, utiliser des mots outils très vagues : *fit* = « on sacrifie à », par exemple.
81. *Comp.*, p. 266 Q.

se révèlent alors d'une remarquable élasticité. Il faudrait supposer qu'on ajouta, dans la suite des temps, un *o* à ces *Agnalia* primitifs pour obtenir les *Agonalia* connus par la tradition. Or, si l'on peut admettre l'apocope d'un *o*, son adjonction arbitraire nous paraît douteuse. Bien évidemment, le rapport sémantique a tenté Ovide ou d'autres avant lui, puisque, les *Agonalia* consistant dans le sacrifice d'un bélier, l'étymologie par *agnus*, l'agneau, s'imposait. Notons que sur le calendrier du XIIe siècle que nous avons conservé, et qui est rédigé d'après les *Fastes*, c'est précisément cette étiologie qui a été choisie [82], preuve que le bon sens populaire garde toujours ses séductions, s'il pèche par la faiblesse des connaissances linguistiques. La quatrième explication devait avoir les faveurs d'Ovide, puisque le poète la reproduit dans les *Métamorphoses* [83]. Il est vrai qu'elle nécessite un passage par le grec, ἀγωνία, rendu dans les *Fastes* par une locution approximative : *a pecoris metu*, l'agonie de la victime. Nous connaissons son inventeur : Callimaque [84]. Encore un passage par le grec, avec le mot ἀγῶν, « cérémonie », étymologie qui entraîne l'adhésion de M. Bréal [85]. Et voici enfin l'étymologie retenue par Ovide, qui n'a attiré l'attention d'aucun Moderne : *agonia*, mot ancien, synonyme de *pecus*, le bétail. Ovide l'a empruntée à Verrius Flaccus [86], ce qui lui confère davantage d'autorité. Entre Varron et Verrius, Ovide a donc choisi le second.

Sans proposer aucune étymologie vraiment nouvelle, nous avouons être frappée par la coïncidence, autour du dieu Janus, d'un groupe lexical particulièrement cohérent. Quelques réflexions de A. von Blumenthal vont, du reste, dans le même sens [87].

La formation de *Agonalia* sur la locution « *Ago-ne ?* » nous paraît de prime abord difficilement admissible, et ne résiste d'ailleurs pas à l'examen. Une formation sur *Ago, -onis*, le sacrificateur, serait meilleure d'un point de vue linguistique. Mais pour toutes deux se pose une question immédiate : comment définir en termes clairs les *Agonalia* ainsi décomposés ? La « fête de l'*Agone ?* », ou même, la « fête des sacrificateurs ? » Depuis quand dési-

---

82. Voir G. Boissier, *Un Calendrier romain d'après les Fastes d'Ovide*, dans *R.Ph.*, 8, 1884, 55-74. Macrobe, *Sat.*, I, 4, 7, cite Julius Modestus, qui cite Valérius Antias. Valérius serait-il la source d'Ovide, pour celles des étymologies que les *Fastes* sont seuls à signaler ?
83. XV, 135.
84. *Aitia*, I, P.O. 1011, v. 10 sq. : ἠῷοι μὲν ἔμελλον ἐν ὕδατι θυμὸν ἀμύξειν οἱ βόες ὀξεῖαν δερκόμενοι δορίδα. (*Histoire d'Acontios et Cydippe*, donc connue d'Ovide ! *cf.* *Héroïdes*, XX-XXI).
85. *De quelques mots latins tirés du grec*, dans *M.S.L.*, 6, 1899, 1-10, p. 1.
86. Paulus, p. 9 L. : *Hostiam enim Antiqui « agoniam » uocabant*.
87. *Zur Römischen Religion der archaischen Zeit, 2*, dans *Rh.M.*, 90, 1941, 310-334, p. 310 *sqq*.

gne-t-on, à Rome, une fête religieuse autrement que par le nom de la divinité concernée ou par le rite célébré ? Il y a bien un sacrifice aux *Agnolia* ! répondra-t-on. Certes. Mais on offre un sacrifice au sein de cinquante autres fêtes romaines, qui n'ont point été appelées pour autant *Agonalia*. Si on met l'accent sur une étymologie liée à la notion de sacrifice, on court deux risques. D'une part, celui d'expliquer en réalité le mot *agonium*, nom commun, utilisé pour d'autres fêtes, et qui, lui, peut venir raisonnablement de *agere*, « procéder à l'action sacrificielle », puisqu'il est polyvalent : on peut citer en effet l'*agonium* de *Veiouis*, l'*agonium Martiale*. D'autre part et surtout, celui de ne pas rendre compte du caractère spécifique des *Agonalia*, réservés, ce qu'on oublie toujours lorsqu'on parle uniquement grammaire, à *Janus*, et qui consistent dans le sacrifice d'un bélier [88]. Or, les auteurs nous ont conservé une série de vocables anciens, qui tous concernent le dieu Janus, sa fête, ou le mont Quirinal.

Nous savons, par Verrius Flaccus et Ovide, que le nom ancien du bétail était *agonia*. Nous savons également que le dieu honoré par les *Agonalia* se nommait *Agonius*, parce que *praesidens rebus agendis* [89]. Du fait que Janus est le dieu des *Agonalia*, une déduction légitime nous permet d'établir que Janus devait porter, au moins pour l'occasion, le surnom d'*Agonius*. Nous savons encore que le nom ancien du Quirinal était *Agonus*, tandis que la porte Colline, qui y conduit, était aussi désignée par l'expression *porta Agonensis* [90]. Pour finir, Verrius nous apprend que les *Agonia* étaient des sacrifices offerts sur certaines montagnes, dont précisément le Quirinal [91].

Or, le dieu Janus semble lié au Quirinal, tant par son surnom de *Quirinus*, que par la position de son sanctuaire de l'Argilète, sur le passage qui conduit au Quirinal [92]. Nous ne croyons pas que Janus fût originellement un dieu du Quirinal ou même un dieu sabin ; nous pensons seulement que les Romains qui fondèrent les *Agonalia* en l'honneur de Janus, à une date point très ancienne puisqu'elle est forcément postérieure au bouleversement du calendrier qui vit affecter le premier de l'An au premier janvier, sont ceux-là mêmes qui, oublieux des réalités archaïques, se satisfaisaient d'apparences extérieures, et n'hésitaient pas à voir dans Quirinus un dieu sabin, parce que son nom rappelait à l'oreille celui de la capitale sabine, Cures.

---

88. Ovide, *Fast.*, I, 333-334 :
   Vtque ea non certa est, ita rex placare sacrorum
      Numina lanigerae coniuge debet ouis.
89. Paulus, p. 9 L., *s.u. Agonias* : *Agonias hostias putant ab agendo dictas.*
90. *Ibid.* : *Hinc Romae mons Quirinalis « Agonus » et Collina porta Agonensis.*
91. *Ibid.* : *Siue quia « Agonos » dicebant montes, Agonia sacrificia quae fiebant in monte.*
92. Voir L. Deubner, *Zum Röm. Religion*, dans *M.D.A.I.*, 36, 1921, 14-17.

On sait que Janus est à Rome le dieu « des commencements [93] », le premier des dieux : son prêtre n'est-il pas le premier dans la hiérarchie sacerdotale [94], toute prière à quelque dieu que ce soit ne doit-elle pas d'abord passer par lui [95] ? Il préside aux *rebus agendis*, c'est-à-dire aux « entreprises », ce qui nous mène à l'idée de « se mettre à faire », de « présider à », conforme à cette première définition d'un Janus dieu des commencements. Sa place, en tête de l'année, nous le montre comme le guide et le conducteur des mois. Sa victime sacrificielle est le bélier, qui assure, à la tête du troupeau, la même fonction que lui : c'est si vrai que Varron établit une correspondance pleine de raison entre le « chef du troupeau », *princeps gregis*, et le « chef de la Cité », *princeps Ciuitatis* [96]. Cette équation peut d'ailleurs se compléter, s'il est vrai que Janus est le premier des dieux, πρῶτος θεῶν, donc *princeps Deorum* ! Le premier des prêtres, le *Rex*, immole donc le premier animal du troupeau au premier des dieux : on possède un ensemble solide, construit autour des idées de « primauté » et de « conduite ».

Il nous plairait alors de considérer les *Agonalia* comme le « sacrifice par excellence », le « premier sacrifice », celui qui doit *mettre en mouvement, agere*, toutes choses, dont l'année nouvelle. Il se pourrait qu'ils fussent en relation avec le Quirinal, *Agonus mons*, sans qu'on puisse préciser davantage [97]. Cette théorie des *Agonalia* fête du dieu *Agonius* nous paraît cerner d'assez près les réalités spécifiques de la fête et du dieu célébré. N'importe quel sacrifice peut revendiquer le nom d'*Agonalia*, si l'on adopte l'étymologie traditionnelle. Or, si d'autres dieux possèdent des *agonia*, Janus est le seul à se voir honorer par des *Agonalia* ! Il était, ce nous semble, logique, que le premier sacrifice de l'année, celui qui, grâce à son nom particulier, devait posséder une particulière excellence, allât au dieu qui avait, à Rome, dans la vie religieuse, au seuil de l'année, la première place.

Nous avons noté que, pour le mot *Agonalia*, notre poète avait préféré Verrius Flaccus à Varron. L'exemple des *Parilia* nous montrera que ce

---

93. R. Schilling, *Janus, le dieu introducteur, le dieu des passages*, dans *M.É.F.R.A.*, 72, 1960, 89-131.
94. Festus, *s.u. Ordo sacerdotum*, p. 198 L.
95. Ovide, *Fast.*, I, 171 *sq*. D'autres textes affirment la primauté de Janus : Juvénal, *Sat.*, VI, 393 *(antiquissime diuom)* ; Hérodien, I, 16, 1 ; Procope, *Bell. Goth.*, I, 25 : Ἴανος πρῶτος μὲν ἦν τῶν ἀρχαίων θεῶν. Voir A.B. Cook, *Zeus II*, Cambridge, 1965, p. 331 *sqq*.
96. *Ling. Lat.*, VI, 12 : *Dies Agonales, per quos Rex in Regia arietem immolat, dicti ab « Agon ? » eo quod interrogatur a principe ciuitatis et princeps gregis immolatur*. Le texte est ainsi corrigé par Krumbiegel : « *eo quod interrogat <minister sacrificii : agone ? ; nisi si a Graeca lingua, ubi ἄγων princeps, ab eo quod immolat > ur a principe ciuitatis* » (etc.).
97. G. Capovilla, *Per l'Origine...*, dans *Athenaeum*, 35, 1957, 89-120 : *Agonia* est le nom d'une montagne de Ligurie.

choix n'a rien de systématique. Le nom de cette fête provient, sans le moindre doute, pour Ovide en accord avec l'opinion de Varron [98], du nom de la déesse des troupeaux, *Pales* [99]. Verrius Flaccus proposait pourtant le verbe *parere* [100], et plusieurs Modernes se sont ralliés à cette thèse [101]. M. Delcourt y voit même la preuve du caractère sexuel de la fête : « Ses acteurs en sentaient si vivement le caractère sexuel qu'ils l'appelaient aussi *Parilia*, montrant ainsi que la fête pour eux avait un caractère apparenté à ce que signifie le verbe *parere* [102] ». Il semble pourtant que ce rapprochement soit surtout le fruit d'une fausse étymologie. G. Dumézil a invoqué un texte de Columelle [103] pour montrer que les *Parilia* ne peuvent être la fête de l'accouchement (sens de *parere*), ou si l'on veut, de la mise bas, puisque l'agronome latin les donne au contraire pour la célébration de la saillie des femelles [104]. N. de Witt voit dans la Palès romaine la Ba'alath phénicienne qui aurait donné son nom au Palatin, ou « Colline de Ba'alath », déjà cité dans la Bible (*Josuah*, XIX, § 36 et 44) [105]. Le caractère licencieux (?) de sa fête indiquerait une origine extra-latine. Où s'arrêtera l'imagination des savants modernes ?

Dans le domaine propre du sacrifice, deux mots-clefs devaient bien recevoir une analyse, ceux de *uictima* et *hostia*.

Ovide connaissait sans doute, pour le second d'entre eux, deux étymologies. L'une est proposée par Varron et Verrius, d'accord entre eux, c'est le verbe ancien *hostire* [106]. L'autre, *hostis*, est d'origine inconnue. F. Bömer la tient pour une trouvaille personnelle d'Ovide [107]. La chose est très possible. Pourtant, Servius, qui semble avoir adopté cette étymologie, lui affecte une justification différente de celle que donne Ovide : la bête est sacrifiée, chez lui, *avant* un combat, *hostiae dicuntur sacrificia quae ab his fiunt qui in hostem pergunt* [108] tandis qu'Ovide la fait immoler *après* : *hostibus a*

---

98. *Fast.*, IV, 724 : *Prosequor officio si tua facta meo.* (Frazer : *festa*).
99. *Ling. Lat.*, VI, 15 : *Dicta a Pale, quod ei feriae.*
100. *S.u. Pales*, p. 248 L. ; Charisius, éd. H. Keil, 1, p. 58.
101. Notamment K. Latte, *Röm. Religionsgeschichte...*, p. 88, n. 1.
102. *Pyrrhos et Pyrrha*, Paris, 1965, p. 64.
103. *R. rust.*, VII, 3, 11.
104. « Palès », dans *Idées Romaines*, Paris, 1970, 275-287, p. 281-282.
105. *Vesta Unveiled*, dans les *Mélanges B.G. Ullman*, Saint-Louis, Miss., 1960, 48-54, p. 52.
106. Varron, chez Nonius, p. 4 et p. 126 Q. ; Verrius, dans Festus, *s.u. Redhostire*, p. 334 et p. 91, *s.u. hostia* ; Ennius, *scaenica*, frg. 178.
107. *F. éd. comm.*, 2, 1958, p. 39.
108. *Ad Aen.*, I, 334.

domitis [109]. Servius peut donc avoir eu entre les mains un autre ouvrage que celui de l'Élégiaque où il aurait puisé sa définition ; il se peut aussi qu'il ait dénaturé, en la recopiant, la notice ovidienne. Quoi qu'il en soit, il s'agit bien, les deux textes nous en donnent la preuve, d'un combat contre des ennemis humains, (la suite du texte de Servius est en effet : *uictimae uero sacrificia quae post uictoriam fiunt*) ; B. Gladigow a commis un contresens sur la pensée des auteurs latins lorsqu'il a cru que les « ennemis » en question étaient les animaux eux-mêmes, sur lesquels l'homme affirmerait sa victoire en les tuant : *Das Tier wird als « hostis » bezeichnet, es ist der « dextra uictrix » des Menschen unterlegen, also kann es wie ein unterlegener Feind bedenkenlos getötet werden* [110]. L'explication est bien plus simple, tirée de la réalité cultuelle même, laquelle veut qu'un combat victorieux entraîne une action de grâces aux dieux protecteurs sous la forme d'un sacrifice. Il se peut qu'Ovide ait reproduit une étymologie populaire, plus accessible que le mot technique *hostire*. Mais il se peut aussi qu'il ait imaginé lui-même un *etymon « hostis »*, à partir de la définition de Verrius Flaccus : *uictima* animal consacré « à cause de la victoire sur les ennemis », *ob hostes uictos*. Ovide a donc pu parachever cette notice, et affecter le mot *hostis* au terme technique complémentaire de *uictima*, c'est-à-dire *hostia*. La critique moderne donne raison à Varron et à Verrius, sans, du reste, s'accorder sur le sens de ce verbe *hostire*, qu'on définit tantôt par « frapper », tantôt par « expier [111] ». É. Benveniste a ainsi cautionné le texte de Festus, où *hostire* est expliqué par *aequare*, « compenser », et admis que l'équivalent habituellement donné à *hostire, ferire*, est le produit d'un contresens [112] : « on ne dénomme pas *hostia* n'importe quelle victime offerte, mais celle qui est destinée à « compenser » la colère des dieux ». Toutefois, la *uictima*, qui est sacrifiée aux mêmes fins, ne porte pas, elle, un nom formé sur une racine signifiant « compenser », et il serait souhaitable que désignant tous deux des victimes, les deux mots *hostia* et *uictima* se voient expliquer à l'aide de considérations voisines. Pour A. Ernout, le mot *hostire* est peut-être une formation secondaire, datant de l'époque où *hostia* perdit son sens de « compensation » pour revêtir celui de « animal immolé [113] ». « On ne peut rien affirmer », conclut A. Ernout. Il est toutefois significatif qu'il admette

---

109. *Fast.*, I, 335-336 :
   Victima quae dextra cecidit uictrice uocatur,
   Hostibus a domitis hostia nomen habet.
110. *Ovids Rechtfertigung der blutigen Opfer*, dans *A.U.*, 14, 1971, 5-23, p. 6.
111. K. Krause, dans *Realenc.*, suppl. 5, p. 238 ; *L.E.W.*, 1, p. 661.
112. *Don et échange dans le vocabulaire indo-européen*, dans *A.S.*, 3ᵉ sér. 1948 (1951), 7-20, p. 12.
113. *Dict. Étym.*, 1967, p. 301.

la possibilité d'une racine *hostis* pour *hostia*, et que F. Ribezzo définisse les *hostiae*[114] comme des repas offerts aux habitants des cités voisines alliées, les *hostes* : tous deux accordent ainsi un intérêt à la proposition d'Ovide.

Pour le mot *uictima*, les choses sont plus tranchées, et Ovide, avec le choix d'un *etymon* « *uictrix* », s'oppose résolument aussi bien à Varron qu'à Verrius Flaccus, tous deux d'accord sur le verbe *uincire*. C'est la solution rejetée par Verrius, le *quae ob hostes uictos immoletur*, qu'il a choisie. La philologie moderne refuse l'une et l'autre explication[115]. Après L. Havet[116] et E.R. Wharton[117], H. Osthoff a repris la question, et renouvelé les vues de W. Corssen[118] : la racine de *uictima* serait le * W*eik*, qu'on décèle dans l'ombrien *eueietu* et le sanscrit *vinakti*, accompagné d'un suffixe * *ti-ma* analogue au grec * *si-mo* qui exprime la possibilité : la *uic-ti-ma* serait donc l'animal « réservé pour la consécration ». En revanche, M. Durante a repris les idées antiques et le *uincire*, « entraver », de Verrius : il propose le participe passé *uicta*, devenu *uincta*, après adjonction d'un infixe nasal *n*, et doté d'un suffixe * *imo*, *a fin di maggiore individualità*[119]. Cette gratuité dans la formation grammaticale ne laisse pas d'être inquiétante.

En ce qui concerne Ovide, il a opté dans les deux cas pour des étymologies « faciles », qui devaient parler à l'esprit populaire : on était bien tenté d'expliquer par *hostis* et par *uictor* des notions religieuses que le lexique rituel, *uincire* ou *hostire*, n'éclairait pas beaucoup plus que le nom nu. Les deux noms étant de sens voisin, les deux étymologies qui les commentent doivent ressortir à un même registre. *Hostis* et *uictrix* appartiennent à un même domaine militaire, tandis que *uincire* et *hostire* sont réservés à un même domaine religieux : Ovide et Varron font donc preuve, dans les deux cas, d'une louable logique.

---

114. *Hostia* dans *R.I.G.I.*, 10, 4, 1926, p. 62. Une même orientation de pensée soutient la théorie de E.W. Fay, *Greek and Latin Word Studies*, dans *C.Q.*, 1, 1907, 28-30, p. 29 : les échanges entre hôtes auraient donné naissance aux « sacrifices d'hospitalité ».

115. On les trouve chez Varron, *Ling. Lat.*, V, 62, cité par F. Bömer encore que le mot soit absent du passage, et Festus, *s.u. uictimam*, p. 508 L.

116. Dans *M.S.L.*, 6, 1889, p. 117 : * *uic* + *tim*, superlatif.

117. *Etyma Latina*, 1890, p. 115 : * *uic* renferme une idée de retour (*cf. uicem, uicissim*) ; la *uictima* est un *return to the god*.

118. H. Osthoff : *Griechische u. Lateinische Wortdeutungen*, dans *I.F.*, 6, 1896, 1-47, p. 39 *sqq.* ; W. Corssen : *Kritische Beiträge*, Leipzig, 1863, p. 61-62 : * *vig* + *timo* superlatif.

119. *Victima*, dans *Maïa*, 4, 1951, 145-146, p. 146. On n'ose penser qu'Ovide ait pu confondre, en lisant la notice de Verrius, les deux verbes voisins *unco, ere*, « vaincre », et *uincio, ire*, « attacher » ; néanmoins, il est certain que la proximité des sons devait compliquer la tâche des philologues antiques.

Nous examinerons plus loin d'autres étymologies pour lesquelles Ovide s'oppose également aux autorités philologiques de son temps, celles de *Lucina*, de *Latium*, de *Mamurius Veturius*, et nous insisterons seulement ici sur quelques inventions ovidiennes en marge de toutes les théories jusqu'alors avancées. Ainsi, *Maiestas* pour le nom de mai, *Maius*, et *Concordia*, dont l'action est d'unir, *iungere*, pour le nom de juin, *Iunius* [120]. Ovide est seul à faire appel à ces deux allégories divines pour les mettre en rapport avec les noms des mois, et H. Usener n'hésite pas à qualifier les deux propositions de « folies », *thörichten Ableitungen* [121]. Le rôle de ces deux entités divines est d'ailleurs bien plus littéraire que linguistique, puisque leur présence est uniquement exigée par la nécessité de compléter deux trios symétriques disposés aux mêmes endroits des livres V et VI : trois propositions avancées par trois Muses, trois solutions préconisées par trois déesses [122]. La gratuité grammaticale est particulièrement sensible dans le cas de *Maiestas*. Si la déesse assure, comme le prétend Ovide, le respect qui leur est dû aux *patres* et aux *matres* [123], elle n'apporte aucun élément nouveau par rapport à l'étymologie *maiores*, proposée quelques lignes auparavant, qui provient d'une même racine *-mag* [124]. D'autre part, Calpurnius Pison affirme que la déesse *Maïa*, dont le nom fournit à Ovide sa seconde étymologie [125], s'appelait également... Maiesta ! : *Sed Piso uxorem Vulcani Maiestam, non Maiam, dicit uocari* [126]. Nous en revenons donc aux deux possibilités énoncées avant Ovide, *maiores* chez Fulvius Nobilior et Varron [127], *Maïa* chez Cingius et Verrius Flaccus [128], sans que le texte d'Ovide ait pu faire avancer la question d'un pas : écartelé entre ses deux maîtres officiels, Varron et Verrius, Ovide ne pouvait se résoudre à accorder la palme à l'un plutôt qu'à l'autre, et, pour justifier son abstention,

---

120. *Fast.*, V, 11-52 ; *Fast.*, VI, 91-96.
121. *Götternamen*, Bonn, 1896, p. 8-9.
122. F. Bömer estime lui aussi que *Maiestas* n'est là que pour compléter un trio, *um die Dreiheit vollzumachen* ; *F. éd. comm.*, 2, p. 342.
123. *Fast.*, V, 49 : *Illa patres in honore pio, matresque tuetur*.
124. A. Ernout, *Dict. Étym.*, p. 379 ; H.J. Rose, *The Cult of Volcanus at Rome*, dans *J.R.S.*, 23, 1933, 46-63, p. 55.
125. *Fast.*, V, 103 : *At tu, materno donasti nomine mensem*.
126. Macrobe, *Sat.*, I, 12, 18-19.
127. *Ling. Lat.*, VI, 13, et Macrobe, *Sat.*, I, 12, 16. Ovide donne plusieurs étymologies, de diverses origines, pour mai et juin, et il ne faut pas arguer de la présence d'une étymologie « pythagoricienne » à leur sujet, pour affirmer le ralliement d'Ovide aux thèses soutenues par Fulvius et par les Pythagoriciens (*cf.* P. Boyancé, *Fulvius Nobilior et le Dieu Ineffable*, dans *R. Ph.*, 29, 1955, 172-192).
128. Macrobe, *Sat.*, I, 12, 18 et I, 12, 30. Festus, *s.u. Iunium*, p. 92 L. ; Servius, *Ad Georg.*, I, 43 ; Censorinus, *De Die*, 22, citant Fulvius Flaccus, Junius Gracchanus et Varron.

dut recourir à l'artifice étudié plus haut : les Muses étant neuf, si l'on veut obtenir un ex-aequo rassurant, il est impossible de leur soumettre deux propositions seulement ! Gageons que notre étiologue ne devait prendre très au sérieux ni *Maiestas* ni *Concordia/iungere* !

Perdue au milieu de considérations analogues touchant le calendrier, voici l'étymologie du soldat « du manipule », le *manipularis miles*, dont le nom vient, selon Ovide, du *maniplus, sorte de botte de foin accrochée à une pique, et qui servait d'enseigne au manipule :

> *Pertica suspensos portabat longa maniplos,*
> *Vnde maniplaris nomina miles habet.*
>   III, 117-118

Étymologie varronienne, à coup sûr... Pareil préjugé se révélerait pourtant trompeur ! Si Varron aborde lui aussi l'étude du mot, sa définition est tout à fait différente de celle d'Ovide. Le manipule, pour Varron, est une « petite unité militaire » *(manus)*, qui se groupe derrière un emblème particulier : *Manipulos : exercitus minima(s) manus quae unum sequuntur (sequitur* Kent*) signum* [129]. Varron envisage par conséquent un sens particulier du mot *manus*, l' « escouade », dont le *manipulus* serait lui-même un diminutif : — soit une formation *manus* + *p* + *ulus, — sans s'interroger, du reste, sur la genèse du *p* ! Ovide n'a pas adopté cette dérivation, et à raison semble-t-il, puisque l'origine véritable du mot doit être cherchée dans les réalités rurales, avec la botte de foin qui « remplit la main », devenue emblème militaire [130], ce qui permet d'établir une formation *manus* + *pleo*. La science moderne a donc été mise sur la voie par Ovide, en même temps qu'il nous définit le * *maniplus* ou « poignée de foin » suspendue à la perche [131].

La science moderne, pourtant, ne se résigne pas à laisser à Ovide l'honneur de la découverte : quel déshonneur pour la Grammaire, si un poète réputé léger se mêlait tout à coup de mettre le doigt sur les étymologies véritables ! Ainsi, le passage des *Fastes* ne figure même pas au nombre des témoignages groupés par J. Collart autour du texte de Varron [132], lors même qu'ils accueillent les notices d'Isidore de Séville et de Nonius Marcellus,

---

129. *Ling. Lat.*, V, 88. Trad. J. Collart.
130. A. Ernout, *Dict. Étym.*, 1959, p. 384.
131. *Fast.*, III, 115-116 :
    Illa quidem feno, sed erat reuerentia feno,
    Quantam nunc aquilas cernis habere tuas.
132. Livre V, p. 134, sur le § 88 de Varron.

inspirées du texte ovidien [133]. Si Ovide n'est pas l'auteur de la découverte, il doit rester, en tout cas, notre première référence.

L'éponyme de la ville de Sulmone, qui, lui, ne présente aucun intérêt ni religieux ni grammatical, on le tient généreusement pour une découverte ovidienne [134]. Il est vrai que ce « *Solymus* », compagnon d'Énée, a bien des chances d'être sorti tout armé du cerveau d'un mythographe fécond. Ainsi en juge F. Bömer : *Solymus, als Eponym von Sulmo, ist wahrscheinlich eine Erfindung Ovids* [135]. Certes non ! L'un des compagnons d'Énée porte bel et bien, dans l'*Énéide*, le nom même de la patrie d'Ovide, Sulmo :

Hasta uolans...
Et uenit aduersi in tergum Sulmonis [136].

Le poète épique s'est borné, de toute évidence, à utiliser le nom géographique *Sulmo* pour l'attribuer à l'un de ses guerriers imaginaires, pratique dont il est coutumier : qu'on songe à *Almo*, à *Galaesus*, à *Ufens*, à *Umbro*, à *Liris*, tous noms géographiques transposés tels quels dans le domaine épique, et devenus héros fondateurs par la seule magie du verbe virgilien [137]. Pas plus que pour ces prétendus guerriers, Virgile n'avait de tradition légendaire à alléguer, qui aurait attesté l'existence formelle de ce « *Sulmo* » fantôme ! Profitant de l'aubaine, Ovide a réutilisé ce guerrier virgilien de récente création, en un hommage amusé à l'illustre poète, pour expliquer le nom de Sulmone, sa patrie. Mais il l'a un peu modifié et hellénisé en *Solymus*, car il sentait bien que son nom, créé directement par Virgile sur celui de Sulmone, n'en pouvait guère passer ensuite pour l'étymologie ! Invention personnelle, si l'on veut, mais inspirée par une pratique analogue inaugurée par Virgile.

Nous constatons déjà, sur ces quelques exemples, qu'Ovide ne se contente pas de démarquer des œuvres antérieures, et qu'il individualise grâce à une empreinte personnelle les données étymologiques recueillies chez d'autres auteurs. Cette réaction témoigne d'un esprit indépendant et ambitieux, puisque ce non-spécialiste n'accorde pas sa confiance aux philologues compétents qui l'ont précédé.

Ainsi, Ovide ne s'en tient pas à l'inscription officielle d'un temple pour affirmer l'origine falisque de Minerve « *Capta* » [138], il faut encore qu'il écha-

---

133. Nonius, p. 648 Q. ; Isidore, *Etym.*, IX, 3, p. 50 L : *Siue quod antequam signa essent, manipulos sibi, id est fasciculos stipulae uel herbae alicuius pro signis faciebant, a quo signo manipulares milites cognominati sunt.* Cf. XVII, 9, 106 ; XVIII, 3, 5 (*manus* + *pleo*).
134. *Fast.*, IV, 79 : *Huius erat Solymus Phrygius* (*Phrygia* Frazer) *comes unus ab Ida...*
135. *F. éd. comm.*, p. 213.
136. *Aen.*, IX, 411-412.
137. Respectivement : *Aen.*, VII, 532 ; VII, 535 ; VII, 745 ; VII, 752 ; XI, 670.
138. *Fast.*, III, 843-844 :

faude une série de constructions aventureuses sur le mot *caput*. Les rapprochements alors établis sont trop intellectuels pour qu'on puisse parler d'étymologie populaire, mais il n'est pas besoin non plus d'invoquer aussitôt, sans preuves, l'autorité de Varron, et de supposer un texte perdu dont se serait inspiré Ovide [139] : un tel système d'équivalences pouvait fort bien se présenter directement à la pensée d'Ovide, d'autant que la Minerve dont il traite semble fort être pour lui l'Athéna *Tritogenia*, née de la tête de Zeus [140]. Cette étymologie de *capta* par *caput* est de haute fantaisie, et W. Deecke fait remarquer que, si l'on consent à lui accorder un instant d'attention, on doit simplement en dire que la forme serait *capita* et non *capta* [141] ! Cet obstacle n'a pas empêché, pourtant, J.B. Carter, G. Radke et O. Keller d'envisager sérieusement une étymologie par *caput* [142].

4. L'étymologie double

L'originalité d'Ovide ne consiste pas uniquement dans la découverte d'étymologies nouvelles. On la perçoit bien davantage dans la présentation nouvelle de certaines étymologies, et de façon éclatante avec ce que nous appellerons les « étymologies doubles ».

Nous ne croyons pas avoir rencontré ailleurs que chez Ovide ce type d'étymologies, et il fallait bien pour s'y risquer l'incomparable subtilité de notre poète. Il s'agit de vocables pour lesquels, tenté par deux explications inconciliables, Ovide parvient à les concilier, et, feignant d'indiquer son choix, glisse en réalité dans son texte, à l'aide d'un mot soigneusement sélectionné dans l'entourage de l'*etymon* qu'il propose, deux étymologies au lieu d'une seule ! Cette pratique est tout à fait différente de celle qui consiste

An quia perdomitis ad nos captiua Faliscis
Venit ? Et hoc signo littera prisca docet.

139. F. Bömer, *F. éd. comm.*, 2, p. 201, et, avant lui, G. Wissowa, qui suppose, avec heureusement un *ni fallor*, que les étymologies ovidiennes ont pour source probable Varron, *Gesammelte Abhandlungen*, Munich, 1904, p. 276.

140. *Fast.*, III, 841-842 :
An quia de capitis fertur sine matre paterni
uertice cum clipeo prosiluisse suo ?

141. *Die Falisker*, Strasbourg, 1888, p. 91 : *Die andere von Ovid angegebenen Etymologieen würden allerdings eine Form « capita » vermuten lassen, wenn auf sie irgend ein Wert zu legen wäre.*

142. *De Deorum cognominibus...*, 1898, p. 31 ; *Die Götter Altitaliens*, p. 81 ; *Volksetym.*, p. 39.

à aligner des explications multiples empruntées à des domaines différents, car, alors, Ovide joue cartes sur table. Dans les exemples que nous allons envisager, notre poète soumet à son lecteur un petit montage étymologique de sa façon, dont il se garde bien de lui révéler les composantes. Une fois encore, nous déplorerons le manque de scrupules de notre soi-disant grammairien, une fois encore, nous célébrerons cette finesse unique, cette maestria d'un virtuose, qui désarme le lecteur, alors même que, sans comprendre exactement pourquoi, il se sent dupé.

Un cas très simple fera saisir ce procédé dans les faits : l'explication du nom de *Galli,* donné aux prêtres eunuques de la Grande Mère. A première vue, Ovide reproduit une étymologie verrienne, en même temps qu'il évoque ce fleuve d'Asie Mineure, le *Gallus,* dont les eaux peuvent rendre fou l'imprudent qui les absorbe, au point de l'inciter à s'émasculer : *Galli qui uocantur Matris Magnae comites dicti sunt a flumine, cui nomen est « Gallo », quia qui ex eo biberint in hoc furere incipiant ut se priuent uirilitatis parte* [143]. Mais Ovide, nous l'avons constaté déjà, ne sait pas sacrifier des explications dont il ressent bien l'inanité, mais qui le séduisent en raison même de leur fantaisie. Aussi pose-t-il naïvement à la Muse Erato une question saugrenue : « Pourquoi ces Galles portent-ils le même nom que les Gaulois ? », à seule fin de pouvoir glisser sans lui donner l'importance d'une étymologie formelle, une dérivation populaire qui devait établir un rapport entre les *Galli* de la Grande Mère Idéenne et les Gaulois. Le jeu de mots se révèle plein de saveur, lorsqu'on sait que les Galates d'Asie Mineure sont effectivement les descendants de lointains ancêtres gaulois [144]...

Mais Ovide ne s'en tient pas là, et procède à un second aménagement du texte de Verrius Flaccus : il en supprime purement et simplement la fin, qui justifiait le nom de *Galli* donné aux eunuques par la supposition qu'ils avaient bu les eaux du *Gallus,* ce qui avait provoqué leur geste dément. Ovide, en effet, tient à insérer la légende d'Attis, que Verrius Flaccus n'adoptait pas comme étiologie. A ses yeux, les Galles sont appelés du nom du fleuve *Gallus,* mais ils se mutilent pour commémorer le geste d'Attis, lequel... n'avait pas bu au fleuve ! Le rapport logique se trouve donc complètement désorganisé, et l'on se demande pourquoi on appela *Galli,* du

---

143. Paulus-Festus, *s.u. Galli,* p. 84 L. ; Pline, V, 147. Documentation chez H.J. Rose, *Anchise and Aphrodite,* dans *C.Q.,* 18, 1924, 11-16 et A.H. Sayce, *Kybele and Gallos in the Hittite Texts,* dans *C.R.,* 42, 1928, 161-163 ; bonne étude de A.D. Nock, *Eunuchs in Ancient Religion,* dans *A.R.W.,* 23, 1925, 25-33 ; F. Bergmann, *Origine, signification et histoire de la castration, de l'eunuchisme et de la circoncision,* Palerme, 1883 ; P. Browe, *Zur Geschichte der Entmannung,* Breslau, 1936 ; I. Rapaport, B. 676.
144. Isidore de Séville, *Etym.,* XIV, 3, 39 ; A. Piganiol, *La Conquête romaine,* Paris, 1967², p. 144.

nom du *Gallus,* des gens qui n'avaient pas bu à ce fleuve, puisque leur mutilation n'était pas une conséquence de l'absorption des eaux fatales ! Soit donc, sous une forme plus imagée :

Verrius Flaccus :		Ovide :
les eaux du *Gallus*	les eaux du *Gallus*	le geste d'Attis
↓		↓
la mutilation des prêtres	↓	la mutilation
↓		
leur nom de *Galli*	leur nom de *Galli*	

Les deux étymologies du mot *Galli* [145] étaient présentées à la suite l'une de l'autre, et une question distincte envisageait la mutilation : le lecteur pouvait s'aviser aussitôt de leur incompatibilité. Dans le cas du dieu Vertumne, défini, rappelons-le, grâce au verbe *uertere,* la dualité ne se découvre qu'au terme d'une recherche plus approfondie. Nous disions qu'il fallait choisir entre la personnalité multiforme du dieu et l'érection d'une statue marquant l'ancien cours du fleuve [146]. Parmi les trois solutions que lui offrait Properce [147], Ovide a sélectionné, semble-t-il, la version du détournement du fleuve :

Nomen ab auerso ceperat amne deus
VI, 410

Est-ce une certitude ? Si l'on y regarde de plus près, on s'aperçoit qu'Ovide n'a pas eu le courage de sacrifier son Protée latin, le dieu « changeant », qui, dans les *Métamorphoses* [148], lui avait déjà fourni, avec le

---

145. *Fast.,* IV, 361-366 :
    Cur igitur Gallos qui se excidere uocamus,
      Cum tanto a Phrygia Gallica distet humus ?
    Inter, ait, uiridem Cybelen altasque Celaenas
      Amnis it insana nomine Gallus aqua.
    Qui bibit inde furit : procul hinc discedite quis est
      Cura bonae mentis : qui bibit inde furit.
    La question qui commande le récit de l'émasculation d'Attis se trouve bien avant l'évocation du *Gallus,* aux vers 221-246 : il n'y a donc aucun lien entre les eaux du fleuve et l'émasculation.

146. Voir p. 128.

147. Prop., IV, 2, 10-12 et 21-22 :
    Vertumnus uerso dicor ab amne deus,
    Seu quia uertentis fructum praecepimus anni,
      Vertumni rursus creditis esse sacrum.   10-12
    Opportuna mea est cunctis natura figuris,
      In quamcumque uoles uerte, decorus ero.   21-22.

148. *Met.,* XIV, 622 sqq.

charmant épisode de Pomone et Vertumne, l'occasion d'exécuter une longue variation sur le thème exploité par Properce [149]. Aussi, la formule qu'il ajoute incidemment, « un tel nom convient bien à la nature de ce dieu », *conueniens diuersis iste figuris* [150], est-elle, sans qu'il y paraisse, une seconde étymologie, qui utilise cette fois le même verbe *uertere* qualifiant un dieu coutumier des métamorphoses, grâce à l'adjectif *diuersis*, dérivé de *uertere* !

Properce écrivait : *Opportuna mea est cunctis natura figuris* [151], et c'est ce vers qu'Ovide a démarqué. Mais Properce écrivait *natura*, non pas *nomen* ! Et en substituant *nomen* à *natura*, Ovide a introduit dans son vers une valeur étymologique qui n'existait pas chez son modèle. Il est difficile de prendre Ovide en défaut, car son texte ne présente aucune dissonance : a-t-il écrit le nom de *Vertumnus* ? A-t-il écrit, autrement que sous la forme *diuersis*, le verbe *uertere* ? Non, sans doute. Il s'est borné à prétendre que le Sort fait bien les choses, puisqu'il a mis la statue d'un dieu « changeant » à l'endroit où le fleuve a « changé » le cours de son lit ! Malheureusement, cette apparence d'extrême logique ne peut masquer la réalité : si le dieu s'appelait Vertumne en raison de ses fréquentes transformations, ce qu'Ovide admet avec le vers VI, 409, le détournement du fleuve n'est plus pour rien dans son nom. La formule adoptée par Ovide, « le dieu dont le nom convient aux formes diverses qu'il revêt n'avait pas encore tiré ce nom du fleuve détourné dans son cours », signifie en fait : « le dieu nommé *Vertumne* à cause de ses changements de forme (du verbe *uertere*) ne s'appelait pas encore Vertumne parce que le fleuve n'avait pas encore été détourné (de *auerso amne*) ». L'étymologie est donc double. Mais la forme allusive adoptée par Ovide lui permet de réaliser sa supercherie sans heurter la vraisemblance.

Les vers à l'aide desquels Ovide nous définit l'adjectif *augustus* paraissent eux aussi fort innocents. La critique moderne les juge d'une excellente veine philologique, et nous citerons avec plaisir le compliment adressé à notre poète par l'éminent latiniste A. Ernout : l'étymologie du mot, écrit-il, est « lumineusement exprimée [152] » dans les vers d'Ovide. A y regarder d'un peu près, on y découvre encore une alliance subtile entre deux étymologies différentes.

Pour les Modernes, les trois mots *Augustus*, *augurium* et *augere* dérivent d'une même racine, ce qu'on admet couramment. Bien entendu, on s'est ingénié à réunir autour de ces trois concepts fondamentaux de la vie

---

149. Prop., IV, 2, 21-48.
150. *Fast.*, VI, 409.
151. Prop., IV, 2, 21.
152. *Dict. Étym.*, 1967, p. 57.

religieuse un bon nombre de réflexions sagaces, que rappelle un peu malignement A. Bouché-Leclercq [153], avant de conclure avec philosophie : « Il ne manque à ces tentatives que l'appoint accoutumé des hébraïsants d'autrefois »...

Les Anciens n'accordaient pas le même sort à *augurium* et à *augustus*, ce qu'enseigne aussitôt un examen des sources. On affectait à *augurium* des *etyma* comportant des *r* : *auium geRendo* ou *auium gaRRitu* [154], en justifiant leur choix par l'observation du rituel augural, le comportement ou le cri des oiseaux créant effectivement un « augure ». A cause de la présence d'un *s* dans *augustus*, on décomposait le mot en *auium geStu* ou *auium guStatu*, alors même qu'on sentait bien la parenté de *augustus* avec *augurium*, puisqu'on faisait dériver les deux mots d'une même racine *auis*, l'oiseau. Le vieil Ennius, déjà, unissait les deux concepts : *Augusto augurio postquam incluta condita Roma est* ou encore *Regni dant operam simul auspicio augurioque* [155].

Après Verrius Flaccus, Ovide. Il est le *premier*, et il faut y insister, puisqu'on cite généralement le texte de Suétone [156] en oubliant qu'Ovide l'a précédé ; il est le premier, donc, à mettre en rapport *augurium* avec le verbe *augere*, « augmenter » :

Huius (= augusti) et augurium dependet origine uerbi,
Et quodcumque sua Iuppiter auget ope.
I, 611-612

Soit : « De la racine de *augustus* (*huius origine uerbi*), dépendent à la fois les mots *augurium* et *augere* ». F. Bömer établit que Verrius Flaccus fait dériver *augustus* de *augurium*, tandis qu'Ovide préfère une dérivation inverse, *augurium* de *augustus* [157]. A bien lire le texte, Ovide suppose une racine X (pour nous : *augos* [158]) dont dérivent aussi bien *augustus* que *augu-*

---

153. *Histoire de la divination dans l'Antiquité*, 4, Paris, 1882, p. 162.
154. Paulus-Festus, *s.u. Augur*, p. 2 L. : *Augur ab auibus gerendoque dictus, quia per eum auium gestus edicitur ; siue ab auium garritu, unde et augurium.* L'étymologie est acceptée par J. Marquardt, *Le Culte romain...*, vol. 2, p. 113.
155. *Ann.*, 469 et 81.
156. *Aug.*, 7, 2 : *Ab auctu, uel ab auium gestu gustuue ?*
157. *F. éd. comm.*, 2, p. 69 ; même présentation fautive chez K. Scott, *The Identification of Augustus with Romulus-Quirinus*, dans *T.A.P.H.A.*, 56, 1925, 82-105, p. 87 : *Ovid makes a combined derivation from augurium and augere.*
158. Dégagée par F. Müller, *Augustus* dans *Meed. der Akad. Afd. Letterkund,* Deel, 1927, p. 63, rendu accessible par le c.r. de A. von Premerstein dans *Ph.W.*, 28, 1929, p. 846. Voir *L.E.W.*, 1, p. 82. Première suggestion par E. Flinck, B. 311.

rium et *augere*. Après Ovide, on retrouve les trois mots associés chez Suétone, Isidore de Séville, Servius, Jean le Lydien [159].

La mention adventice de *augere* faite par Ovide, et l'union qu'il a réalisée entre des dérivations séparées avant lui, ont donc orienté les recherches postérieures. Ce qui l'a influencé, ce n'est pas le sentiment d'une commune origine des trois mots, puisque les philologues de son époque ne semblent pas l'avoir éprouvé ; c'est plutôt le souci de reproduire la totalité des étymologies que Verrius avait groupées à la première page de son lexique. Félicitons-nous que ce scrupule si peu religieux ait débouché cette fois sur une vérité religieuse et une trouvaille grammaticale !

Les Modernes ont fini par se ranger à l'avis exprimé par notre poète, et ont accepté son *augere* [160]. Pourtant, ils se sont divisés sur la signification exacte du mot : la racine **augos* signifie-t-elle « qui augmente », ou : « qui est augmenté » ? En un premier temps, représenté notamment par K. Bücheler [161], A. Zimmermann [162], E. Flinck [163], V. Ehrenberg [164], on cautionnait un sens actif et on traduisait par « qui augmente » : *Nicht (als) von den Göttern begnadet, aktiver Mittler der göttlichen Gnade* [165]. Puis A. von Premerstein et M.A. Koops ont opposé à cela une conception passive : « celui qui *a reçu* un accroissement divin » : *Nicht der « Mehrer », sondern der « Gemehrte » der Erhöhte, Erhabene* [166]. Les plus récentes définitions semblent se rattacher de préférence à cette dernière acception du mot : l'*Augustus* est celui qui « a fait le plein de force sacrée [167] » pour G. Dumézil, repris par H. Fugier avec une formule voisine : celui qui est « doté d'une force habilitant son possesseur à accomplir une fonction [168] ».

---

159. Isidore, *Etym.*, XX, 3, 16 : *Vt quia auxerat terras, ipso nomine et titulo (Octauius) consecraretur*. Priscien, II, 39, 7 ; Servius, *Ad Aen.*, VII, 153.

160. Une réticence toutefois, celle de F. Ritschl, *Priscae Latinitatis monumenta epigraphica*, dans *J.K.Ph.*, 87, 1863, p. 784-785, qui voit dans *augur* un neutre parallèle à *augustus* et doublet de *augustum*, à cause de Nonius, p. 567 Q., qui donne comme pluriel neutre *augura* et non *auguria*. Pour le reste, voir A. Ernout, *Augur-Augustus*, dans *M.S.L.*, 22, 1921, 234-238.

161. *Cf.* B. 146, p. 784-785.

162. A. Zimmermann, dans un c.r. paru dans *A.L.L.*, 7, 1892, 435.

163. *Auguralia und Verwandtes*, Helsingfors, 1921 ; dans le c.r. qu'il en a fait, G. Wissowa le félicite d'avoir renoncé à la racine **aui* pour adopter **augos* (*Ph.W.*, 41, 1921, p. 916).

164. *Monumentum Antiochenum*, dans *Klio*, 19, 1925, 189-213.

165. V. Ehrenberg, *op. cit. supra*, p. 211.

166. M.A. Koops, *De Augusto*, dans *Mnemosyne*, 5, 1937, 34-39. A. von Premerstein, *op. cit.* à la note 158.

167. *Remarques sur Augur-Augustus*, dans *R.É.L.*, 35, 1957, 127-150, p. 149.

168. *Recherches sur l'expression du sacré dans la langue latine*, Paris, 1963, p. 41.

De fait, la notion d'*auctus* est assez proche d'une autre notion religieuse, celle qu'exprime la locution *macte esto* [169], dans laquelle la nourriture offerte est censée « augmenter » le dieu. Au *mactus* de Festus [170] répond en effet le *auctus* d'Arnobe [171] dans un contexte semblable. W. Reiter corrobore cette valeur passive de *Augustus* par plusieurs exemples historiques éloquents, dont Tacite, *Ann.*, XII, 26 : *Augetur et Agrippina cognomento Augustae* [172].

Tout comme l'étymologie de *manipulus,* celle de *Augustus* donnée par Ovide a été retenue par nos contemporains, qui ont, en revanche, refusé leur caution à Varron pour l'un, à Verrius Flaccus pour l'autre. Même si Ovide n'a pas le mérite de la découverte, à cause des fameux textes inconnus dont il est toujours possible qu'il se soit inspiré, il a celui d'un choix judicieux, et l'on doit lui accorder la primauté chronologique parmi nos sources. Nous verrons plus tard comment deux vers de sa plume suffisent à définir, avec une concision et une profondeur remarquables, les pouvoirs d'un « *Augustus* ».

Bien au contraire, l'étymologie d'*Anna Perenna* ne vaudra guère de félicitations à notre poète. Nous avons commenté déjà le vers conclusif du long développement consacré aux tribulations de l'*Anna soror* : *Amne perenne latens, Anna Perenna uocor* [173], et nous soulevions le problème de la coexistence de deux étymologies : comment, si *Anna Perenna* est bien *Anna* la sœur de Didon, peut-elle devoir son nom au mot *amne* ? Plus qu'une étymologie populaire bien improbable, il y a là sans doute une coquetterie de style, et la tentation, impérieuse chez Ovide, du jeu de mots : puisque c'est Anna elle-même qui prononce ce vers, la formule devient humoristique : « Je m'appelle *Anna* depuis que je me suis noyée ». Mais avant, comment donc s'appelait-elle ? Nous ne reviendrons pas sur l'étude étymologique que nous avons proposée voici quelques années [174], qui faisait de *Anna Perenna* l'hypostase d'un souhait de bonne année à l'impératif : *anna peranna*, « porte-toi bien jusqu'à l'an prochain ». On ajoutera aux thèses examinées alors celle de S. Ferri dont nous n'avions pas eu connaissance, et pour qui le nom est une alliance entre un nom pan-anatolique

---

169. Caton, *Agr.*, CXXXIV : *macte isto fercto esto.*
170. P. 112 L. : *Mactus : magis auctus.*
171. *Adu. Nat.*, VII, 31 : *Mactus hoc uino inferio esto... tantum amplificatus quantum iubeo.* Aussi Servius, *Ad Aen.*, IX, 641 et IV, 57 : *mactare* est défini par *magis augere.*
172. *Augustus-Sebastos,* dans *Ph.W.*, 50, 1930, 1199-1200.
173. *Fast.*, III, 654.
174. *A.P. « Bonne et heureuse année ! »* ?, dans *R.Ph.*, 45, 2, 1971, 282-291. M. le Professeur J. Perret, à qui nous avons soumis cette étude, pense qu'*Anna* peut être un nom d'action en *a* et désigner une déesse « assurant la bonne traversée qualitative de l'année ».

thraco-illyrien, *Anna*, et un * *Perna* d'origine étrusque [175]... Nous avons évoqué aussi l'étymologie du mot *ancile* [176], « le céleste bouclier aux deux flancs échancrés » :

> *Idque ancile uocat, quod ab omni parte recisum est*
> III, 377

Pourquoi faut-il qu'à cette définition déjà embarrassée Ovide ajoute une précision supplémentaire :

> *Quaque notes oculis, angulus omnis abest* ?
> III, 378

En effet, les deux descriptions sont incompatibles. Le premier vers se rapporte à un bouclier « échancré » *(recisum)* des deux côtés *(ab omni parte)*, et glose l'étymologie varronienne : * *ambecisu*, qui désigne le bouclier mycénien en forme de « huit » [177]. Le second évoque plutôt un bouclier rond, puisqu'on n'y trouve « aucun angle ». En réalité, Ovide n'a pas changé d'avis d'un vers à l'autre, mais a voulu glisser sans qu'il y paraisse une seconde étymologie qu'il trouvait dans les œuvres de l'historien grec Juba [178], et qui nous a été conservée par Plutarque. Elle faisait appel au mot grec ἀγκύλος, traduit par Ovide en *angulus*, et ressemblait suffisamment au mot *ancile* pour avoir tenté un moment l'esprit du poète latin. Ovide a donc reproduit ouvertement l'étymologie de Varron, mais réussi à conserver malgré cela le rapprochement avec un mot grec.

Nous reparlerons de cet *ancile*, et des deux vers à lui consacrés par Ovide. Occupons-nous maintenant, toujours à l'intérieur du livre III, du dieu Liber et des *liba*.

D'où vient le nom de ces gâteaux ? C'est le nom même de leur « inventeur », le dieu Liber :

> *Nomine ab auctoris ducunt libamina nomen*
> III, 733

---

175. *Osservazioni...*, dans *R.P.A.A.*, 37, 1964-1965, p. 56 et 57.
176. P. 201.
177. Varron, *Ling. Lat.*, VII, 43 : *Apud Ennium « mensas constituit idemque ancilia », dicta ab a m b e c i s u, quod ea arma ab utraque parte ut T(h)racum incisa*. Autres textes : Servius, *Ad Aen.*, VII, 188 ; Isidore, *Etym.*, XVIII, 12. Festus, *s.u. Mamuri* p. 117 L. : *quia ex utroque latere erat recisum, ut summum infimumque eius latus medio pateret*.
178. Plutarque, *Num.* XIII. Pour O. Keller, *Lat. Volksetym...*, Leipzig, 1891, il existe un lien entre le « *ankulia* » grec et les *ancilia*, et l'étymologie populaire latine donnant *ambecisu* (Varron), **ambicisilia* ou **ancisilia* est à rejeter. O. Keller ajoute : *Daher ist wohl überhaupt das i eingetreten für das eigentlich zu erwartende ŭ*. La formation à retenir est **amb + caid + ilis → ancidilis* « taillé des deux côtés » ; *cf.* L. Deroy (B. 216), p. 242, n. 24.

Jusque-là, rien d'étrange, encore que la dérivation soit fautive. Mais Ovide ajoute un petit commentaire : « c'est parce qu'on en offre une parcelle sur les foyers consacrés » :

(libaque), quod sanctis pars datur inde focis
III, 734

Or, c'est là une définition très exacte du verbe *libare*, lui-même l'étymologie reconnue du mot *libum* ! Ainsi Varron définit-il les *liba* : *quod libandi causa fiunt* [179] ; à sa suite, la philologie moderne voit dans *Liber* un thème * *leudh* → *leudheros* [180], tandis que *liba* vient de *libare*, formé sur un * *loi-bai-o* [181], qu'on retrouve dans le mot grec λείβειν, « arroser ». Il est donc philologiquement impossible que *liba* puisse venir, en dépit d'une ressemblance phonique aveuglante, du nom de Liber, et la fantaisie ovidienne suscite l'humeur de A. Bruhl [182]. Ovide s'étant bien gardé de faire figurer en toutes lettres dans son texte le verbe *libare*, on ne s'aperçoit pas immédiatement qu'il nous propose en fait deux étymologies au lieu d'une ! Incapable de se décider, entre une dérivation populaire qui lui semble évidente, *Liber* → *liba*, et un texte technique autorisé de Varron, qui cautionne *libare* → *liba*, Ovide a tenté un compromis entre les deux.

Pareille indécision, lorsqu'il s'agit de définir le nom du dieu Janus. *Inde uocor Ianus* [183], écrit Ovide ; cet *inde*, qui se rapporte à un *foribus* précédemment exprimé, nous amène indirectement au mot *ianua*, « la porte », que l'étymologie populaire mettait en rapport avec le dieu Janus. Les discussions ont été nombreuses sur cette dérivation, sans que l'on parvienne à décider si *Ianus* venait de *ianua*, ou *ianua* de *Ianus* [184]. Pourtant, un autre vers d'Ovide renferme discrètement l'une des autres étymologies de *Ianus*, due aux Stoïciens, le verbe « aller », *ire*, qui donne d'abord un *Eanus*, dieu « du mouvement », puis le *Ianus* que l'on connaît [185] : « Jupiter », affirme Ovide, « va et vient par mon entremise » :

It redit officio Iuppiter ipse meo
I, 126

---

179. *Ling. Lat.*, VII, 44 ; V, 106 : *quod ut libaretur... erat coctum*. Le rapport avec Liber se retrouve dans Plutarque, *Quaest. Rom.*, 104.
180. É. Benveniste, *Liber et les liberi*, dans *R.É.L.*, 14, 1936, 51-58.
181. M. Bréal, *Noms postverbaux en latin*, dans *M.S.L.*, 4, 1881, p. 82.
182. *Liber pater*, Paris, 1953, p. 15.
183. *Fast.*, I, 127 ; voir Jean le Lydien, *Mens.*, IV, 1, l. 14 W.
184. Ainsi G. Giannelli, *Janus*, dans *R.F.I.C.*, 52, 1924, 210-232, p. 210, n. 1, querelle-t-il W. Warde Fowler, qui, *contrariamente ad ogni verosimiglianza*, fait dériver *ianua* de *Ianus* au lieu de l'inverse.

Et si l'on avise le vers 103 : *Me Chaos Antiqui... uocabant*, on possède alors la totalité des étymologies courantes à l'époque d'Ovide, celle par χάσκειν, « bâiller » traduit en latin par *hiare*, étant la troisième et la plus alambiquée.

Si, pour le mois d'avril, Ovide a choisi le patronage de Vénus-Aphrodite, admissible seulement si l'on recourt au mot grec désignant l'écume qui créa la déesse, *« aphros »*, et s'il a rejeté du même coup le verbe *aperire*, proposé par Cingius et Varron [186], il devait conserver quelques scrupules devant la quasi-unanimité des philologues de son temps à soutenir l'opinion contraire à la sienne. N'est-ce pas une concession à Varron et à sa proposition *aperire*, « s'ouvrir », que les vers IV, 125-132, où, sous couvert de célébrer Vénus, Ovide décrit, toujours sans donner explicitement le verbe-*etymon* qui trahirait la supercherie, la nature qui s' « ouvre » avec le printemps ? Vénus-Aphrodite est à l'origine du processus qui force la terre à s'ouvrir pour créer les plantes, cette ouverture corrobore l'étymologie par *« Aphrodite »*. Mais d'un point de vue philologique, on ne peut admettre que le mot *aprilis* puisse venir à la fois de *aphros* et de *aperire* !

Nunc herbae rupta tellure cacumina tollunt,
Nunc tumido gemmas cortice palmes agit
IV, 127-128

Les raisons qui poussaient Ovide à préférer *Venus* au verbe *aperire* sont à la fois politiques et littéraires. Politiques, parce que la déesse protège la famille régnante, littéraires, parce qu'un développement sur Vénus lui permet de rivaliser avec Lucrèce et lui sourit davantage qu'une dissertation plus technique sur les phénomènes agricoles : *Veneris laudatio aptior uidebatur ad carmen exornandum quam aperiendi uocabulum*, admettait déjà avec raison H. Winther [187].

La critique moderne s'est finalement rangée à l'opinion d'Ovide, pour des raisons philologiques. On a d'abord admis le verbe *aperire* [188] ; puis, on a proposé un ordinal signifiant « le second », *aporo, sur le modèle du sans-

---

185. Cicéron, *Nat. Deor.*, II, 67 ; Macrobe, *Sat.*, I, 9, 11 : *Cornificius Etymorum libro tertio,* « *Cicero, inquit, non Ianum sed Eanum nominat, ab eundo* ». Malgré une voix conservatrice, celle de K. Latte, qui pense encore que Janus rassemble en lui « la force divine de toutes les portes particulières » : *es ist die heilige Kraft der einzelnen Tür, (Über eine Eigentümlichkeit...*, dans *A.R.W.*, 24, 1926, 244-258, p. 247), les Modernes admettent aujourd'hui une racine *ia, élargissement de *ei, aller. Synthèse chez G. Capdeville, *Les Épithètes cultuelles de Janus*, dans *M.É.F.R.A.*, 2, 1973, 395-436 ; doutes chez A. Ernout (B. 295).
186. Macrobe, *Sat.*, I, 12, 12.
187. *De Fastis V.F...*, p. 19.
188. L. Preller, *Röm. Myth...*, 1, 1881, p. 442.

crit *apa-rah*, dérivation pour laquelle je conserve une secrète préférence, avril étant le deuxième mois de l'année romaine archaïque, laquelle accueille d'autres noms tirés de chiffres, de *quintilis* à *december*. Cette proposition émane de A. Cuny [189]. Moins heureux est le « mois du sanglier », *aprilis* de *aper* [190], supposé par L. van Johnson, qui rebaptise mars en *caprotinus*, mai en *maialis*, et juin en *fabarius*, toutes estimations fondées sur les diverses phases de l'élevage des gorets. Enfin, J.M. Stowasser a supposé une racine **Aphro*, hypocoristique d'*Aphrodite* [191], qui, une fois enrichie par É. Benveniste [192], et approuvée par E. Fiesel [193] et Sp. Cortsen [194], a concentré tous les suffrages, et permis à Vénus-Aphrodite d'entamer sur avril un règne sans nuages, jusqu'à ce qu'une thèse récente de É. Dugand remette la question en suspens, son auteur déclarant ne pas croire à l'étrusque ** Apru(n)* inventé par É. Benveniste. Nous en sommes restés là [195].

5. La probité du philologue

La notion d'étymologie double que nous venons d'analyser nous suggère des idées peu indulgentes pour la probité étymologique d'Ovide : est-ce ou non sciemment qu'il a conservé ce qu'il aurait dû sacrifier ? Nous étudierons sur deux exemples un phénomène intéressant : l'influence sur l'étymologie de contingences extérieures. Nous avons déjà constaté que les impératifs politiques avaient amené Ovide à évincer une étymologie de juin par *Iunius*. Nous allons voir maintenant comment l'attrait de la mythologie parvient à fausser gravement la recherche étymologique.

Rappelons brièvement le problème que pose le nom de Carna : son activité est centrée sur la protection du corps humain, des *uiscera* en particulier, et son nom devrait donc provenir de *caro, carnis*, la chair [196]. Macrobe

---

189. *Lat. Aprilis*, dans *M.S.L.*, 14, 1906-1908, 286-288.
190. *The Prehistoric Roman Calendar*, dans *A.J.Ph.*, 84, 1963, 28-35.
191. *Etymologica*, dans *W.S.*, 31, 1910, 145-152, p. 146.
192. *Trois étymologies latines*, dans *B.S.L.*, 32, 1931, 68-85, p. 71.
193. *Zur Benvenistes Deutung von Aprilis*, dans *S.E.*, 7, 1933, 295-297, p. 295.
194. *Der Monatsname Aprilis*, dans *Glotta*, 26, 1938, 270-275 ; aussi R. Schilling, *Vénus...*, p. 181 ; J. Bayet, *Hist. pol. et psycho.*, p. 92.
195. J.É. Dugand, *Aphrodite-Astartè* dans *Hommages à P. Fargues*, Fac. Lett. Nice, 21, 1974, 72-98. M. Hammarströms fait venir Aphrodite d'une racine **prth* « sexe » le *p* passant à *ph* sous l'influence de l'étymologie par **aphros*. (*Griechisch-Etruskische Wortgleichungen*, dans *Glotta*, 11, 1921, 211-217, p. 216).
196. C'est une étymologie purement latine « que suggèrent la forme du nom, l'analogie de Flora et l'ensemble du dossier » pour G. Dumézil, *Idées romaines*, Paris, 1969, p. 271 et dans *Quaestiunculae...*, dans *R.É.L.*, 39, 1961, 87-91.

nous atteste cette protection de Carna sur les *uiscera* [197], et l'étymologie par *caro, carnis* continue de prévaloir [198], malgré d'autres propositions plus subtiles : l'osque **karn* [199], le vénète **kara-n-mn-s* [200], voire les *Carnutes* [201] !

Ovide nous propose une étymologie *cardo, cardinis* et affirme que Carna protège les gonds : *Dea cardinis haec est* [202]. La dérivation est surprenante, et l'on doit faire appel à une métathèse peu orthodoxe pour passer de *Cranè*, nom primitif de la déesse selon Ovide, à *Carna*... Cette invention d'Ovide — puisque *Cranè* ne figure dans aucun texte —, est indispensable pour expliquer le passage de *cardo* à *Carna* : le mot *cardo* ne peut apparemment donner qu'une déesse **Carda* ou *Cardea*, et non point la *Carna* qu'Ovide doit expliquer ; or, il lui faut bien trouver quelque part le *n* qui fait défaut à sa démonstration. D'après l'alternance grecque connue κραδίη/καρδία notre poète put forger une *Crana*, hellénisée, en tant que nymphe, en *Cranè*, et supposer qu'une fois les *cardines* passés en sa possession, on modifia son nom, par simple métathèse d'une lettre, afin qu'il présentât quelque similitude avec *cardo*. S. Ferri ne se pose pas tant de questions, et admet la possibilité d'une dérivation *cardo → cardna → carna*, sur le modèle de *ordno → orno* [203]. Toutefois, ce passage de la protection des gonds à celle des entrailles demeure singulier. On ne doit pas tenir pour autant la déesse *Cardea* pour une invention d'Ovide, une *blosse Fiktion* [204], puisque existent à son sujet d'autres textes, ceux de Tertullien et de saint Augustin [205], et puisque d'autres dieux, *Ianus, Forculus, Limentinus*, protègent les différents éléments d'une porte. Ovide n'a pas inventé *Cardea*, qu'il ne nomme même pas dans ses vers. Il a simplement substitué l'étymologie de *Cardea* à celle de *Carna*, invité à ce tour de passe-passe par l'extrême proximité des deux noms.

Procédé illégitime, à un double point de vue. D'abord, parce qu'il témoigne d'une désinvolture condamnable d'Ovide envers son lecteur : l'ex-

---

197. *Sat.*, I, 12, 32 : *Hanc deam uitalibus humanis praeesse credunt ; ab ea denique petitur ut iecinora et corda quaeque sunt intrinsecus uiscera salua conseruet.*
198. C'est la solution de sagesse, encore que les *carnes* ne soient pas exactement des *corda* ou des *iecinora*.
199. K. Latte, *Röm. Religionsgeschichte*, p. 58, n. 1.
200. R.S. Conway, *Praeitalic Dialects of Italy*, 1, Cambridge, 1933, p. 31.
201. W.F. Otto, *Römische Sondergötter*, dans *Rh. M.*, 64, 1909, 449-468, p. 466.
202. *Fast.*, VI, 101-182, vers 101.
203. *Osservazioni ai nomi di alcuni « Dei indigetes »*, dans *R.P.A.A.*, 37, 1964-1965, 49-62.
204. F. Bömer, *F. éd. comm.*, 2, p. 343 ; W.F. Otto, *op. cit.*, p. 463.
205. *De Cor.*, 13 ; *Ad Nat.*, II, 15 ; *Idol.*, 15, 5 ; *Ciu. Dei*, IV, 8 et VI, 7.

plication grammaticale concerne une divinité, l'explication étiologique se rapporte à une autre. Mais aussi, parce que le poète est parfaitement instruit des fonctions réelles de Carna, qui n'est pas du tout la *Dea cardinis* qu'il nous présente en commençant, mais la protectrice des *uiscera* : « Pourquoi, me demanderez-vous, mange-t-on, le jour de ces calendes, du lard gras ainsi qu'une bouillie de fèves et de farine chaude ?... Quiconque mangera ces deux aliments mélangés le jour des sixièmes calendes assurera la protection, dit-on, de ses organes vitaux [206] ». Et Ovide oublie de se demander comment une déesse des gonds peut se voir chargée d'une telle besogne ! Quant à son récit concernant les Stryges, il permet d'affirmer aussi que Carna s'occupait des fonctions digestives humaines, et protégeait les *intestina* humains de ces rapaces maléfiques : *Ei homines cenas ubi coquont, quom condiunt / Non condimentis condiunt, sed Strigibus / Viuis conuiuis intestina quae exedint*, écrivait déjà Plaute [207].

Le mot *Cranè* inventé par Ovide a pourtant attiré l'attention de G.B. Pighi [208], qui le rapproche de κρανία, la corne,... à cause du buisson épineux dans lequel se dissimule Carna ! Avec plus de bon sens, G. Dumézil n'y décèle qu'un jeu ovidien, entre un mot *granum*, « le grain », puisque plusieurs manuscrits portent *Granè* et non *Cranè*, et le nom de *Carna*, dont la nourriture d'excellence est la fève. *Carna* serait alors « le grain mis au féminin et costumé en nymphe grecque [209] ». Dans ce genre de divertissement, ajoute G. Dumézil, « les érudits de l'Antiquité n'avaient pas un respect sans limite pour les consonnes initiales ». Sans doute. Mais le mot *grain* semble s'appliquer à une céréale, groupe auquel n'appartient point la fève. Il faut simplement retenir l'idée de jeu.

Notre second exemple sera celui du dieu *Veiouis*, dont le nom pose de sérieux problèmes à la science moderne. L'étude de M. Niedermann [210] est, à ce propos, résolument négative : la critique contemporaine, affirme le savant allemand, a utilisé abusivement un texte de Nonius [211] pour lui faire

---

206. *Fast.*, VI, 169-170 et 181-182.
207. *Pseud.*, 819-821.
208. *F. éd. comm.*, 2, p. 62-63. Pour ce qui est des rites de Carna, J. Gagé en propose une excellente analyse dans *Le dieu Inuentor et les Minucii*, B. 343. Conclusions risquées, mais analyse de fond solide et judicieuse.
209. *Questions Romaines*, à la suite des *Fêtes d'Été*, p. 231.
210. *Studien zur Geschichte der Lateinischen Wortbildung*, dans *I.F.*, 10, 1899, 221-286, notamment p. 249-253.
211. P. 183 M., 196 Q. :
    Vegrande : ualde grande. Lucilius, lib. XXVI :
    Non idcirco extollitur, nec uitae uegrandi
    datur.

dire le contraire de ce qu'il signifie ; à partir de ce texte, on s'est égaré vers des interprétations fantaisistes d'un nom qu'on ne peut analyser, puisqu'on ne sait même pas s'il est ou non indo-européen ! et l'on groupe ensemble des mots à *ue initial qui n'ont rien d'autre en commun : uestigium, uehemens, uecors, uesanus, uescus. Dans uecors et uesanus, le *ue- est purement négatif ; dans uegrandis, il prend le sens de ualde, dans uescus, il signifie « anormalement » ; pour uestigium le sens de la particule est l'origine, uehemens résulte d'une fausse coupe de *ueheménos, et uestibulum provient d'un ancien *uastu, lieu d'habitation.

Ce sont les recherches antiques qui ont brouillé la question, et l'étude des textes permet d'apprécier à loisir la profondeur de la recherche philologique romaine, — romaine et ovidienne, il s'entend. Un premier témoignage : celui de Verrius Flaccus : la particule *ue serait un diminutif signifiant « petit ». Ve + Iouis est donc un « petit Jupiter »[212] : Vesculi male curati et graciles homines. Ve enim syllabam rei paruae praeponebant, unde Veiouem « paruum Iouem » et uegrandem fabam minutam dicebant. Il nous paraît qu'un tel type de raisonnement ne serait point déplacé sous la plume d'un Ovide, et de fait, R. Merkel conclut à une interpolation dans le De Verborum Significatione, opérée par Paulus d'après le texte des Fastes ovidiens[213]. Admettons que ce beau raisonnement soit tout de même l'œuvre de Verrius Flaccus : il pèche à la base, et point n'est besoin d'être linguiste pour s'en aviser : on s'appuie, en effet, sur l'adjectif uegrandis, qui semble signifier « mal venu, avorté », ou sur un autre adjectif, uesculi, qu'on peut traduire par « avortons », et l'on procède comme si, uegrandis voulant dire « qui n'est pas » + « grand », la particule *ue isolée signifiait « petit », même privée du support de grandis. D'où le résultat : *ue + Iouis : « Jupiter + qui n'est pas grand », soit notre « petit Jupiter », traduction qui conviendrait plutôt à un hypothétique *uegrandis Iouis ! D'autre part, Verrius traite *ue comme un diminutif, tout en invoquant des exemples dans lesquels il apparaît doué d'une valeur péjorative, à preuve la définition qu'Ovide propose du même mot uegrandis : uegrandia farra, quae male creuerunt[214]. A suivre Verrius, on n'obtient pas un Jupiter « jeune »,

---

Cette expression est régulièrement commentée comme si uegrande signifiait « petit ». Or, Nonius a écrit ualde grande. Ajoutons un uepallidus d'Horace, Sat., I, 2, 129, qui signifie « affreusement pâle ».
212. S.u. Vesculi, p. 519 L. Utiles observations de I. Mariotti, Vegrandis, uescus, e Ovid, Fast., III, 445, dans S.F.I.C., 1961, 114-126.
213. Fast. prol..., 1841, p. XCIX.
214. Fast., III, 445-448 :
   Nunc uocor ad nomen ; uegrandia farra colonae
   Quae male creuerunt, uescaque parua uocant.

puisque *ue* ne saurait signifier « jeune » qu'au prix de tiraillements de sens inadmissibles, mais un Jupiter bancal ! Quant à la valeur augmentative de la particule *ue,* ignorée de Verrius Flaccus et d'Ovide parce qu'elle dessert leur explication, et qu'Aulu-Gelle nous expose honnêtement, parce que lui n'a pas d'idée préconçue sur la question [215], elle non plus ne convient pas au Jupiter « jeune » que Verrius et Ovide essaient de nous faire accepter. S'il fallait décider entre les propositions des Anciens, nous accorderions volontiers créance à Aulu-Gelle, dont le raisonnement est beaucoup plus satisfaisant pour la logique : *ue* signifiant « ne... pas », et *Iouis* provenant, pour les Romains du moins, de *iuuando,* « se montrer bienveillant », le résultat donne le contraire d'un dieu secourable, c'est-à-dire un Jupiter néfaste ou infernal [216], opinion que la recherche moderne, se fondant d'ailleurs sur d'autres critères, a souvent ratifiée [217].

Ovide, quant à lui, tient à son « petit Jupiter » pour des raisons moins linguistiques que mythologiques, ce qui l'amène soit à reproduire le raisonnement absurde de Verrius, soit à l'inventer lui-même, si nous adoptons les conclusions de R. Merkel. Les considérations qui étayent ses assertions sont bien étrangères au domaine grammatical. La chèvre qui accompagne le dieu sur les statues est à l'évidence, pour le moins averti des mythographes, la chèvre Amalthée ! Le dieu doit donc être Jupiter enfant, même si, par flamine interposé, le dieu n'avait pas le droit de voir cet animal [218].

Ovide s'ingénie donc à réunir autour de sa trouvaille étymologique un faisceau de preuves, et, fait significatif, ne propose la déduction philologique qu'à la fin de son texte, à un moment où son lecteur, convaincu par les observations précédentes, l'admettra sans élever d'objections. « Le dieu est toujours jeune [219] » affirme-t-il. La chose paraît exacte, d'après les monnaies que nous possédons, si toutefois le dieu représenté est bien Véiovis : aucune inscription ne l'atteste, et on se fonde seulement, pour l'identifier, sur le type

---

Vis ea si uerbi est, cur non ego Veiouis aedem
  Aedem « non magni » suspicer esse Iouis ?
 On retrouve cette idée de « mauvais » dans *Myth. Vat.,* III, 6, 1 : *Veiouis, id est m a l u s Iouis.* Aussi Mart. Cap., II, 166.
215. V, 12, 10 : *nam et augendae rei et minuendae ualet.* Même développement chez Macrobe, VI, 8, 18.
216. Cicéron, *Nat. Deor.,* II, 64 (et Ennius, cité,) pour *iuuare* → *Iouis.*
217. Noter pourtant les objections de A. Stazio, *Sul Culto di Vejove a Roma,* dans *R.A.A.L. Nap.,* 23, 1947, 135-147, dont la critique est intéressante, si sa proposition d'un Jupiter « ambivalent » doit moins séduire.
218. Plutarque, *Quaest. Rom.,* 111. L'interdit est catégorique.
219. *Fast.,* III, 437 : *Iuppiter est iuuenis : iuuenalis adspice uoltus.*

du profil apollinien, la présence du foudre et... les affirmations d'Ovide [220]. Quoi qu'il en soit, le profil frappé est celui d'un homme jeune, certes, mais aucunement du *puer* que l'évocation d'Amalthée nous faisait attendre ! Un *iuuenis* est un homme entre trente-cinq et quarante-six ans, point du tout un nourrisson...

La seconde preuve est l'absence du foudre dans la main de la statue [221], argument décisif en faveur de la jeunesse de Véiovis, puisque le symbole bien connu de la puissance jovienne fut offert au dieu par les Géants qu'il délivra, donc au seuil de son âge mûr. Hésiode nous atteste que le foudre ne fut remis à Jupiter qu'après la délivrance des Ouranides [222]. Dans son petit exposé mythologique, Ovide confond les trois Hécatonchires avec les Titans ennemis de Zeus : ce n'est là, juge J.G. Frazer, qu'une des nombreuses *mythological heresies* dont Ovide est coutumier [223]. Retenons simplement la fin du développement : n'ayant pas encore en main le foudre, *Veiouis* est Jupiter jeune.

Cette affirmation hardie permet de déceler ici encore une de ces entorses à la vérité qu'Ovide pratique sans scrupules lorsqu'il souhaite esquiver une difficulté. Jupiter est, déclare Ovide, « sans armes », *inermis*. Or, le texte d'Aulu-Gelle qui nous décrit la statue de Véiovis est formel : le dieu est représenté un faisceau de flèches à la main ! *Simulacrum igitur dei Veiouis quod est in aede de qua supra dixi sagittas tenet, quae sunt uidelicet paratae ad nocendum* [224]. Deux auteurs qui prétendent corroborer leurs déductions grammaticales par l'observation de la statue cultuelle, et deux descriptions radicalement différentes, sur le point essentiel du foudre, à propos de la même statue ! « Si Vediovis avait le foudre dans la main », se demande J.G. Frazer [225], « pourquoi Ovide dit-il qu'il n'en avait pas ? » La réponse s'impose : parce qu'il faut que Jupiter soit jeune pour que la chèvre puisse être identifiée avec Amalthée ! En fait, Véiovis est bel et bien armé. Le témoignage d'Ammien Marcellin est sans équivoque à cet égard : *Timidus*

---

220. Monnaies de L. Caesius, en 104 av. J.-C., de M. Fontéius, vers 88, de Licinius Macer vers 82, d'un Gargilius (?) vers 81 ; enfin de L. Julius Burso en 88. *Cf.* E. Babelon, *Monn. Rep. rom.*, 1, p. 77, 281, 505, 532 ; II, p. 6, 8, 132, 266, 529, 545.
221. *Fast.*, III, 438. La chose ne prouve rien, Jupiter n'étant pas toujours figuré sous les apparences du « Foudroyant ». Nous possédons nous-même une monnaie de ce Véiovis. Le visage gravé est d'une telle grâce féminine qu'une identification avec Aphrodite, ou avec certaines nymphes syracusaines, Aréthuse par exemple, vient tout de suite à l'esprit.
222. Hésiode, *Théog.*, 505.
223. *F. éd. comm...*, 3, p. 103.
224. V, 12, 11.
225. *Op. cit.*, p. 201 : *If Vediouis had a thunderbolt in his hand, why does Ovid say that he had not ?*

mortem fortasse metuens aduentantem, ut in Tageticis libris legitur, Veiouis fulmine mox tangendos adeo hebetari ut nec tonitrum nec maiores aliquos possint audire fragores [226]. Indiscutables, encore, sont les témoignages monétaires, ceux de la statuaire religieuse : plusieurs monnaies portent au droit une tête imberbe [227], mais aussi des figures en pied lançant la foudre. Au revers de l'une d'elles, on trouve Jupiter armé, dans un quadrige. Quant aux statues que l'on peut identifier comme celles de Véiovis, *toutes* portent le foudre !

Non seulement un dieu armé, mais un dieu fulgurant... De fait, rien ne ressemble plus à des flèches que le triple éclair du foudre ! Pour étayer une étymologie contestable, Ovide s'est donc rendu coupable d'entorses à la vérité religieuse : la passion d'expliquer a vaincu ses scrupules d'observateur intègre.

6. Le philologue et le poète

a. *Ovide grammairien*

Un nouveau temps de notre recherche va nous conduire maintenant à parler de l'épineuse conciliation entre étymologie et distique élégiaque.

Si les définitions, les descriptions de rites, peuvent être mises en vers sans trop de peine, au prix de quelques périphrases sibyllines ou de locutions légèrement alambiquées, — nous pensons à l'expression des dates [228] —, il n'en va pas de même pour les termes exacts du lexique rituel, souvent rebelles à la forme métrique, ni pour l'étymologie. Exception faite pour quelques vers épars de Properce, Ovide, c'est une évidence mais une

---

226. Amm. Marc., XVII, 10, 2. Le manuscrit G porte *Veiovis*, le manuscrit V *Vegonicis*. Aussi Denys, II, 10, 3 ($\kappa\alpha\tau\alpha\chi\theta o\nu\iota o\nu$ $\Delta\iota\acute{o}\varsigma$).

227. Voir E. Cocchi-Ercolani, *Iconografia di Veiove sulla moneta romana repubblicana*, dans *R.I.N.*, 16, 5, 1968-1969, 115-130. L'auteur admet que cette « jeunesse », ainsi que le revers d'une monnaie de M. Fontéius (*Monn. Rep. rom.*, p. 305, n. 1) qui porte un génie ailé avec une chèvre, un thyrse à bandelettes et les bonnets phrygiens des Dioscures, corroborent l'interprétation d'Ovide. Mais elle identifie, toujours d'après Ovide, le thyrse et les bandelettes comme les attributs des Corybantes, alors qu'ils se réfèrent davantage au culte de Dionysos qu'à l'activité de ces prêtres guerriers ! D'autre part, la chèvre peut n'être pas Amalthée mais l'animal sacrificiel du dieu. Selon Pline, *Hist. Nat.*, XVI, 216, la statue, consacrée en l'an 561 de Rome, était en bois de cyprès.

228. Par exemple, le nombre 18 devient, en II, 126 (au lieu de *dŭŏdēuīgĭntī*) : « la date où il reste au mois autant de jours que mes vers comptent de pieds », ce qui nous donne, d'ailleurs, une date fausse...

évidence importante, est le seul écrivain latin qui doive insérer systématiquement des considérations étymologiques ou linguistiques dans ses vers, et qui plus est, dans des distiques élégiaques. Si l'on a souligné à plaisir un paradoxe mineur, celui que constitue le choix de ce mètre pour un sujet tel que le calendrier romain, (« ce contresens rythmique, » observe R. Pichon [229], « suffirait pour fausser l'œuvre » (!)) on ne s'est jamais penché sur le problème précis des termes grammaticaux et de leur insertion dans une œuvre poétique. Cet examen est pourtant loin d'être dépourvu d'intérêt.

Domaine de la rigueur quasi mathématique, avant même l'apparition des formules actuelles qui utilisent le langage chiffré, l'étymologie ne saurait s'accommoder d'un mot mis à la place d'un autre. Or, tous les mots ne sont pas recevables dans la poésie dactylique, et d'autre part, la forme versifiée convient mal aux explications développées sur un point de linguistique. Le risque le plus immédiat est celui d'un galimatias métriquement exact, mais philologiquement incompréhensible. Autre problème majeur : poète de tempérament, de formation, de profession, Ovide doit se métamorphoser en grammairien : est-il possible à un poète de raisonner comme un philologue ?

Les *Fastes* nous offrent, à grand renfort d'expressions contournées, plusieurs *etyma* pour l'expression desquels notre métricien se livre à quelques essais de philologie pure. Si les linguistes ne leur attachent qu'une valeur très relative, ils se révèlent en revanche fort précieux pour notre propos. Ce sont les étymologies de *Lemuria*, de *Flora* et de *Lara*. Pour chacune d'entre elles, Ovide édifie des échafaudages phonétiques risqués et très originaux.

A l'en croire, les *Lemuria* ne sont autres que des *Remuria* abâtardis, l'initiale « dure », *R,* s'étant, à la longue, transformée en un *L* beaucoup plus doux :

Aspera mutata est in lenem, tempore longo,
Littera, quae toto nomine prima fuit.
V, 481-482

Dirait-on, à la lecture de cette docte explication, qu'il s'agit d'un « simple calembour [230] ? » Servius évoque bien une peste survenue dès la mort de Rémus, ce qui entraîna l'institution d'honneurs particuliers adressés au frère du roi [231], pourtant son texte ne peut corroborer celui d'Ovide, puisqu'il se rapporte aux *Parentalia* de février, comme nous l'avons montré

---

229. *Hist. litt. lat.*, p. 425.
230. A. Ernout, *Dict. Étym.*, 1967, p. 351.
231. *Ad Aen.*, I, 276.

précédemment [232]. Les *Remuria* de création ovidienne [233] ont pourtant séduit E. Montanari, qui oppose, sur la foi de l'étymologie relevée dans les *Fastes*, la cité romuléenne des vivants à une cité « *remurica* », rémurienne, des Morts [234]. La critique moderne dans son ensemble a opposé un refus catégorique à la trouvaille de notre poète, pour une raison contraignante, l'antériorité du mot *Lemures* par rapport au mot *Lemuria* [235]. Renonçons donc aux *Remuria* fantômes d'Ovide, en appréciant pourtant son ingéniosité : outre le texte qui inspire la note de Servius, il est vraisemblable qu'un autre nom lui a suggéré cette dérivation subtile : celui des *Remoria* [236], lieudit situé à trente stades de Rome, et mis aussi en rapport avec le nom de Rémus. De ce *Remoria* à ses *Remuria-Lemuria*, il n'y a qu'une lettre !

Comme dans l'analyse du nom de *Veiouis*, le souci de donner une teinture grammaticale à son exposé a entraîné Ovide à commettre une faute dans l'interprétation du rituel, puisque les *Lemuria* tels qu'il les comprend en fonction de Rémus deviennent un simple doublet des *Parentalia*, et que la description du rite, pour l'exécution duquel le père de famille doit se lever à minuit, jeter derrière lui des fèves, prononcer neuf fois la formule « Mânes de mes pères, dehors ! », et taper à tour de bras sur un chaudron de bronze [237], ne se concilie guère avec l'étiologie qui la suit... Avec F. Bömer, nous admettrons, encore que nous n'en soyons nullement persuadée, que l'invention des *Remuria* pouvait n'être pas l'œuvre d'Ovide. Celle que nous allons envisager à présent est bien de la même veine, et pourtant, la critique moderne est unanime à lui en laisser la paternité : il s'agit du nom de *Lara - Tacita*, la déesse « muette » [238].

« La première syllabe de son nom, répétée deux fois, constituait son nom primitif », nous explique Ovide :

Forte fuit naïs, Lara nomine ; prima sed illi
Dicta bis antiquum syllaba nomen erat
II, 599-600

---

232. P. 169. Les cérémonies de mai sont défense contre les ombres mauvaises, et non pieuse commémoration du souvenir d'ancêtres familiaux ; I. Danka, pourtant, fait confiance à Ovide, et assimile *Parentalia* et *Lemuria* : *De Feralium et Lemuriorum consimili natura*, dans *Eos*, 64, 1976, 257-268. J.R. Harris, B. 396, accorde une importance au mot *Remoria*.
233. Pour J.B. Carter, *Lexicon*..., 4, p. 182, les *Remuria* sont une invention d'Ovide ; pour H.J. Rose, *The Oath of Philippus and the Di Indigetes*, dans *H.Th.R.*, 30, 1937, 165-181, p. 169, non.
234. *Roma, momenti di una presa di coscienza culturale*, Rome, 1975, p. 170.
235. *L.E.W.*, 1, p. 781 ; G. Radke, *Götter*..., p. 174.
236. Denys, I, 85,6.
237. *Fast.*, V, 427-444.
238. *Fast.*, II, 571-616.

Soit : une ancienne naïade « *Lala* », dénommée ainsi à partir du grec λαλεῖν, bavarder, qui exprime son défaut capital, et devenue « *Lara* », par passage de *l* à *r* [239]. On a pris parfois au sérieux cette *Lara* [240], mais on s'accorde plus généralement à voir en elle une création d'Ovide [241]. Le nom serait, estime G. Wissowa, une désignation ovidienne pour *Larunda* [242], introduite à seule fin de pouvoir glisser une étymologie de ce nom par le grec λαλεῖν. De toute façon, les noms de *Lăra*, de *Lārunda*, de **Lārenta* n'ont aucun rapport avec celui des *Lărēs*, dont Ovide fait les fils de *Lăra-Tacita* [243]. Il apparaît que le poète a vraiment du passage de *l* à *r* une idée bien commode, puisque l'évolution s'effectue tantôt dans un sens, *r* → *l* pour les *Remuria* donnant des *Lemuria*, tantôt dans un autre, pour sa *Lala* donnant *Lara*.

Nous serons, avec la déesse *Flora*, en terrain grammaticalement plus solide. Du moins, pouvons-nous l'espérer en lisant deux vers très affirmatifs : « Je me nommais *Chloris*, moi qui suis aujourd'hui *Flora*. L'initiale de mon nom grec a été altérée par la prononciation latine » :

Chloris eram, quae Flora uocor. Corrupta Latino
Nominis est nostri littera Graeca sono
V, 195-196

Hélas, c'est encore une fantaisie d'Ovide, qui « témoigne d'un hellénisme impénitent [244] ». Mais c'est une fantaisie compréhensible. Est-ce qu'une obscure divinité perdue dans les *Indigitamenta*, au milieu des *Hostilina*, *Volutina* et autres *Tutilina* [245], concourant modestement à la seule floraison de l'épi, parlerait autant à l'imagination des lecteurs que l'amante de Zéphyr ? Ovide, nous le savons, n'est point épris de simplicité, et s'il est une chose simple, c'est bien l'étymologie de *Flora* par *flos-floris* ! G. de Sanctis excuse même [246] Ovide, en considérant que la déesse, les jeux et la fête sont des réalités grecques, plaquées sur le nom italique ancien de *Flora*, et P. Mingazzini a supposé que Flora avait bel et bien été, dans son existence

---

239. Voir Lactance, *Diu. Inst.*, I, 20.
240. Notamment E. Tabeling, *Mater Larum und Acca Larentia*, Francfort, 1932, p. 71-73.
241. F. Bömer, *F. éd. comm.*, 2, p. 127 ; G. Radke, *Götter...*, p. 164 : *Vermutlich ist die Erzählung als Erfindung Ovids nach griechischem Vorbilde anzusehen*. G. Wissowa (*Lexicon, s.u. Lara*) : *Diese frei erfundene Figur hat mit der Religion nichts zu thun.*
242. *Rel. u. Kult.*, 1902, p. 189.
243. *Fast.*, II, 615-616. Voir R. Ribezzo, *Lar, Lara, Larunda*, dans *R.I.G.I.*, 1937, p. 156, et A. Walde et J.B. Hofmann, *L.E.W.*, 1, 1938, p. 763.
244. Expression de H. Le Bonniec, *F. éd. comm.*, 2, p. 122, n. 49.
245. Toutes minuscules entités divines citées par Augustin, *Ciu. Dei*, IV, 8.
246. *Storia dei Romani*, Florence, 1953, IV, 2, p. 280.

humaine, une courtisane, divinisée ensuite par le peuple romain reconnaissant [247]. L'existence d'un mois dédié à Flora chez les Vestini, le *mensis Flusalis,* la présence de la déesse sur les tables d'Agnone, le *Flamen Floralis* [248] qui desservait son culte à Rome, interdisent pourtant de chercher à Flora des antécédents trop lointains.

Dans son commentaire des Quinquatries, Ovide sait encore se montrer parfait illusionniste, et le problème étymologique le plus ardu que nous trouvions abordé dans les *Fastes* est justement celui qu'Ovide réussit à ne pas aborder directement ! Qu'on explique le nom de cette fête par sa durée de cinq jours, comme le fait Ovide [249], ou par sa place, le cinquième jour après les ides, comme l'ont fait Varron et Verrius Flaccus [250], la première partie du mot *Quinquatrus* est évidemment comprise, (moins une voix discordante, celle du grammairien Charisius, avec son verbe *quinquare* = purifier [251]), comme le numéral *quinque.* Ovide a rejeté les suggestions des deux philologues dont il est ordinairement tributaire, et qui dénonçaient tous les deux une erreur largement répandue, celle que la fête durait *cinq* jours, et celle-là même qu'Ovide s'est empressé de propager ! *Hic dies unus ab nominis errore obseruatur proinde ut sint quinque* affirme Varron, tandis que l'exaspération de Verrius éclate dans cette mise au point véhémente : *Quinquatrus appellari quidam putant a numero dierum qui + fere his + celebrantur, quod scilicet errant tam, Hercule ! quam qui triduo Saturnalia et totidem diebus Competalia* [252]. Pour Varron et Verrius Flaccus, la seconde partie du mot, **-trus,* signifie « après » ; et, comme l'explique excellemment Aulu-Gelle [253] : **-trio* ou **-trus* sont simplement des suffixes usités pour indiquer une postériorité, sans être dotés en eux-mêmes d'aucune signification particulière. Ainsi, le *Quinquatrus* est « une fête située le cinquième jour après ». C'est une seconde erreur populaire qui l'a mis en

---

247. P. Mingazzini, *Due pretese figure mitiche, Acca Larenzia e Flora,* dans *Athenaeum,* 25, 1947, 159-165.

248. *C.I.L.,* I², p. 756. Varron, *Ling. Lat.,* VII, 45. Bonne mise au point de R.M. Ogilvie, *The Romans and their Gods in the Age of Augustus,* Londres, 1969, p. 82-83.

249. *Fast.,* III, 810 : *Nominaque a iunctis quinque diebus habent.*

250. *Ling. Lat.,* VI, 14 : *Vt ab Tusculanis « post diem sextum » idus similiter uocatur « sexatrus », et « post diem septimum » « septimatrus », sic, hic, quod erat « post diem quintum » idus, « quinquatrus ».* Festus ajoute à ces exemples, p. 306 L., un *triatrus* tusculan et un *decimatrus* falisque.

251. *G.R.F.,* p. 81 ; Ed. Barwick, p. 102, 1. 16.

252. Varron *Ling. Lat.,* VI, 14 ; Verrius chez Festus, p. 304 L.

253. II, 21, 7 : *« triones » enim per sese nihil significare aiunt, sed uocabuli esse supplementum, sicut in eo quod quinquatrus dicamus quod quinque ab idibus dierum numerus sit, « atrus », nihil.*

relation avec le mot *ater*, lugubre, et qui a inspiré la définition du pseudo-Acron : *quinque atri dies* [254].

Le *quinquare* de Charisius n'a pas retenu l'attention des Modernes, et A. Ernout le soupçonne d'être une création de grammairien, ou, tout au moins, un dénominatif de *quinque*, spécialisé dans la langue religieuse avec le sens de « célébrer les cinq jours », du 19 au 23 mars [255]. Du fait que les festivités étaient bornées originellement à un seul jour, comme nous en avertissent Varron et Verrius, nous souhaiterions voir accorder au mot une antiquité et une extension plus grandes. Le *lustrum*, purification solennelle, revient tous les cinq ans. Est-ce que *quinquare* n'aurait pas pu s'y rattacher, plutôt qu'aux Quinquatries, et signifier originellement : « célébrer la purification quinquennale », puis, senti comme un simple synonyme de *lustrare*, être employé ensuite pour d'autres purifications que le *lustrum* censorial, quelle qu'en fût par ailleurs la durée ?

Quoi qu'il en soit, les Modernes acceptent le *quinque* = cinq [256], et épiloguent sur *-trus*, avec une remarquable richesse dans l'invention : H. Jordan dégage de *Quinquatrus* le terme rituel *amtruare*, réservé d'ordinaire aux Saliens, et qui qualifie leur chant dévidé en litanie [257]. Ou bien F. Ribezzo y voit un ancien *Quinquequatrus*, désignant le 5 × 4 = vingtième jour du mois, depuis les kalendes de mars, trace d'un ancien comput progressif des jours du mois [258] ; il est vrai que l'auteur se ravise quelque temps après [259]. Pour M. Warren, *-ātrus* serait une variante dialectale de *alter* [260], suggestion qui entraîne l'adhésion de J. Whatmough [261], tandis que, pour E. Païs [262], ce suffixe signifierait simplement « jour » et *quinquatrus* serait *quinque* + *atrus*, la « fête des cinq jours ». Cette incertitude sur le sens exact du mot a causé la faillite des constructions audacieuses de V. Basanoff [263] : les mots en *-atrus*, selon G. Wissowa, désignent *quotus*

---

254. *Ad Hor. Ep.*, II, 2, 197 ; aussi Scholiaste de Juvénal, X, 115 : *(quod intra quinque atria fit)*.
255. *Dict. Étym.*, 1967, p. 558.
256. *L.E.W.*, p. 407.
257. *Topographie der Stadt Rom im Altertum*, dans *Hermes*, 4, 1870, 229-265, p. 246.
258. *Quinquatrus*, dans *R.I.G.I.*, 10, 1, 1926, p. 100.
259. *Per l'Etimologia di Quinquatrus*, dans *R.I.G.I.*, 10, 5, 1926, 143-144.
260. *Some Ancient and Modern Etymologies*, dans *T.A.Ph.A.*, 32, 1901, p. 116, inspiré de W. Deecke, *Die Falisker*, Strasbourg, 1888, p. 90.
261. *The Calendar in Ancient Italy outside Rome*, dans *H.S.*, 42, 1931, 157-179, p. 168.
262. *Storia dell'Italia antica*, Rome, 1, 1925, p. 83.
263. *L'Épisode des joueurs de flûte chez Tite-Live et les Quinquatries, fêtes de Minerve*, dans *Mélanges F. de Visscher*, 1, (*R.I.D.A.* 2, 1949, 65-81).

numeretur dies aliquis post alium diem certi nominis [264], soit le nombre de jours qui séparent un jour d'un autre jour fixe. Oubliant la façon de compter usitée à Rome, ou plutôt ne comprenant pas la définition donnée par G. Wissowa, V. Basanoff analyse le *Quinquatrus* non pas comme le « cinquième jour *après* les ides », mais comme le « lendemain du cinquième jour qui suit un jour fixe ». Résultat : le 19 mars, date du *Quinquatrus,* compris comme 5e jour selon notre comput moderne, cela nous amène comme point de départ non pas aux ides, le 15, mais au 14, jour des *Equiria*. Ce lien entre *Quinquatrus* et *Equiria* permet à l'auteur d'affirmer que la patronne des *Equiria* est Minerve, au lieu de Mars qui préside généralement la fête. De plus, Minerve est patronne de Rome, car son nom de *Pallas* est le substitut que les Romains affectèrent, au temps des Tarquins, à celui de *Palès*, véritable divinité de l'*Vrbs,* pour sauver cette dernière d'une *euocatio*, rendue menaçante par le fait que les Tarquins exilés connaissaient le nom du *numen* patron de Rome. Sous le nom de Pallas, les Romains honoraient donc Palès.

Revenons à des théories raisonnables. La solution retenue de préférence est celle de O. Gruppe [265], légèrement adaptée par J. Wackernagel [266]. Le mot * -*trus* signifie « après », et les lendemains des ides, les fameux *dies atri*, originellement « jours suivants », auraient été interprétés comme liés au mot *ater*, « sinistre, lugubre », d'où les légendes que l'on sait [267]. J. Wackernagel a interprété cette suggestion en fonction des phases de la lune. La seconde quinzaine du mois est la période de la lune décroissante, et les jours qui la composent sont normalement appelés « noirs », *atri*. Le *Quinquatrus* serait donc le « cinquième jour après la pleine lune ». A une époque où avait disparu le comput fondé sur le cours de la lune, la finale comprise comme signifiant « après » fut étendue aux lendemains de kalendes, de nones, *etc*. Cette thèse, restreinte quelque peu par G. Wissowa, puis par A.K. Michels, est devenue classique [268] : les *dies atri* seraient donc simplement les *dies postriduani*, sous un autre nom.

Que toutes ces discussions sur la finale * -*trus* ne nous fassent pas oublier l'étymologie que nous propose Ovide. Il a reproduit, disions-nous,

---

264. Analecta romana topographica, diss. de Halle, 1897, p. 15-18 ; *De Feriis anni Romanorum vetustissimis,* Marbourg, 1891, repris dans *Ges. Abhandl...*, p. 166.
265. Dies ater, dans *Hermes,* 15, 1880, p. 624.
266. Dies ater, dans *A.R.W.*, 22, 1923-1924, 215-216, p. 215.
267. Voir p. 373-378.
268. *The Calendar of the Roman Republic,* Princeton, 1967, p. 65, n. 16. Autre étude à consulter, celle de G. Bottiglioni, *Osservazioni etimologiche...*, dans *Athenaeum,* 4, 1926, 370-372.

une dérivation populaire pour *quinque,* estimant que la tradition erronée était trop bien ancrée dans l'esprit de la foule pour qu'il pût être fructueux de la combattre, surtout dans un ouvrage de vulgarisation.

Quant au * *-trus...* Ovide l'a subrepticement escamoté !

Ce suffixe était-il difficile à introduire tel quel dans un distique élégiaque ? Ovide a-t-il renoncé à faire passer dans ses vers les explications de Varron ou de Verrius, hérissées de vocables barbares, *septematrus* ou *triatrus* ? En fin de compte, nous restons sur notre attente pour la partie intéressante du mot, et nous voyons proposer, pour ses premières syllabes, une erreur populaire, ce qu'Ovide, averti par deux éminents grammairiens, savait pertinemment...

En dépit des louables tentatives étudiées précédemment, qui tendaient à doter ses assertions les plus aventureuses d'une teinture philologique, nous ne rangerons pas Ovide au nombre des grammairiens latins. Lui-même n'y devait point prétendre, d'ailleurs ! Les quelques développements purement grammaticaux que nous avons analysés ne devaient servir qu'à rehausser le niveau d'ensemble, à travestir en informations scientifiques autorisées et apparemment compétentes des trouvailles personnelles qu'il s'agissait de faire reconnaître comme traditions vénérables : ce n'est pas un hasard si nous trouvons ces indications philologiques à propos de trois mots, *Chloris, Lala, Remuria,* fort suspects d'être seulement ovidiens ! Lorsque, en revanche, il y aurait lieu d'éclaircir un point de grammaire aussi délicat que la finale de *Quinquatrus,* Ovide se garde bien d'entamer la discussion.

b. *Les contraintes du distique*

Mais si Ovide n'a pas multiplié les dissertations philologiques, c'est que les difficultés pratiques étaient sérieuses. Les obstacles proviennent en grande partie des exigences rythmiques du mètre latin. Or, s'il sait jongler avec les approximations pour traduire par des expressions équivalentes des noms qui n'entrent pas dans la poésie dactylique, un poète liturgiste ne peut éviter ni les noms des fêtes, ni les étymologies qu'on affecte à quantité de vocables religieux. Malheureusement pour Ovide, Numa n'avait jamais pensé que son calendrier se verrait un jour mis en poésie, et ne s'était donc pas inquiété des difficultés métriques que causeraient certains noms. Ainsi, les *Fĕrălĭă* et les *Lĕmŭrĭă* sont proscrits du mètre dactylique de par leur seule forme. En fait, il reste un doute, observe judicieusement G. Radke [269], puisque le texte d'Ovide est le seul texte de poésie qui fasse apparaître le mot *Feralia.* Or, si l'on se fonde sur les étymologies antiques qui font appel

---

[269]. *Beobachtungen zum Römischen Kalender,* dans *Rh.M.,* 106, 1963, 313-335, p. 321.

à *ferre* ou à *ferire*, le *e* de *Feralia* est bref ; mais si l'on songe que dans *fērālis* le *e* est long... Toutefois, les Anciens faisaient dériver sans inquiétude *Fēronia* de *fĕro*, ce qui amène G. Radke à conclure : *Doch stützen sich hier die Etymologien und die Metrik gegenseitig, so dass ein Zweifel bleibt.*

Obligé d'écrire les noms des deux fêtes en toutes lettres dans son texte, Ovide a par deux fois rendu les armes, et scandé *Lĕmūrĭă* aussi bien que *Fĕrālĭă*, allongeant la valeur du *a* et du *u* pour obtenir deux dactyles [270].

L'étymologie est souvent sacrifiée aux exigences métriques : ainsi le véritable nom du figuier *Ruminal*. Dénommé, nous dit-on, d'après *Romulus*, le vrai figuier se rencontre très certainement chez Tite-Live, sous la forme *Romularis* [271]. Mais Ovide serait bien embarrassé d'un mot scandé *Rōmŭlārĭs* ! Aussi le transforme-t-il séance tenante en un *Rōmŭlă* plus satisfaisant sous le rapport des exigences métriques, et convenable sous celui du sens. L'incartade n'est point, cette fois, trop importante, et l'approximation recevable. Si les Modernes s'indignent de ce jeu étymologique [272], et du transfert sur le nom de Romulus, à cause d'une ou deux lettres identiques, du figuier appartenant à la déesse *Rumina*, chargée de l'allaitement, la responsabilité d'Ovide n'est pas directement en cause, puisqu'il se réfère à Tite-Live.

Nous voilà obligée d'évoquer à nouveau les anciles et leur surprenante configuration. L'étymologie admise depuis Varron, *ambecisu*, formée de *ambo* et de *caedere*, se scande *āmbĕcīsŭ* : impossible de l'insérer dans le mètre dactylique ! L'équivalent proposé par Verrius Flaccus, *ex utroque latere (erat) recisum*, où le *ex utroque* remplace vaille que vaille *ambo*, n'est pas beaucoup plus acceptable [273]. Ovide doit donc recourir à une approximation : *ab omni parte recisum* [274]. Le résultat, c'est que cet équivalent n'explique en rien la formation du mot *ancile*, et que la formule ovidienne laisse supposer un bouclier rond. Entraîné par ce texte ovidien, Isidore de Séville attestera plus tard l'existence de boucliers saliens ronds [275] ; nous

---

270. A. Ernout et A. Meillet, *Dict. Étym...*, 1959, p. 226 ; p. 351 pour *Lĕmŭria* chez Ovide.
271. I, 4, 5.
272. F. Bömer, *F. éd. comm.*, 2, p. 113 : c'est le figuier de *Rumina*, introduit à tort dans la légende romuléenne (sur *Rumina*, voir G. Herbig dans *Ph.W.*, 36, 1916, 1440-1448). Pour S. Ferri, *Osservazioni...* dans *R.P.A.A.*, 37, 1964, 49-62, ce nom a été tiré de celui du Tibre, « *Rumon* » ; pour E. Païs, *Legends of Roman History*, New-York, 1905, p. 55, le *Ruminal* a donné ensuite le nom même de Rome.
273. P. 117 L., *s.u. Mamuri.*
274. *Fast.*, III, 377. O. Keller, *Volksetymologie...*, Leipzig, 1891, p. 42.
275. *Etym.*, XVIII, 12, 3 : *...quod sit ab omni parte ueluti ancisum ac rotundum ; Ouidius* (*Fast.* III, 377) : « *Idque ancile* » (etc.).

retrouvons la même influence dans le calendrier du XIIe siècle inspiré des *Fastes*, où l'explication du mot ancile s'établit ainsi : **an / cilon* : *an = *circum*, et *cilon = *rotundum*. L'étiologie qui accompagne cette définition ne serait pas reniée par Ovide : Numa aurait demandé à Jupiter où étaient plantées les bornes de l'Empire romain. Et le dieu aurait donné une réponse symbolique et optimiste en faisant tomber du ciel un bouclier *rond*[276]. De nos jours, P. Habel, A. Otto, J.G. Frazer[277], ne rejettent pas formellement l'existence d'un bouclier salien rond.

Accident similaire, bien qu'il ne s'agisse plus à proprement parler de scansion, le cas des étymologies « au second degré », que nous illustrerons par l'exemple des Saliens. Bien entendu, les Saliens, prêtres « sauteurs » de Rome, ont reçu un nom en rapport avec leurs fonctions, qu'on suppose à l'origine de l'appellation le fréquentatif *saltare* (Varron les définit *a salitando*[278], Verrius Flaccus *a saltando*[279]), ou le simple *salire*, qu'admet également Verrius. Chacun des deux grammairiens a proposé une forme verbale. Ovide a préféré, lui, un substantif, *saltus* :

Iam dederat Saliis a saltu nomina ducta

III, 387

Săliēndō, ce bel ionique mineur, s'insérait fort bien dans le rythme dactylique. Est-ce, alors, un de ces mots de plus de trois syllabes qu'évitait la poésie latine ? Nous ne pouvons trancher. Ovide, quoi qu'il en soit, a préféré le dérivé au simple, puisque *saltus* est lui-même formé sur *salire*[280]. Moins pointilleux que ses confrères grammairiens, Ovide, sans doute par coquetterie, a voulu définir *Salii* sans donner exactement le même *etymon* qu'eux. L'idée reste la même, la dérivation grammaticale n'est qu'approximative.

Autre dérivation de ce type, qui nous amènera à aborder la question des étymologies par le grec, l'origine du nom des Striges. Ces oiseaux peu sympathiques poussent dans la nuit des cris *stridents* :

---

276. G. Boissier, *Un Calendrier romain d'après les Fastes d'Ovide*, dans *R.Ph.*, 8, 1884, 55-74.
277. Respectivement dans *Realenc...*, 1, 2112 ; *Die Sprichwörter...*, Hildesheim, 1962 (rééd.) p. 275 ; *F. éd. comm.*, 3, 1929, p. 92, d'après le relief d'Anagnia représentant, paraît-il, les Saliens. *Cf.* R. Herbig, *Mosaik im Casino der villa Borghèse*, dans *M.D.A.I.*, 40, 1925, 288-318.
278. *Ling. Lat.*, V, 85 ; *L.E.W.*, 2, p. 467 ; W. Schulze, *Eigennamen...*, 1966, p. 224.
279. P. 438 L. O. Keller, *Lateinische Etymologien*, dans *J.k.Ph.*, 87, 1863, p. 768, pense que le *praesul*, chef des Saliens, a été mis en rapport avec *salire* par l'étymologie populaire, mais repose en réalité sur un radical * *sol* = « *festsein* ».
280. A. Ernout, *Dict. Étym.*, 2, 1967, p. 190 ; R. Cirilli, *Les Saliens*, p. 15.

*Est illis Strigibus nomen. Sed nominis huius
Causa quod horrenda stridere nocte solent*
VI, 139-140

Moins entravé qu'Ovide par des exigences métriques, Verrius Flaccus pouvait donner de ce mot, si visiblement grec, une étymologie satisfaisante : Στρίξ [281], corroborée par une pièce de l'Anthologie lyrique grecque, consacrée à une incantation populaire contre la Strige [282], et par la glose qu'Hésychius affecte à ce même mot. F. Bömer, toutefois, a émis quelques réserves, et allègue que la tradition des Striges n'a rien à voir avec le monde grec [283]. On dispose pourtant d'une note d'Antoninus Libéralis [284] touchant ces créatures effrayantes, dont le critique allemand ne fait pas état, et qui semble bien attester leur existence en Grèce. Pour sa part, U. von Wilamowitz [285] tient les Striges, *stregae*, pour des monstres italiques connus sous un nom grec, cependant que H. Diels pense que le nom lui-même est italique et emprunté par la Grèce. Il faut se reporter, pour tout savoir sur les Striges, aux deux études de S.G. Olifant [286] : au terme de ses recherches, ce savant conclut que les Striges n'étaient pas des hiboux, comme on le veut communément, mais des chauves-souris.

7. Les tentations de l'hellénisme

Le nom des Striges n'est pas le seul exemple de ces détours par le grec, familiers à Ovide puisqu'il a introduit des *etyma* grecs là où rien ne l'y obligeait. Tendance personnelle, sans doute, s'il est vrai qu'Ovide nous apparaît imprégné de culture et de mythologie grecques plus qu'aucun de ses contemporains ; mais influence, aussi, d'une mode particulière, représentée à Rome par le philosophe Hypsicratès, l'adversaire d'Aelius Stilo, et par le roi Juba. Tous deux prétendent assigner à nombre de réalités latines un nom

---

281. *S.u. Strigae*, p. 414 L. : *Stri*(gem ut ait Verr)*ius Graeci* στρίγγα *ap*(pellant) ; Isidore, *Etym.*, XI, 4, 2 ; XII, 7, 40 : *Strix, nocturna auis ; habens nomen de sono uocis : quando enim clamat, stridet.*
282. Festus, même texte : « ... + Συρριντα, πομπειεν νυκτικομαν στριντατολαον + ὄρνιν ἀνωνύμιον ὠκυπόρους ἐπὶ νῆας ».
283. *F. éd. comm...*, p. 344.
284. *Metam.*, 21.
285. *Lesefrüchte*, dans *Hermes*, 60, 1925, 280-316, p. 303.
286. *The Story of the Strix, Ancient*, dans *T.A.Ph.A.*, 44, 1913, 133-149 ; *The Story of the Strix, Isidorus and the Glossographers*, dans *T.A.Ph.A.*, 45, 1914, 49-63.

forgé sur le grec. Il se peut qu'Ovide ait emprunté à leurs traités certaines des étymologies qu'il nous propose, nous en sommes certains pour celle d'*ancile*, empruntée à Juba (étymologie par ἀγκύλος), ou pour celle d'*Erato*, tirée du grec Ἔρως [287]. Mais souvent, l'imagination d'Ovide a dû travailler en liberté : témoin sa nymphe bavarde qui contrarie les amours du dieu souverain, et qui, par une curieuse métamorphose, se trouve confondue avec la Mère des Lares, divinité italique s'il en fut.

Lorsque Ovide nous propose de véritables substantifs comme *etyma*, il ne peut, à cause du mètre, les écrire directement en grec, ou forger, comme le fit Lucrèce, des équivalents phonétiques latins. Il néglige même de nous prévenir, fût-ce par une simple allusion, qu'il convient de chercher dans le vocabulaire grec l'étymologie à laquelle il songe ! Réduit à ses propres lumières et à sa propre ingéniosité, le lecteur se voit contraint de se livrer à des prospections personnelles, sans que son mentor attitré condescende à lui prêter le moindre secours.

Ainsi, le mot « agonia », ἀγωνία, qu'Ovide emprunte à Callimaque pour expliquer le nom des *Agonalia*[288], est-il donné simplement sous la forme *a pecoris metu*. Si le lecteur des *Fastes* a lu les *Métamorphoses*[289], tout est pour le mieux, il y a rencontré la citation de Callimaque, laquelle, du reste, n'intervenait aucunement pour expliquer les *Agonalia* ! S'il ne les a pas lues, il est hors de doute que cette dérivation *Agonalia* ← *a pecoris metu* lui causera momentanément quelques angoisses.

Même procédé pour le mot grec désignant l'écume, ἄφρος, qui doit expliquer la formation des noms d'*Aphrodite*, et du mois d'avril. Ce mot figure dans le texte ovidien sous la forme : *a spumis maris*, et peut déconcerter un lecteur de bonne foi, peu familier avec la mythologie grecque.

Le surnom de *Lupercus*, dont est doté le dieu Faune, lorsqu'il opère aux Lupercales de février, est bien latin ; du moins, la fête des Lupercales ne connaît pas d'équivalent dans la religion hellène. Se fondant sur l'étymolo-

---

287. *Fast.*, IV, 195-196 :
...*Sic Erato, mensis Cythereius illi*
  Cessit, quod teneri nomen amoris habet.
288. Voir p. 211, et n. 84.
289. *Met.*, XV, 134-135 :
  ...*percussaque sanguine cultros,*
    Inficit in liquida praeuisos forsitan unda. Analyse du passage ovidien chez G. Nick, *Kritisches und Exegetisches zu Ovids Fasten*, dans *Philologus*, 41, 1882, 445-464, p. 459 *sqq*. L'étude plus récente que L. van Johnson a consacrée aux *Agonalia*, où il fonde, — comme naguère sur l'élevage des cochons, — un cycle calendaire sur l'élevage des chèvres et des moutons, ne présente pas le même sérieux. (*Agonia, Indigetes, and the Breeding of Sheep and Goats*, dans *Latomus*, 26, 1967, 316-336).

gie de *Lupercalia* par *lupus*, (qui entraîna probablement l'introduction, dans le contexte étiologique de la fête, des légendes roméléennes [290], avec le cortège de contradictions qui en résulte), Ovide fait appel, pour expliquer ce nom, à l'épiclèse du dieu Pan, *Lykaios,* nom qui évoque simplement ses attaches avec la montagne du Lycée, mais qui peut aussi être analysé en fonction du loup, le λύκος grec :

> *Quid uetat Arcadio dictos a monte Lupercos ?*
> *Faunus in Arcadia templa Lycaeus habet*
> II, 423-424

« *Qu'est-ce qui nous défend d'expliquer...* » On se prend à rêver, devant cette formule, et à se demander ce qui, effectivement, pourrait arrêter Ovide et beaucoup d'autres étiologues...

Si dans ce « lieu qui porte le nom de la faucille courbe », le lecteur des *Fastes* n'a point trop de mal à reconnaître l'île de Zancle, transposition directe du grec Ζάγκλη [291], il lui sera plus difficile de déceler dans l'expression *nono ab orbe* de *Fast.,* I, 54, un équivalent maladroit d'une étymologie fantaisiste des *nundines,* qui prétendrait faire dériver *nundinae de nouem* + δίνη, approximation pour le latin *orbis.* Si difficile, que le mérite d'avoir décelé ce détour par le grec revient à une étude récente de E. Courtney [292] : des générations de chercheurs avaient lu et relu le texte des *Fastes* sans s'apercevoir de rien...

Bien entendu, le lecteur doit être assez avisé pour se rendre compte que de *a pecoris metu* on pourrait difficilement faire sortir sans intermédiaire le mot *Agonalia,* tout comme l'on ne peut faire dériver directement *aprilis* de *a spumis maris* ! Ce caractère un peu déconcertant de ce qui devient une sorte de texte « à énigmes », cette présentation des étymologies soumise à de véritables acrobaties verbales, nuit peut-être à la science pure, mais ajoute au texte ovidien un charme supplémentaire et subtil.

Un cas particulier mérite enfin un examen spécial, l'une des étymologies du nom de Janus. Nous nous trouvons avec ce dieu en proie à une double difficulté : une spéculation théologique demeurée partiellement obscure, et un problème de sources. Jean le Lydien nous assure, en effet, que l'identification des deux concepts « le Chaos » et « le dieu Janus » est une initiative ovidienne : « c'est le Romain Ovide, écrit-il, qui nous

---

290. Nous étudierons les rapports du loup avec les Lupercales p. 412 *sqq.*
291. Voir p. 46 sur *Fast.,* IV, 474 :
   Quique locus curuae nomina falcis habet.
292. *Problems in Ovid's Fasti,* dans *C.Q.,* 23, 1973, 144-151.

démontre que Janus est le Chaos [293] ». La précision habituelle des références de cet auteur concernant les sources des théories qu'il résume ne nous permet pas de révoquer en doute ce témoignage formel [294]. Pourtant, une notice de Paulus fait état de ce rapprochement en ces termes : *Chaos appellat Hesiodus confusam quandam ab initio unitatem, hiantem patentemque in profundum, ex eo et χάσκειν Graeci et nos hiare dicimus. Vnde Ianus, detracta aspiratione, nominatur, id, quod fuerit omnium primum : cui primo supplicabant uelut parenti, et a quo rerum omnium factum putabant initium* [295]. Cette réflexion philologique assez hermétique peut se transcrire ainsi :

Chaos ⟶ *hiare* ⟶ * *Hianus* ⟶ *Ianus*

De ce même processus, Ovide semble posséder une vue beaucoup plus sommaire :

Chaos ⟶ *Ianus.*

Nous la trouvons exprimée dans ce vers :

Me Chaos Antiqui, nam sum res prisca, uocabant
I, 103

La justification alléguée par les deux auteurs est sensiblement différente. Si Verrius entrevoit un lien unissant l'idée d'ouverture (*hiare*, bâiller) et le dieu commandant les débuts, Ovide assimile l'un à l'autre Janus et le Chaos à cause d'une commune antiquité (*Nam sum res prisca*, écrit-il, « je suis une chose antique »), et surtout à cause des deux faces de Janus, symbole d'un état du monde antérieur à l'ordonnance des divers éléments, doctrine originale, qui rappelle de loin les idées de l'augure Messala [296] :

Tunc ego, qui fueram globus et sine imagine moles,
In faciem redii dignaque membra deo.
Nunc quoque, confusae quondam nota parua figurae,
Ante quod est in me postque uidetur idem
I, 111-114

K.O. Müller pense qu'à l'origine de cette thèse il doit y avoir quelque écrit de Verrius Flaccus [297]. Mais R. Merkel lui objecte que Verrius, à ce

---

293. *Mens.*, IV, 2 : Ὀβίδιος ὁ Ῥωμαῖος Ἰανὸν ἀλληγορεῖ τὸ Χάος εἶναι.
294. C'est du reste l'avis de R, Merkel, *F. prol...*, 1841, p. CI.
295. P. 45 L. Sur les spéculations touchant l'ordonnance du monde originel, on lira F. Lämmli, *Vom Chaos zum Kosmos*, Bâle, 1962.
296. Macrobe, *Sat.*, I, 9, 14 ; lire, sur Messala en ce contexte, F. Börtzler, *Janus und seine Deuter*, dans *A.V.B.G.*, IV, 3-4, 1930, 106-196, p. 133-144.
297. *F. éd.*, Leipzig, 1839, p. 52, en note.

que nous savons, se faisait du Chaos une idée opposée à celle de Varron, dont nous trouvons un reflet dans le texte d'Ovide, et donc que le texte de Paulus que nous citions plus haut doit être une addition postérieure, due au second abréviateur de Verrius Flaccus, d'après, justement, les vers d'Ovide [298]. Lydus ne s'y est pas trompé, qui affecte la primauté de la thèse à Ovide. Se fondant sur la différence entre les justifications données par Verrius et par Ovide, L.M. de Padierniga refuse d'envisager que le texte de Verrius soit la source d'Ovide : *A mí, en verdad, me parece difícil hallar en los dos versos transcritos nada que justifique semejante suposición* [299].

S'il en est ainsi, on doit admettre à l'origine la définition de Varron [300], qui fait de Janus un symbole du Monde, à cause du verbe *hiare*, son étymologie. Ce mot *hiare*, bâiller, évoque l'ouverture d'une bouche, ce qui dévoile le palais, *palatum* ; ce dernier mot est traduit en grec par un mot « *ouranos* », qui est le vocable employé pour désigner la voûte céleste ! Soit, si l'on peut résumer ainsi son raisonnement :
1° *hiare = palatum = ouranos*
2° *hiare = Ianus*,
  donc : *Ianus = ouranos, le monde* !

Ce serait donc Ovide, nous le pensons aussi, qui, d'après ces indications de Varron, aurait traduit le mot *hiare* par le grec $\chi\acute{\alpha}\sigma\kappa\epsilon\iota\nu$, concept déjà mis en relation avec *Ianus*, d'une façon ou d'une autre, par Messala l'Augure. Ce ne sont là qu'hypothèses. Néanmoins, le texte du poète marque un progrès par rapport à celui de Varron, car ni le Chaos ni le verbe $\chi\acute{\alpha}\sigma\kappa\epsilon\iota\nu$ n'apparaissent chez ce dernier. Ovide a présenté la théorie qu'il croit exacte de la façon la plus raccourcie, sans faire état de l'étymologie varronienne de *Ianus* par le verbe *hiare*, ni du mot $\chi\acute{\alpha}\sigma\kappa\epsilon\iota\nu$, nécessaire à la cohérence de la dérivation, et qui est contenu implicitement dans l'idée de Chaos. L'étymologie ainsi conçue heurtait-elle trop ouvertement le bon sens ? Allait-elle à l'encontre de celle sur laquelle s'arrête son choix définitif, c'est-à-dire *ianitor* ou *ianua* ? De toute façon, nous n'avons là que « jeu de mythographe [301] » !

Si nous pensions tirer une conclusion solide de ces exemples où l'étape intermédiaire du grec est obligatoire, nous en serions empêchée par une

---

298. *F. prol...*, p. CI.
299. *Naturaleza de Jano segùn los Fastos de Ovidio*, dans *Emerita*, 1942, 66-97, p. 78-79.
300. Chez Augustin, *Ciu. Dei*, VII, 8 : *Duas eum facies ante et retro habere dicunt, quod hiatus noster, cum os aperimus, mundo similis uideatur ; unde et palatum Graeci* οὐρανὸν *appellant, et non nulli, inquit (Varro), poetae Latini caelum uocauerunt palatum, a quo hiatu oris et foras esse aditum ad dentes uersus et introrsus ad fauces.*
301. Estimation de G. Capdeville, *Les Épithètes cultuelles de Janus*, dans *M.É.F.R.A.*, 85, 2, 1973, 395-436, p. 400.

exception importante, celle des *Caristia* ou *Charistia*. Le mot est, sans l'ombre d'un doute, un mot grec [302]. Ce serait donc le moment ou jamais de songer à affecter au mot une origine grecque ! Mais notre attente est déçue :

> *Proxima cognati dixere Caristia cari,*
> *Et uenit ad socios turba propinqua deos.*
> *Scilicet a tumulis et qui periere propinquis,*
> *Protinus ad uiuos ora referre iuuat.*
> II, 617-620

Imperturbablement en effet, Ovide définit les *Caristia* à l'aide du mot latin *cari*, entraîné sans doute par l'existence d'une autre appellation pour cette fête, trouvée dans quelque almanach [303], et qui est d'ailleurs aussi peu officielle que la première, celle de *Cara cognatio* [304].

Si l'étude que nous avons menée ne nous a pas enseigné beaucoup sur les capacités philologiques de notre poète, elle nous a permis du moins de prendre conscience des difficultés que présentait une entreprise comme celle des *Fastes,* dont l'objet et la forme sont aussi opposés qu'il est possible. R. Pichon comparait Ovide à Mascarille, qui travaillait à mettre en madrigaux toute l'histoire romaine : Ovide a fait mieux que cela, lui qui rythme jusqu'à de la grammaire. P. Kretschmer l'a bien reconnu : *Die Verse des Dichters, V, 479 ff.,* écrit-il [305], *sind ja die reine versifizierte Grammatik.* C'était proprement une gageure, et l'on ne saurait passer « du plaisant au sévère » avec plus de talent. Il faut croire, du reste, qu'Ovide trouvait plaisir à de telles prouesses métriques : qui l'obligeait à inventer la nymphe *Chloris* et à rendre compte de l'évolution de ce nom jusqu'au *Flora* latin ? Qui, à peiner sur les passages consonantiques délicats des *Remuria-Lemuria* ? Qui à aller chercher un verbe λαλεῖν pour expliquer une *Lala* elle-même sortie de sa fertile imagination : les grammairiens ne se souciaient pas d'expliquer *Flora* ni les *Lemuria* autrement que par des étymologies qui tombent sous le sens. Quant à certains mots pour lesquels Ovide tient à avancer une explication philologique, il n'était pas tenu non plus de les commenter. Tout le monde savait probablement ce qu'étaient les anciles, tout le monde connaissait, pour avoir lu Virgile ou Tite-Live et d'autres avant eux, l'origine des noms de l'Aventin ou du Tibre. Nous mettrons au compte d'Ovide, malgré tout, ce souci méritoire d'aborder de front la difficulté, voire de la provoquer là où elle se dérobe, ce souci, également, de présenter une œuvre complète en ne laissant inexpliqué aucun concept délicat.

---

302. F. Bömer, *F. éd. comm.,* 2, p. 127.
303. Martial, *Ep.,* IX, 54, 5, ou *C.I.L.,* I², p. 279, 337, seulement !
304. Tertullien, *Idol.,* 10 ; *C.I.L.,* VI, n° 10 234.
305. *Remus und Romulus,* dans *Glotta,* 1, 1909, 288-303, p. 293.

8. La souveraineté de l'étymologie

Une dernière question mérite un bref examen : l'étymologie prime-t-elle sur le souci étiologique, ou est-elle regardée par Ovide comme une simple *pedisequa* de disciplines jugées par lui plus importantes ? On sait, en effet, quelles conséquences religieuses ou historiques ont pu entraîner certaines étymologies souvent aventureuses. Pour en décider, il convient de replacer l'étymologie dans le contexte de l'étiologie, afin d'apprécier la manière dont ces deux centres de recherches s'accommodent l'un de l'autre à l'intérieur des *Fastes*.

Il semblerait d'abord, à en croire la majorité des exemples relevés et analysés précédemment, que l'étymologie obéisse plus souvent qu'elle ne commande. Pourquoi Ovide choisit-il, comme étymologie de *Vesta*, l'expression *ui stando*, « se maintenir grâce à sa propre force », et non le verbe *uestire*, proposé par Varron, et adopté par N. de Witt [306] ? Parce qu'à ses yeux, Vesta est la Terre, laquelle se « tient toute seule » dans l'univers, tandis que Varron prenait d'abord en compte le rapprochement phonique *Vesta / uestire,* quitte à inventer ensuite une raison peu convaincante pour justifier un choix surprenant : « parce que la terre est revêtue d'herbes », *quia uestiatur herbis* [307]. L'étiologie est donc prépondérante chez Ovide, secondaire chez Varron. Pourquoi Ovide interprète-t-il les deux surnoms du dieu Janus, *Patulcius* et *Clusius* [308], comme signifiant « celui qui ouvre » et « celui qui ferme », alors que *pateo* veut dire « être ouvert » et non pas « ouvrir » [309] ? Parce qu'il a d'abord compris Janus comme un dieu des portes, et que l'essentiel de ses activités doit s'interpréter en fonction de ce caractère fondamental. Nous serions tentée d'analyser ce *Patulcius* par référence au *temple* de Janus, et non au dieu lui-même : « celui qui est ouvert » en temps de guerre, et « fermé » en temps de paix, conformément au sens de *pateo* et de *clusus* ← *cludo / claudo* ; la finale en *ius*, qui pousse certains à faire de *Patulcius* et de *Clusius* deux noms de famille [310], serait simplement l'alternative de *us* réservée à l'emploi du mot dans la langue religieuse, de

---

306. Ce serait le participe d'un *vesio*\voiler, et Vesta serait *the Veiled Mother-Earth* ; *Vesta Unveiled*, dans *Mélanges B.G. Ullman,* 1960, 48-54, p. 48 et p. 51. Ovide, *Fast.*, VI, 299-300.
307. Chez Augustin, *Ciu. Dei*, VII, 24.
308. *Fast.*, 1, 129-130.
309. L'étymologie est admise, malgré la difficulté ; voir R. Schilling, *Janus, le dieu introducteur...*, dans *M.É.F.R.A.*, 72, 1960, p. 90, n. 1, d'ap. É. Benveniste, dans un écrit privé.
310. W.F. Otto, dans *Realenc.*, III, 1175-1191, p. 1178 ; W. Schulze, *Eigennamen..., s.u.* ; G. Radke, *Die Götter Altitaliens...*, p. 246-247 ; F. Bömer, *F. éd. comm...*, 2, p. 23.

la même façon que le *Numicus* s'appelle *Numicus* lorsqu'on parle du fleuve et *Numicius* lorsqu'on parle du dieu fluvial. Deux surnoms analogues, *Porrima* et *Postuerta*, sont incontestablement liés pour lui aux fonctions de Carmenta, dont le nom, formé sur *carmen*[311], montre bien qu'elle est une déesse de la prophétie. Pour ces mêmes *Porrima* et *Postuerta*, Varron avançait une explication plus recevable en en faisant deux déesses de l'accouchement[312]. Ovide ferme les yeux sur ces rites ou étymologies, qu'il connaît et auxquels il fait même allusion, pour que les fonctions des *Carmentes* et de *Carmenta* présentent une parfaite cohérence. On pourrait ainsi multiplier les exemples.

Il existe pourtant deux remarquables exceptions.

La première, c'est l'étiologie de l'offrande d'un chien à la déesse *Robigo*. Au moment où il va nous en donner une justification, Ovide quitte brusquement *Robigo* et la rouille des blés, dont il nous entretenait jusque-là, pour faire intervenir sans ambages un autre personnage divin, Sirius, la « Canicule », et affirmer que le nom du chien seul le désigne comme victime, puisqu'il est offert au « Chien astral » :

> *Est Canis, Icarium dicunt, quo sidere moto*
> *Tosta sitit tellus, praecipiturque seges.*
> *Pro Cane sidereo, canis hic imponitur arae,*
> *Et, quare fiat, nil nisi nomen habet.*
>   IV, 939-942

Or, le chien en question n'est nullement offert à la Canicule, comme l'étiologie avancée le laisserait pressentir, mais à la déesse de la rouille des blés[313]. Bien sûr, il existe l'expression *rubra Canicula*[314], la Canicule « rougeoyante », et l'adjectif évoque aussitôt le nom de *Robigo* ; bien sûr, la constellation du Chien se couche effectivement un peu avant les kalendes de mai, ce qui pourrait justifier le rapprochement établi avec les *Robigalia*. Mais Ovide devait ignorer ce détail astronomique, puisqu'il nous parle du *lever* de la Canicule, repérable, lui, au mois de juillet. C'est donc une étymologie erronée mais séduisante, *Canicula ← canis* qui l'a poussé à négliger les

---

311. *Fast.*, I, 467 ; étymologie acceptée par H. Le Bonniec, *F. éd.*, 1, 1969, p. 4, n. 96, malgré *L.E.W.*, I, p. 170, et F. Bömer, *F. éd.*, 2, 1958, p. 52. Sauf le *carere mente* de Plutarque, *Quaest. Rom.*, 56, la tradition se prononce pour *carmen* : Augustin, *Ciu. Dei*, IV, 11, Servius, *Ad Aen.*, VIII, 51 ; *Origo Gent. Rom.*, 5.
312. Lire L.L. Tels de Jong, *Sur quelques divinités romaines de la naissance et de la prophétie*, Leyde, 1959, p. 43.
313. H. Clemen, *Römische Feste und Ovids Fasten*, dans *H.G.*, 45, 1934, 88-95.
314. Étudiée d'après Horace, *Sat.*, II, 5, 39, par W.H. Lindsay dans *C.R.*, 31, 1917, p. 128.

réalités du rituel, pour attribuer à la Canicule un sacrifice offert à une autre divinité et à d'autres fins [315].

Nous nous attarderons davantage sur la seconde exception, car elle est révélatrice : l'étymologie, cette fois, domine, et contraint le rite à s'adapter de gré ou de force à ses postulats ; c'est le cas, frappant, du mot *uestibulum*. Pour ce qui est des Modernes, ils ont, plus que pour d'autres mots, exercé leur sagacité sur lui, et les résultats qu'ils obtiennent sont particulièrement variés. Parmi les propositions les plus originales, citons un *inferior building*, d'après le **ue + iouis*, « petit Jupiter » d'Ovide [316] ; un « lieu d'habitation », de *ues-ti [317] ; un *uersta + stabulum*, d'après la formule *arse uerse*, « écarte le feu » [318] ; un **uer(o)stablom*, où *uero* est la porte, en ombrien [319] ; un *uestire +* *bulum, endroit « où l'on revêt sa toge [320] ». Du fait que la consécration du vestibule à Vesta semble être un fait religieux, non un rapprochement linguistique, nous inclinerions à isoler de préférence le nom de Vesta elle-même, ou le mot dont provient la forme « Vesta » dans le mot *vestibule*, puisque le feu brûlait primitivement à cet endroit, selon Ovide lui-même [321]. C'est à cette solution que s'arrête F. Vogel [322], avec une dérivation **Vesti + stabulum* → *uestistibulum → *uestibulum* [323].

Un auteur ancien, Ovide, avait déjà entrevu la présence de Vesta dans le mot, et s'opposait ainsi à diverses thèses dont il pouvait avoir connaissance, tant l'étymologie par *uestire* que celle par **ue + stare*, y compris à la supposition rapportée par Servius, selon laquelle le mot n'aurait pas d'étymologie [324]. On peut penser qu'Ovide s'est inspiré d'ouvrages anté-

---

315. Pourtant, voir le texte de Pline qui atteste la nocivité de la canicule pour les récoltes, *Nat. Hist.*, XVIII, 284.
316. E. Wharton, *Etyma Latina*, Londres, 1890, p. 114.
317. W. Corssen, *Kritische Beiträge*, Leipzig, 1863, p. 361.
318. F. Ribezzo, dans *R.I.G.I.*, 13, 1929, p. 95, n. 1, d'ap. *C.I.E.*, 5237 E, 4538.
319. E. Wistrand, *Om Grekernas och Romarnes Hus*, dans *Eranos*, 37, 1939, 1-63, p. 9, n. 1 et p. 18, d'ap. Brugmanns.
320. Th. Mommsen, *Röm. Gesch.*, 1[7], p. 234, d'ap. Isidore, *Etym.*, XV, 7, 2 et Servius, *Ad Aen.*, II, 469.
321. *Fast.*, VI, 299-304, v. 302.
322. *Vestibulum*, dans *Rh.M.*, 43, 1888, 319-320.
323. Autres analyses dans A. Vaniček, *Etymologisches Wörterbuch*, 1881, *s.u.*, et L.E.W., *s.u.*
324. Servius, *Ad Aen.*, VI, 273 : *Vestibulum, ut Varro dicit, etymologiae non habet proprietatem, sed fit pro captu ingenii. Nam uestibulum, ut supra diximus, dictum ab eo quod ianuam uestiat. Alii dicunt a Vesta dictum, per imminutionem. Nam Vestae limen est consecratum. Alii dicunt ab eo quod nullus illic stet : in limine enim solus est transitus ; quo modo uesanus dicitur non sanus, sic uestibulum quasi non stabulum.* Autres étymologies :

rieurs ; néanmoins, il nous présente, grâce à l'expression *dici reor*, l'étymologie par le nom de *Vesta* comme une appréciation personnelle :

> *Stat ui terra sua : ui stando Vesta uocatur,*
> *Causaque par Grai nominis esse potest. (...)*
> *Hinc quoque uestibulum dici reor. Inde precando*
> *Praefamur Vestam, quae loca prima tenet.*
>   VI, 299-304

Or, cette étymologie amène Ovide, désireux de renforcer son point de vue grammatical à l'aide d'une observation religieuse contraignante, à donner ensuite la précision fatale : « Voilà pourquoi, dans nos prières, le nom de Vesta occupe la *première place* » :

> *... Inde precando*
> *Praefamur Vestam.*
>   VI, 303-304

Ainsi obtient-il un ensemble particulièrement solide : le vestibule abrite le feu ; le feu, c'est Vesta ; le vestibule est la première pièce de la maison ; Vesta est la première nommée dans les prières. Conclusion : il est fatal que le mot *uestibulum* soit formé sur le mot *Vesta*.

Précision fatale, disions-nous : elle nous oblige en effet à mettre en doute la bonne foi d'Ovide. On sait bien qu'à Rome, toutes les prières commencent par Janus, — c'est Ovide lui-même qui nous l'apprend ![325] — et *finissent* par Vesta. Témoin Cicéron, dans un texte formel : *Itaque in ea dea, quod est rerum custos intumarum, omnis et precatio et sacrificatio extrema est*[326]. Ovide, disent les critiques indulgents, doit se référer ici à l'usage grec[327] ; et de fait, c'est bien un usage grec, voire crétois, comme le montre H.J. Rose[328], qui relève une même inexactitude dans un texte de Diodore de

---

Aelius Gallus chez Aulu-Gelle, XVI, 5, 1 ; Nonius, p. 53 Q. : *quod in his locis... quicumque uenissent stare soleant* ; Macrobe, *Sat.*, VI, 8, 20 : d'ap. Aelius Gallus, le mot qualifie la *stabulatio*, ou stationnement, des visiteurs ; Isidore, *Etym.*, XV, 7, 2 : *quod eo uestiuntur fores, aut quod aditum tecto uestiat*.

325. *Fast.*, I, 171-172.

326. *Nat. Deor.*, II, 67 ; Velléius, II, 131, 1 ; tous textes rejetés sans vergogne par K. Latte, *Röm. Relig.*, p. 207. Lire A. Brelich, *Vesta*, Zurich, 1949, p. 75 et 111 ; G. Dumézil, *Vesta extrema*, dans *R.É.L.*, 39, 1961 (1962), p. 250.

327. F. Bömer, *F. éd. comm.*, 2, p. 360 ; H. Le Bonniec, *F. éd. comm.*, p. 212 ; au contraire, H. Wagenvoort, *Auguste et Vesta*, Mélanges J. Carcopino, Paris, 1966, 965-978.

328. *The Oath of Philippus and the Dii Indigetes*, dans *H.Th.R.*, 30, 1937, p. 167 : dans Diodore, XXXVII, 11, Vesta intervient parmi les premiers dieux invoqués : Ὄμνυμι τὸν Δία τὸν Καπετώλιον καὶ τὴν Ἑστίαν τῆς Ῥώμης en opposition à Virgile, *Georg.* I, 498 ; comparer avec *C.I.G.*, 2555, 11.

Sicile, et conclut que lui aussi s'est inspiré du grec. Mais pourquoi Ovide aurait-il écrit alors *praefaMVR*, « *Nous* invoquons », le *nous* désignant, sans l'ombre d'un doute, les orants de son pays, Rome ? Doit-on, pour l'absoudre, lui octroyer la nationalité grecque ?

Quant à son affirmation péremptoire *Vestam, quae loca prima tenet*, à la suite de ce *praefamur*, si elle est acceptable sur le plan concret, puisque le vestibule, nous a dit Servius, est consacré à Vesta, elle contredit, sur un plan religieux, tout ce que l'on sait de Janus, dieu des « commencements », *prima*, et notamment les vers des *Fastes* que nous évoquions plus haut, où notre poète se réfère aux fonctions d'un Janus « premier » :

... *Cur, quamuis aliorum numina placem,*
Iane, tibi primum tura merumque fero ?
                                                   I, 171-172

Ce mépris des rites attestés en faveur d'une étymologie peut-être véritable, mais qui, de toute façon, relève du domaine de l'hypothèse, est donc parfaitement significatif, puisqu'il nous montre, une fois encore, qu'Ovide ne s'embarrasse jamais de considérations opposées à son point de vue.

9. L'étymologie et l'étiologie

L'étude que nous consacrerons aux causes de type mythique nous montrera une préférence avouée d'Ovide pour l'historicisation. Mais déjà, quelques étymologies nous permettent de l'entrevoir. Lorsque la science antique marque une hésitation entre plusieurs fondements possibles d'un fait religieux, situés dans divers domaines de pensée, Ovide montre une prédilection très nette pour les noms propres et les faits historiques, du moins, pour les événements conçus comme historiques par la pensée des Anciens.

Tandis que d'autres écrivains adoptent un point de vue géographique pour analyser le nom du *Latium*, qu'ils rattachent au verbe *latere*, « se cacher », en parlant de l'Italie qui « se cache » entre les Alpes et l'Apennin [329], ou bien un point de vue ethnique, en y rattachant le souvenir d'une émigration furtive [330], Ovide met le mot en relation avec l'exil de

---

329. D'après Varron, Servius, *Ad Aen.*, VIII, 322 : *Varro autem Latium dici putat quod latet Italia inter praecipitia Alpium et Apennini.*
330. Sauféius, chez Servius Daniélis, *Ad Aen.*, I, 6.

Saturne en Italie, suivi en cela par Servius [331]. Il délaisse donc Varron pour s'inspirer de Virgile, qui, au livre VIII de l'*Énéide,* évoquait la fuite du dieu : *Latiumque uocari / maluit, his quoniam latuisset tutus in oris* (v. 322-323).

Ce parti pris n'est pas moins apparent lorsqu'il s'agit d'expliquer d'autres toponymes : *Auentinus, Tiberinus.* La tradition est nombreuse [332], pour ces deux mots, et variée : *aues, Auentinus, aduentus, aduectus* [333], tous *etyma* recueillis par Varron, qui, après quelques hésitations, cautionne le dernier de la série pour des motifs topographiques, en rappelant qu'il fallait, pour gagner l'Aventin, s'y faire « véhiculer » par bac depuis Rome : *eo ex urbe aduehebantur ratibus.* Ovide a opté pour le roi Aventinus, dont l'existence semble bien le produit de spéculations populaires sur le nom du mont, où, paraît-il, il fut tué et enterré, mais qui reste, aux yeux des Romains, un personnage indubitablement historique [334]. Ovide a opté conjointement pour l'*immani corpore Thybris* [335], de Virgile, roi qui trouva la mort dans le Tibre, d'après lui rebaptisé. Préférence naturelle d'un poète pour un autre poète, face à la coalition rivale des grammairiens ? Fidélité à des options prises déjà dans les *Métamorphoses* [336] ? A propos du même Tibre, Varron énonçait une doctrine pleine de sagesse et d'objectivité scientifique : on ne saurait doter le fleuve d'une étymologie latine, puisqu'il prend sa source hors du territoire latin ! *Tiberis, quod caput extra Latium, si inde nomen quoque exfluit in linguam nostram, nihil ad ἐτυμολόγον Latinum* [337]. Ovide demeure fermé à l'objectivité scientifique : les vieux rois de Rome au

---

331. *Fast.,* I, 238 ; Servius, *Ad Aen.,* VIII, 322. Aussi Isidore de Séville, *Etym.,* XV, 1, 50 : *eo quod ibi fugiens latuisset.*
332. Varron, *Ling. Lat.,* V, 43 ; Virgile, *Aen.,* VIII, 231 ; Servius, *Ad Aen.,* VII, 657 ; Paulus-Festus, p. 17 L., 503 L. ; Lactance, *Diu. Inst.,* I, 11, 59 ; Tertullien, *Ad Nat.,* II, 12 ; Denys, I, 71, 4 ; Tertullien, *Apol.,* 10 ; Ovide, *Met.,* XIV, 620-621.
333. Voir J. Collart, éd. de Varron, *Ling. Lat.,* V, Paris, 1954, *ad loc.* (V, 43).
334. *Fast.,* IV, 51-52 ; Tite-Live, I, 3.
335. *Fast.,* IV, 47-48 ; Virgile, *Aen.,* VIII, 330-332 ; Denys, I, 71 ; Festus, p. 503 L. ; Pline, *Nat. Hist.,* III, 53 ; Servius, *Ad Aen.,* III, 500 ; VIII, 330 ; Isidore, *Etym.,* XIII, 21, 27.
336. XIV, 620 et 614-615 :
   Tradit Auentino (sceptrum) ; *Qui, quo regnarat, eodem*
   Monte iacet positus, tribuitque uocabula monti.
   (...) *Regnum Tiberinus ab illis*
   Cepit et in Tusci demersus fluminis undis
   Nomina fecit aquae.
337. J. Carcopino, *Virgile et les origines d'Ostie,* 2, 1968², p. 576-577 ; J. Le Gall, *Recherches sur le culte du Tibre,* Paris, 1951, p. 38 ; F. Bömer, *Interpretationen...,* dans *Gymnasium,* 64, 1957, 112-135, p. 134-135 ; A. Merlin, *l'Aventin dans l'Antiquité,* Paris, 1906, p. 29. La citation de Varron est extraite de *Ling. Lat.,* V, 29.

tragique destin recèlent en leur légende plus de vérité poétique que les austères considérations grammaticales. Il est bien dommage pour la vérité poétique que la science moderne préfère, elle, Varron à Virgile...

Ovide va-t-il prêter une oreille plus attentive aux doctes voix de la grammaire, lorsqu'il lui faudra rendre compte d'un autre toponyme, *Esquiliae,* le quartier romain des Esquilies ? Varron lui propose une solution reconnue exacte, encore qu'elle repose sur des justifications fantaisistes : le mot *excultae,* qualifiant un quartier hors les murs [338], issu d'un *colo* ← **kwelo,* « habiter ». Il est vrai que le grammairien consignait une autre possibilité, et c'est celle-là, inadéquate, qu'Ovide a retenue : *Esquiliae* viendrait de *excubiae,* et cette dérivation ferait référence à l'existence ancienne qu'un quartier général du roi Servius sur le mont Esquilin :

> ... *excubias ubi rex Romanus agebat,*
> *Qui nunc Esquilias nomina collis habet.*
> III, 245-246

Il a donc préféré le particulier au général, et à l'adjectif anonyme qualifiant simplement la région elle-même, le mot plus riche lié à une figure historique dont le seul énoncé parle à l'imagination.

Nous reviendrons plus longuement sur deux étymologies intéressantes. La première, à vrai dire, n'est pas proposée exactement sous la forme d'une étymologie : le poète fait allusion à Mamurius Veturius, le forgeron des ancilés, et explique que ce personnage a dû à son merveilleux savoir-faire l'honneur d'être célébré par les hymnes saliens [339]. Varron n'est pas de cet avis, et, à l'en croire, les deux mots qui constituent le nom seraient une déformation d'une locution banale : *memoriam ueterem* [340]. Là encore, un personnage historique, ou du moins légendaire, chez le poète, prend la place d'une analyse simplement philologique chez le grammairien.

En ce qui concerne le nom du dieu *Quirinus,* Ovide trouvait un certain appui dans l'idéologie officielle en faveur à son époque, et qui confondait le dieu avec Romulus. Il est vrai que, grâce à son texte, nous pouvons envisager aujourd'hui une corrélation entre le dieu Quirinus (ou * *Co-uiri-nus*) et la *Curia* (ou * *co-uiri-ya*) :

> *Curio legitimis nunc Fornacalia uerbis,*
> *Maximus, indicit, nec stata sacra facit.*
> *Inque Foro, multa circum pendente tabella,*
> *Signatur certa curia quaeque nota.*
> II, 527-530

---

338. *Ling. Lat.,* V, 49 ; commentaire de J. Collart, *éd. cit.,* p. 175.
339. *Fast.,* III, 383-392.

L'ÉTYMOLOGIE

On attendrait peut-être une remarque sur la parenté des deux mots... Mais aux yeux d'Ovide, Quirinus est seulement Romulus divinisé [341]. Toutes les étymologies qu'il relève dans ses sources sont interprétées par lui en fonction de Romulus. *Curis* : parce que Romulus utilisait la lance du même nom. *Cures* : parce que Romulus a vaincu cette cité. *Quirites* : parce que les hommes ainsi désignés constituent le peuple de Romulus [342]. C'est là, en comparaison de la grande confusion qui règne dans d'autres textes [343], une observance très stricte de la religion officielle, dont les chefs, César, puis Auguste, ont codifié les dogmes, et qui impose au vieux Quirinus l'assimilation avec Romulus, fondateur de Rome et ancêtre des *Iulii*, protecteur du peuple romain. La philologie doit donc cadrer de gré ou de force avec les prétentions de la *gens* dirigeante. Pour Ovide, l'assimilation ne fait pas de doute : il n'y avait pas de Quirinus avant Romulus [344]. Cette désignation est une simple épiclèse due soit aux qualités guerrières du Roi, soit à son triomphe sur Cures. Il s'appelle *Quirinus* comme d'autres furent surnommés *Africanus* ou *Germanicus*. Ovide s'engage ainsi dans la voie officielle bien plus loin que ses prédécesseurs, chez qui le mot *Quirinus* est étudié parfois indépendamment de Romulus, ce qui laisse à penser que pour eux il devait exister un dieu Quirinus antérieurement à la divinisation de Romulus. On perçoit bien la nuance dans deux expressions très voisines : celle de Varron, *Quirites a Curensibus ; ab his cum Tatio rege in societatem uenerunt ciuitatis*, où Romulus n'est même pas nommé [345], et le vers d'Ovide *Seu quia Romanis iunxerat ille Cures* [346]. Pour le Sabin Varron, la victoire roméenne est devenue une *societas ciuitatis*, et celui des deux rois qui a l'honneur d'une mention explicite, c'est le prince sabin ! Pour Ovide, au contraire, Romulus mène les choses de bout en bout, et son action unificatrice est récompensée par l'apothéose. Notons, du reste, qu'Ovide évite de se poser

---

340. *Ling. Lat.*, VI, 49 : *Itaque Salii, quod cantant « Mamuri Veturi », significant « memoriam ueterem »*. Au contraire, Verrius : *Probatum opus est maxime Mamuri Veturi, qui praemii loco petiit ut suum nomen inter carmina Salii canerent*. (Festus, *s.u. Mamuri*, p. 117 L.).

341. *Fast.*, II, 476 sqq. : *Qui tenet hoc nomen, Romulus ante fuit*.

342. Voir notre étude *Romulus-Quirinus* dans le recueil II, 17, 1 de *Aufstieg...*, Berlin, 1981, p. 300-342.

343. Principaux textes : *Curis* : Plutarque, *Rom.*, 29 ; Macrobe, *Sat.*, I, 9, 16 ; Servius, *Ad Aen.*, I, 292 ; Festus, p. 43 L. ; *Cures* : Servius, *Ad Aen.*, VIII, 635 ; Varron, *Ling. Lat.*, VI, 68 ; Tite-Live, I, 13 ; Festus, *s.u. Dici*, p. 59 L. ; *« Koiranos »*, le « tyran » : Servius, *Ad Aen.*, I, 292 ; *Quirites* : Varron, V, 73 ; *« Societas populi »* (= le *co+uiri* moderne !) : Festus, p. 304 L.

344. Pourtant, en *Met.*, XIV, 607-608, Ovide écrit que la divinisation d'Énée en « Jupiter Indigète » est le fait du peuple « de Quirinus », ce qui est un anachronisme, ou prouve qu'en certains cas Ovide admet la préexistence de Quirinus par rapport à Romulus.

345. Varron, *Ling. Lat.*, VI, 68.

346. *Fast.*, II, 480.

des questions pernicieuses : si le nom *Quirinus* vient du mot *Quirites*, d'où *Quirites* vient-il lui-même ? Et dans quel sens la dérivation s'est-elle effectuée ? *Quirites* donnant *Quirinus*, ou le contraire ? Il semble que, prisonnier d'une contradiction qui oppose Varron [347] à Verrius [348], Ovide se tire d'affaire par un compromis. Trouvant chez l'un :

Cures → Quirites → Quirinus → Quirinal

et chez l'autre :

Cures → Quirinus → Quirites → Quirinal

il emprunte au premier, Varron, une moitié de sa dérivation (soit : *Quirites → Quirinus*), et à Verrius la seconde (soit : *Cures → Quirinus*), sauf à favoriser en d'autres endroits l'opinion de Verrius au détriment de celle de Varron.

Le nom du Forum *Boarium* signifie apparemment « lieu de vente des bœufs », tout comme le Forum *Holitorium* est le « lieu de vente des légumes ». Ovide l'analyse en fonction des bœufs... d'Hercule ! :

Constituitque sibi quae Maxima dicitur aram,
  Hic ubi pars Vrbis de boue nomen habet [349].
                                          I, 581-582

On a souvent compris [350] que ces vers signifiaient : Hercule immole un bœuf « au lieu où une place de Rome emprunte son nom à un bœuf » ; il y aurait donc une coïncidence surprenante, un peu comme dans le cas de la statue de Vertumne : le lieu tirerait son nom d'un bœuf, Dieu sait pourquoi, et Hercule viendrait justement immoler un bœuf à cet endroit, sans que ce sacrifice serve d'étiologie à un nom de lieu qui lui préexiste. Mieux vaut comprendre qu'Hercule immole un animal à l'emplacement du Grand Autel, et que ce sacrifice a causé l'appellation de la place. Le *de boue* nous semble se rapporter au bœuf d'Hercule plutôt qu'à un animal anonyme.

Un autre des principes directeurs de l'étiologie ovidienne est la référence automatique aux fonctions du dieu, lorsqu'il s'agit d'expliquer l'un de ses rites [351]. Ce même principe guide souvent Ovide grammairien, et la fonction

---

347. *Ling. Lat.*, V, 51 et VI, 18 : *Cures → Quirites* ; V, 73 : *Quirites → Quirinus* ; V, 51 : *Quirinus → Quirinal*.
348. P. 43 L. : *Cures → Quirinus* ; *Quirinus → Quirites* ; p. 304 L. : *Quirites → Quirinal*.
349. *Cf. Fast.*, VI, 478 : *Area quae posito de boue nomen habet.* H. Le Bonniec fait observer que le nom de la place est bien antérieur à la statue en bronze d'Egine qui s'y dresse (*F. éd. comm.*, 2, p. 228, n. 106) ; il faut sans doute comprendre que la statue avait été installée à cette place parce que c'était le marché aux bœufs (Paulus, p. 27 L. : *quod ibi boues uenderentur*).
350. H. Le Bonniec, *F. éd. comm.*, 1, p. 54.
351. Voir p. 455 *sqq*.

devient alors un critère déterminant : les syllabes qui composent le nom d'un dieu doivent pouvoir cadrer avec ses occupations, sa représentation divine. En d'autres termes, le poète met d'avance en œuvre le postulat qu'énoncera plus tard Servius le grammairien : « il est évident que les noms ont été attribués aux divinités d'après leurs fonctions », *Nomina numinibus ex officiis constat imposita* [352].

Aussi est-ce devenu un réflexe immédiat chez Ovide, comme, d'ailleurs, chez la plupart des auteurs anciens, que de se tourner, sitôt son nom énoncé, vers le domaine d'action du dieu, afin d'y découvrir des éléments justificatifs. Pourquoi le nom de *Ianus* ? La science antique ne répondra pas : « parce que la racine en est le verbe *ire* et que le dieu préside aux entrées et aux passages », mais : « parce que le dieu est sur le plan céleste l'exacte projection du *ianitor* terrestre :

Vtque sedens primi uester prope limina tecti
Ianitor egressus introitusque uidet,
Sic ego perspicio, caelestis ianitor aulae,
Eoas partes Hesperiasque simul.

I, 137-140

Et les fonctions de Janus déterminent, nous l'avons vu, l'étymologie de ses deux surnoms rituels, *Patulcius* et *Clusius* [353].

Réservant pour un chapitre ultérieur l'étymologie de *Vesta*, nous consacrerons ici quelques lignes aux *Lares Praestites*. Leur nom est si évidemment calqué sur leurs fonctions qu'Ovide se livre à des variations faciles pour en expliciter le contenu : *prae-stant, praesunt, praesentes, stant pro* [354] ; si faciles qu'elles témoignent d'une aimable désinvolture philologique, *prae* et *pro* n'étant point interchangeables. Le jugement de G. Dumézil est aussi lapidaire que justifié : « Dans une ingénieuse collection de mauvaises étymologies, Ovide les définit :

Stant quoque pro nobis et praesunt moenibus Vrbis
et sunt praesentes auxiliumque ferunt [355] ».

D'autre part, difficulté dont s'avise A. Ernout [356], le verbe *praestare* auquel semble se rattacher le nom des Lares, et qui signifie « l'emporter sur, dominer », n'a rien à voir avec le *praestare* « fournir », sur lequel reposent les

---

352. *Ad Georg.*, I, 21 ; *Ad Aen.*, IV, 638 (*Ab actibus uocantur*).
353. Voir p. 252.
354. *Fast.*, V, 133-136. Lire F. Chapouthier, *Les Dioscures au service d'une déesse*, Paris, 1935, p. 314-315, pour qui ces Lares sont les fils de Vulcain, armés de la lance.
355. *Rel. rom. arch.*, p. 338.
356. *Dict. Étym.*, 1967, p. 532 et p. 653.

indications ovidiennes [357]. Comme on pouvait s'y attendre, Ovide n'a pas évité la confusion : *praestant,* au début de son texte, signifie : « procurer », et l'on glisse ensuite à *praesunt,* qui signifie « dominer », et qui doit être pris, ici, dans le sens de « protéger », tandis que la fin du passage nous ramène au sens de « aider, secourir » : les maîtres de la ville deviennent ses serviteurs.

CONCLUSION

Quelle image conserver d'Ovide aux prises avec l'étymologie ? Ce ne sera pas celle, on peut le penser, d'un philologue de premier plan : les étymologies qui sont exactes sont empruntées à Varron, — exception faite pour quelques brillantes trouvailles concernant *manipulus, augustus.* Lorsqu'il opte pour une solution personnelle, choisie parmi les collections bien assorties que d'autres lui proposent, c'est presque immanquablement pour la mauvaise : témoin les *Agonalia,* le nom d'*Anna Perenna* ; quant à ses tentatives originales, *Flora, Lemuria, Carna, Lara,* la critique moderne ne leur a pas fait l'honneur de les prendre en considération !

Plus qu'une science exacte et rigide, l'étymologie se révèle être pour lui une occasion de découvertes : celle de circonstances, objets, caractéristiques diverses présentant, dans l'histoire ou la liturgie d'une divinité, des similitudes phoniques avec son nom. Pour expliquer le surnom de Minerve, *Capta,* Ovide a tenu compte des seuls liens entre Minerve et l'*ingenium,* sans se préoccuper de ses autres attributions qui risqueraient de détruire l'harmonie philologique. Ainsi, Ovide fait état de la peine « capitale » qui frappe le voleur surpris dans son temple [358] ; il néglige ainsi le fait que *Capta* qualifie la déesse et non le temple, et se garde bien de signaler à son lecteur que le terme exact n'est pas *captus* mais *capitalis* ! ainsi nous l'affirme Festus : *Capitalis lucus, ubi si quid uiolatum est, caput uiolatoris expiatur* [359]. Tout aussi bien aurait-il pu établir un rapport entre le nom de Minerve et le *capital,* linge sacrificiel porté sur la tête [360]. Ce dernier, n'ayant

---

357. Pourtant, F. Bömer, *F. éd. comm.,* 2, p. 301, ou G. Radke, *Götter, s.u. Lares,* semblent adopter les conclusions d'Ovide, dont ils citent le texte.

358. *Fast.,* III, 845-846.

359. P. 57 L.

360. P. 49 L. : *Capital, linteum quoddam, quo in sacrificiis utebantur.*

rien à voir avec le culte de Minerve, n'aura pas l'honneur d'une mention dans les *Fastes*.

Nous percevons, quant à nous, avec lucidité, les erreurs, les manques, les entorses et confusions petites ou grandes qui entachent la philologie d'Ovide. Nous ne lui reprocherons d'ailleurs aucunement de ne pas apporter, à l'aide de l'étymologie, une contribution importante à la connaissance de la religion romaine. L'étymologie est, de toute façon, selon l'expression de J.G. Frazer, un « fondement glissant » : *Etymology is at the best a very slippery ground to rear mythological theories* [361]. Toutefois, nous saurons gré à notre poète d'avoir, en dépit de tous les obstacles, essayé. Il n'était pas facile, pour un versificateur, d'introduire des étymologies dans le mètre élégiaque. Ce n'était pas non plus une tâche aisée que de renseigner sérieusement ses lecteurs sur des mots que la tradition interprétait en tant de directions différentes, ou même n'interprétait pas du tout.

En ce domaine délicat, Ovide fait preuve, et on l'en félicitera, d'une franche indépendance, alors même qu'il aurait dû modestement se ranger sous les étendards des grammairiens autorisés. Il ne reproduit jamais telles quelles les étymologies rencontrées, et révèle ainsi, — qu'il s'accompagne parfois de quelque maladresse, il n'importe ! — un sens critique prononcé [362]. Nous avons observé chemin faisant qu'Ovide n'accordait pas sa confiance aux autorités éminentes sans y regarder par lui-même, et qu'il s'engageait volontiers dans des voies plus hasardeuses, répondant mieux à sa fantaisie native ; quitte à se piquer d'émulation avec les spécialistes pour créer à son tour des étymologies originales. Cette position personnelle de notre poète, qu'on l'en blâme ou qu'on l'en loue, méritait d'être signalée.

Si l'on dresse une sorte de bilan des options particulières à Ovide aussi bien que de ses imitations, il s'avère qu'Ovide s'écarte de ses sources aussi souvent qu'il les suit.

Or, les termes examinés et réinterprétés par Ovide sont des concepts fondamentaux de la vie religieuse romaine : *Agonalia, Quinquatrus, Regifugium, Matronalia* ; des noms de divinités : *Vesta, Flora, Porrima, Postuerta* ; des mots techniques : *hostia, uictima, manipulus, augustus, Galli* ; des toponymes, la spécialité de Varron : *Latium, Esquiliae, Tiberis, Auentinus*.

Pour nombre de ces termes, nous avons pu avancer l'expression d'étymologie « populaire ». Ainsi, dans l'étymologie de *Ianiculum* par référence

---

361. *The Golden Bough*, V, 1, 1933, p. 41, en note.
362. Il faudrait ajouter aux exemples étudiés celui des *Equiria*. Ovide écrit « trop rapidement » selon J. Loicq (B. 513) que le mot se décompose en *Equi* + *ria* ; en fait, Varron a raison de l'écrire *Equi* + *curria*, soit *Ecurria*.

au nom de Janus, P. Grimal relève-t-il les mots *uulgus* et *haec aetas,* qui semblent indiquer qu'Ovide avait conscience de reproduire une explication contemporaine et populaire due à l'état de la toponymie à l'époque classique [363]. Nous ne pouvons échapper à l'impression qu'Ovide a rompu de parti pris avec les grammairiens chaque fois qu'ils entraient en conflit avec l'étymologie populaire : n'est-il pas significatif que Varron dénonce les errements du vulgaire pour le nom d'avril, que lui et Verrius s'unissent pour signaler l'erreur courante qui fait attribuer cinq jours aux Quinquatries, que Verrius ait mis en garde contre le rapprochement populaire entre le *Regifugium* et la Fuite des Tarquins, — et qu'Ovide, dans tous ces cas, ait fermé l'oreille à leurs objurgations ? Entendait-il offrir à un large public, cultivé certes, mais moins spécialisé que les lecteurs de Varron, une œuvre dans laquelle il retrouvât davantage des conceptions largement répandues dans la foule romaine ? Lui-même, grammairien profane et poète de profession, écoutait-il plus volontiers des voix moins austères ? Était-il influencé par les directives du Pouvoir, désireux, on le sait, de rénover la religion au cœur même du peuple, et qui souhaitait renouer les fils brisés de la tradition, au lieu de brusquer les croyances populaires ? Était-ce, au contraire, la conviction qu'il était inutile de prêcher dans le désert, et d'enseigner autre chose que ce qu'il croyait à un peuple persuadé que les Quinquatries durent cinq jours, et que Vénus patronnait avril, cela en dépit des avertissements répétés de Varron et de Verrius ?...

Si nous possédions les œuvres perdues de Varron, nous pourrions sans doute procéder à de pareilles vérifications pour les autres domaines étiologiques. Il est heureux que nous ayons pu le faire dans le cas précis de l'étymologie, et dégager de la sorte un trait important de la physionomie scientifique d'Ovide : l'*indépendance* vis-à-vis de ses devanciers, dans un domaine précisément où, peu initié, il aurait dû les suivre fidèlement. « Mon imitation » aurait pu écrire Ovide, avant La Fontaine, auquel il ressemble beaucoup, « n'est point un esclavage ».

---

363. *La Colline de Janus,* dans *R.A.,* 24, 1945, 56-87, p. 62 et n. 2.

B

LA RELIGION

Que le chapitre consacré aux causes dites « religieuses » soit, à l'intérieur d'un ouvrage traitant de la religion romaine, l'un des moins étendus, pourrait sembler paradoxal : il va de soi qu'à l'origine d'usages *religieux* doivent exister des considérations *religieuses* destinées à en rendre compte. Dans la mesure où les usages étudiés peuvent se répartir entre des concepts fondamentaux (purification, fécondité, initiation, expiation, tabou), toute recherche étiologique devrait en principe rattacher le rite dont elle s'occupe à l'une de ces grandes catégories, sans prétendre déterminer à tout prix quelles conceptions archaïques, quels cheminements mystérieux d'une pensée millénaire, quels purs hasards peut-être ont entraîné l'institution d'une obligation, d'une expulsion, d'un tabou.

C'est bien ainsi que procède, à travers ses modes et ses écoles, la recherche moderne. Comparant entre elles des institutions religieuses analogues chez tous les peuples primitifs de la terre, elle est amenée à faire fi des mentalités singulières, des particularismes propres à chaque nation. Elle exhume de strates surimposés à un concept premier et qui visaient à l'adapter aux formes de pensée particulières, la racine primitive, l'idée fondamentale commune à la pensée humaine en tout lieu et en tout temps. Quelques réserves, toutefois, de la part d'érudits circonspects : « Il est fort imprudent », écrit J. Toutain, « de dissocier le rite et les êtres humains qui l'ont pratiqué. Il n'est pas démontré que le même acte religieux soit compris, interprété, expliqué de la même façon, par des peuples différents et à des époques différentes [1] ». On inclinerait à donner raison au savant français lorsqu'on examine telle théorie assimilant Quirinus, par exemple, au dieu protecteur des tubercules chez les Kikuyu du Kénya [2], tant il est vrai que les recherches de similitudes poussées à l'extrême peuvent déboucher sur des résultats aussi catastrophiques que les échafaudages mythologiques des grammairiens anciens. Sans aller aussi loin, on peut hésiter à admettre le rapprochement introduit par G. Dumézil entre le sacrifice des vaches pleines aux *Fordicidia* romains, et telle pratique analogue retrouvée dans les écrits védiques : l'un est un sacrifice annuel et régulier, en liaison avec des préoccupations agricoles ; l'autre une pratique extraordinaire, liée à des occasions d'investiture royale [3]. Néanmoins, un point est à retenir, c'est qu'on ne se borne plus au seul domaine romain pour définir la religion romaine. Les cités voisines, l'Étrurie, l'Italie antique, l'immense domaine indo-européen, livrent chaque jour des documents inestimables, qu'on doit toutefois manier prudemment.

Les conditions de recherche, les conditions de vie même, interdisaient à la science antique pareilles comparaisons. Quelques données bien timides, sur tel rite repéré dans telle cité du Latium, lorsqu'on veut expliquer, par exemple, la finale de *Quinquatrus* ou la place de mars dans le calendrier national. Surtout des références nombreuses aux rites grecs chez certains auteurs latins nourris d'hellénisme, mais très rares chez les Antiquaires, Varron ou Verrius. En fait, chaque peuple cherchait inconsciemment à sauvegarder son originalité, et affectait à des rites pratiqués en commun avec d'autres peuples et relevant d'un concept fondamental commun, une exégèse qu'il se voulait particulière. L'étiologie ne parle que rarement, dans l'Antiquité, en termes de religion ; elle préfère parler en termes mythiques, légendaires, historiques. Plus exactement, l'explication religieuse n'est qu'une étape, avant d'autres investigations estimées indispensables.

L'historien romain de la religion apparaît pleinement conscient de ces valeurs générales, et parfaitement capable de dégager hors d'un ensemble rituel une notion fondamentale dont il saura exprimer judicieusement les caractères. La lustration, la fécondité, le tabou, lui sont des concepts familiers. Lorsqu'il les a reconnus et identifiés, toutefois, il ne s'en contente pas, ne les admet pas comme explication définitive et suffisante, mais cherche à

---

1. *La Religion romaine d'après les Fastes d'Ovide*, dans *J.S.*, 1931, 105-120.
2. A. Brelich, B. 136.
3. G. Dumézil, B. 248.

leur affecter à leur tour une explication particulière. Purification, oui. Mais *pourquoi* ? *depuis quand* ? instituée *par qui* ? Et le démon historique romain est invité alors à manifester sa puissance. Puissance pernicieuse, car tandis qu'il cherche des analogies, des traits frappants qui puissent unir un mince détail du rite à un grand épisode historique, à quelque grande figure du passé, il dérobe et fait oublier l'essentiel, qui est précisément la valeur de purification précédemment établie. Ainsi, l'étiologie « religieuse » et sa justification historique ne parlent-elles pas le même langage : le rite du *Tigillum Sororium*, par exemple, les Lupercales, les *Parilia*, sont bien reconnus comme étant des purifications, des expiations, des lustrations, peu importe la définition exacte. Mais cela n'empêche pas les érudits romains de les expliquer ensuite et surtout par des épisodes historiques : l'expiation d'Horace meurtrier de sa sœur [4], la stérilité des Sabines, la fondation de Rome, toutes explications dénuées de la moindre valeur religieuse : il fallait bien qu'on découvrît *pourquoi* on avait précisément institué une expiation à cet endroit, une lustration en ce jour, et qui était ce *on* : Rome ne se contente jamais de fondateurs ou de fondations anonymes.

L'étiologie « religieuse » se révèle donc une étiologie au second degré. Lorsqu'on a dégagé la racine d'un mot, avions-nous dit, il convient d'établir encore les relations qui unissent ce mot à l'objet qu'il définit. Le mot *Lautolae*, qui désigne une source d'eau chaude près du temple de Janus, s'explique d'abord tout simplement par le verbe *lauare*, qui devrait suffire ; mais on éprouve le besoin de justifier ensuite le choix de ce verbe, et on l'explique par la présence d'eaux chaudes tout près du temple : *Lautolae, ab lauando ; q u o d ibi ad Ianum Geminum aquae caldae fuerunt* [5]. Et si Varron borne là sa recherche linguistique, d'autres ajouteront à cette première donnée trop imprécise un second *q u o d*, suivi d'une étiologie historique, destiné à expliquer pourquoi il y avait justement des eaux chaudes près du *Ianus* [6]. Le phénomène étiologique devient ainsi une réaction en chaîne. Outre le contenu d'un rituel, on éprouve le besoin de définir ses conditions d'apparition, de lui octroyer une date de naissance. Sans cette nécessaire fixation dans le temps de notions trop abstraites, le Romain semble ne pas comprendre l'acte religieux.

---

4. Nous n'aurons pas l'occasion d'aborder ce problème, pourtant passionnant, dans les chapitres qui suivront, puisqu'il n'est pas traité spécialement par Ovide. Signalons seulement quelques études : M. Renard, *Aspects anciens de Janus et de Junon*, dans *R.B.Ph.*, 31, 1953, 5-24, surtout p. 13 *sqq.* ; J. Gagé, *La Poutre sacrée des Horatii*, dans *Mélanges W. Deonna*, coll. *Latomus*, 28, 1957, p. 235 *sqq.* ; L.A. Holland, *Janus and the Bridge*, Rome, 1961, p. 77 *sqq.*
5. Varron, *Ling. Lat.*, V, 156.
6. Voir p. 170-173.

1. Une étiologie bâtarde

Application directe de ce postulat dans la fête des *Fordicidia* décrite par Ovide, plus Romain, en l'occurrence, que ses sources : une fois donnée la définition de la fête, qui s'inscrit au nombre des rituels de fécondité, Ovide sent bien la nécessité d'enraciner ce concept nu dans la préhistoire de son pays. Il fait donc intervenir un récit en forme, aisément datable et dûment circonstancié, en vue d'octroyer à l'idée première une assise historique : la crédibilité de son explication est à ce prix.

Une fois ces justifications historiques ou mythiques reclassées à l'intérieur de leurs catégories respectives, le nombre des *aitia* proprement religieux est fort restreint. A la limite, on pourrait même prétendre que la catégorie «causes religieuses» n'a pas plus de droits à l'existence que la catégorie « étymologies », puisque chaque *aition* religieux, comme chaque *etymon*, se redéfinit immédiatement en termes d'histoire ou de mythe. S'il existe quelques exemples où l'on s'en tient à une définition exclusivement religieuse, on éprouve l'impression que l'auteur s'est arrêté en chemin, et l'on cherche instinctivement le second *pourquoi* destiné à éclairer les circonstances d'apparition du rite !

Voici quelques-uns de ces cas apparemment incomplets, qui forment la plus pure illustration, cependant, de l'étiologie « religieuse ». Lorsque Ovide nous affirme qu'une pratique liturgique est la simple reproduction d'une même pratique ancestrale, nous aimerions qu'il s'interrogeât sur l'origine de cette dernière. Pourquoi s'offre-t-on mutuellement, le premier jour de l'année, de vieilles monnaies de bronze ? Voici la réponse ovidienne :

> *Tu tamen auspicium si sit stipis utile quaeris,*
> *Curque iuuent uestras aera uetusta manus ?*
> *Aera dabant olim.*
>
> I, 219-221

Aera dabant olim : la réponse donnée constate simplement la persistance de la tradition. Mais elle n'est pas réellement une réponse en ce qu'elle n'explicite pas l'*auspicium* fourni par l'argent offert et reçu aux calendes de janvier. Les considérations qui l'environnent sur le pourrissement des mentalités par le modernisme et le goût du lucre sont un développement très goûté de l'Élégie latine, si goûté qu'on le considère comme un cliché ; mais elles n'expliquent toujours rien. Une fois de plus, Ovide s'est laissé séduire par l'aspect paradoxal du rite : ce qu'on offre est, en principe, utile. Or, on offre des pièces retirées de la circulation : à quoi bon se faire pareils cadeaux ? Il ne peut pas répondre à sa question, parce qu'en fait il n'y a rien à répondre. L'offrande de vieux *as* s'inscrit au nombre des cadeaux de jour de l'An à valeur ominale, ce qu'a bien compris Ovide pour d'autres cadeaux. Il n'en a dissocié l'offrande de l'*as* que pour son aspect paradoxal.

Si Ovide a parfaitement établi l'appartenance des *Parilia* aux rituels de purification, grâce à un lexique très adéquat : *Februa tosta, suffimen, purus, lustra, uerrat, puro de sulphure, perlue, purgat* [7], les nombreuses explications qu'il donne sont moins convaincantes. L'une d'entre elles est une cause religieuse : on utilise l'eau et le feu parce qu'ils sont considérés comme éléments primordiaux, étant source de vie : à preuve, le don de l'eau et du feu à l'épousée, et d'autre part l'*aquae et ignis interdictio* qui frappe le citoyen déclaré hors la loi, *sacer* :

> *An quod in his uitae causa est, haec perdidit exul,*
> *His noua fit coniunx, haec duo magna putant ?*
> IV, 791-792

Indépendamment du peu de rapport qui existe entre le mariage, l'exil et les purifications des bergeries, le symbolisme de l'eau unie au feu mérite un commentaire. Si, dans le cas de l'exilé, l'eau et le feu semblent bien représenter les éléments vitaux, il en va différemment du symbolisme des noces, à en croire Plutarque [8] : l'épousée n'a aucun besoin d'un surcroît de vie, son existence n'étant en rien menacée. Le don du feu et de l'eau est entendu alors comme celui d'éléments purifiants : Ἢ διότι τὸ πῦρ... καὶ τὸ ὕδωρ ἁγνίζει· δεῖ δὲ καθαρὰν καὶ ἁγνὴν διαμένειν τὴν γαμηθεῖσαν ; mais Ovide a utilisé habilement une note de Varron [9], dans laquelle il est dit que les deux causes premières de toute création sont l'eau et le feu : *Causa nascendi duplex : ignis et aqua. Ideo ea nuptiis in limine adhibentur.* Comme le mot *nascendi* convient bien à une future mère, mais pas du tout à un exilé, Ovide l'a remplacé par un équivalent plus large, *uitae*, ce qui lui permet d'étendre l'explication au cas de l'*exul*.

La relation de ces deux causes avec le rite annuel des *Parilia* nous paraît néanmoins parfaitement arbitraire. Ce qui peut conforter cette impression, c'est l'existence d'un rite voisin, qui, lui, aurait pu être invoqué par Ovide pour éclairer celui des *Parilia*, et dont la valeur propre épouse parfaitement la définition de cette fête par le concept de la purification : c'est la *suffitio*, (terme bien proche du *suffimen* des *Parilia* !), à laquelle on procède lors des funérailles : on asperge d'eau les héritiers, qui doivent

---

7. Respectivement, *Fast.*, IV, 726 ; 731 ; 732 ; 735 ; 736 ; 739 ; 778 ; 786 ; cette valeur essentielle de la fête est reconnue par tous les Modernes. On lira G. Dumézil, « Palès » dans le recueil *Idées romaines*, Paris, 1970, 275-287.
8. *Quaest. Rom.*, 1. Voir aussi Denys, II, 30.
9. *Ling. Lat.*, V, 61.

ensuite *sauter par-dessus le feu* [10]. Est-il besoin de souligner l'étroite coïncidence entre ces deux rituels de purification ? Ovide a préféré, on ne sait pourquoi, des causes étrangères au domaine religieux, et qui, dans le cas de la mariée comme dans celui de l'exilé, ne comportent aucunement ce saut par-dessus le feu, qui existe bel et bien dans le rite des funérailles. Il a utilisé des textes indépendants qui commentaient l'union de l'eau et du feu d'un point de vue philosophique, en tant qu'éléments constituants du Monde [11], il n'a pas songé aux funérailles romaines, parce qu'elles n'apparaissent pas dans les textes axés sur la philosophie. On reste confondu de cette capricieuse indépendance, surtout lorsqu'on rapproche la notice de Verrius et le texte ovidien : *Aqua et igni tam interdici solet damnatis quam accipiunt nuptae, uidelicet quia hae duae res humanam uitam maxime continent. Itaque, funus prosecuti, redeuntes ignem supergradiebantur aqua aspersi. Quod purgationis genus uocabant suffitionem*, écrit le grammairien. Et Ovide : *An quod in his uitae causa est, haec perdidit exul / His noua fit coniunx, haec duo magna putant* ? Pourquoi Ovide a-t-il abandonné le texte qu'il copiait au moment même où celui-ci lui offrait un rapprochement solide et convaincant, avec le saut par-dessus le feu, qui rappelle immédiatement celui des *Parilia* ?

L'exemple des *Parilia* nous permet d'apprécier sur le vif l'un des procédés favoris de la démarche étiologique : on cherche à expliquer une fête où l'on utilise l'eau et le feu (non conjointement) ; on dispose d'un texte de Varron touchant l'union philosophique de l'eau et du feu, avec son application aux noces ; d'un texte de Verrius commentant l'union des deux éléments lors du mariage et de la *sacratio,* par référence au texte de Varron, pris à l'envers ; aussi accroche-t-on tous ces éléments au rituel des *Parilia*, ce dont les deux philologues aînés d'Ovide s'étaient bien gardés parce que, probablement, la corrélation entre les diverses utilisations de l'eau et du feu et les *Parilia* ne leur paraissait pas convaincante.

Chose inattendue, la critique moderne a décerné de bon cœur un *satisfecit* à notre poète pour la précision de son lexique rituel [12]. Ce compliment est justifié. Il faut tenir compte, bien entendu, des exigences métriques, dont nous évoquions les contraintes à propos de certaines étymologies. Donnons, dans le domaine du rituel quelques autres exemples. Des formules péri-

---

10. Paulus, *s.u. Aquae et igni*, p. 3 L.
11. Lucrèce, *Nat. Rer.,* I, 59 ; I, 176 ; II, 677 ; Paulus, p. 3 L. ; *s.u. Facem*, p. 77 ; Nonius, p. 469 L. ; Lactance, *Diu. Inst.,* II, 9, 21 ; Servius, *Ad Aen.,* IV, 103. Bonnes remarques de J. Carcopino, *Virgile...*, p. 97-98 : « Le feu et l'eau réalisaient... l'identité des contradictoires ». Copieuses études de S. Eitrem, *Opferritus,* rééd. Hildesheim, 1977, p. 105-118 (eau) et 133-197 (feu).
12. Notamment, G. Dumézil, *Rituels indo-européens à Rome*, Paris, 1924, p. 23, n. 3.

phrastiques remplacent, dans l'énumération que nous fait Ovide, les termes spéciaux (et obscurs, on l'avouera), par lesquels étaient désignés certains jours : *Est quoque quo populum ius est includere saeptis,* le « jour où il est licite d'enclore le peuple dans les barrières » ; cette expression remplace le nom exact du *dies comitialis,* que sa forme métrique interdit de placer dans le distique [13]. Le « jour qui revient tous les neuf jours » est celui des *Nūndĭ̆nāē,* également banni du mètre ; encore ces formules sont-elles relativement simples. Mais voici plus subtil, pour désigner le *dies ēndŏtērcīsus :* « N'allez pas croire que les mêmes lois régissent toujours la journée entière : celle-ci va devenir faste qui ce matin était néfaste ; car sitôt les entrailles des victimes offertes à la divinité, toutes les paroles sont licites, et l'honorable préteur peut rendre librement la justice » :

> *Nec toto perstare die sua iura putaris,*
> *Qui iam fastus erit, mane nefastus erat.*
> *Nam simul exta deo data sunt, licet omnia fari*
> *Verbaque honoratus libera praetor habet.*
>   I, 49-52

Avouons que la subtile définition de ce jour « coupé en deux » ne facilitait pas la tâche à un poète ! Hors du calendrier, certains termes techniques afférents aux cérémonies dont Ovide nous entretient n'ont pu se voir citer par lui, toujours à cause de leur forme métrique : le *pălātŭ̆ār,* plat typique du culte de Palès [14], ou encore le *tēstŭ̆ācĭ̆ŭm* [15], offert à Mater Matuta. Dans les deux cas, Ovide nous a donné la description, mais pas l'appellation exacte du plat sacrificiel.

2. Quelques analyses pénétrantes

Cette réserve faite, il est vrai qu'Ovide nous a laissé des commentaires religieux extrêmement pertinents, souvent uniques. Voici la justification des offrandes faites, le 1er juin, à la déesse Carna : elle-même aurait procédé à un sacrifice de substitution destiné à tromper les Striges, avides du sang de l'enfant Proca [16] :

---

13. *Fast.,* I, 53 : *cŏmĭ̆tĭ̆ālis.*
14. Festus, *s.u. Septimontio,* p. 476 L. ; Ovide, *Fast.,* IV, 743-744.
15. Varron, *Ling. Lat.,* V, 106 : *Quod in testu caldo coquebatur, ut etiam nunc Matralibus id faciunt matronae.*
16. Que les Striges fussent viscérophages et attaquassent les enfants est attesté dès Titinius, cité dans le *Liber medicinalis* de Sammonicus Serenus ; dès Sappho, pour S.G. Olifant, *The Story of the Strix...,* 1, dans *T.A.Ph.A.,* 44, 1913, 133-149.

> *Spargit aquis aditus — et aquae medicamen habebant —*
> *Extaque de porca cruda bimestre tenet,*
> *Atque ita :* « *Noctis aues, extis puerilibus* », *inquit,*
> « *Parcite : pro paruo uictima parua cadit,*
> *Cor pro corde, precor, pro fibris sumite fibras :*
> *Hanc animam uobis pro meliore damus* ».
>
> VI, 157-162

C'est là, juge H. Le Bonniec [17], une « excellente définition d'un sacrifice de substitution ». Ovide a probablement imaginé lui-même l'espèce d'incantation que prononce Carna. Il faut l'en féliciter, car ses distiques témoignent d'une compréhension en profondeur de l'acte religieux, et l'expriment avec acuité, plénitude et concision. Sans qu'on puisse parler, naturellement, d'inspiration directe, on peut rapprocher des vers d'Ovide une incantation analogue, conservée sur une inscription de Ngaus Henschir el Ghelil : *(Faustinae Donati aegrotantis uxori Saturnus uisus est dicere somno, coniugem moriturum esse, nisi ipsa oblatis ad placandum uitae dominum) magnum* (Satur)*num anima pro anima, uita pro* (ui)*ta, sanguine pro sanguine, pro salute Donati sacrum soluet. Ex uiso capit orco mor*(ante ?) *Faustina agnum : pro ui(r)o libens animo reddit* [18]. On y retrouve textuellement le cœur de la formule ovidienne : *anima pro anima, uita pro uita, sanguine pro sanguine,* une fois les adaptations métriques réalisées. Le texte d'Ovide en acquiert aussitôt un caractère de remarquable authenticité : il est hors de doute, vu la coïncidence des deux formules, que ce type de litanie existait tel quel dans la religion romaine, et devait être réservé aux sacrifices de substitution. Si Ovide a fortement romancé la prière que le Flamine adresse à Robigo, il nous a livré, avec la prière aux Striges, un échantillon précieux de texte rituel romain, dans son état intégral.

Quelques mises au point judicieuses sur plusieurs fêtes témoignent d'une même fréquentation intelligente des réalités liturgiques. Ainsi, les deux formules qui nous révèlent le contenu des *Sementiuae* et des *Fordicidia*. En voici la première :

> *Placentur frugum matres Tellusque Ceresque*
> *Farre suo grauidae uisceribusque suis*

---

17. *F. éd. comm.*, 2, p. 196, n. 34 ; c'est le seul épisode des *Fastes* jugé à son goût par J. Toutain, *La Religion romaine d'après les Fastes d'Ovide*, dans *J.S.*, 1931, 105-120. Et il permet à S.G. Olifant de fonder sa théorie sur les Striges : *We do not assume that Ovid was necessarily conscious of it, but it is none the less a fact that every item of this description applies in an especial manner to the bat, the Boioan and Titinian Strix. Op. cit.*, p. 141-142, n. 19.

18. *C.I.L.*, VIII, 4468.

19. *Fast.*, I, 662.

Officium commune Ceres et Terra tuentur,
Haec praebet causam frugibus, illa locum.
I, 671-674

Le sacrifice de rigueur, celui d'une truie pleine, est implicitement mis en rapport avec l'état du sol à ce moment de l'année *(seminibus iactis est ubi fetus ager)*, lui aussi plein de semences [19]. Les liens étroits qui unissent Tellus, la terre, et Cérès, le principe de croissance du blé [20], ressortent à l'évidence, grâce à la formule parallèle *Haec causam / Illa locum*. Pareille formulation ne serait point du tout reniée par les Modernes. De fait, J. Bayet rend hommage à Ovide en ces termes : « La lucidité du poète et la qualité de son information s'en révèlent éclatantes [21] ».

On s'accorde à voir, dans la caractérisation des *Fordicidia* [22], une même pertinence :

Nunc grauidum pecus est, grauidae quoque semine terrae
Telluri plenae uictima plena datur.
IV, 633-634

Bien que ne partageant pas son avis, donnons encore la parole à J. Bayet, qui, dans une autre partie de son étude, exploite les vers d'Ovide et en reconnaît l'intelligence : « Ovide », écrit-il [23], précise « avec une parfaite lucidité l'état de grossesse qui, lors de la fête d'avril, met en état de sympathie l'animal et le végétal, la victime et la divinité bénéficiaire, veau et *semen* du blé, vache mère et Tellus ».

De tels textes, rares et chez Ovide et dans la littérature antique, cohérents et judicieux, permettent d'apprécier la pénétration avec laquelle le poète se représente certains rituels. Dans deux des cas envisagés, aucune légende plus ou moins crédible, plus ou moins adéquate, ne vient alourdir une explication religieuse qui se suffit à elle-même. Dans le troisième, la légende, tirée nous l'avons vu, de l'*Énéide*, met en œuvre les mêmes valeurs liturgiques que celles auxquelles se réfèrent les précisions purement religieuses, sans en fausser aucunement la portée. Et la cohérence de cet ajout légendaire est telle, son adéquation au rituel décrit si étroite, qu'elles cautionnent, aux yeux de G. Dumézil, l'authenticité du conte étiologique [24].

---

20. « Le texte d'Ovide (...) marque avec force la communauté d'action des deux déesses et la communauté du sacrifice qui en est la conséquence logique », écrit H. Le Bonniec, *Le Culte de Cérès à Rome*, Paris, 1958, p. 63.
21. *Les Feriae Sementiuae...*, dans *R.H.R.*, 137, 1950, 172-206, repris dans le recueil *Croyances et Rites...*, Paris, 1971, 177-205, p. 181.
22. *Fast.*, IV, 629-672.
23. *Op. cit.*, p. 200.
24. *Rituels indo-européens à Rome*, Paris, 1954, p. 6 ; aussi, p. 24 et 25.

Moins de cohérence, sans nul doute, à l'intérieur du développement consacré aux *Agonalia,* dont nous avons étudié le nom au début du chapitre précédent. Il est toutefois remarquable que, là encore, Ovide se soit cantonné dans un seul registre étiologique sans faire intervenir de considérations étrangères à la religion. Qu'il définisse le mot par l' « agonie » de la victime, par l'interrogation rituelle *Agone ?,* par l'un des noms possibles du sacrificateur, ou qu'il en fasse une désignation ancienne pour *pecus,* il ne perd pas de vue un ensemble rituel groupé autour de la notion de sacrifice, et y conforme étroitement son étiologie.

3. De précieuses définitions : Februa, Augustus

Certaines explications permettent à Ovide de prouver sa parfaite maîtrise du lexique rituel, et nous invitent à de fructueuses réflexions sur le contenu de certains mots.

Les considérations qui entourent, dans les *Fastes,* le nom de février, *Februarius,* nous sont particulièrement précieuses. S'efforçant d'expliciter la valeur religieuse du mot, Ovide énumère un certain nombre d'objets auxquels s'attache la dénomination de *februa* : les laines que donnent le Flamine de Jupiter et le *Rex Sacrorum* aux Pontifes [25], les objets destinés à purifier un meurtrier (?) ou *purgamina caedis* [26], l'épeautre grillé, le sel, le rameau cueilli à une *arbor sacra,* les branches de pin [27] : autant de précisions concrètes, d'autant plus appréciables que d'autres auteurs, lorsqu'ils traitent de *Februarius* et des *februa,* se cantonnent dans des approximations abstraites : *Februm, Sabini purgamentum,* écrit laconiquement Varron [28] ; ou, à peine plus explicite, Verrius [29] : *quaecumque denique purgamenti causa in quibusque sacrificiis adhibentur, februa appellantur. Id uero quod purgatur dicitur februatum.* Aucun exemple, dans leurs textes, pour illustrer le mot, si ce n'est celui des Lupercales. Contrairement à ce qu'on aurait pu attendre de lui, Ovide n'a pas opté pour le mythique *Februus* dieu des Morts, choix qui nous aurait privés de détails précieux, même s'ils nous posent des problèmes insolubles !

25. *Fast.,* II, 21-22.
26. *Fast.,* II, 23.
27. *Fast.,* II, 24, 25, 26.
28. *Ling. Lat.,* VI, 13.
29. P. 76 L.

En effet, chaque terme de l'énumération ovidienne est source de perplexité. On ne sait dans quelles maisons se rend le licteur[30], et quel licteur ? Celui du *Flamen Dialis,* comme on le croyait jusqu'ici ? Celui des Vestales, comme l'a récemment soutenu B. Gladigow[31] ? On ignore ce qu'il y fait. Si l'on peut reconnaître le prix d'un témoignage direct dans les vers qui nous affirment la présence d'Ovide, lorsque la femme du Flamine de Jupiter recevait les *februa,* on n'est pas davantage renseigné sur l'usage de ladite branche de pin ! N. Boëls la fait servir à une purification accomplie par la *Flaminica,* tout en refusant de placer ce rite au mois de février[32]. Notant que la purification et la fécondité sont liées, elle suggère que cette purification serait en accord avec le caractère qu'elle prête à toutes les occupations de cette prêtresse, à savoir la garantie de la fécondité romaine[33]. La place de ce distique est tout de même intéressante : il vient immédiatement après celui qui nous apprend que les prêtres portaient sur la tête des rameaux cueillis à un arbre sacré, et qu'on appelait des *februa.* Le distique qui concerne la *Flaminica* n'est pas en rupture avec le précédent, et signifie tout bonnement que la prêtresse portait sur la tête une branche de pin :

> *Nomen idem ramo qui, caesus ab arbore pura,*
> *Casta sacerdotum tempora fronde tegit.*
> *Ipse ego Flaminicam poscentem februa uidi,*
> *Februa poscenti, pinea uirga data est.*
> II, 25-28

Cette coiffure est l'*arculum* bien connu. N. Boëls privilégie le seul texte qui affirme que l'*arculum* était en bois de grenadier, celui de Servius[34], ce qui lui permet d'affirmer que la coiffure de la *Flaminica* avait valeur fécondante[35]. En fait, il convient d'abord de distinguer entre l'*arculum* de la *Regina* et celui de la *Flaminica.* Celui de la *Regina* est en bois de grenadier : *Inarculum uirgula erat, ex malo Punico incuruata, quam Regina*

---

30. Vers controversé ; *cf.* F. Bömer, *F. éd. comm.,* 2, p. 81 ; nous avons adopté la correction proposée par H. Le Bonniec : *caedis (Notes critiques sur les Fastes d'Ovide,* dans *R.Ph.,* 34, 1960, 194-215).
31. *Die Sakralen Funktionen der Liktoren, Aufstieg...,* I, 2, 295-314, p. 304.
32. *Le Statut religieux de la Flaminica Dialis,* dans *R.É.L.,* 51, 1973, (1974), 77-100, p. 89.
33. P. 82-86. Le fait qu'il s'agisse d'une couronne de branches et non de fruits indiquerait « la fécondité en puissance », p. 86, non la fécondité réalisée... On imagine mal une couronne de grenades, et si l'on fabrique des couronnes avec des branches, non avec des fruits, c'est avant tout, semble-t-il, pour des raisons pratiques...
34. *Ad Aen.,* IV, 137.
35. P. 86.

sacrificans in capite gestabat dit la notice de Festus [36]. Celle de Servius étend cette définition à la coiffure de la *Flaminica* : *Arculum uero est uirga ex malo Punica incuruata, quae fit quasi corona et ima summaque inter se alligatur uinculo laneo albo, quam in sacrificiis certis regina in capite habebat ; Flaminica autem Dialis omni sacrificatione uti debebat*. Néanmoins, la phrase finale concernant la *Flaminica* est un simple ajout, issu d'une association d'idées, et ne signifie pas que la *Flaminica* eût un *arculum* en bois de grenadier. En effet, Aulu-Gelle nous parle simplement d'une branche d'*arbor felix, (in rica surculum de arbore felici habet* [37]*)*, expression qui, se recouvrant exactement avec le *ab arbore pura* d'Ovide, nous permet de supposer que l'*arculum* en question était fait d'une branche de pin. S'il est vrai que cette branche de pin, d'après le même Ovide, ceignait les tempes *casta* d'autres prêtres, il est difficile d'attribuer à cette coiffure une valeur fécondante. Tout au plus peut-on penser que la couronne garantissait la *castitas* de la sacrifiante, étant faite d'un bois qualifié de *februum*. A propos de cette branche de pin, signalons la thèse de Y.M. Duval, qui veut que les *februa* aient été donnés à la *Flaminica* lors des Lupercales ; son témoignage à ce sujet permettrait d'affirmer la qualité de chevalier d'Ovide et sa présence à la fête [38]. C'est sans doute tirer beaucoup d'un simple vers, placé au milieu d'autres rites de purification, mais loin du 15 février.

On ne sait pas davantage à quelle occasion le *Rex Sacrorum* offrait les laines sacrées aux autres prêtres. *Die Zeremonie ist anderweitig nicht bekannt* : F. Bömer clôt la recherche en une seule phrase [39].

Tentons un début d'explication. D'après un texte de Varron, le *Rex* officie aux Nones de février, jour qualifié de *dies februatus* : *Rex cum ferias menstruas Nonis februariis edicit, hunc diem februatum appellat* [40]. D'autre part, dans un calendrier datant du XIIe siècle, et rédigé d'après les *Fastes* d'Ovide, on relève un paragraphe intéressant : il concerne la purification des temples. On immole un bélier, et on se livre à diverses opérations tendant à confectionner une mixture qui ressemble fort à celle des *Parilia* (cendres de bélier + sang de veau) ; puis on prend de la laine non teinte, avec laquelle on purifie les temples par aspersion : ...*Vel februa dicuntur purgamina, quibus templa purgabantur. Nam solebant arietem concremare et cineres uituli sanguine commiscere. Sumpseruntque lanam, qua intincta fecerunt as-*

---

36. *S.u. Inarculum*, p. 101 L.
37. X, 15, 28.
38. *La Victoire de Rémus à la course des Lupercales, chez Ovide*, dans *Caesarodunum*, 7, 1972, 201-219, p. 216, n. 53.
39. *F. éd. comm.*, 2, p. 81.
40. *Ling. Lat.*, VI, 13.

persas (sic) id est expiationes templorum quae dicuntur februa [41]. Sans accorder aveugle créance à ce texte, qui, en d'autres paragraphes, recèle quelques fantaisies, nous pouvons peut-être songer à une purification des temples à l'aide de laine et d'une mixture sacrée, opérée par les Pontifes, sous la surveillance du *Rex* et du *Dialis*.

Abordons un terme tout aussi intéressant, celui d'*augustus*, concept religieux chargé de profondes résonances, et dont Ovide sait parfaitement nous restituer la richesse :

> *Sancta uocant augusta patres, augusta uocantur*
> *Templa sacerdotum rite dicata manu.*
> *Huius et augurium dependet origine uerbi,*
> *Et quodcumque sua Iuppiter auget ope.*
>
> I, 609-612

Plus que les laborieuses fantaisies de Verrius unissant *augustus* et *auium gestus* [42], le commentaire d'Ovide, sobre et pertinent, nous permet de comprendre ce qui, dans le mot, pouvait séduire le *Princeps*. C'est tout d'abord la notion de sainteté, qui le place à un niveau supra-humain, et le rapport avec l'*augurale*, dont on sait l'importance à Rome : l'*Augustus* est celui qui obtient toujours un *augurium*, c'est-à-dire la sanction bienveillante des Dieux. Il devient, selon la fine analyse de M.A. Levi, *l'uomo che, ab auium gestu, cioè auspicalmente, è stato riconosciuto fornito della auctoritas che lo mette al di sopra di tutti i Romani* [43]. Il faut retenir, bien sûr, l'étroite connexion entre *augurium, augeo, Augustus, auctoritas*, avec, toutefois, une nuance importante : l'*auctoritas* d'Auguste est placée sur un plan sacré ; sur le plan gouvernemental, le Prince n'a pas plus de *potestas* qu'un magistrat ordinaire, et il le souligne adroitement et prudemment dans ses *Res Gestae* [44]. Aussi le Sénat, en lui proposant le nom d'*Auguste*, « l'enveloppe, sans le compromettre par un nom royal, de tout le prestige sacré d'un fondateur [45] ». C'est aussi la suggestion de pouvoirs plus étendus que la normale, comparables à ceux de Jupiter : l'*Augustus* est un homme dont la simple intervention accroît la valeur de toutes choses. Dans *Augustus*, on

---

41. G. Boissier, *Un Calendrier romain d'après les Fastes d'Ovide*, dans *R.Ph.*, 8, 1884, p. 55 *sqq*. Voir J. Pley, *De lanae in Antiquorum ritibus usu*, dans *Rel. Vers.*, II, 2, Giessen, 1911. Nous avons étudié le manuscrit médiéval dans une communication parue dans les Actes du Colloque d'Azay-le-Ferron, « Présence d'Ovide », 1980, Paris, 1982, 195-217 (B. 655).
42. *S.u. Augustus*, p. 2 L.
43. *Il Tempo di Augusto*, Florence, 1951, p. 448.
44. § 33, 3. Sur les pouvoirs d'Auguste : E. Herzog dans *J.K.Ph.*, 87, 1863, 665-686.
45. J. Gagé, *Les Sacerdoces d'Auguste...*, dans *M.É.F.R.A.*, 48, 1931, 75-108, p. 93.

trouve aussi *auctor,* le « responsable », l' « auteur ». Avant tout, Auguste est, en tant que Père de la Patrie, le nouvel *auctor* de Rome, le Fondateur, tout comme Romulus, son héros favori, dont il aurait bien voulu prendre le nom [46]. *His claim to glory, his auctoritas, his new title of Augustus, and any hope of deification must be based upon his merits as founder of the State, as optimi status auctor* [47].

La notion d'une excellence augurale était sans doute importante aux yeux du Prince, qui en faisait un fondement idéologique. Ainsi faut-il rapprocher des deux distiques ovidiens une expression d'Horace : *Iam Scythae responsa petunt* [48], où le Prince est pour ainsi dire déjà doté de pouvoirs oraculaires. L'*oraculum* et l'*augurium* sont situés dans un même registre religieux.

Les vers cités sont donc, outre un excellent commentaire philologique [49], le produit de la particulière pénétration d'Ovide, qui a compris en profondeur l'idéologie de l'*Augustus*, et a su en transmettre l'essence à l'aide de formules exactement choisies. J. Gagé rend justice à la pertinence de l'explication ovidienne, lorsqu'il estime qu'elle est le développement approprié de la fameuse formule d'Ennius : *augusto augurio* [50]. En regard de certaines constructions hautement fantaisistes des Modernes (le choix de son surnom aurait été inspiré à Auguste par l'influence d'un vers de l'*Énéide* [51], ou encore par un pur hasard, l'abréviation *AVG* de *Augur* sur les monnaies d'Antoine [52]), à propos desquelles L.R. Taylor effectue une utile mise au point [53], on apprécie le bon sens et l'acuité des vers d'Ovide.

---

46. Voir *Romulus-Quirinus,* dans *Aufstieg,* 17, 2, 1981, 300-342.
47. K. Scott, *Notes on Augustus' Religious Policy,* dans *A.R.W.,* 35, 1938, 121-130, p. 128. On lira, du même auteur, *The Identification of Romulus with Augustus,* dans *T.A.Ph.A.,* 56, 1925, 85-105 ; et de E. Manni, *Romulus e Parens patriae...,* dans *M.C.,* 4, 1934, 106-128 ; de L.R. Taylor, *The Worship of Augustus in Italy...,* dans *T.A.Ph.A.,* 51, 1920, 116-133.
48. *Carm. Saec.,* 55. «*Augustus*» assimile formellement l'empereur à une divinité, K. Scott, *Emperor Worship in Ovid,* dans *T.A.Ph.A.,* 61, 1930, 43-69.
49. A. Ernout et A. Meillet, *Dict. Étym.,* 1967, s.u. : « Le rapport est lumineusement marqué ».
50. *Romulus-Augustus,* dans *M.É.F.R.A.,* 47, 1930, 138-181, p. 157.
51. W. Warde Fowler, *Aeneas at the Site of Rome,* Oxford, 1917, p. 112.
52. O.L. Richmond, *The Augustan Palatium,* dans *J.R.S.,* 4, 1914, 193-226.
53. *Livy and the Name Augustus,* dans *C.R.,* 31-32, 1918, 159-161. Aussi : F. Haverfield, *The Name Augustus,* dans *J.R.S.,* 5, 1915, 249-250 et *C.R.,* 33, 1919, 65-66 ; M.A. Koops, *De Augusto,* dans *Mnemosyne,* 5, 1937, 34-39.

4. Le mot « *omen* » ; les tabous

Toujours parmi les termes fondamentaux du lexique rituel, voici le mot technique *omen*, spécialement étudié chez Ovide par M. Belli [54].

On admet que l'*omen* consiste en l'énoncé de « paroles annonciatrices [55] », qui en font l'émanation du « vouloir divin reconnu et énoncé par l'Augure [56] ». De fait, les textes anciens font venir *omen* d' **ore - men* ou d' **os-men*[57]. Avertissements divins proposés à la sagacité humaine sous une forme bien souvent ambiguë, ils sont « des mots qui portent en eux l'avenir [58] ». Et l'on cite régulièrement le *« Caue ne eas ! »* que négligea Crassus [59], le *« Persa periit »* que recueillit précieusement Paul-Émile [60].

L'un des emplois que fait Ovide du mot *omen* correspond très exactement à cette définition. Il s'agit de l'*omen* optimiste recherché par l'adresse de *bona uerba* [61] à ses parents et amis le jour de l'An, ou *dies auspicalium* [62]. Ces *bona uerba* ne se bornent certes pas à des paroles de simple courtoisie. Ils doivent être des formules fixes, des « paroles augurales chargées d'une puissance annonciatrice de chance [63] ». Ainsi possède-t-on des inscriptions gravées sur les menus cadeaux qu'on s'envoyait ce jour-là, notamment sur des lampes de terre cuite : *Annum faustum ! Annum faustum felicem* [64]. Nous ne verrions pas ici pourtant une *precatio* destinée à entraîner l'accomplissement par les dieux des souhaits des hommes [65] : le mot employé est celui d'*omen*, non de *precatio*. Il faut comprendre ces *bona uerba* comme une tentative de forcer le destin à se montrer favorable, en

---

54. *Magia e pregiudizi in Ovidio*, dans *G.A.*, III, 3-4, 1900-1901 ; l'étude *omina* occupe le fascicule 24.
55. J. Bayet, *Hist. pol. et psycho.*, p. 51. Notons que dans *Ibis*, 65-66, Ovide formule le souhait que ses imprécations soient lues *aux calendes de janvier*, ce qui en renforcera l'efficacité mauvaise.
56. *Ibid.*, p. 103 ; voir E. Riess, dans *Realenc.*, XVIII, 1, c. 350-378.
57. Festus, *s.u. Omen*, p. 213 L. ; Varron, *Ling. Lat.*, VI, 76.
58. J. Bayet, *op. cit.*, p. 43.
59. Cicéron, *De Diu.*, I, 16.
60. Valère-Maxime, I, 5, 3.
61. *Fast.*, I, 175.
62. *C.I.L.*, I², p. 257.
63. M. Meslin, *Calendes...*, p. 37.
64. *C.I.L.*, X, 2, p. 872 ; XV, p. 784 *sqq*.
65. M. Meslin, *op. cit.*, p. 36.

créant sur terre, par toutes les paroles de bon augure en ce jour prononcées, les *omina fausta* que le Ciel ne songeait pas à envoyer lui-même. Voici le texte ovidien :

> *At cur laeta tuis dicuntur uerba kalendis*
> *Et damus alternas accipimusque preces ?*
> *...Omina principiis, inquit, inesse solent,*
> *Ad primam uocem timidas aduertitis aures*
> *Et uisam primum consulit augur auem.*
> *Templa patent auresque deum, nec lingua caducas*
> *Concipit ulla preces, dictaque pondus habent.*
>
> I, 175-182

La relation établie entre les *bona uerba* et le rite de l'ouverture des temples le 1er janvier met en œuvre une conception très prosaïque de la divinité. Et ces vues pragmatiques sont sans doute le fait d'Ovide, lui qui voit par exemple dans les deux faces de Janus une sage précaution du destin, permettant au dieu de ne pas perdre de temps à tourner la tête ! Les dieux, puisque les portes des sanctuaires n'étouffent plus le bruit, peuvent ouïr plus distinctement que de coutume les paroles qui leur sont adressées... La première explication que nous proposait Ovide avant celle-ci, *omina principiis inesse solent*, nous semble plus plausible, puisque est bien connue la superstition romaine des *prima* : qu'on songe à l'importance de la *centuria praerogatiua*, par exemple [66]. Toutefois, dans son désir d'apporter des justifications à son énoncé, Ovide exagère l'importance du premier oiseau aperçu par l'augure : le présage ainsi donné ne paraît pas déterminant, puisque dans l'épisode des vautours, qui donna le trône à Romulus, le nombre avait favorisé Romulus, mais la primauté avait favorisé Rémus, et c'est tout de même le nombre qui l'emporta [67].

D'autres textes, dans les *Fastes*, nous invitent à élargir la définition première de l'*omen*. La parole en est absente, sous ses diverses manifestations.

La distribution de cadeaux sucrés pour le Nouvel-An, dattes, figues, miel blanc (*palma, rugosa carica, data sub niueo condita mella cado* [68]) ne comporte pas de paroles, mais repose sur un symbolisme de sympathie : on représente, en des produits sucrés, la douceur de l'année que l'on souhaite.

---

66. Cicéron, *De Diu.*, I, 45.
67. Voir les remarques de F. Bömer, *F. éd. comm.*, 2, 1958, p. 26.
68. *Fast.*, I, 185-186 ; selon Jean le Lydien, *Mens.*, IV, 42, le rite appartenait, à date ancienne, aux calendes de mars.

LA RELIGION

On crée donc de toutes pièces un *omen* favorable, et ce dernier n'est plus le fait des dieux ou du hasard, mais des hommes :

> *Omen ait, causa est, ut res sapor ille sequatur,*
> *Et peragat coeptum dulcis ut annus iter*
> I, 187-188

« Il s'agit bien d'un *omen* fondé sur la vertu particulière, ici, la douceur, de la plante, » note M. Meslin [69], avec raison, encore que le miel ne soit pas exactement une plante.

Pour ceux qu'un gain plus tangible occuperait davantage en ce début d'année, voici l'offrande de *stipes*, présageant la fortune à leurs destinataires : des pièces de bronze ou d'or. Pour notre propos, remarquons qu'au vers 219, le mot *auspicium* a remplacé celui d'*omen*, et de fait, il s'agit davantage alors, tout comme pour les figues et le miel, d'*aspicere* plus que d'*audire*, de susciter, plus que des paroles, des *signes* favorables. Nous nous rapprochons alors d'un concept légèrement différent, celui d'*auspicia impetratiua*, non plus attendus patiemment du ciel, mais « dont étaient maîtresses la volonté et la parole humaines [70] ». Le vocabulaire d'Ovide épouse parfaitement les réalités cultuelles qu'il souhaite traduire.

Une préoccupation différente semble présider à un autre usage, celle de ne laisser aucun secteur des activités humaines en dehors des bénédictions de l'*omen* : chacun ébauche quelques gestes de son travail habituel, et les tribunaux ouvrent pour quelques heures, sans que le jour de l'An soit, à proprement parler, un jour « ouvrable » :

> *Post ea, mirabar cur non sine litibus esset*
> *Prima dies. « Causam percipe ! » Ianus ait.*
> *Tempora commisi nascentia rebus agendis,*
> *Totus ab auspicio ne foret annus iners.*
> *Quisque suas artes ob idem delibat agendo,*
> *Nec plus quam solitum testificatur opus.*
> I, 165-170

---

69. *Op. cit.*, p. 43. Sous l'Empire, s'ajouta l'offrande de noix safranées ou enduites d'or et d'argent (Martial, VIII, 33, 11, et VIII, 13, 27). A toutes époques, on offrait le *ianual*, galettes de miel enveloppées de feuilles dorées (Varron, chez J. Lydus, *Mens.*, IV, 2). Ovide n'en a pas fait mention au livre I (raisons métriques ? *iānŭăl*, mais aux autres cas : *iānŭālis*).

70. J. Bayet, *op. cit.*, p. 54. Naturellement, l'emploi de *auspicium* est élargi bien au-delà de sa signification originelle. Notons l'équivalence instaurée entre *auspicium, augurium, omen*. E.H. Alton, *Ovidiana*, dans *C.R.*, 32, 1918, p. 61, transforme en *omine pacto* le *ordine pacto* de *Fast.*, IV, 817.

Comme le premier jour est censé se reproduire tel quel, dans son essence, tout au long de l'année, il s'agit d'engager le futur par la correcte mise en branle du mécanisme en un jour fixé, prenant valeur d'*exemplum*. Ainsi, ébauche-t-on les travaux des champs : *ita tamen ut ipsis calendis Ianuariis auspicandi causa omne genus operis instaurent* [71]. Ce premier jour, écrit M. Meslin [72], « est une sorte de résumé sacré » du temps à venir. Un *omen* d'inaction pesant sur toute l'année risquerait de causer le blocage de toute activité, et notamment des activités judiciaires. Ne dit-on pas encore de nos jours : « commencer l'année sous de bons auspices ? » C'est ce mot de *auspicium* que nous relevons dans le texte d'Ovide, ce qui nous empêche de considérer la cause qu'il présente comme une simple raison d'ordre moral : « Ces gestes ne se font certainement pas, ou ne se sont pas faits d'abord, pour la raison morale que dit Ovide, une sorte d'immunisation contre la paresse. Ils ont au sens plein du terme une intention inaugurale. Au lever du soleil annuel, le pays devient, pour quelques instants, le théâtre d'une démonstration de toutes les techniques et vocations nécessaires à ses prochains douze mois de vie [73] ». Ces lignes de G. Dumézil sont très bien venues, à cela près qu'il se méprend sur les intentions d'Ovide. Son vers signifie : « afin que l'année entière ne soit pas privée d'activité, à cause d'un *auspicium* » : la morale n'a pas place en de telles préoccupations, mais l'enchaînement mécanique de la puissance ominale, déclenchant automatiquement une paralysie de l'année entière, si l'*auspicium* de son premier jour en décide ainsi.

Le sens du mot *omen*, en revanche, est très différent, lorsqu'il s'agit du franchissement de la porte Carmentale. Le passage par cette porte réputée maudite est, certes, un mauvais présage : « *omen habet !* » s'exclame Ovide par deux fois : « elle a un mauvais sort [74] ». Mais aucun signe visible, aucune parole prononcée n'engage l'avenir, et il n'y a aucune communication du divin à l'humain sous quelque forme que ce soit. Normalement, l'*omen* relève du hasard, se manifeste chaque fois différemment. Il n'est pas automatique, ni attaché de façon permanente à un endroit donné, comme le serait un tabou. Or, la malédiction de la porte Carmentale n'a rien d'imprévisible : tout passant qui la franchit sait infailliblement qu'il lui arrivera malheur. Prévenu des catastrophes qu'il allait ainsi déclencher, nul ne se serait risqué à transgresser l'interdiction, et les occasions de concrétiser

---

71. Columelle, *R. rust.*, XI, 98.
72. Aussi ne peut-il être chômé, puisqu'il est « le résumé d'un temps annuel qui ne le sera point » ; *op. cit.*, p. 36-37.
73. *Mythe et épopée*, 3, 1973, p. 161.
74. *Fast.*, II, 201-204.

l'*omen* funeste devaient être pratiquement nulles [75] ! La porte étant frappée d'une constante malédiction, le mot *omen* se révèle ici inadéquat.

Le mot exact serait, nous le croyons, *religio*, le « tabou » : qu'on se souvienne des *dies religiosi*, parmi lesquels, justement, on compte la défaite de la Crémère, consécutive au franchissement de la porte Carmentale. Nous en voyons une preuve dans l'expression que Festus emploie pour signaler le même péril : *religioni est quibusdam porta Carmentali egredi* [76]. Cette inexactitude lexicale tient, à coup sûr, à des raisons métriques. Un phénomène est frappant : l'extrême rareté du mot *religio* dans les *Fastes* [77], domaine privilégié, pourtant, de la *religion* ! Nous ne l'y rencontrons qu'une seule et unique fois, précisément pour indiquer l'existence d'un autre tabou, celui des chevaux interdits de séjour dans la vallée d'Aricie :

> *Vallis Aricinae silua praecinctus opaca*
> *Est lacus, antiqua religione sacer*
> III, 263-264

Force est de constater qu'Ovide a scandé, comme Lucrèce, *rēligio* avec un *ē* long, ce que la forme métrique du mot, *rĕligio*, eût dû lui interdire. Dans le cas des chevaux d'Aricie, aucun autre équivalent n'étant possible, Ovide a dû se résigner. Mais il ne triche avec le mètre qu'à contre-cœur, preuve en est cet *omen* qu'il a substitué à *religio est* pour la porte Carmentale, risquant de fausser le sens, mais respectant du moins les règles rythmiques.

Une même inadéquation est mise en évidence par E.H. Alton [78], dans l'emploi du mot *omen* en *Fast.*, II, 549 : *Non impune fuit : nam dicitur omine ab isto / Roma suburbanis incaluisse rogis*. La négligence des *Parentalia* n'était pourtant pas un avertissement venu des dieux, c'était bien une faute humaine. Il semble qu'en certains cas, *omen* soit assez proche d'*exemplum*, d'*origo*, et recouvre en quelque sorte la notion d'événement premier qu'on commémore, d'origine d'un rite, surtout lorsqu'il s'agit d'un rite d'expiation.

---

75. Exception faite pour un sacrifice à Apollon où les victimes sont amenées par la porte Carmentale (Tite-Live, XXVII, 37, 11) ; *cf.* J. Gagé, *L'Apollon romain*, Paris, 1951, p. 194 *sqq.* et p. 352. Ce sacrifice prend place au milieu d'une pluralité d'expiations, après une succession de prodiges plus effrayants les uns que les autres. D'où, peut-être, cet aspect « anormal » du franchissement de l'issue maudite (pour entrer, du reste, non pour sortir !).
76. P. 358 L., *s.u. Religioni*.
77. Il n'est pas plus fréquent ailleurs : un seul exemple en *Met.*, X, 693.
78. *Quaestiunculae ovidianae*, dans *Hermath.*, 46, 1920 (= t. 19, 1922), 276-291, p. 288 ; l'auteur propose de substituer à *omine ab isto* la formule *omen abesto*.

Un autre tabou, celui des cuirs dans le temple de Carmenta, n'oblige nullement Ovide à violer les lois de la scansion :

Scortea non illi fas est inferre sacello
Ne uiolent puros exanimata focos
I, 629-30

Mais il pose, sans qu'il y paraisse, un petit problème. L'explication d'Ovide et celle de Verrius Flaccus sont tout à fait différentes, et pourtant, on semble de nos jours les tenir pour équivalentes. L'interprétation ovidienne, d'aspect universel, se retrouve dans la phénoménologie de l'histoire religieuse [79], et repose sur le caractère sacré du feu, qui ne doit pas être souillé par des choses mortes : *ne uiolent puros focos* ; l'explication de Verrius est beaucoup plus restreinte : elle se fonde sur un rapprochement entre les fonctions de la déesse, en rapport avec la naissance, et l'idée antithétique de mort contenue dans le cuir :

(Carmentis partus curat omniaque)
(f)*utura ob quam ca*(ussam in aede eius cauetur)
ab scorteis omnique
omine morticino [80].

Il s'agit donc d'éviter l'*omen* de mort qui risquerait d'entraver le déroulement normal des actes divins générateurs de vie : *Geburt und Tod sind Gegensätze* [81] écrit F. Bömer à propos du texte d'Ovide, lequel n'a jamais établi de rapport entre le cuir et la naissance : les Modernes commentent ainsi le texte des *Fastes* d'Ovide, comme si c'était celui des *Fastes* de Préneste !

Or, un document décisif nous interdit de prendre en compte le rapport établi par Verrius Flaccus, et nous invite au contraire à privilégier l'explication d'Ovide. C'est celui de Varron, qui énonce l'interdiction d'introduire du cuir dans « plusieurs » temples : *in aliquot sacris ac sacellis, scriptum habemus : « ne quod scorteum adhibeatur » ; ideo : ne morticinum quid adsit* [82]. Dès lors, le tabou n'étant plus réservé au seul sanctuaire de Carmenta, nous sommes obligés d'envisager, pour son explication, une idée plus large : rien ne nous assure que les autres temples dans lesquels on observait ce tabou fussent forcément des temples abritant des déesses de la naissance !

---

79. Lire G. van der Leeuw, *La Religion dans son essence et ses manifestations*, Paris, 1970, p. 53.
80. *C.I.L.*, I², p. 231.
81. *F. éd. comm.*, 2, p. 53.
82. Varron, *Ling. Lat.*, VII, 84. L.L. Tels de Jong veut que Varron ait songé au temple de Carmenta. Mais Varron a tout de même écrit : *aliquot sacellis*, dans *plusieurs* temples.

Nous retrouvons le terme technique *morticinum* dans un contexte qui n'a rien à voir avec la naissance : il qualifie les chaussures de la *Flaminica Dialis* : *Flaminicae non licebat neque calceos neque soleas morticinas habere* [83]. N. Boëls a cru déceler dans cette interdiction d'anciens tabous du pied féminin, lequel, écrit-elle [84], étant « en contact permanent avec la terre, et, par conséquent, avec sa nature profonde », permet « d'assurer la fécondité de la femme par un contact physique avec le sacré ». D'une part, cette explication ne rend pas compte de l'interdiction d'avoir des chaussures en peau d'animal ; le contact avec la terre exige simplement la nudité des pieds, et ne se préoccupe pas de la catégorie de chaussures que la femme *ne peut pas* porter. Ensuite, N. Boëls range dans la même catégorie de rites la fête des *Nudipedalia* : « Inversement certains rituels exigeaient que les femmes eussent les pieds nus, par exemple les *Nudipedalia* ». Il ne faut pas supposer pourtant que les *Nudipedalia* fussent réservés aux femmes et concourussent à assurer leur fécondité : bien au contraire, il s'agit d'un rite pratiqué par la cité entière en cas de sécheresse, pour attirer magiquement la pluie ! On y trouve les matrones en *stola*, certes [85], mais également les magistrats sans la pourpre et leurs faisceaux renversés, tous pieds nus [86]. Il ne semble pas qu'on puisse commenter en fonction d'un appel à la fécondité la nudité des pieds chez les femmes qu'Ovide rencontre descendant au temple de Vesta, au Forum, car nous ne voyons jamais intervenir Vesta dans les diverses questions afférentes à la gynécologie. Rappelons enfin qu'en Thessalie, à l'époque homérique, les prêtres Selles ne doivent jamais se laver les pieds : Ἀμφὶ δὲ Σελλοὶ / σοὶ ναίους᾽ ὑποφῆται ἀνιπτόποδες χαμαιεῦναι ᾽ [87]. Pareille injonction rappelle l'existence de cordons de boue, à Rome, autour des pieds du lit du *Flamen Dialis* : qui imaginerait que le contact ainsi assuré avec la terre ait valeur fécondante ? Au contraire, l'adjectif *morticinum* qui accompagne la mention de ces sandales nous invite à nous tourner plutôt vers le domaine de la mort, dont on préservait le Flamine de Jupiter autant que faire se pouvait, en lui interdisant de voir ou de toucher des choses mortes.

Nous préférons établir d'autres rapports.

Trois textes présentent entre eux, à l'évidence, des analogies dont on ne peut ignorer la force. Le premier est notre texte sur le tabou des cuirs dans certains sanctuaires, tabou engendré par la crainte d'un *omen mortici-*

---

83. Servius, *Ad Aen.*, IV, 518.
84. *Le Statut religieux de la Flaminica Dialis*, dans *R.É.L.*, 51, 1973 (1974), 77-100, p. 81.
85. Pétrone, *Satir.*, 44.
86. Tertullien, *Apol.*, 40 et *De Ieiunio*, 16.
87. *Il.*, XVI, 234-235.

num. Le second est celui de Servius qui concerne les *soleas morticinas* de la *Flaminica*. Le troisième est le passage d'Ovide attestant que les femmes descendent pieds nus aux *Vestalia* :

> *Forte reuertebar festis Vestalibus illa,*
> *Quae noua Romano nunc uia iuncta Foro est.*
> *Huc pede matronam uidi descendere nudo ;*
> VI, 395-397

Ce dernier rite a été rapproché bien inutilement du culte des Morts ou de diverses cérémonies, les *Nudipedalia*, l'*Aquaelicium* [88].

Le cuir qu'on aurait pu et ne devait pas introduire dans les temples, quel pourrait-il être, sinon celui des chaussures ? Un texte nous affirme qu'on ne pouvait introduire de *morticinum* dans les temples, un autre que la *Flaminica* ne peut chausser de *soleas morticinas* : le rapport entre ces deux indications, qui comportent toutes deux le même mot, repose évidemment sur le terme *soleae*, qui complète le premier texte où il ne figure pas. Mais le texte d'Ovide, à son tour, nous permet de comprendre l'interdiction faite à la prêtresse : si elle ne porte pas de chaussures taillées dans la peau d'un animal autre que sacrificiel (définition de *soleae morticinae*), c'est sans doute pour éviter de « souiller le pur foyer des temples » où ses fonctions l'obligent à entrer. Si d'autre part les femmes descendent sans chaussures au sanctuaire de Vesta, pour y célébrer les *Vestalia*, ce devait être pour la même raison : l'*aedes Vestae* renferme le plus saint des foyers, et devait donc, plus qu'aucun autre temple, être soumis à la *lex* que nous a conservée Varron : nous en voyons l'indice dans le soin qu'on prenait d'écarter des Vestales toute approche de la mort en ses divers symbolismes [89].

Nous donnons donc raison à Ovide contre Verrius, pour l'interprétation de l'*omen morticinum*, grâce à deux autres textes, qui, eux-mêmes, reçoivent des quelques vers des *Fastes* une lumière nouvelle. Notons que la nudité des pieds pour pénétrer dans un sanctuaire était un rite des plus répandus, aussi bien en Grèce qu'à Rome [90] ; rappelons le cortège de la *Magna Mater* allant à l'Almo : *Nudare plantas*, écrit Prudence, *ante carpentum scio proceres togatos Matris Idaeae sacris* [91].

---

88. C. Koch, *Drei Skizzen zur Vesta-Religion*, dans les *Mélanges D.M. Robinson*, 1953, p. 1077 *sqq.* ; J. Heckenbach, *De Nuditate sacra sacrisque uinculis*, (*Rel. Vers.*, 9, 3, 1911), Giessen, p. 24 ; A. Marbach, dans *Realenc.*, XVII, col. 1239.

89. Voir G. Dumézil, « *Aedes rotunda Vestae* », dans *Rituels...*, 1954, p. 36.

90. Varron, chez Nonius, p. 555 Q. ; Euripide, *Ion*, 220 ; Plutarque, *De sero num. uind.*, XII, 557 d. ; Silius Italicus, *Pun.*, III, 28, *etc*.

91. *Peristeph.*, X, 154. *Cf.* Th. Wächter, *Reinheitsvorschriften im Griechischen Kult*, dans *Rel. Vers.*, 9, 1, 1910-1911, 6-114, p. 23 notamment. Du texte d'Ovide, C.A. Peeters, *Fas en*

Un dernier tabou, que nous évoquerons en quelques lignes : la superstition très répandue touchant le choix d'une période favorable pour se marier, et, conséquemment, la précaution qui amène à rejeter les périodes considérées comme néfastes : en juin, on doit éviter les *dies religiosi,* conclus par l'évacuation du *stercus* hors de l'*aedes Vestae* [92]. Le développement d'Ovide contient des détails rituels précieux sur certains gestes interdits à la *Flaminica* pendant cette période : se coiffer, se couper les ongles, approcher son époux :

> *Donec ab Iliaca placidus purgamina Vesta*
> *Detulerit flauis in mare Thybris aquis,*
> *Non mihi detonso crinem depectere buxo*
> *Non ungues ferro subsecuisse licet,*
> *Non tetigisse uirum, quamuis Iouis ille sacerdos*
> *Quamuis perpetua sit mihi lege datus.*
> VI, 227-232

Ce texte oblige à faire état d'une contradiction entre Ovide et Verrius [93] : le premier affirme que le fumier sacré était jeté au Tibre, le second qu'on le déposait dans un passage étroit *(angiportus)* près de la *Porta Stercoraria.* La dénomination de cette porte ne peut provenir que de l'amoncellement du *stercus* dans son environnement immédiat, et nous engagerait plutôt à préférer les indications de Verrius. Ovide s'est-il laissé induire en erreur par la cérémonie des Argées, célébrée le 15 mai, à une date, par conséquent, symétrique de celle du 15 juin et de l'évacuation du fumier sacré ? Lors de cette cérémonie, les mannequins sont jetés au Tibre par les Vestales. Date symétrique, idée sous-jacente d'expulsion, mêmes opératrices... Tout nous engage à situer dans ce contexte l'erreur ovidienne.

Autre période interdite : mars, dominé par les danses saliennes ; Ovide en donne une excellente justification :

> *Arma mouent pugnas, pugna est aliena maritis*
> III, 395

sur laquelle N. Boëls porte un jugement moins favorable : « Comme souvent, Ovide devine les rapports qui lient entre eux les rites qu'il signale, mais sans voir la nature de ces rapports. Il est probable qu'ici la raison est

---

Nefas, diss. Utrecht, 1945, p. 121 *sq.* et J.G. Frazer, *F. éd. comm.,* 2, 1929, p. 63, tirent un sens de « tabou » pour *fas est.*
92. *Fast.,* VI, 219-234.
93. Festus, *s.u. Stercus,* p. 466 L. : *Stercus ex aede Vestae XVII Kal. Iul. defertur in angiportum medium fere cliui Capitolini qui locus clauditur porta Stercoraria. Tantae sanctitatis maiores uestri esse iudicauerunt.*

exactement l'inverse de celle qu'il propose : ce n'est pas la guerre qui nuit au mariage, c'est le mariage qui est dangereux pour la guerre et les guerriers [94] ». On manque, certes, pour Rome, des précisions que l'on possède pour la Germanie grâce à Tacite, et par lesquelles on se rend compte que l'entrée dans le mariage n'était pas, pour une femme, l'accession à une vie paisible, puisqu'on lui donnait en présent des armes : « Pour que la femme ne se croie pas dispensée des idées d'exploits ou des risques de la guerre, les auspices mêmes qui président à son mariage l'avertissent qu'elle vient partager des travaux et des périls (...). C'est là ce que lui annoncent les bœufs attelés, le cheval équipé, les armes qu'on lui donne [95] ». Il en était peut-être de même à Rome, si l'on se souvient que la vierge passait dans le rang des femmes mariées par le rite de la lance, la *hasta caelibaris* qui servait à la coiffer. Et il semble bien que Junon, la grande déesse des femmes mariées était aussi une guerrière, sous les apparences de la *Sospita*, de la *Curitis*, toutes deux armées. La femme mariée ne fait pas courir un danger à la guerre, mais comme l'a bien vu le bon sens d'Ovide, c'est la guerre qui risque de priver la femme de son mari, donc de son protecteur et de son nourricier, en même temps qu'elle risque de la priver de descendance. Une femme ne pouvait se marier en mars, mois du départ à la guerre aux époques lointaines, parce que son mariage était alors bien aléatoire et risquait de la laisser, comme dit (fort mal) le poète : « vierge et veuve à vingt ans ! [96] ».

En mai, le voisinage fâcheux des *Lemuria* laisserait planer une ombre sinistre sur toute nouvelle union, et explique un proverbe : *mense malas Maio nubere* [97], que l'on traduit par : « en mai, ce sont les méchantes qui se marient ». Pourquoi « méchantes » ? Doit-on croire que le mariage en mai rend les épouses acariâtres, ou au contraire, que les femmes méchantes choisissent le mois de mai pour se marier — ce qui amènerait les fiancées à éviter ce mois, de peur de se retrouver classées dans la catégorie des mégères ? Il est possible d'envisager les choses autrement.

En février, on se garde aussi des fêtes des morts, lorsqu'on désire célébrer des noces [98] : nul besoin d'épiloguer longuement sur de telles superstitions, deuil et joie ne pouvant cohabiter au même moment de l'année. Les

---

94. *Op. cit.*, p. 93.
95. *Germ.*, XVIII, 4 : *Ne se mulier extra uirtutum cogitationes extraque bellorum casus putet, ipsis incipientis matrimonii auspiciis admonetur uenire se laborum periculorumque sociam (...) Hoc iuncti boues, hoc paratus equus, hoc data arma denuntiant.*
96. Alfred de Vigny, *Poèmes Antiques et Modernes*, « Madame de Soubise », str. XVII, v. 8.
97. *Fast.*, V, 490 ; voir A. Otto, *Sprichwörter...*, p. 205.
98. *Fast.*, II, 557.

fêtes des morts mobilisent l'attention des vivants, qui ne doivent surtout pas se laisser distraire de leurs pieuses commémorations par une cérémonie joyeuse : quel affront aux morts, et quel augure néfaste pour le jeune couple, visé, dès lors, par une possible vengeance des Mânes offensés ! Cette idée nous amène à penser, puisque la précaution analogue de février ne s'accompagne d'aucune implication touchant la « méchanceté » de l'épouse, mais suggère la malédiction des Mânes lancée contre l'épouse imprudente, que l'adjectif *malus* remplace peut-être ici, à cause du nombre de ses syllabes, un adjectif signifiant « malheureux, en butte à un sort contraire », comme *miseras*. Le proverbe serait ainsi formé par une suite de mots allitérants, composés de deux syllabes, comme un *carmen* : *men-se ma-io ma-las*, et peu importe alors que l'un des mots ne soit pas totalement approprié pour le sens, du moment qu'il présente l'aspect morphologique et phonétique souhaité. Si ce sont les « *miseras* », les « malheureuses », qui se marient en mai, c'est parce que le cortège nuptial qui croisait les cortèges funéraires porteurs d'offrandes, ou la procession lugubre des Argées, s'attirait, par cette rencontre malheureuse et mauvaise, le courroux des morts.

Pour l'interdiction de juin, en revanche, on peut tenter une explication liturgique. Les trois périodes envisagées sont considérées comme des *dies religiosi*, pendant lesquels, témoin la fermeture des temples en février [99], la marche normale de la religion est entravée : pas de sacrifices sur les autels, donc impossibilité d'accomplir les sacrifices accompagnant le mariage [100] ; défense d'invoquer Jupiter [101] un jour « noir », et donc entrave à toute cérémonie célébrée sous ses auspices. La période voit également l'interruption de l'union du couple sacerdotal *Flamen Dialis / Flaminica*, qui assure la validité de son sacerdoce au prêtre de Jupiter : comment célébrer des noces civiles, si les noces religieuses sont interdites ? Enfin, il se pourrait que le Flamine Dial fût, plus que d'ordinaire, *feriatus* pendant cette première quinzaine de juin, puisque son épouse porte, elle, le deuil rituel. Il ne pourrait alors se rendre dans les familles pour y célébrer un mariage. Or, dans l'union patricienne *per confarreationem*, la forme d'union la plus ancienne, sa présence était obligatoire.

---

99. *Fast.*, II, 563-564.
100. Entre autres, offrande par le *Dialis* de gâteaux et de fruits (voir J. Marquardt, *Das Privatleben der Römer*, 1, Darmstadt, 1964 (réimpr. anast. de l'éd. 1886²) p. 33). Textes : Gaius, *Inst.*, I, 112 ; Servius, *Ad Georg.*, I, 31 : *farre, cum per Pontificem Maximum et Dialem Flaminem per fruges et molam salsam coniungebatur*. Aussi Varron, *Res Rust.*, II, 4, 9 : sacrifice d'un porc.
101. Macrobe, *Sat.*, I, 16, 25. Dans la *confarreatio*, on devait invoquer Jupiter *Farreus*, et la chose devenait impossible un jour « noir » (voir Gaius, I, 112). Sur les tabous des mariages, voir R. Braun, B. 124, p. 75, n. 97.

5. Le priscus mos ; Q.R.C.F.

Encore une superstition sans âge : les rites de Vacuna :

Ante focos olim scamnis considere longis
Mos erat, et mensae credere adesse deos.
Nunc quoque cum fiunt antiquae sacra Vacunae,
Ante Vacunales stantque sedentque focos.
Venit in hos annos aliquid de more uetusto :
Fert missos Vestae pura patella cibos.

VI, 305-310

La seule explication qu'Ovide nous concède, *mos erat,* repris par *de more uetusto,* ne nous aidera guère à élucider le mystère dont s'entoure cette obscure divinité ! F. Bömer estime qu'on peut établir, d'après ce passage, une corrélation entre *Vacuna* et *Vesta* [102]. On peut y voir tout simplement un excursus d'Ovide, à qui l'idée de foyer suggère l'évocation des anciens Romains assis pour manger devant le feu, cette évocation l'amenant à mentionner, par association d'idées, le sacrifice à *Vacuna* qu'on offre debout ou assis devant le foyer. Enfin, le *aliquid de more uetusto* reprend la première idée, « les dieux assistent au repas », sans aucun lien avec l'offrande à Vacuna qui occupe le distique précédent : le *nunc quoque* ne se réfère pas à un *mos uetustus* mais à l'époque d'Ovide. Doit-on rappeler les formes anciennes du sacrifice, par exemple, où il convenait que l'officiant s'assît après avoir sacrifié [103] ? Même si cette petite note d'Ovide doit rester inexpliquée, on lui saura gré de n'avoir pas reproduit les explications fantaisistes qu'on donnait à ce personnage divin, et d'avoir signalé et décrit un rite inconnu par ailleurs. On prétendait en effet que *Vacuna* était *Victoria, quod ea maxime gaudent qui sapientiae u a c e n t* [104], à moins qu'elle ne soit la *Dea uacationis* [105]. La description d'Ovide nous permet d'éliminer sans regret quelques propositions modernes inadéquates, comme la Dame du Lac, en ombrien *Lacuna,* passée en latin à Vacuna [106] : il serait curieux qu'une déesse purement toponymique, et de surcroît ombrienne, fût honorée

---

102. *F. éd. comm.,* 2, p. 361 ; A. Brelich, *Vesta,* Zurich, 1949, p. 13 *sqq.* ; G. Wissowa, dans *Lexicon...,* VI, p. 153, qui hésite entre Vesta et une divinité locale polyvalente. Aussi R.S. Conway, dans *The Italic Dialects,* Cambridge, 1967, vol. 1, p. 358. A. Ernout, dans *Philologica* III, Paris, 1965, p. 69 *sqq.*
103. Plutarque, *Num.,* XIV, 7 et XIV, 5 : καὶ τὸ καθῆσθαι προσκυνήσαντας.
104. Pseudo Acron, *Ad Hor. Ep.,* I, 10, 49, d'ap. Varron.
105. *Ad Hor. Ep.,* I, 10, 49.
106. A.L. Prosdocimi, *Etimologie di teonimi,* dans *Studi V. Pisani,* 2, 1969, 795-801. Sur Vacuna, lire aussi A.W. Van Buren, dans *J.R.S.* 6, 1916, p. 202-204.

dans tous les foyers romains ! G. Dumézil fait justice de cette proposition en une ligne : « Je ne pense pas que la thèse ni la méthode soient recevables [107] », et propose de voir en *Vacuna* une déesse « de l'absence » : non point une « déesse de l'absence abstraite, ce qui n'aurait pas grand sens », mais une déesse active, « chargée de faire en sorte que cette absence se termine heureusement, que le vide soit rempli par son occupant normal [108] ». Encore que les cérémonies offertes à *Vacuna* semblent plus des *sacra* réguliers que des prières occasionnelles *(Nunc quoque cum fiunt antiquae sacra Vacunae)*, cette explication nous paraîtrait raisonnable, à moins qu'il ne faille entendre Vacuna, avec F. Bömer, comme la déesse des « places vides » laissées par les morts ?

Autre vers énigmatique, autre explication par un *priscus mos* : la présence du Flamine de Jupiter aux Lupercales, affirmée par un vers évasif du livre II [109]. Nous avons dit ailleurs combien irritant était le problème alors posé, puisque le poète atteste la venue à une fête comportant le sacrifice de chèvres et de chiens, du seul prêtre romain à qui soient formellement interdits le contact et même la vue de ces animaux [110]. Nous renverrons à une étude antérieure pour un essai de solution [111].

Si Ovide préfère souvent l'explication mythique à l'explication religieuse, il a su mieux orienter son choix en ce qui concerne l'étymologie des *liba* et celle des *Salii*. A la suite d'une étymologie fondée sur le nom de *Liber pater*, un remords soudain l'a poussé à ajouter une définition religieuse par le verbe *libare*, glissé dans son texte à l'aide d'une périphrase, et que la philologie moderne ratifie [112]. Quant aux Saliens, ils portent selon lui un nom tiré de leur fonction de prêtres-sauteurs. On n'accorde guère de mérite à Ovide, en estimant qu'il a copié ce qu'il trouvait chez Varron et Verrius. Pourtant, sa position nous apparaît plus sensée que celle des deux grammairiens [113]. Il a, pour une fois, fermé l'oreille aux divagations philologiques de littérateurs grecs, pour retenir l'évident *aition* religieux.

Autres explications très recevables : celle des vêtements blancs que revêtent les citoyens pour se rendre au Capitole le 1ᵉʳ janvier : c'est une

---

107. *Fêtes romaines...*, 232-237, p. 232. F. Bömer, *Ahnenkult...*, p. 137.
108. *Ibid.*, p. 234-235.
109. II, 282.
110. *Quaest. Rom.*, 111.
111. *Trois vers problématiques...*, dans *Latomus*, 35, 4, 1976, 834-838.
112. M. Bréal, *Variétés*, dans *M.S.L.*, 4, 1881, 82-84. A. Ernout, *Dict. Étym.*, 1979⁵, p. 356.
113. *S.u. Salios*, p. 438 L. sq.

couleur de fête, et le peuple harmonise son apparence extérieure à la candeur joyeuse du jour :

> *Vestibus intactis Tarpeias itur in arces,*
> *Et populus festo concolor ipse suo est.*
>
> I, 79-80

Quelque peu contournée mais saisissante, l'expression se fonde sur le symbolisme du blanc, bien connu pour l'Antiquité [114] : « Marque ce jour d'un caillou *blanc* » s'exclame Perse [115]. On a conservé des exemples probants d'une interdiction des vêtements colorés dans plusieurs cérémonies grecques ou romaines [116].

En revanche, il faut chercher sous la gangue mythique ce qu'Ovide entend exactement par son étiologie du sacrifice des oiseaux : « Ils ont trahi, affirme le poète, les secrets des Dieux » :

> *Sed nil ista iuuant, quia linguae crimen habetis,*
> *Dique putant mentes uos aperire suas.*
>
> I, 445-446

C'est là une étiologie classique, fondée sur le principe faute-punition. Mais la trouvaille n'est pas gratuite, et, dans ces vers évasifs (quels oiseaux ? quels secrets ? à quelle occasion ?), il faut comprendre qu'Ovide a en tête l'aide que les oiseaux apportent aux Augures en leur donnant les *uera signa*, code secret qui dévoile aux hommes la volonté divine :

> *Nec tamen hoc falsum : nam dis ut proxima quaeque*
> *Nunc penna ueras, nunc datis ore notas.*
>
> I, 447-448

Il est bien dommage qu'après ces vers d'une belle venue, les exemples qu'Ovide nous propose de sacrifices d'oiseaux ne soient pas ceux des « traîtres » ! Qui songerait à interroger le vol ou le chant de l'oie, de la colombe, du coq, qui sont sacrifiés [117]; en revanche, connaît-on des sacrifices d'aigles, de vautours, de buses ou d'orfraies, dont on interrogeait le vol [118] ?

---

114. G. Radke, *Die Bedeutung der Weissen und Schwarzen Farbe...*, diss. Berlin Iéna, 1936 ; K. Meyer, même titre, Fribourg Henn, 1927.

115. *Sat.*, 2, 2. *Melior* signifie « de meilleur augure » (que le noir).

116. Th. Wächter, *op. cit.*, p. 15-16, cite Platon, *Leg.*, XII, 956 A ; Eschine, *Ctés.*, 77, Clément d'Alexandrie, *Strom.*, IV, 22, 141, 4 (la référence exacte semble être IV, 22, 16-17, § 227 (Migne, t. 8, p. 1551).

117. *Fast.*, I, 451-452 ; 453-454 ; 455-456 ; le coq en Grèce seulement, d'ap. Cicéron, *Diu.*, II, 26, 56 et I, 34, 74.

118. Paulus, *s.u. Alites*, p. 3 L. : *buteo, sanqualis, immusulus, aquila, uulturius.*

L'identification des quatre lettres *Q.R.C.F.* gravées sur les calendriers nous est donnée par Ovide d'après Verrius Flaccus : *Quando Rex Comitiauit Fas : in Fastis notari solet, et hoc uidetur significare : Quando Rex Sacrificulus diuinis rebus perfectis in Comitium uenit* [119]. Il n'y a pas place, chez le grammairien, pour la fuite des Tarquins, explication sans doute populaire, et contre laquelle il met ses lecteurs en garde dans la rubrique *Regifugium*. Ovide a condensé fortement l'explication, et ne peut s'empêcher de glisser une allusion à la fuite des rois, tout comme dans son commentaire du *Regifugium*, il prenait parti pour l'explication pseudo-historique [120] :

Quattuor inde notis locus est, quibus ordine lectis,
Vel mos sacrorum, uel fuga Regis inest.
V, 727-728

Combien nous paraît prudent, combien insuffisant, ce *mos sacrorum* ! Car la question du sens de *Q.R.C.F.* n'est pas si simple. Le texte de Verrius cité plus haut signifie que le Roi des Sacrifices venait au Comitium, une fois le sacrifice achevé, pour « expédier l'assemblée des curies » ; à ce moment-là, la vie juridique peut reprendre son cours *(fas)* ; jusque-là, elle était suspendue [121]. Ainsi l'atteste Varron : *Quando rex comitiauit fas, is dictus ab eo quod eo die rex sacrificio ius dicat ad Comitium, ad quod tempus est nefas, ab eo fas* [122]. Mais très tôt l'esprit populaire avait instauré une confusion, et contaminé les deux jours notés *Q.R.C.F.* (24 mars et 24 mai) avec la fête du *Regifugium*, placée, elle, le 24 février, et dans laquelle officiait également le *Rex*. De là à comprendre le *F* de *Q.R.C.F.* comme l'initiale de *fugerit*, et partant, de transformer *C, comitiauit*, en *(ex) Comitio*, il n'y avait qu'un pas, vite franchi [123]. Verrius s'élève, dans les *Fastes* de Préneste, contre cette grossière confusion : *QRCF : Hunc diem plerique perperam int(e)rpr(e)tantes putant appellari quod eo die ex Comitio fugerit (rex;n)am neque Tarquinius abiit ex Comitio (in exilium) et alio quoque mense eadem sunt (idemque s)ignificant. Qu(are sacris peractis) (iudici)a fi(e)ri indica(ri iis magis putamus)* [124]. Il résulte des textes de Varron et de Verrius que le Roi sacrifiait quelque part dans Rome, puis *venait* au *Comitium* pour *ius*

---

119. P. 310 et 311 L. *S.u. Quandoc.*
120. Voir p. 369 *sqq.*
121. V. Basanoff, *Regifugium*, Paris, 1943, p. 121.
122. *Ling. Lat.*, VI, 31 ; J. Le Gall juge « incompréhensible » la mention *Q.R.C.F.* du 24 mars (*La Religion romaine*, Paris, 1975, p. 71). Les notices de Varron et de Verrius semblent pourtant claires !
123. Plutarque, *Quaest. Rom.*, 63.
124. *Inscriptiones Italiae*, A. Degrassi, p. 123.

dicere. Pas question de fuite. Or, on trouve régulièrement écrit que le Roi, le 24 février, prenait la fuite *hors du Comitium* : c'est-à-dire que l'on définit le *Regifugium* d'après la fausse interprétation de *Q.R.C.F.* en *Quando Rex* (e) *Comitio fugerit* ! Mais aucun texte ancien, hormis ceux dans lesquels, précisément, on rencontre cette fausse interprétation, ne nous a affirmé que le sacrifice se déroulait au Comitium. Or, il est difficile de concilier les deux séries de textes, bien que le *Regifugium,* situé un 24 février, semble être le troisième des jours *Q.R.C.F.* ordinaires. En effet, une série dit que le Roi *vient* au Comitium ; l'autre affirme qu'il *s'en échappe.* Pour en partir, il faut y être venu, c'est vrai. Néanmoins, on ne peut concilier les textes où il est dit qu'il sacrifie d'abord et vient au Comitium *ensuite,* avec ceux où il est dit qu'il sacrifie *au Comitium.* Or, cette série est postérieure, et la première, représentée par Varron, Verrius et les Fastes de Préneste, a tout de même un grand poids.

Singulière contamination, où l'on voit l'emprunt réciproque édifier une construction curieuse : le *Regifugium* donne au sigle *Q.R.C.F.* son sens de « fuite du Roi», tandis qu'il lui emprunte sa localisation au *Comitium.* Voilà sur quel matériel il nous faut travailler !

Terminons cette série de remarques sur l'une des explications des Argées, où, sous l'affabulation mythique qui fait appel à Hercule, se dissimule la référence implicite à un sacrifice de substitution : les « Quirites en paille » jetés au Tibre par le dieu seraient des produits de remplacement, le sacrifice originel exigeant des êtres humains. Cette conception a trouvé une large audience dans les commentaires modernes.

CONCLUSION

A l'issue de ce chapitre, notre poète est, d'abord, à féliciter. Les définitions qu'il nous a proposées sont, pour la plupart, judicieuses. Elles nous sont, d'un autre côté, précieuses, puisque nous ne disposons pas d'autres textes qui en fassent état, autrement que sous la forme d'allusions imprécises. Ainsi, les textes sur Vacuna, sur la nudité des pieds aux *Vestalia,* sur le tabou des cuirs dans certains temples, sur les cadeaux du Nouvel-An ; Ovide semble avoir abandonné, en abordant cette série étiologique, sa fantaisie ordinaire, et se révèle un interlocuteur très valable pour les exégèses modernes. Lorsqu'il écrit qu'après l'époque où les paysans échouaient dans la torréfaction de leur grain, tout rentra dans l'ordre grâce à l'invention de la déesse du Four, *Fornax* :

Nam modo uerrebant nigras pro farre fauillas,

> *Nunc ipsas ignes corripuere casas,*
> *Facta dea est Fornax...*
>
> II, 523-525

ne croirait-on pas entendre un historien actuel disserter sur l'origine des divinités, et non un sérieux croyant persuadé que *Fornax* ne peut être une création humaine ?

On objectera toujours qu'Ovide a dû emprunter à d'autres écrivains celles de ses étiologies religieuses qui nous apparaissent particulièrement cohérentes. Même s'il en est ainsi, les formules qu'il sait élaborer pour les insérer dans ses vers traduisent le symbolisme religieux avec un rare bonheur.

Il est dommage, alors, qu'il se soit laissé tenter souvent par le mythe, l'anecdote, le conte. Puisqu'il a reconnu la persistance du *mos* dans l'offrande actuelle de bronze sans valeur monétaire, le 1ᵉʳ janvier, que n'invoque-t-il ce même *mos* pour expliquer l'offrande du *moretum* à Cybèle, celle des fèves au lard à Carna, celle du bol de millet à Palès ? Ce sont toutes des nourritures archaïques, maintenues en valeur religieuse par la seule force de continuité qui caractérise toute la religion romaine. Ovide nous les explique par un rapport chaque fois différent, et chaque fois gratuit, entre le plat en question et le dieu concerné [125]. Comment n'a-t-il pas vu que les *Lemuria* étaient la fête des Lémures, ce que prouve à l'évidence la description qu'il nous en a laissée, et comment n'a-t-il pas renoncé à en faire la fête de Rémus ? On lui reprochera aussi d'avoir fait appel à un mythe grec pour rendre compte du tabou des chevaux qui exclut ces animaux des bois d'Aricie. Ce mythe est ancré à Rome, on doit le reconnaître à sa décharge, depuis bien longtemps [126].

Aussi, l'étiologie qu'il a isolée dans un cas précis, se trouvant en connexion avec la divinité chaque fois concernée et avec elle seule, se voit-elle immanquablement infirmée par l'existence de rites similaires, auxquels la même explication ne peut convenir. Si le mot *capta* est défini chez lui à partir de la peine capitale infligée aux voleurs arrêtés dans le temple, il est impossible d'admettre l'explication, puisque ladite loi s'applique à d'autres temples dont les occupants ne sont pas forcément qualifiés de *Capta* ou de *Captus* ! En revanche, refusant d'expliquer l'interdiction des cuirs dans le temple de Carmenta par les seules fonctions de la déesse accoucheuse, Ovide a entrevu la vérité, le tabou n'étant nullement localisé dans le temple des déesses de la naissance.

---

125. Voir p. 482.
126. Voir p. 403-404.

Nous avons montré comment Ovide éprouvait le besoin de compléter une simple explication de type religieux par un mythe ou un épisode historique, tendance chère à l'esprit romain. Il s'ensuit dans bien des cas un hiatus choquant. Isolons les *Fordicidia,* fête de fécondité, éclairés par une illustration mythique qui s'inscrit dans les mythes « de fécondité » (ou plus exactement, de « stérilité » !), la réunion des deux types de causes, religieux et mythique, se révélant très cohérente. Mais il n'en va pas toujours de même. Les Lupercales, affirme Ovide par deux fois, sont une fête de purification [127]. C'est un commentaire religieux, en accord avec l'ensemble de notre documentation. Que devient cette purification dans les *aitia* qui veulent justifier ce premier commentaire, aussi bien l'aventure de Faunus et Omphale que la course des jumeaux pour récupérer leurs bœufs, ou surtout l'oracle enjoignant la fécondation des Sabines grâce à des moyens primitifs et brutaux ? Les processus lustratoires, dira-t-on, peuvent ne pas ressortir à un même registre religieux. Il n'empêche qu'Ovide, sans s'émouvoir le moins du monde de l'incompatibilité qui désunit rituel et étiologie, oublie avec la plus entière bonne foi, lorsqu'il nous propose ses explications, la valeur initiale de la fête qu'il a lui-même explicitée. Un rituel religieux se trouve en pareil cas reproduire un archétype historique, sans qu'on se demande pourquoi cette répétition serait dotée d'une valeur lustratoire complètement indépendante de l'épisode originel.

Même procédé pour les *Parilia* : si l'on retrouve bien la valeur de purification dans la première cause donnée, on la perd de vue tout aussitôt, remplacée qu'elle est par des considérations mythologiques (Deucalion et Phaéton [128]), légendaires (Énée et l'incendie de Troie), historiques (l'émigration des colons romains). L'ensemble rituel de la fête, et notamment son appartenance étroite au domaine de la bergerie, passe à l'arrière-plan. Ovide fait choix d'un seul détail, l'eau et le feu, auquel il attache des explications empruntées à divers registres, sans s'aviser que ces explications, censées définir la fête dans son ensemble, ne conviennent ni à son objet (les troupeaux de moutons), ni à son propos (la lustration annuelle des bergeries). Le plan descriptif et le plan étiologique sont étrangers l'un à l'autre et, en ce cas, l'explication religieuse par la lustration, la seule véritable, n'est pas sentie par le poète comme une étiologie.

---

127. *Fast.,* II, 31-32 ; V, 102.
128. Bien qu'Ovide prétende ne pas être l'auteur du rapprochement pour le moins surprenant entre les *Parilia* et le couple pour le moins inattendu Deucalion/Phaéton, nous nous demandons si le poète n'aurait pas puisé l'idée de réunir les deux personnages dans un passage de Lucrèce (V, 394-395 et *supra*) où ce dernier, après avoir commenté la légende de Phaéton, rappelle que les eaux ont aussi envahi jadis le monde (allusion au déluge, inséparable du personnage de Deucalion).

Ovide a-t-il ou non le sens du sacré ? On peut répondre à la fois oui et non. Oui, lorsqu'il se borne à analyser la valeur religieuse d'une fête ; oui encore, lorsqu'il réussit à en découvrir le sens profond, l'ossature religieuse ; oui, enfin, lorsque le souci étiologique ne se fait pas en lui trop aigu. Non, parce que donnant parfois trop d'importance aux types d'étiologie qu'il préfère (mythique et légendaire), il détruit involontairement la valeur sacrale précédemment identifiée. Cherchant à reconnaître formellement qui a le premier accompli le geste rituel et pourquoi, fixant donc, pour la religion romaine, l'archétype qui, pour les Anciens, donne un sens à l'acte religieux, il a finalement contribué à la désacralisation du rituel qu'il étudie.

Cette désacralisation est malgré tout un phénomène bien romain. D. Sabbatucci le définit en des termes judicieux : *ora però la religione Greca è propriamente teorica e producente il « mito da vedere », mentre la religione Romana è pratica o producente il « mito da vivere », per cui mentre la rappresentazione greca è anche narrabile, quella romana è soltanto praticabile a mezzo del culto* [129].

Il est, certes, difficile de savoir comment un récit historique ou mythique a pu devenir religion, puisqu'il ne comporte en lui-même aucun élément religieux. Mais il est incontestable que les *aitia* mythiques et historiques ont à Rome, plus que les *aitia* religieux, valeur de dogme. Il semble bien que cette valeur religieuse soit née, pour l'esprit romain, du *mos* et de lui seul. Nous avons du reste relevé l'emploi du mot au sein de plusieurs explications religieuses. Du fait même qu'un épisode légendaire ou historique se trouve commémoré, la piété due aux ancêtres suffit à accorder à cette commémoration une valeur religieuse. Ainsi, Rome a-t-elle déplacé le potentiel religieux de son étiologie : d'universelle, la valeur religieuse devient particulière, pour ainsi dire laïcisée. Mais cette laïcisation du *ritus* en *mos* est un phénomène religieux, puisque toute la religion romaine repose sur le *mos*.

Rien d'étonnant, alors, que l'étiologie religieuse n'existe que pour une infime partie, qu'elle se résolve le plus souvent en étiologie légendaire ou historique. Rien d'étonnant non plus que la religion romaine cherche parfois la source de ses rites dans la sociologie, le sens du sacré étant avant tout, à Rome, un sens social.

Ainsi écartelée entre le monde mythique, qui s'approprie la partie de la religion dévolue aux dieux, et le monde du social, qui s'annexe ce qui revient aux hommes, l'étiologie religieuse n'est pas une étiologie à part

---

129. *Lo Stato come conquista culturale...*, p. 115. Étude développée de cette question dans *Mito e demitizzazione nell'antica Roma*, dans *R.&C.*, 1, 1970-1972, 539-589.

entière : la religion romaine cherche ses origines ailleurs que dans la religion.

C

LA COUTUME ET LA LOI

La Cité romaine n'ayant jamais désuni religion et politique [1], puisque les prêtres sont des magistrats, puisque toute la vie de l'État est étroitement subordonnée aux manifestations de la volonté divine, on s'attend à constater, au niveau de l'étiologie, une interférence entre les domaines de la religion et de la vie sociale. *The basic concept, however, of that religion,* écrit M. Grant [2], *are not myth, but the family, and its « natural » extension, the State.* Rome ignore toute religion personnelle, et, jusqu'aux premières instigations venues d'Orient, tout élan mystique. La piété se borne à l'exact accomplissement du devoir religieux, la moindre négligence d'un particulier suffisant à entraîner les plus graves dangers pour la Cité tout entière. P. Voci propose avec raison de comprendre le mot « piété » comme recouvrant les notions de « solidarité de groupe », de « responsabilité

---

1. L'ouvrage de Fustel de Coulanges, *La Cité antique*, Paris, 1864, montrait que l'ensemble de la juridiction romaine était d'origine religieuse. Voir l'évolution des thèses à ce sujet dans l'ouvrage de P. Voci cité ci-dessous.
2. *Roman Myths*, Londres, 1973, p. 348.

collective ³ ». Les actes les plus foncièrement politiques, élections, levées de troupes, traités de paix, sont protégés, et en même temps dominés (on songe à l'*obnuntiatio* et aux abus qu'elle engendre ⁴), par les prescriptions religieuses, dans le domaine de la science augurale. Cette soumission à la liturgie est totale et aveugle. Mais en retour, la religion se voit mutiler de toute une partie d'elle-même, et réduite à la seule observance du rituel, la seule chose qui intéresse l'État.

J. Bayet a bien montré que « les différents modes de pensée et d'action convergent tous vers l'exigence oppressante du ritualisme ⁵ ». Ce ritualisme est l'une des poutres maîtresses de la charpente religieuse, mais aussi de la charpente sociale. « A Rome », poursuit J. Bayet ⁶, « la surcharge du social est évidente, à date ancienne, et progressive ». La religion dépend étroitement de l'État, n'existerait même pas s'il n'y avait, au fond de chaque acte, l'obsession de maintenir la coexistence pacifique entre le monde du divin et la Cité : le Romain ne conçoit pas de religion gratuite.

L'étiologie religieuse va donc demander quelques origines de ses rites aux us et coutumes de la cité. Il ne faut point s'en étonner, puisque la langue du sacré et celle du droit sont une seule et même langue. Après avoir décrit en quelques traits les étroits rapports qui unissent droit et religion romains ⁷, L. Alfonsi ajoute cette formule frappante : *Anzi si può dire che ogni termine giuridico sia sacrale, e viceversa ; cosi come si può dire che ogni parola romana, o almeno le radici fondamentali, abbia un'implicanza sacrale, religiosa oltrechè giuridica.* On sait bien que le *mos maiorum* constitue l'un des plus puissants impératifs de la vie romaine en toutes ses manifestations. Or, la différence entre le *ritus* et le *mos* ne réside que dans le plus ou moins de valeur sacrale qu'on attache à l'un ou à l'autre de ces

---

3. *Diritto sacro romano in età arcaica*, dans *S.D.H.I.*, 19, 1953, 38-103 ; p. 49 : *Questa « pietas » è uno stato collettivo : soggetto ne è l'intera comunità ; (...). Il culto è reso dalla comunità ; la devozione individuale può considerarsi un fatto di poca importanza ; un atto compiuto da un solo può turbare la « pax deorum » nei confronti di tutti : esiste...una regola di responsabilità collettiva.*

4. P. ex. Cicéron, *Att.*, IV, 3 ; Milon et Métellus trichent de façon éhontée, l'un annonçant de faux rendez-vous pour la prise d'auspices, afin de tenir les comices par surprise, l'autre annonçant des auspices défavorables avant même d'avoir levé les yeux vers le ciel !

5. *Histoire politique et psychologique...*, p. 58.

6. P. 116. On lira avec profit C. Bailey, *Phases in the Religion of Ancient Rome*, Berkeley, 1932 et W. Warde Fowler, *The Religious Experience of the Roman People*, Londres, 1922².

7. *La Sacralità e la lingua latina*, dans *Le Parole e le Idee*, 12-14, 1970-1973, p. 19-40, p. 19 : *Ma con il diritto a Roma va sempre unita la religione, che è appunto sopratutto rito, cerimonia, istituzione, rapporto giuridico — si direbbe — pure con il divino : vincolo, legame, non interiore bensì ufficiale, anche se si tratta di culti privati, oppure scrupulosa osservanza di culto.*

concepts : qu'est-ce qu'un rite, sinon une coutume religieuse ? Qu'est-ce que la « coutume des ancêtres », sinon un mécanisme archaïque quelconque élevé à la hauteur d'une institution sacrée ? La réponse à des questions institutionnelles étant très souvent : *mos est,* il est normal que, cherchant la réponse à des points de religion embarrassants, on dérive parfois sur des *mos est* plus laïcs que religieux.

L'étiologie ovidienne n'est que rarement une étiologie sociale, ce qui est étonnant, si l'on se souvient qu'Ovide est excellent juriste [8]. B. Gladigow reconnaît du reste cette qualité dans l'un des emplois exacts que fait Ovide de la *Noxae datio,* en I, 359 : *mit einem einzigen präzisen juristischen Terminus, der in der römischen Dichtung nur an der vorliegenden Stelle vorkommt, hat also Ovid das Tieropfer an die Gottheit in das Begriffssystem des römischen Rechts als eine « Überantwortung aufgrund der Noxalhaftung » eingeordnet* [9].

Néanmoins, quelques rites ou quelques vocables importants admettent chez lui pour origine des us et coutumes, des institutions politiques. Nous choisirons comme ligne directrice la question des rapports entre la religion et la vie du groupe social. Le problème essentiel est en effet le suivant : y a-t-il rapport de cause à effet, ou simplement coïncidence ? L'étiologie antique, et l'étiologue Ovide tout particulièrement, montrent une tendance très nette à se satisfaire d'analogies tout extérieures, à découvrir des rapports entre des faits religieux et des « causes », empruntées à tous autres domaines que la religion, les rapprochements étant fondés sur des ressemblances bien souvent fortuites. Nous vérifierons ce principe dans le domaine des causes sociales : est-ce la religion qui domine ? Est-ce au contraire la raison d'État ?

1. Questions calendaires

Un premier exemple nous est fourni par le problème de l'année de dix mois. Elle n'a jamais existé, affirment certains ; mais il fallait bien, aux yeux des Anciens, justifier les noms des derniers mois, de *quintilis* à *december,* le dixième. Les options d'Ovide nous paraîtront matérialistes ; il n'en est pas moins vrai que le calendrier romain était un calendrier civil et religieux, point du tout un calendrier astronomique [10].

---

8. Voir l'*Héroïde* n° 20, d'Acontius à Cydippe.
9. *Ovids Rechtfertigung der blutigen Opfer,* dans *A.U.,* 14, 1971, 5-23, p. 8.
10. *(The roman calendar) was a civil and religious calendar, and not merely an astronomical calendar for only agriculture and warfare,* écrit W.J. Henderson, *What Ovid tells us about the Roman Calendar,* dans *Akroterion,* 17, 4, 1972, 9-20, p. 10.

Ovide allègue par deux fois, la durée du deuil. Voici l'un des textes [11] :

Per totidem menses a funere coniugis uxor
Sustinet in uidua tristia signa domo.
I, 35-36

Un raisonnement un peu plus contourné fait appel, ensuite, à diverses institutions politiques et militaires où l'on peut rencontrer le nombre dix. C'est le critère des divisions sénatoriales (et l'on ne trouve cette indication que dans ce texte) ; des subdivisions du manipule ou de la cohorte en unités de *hastati, principes, triarii* ; des turmes équestres, des curies formant les trois tribus :

Inde patres centum denos secreuit in orbes [12]
Romulus hastatos instituitque decem,
Et totidem princeps, totidem pilanus habebat
Corpora, legitimo quique merebat equo.
Quin etiam partes totidem Titiensibus ille
Quosque uocant Ramnes, Luceribusque dedit.
Adsuetos igitur numeros seruauit in anno ;
Hoc luget spatio femina maesta uirum.
III, 127-134

Cette conception est pour le moins curieuse. Romulus, après avoir divisé la cité en groupements multiples tous réalisés à partir du nombre dix (celui des doigts, nous assure Ovide avant l'ethologie contemporaine [13]) aurait conservé ce système de répartition dans le comput calendaire : *adsuetos numeros seruauit*. L'ordonnance du calendrier ne serait donc explicable que par la vogue du nombre fétiche dix, choisi, lui, arbitrairement. C'est sans doute une réaction bien romaine que de prétendre contraindre le cours des astres à s'aligner sur les institutions nationales, et nul autre qu'Ovide n'étaye ses déductions sur de semblables considérations. C'est d'ailleurs le même Ovide qui écrivait ces lignes orgueilleuses :

Gentibus est aliis tellus data limine certo,
Romanae spatium est Vrbis et orbis idem !
II, 683-684

11. L'autre vers est cité ci-dessous, III, 134.
12. Voir p. 150 du commentaire de F. Bömer.
13. Le mot *patres* est mal établi, et aucune autre attestation ne nous permet ni de l'étayer, ni de l'invalider. G.B. Pighi, dans son édition des *Fastes*, CSLP, 1972, adopte *pares*, et pense que le mot désigne les légionnaires, les « égaux ». Romulus aurait donc possédé seulement cent soldats, ce qui ne l'empêche pas de les subdiviser en autant de sections que la future légion de ... six mille hommes !

Comment ne pas déceler ici un clin d'œil ovidien, et le ressouvenir du fameux texte de Properce (IV, 1, 14) : *Centum illi in prato saepe Senatus erat* !

Mais n'y a-t-il pas quelque naïveté à prétendre ainsi que les anciens Romains n'avaient jamais levé les yeux pour observer les astres ? Il est vrai qu'Ovide présente ce calendrier de dix mois comme une erreur de Romulus, plus qualifié pour se battre que pour se lancer dans l'astronomie [14], en un morceau inspiré d'un célèbre passage virgilien :

> *Excudent alii spirantia mollius aera,*
> *(Credo equidem) uiuos ducent de marmore uultus,*
> *Orabunt causas melius caelique meatus*
> *Describent radio et surgentia sidera dicent :*
> *Tu regere imperio populos, Romane, memento* [15] !

La durée de ce calendrier est donc totalement artificielle, puisque étrangère au cycle de la nature et au renouvellement des saisons. Et nul ne se serait étonné du hasard quasi miraculeux qui faisait correspondre les constructions fantaisistes de Romulus et l'année lunaire [16] ! Nous saisissons bien, ici, ce que peut être l'étiologie ovidienne : l'observation de rapports tout spécieux, établis entre des réalités appartenant à des domaines différents, et qu'on ne saurait assimiler qu'au prix d'invraisemblances criantes ; la prise en compte de pures coïncidences au titre d'explications. Il est frappant de constater qu'une conséquence des divisions militaires roméennes [17] est la durée du deuil féminin de dix mois (v. 133-134), durée qui correspond évidemment à celle de la gestation. Cette décision a pour effet de servir à établir la paternité réelle, dans le cas d'un remariage. Elle n'est pas du tout fixée arbitrairement.

Ovide fait donc voisiner causes physiques et causes sociales : comment admettre un rapport de cause à effet entre les phases de la lune et le nombre des centuries ?

Une inversion surprenante des rapports réels se laisse aisément consta-

---

14. I, 29-30 :
    Scilicet arma magis quam sidera, Romule, noras,
    Curaque finitimos uincere maior erat.
ou III, 101-110.

15. *Aen.*, VI, 847-851.

16. Selon A. Bouché-Leclercq, « Fasti », dans *Dict. Ant.*, II, 2, il s'agit de l'année Chaldéo-hésiodique (p. 1000) ; voir Th. Mommsen, *Die Römische Chronologie*, Berlin, 1859.

17. C'est Numa qui a fixé la durée du deuil, selon Plutarque, *Num.*, 12 ; cette décision ne pouvait donc conditionner l'économie de l'année roméenne.

ter dans une autre réponse étiologique : celle de l'étymologie des deux mots *fas* et *nefas* :

> *Ille nefastus erit per quem tria uerba silentur ;*
> *Fastus erit per quem lege licebit agi.*
>
> I, 47-48

Ovide s'inspire ici des textes de Varron et de Verrius, dont nous analyserons ci-après les données. A ses yeux, les jours néfastes sont ceux pendant lesquels le préteur ne « parle » pas, *(fari)*, c'est-à-dire ne prononce pas la formule rituelle *Do, dico, addico* [18].

Cette étymologie de *fastus* par *fari* a été abondamment discutée. Certes, on ne conteste pas sa vraisemblance philologique, puisque *fastus* admet une racine **bheə²*, « parler » [19]. Néanmoins, elle ne satisfait pas entièrement les linguistes modernes. M. Bréal a montré que les Anciens avaient contaminé deux dérivations différentes : la série *nefastus, nefarius* ressemblant beaucoup, pour le sens et la forme, à la série *nefandus, infandus* [20], ils confondirent les deux, et admirent que *fas* et *nefastus* venaient de la même racine que *nefandus*, à savoir *fari*, tandis qu'il convient au contraire de distinguer les deux : *fari* doit être réservé à la série *nefandus, infandus*, et l'on doit poser pour *fas* et *nefastus* une racine **dheə¹*, « établir », que l'on retrouve dans le grec θέμις ἐστιν, « il est permis ». C'est cette dérivation qui, aujourd'hui, retient de préférence l'attention des philologues. J. Paoli a établi formellement que nous étions, avec *fari*, en présence d'une invention pure et simple de Varron. Aussi, les « tabous » que l'on est amené à entrevoir dans les trois mots « ne sont qu'illusions reposant sur une duperie [21] ».

Que l'étymologie de *fastus* soit à rattacher plutôt au concept « parler » ou au concept « fonder », il est de toute façon nécessaire de définir *fastus* par rapport à *fas*, et non pas directement par rapport à *fari* ! « Ainsi, » écrit H. Fugier [22], « même admis que *fas* ressortisse à la racine « parler », il n'est pas légitime de rapporter *fastus* directement à la racine, en le traduisant par

---

18. Macrobe, *Sat.*, I, 16, 14 : *Fasti sunt quibus licet fari praetori tria uerba sollemnia : « do, dico, addico ». His contrarii sunt nefasti.*
19. H. Fugier, *L'Expression du sacré dans la langue latine*, Paris, 1963, p. 142.
20. *Étymologies*, dans *M.S.L.*, 5, 1884, p. 339 ; voir E. Vetter, *s.u.*, dans *Thes.*, VI, p. 287.
21. *Les Définitions varroniennes des jours fastes et néfastes*, dans *R.D.*, IV, 30, 1952, 293-327, p. 327. En faisant reposer la définition de *dies nefastus* uniquement sur la carence de la *legis actio*, Varron a achevé de retirer à cette notion tout son sens religieux *(ibid.)*.
22. *Op. cit.*, p. 128.

« (un jour) où l'on parle » (= où l'on plaide), comme si *fas* n'existait pas comme un relais entre les deux ».

Cette faute est commise par des Modernes, comme R. Orestano [23], et par des Anciens, Isidore ou Suétone [24]. Mais pas par tous les Anciens ! Dans certaines définitions, on peut comprendre, sous le *licet*, un *fas* est inexprimé. Précisément dans celle de Varron : *dies fasti : per quos praetoribus omnia uerba sine piaculo licet fari* [25]. Celle de Verrius Flaccus comporte également une référence implicite au mot *fas* : *quod iis licet fari apud (magistratus P.R. ea sine quibu)s uerbis lege agi non potest* [26].

Précédant Isidore de Séville, notre Ovide, hélas, a commis la bévue ; lorsqu'il écrit : *nefastus erit per quem tria uerba silentur,* il établit l'équation : *nefastus ← fari*. Lorsque, au vers suivant, il ajoute la définition inverse, c'est-à-dire : *fastus erit per quem lege licebit agi,* il établit alors la succession *fastus ← fas* ; mais en aucun cas il n'a reproduit l'équation varronienne correcte :

fasti ← fas ← fari

La question, dans son ensemble, est moins limpide qu'il n'y paraît, et les définitions inextricables de mots comme *festus* ou *profestus* plongent les Modernes dans des abîmes de perplexité.

S'il est vrai que les jours *fasti* soient, comme l'entend Varron, les jours où l'on peut rendre la justice, donc les jours laissés à l'activité humaine et dépourvus de fêtes religieuses, on sursaute devant la définition proposée par Festus : *Fasti enim dies festi sunt,* laquelle suppose exactement le contraire, en établissant que les *dies fasti* sont des jours de fête [27] ! Car tel est bien, selon Macrobe, le sens de *festus* [28]. Les jours ouvrables sont au contraire, toujours selon Macrobe, des *dies profesti*, et cette définition remonte à Caton l'Ancien : *(dies profesti) : a festiuitate uacui* [29]. Si l'on demande à Varron le sens de ce dernier mot, on s'entend répondre que les *dies profesti* sont les jours ouvrables *(fasti)*, et que les *dies festi* sont des *dies nefasti*... La chose est religieusement exacte, mais demande quelque réflexion avant

---

23. *Dal ius al fas...*, dans *B.I.D.R.*, 5, 1939, 259-261.
24. Isidore, *Etym.*, VI, 18, 1 : *fasti (dies sunt) in quibus ius fatur*. Suétone, frg. 114 R.
25. *Ling. Lat.*, VI, 29 ; aussi VI, 53.
26. Dans les *Fasti Praenestini*, *C.I.L.*, I², p. 231 ; Paulus, *s.u. Fastis*, p. 83 L. On se reportera aussi à R. Braun, *Les Tabous...*, p. 51-56, 61-70 ; F. Beduschi, B. 68, *passim*.
27. P. 78 L.
28. *Sat.*, I, 16, 13 : *Haec de festis... qui etiam nefasti uocantur* ; aussi Cicéron, *In Pis.*, 22.
29. Caton est nommé par Nonius, *Comp.*, p. 434 M, 505 Q. ; aussi Pline, *Nat. Hist.*, XVIII, 40, citant les préceptes agricoles des Anciens.

d'être assimilée par un esprit moderne ! Comme l'explique pertinemment J. Paoli, les « *dies festi* de Macrobe ne sont autres que les *dies nefasti*, et les *dies profesti* sont les *dies fasti*. L'équivalence est certaine, bien qu'elle aboutisse à faire du *dies festus* le contraire du *dies fastus* et le semblable du *dies nefastus* [30] ».

La définition de Verrius peut, à notre avis, s'expliquer assez simplement. L'auteur est en train de définir le calendrier (en latin : *Fasti*) : *Fastorum libri appellantur, in quibus totius anni fit descriptio.* Or, les *Fasti*, c'est avant tout la liste des jours de fête, et donc... la suite des jours *nefasti* ! Verrius aboutissait ainsi à une définition insoutenable pour l'esprit, encore que parfaitement légitime : *Fasti* = « *liste de dies nefasti* ». Il a dû alors, inconsciemment ou non, remplacer *nefastus* par son semblable *festus*, mot qui, d'apparence moins négative, ne créait pas une contradiction, de surface mais gênante, dans sa notice. Seulement, cet échange entraîne la faillite de la définition complète, lorsque *fasti* n'est plus senti comme voulant dire « calendrier » mais « jour faste ».

L'étiologie, quant à elle, n'est guère plus satisfaisante en soi. Est-il imaginable que la vie religieuse de tout un peuple puisse, en son ordonnance, dépendre d'une simple institution juridique ? Il convient sans doute d'aborder le problème sous l'angle inverse. N'est-ce pas parce que le dimanche est sanctifié qu'on le chôme, non le contraire ? N'est-ce donc pas parce que les jours néfastes étaient réservés aux dieux [31] qu'on fermait les tribunaux ? A. Bouché-Leclercq estime que l'*aition* social n'est pas recevable : « Il est difficile de croire que cette distinction fondamentale qui sert de base à toute l'économie du calendrier ait été appuyée à l'origine sur un caractère aussi extérieur, sinon étranger, au culte [32] ». En effet, le mot important est, dans la définition varronienne, *piaculum*, dont la tonalité est formellement religieuse. Si bien que l'esprit entrevoit, à l'origine de la distinction entre les deux catégories de jours, une règle religieuse [33]. Le rapport institué avec les faits et gestes du préteur est un rapport artificiel, instauré pour les besoins de l'étiologie, et il est significatif que la formule de Verrius soit plus large que celle de l'étymologiste Varron. Si l'on persistait à voir l'origine des distinctions entre *dies fasti* et *nefasti* dans la vacance des tribunaux, il conviendrait alors d'expliquer cette dernière par des raisons

---

30. *Op. cit.*, p. 303 ; aussi W. Soltau, *Zu den Röm. Tagen*, dans *J.f.Ph.*, 137, 1888, 833-842, p. 836 pour le sigle (N⁰) et 1889, p. 50 pour les autres définitions.
31. H. Fugier, *op. cit.*, p. 129.
32. *Dict. Ant.*, s.u. « *Fasti* », II, 2, p. 989. A.K. Michels, *The Calendar of the Roman Republic*, Princeton, 1967, p. 49, préfère, au contraire, la définition ovidienne !
33. J. Paoli, *op. cit.*, p. 298.

spécifiques. Encore une fois, le décret social qui est présenté par Ovide et ses prédécesseurs comme une cause est en réalité une conséquence.

2. Aquae et ignis interdictio

Un troisième cas remarquable nous fortifiera dans cette conviction. L'une des causes rattachées aux *Parilia* était le don du feu symbolique à la jeune mariée, *causa* de type religieux, que nous avons examinée en son temps. Un second *aition* lui est étroitement conjoint : l'interdiction de l'eau et du feu à l'exilé, l'*aquae et ignis interdictio*, qui accompagne la *capitis deminutio media*, soit la perte de la citoyenneté [34] :

> *An quod in his uitae causa est, haec perdidit exul*
> IV, 791

On peut se demander quel rapport peut bien exister entre la peine de l'exil et la purification des moutons et des bergeries ! Mais, encore une fois, ne prenons-nous pas, mal instruits par le texte ovidien, la conséquence pour la cause ?

L'explication que nous offre Ovide repose sur un mot, *uita*, moyen terme entre le caractère « vital » du feu et de l'eau, et la peine de l'exil, elle aussi « capitale ». On a agité la question de savoir si l'homme déclaré *sacer*, hors-la-loi, était réellement abattu, ou s'il se voyait seulement privé d'aide sur le sol romain [35] (le symbole de cette aide étant l'eau et le feu). Pour Ovide, entre tous qualifié pour traiter la question, l'exilé perd « la vie ». La vie, pour un Romain, c'est Rome. Et c'est, conséquemment, le titre de citoyen romain. Ne parle-t-on pas, pour évoquer la déchéance de ce même droit, de « mort civile » ? Le terme romain traduisant cette déchéance n'est-il pas *caput*, utilisé aussi bien en cas de mort civile qu'en cas de condamnation à la mort véritable *(poena capitis)* ?

On pourrait avancer à cet état de fait une explication religieuse. Pourquoi interdire à l'exilé spécialement l'eau et le feu ? Parce qu'ils sont non

---

34. Lire C. Gioffredi, *Aquae et ignis interdictio*, dans *A.P.*, 1947, 426-441.
35. W. Warde Fowler, *The Original Meaning of the Word Sacer*, dans *J.R.S.*, 1, 1911, 57-63 ; H. Bennett, *Sacer esto*, dans *T.A.Ph.A.*, 61, 1930, 43-69, qui se réfère à J. Strachan-Davidson, *Problems of the Roman Criminal Laws*, Oxford, 1, 1912, p. 1-17, p. 4 ; D. Sabbatucci, *Sacer*, dans *S.M.S.R.*, 23, 1951, 90-101, p. 97 et dans l'ouvrage *Lo Stato come conquista...*, p. 167-179, pour qui le problème est à replacer dans un cadre plus vaste impliquant l'étude de mots-clefs comme *sacrificium, uer sacrum*.

pas instruments indispensables à la vie, mais instruments de purification. Le condamné en sursis illégitime est ainsi voué à une *sacratio* permanente. C'est, en effet, la *sacratio capitis* qui constitue la forme originelle de l'*aquae et ignis interdictio* [36]. Condamné par les hommes et consacré aux Infernaux, l'*homo sacer* peut être tué par n'importe qui. Qu'on songe, alors, aux risques encourus par le bourreau occasionnel, serviteur zélé de la justice des hommes : s'il tuait un homme purifié de son crime, il se chargeait, lui, d'une souillure inexpiable aux yeux des hommes et des dieux. Il suffisait, Ovide nous l'atteste, que le coupable exécutât les rituels de purification prescrits, et notamment des aspersions d'eau, pour être délivré de son crime :

> *Omne nefas, omnemque mali purgamina causam*
> *Credebant nostri tollere posse senes.*
> *(...) A ! Nimium faciles, qui tristia crimina caedis*
> *Fluminea tolli posse putatis aqua !*
>
> II, 35-46

Ces vers semblent se référer à une époque où le meurtre même était effacé par l'eau, avant qu'intervînt une réglementation plus structurée [37]. P. Voci, qui étudie cette réglementation dans le détail, félicite Ovide en termes chaleureux : *Nessuno meglio di Ovidio (descrive) l'efficacia della purificazione, i segni dell'ira divina, le infrazioni del ius sacrum.*

Ne peut-on entendre alors l'*interdictio* comme une précaution prise par la Cité justicière, et qui visait à empêcher la purification indue d'un meurtrier, condamné par elle à rester souillé jusqu'à sa mort ? Il est remarquable, en effet, que, dans le cas de la *sacratio* d'un coupable au dieu Terminus offensé, les autorités religieuses aient pris soin d'affirmer que le justicier éventuel n'encourrait aucune souillure [38] : la réaction en chaîne, par laquelle le bourreau d'un condamné à la *sacratio* devenait lui-même un meurtrier, voué à la *sacratio* de ce seul fait, avait donc dû alerter déjà la conscience des législateurs religieux.

Même si notre explication n'est qu'une possibilité, il reste que l'emploi de l'eau par l'exilé et celui qu'on en fait aux fêtes de Palès sont deux emplois analogues, dévolus à une même opération religieuse, mais qu'on ne saurait expliquer l'un par l'autre.

---

36. Ch. Lécrivain, dans *Dict. Ant.*, IV, 2, p. 955.
37. P. Voci, *Diritto sacro...*, dans *S.D.H.I.*, 19, 1953, 38-103, not. p. 58 à 67. Excellente étude de V. Melichoff, *Die Sündentilgung durch Wasser*, dans *A.R.W.*, 17, 1914, 353-343.
38. Denys d'Halicarnasse, II, 74, 3.

Avant de quitter les *Parilia*, rappelons la dernière étiologie de la série constituée par Ovide, l'incendie des cabanes ayant précédé l'émigration des premiers colons :

> *Nunc tamen est uero propius : cum condita Roma est,*
> *Transferri iussos in noua tecta Lares*
> *Mutantesque domum tectis agrestibus ignem,*
> *Et cessaturae subposuisse casae,*
> *Per flammas saluisse pecus, saluisse colonos,*
> *Quod fit natali nunc quoque, Roma, tuo.*
> IV, 801-806

Ovide la trouvait déjà énoncée par Denys d'Halicarnasse, dont il s'est borné à reproduire le texte [39] ; cette explication, est, du reste, calquée elle-même sur le rituel des *Parilia* : pourquoi, si l'on n'avait pas eu besoin d'expliquer le saut du bétail au-dessus du feu, aurait-on imaginé qu'on eût incendié les cabanes *avant* d'en faire sortir les hommes et les animaux ? Il est remarquable à cet égard que Denys envisage ce premier incendie d'une façon religieuse, tandis qu'Ovide le considère comme une simple exigence matérielle demandée par le changement de mode de vie imposé aux colons par leur chef. Pour l'auteur grec, on n'incendie pas les cabanes elles-mêmes, on allume des brasiers *devant* les tentes, et si les colons doivent franchir ce brasier, c'est pour se purifier de leurs fautes (τῆς ὁσιώσεως τῶν μιασμάτων ἕνεκα) avant la fondation de la ville. Cette valeur de purification a disparu dans le texte d'Ovide. L'*aition* n'apporte aucun éclaircissement, puisqu'il n'est rien d'autre que la projection du rite lui-même dans un passé lointain. Mais aux yeux des Romains, il semble que le simple fait de faire passer le rite religieux sur le plan de l' « histoire » puisse valider l'explication.

Ces exemples ont montré que les valeurs juridiques n'expliquaient pas les valeurs religieuses, mais que certaines institutions, certaines règles du droit, s'appuyaient sur des valeurs religieuses, ce qui est, du reste, bien plus légitime. Dans un même ordre d'idées, l'étiologue peut se tourner du côté des institutions ou des lois pour expliquer des rituels, sans que ces institutions ou ces lois soient à même de rendre compte le moins du monde de la genèse d'un rite. Il n'y a plus inversion du lien de cause à effet, il y a simplement analogie fortuite.

---

39. I, 88. On verra F. Desserteaux, *Capitis deminutio*, dans *Mélanges G. Cornil*, 1, Paris, 1905, 183-213.

3. Sexagenarii de ponte

Le cas le plus typique est celui, délicat entre tous, du proverbe *Sexagenarii de ponte*, « les Sexagénaires en bas du pont ! », dont Ovide fait un moment l'explication de la cérémonie des Argées, à la suite de Verrius Flaccus :

> *Corpora post decies senos qui credidit annos*
> *Missa neci, sceleris crimine damnat auos.*
> *(...) Pars putat ut ferrent iuuenes suffragia soli*
> *Pontibus infirmos praecipitasse senes.*
>
> V, 623-624
> 633-634

L'invraisemblance d'une élimination ancienne des sexagénaires est soulignée par Ovide lui-même, dans le premier distique cité. Elle serait renforcée par l'observation du respect que Rome a toujours manifesté aux vieillards : *Apud antiquissimos Romanorum, neque generi neque pecuniae praestantior honos tribui quam aetati solitus, maioresque natu a minoribus colebantur ad deum prope et parentum uicem*[40]. Singulière façon de traiter un vieil homme « comme un père et un dieu » que de le pousser dans le flot mortel du Tibre ! D'autre part, on ne peut nier qu'à Rome, le Sénat, organe gouvernemental essentiel, est précisément recruté parmi les hommes d'âge. Ou bien l'on confiait le gouvernement aux vieillards, — ou bien on les noyait ! Les exemples que cite G. Dumézil ne sont, du reste, pas romains[41].

Malheureusement, toute une série de textes formels témoigne de la pratique, à Rome, de ce qu'on appelle en histoire des religions la « loi du cocotier », autrement dit, l'élimination des bouches inutiles, en particulier celles des vieillards. Passons sur l'épisode des Sénateurs livrés au massacre lors de la prise de l'*Vrbs* par les Gaulois. Il se peut qu'il faille comprendre, sous l'idéalisation légendaire et nationaliste, une sinistre réalité primitive. Néanmoins, il peut s'agir d'un cas de *deuotio* parmi d'autres, lesquels ne frappent pas forcément des vieillards (voir l'exemple de Mettius Curtius), et le fait qu'il s'agisse en l'occurrence d'hommes d'âge, dû à la qualité de sénateurs des « dévoués », serait une rencontre fortuite.

Voyons plus précis. Un passage du *Pro Roscio*, obscur, semble établir que la noyade des sexagénaires était une coutume bien ancrée dans la Rome archaïque, puisque le plus grand forfait que Cicéron impute à un assassin

---

40. Aulu-Gelle, II, 15, 1.
41. *Quelques cas anciens de liquidation des vieillards*, dans *R.I.D.A.*, 4, 1950, 447-454.

notoire, c'est d'avoir jeté au Tibre un citoyen de moins de soixante ans, contrevenant ainsi, l'auteur le signale expressément, au *mos maiorum* qui laissait les vieillards atteindre leur soixantième anniversaire avant le bain fatidique : *Nullum modum esse hominis occidendi quo ille non aliquot occiderit, multos ferro, multos ueneno. Habeo etiam dicere quem contra morem maiorum minorem annis LX de ponte in Tiberim deiecerit* [42]. L'accusation est vague, autant que l'allusion à de « nombreux meurtres » qui précède. On a peine à croire que l'individu n'ait jamais eu maille à partir avec la justice, si vraiment il avait commis autant de meurtres. De toute façon, il se peut très bien que Capito ait noyé un homme, et que Cicéron, par association d'idées, ait fait allusion au proverbe bien connu, dont nous allons montrer qu'il peut se comprendre sans la moindre réalité historique d'un massacre de vieillards. Le point choquant, aux yeux de Cicéron, n'étant pas que l'homme eût été noyé, mais celui qu'il l'eût été *avant soixante ans sonnés*, il faudrait croire, si on prend le texte au pied de la lettre, que la loi romaine fermait les yeux, au premier siècle avant Jésus-Christ, sur la noyade des citoyens âgés de plus de soixante ans, ce dont on ne convaincrait évidemment personne !

Autre texte important, le fragment des *Ménippées* de Varron, intitulé *Sexagessis*, et qui fait état d'un pareil mode d'exécution : *Varro Sexagessi* : « *Vix effatus erat, quum, more maiorum, ultro casnares arripiunt, de ponte in Tiberim deturbant* [43] ». Enfin, Macrobe utilise cette même expression en une métaphore plaisante : *Hisne (...) uiris (...) adimere uis, in uerborum comitiis, ius suffragandi, et, tanquam sexagenarios maiores de ponte deicies* [44]...

Cette allusion aux « comices du langage » nous amène naturellement à rappeler l'explication que les Romains donnaient eux-mêmes de l'expression *Sexagenarii de ponte*, ne pouvant se résigner à la voir attester une coutume aussi sauvage. Il ne s'agissait point, affirment-ils, d'un pont sur le Tibre, mais du « pont » électoral qui servait d'isoler pendant les élections. Les *iuuenes*, corps constitutif des comices centuriates, décidaient seuls pour les questions relevant du domaine militaire, et auraient surveillé le vote, afin d'exclure les non-mobilisables, qui n'avaient plus droit au chapitre. Cette interprétation est due à Varron, comme nous l'apprend Nonius Marcellus :

---

42. *Rosc. Amer.*, § 100.
43. *Men.*, frg. 493 ; transmis par Nonius Marcellus, p. 86 M., 88 Q. ; L. Deschamps, *Quelques clins d'œil de Varron dans les Satires Ménippées*, dans *Mélanges J. Collart*, Paris, 1978, 91-100, p. 95-96 juge le *more maiorum* férocement ironique, pour stigmatiser les excès des *iuuenes* : les ancêtres ne détruisaient, eux, que des mannequins !
44. *Sat.*, I, 5, 10.

Sexagenarios per pontem mittendos male diu popularitas intellexit, cum Varro, (De Vita Populi Romani lib. IV) honestam causam religiosamque patefecerit (...) ut diceretur sexagenarios de ponte deici oportere, id est quod suffragium non ferant, quod per pontem ferebant. Verrius Flaccus accueille ce point de vue, et ajoute que Sinnius Capito le partage également.

De cette coutume institutionnelle et innocente serait né un proverbe, détourné ensuite de son sens par l'usage, qui l'aurait appliqué à une élimination sauvage des plus de soixante ans [45].

Ovide a donc utilisé ce proverbe pour l'appliquer à ses Argées. La présence, dans le proverbe et dans le rituel, d'un pont et d'hommes (ou de mannequins pour les Argées) jetés de son haut, poussait invinciblement, on le comprend, à expliquer l'un par l'autre !

Le seul point épineux est une question de date, mais elle suffit à ruiner l'étiologie proposée : le pont électoral est une invention récente, puisqu'il apparaît pour la première fois sur un denier de la *gens Licinia*, datable de 110 av. J.-C. [46]. C'est l'un des grands hommes de la famille, C. Licinius Crassus, qui, tribun du peuple en 145 av. J.-C., inventa le fameux pont. Il en résulte que l'explication faisant appel au pont électoral et au proverbe n'est pas recevable pour la cérémonie archaïque des Argées. Pour quelle raison, en outre, aurait-on jeté des mannequins dans le Tibre, et au nombre de 27 ? Pour quelle raison les Vestales auraient-elles été chargées d'exécuter ce rite ? Pourquoi la femme du *Dialis* aurait-elle porté le deuil rituel ? Ces détails liturgiques empêchent, bien sûr, de chercher l'origine de la fête dans une coutume institutionnelle.

Reste ce proverbe, ainsi que la possibilité d'une élimination effective des vieillards dans la Rome archaïque. Si les textes que nous avons cités et qui attestent l'existence de cette pratique dans le *mos maiorum* ne sont pas à prendre au pied de la lettre, il faut découvrir au proverbe, et à l'idée que de tels sacrifices étaient réellement pratiqués à haute époque, une origine plausible.

Avant la parution d'une étude de J.P. Néraudau consacrée à cette question [47], nous avions examiné ensemble le dossier des *Sexagenarii* pour en tirer chacun des conclusions personnelles. J'ai tenu à ne pas modifier les miennes, après lecture de cette étude, et les présente ici, en rendant à mon collègue et ami ce qui lui appartient, c'est-à-dire l'étude métrique, et le rapport établi entre le proverbe et le théâtre.

---

45. Voir A. Otto, *Sprichwörter*, ..., p. 271.
46. E. Babelon, *Mon. Rep. rom.*, 1, 1883, p. 552, n. 3 ; 2, p. 128-129.
47. *Sexagenarii de ponte : réflexions sur la genèse d'un proverbe*, dans R.É.L., 56, 1978(1979), 159-174.

L'un de nos textes, celui de Varron, est extrait d'un morceau dramatique. D'autre part, la phrase citée de Cicéron forme, à quelques ajustements près, deux septénaires trochaïques, dotés d'un procéleusmatique initial :

*Hăbĕ(o) ĕtĭam dīcĕrĕ quēm ' cōntrā ' mōrēm ' māiōrŭm mĭnōr(em)
Ānnīs ' sēxăgīntā ' dē pŏn(te) īn Tĭbĕrīm dēiĕcĕrīt.*

Le tour *habeo etiam dicere* est un calque du grec ἔχω λέγειν. Tout nous invite donc à prospecter du côté de la comédie.

Nous connaissons le nom d'un poète qui, avant Varron, avait consacré une pièce, ou du moins accordé quelques vers, à la question de nos vieillards noyés. Il s'agit d'Afranius, qui prenait parti sur le prétendu sacrifice, dans un *Repudiatus* pas autrement connu, mais dont une note incidente de Verrius Flaccus nous atteste l'existence : *Vanam autem opinionem de ponti Tiberino confirmauit Afranius in « Repudiato »* [48].

Plusieurs auteurs nous enseignent l'utilisation constante que faisait Afranius des pièces du poète Ménandre, habitude chez lui si poussée qu'Horace a pu écrire : *Dicitur Afrani toga conuenisse Menandro* [49]. Or, Ménandre nous a laissé deux vers précieux, en ce qu'ils nous font connaître un proverbe issu d'une loi de l'île de Céos : « Elle est belle, Phanias, la loi de Céos qui dit : *celui qui n'est pas en état de vivre bien, qu'il ne vive pas mal* [50] ». Expression obscure ? Non. Nous possédons le commentaire qu'en donnait Strabon : ladite loi avait établi que les gens âgés de *plus de soixante ans* soient empêchés de manger la nourriture qui devait sustenter leurs congénères plus jeunes : Ἰουλίς (π. τῆς Κέω) · παρὰ τούτοις δὲ δοκεῖ τεθῆναί ποτε νόμος... « τοὺς ὑπὲρ ἑξήκοντα ἔτη γεγονότας κωνειάζεσθαι τοῦ διαρκεῖν τοῖς ἄλλοις τὴν τροφήν ». Et l'on noyait les sexagénaires [51]...

L'existence de sexagénaires noyés ailleurs que dans les Argées et ailleurs qu'à Rome nous apporte, semble-t-il, la clef du problème. Même si les choses ne se passèrent pas exactement comme nous le reconstituons, le texte de Ménandre expliqué par Strabon est sûrement pour quelque chose dans la genèse du proverbe romain.

Dans son *Repudiatus*, Afranius prétendait, sans aucun doute d'après Ménandre, qu'on noyait des sexagénaires. Les personnages d'une *togata*

---

48. *S.u. Sexagenarios*, p. 452 L.
49. *Ep.*, II, 1, 57. Afranius, né entre 154 et 144 est contemporain de l'institution du pont au vote. Autres : Cicéron, *Fin.*, I, 7 ; Macrobe, *Sat.*, VI, 1, 4 : *...arguentibus quod plura sumpsisset a Menandro...*
50. Frg. 613 ; éd. J.M. Edmonds, Leyde, 1961.
51. Strabon, X, c. 486, 6 = X, 5,6.

étant romains, on dut prendre pour argent comptant et pour pratique romaine primitive une habitude grecque de l'île de Céos. Cette élimination des vieillards une fois sentie comme romaine, il parut naturel de supposer que les vieillards étaient noyés dans le Tibre, et ainsi naquit le proverbe « les sexagénaires en bas du pont ». (Rappelons qu'à Céos, on les jetait dans la mer, du haut d'une falaise). L'expression grecque signifiant « jeter à la mer » étant καταποντίζω, mot formé sur κατά et sur πόντος, la mer, il se peut qu'à Rome on l'ait adaptée telle quelle en de + pontani, les deux mots pontus, la mer, et pons, pontis, le pont, étant, pour les philologues d'alors, parfaitement interchangeables pour les sonorités, et donc capables de traduire le « pontos » grec. Ce mot de depontani [52] existe, du reste, chez Verrius Flaccus. Après les années 145, on rapprocha le proverbe de la nouvelle invention du pont électoral, d'où l'aspect singulièrement embrouillé des exposés postérieurs, ceux de Verrius et d'Ovide, où se mêlent inextricablement le proverbe, les sacrifices humains, le pont au vote et les Argées.

4. Liberalia

Nous voyons apparaître les jeunes gens dans un autre rituel, celui des Liberalia, mis en rapport avec l'octroi de la toge virile aux garçons ayant atteint leur majorité :

> (...) *Siue quod es Liber, uestis quoque libera per te*
>   *Sumitur, et uitae liberioris iter ;*
> *An quia cum colerent prisci studiosius agros* (...)
> *Rusticus ad ludos populus ueniebat in Vrbem*
>   *Sed dis, non studiis, ille dabatur honor :*
> *Luce sua ludos uuae commentor habebat,*
>   *Quos cum taedifera nunc habet ille dea.*
> *Ergo, ut tironem celebrare frequentia possit,*
>   *Visa dies dandae non aliena togae ?*
>
> III, 777-788

C'est dans les deux derniers vers qu'il faut chercher l'étiologie à caractère social proposée par le poète : aux *Liberalia*, la nombreuse foule des paysans drainée à la ville par la fête peut escorter dignement les jeunes gens.

---

52. *S.u. Depontani*, p. 66 L. *Cf.* C. Gallini, *Katapontismos*, dans *S.M.S.R.*, 34, 1963, 61-90.

Cette cause n'est pas convaincante, on doit bien l'avouer. A. Bruhl écrit même que l'argument « n'a pas besoin d'être réfuté [53] ». Bien d'autres occasions, certes, devaient attirer à Rome la foule des campagnes, ne seraient-ce que les Nundines. Et c'est si vrai que le choix des *Liberalia* pour y placer une prise de toge virile n'a rien de contraignant : comme par un fait exprès, les dates que nous pouvons connaître pour certains grands hommes tombent toutes à d'autres moments qu'aux *Liberalia* : Virgile reçut la toge virile à quinze ans, le 15 octobre ; Auguste à quatorze ans, le 18 octobre ; Tibère à quatorze ans et demi, le 24 avril ; et Néron, le 7 juillet.

Doit-on chercher alors la véritable raison dans le fort probable patronage du dieu Liber sur la croissance des jeunes gens et la fécondité humaine [54] ? C'est possible, encore que cela n'explique pas non plus pourquoi tous les personnages cités ci-dessus semblent avoir systématiquement évité les *Liberalia* !

En tout cas, l'explication ovidienne n'envisage pas la puberté du jeune homme, mais son accession à la « liberté » symbolisée par la toge « libre » : *uitae liberioris iter*. C'est un jeu de mots, sans autre fondement solide, qui avait fait de Liber le dieu de la liberté [55] : la majorité est certes un pas vers la liberté si elle signifie l'octroi du droit de vote [56]. Mais du fait que le jeune Romain reste soumis sa vie durant à la *patria potestas*, la majorité romaine semble n'être qu'un passage d'âge sans signification sociale véritable [57]. Le nom même de la toge virile, la *toga libera*, qui semble apporter à la thèse ovidienne un élément justificatif non négligeable, est en réalité une création postérieure, et l'adjectif dérivé du nom du dieu *Liber* ou même de celui des *Liberalia*, selon l'habitude romaine des rapprochements phoniques approximatifs. On ne rencontre ce nom que chez Ovide et chez Properce [58], la dénomination légale étant *toga pura* [59].

Ni l'accession à la majorité civile, ni le rassemblement des foules suburbaines à l'occasion des Jeux ne peuvent donc nous éclairer sur la véri-

---

53. *Liber pater*, Paris, 1953, p. 15-16.
54. É. Benveniste, *Liber et liberi*, dans *R.É.L.*, 14, 1936, 52-58 ; G. Wissowa, *Rel. u. Kult.*, p. 299. Notons que Varron nous affirme l'existence d'ex-voto de parties sexuelles en terre cuite dans les temples de Liber (Augustin, *Ciu. Dei*, VI, 9 : *Et ob haec Libero eandem uirilem corporis partem in templo poni, femineam Liberae*).
55. H. Le Bonniec, *F. éd. comm.*, 1, p. 226, n. 164.
56. Lire J. Regner, « *Tirocinium Fori* » dans *Realenc.*, VI, A, 2, col. 1450 *sqq.*
57. Sur l'ensemble des problèmes touchant la jeunesse, on lira J.P. Néraudau, *La Jeunesse dans la littérature et les institutions de la Rome républicaine*, Paris, 1979.
58. Properce, IV, 1, 132 ; Ovide, *Trist.*, IV, 10, 28.
59. Cicéron, *Att.*, V, 20, 9 ; IX, 17, 1 ; IX, 19, 1 ; Catulle, 68, 15.

table raison du choix du 17 mars par certaines familles romaines pour y placer une de leurs cérémonies privées les plus solennelles.

Réussirons-nous enfin à découvrir une institution quelconque dont on puisse faire véritablement la source d'un rituel ? Sur la poignée d'*aitia* qu'il nous reste à examiner, on doit encore en éliminer plusieurs !

5. L'ordre des mois

Certes, Janus n'est pas invoqué dans les prières avant tout autre dieu parce que la porte constitue le premier élément d'une maison [60] : ce serait là une curieuse restriction apportée à la figure d'un dieu dont nous apprécierons bientôt les aspects cosmiques, et la recherche moderne tendrait plutôt à inverser l'ordre des facteurs, elle qui prétend qu'on affecta la *ianua* à Janus en raison de sa qualité de « dieu initial » : on verra là-dessus les articles de E. Cocchia [61], de P. Grimal [62], de R. Schilling [63]. La place privilégiée de Janus en tête des prières, qui correspond à la place de son prêtre spécialiste, le *Rex Sacrorum* [64], en tête de la hiérarchie sacerdotale, rappelle une ancienne primauté du dieu « le plus ancien de toute l'Italie [65] », vraisemblablement antérieur à Jupiter lui-même [66].

Est-ce alors le mode de vie des Arcadiens primitifs (l'état de nudité), qu'Ovide destine à l'explication du costume rudimentaire des Luperques [67] ? Non plus. Il faudrait d'abord que les Lupercales fussent un rite arcadien [68]. Or, E. Gjerstad a pertinemment démontré que l'Arcadie et son potentiel légendaire, loin d'avoir joué un rôle effectif dans la formation de la civilisation romaine, n'avait fait que venir à la rescousse d'une étymologie fantai-

---

60. *Fast.*, II, 51.
61. *Elementi naturalistici...*, dans *Mous.*, 1, 1923, 3-23, p. 8.
62. *Le Dieu Janus*, dans *L.H.*, 4, 1945, 15-121, p. 15-21.
63. *Janus, le dieu introducteur, le dieu des passages*, dans *M.É.F.R.A.*, 72, 1960, 89-131.
64. Festus, p. 198 L. : *Ordo sacerdotum aestimatur deorum* (ordine ut deus) *maximus quisque. Maximus uidetur Rex, dein Dialis (...) ; itaque in soliis Rex supra omnis accumbat licet.*
65. Hérodien, *Hist.*, I, 16, 1 : ἀρχαιότατος τῆς Ἰταλίας. Voir A.B. Cook, *Zeus II*, New York, 1965 (2), p. 328-400.
66. Voir G. Dumézil, « *De Janus à Vesta* », dans « Tarpeia », Paris, 1947.
67. *Fast.*, II, 289-302 ; voir R.J. Littlewood, *Ovid's Lupercalia*, dans *Latomus*, 34, 4, 1975, 1060-1072, p. 1063.
68. Lire à ce propos J. Bayet, *Les Origines de l'Arcadisme romain*, dans *M.É.F.R.A.*, 37, 1918-1920, p. 63 *sqq*.

siste du Palatin, qu'on fit dériver de Pallantô, bourgade arcadienne [69]. Il faudrait ensuite que les bergers d'Arcadie aient vécu nus, ce qui reste à démontrer, et ce que ne croyait déjà plus Nicolas Poussin. Il faudrait enfin que cette nudité ne puisse être expliquée, comme elle l'a été, par des valeurs religieuses ou magiques [70].

Aurons-nous plus de chance avec la décision orgueilleuse de Romulus : placer Mars en tête du calendrier romain, pour « vaincre » sur un plan institutionnel les autres peuples du Latium, qui, s'ils honoraient également Mars, ne lui avaient pas accordé la première place dans leurs fastes ? :

> *Tertius Albanis, quintus fuit ille Faliscis,*
>   *Sextus apud populos, Hernica terra, tuos.*
> *Inter Aricinos Albanaque tempora constat*
>   *Factaque Telegoni moenia celsa manu.*
> *Quintum Laurentes, bis quintum Aequiculus acer,*
>   *A tribus hunc primum turba Curensis habet.*
> *Et tibi cum proauis, miles Paeligne, Sabinis,*
>   *conuenit ; huic genti quartus utrique deus.*
> *Romulus hos omnes ut uinceret ordine saltem,*
>   *Sanguinis auctori tempora prima dedit.*
>
> III, 89-98

L'étiologie est, naturellement, une construction intellectuelle d'Ovide. Elle s'appuie sur un argument d'allure rhétorique, fondé lui-même sur un glissement de sens du verbe *uincere*, Romulus n'ayant pas en tête, lorsqu'il codifia l'année, les réglementations religieuses de tous ses voisins, dont il ne connaissait d'ailleurs, à en croire les annales romaines, que quelques peuplades ! Cette « bonne » raison peut être rapprochée d'un autre texte, tout aussi artificiel, où Romulus, comparé par Ovide à Auguste, doit s'incliner devant son puissant successeur [71]. Le *Vt uinceret saltem*, qui conteste jusqu'au titre de gloire le plus reconnu de Romulus, la chance au combat, est en effet venimeux à l'égard du Fondateur !

Le problème est ailleurs. Certes, pour la connaissance des calendriers du Latium, Ovide est notre *Hauptquelle* [72]. Il n'en est pas moins vrai qu'une notice de Verrius Flaccus, à laquelle, d'ailleurs, Ovide a emprunté un autre

---

69. *Legends and Facts of Early Roman History*, Lund, 1962, 3-45, p. 9.
70. Entre autres, J. Heckenbach, *De Nuditate sacra sacrisque vinculis*, Giessen (*Rel. Vers.*, 9, 3), 1911, 1-174, p. 17 *sqq*.
71. *Fast.*, II, 133-144 : *Romule, concedes, etc.*
72. F. Bömer, *F. éd. comm.*, 2, 1958, p. 148.

aition, ce qui prouve bien qu'il la connaissait [73], affirme que le mois de mars *était le premier dans le Latium,* avant même la fondation de la Ville : *Martius mensis initium anni fuit, et in Latio, et post Romam conditam* [74]. La contradiction est flagrante, bien qu'elle n'ait guère attiré l'attention des commentateurs actuels. J. Whatmough est le seul, à notre connaissance, à l'avoir relevée, en affirmant qu'Ovide et Verrius se réfèrent à deux états successifs du calendrier : *The conclusion seems that it was or had been the initial month of the year throughout Italy* [75].

Le raisonnement est difficile à accepter. Ovide et Verrius écrivent exactement à la même époque. S'il y a eu des changements dans la succession des mois latins, ils sont entrés depuis longtemps dans l'usage lorsque l'un et l'autre s'en occupent. Pourquoi Ovide serait-il allé rechercher un ordre antédiluvien et Verrius aurait-il admis la préexistence de l'ordre actuel, sans donner d'autres précisions chronologiques ?

Mais si Verrius Flaccus doit avoir raison, le texte d'Ovide existe et gêne : le poète n'a tout de même pas inventé les numéros d'ordre très précis qu'il affecte aux différents mois de mars latins.

Est-il possible qu'Ovide n'énumère pas la liste des mois latins dénommés à partir du dieu Mars, mais simplement celle des mois où figure une fête dévolue à ce dieu, sans qu'ils aient été forcément appelés « mars » ? Quoi qu'il en soit, établir la primauté des Romains sur d'autres nations uniquement par le biais de leur réglementation calendaire est un parti arbitraire et spécieux.

Les causes attribuées à l'utilisation de torches allumées en l'honneur de Flore ne possèdent guère plus de force de conviction. L'étiologue prétend établir un rapport entre les torches et Flore grâce aux équations suivantes :

torches = nuit
    nuit = festins
        festins = joie
            joie = fleurs
                fleurs = Flore :

Lumina restabant, quorum me causa latebat.
(...) Vel quia deliciis nocturna licentia nostris
Conuenit : a uero tertia causa uenit.
                              V, 361-368

---

73. III, 80 : *Hoc dederat studiis bellica turba suis.* (Verrius écrit : *quod ea gens erat bellicosissima*).
74. *S.u. Martius,* p. 136 L.
75. *The Calendar of Ancient Italy outside Rome,* dans *H.S.,* 42, 1931, 157-179, p. 166. A ce détail près, l'article est solide et précieux.

Et, quelques vers plus haut :

> *Nulla coronata peraguntur seria fronte*
> *Nec liquidae uinctis flore bibuntur aquae*
> V, 341-342

Outre les festins des *Floralia,* bien d'autres occasions de banqueter s'offraient aux viveurs romains, qui n'étaient pas toutes placées sous l'égide de la jolie déesse ! Si l'on utilisait des torches lors de cette fête nocturne, c'était sans la valeur religieuse que ces mêmes objets revêtaient lors, par exemple, des mystères. C'était simplement, dit Dion Cassius [76], pour s'éclairer.

Restent deux ou trois causes...

L'une est l'étymologie de mai et de juin, établie à partir des deux groupes sociaux entre lesquels se partageait, depuis les origines, la population de Rome : les jeunes et les vieux, les *iuniores* et les *seniores* [77].

On distingue aisément dans le calendrier plusieurs couches d'appellations. La plus rudimentaire, et donc la plus primitive, consiste à utiliser les numéros d'ordre des mois, et ce type de comput a été conservé pour les derniers mois, à partir de juillet, soit du cinquième au dixième *(quintilis-december)*. Nous avons dit ailleurs que nous verrions volontiers une trace de cet état primitif dans le nom d'avril, le « deuxième ». En effet, il n'y a aucune raison pour que les Romains aient appelé d'emblée les autres mois à l'aide de noms empruntés à des registres divers, en ne connaissant de comput numéral que pour les six derniers mois.

Un peu plus élaboré, le système qui tient compte du contenu rituel du mois, de sa signification : *Februarius,* désigné par les purifications *(februa)* qu'on y célèbre. Ce mois faisant couple avec janvier, puisque tous deux furent rajoutés à l'année de dix mois, et puisque l'un représente les rites nouveaux de début, l'autre les rites de clôture, on peut se demander si janvier n'aurait pas été simplement d'abord le « mois du passage », *(ianus),* étant situé à la charnière entre deux années, avant d'être le mois du dieu au double visage. Car il est singulier qu'on eût attendu 153 av. J.-C. [78] pour reconnaître les prérogatives de Janus, dieu qui avait cessé depuis bien longtemps d'avoir la première place à Rome. Avant 153, tous les rituels inauguraux se déroulent le 1er ou le 15 mars : à quoi rime-t-il d'établir la présidence d'un dieu sur un mois, et de célébrer les rituels qui sont son apanage deux mois après, sous les auspices d'autres divinités ? Si Janus est reconnu depuis Numa (?) comme étant le dieu de janvier, on ne s'explique pas que

---

76. LVIII, 19, 2.
77. J.P. Néraudau, B. 573, not. p. 91-143 ; 299-310.
78. Voir E. Gjerstad, *Notes on the Early Roman Calendar,* dans *A.A.,* 32, 1961, 193-214.

les rituels de débuts soient demeurés en mars. En revanche, même si l'année commençait officiellement en mars, on sentait bien que janvier marquait un passage, à cause du solstice d'hiver ; ce sentiment pouvait exister en dehors de tout appel au dieu Janus.

Un troisième type d'appellation se fonde sur des noms divins : *Mars, Aphrodite, Maïa, Iuno.* La logique voudrait qu'on expliquât ces quatre mois par quatre étymologies de même type, religieux ou sociologique. Du fait que mars apparaît indubitablement comme le mois du dieu Mars, du fait qu'avril est tenu, depuis l'influence marquante d'É. Benveniste [79], pour le mois d'Aphrodite, la science moderne incline fortement à plébisciter *Maïa* et *Junon* contre *maiores* [80] et *iuniores.*

La question de juin se laisse réduire le plus facilement : s'il est vrai que dans *Iuno* on puisse voir la déesse des *iuuenes,* comme le voulait déjà l'Antiquité [81], cette solution mettrait tout le monde d'accord. Pour mai, si Maïa n'apparaît dans aucun texte comme la divinité des *maiores,* elle est tout de même unie à eux par la racine de son nom, **mag-* désignant la croissance [82]. Il est possible que mai et juin soient d'abord les mois de la croissance et de la venue à l'épanouissement, sur un plan végétal, puis animal ; qu'on ait remplacé ensuite ces définitions par les noms des deux divinités correspondantes, *Maïa* (ou *Maiesta*) et Junon.

Plusieurs remarques peuvent conférer une assise plus solide à ces simples réflexions : si *Maïa* se voit bien offrir un sacrifice le premier mai [83], le premier juin, lui, n'appartient nullement à Junon, mais à *Carna.* On absorbe ce jour-là des nourritures reconstituantes, fèves et lard, bien propres à octroyer un surcroît de forces à de jeunes guerriers. D'autre part, celui qui, selon Macrobe [84], fonda ce sacrifice à Carna, c'est Junius Brutus, donné par certains comme éponyme au mois de juin, et qui porte la jeunesse dans son nom.

Il paraît pourtant difficile d'adopter l'explication ovidienne, et de voir dans les deux appellations une initiative de Romulus destinée à exalter les

---

79. *Trois étymologies latines,* dans *B.S.L.,* 32, 1931, 68-85.
80. F. Bömer, *F. éd. comm.,* 1, *Einl.,* p. 40 sqq.
81. Voir M. Renard, *Le Nom de Junon,* dans *Phoibos,* 5, 1951, 141-143 ; G. Dumézil, *Iuno S.M.R.,* dans *Eranos,* 52, 1954, p. 105 ; W.F. Otto, *Iuno,* dans *Philologus,* 64, 1905, 161-223. Aussi St. Weinstock dans le comm. à K. Latte *Röm. Relig.,* dans *J.R.S.,* 51, 1961, 9-20.
82. F. Ribezzo, *Numa Pompilio e la riforma etrusca della religione primitiva di Roma,* dans *R.I.L.,* 8, 5, 1950, 553-573, p. 555, n. 2.
83. E. Babelon, *La Déesse Maïa,* dans *R.A.,* 2, 1914, 182-190.
84. Macrobe, *Sat.,* I, 12, 31 ; sur Maïa : I, 12, 21.

groupes d'âge sur lesquels il règne. Certes, l'opposition entre les jeunes et les vieux est bien attestée à Rome : *Di probos mores docili iuuentae / Di, senectuti placidae quietem... date* [85], ce texte d'Horace n'est qu'un exemple parmi d'autres. Néanmoins, les *seniores* ne sont pas les *maiores*, ce dernier terme qualifiant unanimement les « ancêtres », et non les « vieillards ». Il est possible qu'ait joué une fausse interprétation du **mag-* de *Maius* comme se rapportant aux morts, non à la croissance, et que cette dérivation ait amené à placer justement en mai certaines fêtes de défense contre les ombres des ancêtres, évidemment les *Lemuria* [86].

C'est une véritable préoccupation sociale qui a présidé, selon Ovide, au rite si curieux de l'ouverture du *ianus* en temps de guerre. La cité, affirme-t-il, ne pouvait décemment pas fermer ses portes à ses guerriers partis en opérations :

> *Vt populo reditus pateant ad bella profecto*
> *Tota patet dempta ianua nostra sera.*
>
> I, 279-280

L'explication a été adoptée par Servius : *Est alia melior ratio quod ad proelium ituri optent reuersionem* [87]. Il faudrait comprendre alors que la « porte » en question ne serait pas celle du temple, mais celle de la ville elle-même. Ladite ouverture en temps de guerre constitue alors un danger indéniable pour la cité, à la merci de la première incursion ennemie...

En réalité, cette explication provient de la désacralisation d'une préoccupation religieuse, transformée en souci trop concret par une pensée matérialiste. L'obstacle que constituait la porte était un obstacle magique, et l'empêchement au retour des guerriers que présentait sa fermeture était sans doute situé sur un plan surnaturel [88]. La coutume de laisser ouverte la porte du temple paraît donc plus religieuse que sociale. Nous avons signalé la bévue commise par Ovide, qui, entraîné par la logique, rétablit instinctivement un état de fait moins paradoxal, et invite Janus à *ouvrir* la porte sacrée, maintenant que la paix règne : *Dexter ades... et resera nutu candida templa tuo* [89]. Si la confusion n'a pas échappé à L.A. Holland [90], F. Bö-

---

85. *Carm. Saec.*, 45-46.
86. Sans cette influence de l'étymologie, on comprend mal le choix de mai pour y placer les *Lemuria* : les expulsions de revenants se font d'ordinaire à la fin de l'année, et mai n'est pas situé à la fin de l'année : les fêtes funéraires de février sont, à cet égard, mieux localisées dans le calendrier.
87. *Ad Aen.*, I, 291.
88. H. Le Bonniec, *F. éd. comm.*, 1, 1969, p. 28, n. 53.
89. *Fast.*, I, 69.
90. *Janus and the Bridge...*, p. 51. Au contraire, F. Bömer, *F. éd. comm.*, 2, p. 15.

mer se borne à rapprocher du vers fautif une expression des *Pontiques* (IV, 4, 23) : *Ergo ubi Iane biceps longum reseraueris annum.* Pourtant, si l'ouverture de l'année par Janus n'a rien que de satisfaisant, l'ouverture de son temple en temps de paix est une erreur magistrale puisqu'elle atteint le rite et non plus l'étiologie.

6. Les Quirinalia

Nous serons en terrain plus sûr avec... le dernier *aition*, qui va nous offrir enfin la possibilité de découvrir une cause sociale authentique : la fête des *Quirinalia* :

> *Lux quoque cur eadem Stultorum festa uocetur*
> *Accipe : parua quidem causa, sed apta subest.*
> *Non habuit doctos tellus antiqua colonos.*

(suit une évocation de la simplicité grossière des Anciens, qui avaient encore à découvrir la technique convenable de la torréfaction de l'épeautre) :

> *Facta dea est Fornax. Laeti Fornace, coloni*
> *Orant ut fruges temperet illa suas.*
> *Curio legitimis nunc Fornacalia uerbis*
> *Maximus indicit, nec stata sacra facit.*
> *Inque Foro, multa circum pendente tabella,*
> *Signatur certa curia quaeque nota,*
> *Stultaque pars populi, quae sit sua curia nescit,*
> *Sed facit extrema sacra relata die.*
>
> II, 513-532

La fête de *Fornax*, le fourneau divinisé, est une fête mobile[91], dans chaque curie. Les *Stulti*, c'est-à-dire ceux qui ignorent à quelle curie ils appartiennent, et ne sont donc pas capables de se repérer grâce aux écriteaux suspendus autour du Forum, doivent attendre les *Quirinalia* pour pouvoir célébrer *Fornax* en bloc.

---

91. Festus, *s.u. Quirinalia*, p. 304 L. : *Qui diem suorum fornacalium sacrorum* (ignorant) *eo potissimum rem diuinam faciunt.* Chaque curie sacrifie donc à une date différente. Les sacrifices se faisaient dans les « boulangeries », et exigeaient que la fête revêtît une forme collective : *quod ad fornacem quae in pistrinis erat sacrificium fieri solebat* (Paulus, p. 82 L.) ; Varron, *Ling. Lat.*, VI, 13 ; Plutarque, *Quaest. Rom.*, 89.

Les rites sont simples, l'organisation de la fête décrite de la même façon par nos sources. Rien n'autorise A. Alföldi à supposer qu'elle se résumait à l'équivalent « quirinal » de la course « palatiale » des Luperques, le 15 février. Sa théorie, selon laquelle, aux *Quirinalia* du 17 février, aurait eu lieu une course pour protéger le *pomerium quirinale*, course guidée par le « sanglier Quirinus » comme la course des Luperques était guidée par le loup Mars, est, du premier au dernier mot, une construction gratuite, qu'aucun embryon de texte latin ou grec ne l'autorise à édifier [92].

Le fond du problème est évidemment celui de la coexistence en un même jour d'une partie des fêtes adressées à *Fornax*, et de celle adressée à Quirinus. La tradition est bien établie, touchant la « Fête des Sots » du 17 février. Varron signale la coïncidence des deux fêtes : *Quirinalia, a Quirino ; quod ei deo feriae, et eorum hominum qui Fornacalibus suis non fuerunt feriati* [93]. Une notice incomplète de Festus nous livre des renseignements similaires. Y a-t-il donc voisinage fortuit de Quirinus et de *Fornax* le 17, ou bien identité profonde entre les deux natures primitives des deux divinités ?

G. Dumézil songe à une identité de nature. Il argue du fait que l'opération décisive de l'usinage de l'épeautre *(far)*, se déroulait le jour de la fête de Quirinus, pour transformer ce dernier en dieu agricole. Nous avons examiné dans une étude récente les arguments sur lesquels se fondait G. Dumézil pour bâtir son interprétation de Quirinus. Nous traitons ici simplement le problème des *Quirinalia*.

L'élément important à l'intérieur de cette fête n'est aucunement Quirinus, sur la liturgie duquel en ce jour nous ne savons pas un traître mot. Ce sont *les curies*, et c'est si vrai que le « prêtre » chargé d'officier le 17 février n'est pas le Flamine de Quirinus, appelé pourtant à l'occasion de plusieurs fêtes agricoles, mais le Grand Curion. Quirinus est complètement mis à l'écart par les fêtes du Four. Or, ces *Fornacalia* n'ont pas grand-chose à voir avec Quirinus, puisqu'ils se célébraient ordinairement à des dates variables pour chaque curie, mais nécessairement avant les *Quirinalia*, ces derniers récupérant uniquement les « étourdis ». L'accent est mis sur le dernier jour des *Fornacalia*, c'est-à-dire les *Quirinalia*, à cause d'un trait pittoresque du rituel, et de l'appellation *Stultorum Feriae* qui réclame une explication. Mais il ne faut pas négliger le fait que la coïncidence avec les *Quirinalia* existe seulement pour une infime partie des citoyens. L'on ne doit pas, en conséquence, envisager une connexion étroite entre les fonctions de *Fornax*

---

92. *Die Struktur des Voretruskischen Römerstaates*, Heidelberg, 1974, p. 4.
93. *Ling. Lat.*, VI, 13.

et celles de Quirinus, *a fortiori* vouloir élucider le mystérieux Quirinus grâce à l'appartenance de *Fornax* au domaine agricole !

Pourquoi les *Quirinalia* étaient-ils le jour ultime affecté à la célébration des *Fornacalia* ? De toute évidence, parce que ce jour était une fête des curies, *la* fête des curies, que *Quirinus* porte dans son nom. On rassemblait donc normalement en ce jour les insoucieux, puisque, comme les *Fordicidia*, (on notera l'amusante parité des syllabes initiales !) les *Fornacalia* sont une fête ressortissant à l'organisation curiate, il n'est que de lire Ovide pour s'en persuader [94]. Le patronage de Quirinus sur les festivités du jour est celui du protecteur des curies, point celui d'un dieu paysan. Irait-on imaginer qu'il est le dieu de la rouille parce que son Flamine célèbre les *Robigalia* ? Certains services liturgiques peuvent engager ensemble plusieurs divinités, sans que cette simultanéité soit le signe d'une obligatoire interférence de fonctions. Ainsi, un seul temple abrite-t-il Hercule et les Muses, dont l'association résulte d'une influence de cultes grecs en Italie du sud [95] ; une seule fête s'adresse à Jupiter, Mars et Anna Perenna par un pur hasard, *mero casu,* juge G. Wissowa [96].

Il existe du reste, autre que le pur hasard, un lien religieux entre les deux fêtes. Le *far*, ou épeautre, que l'on torréfie, est la nourriture essentielle du peuple à date ancienne [97] ; aussi, la phase essentielle de sa préparation, la torréfaction, revêt-elle un aspect politique, au sens fondamental du terme, et s'inscrit-elle dans le cadre administratif le plus ancien qu'ait connu Rome, la curie. Les fonctions de Quirinus l'emportent sur celle de *Fornax* et si le dieu accueille la minuscule entité divine le jour de sa fête, c'est pour lui prêter l'organisation curiate qu'il représente, ce n'est pas pour lui emprunter sa coloration agraire. Cette importance accordée à l'épeautre n'est pas seulement matérielle, elle est aussi religieuse : le *far* est l'ingrédient principal du gâteau sacré, la *mola salsa*, sans l'utilisation duquel aucune *immolation* ne saurait être validée ; il forme également le gâteau nuptial, indispensable dans le mariage *per confarreationem*. Quoi d'étonnant si le dieu protecteur du *couiriom, de la Cité en tant qu'organisation sociale et politique, se voit concerné par sa préparation, et surveille le correct déroulement des opérations confiées à *Fornax,* pour la fraction des citoyens qui risque-

---

94. *Fast.*, IV, 635-636 : *...Ter denas curia uaccas / accipit.* II, 523-532 : *Curio maximus... curia quaeque... sua curia.*
95. P. Boyancé, *Fulvius Nobilior et le dieu Ineffable*, dans *R.Ph.*, 29, 1955, 172-192 ; *Études...,* p. 238-243.
96. *De Feriis anni Romanorum vetustissimi,* diss. Marbourg, 1891, publiée dans *Ges. Abh.*, Munich, 1904, p. 154-174 ; citation p. 167.
97. A. Brelich, *Tre Variazioni...*, 110-123.

rait d'accomplir la cérémonie en dehors de la structure curiate, et donc de vicier l'ensemble des *Fornacalia,* en toute innocence, mais irrévocablement ?

Nous touchons ici à l'un des vieux aspects de la Cité romaine, avec la préparation de cette céréale archaïque, et l'importance donnée à l'organisation curiate. Qu'on songe à cette *Iuno Quiritis,* honorée d'une *mensa* dans chaque curie ! E. Gjerstad met l'accent sur cette structure à la fois dans les *Fornacalia* et dans les *Fordicidia,* dans lesquels il voit deux célébrations remontant au stade pré-urbain de Rome, et dont le découpage plus récent ne modifia en rien les règles du cérémonial [98]. La fête des curies était donc toute désignée pour récupérer les dévots distraits.

CONCLUSION

Bien entendu, le cas unique et privilégié des *Quirinalia* ne peut empêcher la conclusion prévisible : malgré les apparences, et en dépit du caractère profondément social de la religion romaine, l'étiologie sociale ou institutionnelle ne retrouve pas les véritables conceptions qui entraînèrent la fondation de certains rites. S'il y a interpénétration entre les domaines social et religieux, elle s'effectue de préférence dans le sens religion → société. L'étiologie qui relève de ce type s'efforce de réunir des analogies, d'imposer des vraisemblances qui ne sont pas pour autant des vérités. Dans la plupart des cas, ce n'est pas la loi juridique qui peut expliquer la loi religieuse, mais la loi religieuse qui a donné une assise, conféré des garanties divines, à une coutume civile. Ainsi l'interdiction de l'eau et du feu est-elle d'abord religieuse, tout comme, d'ailleurs, l'origine des termes fondamentaux *fas* et *nefas.*

Cette étiologie s'entoure-t-elle de prudents scrupules ? Apparemment non. Les obstacles chronologiques lui importent peu, et elle ne tient aucun compte, par exemple, du considérable écart qui sépare les Argées primitives de l'institution du pont électoral dans les années 145. Les obstacles institutionnels ne l'arrêtent pas davantage. Nul n'est obligé de revêtir la toge *libera* le jour des *Liberalia* : le rapport phonique entrevu n'empêche pas l'étiologue de chercher au choix de cette fête des raisons contraignantes. On ne saisit pas bien comment la lustration des bergeries pourrait dépendre d'une loi sur l'exil, comment le cycle des lunes pourrait s'articuler sur les divisions

---

98. *Legends and Facts of Early Roman History,* Lund, 1962, p. 32.

de la légion. Ce ne sont là, semble-t-il, que de minces détails, qui n'entravent guère le raisonnement victorieux de l'étiologie sociale ovidienne.

Il faudrait peut-être admettre une exception, celle de la justification des sacrifices d'animaux par la notion de « faute commise », dont nous étudierons plus loin la présentation mythique dans les *Fastes*. B. Gladigow a montré que le sacrifice aurait été fondé par les Anciens sur le sentiment que l'animal lui-même était responsable devant la loi, et ce dès les Douze Tables : *Actio ex lege XII tabularum descendit quae lex uoluit aut dari id quod nocuit, id est id animal quod noxiam commisit, aut aestimationem noxiae offerre* [99] ; ou encore : *Plane si ante litem contestatam decesserit animal, exstincta erit actio*. Le développement ovidien, encore que le style mythique adopté cache le fondement juridique, met en œuvre cette prescription en la transposant dans le domaine religieux. De même qu'on indemnise, grâce au don de l'animal coupable, le propriétaire victime des déprédations causées par un animal, de même doit-on indemniser les dieux. Cette justification ressortit donc bien à l'étiologie juridique. B. Gladigow déplore que « les commentaires aux *Fastes* ne prennent pratiquement pas conscience du travail juridique d'Ovide, de sa réflexion touchant le droit sacré [100] ». C'est très vrai. On peut dire, pourtant, que le contenu des *Fastes* ne donnait guère à Ovide l'occasion de manifester sa science du droit. Lorsqu'il s'y essaye, c'est constamment en porte à faux avec les valeurs proprement religieuses, qui, malgré ses assertions, demeurent fondamentales.

On a souvent soutenu que la religion était la projection dans l'idéal de la société terrestre. Témoin, entre autres, le tripartisme social et religieux des Indo-européens. P. Voci rappelle cette conception, due à E. Durkheim : *La religione sarebbe l'idealizzazione dell'ordine sociale proprio di una data comunità... con funzione di solidarietà* [101]. Il semble néanmoins qu'à Rome ce soit le fait religieux qui ait inspiré le fait social, même si la religion dans son ensemble se donne volontiers une couleur juridique : *É da concludere che una norma religiosa non solo si può ma pur si deve definire come giuridica* [102] : certes, pour le cadre même de la vie religieuse, fondée sur la *pax deorum* et les marchés conclus avec les dieux, sur le légalisme, sur la notion de groupe et de communauté, sur celle, plus profonde encore, de l'exact devoir à accomplir envers les dieux, et des bénéfices légitimes qu'on

---

99. *Dig.*, IX, 1, 1. Seconde citation : IX, 1, 1, § 13. B. Gladigow : *...steht die strafrechtliche Verantwortlichkeit der Tiere ausser Zweifel. (Ovids Rechtfertigung der/blutigen Opfer*, dans *A.U.*, 14, 1971, 5-23, p. 9).
100. *Op. cit.*, p. 14.
101. P. Voci, *Diritto romano sacro in età arcaica*, dans *S.D.H.I.*, 19, 1953, 38-103, p. 39.
102. *Ibidem*, p. 47.

en peut attendre. Mais, dans le cas de l'étiologie, il semble que ce rapport, pour les exemples que nous avons étudiés, doive être inversé : les questions abordées portent sur des réalités plus générales que les strictes décisions institutionnelles propres à Rome. En certains cas, on ressent l'impression que les étiologues romains manquaient singulièrement de hauteur de vues.

D

LA PHYSIQUE

Si la relative rareté des causes religieuses, si la rareté aussi flagrante des causes sociologiques pouvaient sembler paradoxales à nos esprits modernes, la rareté des causes philosophiques (et surtout physiques) apparaîtra au contraire comme un phénomène prévisible et totalement explicable. Des raisons fondamentales l'ont déterminée, que nous analyserons brièvement : Ovide est un poète religieux romain, du temps d'Auguste.

Ovide est un poète, et Ovide est *Ovide*. Qu'on n'aille pas exiger de l'auteur de l'*Ars amatoria* des considérations savantes touchant la genèse du Monde, l'organisation du cosmos, le régime des planètes ou la place de l'homme dans l'univers : il laisse ces problèmes à Lucrèce, à Cicéron, à Germanicus. Essentiellement passionné par les *curiosa,* les détails rituels qui sollicitent son ingéniosité, Ovide n'était point formé à un genre d'études qui requiert un tout autre type d'esprit que le sien. Malgré les trésors de perspicacité et le don de persuasion que l'on reconnaît à J. Carcopino, il lui est difficile de convaincre tout à fait qu'Ovide eût été sérieusement Pythagoricien [1]. Qu'il se fût insinué dans l'habit philosophique de la secte et

---

1. Le pythagorisme d'Ovide est affirmé dans plusieurs ouvrages : *La Basilique pythagoricienne de la Porte Majeure,* Paris, 1927, p. 377-383 ; *De Pythagore aux Apôtres,* Paris,

se fût même imprégné un moment de la doctrine, la chose est fort possible, Ovide étant coutumier de bien des métamorphoses. Qu'il y adhérât étroitement, la question reste posée : un dévôt sincère témoigne de sa foi avec d'autres accents. Ovide n'était sans doute pas de ces Romains qui « cherchent dans la philosophie une élévation spirituelle » ou qui éprouvent « le besoin de moraliser tous les mythes ou d'en proposer les significations symboliques les plus étranges [2] », à l'instar d'un Nigidius Figulus. Selon l'analyse pénétrante de C. Bailey, lorsque la foi se fut tarie dans l'ancienne religion, et que les dieux furent devenus seulement des sujets de comédie, « les classes cultivées, qui n'avaient plus foi dans l'ancienne religion, avaient recours, pour se consoler, à l'un des cadeaux de la Grèce : la philosophie [3] ». Grecque, cette philosophie, lorsqu'elle consent à traiter de religion, s'occupe de la théologie grecque, et ne peut donc guère venir au secours des chercheurs préoccupés d'expliquer les figures d'un panthéon spécifiquement romain. De plus, la réflexion philosophique s'exerce sur les couches de la théologie inaccessibles à l'homme ordinaire. Un Panaetius, par exemple, qui rejetait la religion populaire et ses manifestations [4], ne pouvait condescendre à expliquer les traits concrets de ses rites, ceux qui, justement, sont le gibier de l'étiologue.

Ovide avait lu assez d'ouvrages philosophiques pour se donner une teinture acceptable en plusieurs domaines. Mais il ne semble pas posséder de doctrine arrêtée sur certains points, et ne s'astreint pas volontiers à creuser les mystères de la physique. Sa culture raffinée, si elle exigeait qu'il fût instruit des points essentiels, n'obligeait pas à des méditations poussées le mondain qu'il est avant tout.

Le sujet de son œuvre ne l'y poussait pas davantage. Nous savons bien que l'esprit positif et rationnel des Romains répugnait, le caractère de leur liturgie en est la preuve, aux spéculations philosophiques [5]. Certes, Rome connaît des figures divines aux fonctions cosmiques, Janus, Jupiter. Mais

---

1956, p. 24-71 ; *L'Exil d'Ovide, poète néopythagoricien*, dans *Rencontres hist. litt. rom.*, Paris, 1963. P. 169 : « La seule consolation qui pouvait l'aider à supporter le fardeau de ses souffrances lui vint de la mystique ». Ce n'est point Ovide, en tout cas, qui nous a fait cette confidence !

2. J. Bayet, *Hist. pol. et psycho.*, p. 157.

3. *The educated classes, who had lost belief in the old religion, were to turn for their consolation to yet one more gift from Greece, philosophy.* « Roman Religion and the Advent of Philosophy », *The Cambridge Ancient History*, 8, 1930, 423-465, p. 454.

4. *Ibid.*, p. 464.

5. Cicéron s'écarte de cette conception romaine lorsqu'il fait dépendre la loi (et d'abord la loi religieuse et l'organisation du culte, à laquelle est consacré tout le livre II du *De legibus*) du « cœur de la philosophie » : *penitus ex intima philosophia* (*Leg.*, I, V, 17).

Rome a discipliné incontinent le cosmique en le fondant dans le social : Jupiter, patron des foudres et des pluies, est aussi le dieu du serment et le protecteur du mariage [6]. Il est avéré que, s'il était question de physique dès les premières heures de la philosophie grecque [7], les siècles successifs de la République romaine « marquent, jusqu'à l'introduction des philosophies hellénistiques, un recul de la sensibilité religieuse cosmique [8] ». Expliquant des réalités romaines anciennes, un Romain de bonne souche devait sentir immédiatement que les interprétations physiques, ou, comme l'on disait, « naturelles [9] » devaient à coup sûr être grecques et récentes.

Ovide eût-il écrit, enfin, quelques décennies plus tôt, dans les grandes années de la République finissante, la proportion de causes philosophiques dans les *Fastes* eût sans doute été plus considérable. Qu'on songe aux multiples combinaisons religieuses et cosmiques auxquelles s'ingéniait un Varron, et dont nous trouvons trace dans de nombreux chapitres du *De Ciuitate Dei* [10].

Rome, à ce moment, s'ouvrait à la philosophie grecque, en même temps qu'elle lisait les ouvrages des savants et s'imprégnait des vers de Lucrèce. Certains se passionnaient pour les grands problèmes métaphysiques, et s'efforçaient, comme Cicéron, d'harmoniser entre elles les diverses doctrines, épicurienne, stoïcienne, platonicienne, evhémériste. La religion se teintait déjà de couleurs plus orientales, accueillait l'astrologie chaldéenne ou la magie d'Aouhra Mazda [11].

Malheureusement, Ovide est né trop tard, et l'intervention contraignante d'Auguste avait déjà joué. Écoutons J. Bayet caractériser en quelques lignes judicieuses l'attitude religieuse du Prince : « Nul effort d'utilisation de la philosophie, qui en certaines écoles (le stoïcisme, le néopythagorisme), tendait à la religion. Nulle position nette des grandes questions métaphysiques qui obsédaient plus ou moins clairement les esprits : la providence se restreignait pour lui au cadre étroit du nationalisme romain ;

---

6. J. Bayet, *op. cit.*, p. 115.
7. Diogène Laërce, *prélim.*, 6, 3 : Musée met au point la première théogonie, et rédige le premier traité sur la sphère ; Linos compose une cosmogonie, et décrit la course des astres, la génération des animaux et des plantes.
8. J. Bayet, *op. cit.*, p. 116.
9. Augustin, *Ciu. Dei*, VI, 5, qui ironise : *si enim illud « naturale » est, quid habet reprehensionis ut excludatur ? Si autem hoc quod ciuile dicitur naturale non est, quid habet meriti ut admittatur ?*
10. *Ciu. Dei*, VI, 8. VII, 5 : *theologiam eam ipsam, scilicet, naturalem, cui plurimum tribuit.*
11. J. Bayet, *op. cit.*, p. 194.

les problèmes du temps, cyclique ou continu, recevaient des solutions paresseuses et contradictoires, dans les cérémonies de rénovation et dans l'idéologie d'un progrès historique continu depuis Énée et Romulus ; ceux des rapports du monde et de la divinité, de l'homme et du monde, n'étaient pas plus franchement abordés, et de timides tentatives vers une position astrale ou cosmique restaient sans suite [12] ». Sous une telle férule, toute velléité d'explication des rituels anciens sortant des cadres étroits de la liturgie romaine était d'avance étouffée : l'idéologie du retour au passé, imposée par le maître de l'État, met un frein, pour le temps de son règne, à l'invasion des philosophies grecques, tout comme aux sollicitations des mystiques orientales.

Ovide se trouve ainsi placé dans une position fausse. Il ne peut ignorer les interprétations physiques d'un Varron, à un moindre degré d'un Verrius, et de bien d'autres, puisque, à propos des questions mêmes qu'il se posait, il trouvait une documentation abondante qui les résolvait par la physique [13]. Mais sous peine d'enfreindre les consignes souveraines d'Auguste, il devait les ignorer et s'en tenir à la tradition romaine. De là provient sans doute le déséquilibre qu'on ressent dans son étiologie physique : en concurrence avec d'autres étiologies, elle doit céder le pas. Seule, elle ne parvient pas à trouver une assise solide : qu'on songe aux contradictions sur Vesta.

Nous avons réuni sous le titre « causes philosophiques » des étiologies purement physiques, mais aussi des explications « physiologiques » au sens où l'entendait Varron : des explications tirées de la nature. Ce sont les étiologies de ce type que nous examinerons d'abord, avant d'en venir aux causes purement physiques, qui concernent essentiellement les deux divinités majeures de la prière romaine, Janus et Vesta.

1. Géographie

Nous avons commenté déjà le nom de Vertumne, qu'une étymologie populaire, fondée sur l'emplacement de sa statue, mettait en liaison avec le détournement du fleuve [14]. Bien sûr, *auerso amne* donnerait difficilement *Vertumnus,* et nous avons dit que la grammaire antique ne se souciait guère d'expliquer la disparition des deux *a* initiaux, non plus que le changement

---

12. *Ibid.,* p. 191-192.
13. Les interprétations philosophiques de Janus sont rassemblées dans deux études exhaustives, celles de F. Börtzler (B. 113) et F. Lämmli (B. 486).
14. Voir p. 204.

injustifié de *o* en *u* et de *s* en *t*. La statue elle-même, loin de remonter à une époque antédiluvienne, a été rapportée de Volsinies en l'an 264 av. J.-C.[15]. On choisit le *uicus Tuscus* pour l'installer à Rome, à cause de l'origine étrusque ou prétendue telle du dieu. Tradition tenace, puisque le forgeron Mamurius Veturius est présenté parfois comme le fabricant étrusque de la statue[16]. Les événements qui entourèrent l'installation à Rome de la statue étant largement postérieurs au détournement du Tibre, puisque la *Cloaca maxima* et le drainage de la région remontent aux Tarquins, la statue n'a donc rien à voir avec une étymologie fantaisiste.

La topographie de cette même région du Vélabre, autrefois marécageux, est donnée comme explication par Ovide au rite du déchaussement pratiqué lors des fêtes de Vesta :

> *Hoc, ubi nunc fora sunt, udae tenuere paludes*
> *Amne redundatis fossa madebat aquis.*
> (...) *Qua Velabra solent in Circum ducere pompas,*
> *Nil praeter salices cassaque canna fuit.*
> (...) *Hic quoque lucus erat iuncis et harundine densus*
> *Et pede uelato non adeunda palus.*
> *Stagna recesserunt, et aquas sua ripa coercet,*
> *Siccaque nunc tellus ; mos tamen ille manet.*
>   VI, 401-414

C'est là un thème favori de la religion augustéenne[17], encore qu'Ovide n'ait pas cité les deux étymologies qui faisaient foi, par *uehere* et *uelum*[18]. Simple allusion, également, au *lacus Curtius*, sans que nous soit donné le conte étiologique célèbre qui en éclairait la formation. Le développement d'Ovide, s'il contient, avec l'évocation du promeneur attardé au bord de l'étang, un joli passage de poésie pure[19], n'explique strictement rien, au point de vue de l'étiologie, et surtout pas que les femmes se rendissent pieds nus aux *Vestalia* : d'abord, la nécessité de se déchausser pour franchir les marais n'a rien de religieux ; si la cause était la bonne, l'idée que les marais constituaient un obstacle le seul jour des *Vestalia* est une absurdité ; s'il s'agit d'une commémoration de l'usage antique, pourquoi la placer précisé-

---

15. Voir L.R. Taylor, *Local Cults in Etruria*, Rome, 1923, p. 152 et H. Jordan, *Topogr...*, I, 2, p. 373. Pour L.R. Taylor, qui admet *uertere*, Vertumne est une divinité italique adoptée par les Étrusques.
16. Voir p. 423.
17. J. Collart, *éd. Varr.*, *l.V*, p. 170 : « un cliché commode ».
18. Tibulle, II, 5, 33-34 ; Properce, IV, 9, 5 ; Acron, *Ad Hor. Ep.*, II, 3, 67 ; Tite-Live, V, 32, 6 ; V, 50, 6 ; V, 52, 11, *etc.*
19. VI, 407-408.

ment aux *Vestalia,* qui n'ont, à coup sûr, rien à voir avec les marécages ? Enfin, comment expliquer, dans cette optique, que les femmes fussent les seules à se déchausser ? Ici encore, le rapport entrevu par Ovide ne résiste pas à l'examen, parce qu'il n'est pas une explication : il lui fournit seulement l'occasion d'un développement concurrent d'un passage analogue, lu chez Tibulle.

Il faudrait évoquer ici le lien entre Vertumne et le Vélabre, entrevu par G. Alessio [20]. Cet auteur relève, dans le vocabulaire ligure, un mot *uera/uela* signifiant marécage, qui expliquerait bien le mot Vélabre. Étant donné la proximité entre le Vélabre et l'emplacement de la statue représentant Vertumne, ainsi que la proximité entre *uera/uela* et les noms possibles du dieu, *Vertumnus* et *Velthune* [21], ne pourrait-on penser que, d'une façon ou d'une autre, Vertumne est en rapport avec le marais ?

2. Biologie

Inutile d'épiloguer sur quelques étiologies naturelles ou biologiques, que, pour la plupart, Ovide a probablement inventées, et qui n'ont pas grande valeur explicative, si l'on excepte l'étymologie de *Lucina* par *lux*, longuement commentée par Varron [22] et maintes fois reproduite [23]. Que le bœuf, travailleur, soit épargné, tandis que la truie, paresseuse, est immolée à Cérès, nous montre seulement qu'à l'époque d'Ovide Cérès a bien oublié son rôle primitif qui était d'assurer la croissance des végétaux, pour assumer la responsabilité de la culture dans toutes ses phases : les labours précèdent largement la croissance du blé ! On explique d'ordinaire l'offrande de la *porca* comme une offrande de fécondité [24]. Pour Ovide, elle apparaît simplement comme une offrande de remplacement, l'animal favori de Cérès, le bœuf, étant trop utile pour qu'on le sacrifie. Cette conception pragmatique de la religion et des motivations du sacrifice est, somme toute, bien conforme à la mentalité romaine !

En revanche, l'assertion selon laquelle les matrones fêtent Junon en mars parce que mars est le mois des naissances est une déduction tout à fait

---

20. *Concordances toponymiques sicano-ligures,* dans Onomastica, 2, 1948, p. 198-199.
21. Voir p. 204.
22. *Ling. Lat.,* V, 69.
23. Entre autres, Servius, *Ad Aen.,* I, 8 ; II, 610 : *nam portam luminis nascentibus praebet* ; Plutarque, *Quaest. Rom.,* 77 ; Martianus Capella, II, 149 ; l'étymologie est commentée par F.H. Lee, *Etymological Tendancies of the Romans,* dans *C.W.,* 7, 1914, 90-96.
24. H. Le Bonniec, *Le Culte de Cérès...,* p. 55 ; p. 91 *sq.*

juste, bien plus satisfaisante que les divagations mythiques ou légendaires sur le même sujet :

> *Nunc fecundus ager, pecori nunc hora creandi,*
> *Nunc auis in ramo tecta laremque parat.*
> *Tempora iure colunt Latiae fecunda parentes,*
> *Quarum militiam uotaque partus habet.*
> III, 241-244

Le printemps est bien l'époque universelle de la naissance, dans la vie pastorale et agricole [25] : il n'y a rien d'étonnant à ce qu'une symbolique des fonctions féminines se soit inscrite dans le cadre des réalités animales et végétales de la nature. Il n'en faut pas conclure pour autant qu'Ovide tienne Mars pour un dieu agraire, et prendre pour réalité religieuse des affirmations purement rhétoriques et littéraires. Nous ne sommes pas en présence « d'un des rares documents établissant la nature printanière de Mars [26] » !

Les fonctions féminines et la naissance nous amènent à aborder une fois de plus le problème crucial de l'année de dix mois.

La véritable raison, Ovide l'énonce... en même temps qu'il pose le problème ! L'année avait dix mois parce que, aux yeux des Romains du moins, c'était une année lunaire :

> *Annus erat decimum cum luna receperat orbem*
> III, 121

Et le poète se met en devoir de découvrir des fondements humains à ce choix du nombre dix, sans voir que, si l'année avait dix mois, c'est parce que la lune met ce temps à achever son cycle, sans qu'aucun décret humain ait pu intervenir pour fixer son cours ! Rome, dit-il, était habituée au nombre 10, probablement parce que la forme la plus ancienne de l'arithmétique est effectivement le comput digital. On divisa donc le Sénat en dix parties, ainsi que les troupes, et, poussé par l'habitude, on limita arbitrairement la durée de l'année à dix mois lunaires : l'astre n'avait qu'à s'accommoder du *mos romain*.

Plus de raison, sans doute, dans l'évocation du cycle féminin de dix mois, en rapport avec cette même année roméenne et ses dix lunaisons [27],

---

25. Columelle, *R. rust.*, VII, 6, 6.
26. F. Bömer, *F. éd. comm.*, 2, p. 158 : *...einer der wenigen Belege für Mars in seiner Eigenschaft als Frühlingsgott.*
27. Selon Macrobe, *Sat.*, I, 12, l'année roméenne, aussi fantaisiste que l'année grecque ou acarnanienne, ne correspond ni au soleil ni à la lune (§ 39) ; c'est Numa qui établit le premier un calendrier conforme à l'astronomie (I, 13, 1) ; Voir A. Bouché-Leclercq., *Dict.*

encore que ce ne soit pas la lune qui doive accorder son cycle à la durée de la gestation féminine, mais le contraire ! Les dix mois de cette gestation ont fait couler beaucoup d'encre. Doit-on comprendre que la femme accouche au neuvième mois fini, ou au dixième mois fini [28] ? La solution la plus raisonnable, malgré les critiques à elle adressées par R. Schmitt [29], est celle de Ph. Fabia [30], qui nous rappelle opportunément et simplement que les Romains comptaient le mois de départ et le mois d'arrivée, selon leur mode de calcul bien connu pour la fixation des dates et des durées. La femme romaine portait donc son enfant neuf mois, comme toutes les femmes. Seulement les Romains l'exprimaient par « dix mois », comme ils énonçaient « dans trois jours » ce que nous énonçons, nous, « dans deux jours ». Question d'usage.

Dans un pareil contexte, et compte tenu de l'importance attachée par les Romains à la lune [31], l'assimilation à cet astre de la vieille déesse Anna Perenna prend tout son sens, encore qu'elle repose sur un symbolisme différent. Les déesses « lunaires », en effet, Carmenta [32], Junon, Diane, sont des accoucheuses, ce qu'Anna n'est aucunement. L'assimilation se réfère, semble-t-il, à la notion de temps, tout comme l'autre identification d'Anna avec Thémis, la mère des Heures [33], et a pu favoriser l'éclosion de certaines thèses modernes, où Anna représente soit le Fleuve du Temps, soit le cours cyclique de l'année. Contre E. Siecke, persuadé que tous les dieux à cornes ont une origine lunaire [34], I. Scheftelowitz a démontré [35] que les assimilations lunaires traduisaient la fécondité et la puissance. Les différentes inter-

---

Ant., s.u. Fasti ; Th. Mommsen, *Die Römische Chronologie*, Berlin, 1859 [2] ; A.K. Michels, *The Calendar of Numa*, dans *T.A.Ph.A.*, 80, 1949, p. 320 *sqq.* ; A. Brelich, *Deux Aspects religieux de la Rome archaïque*, dans *A.C.*, 20, 1951, 335-343 ; A.K. Michels, *The Calendar of the Roman Republic*, Princeton, 1967.

28. W. Deonna, *La Légende d'Octave-Auguste*, dans *R.H.R.*, 83-84, 1921, p. 32-58 et p. 163-195 pr. t. 83 ; p. 77-107 pr. t. 84 ; E. Norden, *Die Geburt des Kindes*, Leipzig, 1924, p. 61 ; Th. Bergk, *Beiträge zur Römischen Chronologie*, dans *J.K.Ph.*, 13, 1884, 582 *sqq.*

29. *Vergils decem menses und die indogermanische Anschauung von der Schwangerschaftsdauer*, dans *Mélanges V. Pisani*, 2, 1962, 903-910.

30. *Decem menses*, dans *R.É.A.*, 33, 1931, 33-40. Thèse rejetée par N. Herescu, *Decem menses*, dans *R.É.L.*, 33, 1955, 152-165.

31. On lira avec fruit l'étude de E. Tavenner, *Roman Farmer and the Moon*, dans *T.A.Ph.A.*, 49, 1918, 67-82. *Cf.* S. Lunais, B. 517.

32. Voir A. Pagliaro, *Carmenta*, dans *S.M.S.R.*, 21, 1947, 121-122.

33. *Fast.*, III, 657-660 : *Sunt quibus haec Luna est quia mensibus impleat annum / Pars Themin, Inachiam pars putat esse bouem / Inuenies qui te nymphen Atlantida dicant / Teque Ioui primos, Anna, dedisse cibos.*

34. *Götterattribute*, Iéna, 1909, p. 91 et p. 228 *sqq.*

35. *Hörnermotiv in die Religion*, dans *A.R.W.*, 15, 1912, 451-487, p. 461, n. 549.

prétations auxquelles les Romains ont soumis la figure d'Anna reflètent bien cette ambivalence. Si notre déesse assume en effet des fonctions temporelles (assimilation avec Thémis), elle est dotée également de fonctions nourricières lorsqu'elle apparaît sous les traits de l'Atlantide Hagnô, nourrice de Zeus, ou de la vieille boulangère banlieusarde. Les déesses lunaires sont figurées avec des cornes (on pense aux cornes ornant le temple de Diane sur l'Aventin [36]), on comprend alors qu'Ovide (et apparemment lui seul) ait confondu Anna avec la génisse Io : la transposition est, sous la plume d'un poète mythographe, tout à fait normale.

3. Chaos et genèse

A principio ordiamur : nous avons commenté déjà l'étymologie de *Ianus* par le verbe latin équivalent au grec χάσκειν, et la conception d'un *Ianus* personnification du Chaos [37]. L'étiologie d'Ovide ne répond pas, une fois encore, à son sujet : comment deux visages pourraient-ils symboliser la confusion originelle des éléments ?

Ovide pouvait disposer de deux sources proches. La thèse de Varron, qui lui est personnelle, comme le montre F. Börtzler [38], et que nous trouvons résumée chez saint Augustin [39] : Janus serait le Monde, divisé en deux groupes d'éléments : air + éther, terre + eau. Le dieu est donc en fait une substance inanimée. Ces vues s'opposent à celles de Verrius Flaccus, pour qui Janus est le Démiurge, c'est-à-dire un dieu vivant et manifestant une volonté créatrice [40]. Cette théorie est empruntée à Messala, selon qui Janus est la force ordonnatrice du Chaos [41].

De l'avis de J.S. Speÿer, les deux thèses n'en font qu'une : « Il n'y a pas de différence essentielle », écrit-il [42], « entre les deux conceptions. Nous y trouvons deux rédactions d'une même théorie cosmologique, dont l'une

---

36. Plutarque, *Quaest. Rom.*, 4 : Διὰ τί τοῖς ἄλλοις Ἀρτεμισίοις ἐπιεικῶς ἐλάφων κέρατα προσπατταλεύουσι, τῷ δὲ ἐν Ἀβεντίνῳ βοῶν ; on lira l'article de E. Gjerstad, *The Aventine Sanctuary of Diana*, dans *A.A.*, 41, 1970, 99-107.
37. Voir p. 249.
38. *Janus und seine Deuter*, dans *A.V.B.W.G.*, IV, 3-4, 1930, 106-196, p. 143.
39. *Ciu. Dei*, VII, 6.
40. Paulus, *s.u. Chaos*, p. 45 L. : (Ianus) *a quo rerum omnium factum putabant initium.*
41. Dans Macrobe, *Sat.*, I, 9, 14 : « *qui cuncta fingit eademque regit, aquae terraeque uim ac naturam grauem atque pronam in profundum dilabentem, ignis atque animae leuem in immensum sublime fugientem copulauit circumdato caelo* ». (Börtzler, p. 133-134).
42. *Le Dieu romain Janus*, dans *R.H.R.*, 26, 1892, 1-47, p. 6.

représente la formule spiritualiste et l'autre sent le matérialisme ». Cela ne nous semble pas tout à fait exact.

Si la première thèse, en effet, appartient en propre à Varron, elle s'inspire de concepts épicuriens, fondés sur les idées de Leucippe et d'Empédocle, pour qui les éléments s'ordonnèrent d'eux-mêmes [43]. La seconde est au contraire stoïcienne, selon F. Börtzler et F. Bömer [44]. Mais on la rencontre déjà dans le *Timée* de Platon, chez Pythagore, chez Aristote [45]. C'est ce que nous apprend du reste un fragment de Chrysippe, cité par Stobée [46] : « c'est la divinité qui a réalisé toute l'ordonnance des choses ». Les deux théories faisant intervenir la question clef qui divise toutes les sectes : « y a-t-il ou non des dieux ? », il semble difficile de parler d'une *même* théorie cosmologique.

Venons-en à Ovide. Selon l'analyse de F. Bömer, il s'est inspiré de Verrius Flaccus, c'est-à-dire d'une *stoisch fundierte Chaoskosmogonie*, mêlée de traits venus d'Empédocle. Cette thèse se fonde sur l'emploi du mot *lis*, qui rappelle d'autres expressions analogues de *Met.*, I, 18-25. F. Börtzler préfère penser qu'Ovide s'est inspiré de Messala, ce qui revient au même, l'un étant la source de l'autre. Il faut, pour cela, que le texte de Macrobe rapportant les idées de Messala dise bien ce que F. Börtzler lui fait dire : que *Janus ist Chaos und Kosmos zugleich* [47]. Ovide, quoi qu'il en soit, considère bel et bien Janus comme le Chaos personnifié : « Les Anciens m'appelaient Chaos ... Quand cette masse se dissocia..., c'est alors que moi, qui n'étais naguère qu'une boule, une masse informe, je pris un visage et des membres dignes d'un dieu [48] ». Sa conception est donc plus proche de celle de Varron que de celle de Verrius !

Mais tout le monde s'en va chercher bien loin... Il est possible de trouver aux vers de notre poète une source bien plus commode que toute cette

---

43. P. Boyancé, *Lucrèce et l'Épicurisme*, Paris, 1963, p. 222.
44. F. Börtzler, *op. cit.*, p. 134 ; F. Bömer, *F. éd. comm.*, 2, p. 20.
45. P. Boyancé, *loc. cit. supra*.
46. *Ecl.*, I, 184.
47. *Op. cit.*, p. 135. Si Ianus est ensemble le Chaos et le Kosmos, il ne peut être aussi le dieu distinct qui ordonne le Chaos, et nous retombons donc sur la thèse épicurienne. L'analyse du texte de Macrobe est contestable. Voir G. Pfligersdorffer, *Ovidius Empedocleus*, dans *G.B.*, 1, 1973, 177-209.
48. *Fast.*, I, 101-112, dont :
    Me Chaos Antiqui, nam sum res prisca, uocabant (103)
    (...) Vt semel haec rerum secessit lite suarum
        Inque nouas abiit massa soluta domos, (107-108)
    (...) Tunc ego qui fueram globus et sine imagine moles,
        In faciem redii dignaque membra deo. (111-112)

fumeuse philosophie grecque : les vers d'un autre poète, Lucrèce, qui dépeignent la formation du monde, et qu'Ovide a reproduits avec une fidélité scrupuleuse. Au début, dit Lucrèce, il y avait le Chaos. Puis, les éléments s'ordonnèrent en parties et *membres* égaux :

> *Diffugere inde loci partes coepere paresque*
> *Cum paribus iungi res, et discludere mundum,*
> *Membraque diuidere et magnas disponere partes* [49].

Ce dernier vers ne peut que nous remettre en mémoire l'expression ovidienne : *In faciem redii dignaque membra deo.*

Tout cela se produisit, affirme le poète épicurien, à cause d'une discorde, et d'une lutte des éléments entre eux :

> *...discordia quorum*
> *Interualla uias conexus pondera plagas*
> *Concursus motus turbabat, proelia miscens,*
> *Propter dissimilis formas, uariasque figuras.*

Poète épique et passionné par son sujet, Lucrèce développe la même idée avec plusieurs variations de style : *discordia, plagas, turbabat, proelia*. Étiologue, et pressé par le nombre des questions qu'il doit aborder, Ovide condense toute cette description dans le seul mot *lis*, la « contestation » :

> *Vt semel haec rerum secessit lite suarum,*
> *Inque nouas abiit massa soluta domos...*

Plus semblables encore, les deux passages suivants : l'éther igné s'élance vers le haut, tandis que la terre, masse pesante, reste au centre :

Lucrèce : *...Primus se sustulit aether*
Ignifer, et multos secum leuis abstulit ignis
Ovide : *Flamma petit altum, propior locus aera cepit* I, 109
Lucrèce : *...Terrai corpora quaeque,*
Propterea quod erant grauia et perplexa, coibant,
In medio atque imas capiebant omnia sedes.
Ovide : *Sederunt medio terra fretumque solo.* I, 110

Rien d'étonnant qu'Ovide ait préféré s'inspirer de Lucrèce plutôt que de Varron ou de Verrius Flaccus : il trouvait déjà exprimées de façon poétique des notions de physique assez difficiles à mettre en vers, et pouvait

---

49. Lucrèce, V, 443-445 ; Lucrèce emploie *moles*, que l'on retrouve chez Ovide — *Globus et sine imagine moles* —. Les autres citations de Lucrèce sont extraites du livre V, 437-440, 458-459, 449-451.

alors s'ingénier à en varier l'expression, ce qui ne pouvait que tenter son génie prompt aux joutes poétiques. Nous connaissons son admiration pour le génial aîné. N'est-il pas le premier à nommer Lucrèce dans les *Amours*, et en quels termes chaleureux :

> *Carmina sublimis tunc sunt peritura Lucreti,*
> *Exitio terras cum dabit una dies* [50].

Ce sont donc probablement des raisons poétiques qui ont motivé son choix, et l'ont amené à adopter les thèses épicuriennes, en face de celles, solaires, de Lutatius [51]. Aussi préférons-nous nous arrêter à Lucrèce, dans notre *Quellenforschung*, plutôt que de remonter, un peu inutilement, jusqu'à Hésiode, comme le soutient L.M. de Padierniga [52].

Il est amusant de constater que la nécessité poétique a forcé Ovide à exposer les théories de Messala, de Verrius Flaccus, des Stoïciens, sur le passage du Chaos au Kosmos, théories auxquelles il adhérait dans les *Métamorphoses* [53], à l'aide de vers copiés sur ceux de Lucrèce, poète épicurien, ce qui a pour effet de supprimer le « dieu ordonnateur » dont fait état son ouvrage épique. La forme trahit donc le fond, la doctrine une fois exposée ne se reconnaît plus elle-même. De Verrius on est passé à Varron, du Stoïcisme à l'Épicurisme, du spiritualisme au matérialisme.

Mais Ovide est-il tout à fait acquis aux idées épicuriennes ? Nous ne pouvons le savoir exactement, puisque les idées des Épicuriens sur Janus nous demeurent inconnues. Ce qu'il y a de sûr néanmoins, c'est que l'*altera causa* de la conformation du dieu Janus n'est pas issue de thèses épicuriennes.

Janus est en effet le patron de l'*ire et redire* [54], le portier céleste, l'ouvreur des portes du ciel, qui permet à Jupiter d'entrer et de sortir :

---

50. I, 15, 23-24. Aussi *Tr.*, II, 423 *sqq.* ; voir P. Boyancé, *Lucrèce et le monde*, dans *L.H.*, 4, 1945, 122-143, p. 126.
51. J. Lydus, *Mens.*, IV, 2 ; F. Börtzler, *op. cit.*, p. 112-116.
52. *Naturaleza de Jano...*, dans *Emerita*, 10, 1942, 66-97, p. 92 : *La concepciòn de Jano, el más antiguo de los dioses latinos, como Caos primordial del universo, seguramente es debida al influjo que sobre los mitólogos debió de ejercer Hesiodo, el cual comienza por el Caos el desarrollo de su Teogonia.*
53. I, 21 *sqq.* :
> *Hanc deus et melior litem natura diremit*
> *Nam caelo terras et terris abscidit undas*
> *... Quae postquam euoluit caecoque exemit aceruo,*
> *Dissociata locis concordi pace ligauit.*

Toute la description est résolument sur un mode personnel : *Quisquis fuit ille deorum secuit ; In membra redegit... / glomerauit... / iussit... / addidit... / eodem cura dei premuntur.*
54. F. Börtzler, *op. cit.*, p. 120-122.

> *Quidquid ubique uides, caelum, mare, nubila, terras,*
> *Omnia sunt nostra clausa patentque manu.*
> *Me penes est unum uasti custodia mundi,*
> *Et ius uertendi cardinis omne meum est.*
>
>   I, 117-120

C'est proprement, estime F. Börtzler, la conception de Nigidius Figulus, le Néo-pythagoricien [55], qui fait de Janus le dieu portier correspondant à l'Apollon *Thuraios* grec. Le savant allemand trouve d'ailleurs dans les vers d'Ovide la confirmation que les idées de Nigidius sur le dieu étaient plus cosmiques qu'il ne le paraît à la lecture de la simple définition reproduite par Macrobe : *Den Janitorgedanken erhebt er nun aber auch ins Kosmische. Das ist der Sinn seiner Hereinziehung der beiden Sterngottheiten. Er ist der Pfortner des Welthaushalten* [56]. Notons cependant qu'Ovide n'a pas conservé l'assimilation entre Janus et Apollon que cautionnait le philosophe néo-pythagoricien : *Sed apud nos Ianum omnibus praeesse ianuis nomen ostendit, quod est simile* θυραίῳ. *Nam et cum claui ac uirga figuratur, quasi omnium et portarum custos, et rector uiarum* [57]. Il a reproduit l'interprétation du philosophe, mais laissé au dieu, et c'est méritoire de la part d'un poète qui répond à toutes les sollicitations de l'hellénisme, sa figure romaine. Ne s'écrie-t-il pas :

> *Quem tamen esse deum te dicam, Iane biformis ?*
> *Nam tibi par nullum Graecia numen habet*
>
>   I, 89-90

Cette affirmation a fourni à R. Pettazzoni le point de départ d'un article où il montre qu'il existe déjà en Grèce et dans d'autres mythologies, des dieux *Bifrontes* (Argos, Borée, Culsans notamment), cette caractéristique étant l'apanage des dieux solaires [58].

Quant à l'étymologie que proposait Nigidius, avec l'ancien *Iana devenu par euphonie *Diana*, qui mène, selon certains Modernes, à un *Dianus* devenu *Ianus*, (dérivation séduisante mais erronée [59]), Ovide n'en a

---

55. *Op. cit.*, p. 121.
56. P. 119.
57. Macrobe, *Sat.*, I, 9, 7-8.
58. R. Pettazzoni, *Per l'Iconografia di Giano*, dans *S.E.*, 24, 1955, 79-90.
59. Le *d* est euphonique *(decoris causa)* disent les définitions latines. Ce n'est pas la racine **Diu-* qu'y décèlent E. Cocchia, *Elementi naturalistici...*, dans *Mous.*, I, 1923, 3-23, p. 11, ou W. Kahl, *Cornelius Labeo*, dans *Philologus*, suppl. 5, 1889, 732-753, p. 749. L.A. MacKay, *Ianus*, dans *U.C.Ph.*, 15, 4, 1956, 157-182, adopte l'étymologie *Dianus → Ianus*, et donne du dieu une interprétation lunaire.

pas fait état, lui préférant soit le *Eanus* « cicéronien », soit une étymologie populaire par *ianua* : il semble pencher alors du côté des Stoïciens.

En conclusion, la conception qu'Ovide se fait de Janus semble être la conception néo-pythagoricienne du dieu portier, qui, coïncidant avec les idées populaires unissant *Ianus* et *ianua*, lui plaisait à ce double titre. Cette conception de base s'accommode pourtant d'une étymologie stoïcienne, tandis que la genèse de Janus, le Chaos primitif anthropomorphe, remplaçant la conception stoïcienne des *Métamorphoses*, s'exprime dans des vers fortement teintés d'épicurisme ! Ovide puise indifféremment, selon ses besoins, dans toutes les doctrines qui lui sont accessibles, et révèle ainsi un éclectisme qui ne nous surprendra pas.

Ovide apparaît donc moins physicien que simplement poète. C'est la conclusion à laquelle s'arrête définitivement F. Lämmli, au terme d'une étude approfondie consacrée à notre texte, à ses sources et à ses attaches avec les philosophies biblique et égyptienne, dont l'érudition et l'intelligence nous plongent dans l'admiration [60]. Le premier indice en est du reste le choix du mot hésiodique « Chaos » au lieu de tout autre mot signifiant « principe » ou « origine » : « Mais nous devons ici, après nous être tant préoccupé de philosophie, faire observer qu'Ovide non seulement ne s'attache à aucun système de philosophie particulier, mais n'a même aucun besoin de philosophie : il s'agit bien davantage de *poésie* [61] ».

La cause qui met en relation les rites des *Parilia* avec le rôle des éléments premiers, le Feu et l'Eau, dans la création, nous permettra de demeurer aux origines du monde :

An quia cunctarum contraria semina rerum
Sunt duo discordes, ignis et unda, dei,
Iunxerunt elementa patres, aptumque putarunt
Ignibus et sparsa tangere corpus aqua ?
IV, 787-790

S'il découvre quelques vers utiles dans le poème de Lucrèce, (nous songeons à la lutte de l'Eau et du Feu [62]), Ovide n'y découvre pas, à proprement parler, une théorie sur les origines du Monde : la lutte des deux

---

60. *Vom Chaos zum Kosmos, zur Geschichte einer Idee*, Bâle, 1962. Citation du vol. 1, p. 135.
61. *Aber eines müssen wir an dieser Stelle betonen, nachdem wir so viel Philosophie bemüht haben, Ovid folgt nicht nur keinem bestimmten philosophischen System, er bietet überhaupt keine Philosophie. Es handelt sich ja vielmehr um Dichtung.*
62. V, 380-415.

éléments se déroule, en effet, une fois que le monde est déjà créé, puisque l'eau y engloutit les villes. Ce n'est donc pas dans ces vers célèbres du *De Natura Rerum* qu'il nous faut chercher la source d'Ovide. Est-ce alors dans les idées stoïciennes, comme le laisserait à penser un texte de Varron, inspiré, suppose J. Collart, par Posidonius [63] ? Les Stoïciens admettaient, en effet, dans toute créature, l'union d'un principe actif (air, feu), et d'un principe passif (terre, eau). Mais ce n'est pas exactement le feu et l'eau ! Le texte de Varron, du reste, commente au premier chef la naissance de Vénus (à partir d'une étincelle du Feu divin tombée dans la mer), qu'il assimile à l'union de l'eau et du feu dans les rites du mariage. En fait, les Stoïciens placent aux origines du Monde un principe igné, qui est Dieu [64]. Cette thèse reprend, en lui apportant quelques modifications, la fameuse thèse d'Héraclite [65], déjà utilisée par Platon, pour qui « les Dieux sont de feu ». L'eau n'y apparaît pas. Une seule théorie fait naître le monde de l'eau, c'est celle de Thalès [66].

Aucune philosophie de nous connue ne place aux origines du monde les deux éléments *ensemble,* si l'on excepte la doctrine d'Archélaos, qui faisait fusionner le chaud et l'humide dans l'œuvre de création [67]. Mais le rituel des *Parilia* imposait à Ovide de parler de l'eau et du feu. Il s'est donc référé aux deux théories de Thalès et d'Héraclite, qu'il juxtapose en un même vers, union sans garantie philosophique, évidemment, mais pleine de sens sur le plan étiologique, puisqu'elle s'articule étroitement sur le rituel existant.

Peut-être l'influence de quelques vers de Virgile a-t-elle joué ? Le poète épique affirme en effet que la purification des âmes après la mort est douée d'une dimension cosmique, puisque, pour retrouver sa pureté originelle, le principe igné de tout être doit se voir soumis au vent, au feu et à l'eau :

...aliae panduntur inanes
Suspensae ad uentos, aliis sub gurgite uasto
Infectum eluitur scelus aut exuritur igni [68].

A l'intérieur des *Parilia,* toujours, d'autres causes physiques ou naturelles : le feu purifie les métaux, écrit Ovide :

---

63. *Éd. Varron, L. L., V.,* Paris, 1954, p. 181 et 182, (*ad* n. 4 de la p. 59 et n. 2 p. 60).
64. Diogène Laërce, sur Zénon, VII, 1, 136-137 ; Posidonius, chez Stobée, I, 58.
65. Diogène Laërce, *ibid.,* § 135 ; sur Platon : III, 74.
66. Diogène Laërce, I, 1, 27.
67. Diogène Laërce, II, 4. « Archélaos pensait que la vie provenait de deux causes : le chaud et l'humide ; que les êtres vivants étaient nés du limon de la terre... ».
68. Virgile, *Aen.,* VI, 740-742.

*Omnia purgat edax ignis, uitiumque metallis
Excoquit : idcirco cum duce purgat ouis ?*

IV, 785-786

ce qui est, certes, une observation technique fondée et vérifiable [69], exprimant bien la genèse d'un symbolisme issu de la vie quotidienne. Le rapport instauré entre le rite lustratoire et le feu conçu comme élément de lustration est, du reste, le seul essai d'harmonisation entre le rituel et son étiologie que nous trouvions parmi les huit causes des *Parilia*, et l'un des rares que contiennent les *Fastes*.

On ne pourra, en revanche, accorder une valeur égale à la cause antépénultième, avec les bergers découvreurs du feu :

*Pars quoque, cum saxis pastores saxa feribant,
Scintillam subito prosiluisse ferunt.*

IV, 795-796

La référence en est plus littéraire que philosophique, puisque empruntée à deux vers bien connus de Virgile : *...Et silicis uenis abstrusum excuderet ignem* [70], et *Ac primum silici scintillam excudit Achates* [71]. Peut-être cette dernière référence à l'*Énéide* aura-t-elle entraîné, par association d'idées, l'*aition* suivant, et l'allusion à la fuite d'Énée à travers l'incendie de Troie. Doit-on pourtant interpréter cette double étincelle comme le souvenir de la double disparition d'Agni [72] ? Le rapport ne paraît pas évident.

Nous voilà bien loin de Janus et du Chaos primitif, auxquels il nous faut pourtant revenir si nous voulons expliquer le début de l'année romaine.

La cause que va donner Ovide au début de l'année en plein hiver n'est pas de son invention. Bien avant lui, on avait reconnu la coïncidence entre le premier de l'An et le solstice d'hiver [73], étiologie approximative, qui sera répétée bien après lui [74]. La réponse que laisse tomber Janus a la sécheresse

---

69. Voir G. van der Leeuw, *La Religion dans son essence et ses manifestations*, Paris, 1970, p. 40 *sqq*. Texte additif : Pline, *Nat. Hist.*, XXXVI, 200 : *igni ferrum gignitur ac domatur, igni aurum perficitur*, etc.
70. *Georg.*, I, 135.
71. *Aen.*, I, 174.
72. G. Dumézil, *Fêtes romaines...*, p. 69, n. 1.
73. Varron, *Ling. Lat.*, VI, 28.
74. Plutarque, *Quaest. Rom.*, 19 ; Pline, *Nat. Hist.*, XVIII, 221 ; Censorinus, *De Die*, XXI, 13 ; Servius, *Ad Aen.*, II, 472 ; voir M.P. Nilsson, *Studien zur Vorgeschichte des Weinachtsfestes*, dans *A.R.W.*, 19, 1916, p. 50 *sqq*.

et la concision d'une équation scientifique :

> *Bruma noui prima est ueterisque nouissima solis*
> *Principium capiunt Phoebus et annus idem.*
> I, 163-164

Ovide a bien dû accepter une étiologie qu'il n'était pas question de discuter. Toutefois, le poète et l'« honnête homme » qu'il est aussi ne peuvent se résigner à voir spolier le printemps au profit de l'hiver, et négliger la coïncidence entre le début de l'année civile ancienne et la reprise des travaux agricoles. Aussi expose-t-il, comme s'il était choqué du paradoxe, une thèse fausse avec une feinte naïveté très réussie :

> *Dic, age, frigoribus quare nouus incipit annus*
> *Qui melius per uer incipiendus erat ?*
> *... Tum patitur cultus ager, et renouatur aratro.*
> *Haec anni nouitas iure uocanda fuit !*
> I, 149-160

On sait bien, Ovide sait bien, que l'année commence effectivement en mars [75], et que les anciens Romains, ignorant les réalités astronomiques, avaient donné toute son importance au printemps, début de l'année agricole et guerrière. Instruit des véritables causes naturelles, Ovide ne sait pas les accepter sans protester, lorsqu'elles s'opposent au sentiment poétique.

4. Vesta et le Feu

Nous finirons, comme finissaient les prières romaines, par Vesta. Il fallait s'y attendre : Ovide utilise selon ses besoins les diverses traditions philosophiques répandues à son sujet. Vesta est alternativement la Terre et le Feu...

Il faut expliquer, évidemment, la forme du temple, la *tholos* étant rare dans la construction romaine de la République.

Ovide s'y emploie en faisant appel, d'une façon un peu laborieuse, — mais peut-on le lui reprocher ? — à une thèse philosophique selon laquelle Vesta est la terre. Il nous décrit le fameux Planétarium d'Archimède [76], qu'il a pu contempler de ses propres yeux dans le temple de *Virtus* [77] : « l'ingénio-

---

75. Voir p. 55.
76. Pour les détails historiques, voir F. Bömer, *F. éd. comm., ad loc.*
77. Cicéron, *Tusc.*, I, 63 ; *Rep.*, I, 14 ; Plutarque, *Marc.*, 28 ; Lactance, *Diu. Inst.*, II, 5.

sité syracusaine a suspendu dans un espace clos un globe, petite image de l'immense voûte céleste : la terre est à égale distance du haut et du bas : c'est l'effet de sa rotondité. La forme du temple est la même : aucun angle n'y fait saillie ; une coupole le protège des averses [78] ». Cette description confère un aspect original et documenté à une étiologie qu'Ovide emprunte à Verrius Flaccus : *Rutundam aedem Vestae Numa Pompilius rex Romanorum consecrasse uidetur, quod eandem esse terram qua uita hominum sustentaretur crediderit ; eamque pilae forma(m) esse, ut sui simili templo dea coleretur* [79]. Et déjà Varron comparait la terre à une balle : *pila terrae* [80]. Il est probable que Varron s'inspirait, lui, de théories stoïciennes [81]. Néanmoins, J.P. Postgate a démontré que par delà les Stoïciens et par delà Varron, Ovide avait pu se souvenir d'un passage du *Phédon* (p. 108 E). L'expression grecque, en effet, $\pi\varepsilon\rho\iota\varphi\varepsilon\rho\dot{\eta}\varsigma$ correspond au mot latin *uolubilitas*, tandis que le *sustinet* traduit littéralement le $\pi\rho\grave{o}\varsigma\ \tau\grave{o}\ \mu\dot{\eta}\ \pi\varepsilon\sigma\varepsilon\tilde{\iota}\nu$ de Platon [82]. A ce compte, Ovide pouvait aussi bien se référer à la philosophie pythagoricienne ! « Le monde est animé » disent les disciples de Pythagore, « spirituel, sphérique, et il porte en son milieu la terre, qui est ronde aussi [83] ». L'étymologie inspirée par ces réflexions, *Vesta ← ui sua stet* apparaît d'abord chez Ovide.

En revanche, si l'on peut hésiter pour la source d'Ovide, on est sûr qu'Ovide est celle de Servius, en un texte qui s'inspire des *Fastes* : *quod in medio mundo librata ui sua stet et ignem intra se habeat* : nous y trouvons en effet la même étymologie *(ui stare)*, le mot technique *librata*, et un rappel du vers : *subest uigil ignis utrique* [84].

Nous venons d'évoquer l'étymologie : elle aussi est source de problèmes. A coup sûr, l'étymologie que nous propose Ovide, avec une racine

---

78. *Fast.*, VI, 267-282, dont :
  Arte Syracosia suspensus in aere clauso
  Stat globus, immensi parua figura poli,
  Et quantum a summis, tantum secessit ab imis
  Terra ; quod ut fiat, forma rotunda facit :
  Par facies templi ; nullus procurrit in illo
  Angulus ; a pluuio uindicat imbre tholus (277-282).
79. *S.u. Rutundam*, p. 320 L.
80. *Ling. Lat.*, VII, 17, ou chez Nonius, p. 379 Q., dans le « $\tau\alpha\varphi\tilde{\eta}$ | $M\varepsilon\nu\acute{\iota}\pi\pi o\nu$ ».
81. F. Bömer, *op. cit.*, p. 357 : *In Wirklichkeit, ist das stoische Spekulation (...) Die gemeinsame Quelle kann also Varro gewesen sein, wobei offen bleiben muss, wer von diesem benutzt wurde.*
82. *Notes on Ovid Fasti*, dans *CQ*, 12, 1918, p. 139 (aussi *CQ*, 4, 1910, 197 et *CQ*, 8, 1914, 247).
83. Diogène Laërce, VIII, 1, 25.
84. Servius Daniélis, *Ad Aen.*, II, 296.

curieuse, *ui stare*, n'est pas varronienne : le grammairien préférait, affirme Augustin, le verbe *uestire*[85]. Elle n'est pas non plus stoïcienne, puisque les philosophes de l'école se bornaient, assure Cicéron, à rapprocher *Vesta* de *Hestia*[86]. Ovide aurait-il connu alors l'étymologie couramment affectée à *Vesta*, ἥστανai, et traduit ce mot par (*ui*) + *stare* ? Nous pensons à une solution bien ovidienne : un texte de Servius nous propose la même étymologie, mais relative à une *Vesta* entendue comme étant le Feu : *Alii de igne diuino hoc uolunt dictum, quod ui sua stet : inde Vestam*[87]. La source de Servius ne peut être à ce moment-là les *Fastes*, puisque ces derniers comprennent l'étymologie pour une *Vesta* = la Terre ! et puisque le *alii* servien s'oppose à ceux qui croient que Vesta est la terre, évidemment Ovide. Le poète a donc emprunté l'étymologie donnée par les tenants de Vesta = feu sacré, et l'a adaptée à son idée personnelle. L'absence de l'étymologie par *ui stare* chez les auteurs qui définissent Vesta comme la terre laisse inférer que l'adaptation est son œuvre personnelle.

Les Modernes rapprochent de préférence la forme du temple de celle des cabanes primitives (qu'on songe à celle de Romulus sur le Palatin[88]). G. Dumézil pourtant a repoussé cette conception, et, opposant le temple rond de Vesta aux habituels *templa quadrata*, préféré à la forme des huttes préhistoriques la règle ancienne de construction des foyers indo-européens[89]. Il faudrait peut-être chercher du côté des cages à feu primitives, dans lesquelles les tribus transhumantes conservaient les précieuses braises. Peut-être adoptaient-elles la forme de cabanes en miniature, un peu comme les urnes cinéraires ? On pourrait alors imaginer que le temple d'une déesse du feu reproduirait la forme des récipients servant à transporter le feu ? Ce n'est là qu'une hypothèse.

Laissons de côté les interprétations des Anciens, toutes inspirées par des philosophies diverses, encore que soit prépondérante l'interprétation par le Feu, Augustin le remarque déjà[90]. Plus importants que les spéculations

---

85. *Ciu. Dei*, VII, 24.
86. *Nat. Deor.*, II, 68. *Contra*, L. Deroy, *Le Culte du Foyer*, B. 217.
87. *Ad Aen.*, II, 296. Pour l'étymologie, on peut s'en tenir au *ə¹'eû*, proposé par É. Benveniste, cité par G. Dumézil, *Rituels indoeuropéens*, Paris, 1954, p. 33, le premier utilisateur du feu sacrificiel étant *Vivàsvat* ; *ə¹ eû* signifie « brûler ». Voir pourtant F. Ribezzo, cité à la p. 254 (*uerse* = le feu).
88. W. Altmann, *Die Italischen Rundbauten*, Berlin, 1906, p. 58 ; G. Wissowa, « Vesta » dans *Lexicon*, VI, col. 248. Aussi F.M. Bennett, *A Theory concerning the Origin and the Affiliations of the Cult of Vesta*, dans *C.W.*, 7, 1913, 35-37.
89. *Rituels indo-européens à Rome*, Paris, 1954, chap. « *Aedes rotunda Vestae* », p. 27-43.
90. *Ciu. Dei*, IV, 10. Lire K.R. Prowse, *The Vestal Circle*, dans *G. & R.*, 14, 1967, 174-187.

philosophiques ou étymologiques, les rites parlent incontestablement de feu, et G. Dumézil le reconnaît, lorsqu'il écrit que l'assimilation de Vesta et de la Terre « ne peut être facilement déduite de ses offices ni de son culte [91] ». La fonction principale des prêtresses est la surveillance du feu sacré, qu'elles doivent rallumer, le cas échéant, par des moyens archaïques [92], et dont l'extinction est sévèrement punie [93]. La fête de Vesta est également celle des boulangers : Ovide l'explique en se référant au mode de cuisson du pain à l'époque archaïque, et Vesta intervient en tant que maîtresse du foyer *(domina focorum)* :

> *Subpositum cineri panem focus ipse parabat,*
> *Strataque erat tepido tegula quassa solo.*
> *Inde focum seruat pistor, dominamque focorum,*
> *Et quae pumiceas uersat asella molas.*
> VI, 315-318

Semble parler également en ce sens la pureté obligée des prêtresses : elles ne doivent pas commettre l'adultère [94], ne doivent subir en aucun cas le contact de la mort ; le supplice des captifs qu'elles rencontrent est suspendu [95] ; les pères et mères des prêtresses doivent être vivants ; le supplice même des Vestales incestueuses n'est pas une mise à mort, puisqu'on prend soin de leur laisser du pain, de l'eau, de l'huile [96]. Qu'on se rappelle les vers d'Ovide et le texte de Varron qui concernent l'interdiction d'introduire dans les temples des choses mortes, pour éviter de souiller les purs foyers, *ne uiolent puros focos* [97]. La pureté des Vestales est peut-être à inclure dans cet ordre d'idées.

Quant à l'interprétation de Vesta comme étant la terre, elle ne se laisse dégager d'aucun rite, et apparaît comme le fruit de la seule étiologie.

Nous avons vu ce qu'il fallait penser du rapport établi entre la terre et la forme du temple : il est inséparable des spéculations physiques grecques. La terre, de toute façon, y apparaît en tant que planète, pas en tant que réceptacle de semences. A Rome, Tellus ne possède pas de temple rond !

---

91. *Op. cit.,* p. 28.
92. Festus, *s.u. Ignis,* p. 94 L. ; Plutarque, *Num.,* IX, 10-15.
93. Cicéron, *Leg.,* II, 8, 21 ; E. Loeb, *Staatsfeuer u. Vestalinnen,* dans *Paideuma,* 8, 1961, 1-24. G. Giannelli, *Il Sacerdozio delle Vestale romane,* 1913, *passim* ; J.G. Frazer, *The Prytaneum...,* dans *J.Ph.,* 14, 1885, 145-172.
94. Pour mémoire, la théorie de N. De Witt, *Vesta Unveiled,* dans *Mélanges B.G. Ullman,* Saint-Louis du Missouri, 1960, avec sa conception des Vestales anciennes prostituées !
95. Plutarque, *Num.,* X, 6.
96. Bonnes remarques de R. Cagnat, *Les Vestales...,* C.M.G., 1906, p. 86.
97. Voir p. 284-286.

L'étymologie, qu'elle soit *ui stare* ou *uestire,* est conçue en fonction de ces assimilations philosophiques. Plus sage paraît alors le rapprochement instauré entre Vesta et Hestia, la déesse du foyer. Si cette étymologie est bien ə¹ *eû,* brûler, rien de plus satisfaisant. Si elle est à chercher plutôt dans le verbe ἡστάναι être installé [98], elle se rapporte aux campements nomades primitifs, installés autour du feu : le « foyer » n'est-il pas la désignation métonymique pour : la maison ?

Pour prouver que Vesta est la Terre, on nous parle également des fonctions « agraires » des Vestales [99]. Toutefois, les fonctions des Vestales ne concernent aucunement la croissance du grain ou la fécondité de la terre : l'essentiel de leur action (cueillette des épis, mouture, cuisson), se situe au moment de la confection du gâteau sacré, non pas au moment des semailles ou de la pousse de la plante. Les épis, du reste, ne sont pas encore mûrs à l'époque de leur cueillette, en mai.

L'enterrement des Vestales adultères semble parler aussi, les vers d'Ovide le prouvent [100], en faveur de cette assimilation indue. Mais le supplice par ensevelissement d'un être vivant n'est pas spécifique du culte de Vesta : qu'on songe aux exécutions de Grecs et de Gaulois enterrés vivants au Forum Boarium, à plusieurs reprises dans l'histoire de Rome. Quant à l'obligation de virginité pour les prêtresses, elle cadre on ne peut plus mal avec le culte d'une *Terra mater* ! *Mater* est pourtant un surnom de Vesta, objecte A. Brelich [101] ; bien sûr, mais ce surnom est uniquement, comme, du reste, celui de *pater* appliqué aux trois-quarts des dieux romains, un terme de vénération : on serait bien en peine de citer un seul de ses enfants...

Vesta est donc avant tout une déesse du Feu [102]. A. Brelich a opposé à cela le fait que Vesta est femme et vierge, tandis que le Feu est mâle et fécondant [103]. L'argument n'est pas décisif. Tout d'abord, le Feu apparaît

---

98. A. Ernout et A. Meillet, *Dict. Étym.,* p. 229 (éd. 1959).
99. A. Brelich, *Vesta,* Zurich, 1949 ; L.A. Holland, *Janus and the Bridge,* Rome, 1961, 21, p. 319 *sqq.* Mise au point effectuée par E.M. Loeb, *Staatsfeuer und Vestalinnen,* dans *Paid.,* 8, 1962, 1-24.
100. *Fast.,* VI, 459-460.
101. *Op. cit.,* p. 57-58.
102. G. Wissowa, « Vesta », *Lexicon,* VI, col. 242 *sqq.* ; A. Preuner, *Hestia-Vesta,* Tubingen, 1864 ; O. Huth, *Vesta,* Leipzig, 1943 : étude du « foyer » indo-européen.
103. P. 10 ; p. 68 *sqq.* ; Cicéron, *Nat. Deor.,* II, 28. L'équation établie par Ovide entre le caractère stérile du feu et la virginité des prêtresses contredit la tradition antique, selon laquelle le feu pourrait, à l'occasion, se révéler fécondant, puisqu'elle affirme au contraire que « rien ne naît du feu » : *Nataque de flamma corpora nulla uides* (VI, 292) : voilà qui s'oppose superbement à tout ce que pouvait raconter la philosophie sur la combinaison des éléments et leurs divers pouvoirs générateurs.

assez souvent comme une puissance stérile [104] ; d'autre part, le panthéon romain connaît bien des divinités dont le sexe pourrait démentir les fonctions : l'eau est considérée comme femelle. Il n'empêche que le dieu des sources est un mâle, *Fons.* Jupiter, incontestablement mâle, est aussi nourricier, sous les espèces de *Jupiter Almus, Jupiter Frugifer,* ou même de ce *Jupiter Ruminus,* le « dieu allaitant », qui réjouit saint Augustin [105]. Et que penser de la divinité responsable de la barbe des adultes, qui n'est autre, cette fois, qu'une dame, la *Fortuna Barbata* [106] ? L'opposition entre le caractère mâle du Feu et le sexe de celles qui le servent n'est pas non plus prégnante, le cas étant loin d'être unique dans l'Antiquité [107].

Les recherches modernes résolvent ainsi la question de la virginité des Vestales en rapport avec le feu : six orientations majeures, résumées par E.M. Loeb [108]. Parmi elles, celle de J. Bachofen, pour qui le rôle des femmes dans le culte de Vesta s'expliquerait par l'existence d'un matriarcat primitif, au sein duquel les prêtres étaient recrutés, comme il se doit, parmi les femmes [109]. Pour E.C. Parsons, une même explication convient à la chasteté des Vestales et à l'existence de prostituées sacrées : les deux catégories de femmes concourent à maintenir la paix avec le monde du surnaturel [110]. Oubliant, sans doute, que selon les Anciens le feu était pur et réclamait des servantes pures [111], S. Freud adopte des vues radicalement opposées, et pour le moins nouvelles : le feu serait doué d'une nature sexuelle, et exigerait, pour son service, des femmes, car, à cause de leur morphologie, les femmes ne peuvent éteindre le feu par aucun moyen naturel : *Es fügt hinzu dass Frauen wegen ihres anatomischen Baues nicht so leicht auf das heilige Feuer urinieren könnten und es dadurch zum Erlöschen bringen wie Männer* [112].

---

104. C'est l'opinion d'Héraclite, chez Diogène Laërce, § 9, 1, 8 ; Isidore, XIX, 6, 5 ; Augustin, *Ciu. Dei,* XIII, 18, etc.
105. *Ciu. Dei,* VII, 11 : *Nolo diçere, quod animalibus mammam praebere sugentibus magis Iunonem potuit decere quam Iouem.*
106. Augustin, *Ciu. Dei,* IV, 11 ; VI, 1 ; Tertullien, *Nat.,* II, 1.
107. L.R. Farnell, *Sociological Hypotheses concerning the Position of Women in Ancient Religion,* dans *A.R.W.,* 7, 1904, 70-94, p. 78 ; p. ex., Hestia, à Cos.
108. *Staatsfeuer und Vestalinnen,* dans *Paid.,* 8, 1962, 1-24.
109. *Das Mutterrecht,* Stuttgart, 1861, p. 137.
110. *Religious Chastity,* New-York, 1913, p. VII.
111. Denys d'Halicarnasse, II, 66, § 2.
112. L'ouvrage de Freud (*Das Unbehagen in der Kultur*) a été publié en français par la *R.F.P.,* en 1970 ; le texte cité figure p. 32 ; il y est observé que l'extinction du feu par la miction masculine équivaut à une union homosexuelle, le feu étant mâle...

A. Brelich a vu dans Vesta l'union des deux principes de vie, l'eau et le feu, du fait que le rôle de l'eau est, en dépit des apparences, fondamental dans le culte de Vesta (nettoyage du temple ou confection du gâteau sacré). Cette utilisation de l'eau n'est pourtant jamais mise en évidence par les auteurs, pour une raison bien simple, c'est qu'on pourrait difficilement envisager le nettoyage d'un pavement ou la confection d'une pâte à gâteau sans eau, et donc que cette eau n'a pas de valeur essentiellement religieuse ! On rencontre l'union des deux éléments dans d'autres rites, notamment ceux des *Parilia* ou encore les rites funéraires, ce qui laisse à penser que l'eau est avant tout agent de purification. Pas davantage ne nous convaincra la thèse de P. Lambrechts, qui voit dans notre déesse la Terre infernale [113]. Vesta restera pour nous une divinité du Feu et du Foyer : les éléments rituels doivent tout de même prendre le pas sur les interprétations, qui, le plus souvent, les négligent : un rapprochement tout extérieur, une étymologie fragile, quelques idées fumeuses et grecques de surcroît : voilà Vesta transformée en incarnation de la Terre ; et l'on oublie alors la mission des Vestales, centrée autour du feu sacré de Rome, ou la fête des boulangers...

CONCLUSION

Ce n'est certes pas le chapitre consacré aux causes philosophiques qui plaidera beaucoup en faveur de l'originalité et de la constance des recherches ovidiennes. Et c'est pourtant l'un des aspects les plus représentatifs du génie ovidien, selon W. Fauth, en ce qu'un tel chapitre nous révèle les changements qui, à cette époque, bouleversent la religion romaine : « L'insertion de mythologèmes grecs (p. ex. *Fast.*, III, 459 *sqq.* Bacchus et Ariane), l'adoption du symbolisme philosophique spéculatif (p. ex. *Fast.*, VI, 269 *sqq.*, comparaison entre l'architecture du temple de Vesta et la *forma rotunda terrae*), sont seulement quelques-uns des symptômes frappants d'un changement rapide et profond, dans la forme comme dans la substance, de la religion romaine, changement dont les *Fastes* d'Ovide, sans le vouloir, nous donnent un compte rendu détaillé [114] ».

---

113. *Vesta*, dans *Latomus*, 5, 2, 1946 (*Mélanges G. Heuten*), 321-329.
114. *Römische Religion, im Spiegel der Fasti des Ovid*, dans *Aufstieg...*, 16, 1, 1978, 104-186, p. 169 : *Das Einschleusen griechischer Mythologeme (z.B. fast. 3,459 ff. Bacchus und Ariadne), die Hereinnahme spekulativer philosophischer Symbolik (z.B. fast. 6,269 ff. Vergleich zwischen der Architektur des Vesta-Tempels und der « forma rotunda terrae ») sind nur einige der augenfälligen Symptome einer rapiden und tiefgreifenden formalen wie substantiellen Wandlung der römischen Religion, über die Ovids « Fasti » auf Schritt und Tritt unabsichtlich Rechenschaft geben.*

Toutes les causes que nous avons étudiées dans cette catégorie, et elles sont bien peu nombreuses, sont empruntées à d'autres auteurs, Ovide se bornant à les transcrire sous une forme versifiée. Mais Ovide pouvait-il nous proposer autre chose que les idées de son temps sur la durée de l'enfantement ou l'époque du solstice ? Pouvait-il décider entre les innombrables théories qui circulaient concernant le dieu Janus, et sur lesquelles s'opposaient les diverses écoles ? On peut difficilement rêver plus bel éventail.

Nous ne nous attendions pas à découvrir dans la philosophie, et surtout dans la philosophie grecque, les causes véritables des rites romains, même si quelques vagues réminiscences de concepts bien plus anciens traînaient encore dans certains esprits à l'aube de l'histoire de Rome, — nous songeons au « Pythagoricien » Numa. L'étonnant est que des hommes comme Varron aient cru pouvoir le faire, et supposé qu'on savait, à l'époque où Numa fit construire l'*aedes Vestae,* que la terre était une planète ronde tournant dans un univers sphérique. Aux yeux de G. Dumézil, c'est une hérésie de croire que Rome attendit les Stoïciens pour se faire une idée du cosmos : « telle est en effet l'explication traditionnelle de ceux des latinistes qui ne veulent quitter Rome que pour la Grèce, et n'imaginent pas que les prêtres des sauvages Romains aient pu méditer sur les convenances du ciel et de la terre avant d'avoir connu les philosophes. Le parallélisme indien invite à reconsidérer le problème [115] ». Certes, il est très possible qu'il faille chercher dans les couches anciennes de la pensée indo-européenne la véritable cause de la forme du temple, et « le plus vieux collège pontifical était assurément capable de conserver et de comprendre un symbolisme déjà préromain ». Il n'empêche qu'à l'époque où Varron et Ovide expliquent la forme du sanctuaire, ils ont conscience de le faire à partir des philosophies grecques, auxquelles ils se réfèrent explicitement. Il se produit alors le décalage attendu entre le raisonnement conservateur des Pontifes, et les échafaudages illicites des étiologues romains.

Ovide pouvait difficilement s'abstenir de consulter et de reproduire les thèses de Varron et de Verrius, inspirées elles-mêmes par différentes philosophies. Ce qui ressort avec le plus de netteté, c'est son éclectisme, et son refus d'adopter une doctrine particulière à laquelle il se soumettrait exclusivement. Profane, Ovide aurait pu se borner à recopier Varron, sans prendre la peine de confronter ses idées avec celles d'autres écrivains. Or, il ne l'a jamais fait. Il exploite indifféremment les principes de Nigidius, de Lucrèce, mélange allégrement épicurisme, stoïcisme et pythagorisme, songe à Platon ou à Thalès, au lieu de se cantonner dans les idées de son temps. Encore une fois, le souci étiologique prime sur toute autre préoccupation, même si la

---

115. *Méthode comparative et religion romaine*, dans A.C., 24, 1955, 426-430, p. 429.

cohérence de ses développements s'en voit compromise : peut-on énoncer définitivement la conception qu'Ovide se faisait de Vesta, de Janus, du Chaos, de la genèse du Cosmos, du rôle du Feu ? Non, certes. Chacun des textes qui traitent ces importantes questions nous apparaît comme une mosaïque de thèses disparates, que le poète ne se soucie pas d'harmoniser.

Sans le moindre doute, les goûts d'Ovide ne le portaient pas vers la physique, et il n'en sait que ce qu'il faut en savoir pour traiter convenablement certaines questions : la meilleure preuve est qu'il a changé d'avis sur la genèse du Monde, entre les *Métamorphoses* et les *Fastes* ! Ovide s'arrêtait de préférence au *genus nugatorium* [116], c'est-à-dire à la théologie mythique, ainsi caractérisée par le Grand Pontife Scaevola. Comme tout bon Romain, Ovide devait estimer que la théologie physique ne pouvait convenir utilement aux cités, — et à la cité romaine en particulier ! — parce qu'elle n'était que constructions aberrantes d'illuminés, ce qu'exprime Varron par la dédaigneuse formule : *quod habeat aliqua superuacua* [117].

---

116. Augustin, *Ciu. Dei*, IV, 27.
117. *Ibidem*. Exactement : « parce qu'elle présente bien des inanités ».

LE GROUPE
DES CAUSES ARCHÉTYPALES

L'étude que nous entreprenons des causes archétypales s'articulera selon trois divisions, qui, chacune, exploreront trois manifestations d'une forme de pensée typiquement romaine. « Les Romains », selon la belle formule de G. Dumézil [1], « pensent historiquement, alors que les Indiens pensent fabuleusement ».

La ligne directrice de la pensée de G. Dumézil est désormais devenue classique : si Rome n'a pas de mythes, c'est parce qu'elle a disposé autrement que les autres peuples du capital de mythes fourni par sa préhistoire indo-européenne. Tandis qu'ailleurs les mythes étaient conservés comme tels, à Rome, ils se sont vus purement et simplement annexés par le monde humain, transformés en récits légendaires, ou, pour un Romain, historiques, mais non plus mythiques. « Rome », écrit J. Bayet [2], « a désacralisé (les mythes), et (les a) insérés dans sa pseudo-histoire nationale ».

De fait, l'étiologie religieuse est, à Rome, volontiers archétypale. Des phénomènes *religieux,* c'est-à-dire des thèmes éternels autant qu'universels, dont la valeur rituelle ne dépend pas d'une forme de civilisation précise ni

---

1. *Servius et la Fortune,* Paris, 1943, p. 190. Cette formule a reçu une longue analyse de la part de D. Sabbatucci, *Lo Stato come conquista culturale,* Rome, 1975, p. 92 *sqq.*
2. *Hist. pol. et psycho.,* p. 47 ; K. Kérényi juge le terme de « démythisation » trop négatif pour qualifier le travail des prêtres romains attentifs à établir des rapports entre le monde archétypal de la mythologie et le monde ectypal de la vie *(Die Antike Religion,* Munich, 1963, p. 243).

d'un moment précis de cette civilisation, sont considérés par les Romains comme des événements historiquement motivés. Ils se voient dotés d'une date d'apparition déterminée, de causes particulières, qu'elles soient individuelles ou collectives, toujours liées à un contexte vécu. Le rite échappe alors lui-même au domaine religieux, pour être senti comme la pieuse commémoration d'un premier geste ancestral, d'une décision unique, fixés et sanctifiés par le *mos maiorum*. Selon que la date de fondation est proche ou lointaine, la religion s'énonce en termes de légende ou d'histoire, mais les ressorts sont identiques. « Ne comprenant plus la signification profonde des rites qu'ils continuaient d'observer scrupuleusement », écrit judicieusement M. Meslin [3], « refusant d'y voir l'une des expressions collectives les plus spontanées du sacré, les Romains ont historicisé leurs mythes pour justifier la persistance de ces rites traditionnellement maintenus. L'acte cultuel fut conçu et ressenti comme l'objectivation du sacré ». En termes plus simples, les Romains possèdent la capacité de penser « à l'aoriste » ce que les Modernes penseraient au présent ou à l'imparfait.

Veut-on des exemples précis ? Voici l'étymologie des Saliens. Varron propose le verbe *salire*, et il est exact que toute société primitive comprend des corporations de prêtres danseurs. Il s'agit donc d'une étymologie de type « fonctionnel ». Cependant, poussé par cet esprit historicisant que nous tâchons à définir, un certain Critolaüs assigne des circonstances particulières à l'institution du nom : *Saos*, un habitant de Samothrace aurait enseigné à Énée et aux jeunes Phrygiens ce type de danse [4] ; Verrius Flaccus mentionne ce personnage, en même temps qu'il évoque un autre prétendu créateur des danses saliennes, *Salius*, de Mantinée cette fois, dont on connaît l'existence par Polémon, et qui devient, lorsque Servius le cite à son tour, un compagnon d'Énée [5]. Ces trouvailles ont, contre toute attente, attiré l'attention de G. Capovilla, qui se demande sérieusement si l'on ne devrait pas aller chercher les Saliens chez les *Salyes* ou *Salluuii* Ligures... [6].

Autre exemple, celui des *Parilia* et de la fondation de Rome. Denys d'Halicarnasse nous avoue sa perplexité : comment décider si la fête pastorale préexistait à la fondation de Rome (auquel cas, une institution religieuse donne naissance à une légende), ou si c'est au contraire la fondation de Rome qui engendrera une fête commémorative (en ce cas, la légende devient

---

3. *Pour une Science de l'histoire des religions*, Paris, 1973, p. 25.
4. Festus, *s.u. Salios*, p. 438 L.
5. *Ad Aen.*, III, 663 ; Plutarque, *Num.*, XIII, 7.
6. *Per l'Origine di alcune divinità romane*, dans *Athenaeum*, 35, 1957, 89-120, p. 98-101.

événement historique, et un rite religieux indépendant est compris comme sa commémoration [7]).

Un dernier cas, s'il est plus aventureux, ne peut que nous inviter à des réflexions justifiées. Le nom de l'homme qui consacra le bois de Némi est un Tusculan, que connaît déjà Caton [8], ou, selon Festus, un *Manius Egerius* [9] : *Manius Egeri*(us lucum) *Nemorensem Dianae consecrauit... unde et prouerbium :* « *Multi Mani Ariciae* » : fantaisies qui, déjà, soulevaient les protestations de Sinnius Capito ! La démarche étiologique aboutissant à l'intervention de *Manius Egerius* nous paraît facile à reconstituer : c'est le proverbe « *Multi Mani Ariciae* » qui donna naissance à *Manius*, lorsque, prenant le Pirée pour un homme, on tâcha de l'expliquer. Le *Mani* pouvait être tout simplement l'adjectif ancien *manus*, et le proverbe signifier : « il y a bien des braves gens à Aricie ». L'*Egerius* est une création non moins factice, à partir du culte d'Égérie pratiqué au bord du fleuve qui traverse le bois de Némi [10]. Voilà, ce semble, comment quelques cerveaux inventifs d'ingénieux étiologues peuplent les pages de l'histoire laïque ou religieuse avec des fantômes...

Nous verrons d'abord quelques raisonnements « romains » d'Ovide qui nous propose, pour expliquer les us et coutumes religieux, des récits légendaires ou historiques dont le rite apparaît comme la reproduction sanctifiée.

---

7. Denys, I, 88, établit l'alternative : les *Parilia* étaient-ils célébrés avant la fondation de Rome, et furent-ils choisis pour coïncider avec elle à cause de leur caractère joyeux, ou naquirent-ils en tant que fête du jour où la fondation mit en évidence la protection sur Rome de la déesse des bergers ? L'auteur grec refuse d'en décider (οὐκ ἔχω βεβαίως εἰπεῖν).
8. Priscien, IV, p. 129.
9. *S.u. Manius*, p. 128 L.
10. Ovide, *Fast.*, III, 261-262 : *Nympha, mone, nemori stagnoque operata Dianae / Nympha, Numae coniunx, ad tua facta ueni !*

E

L'HISTOIRE

Introduction : histoire et historicisation

Le problème majeur sera celui, délicat entre tous, des liens qui unissent l'histoire et l'étiologie. Plus que le mythe, qui est essentiellement, nous le verrons, un conte étiologique, l'événement historique possède par définition une existence réelle, certifiée par des témoignages authentiques et des monuments. Il n'est jamais issu d'un esprit de poète ou de grammairien. En d'autres termes, s'il est possible que l'étymologie soit créée uniquement à partir du mot qu'on doit expliquer, s'il est vraisemblable que le mythe soit lui aussi un fils de l'étiologie, la même démarche paraît impossible pour l'histoire, puisque le fait historique appartient au domaine de la réalité, non à celui des élaborations abstraites.

Il arrive pourtant que l'historicité d'un événement raconté dans les parages d'un monument, d'une institution, d'un rite, paraisse douteuse. Parfois même, le récit semble exister uniquement pour commenter la naissance d'un de ces rites ou monuments. L'étiologie, domaine des rapprochements fictifs, a joué son rôle et réalisé le tour de force de *créer de l'histoire*. Nous abordons par conséquent un domaine nouveau de l'étiologie, puisque jusqu'à présent nous ne l'avons vu qu'établir des rapports entre des faits existants, non créer ces faits.

De chaque cas surgit le dilemme : dans quelle mesure le fait historique allégué est-il authentique ? Dans quelle mesure au contraire, puisque l'esprit romain est profondément porté à préférer l'anecdotique, le concret, le particulier, à l'abstrait et au général, ce fait a-t-il été créé de toutes pièces par le besoin étiologique ?

D. Sabbatucci a récemment étudié l'historicisation des mythes, et leur insertion dans les traditions historiques : *In risposta ad una ideologia religiosa demitizzante, in Roma il culto e la « storiografia » hanno presa una certa forma capace di eliminare e sostituire il mito* [11]. Le phénomène est fréquent dans la protohistoire romaine. Mais il peut arriver que des récits parfaitement historiques en apparence, et situés à des époques considérées comme pleinement historiques elles aussi, soient, nous nous proposons de le montrer, le produit de la seule recherche étiologique.

A Rome, le témoignage de l'histoire semble capital, la réalité historique inviolable. En fait, le domaine de l'histoire romaine s'est révélé aussi malléable que celui du mythe. Divers travaux ont déjà montré que les annales de l'*Vrbs* présentaient parfois des épisodes exactement identiques, à plusieurs siècles de distance, ce qui révèle la contrefaçon, et la proto-histoire de Rome a été scrutée attentivement par la critique moderne qui, devenue trop souvent hypercritique, la tient pour une pure reconstruction fabuleuse élaborée par les siècles postérieurs [12]. On reconnaît généralement, par exemple, que certains consuls ont une existence fallacieuse, insérés qu'ils furent dans les premières annales de la République par une aristocratie soucieuse d'accroître l'antiquité de ses orgueilleux patronymes [13]. Rien d'étonnant, alors, qu'on puisse fabriquer *ex nihilo* un événement datable et circonstancié sur les seules exigences d'un fait cultuel dont on recherche l'explication : E. Païs a pu dégager ainsi l'importance, dans la constitution de l'histoire de la Rome primitive, du travail purement étiologique, au même titre que celle des éléments topographiques. Ainsi, les grandes annales « conte-

---

11. *Lo Stato come conquista culturale*, Rome, 1975, p. 22, voir aussi *Mito e demitizzazione*, B. 710.
12. E. Païs et J. Bayet, *Histoire romaine*, 1, Paris, 1940, p. 3-4 et p. 17 *sqq.* ; aussi l'introduction à Tite-Live, dans la collection Les Belles Lettres, due à J. Bayet.
13. « Il ne manquait pas, à Rome, de généalogistes complaisants, prêts à falsifier en leur faveur l'histoire et la tradition » ; *ib.* p. 14.

naient-elles des anecdotes éparpillées et des contes religieux [14] », que l'on donnait pourtant comme de l'histoire pure. Le mécanisme est identique à celui qui régit la création mythique. Seulement, alors que le nouveau mythe se dénonce par sa ressemblance extrême avec le rite dont il rend compte, et n'entraîne pas de conséquences dans un domaine autre que le sien, l'événement historique créé artificiellement peut s'immiscer dans les ouvrages des historiens eux-mêmes, et tromper l'écrivain, les lecteurs, les critiques. Ainsi, l'anecdote fameuse des oies du Capitole, reproduite dans bien des livres d'histoire comme l'un des premiers exploits des Romains anciens, est-elle une pure invention venue à l'esprit d'un étiologue désireux d'expliquer le surnom de Junon, *Moneta*, grâce au verbe *monere*, « avertir », et cherchant dans quelles circonstances Junon avait bien pu « avertir ». En fait, la déesse est probablement la patronne de la *gens* étrusque des *Moneti* [15].

Plus couramment, l'étiologie se borne à emprunter aux historiens des récits authentiques, parce qu'ils présentent tous les caractères (noms, lieux, faits) convenables pour l'édification d'une explication satisfaisante : *Another factor which would have tended to keep alive the popular knowledge of named days is the peculiarly historical character of the Roman imagination*, note A.K. Michels [16]. La contrefaçon ne se limite pas aux périodes légendaires, mais s'attaque aux siècles résolument historiques : il y a alors rajeunissement de thèmes religieux appartenant au fonds de croyances le plus ancien, le plus répandu à travers divers peuples. Cette valeur liturgique constante et primitive se voit doter d'une date de naissance largement postérieure à son existence réelle : nous en verrons un exemple avec la quête des Galles [17]. « Pour les Romains », estime K. Kérényi [18], « le passé est continuellement agissant dans le présent, et il n'y a aucune frontière temporelle entre le mythe et l'histoire » : *Beide sind ineinander Übergehende Strecken im stetig fliessenden Kontinuum der Zeit.* On connaît le style d'explication des tabous, réduits à représenter la reproduction invariable du geste fortuit d'un homme particulier à une date particulière [19]. En ce cas, l'étiologie fixe arbitrairement la naissance de ce qui n'a pas de naissance, limite étroitement à un point dans les temps humains une notion religieusement sans limites. Le récit historique existe, indépendamment de tout lien avec un

---

14. *Scattered anecdotes and religious tales* : E. Päs, *Ancient Legends of Roman History*, New-York, 1905, p. 6 et p. 10.
15. F. Bömer, *F. éd. comm.*, 2, 1958, p. 346 ; V. Schulze, *Eigennamen*, 1966, p. 483.
16. *The Calendar of the Roman Republic*, Princeton, 1967, p. 142.
17. Voir p. 373.
18. *Die Antike Religion*, Dusseldorf, 1963, p. 243.
19. Voir M. Eliade, *Traité d'histoire des religions*, Paris, 1970^4, p. 163 *sqq*.

rituel quelconque : l'étiologie s'en empare, l'adapte tant bien que mal au rituel qu'elle désire éclairer, et tire des conséquences religieuses d'un fait laïc. Si la chronologie éprouve quelque peine à s'accommoder de ces reconstructions illicites, qu'importe ? Ainsi unit-on aux *Parilia* la fondation de Rome, au *Regifugium* l'expulsion des Tarquins, aux *Poplifugia* l'invasion gauloise ou l'intrusion fidénate. Nul ne s'avisait que ces deux dernières cérémonies étaient très ressemblantes, et que la répétition identique de cette fuite, celle des rois, celle du peuple, commémorée par deux fêtes symétriques en février et en juillet, trahissait d'une lieue l'artifice : la fuite des Tarquins aurait peu de chances d'expliquer des sigles du calendrier de Numa, qui est bien antérieur.

La part des étiologies historiques dans les *Fastes* est notable, en importance et en longueur, sinon en nombre. J.G. Frazer accorde même à l'histoire la première place avant la religion [20] ! En effet, si plusieurs épisodes sont fantaisistes, d'autres événements relatés par Ovide peuvent recevoir la caution de l'Histoire — encore que la science historique du poète ne soit pas sans faiblesses.

1. Le fait historique brut : dates et dédicaces

Parmi les explications les plus rudimentaires apparaissent naturellement les dédicaces de temples, dont, *a priori*, l'authenticité ne fait aucun doute. Ainsi, la dédicace d'un temple aux Tempêtes après les dangers courus par la flotte romaine en Corse :

> *Te quoque, Tempestas, meritam delubra fatemur*
> *Cum paene est Corsis obruta classis aquis*
> VI, 193-194

Elle se trouve corroborée par une inscription votive archaïque : *L. Cornelio L.f. Scipio... Hec cepit Corsica Aleriaque urbe. Dedet Tempestatebus aide meretod* [21]. Beaucoup de temples dont les fondations sont commentées dans les *Fastes* se retrouvent mentionnés dans d'autres écrits, avec les mêmes références [22]. C'est même le texte d'Ovide qui a permis la restitution du nom

---

20. *F. éd. comm.*, 1, introd., p. 2 *sqq*.
21. *C.I.L.*, VI, n° 1286.
22. P. ex. : Ovide, *Fast.*, III, 883-884 et *Fastes* de Préneste : *Lunae in Aue*(ntino) ; *Fast.*, IV, 373-376 et *Fastes* d'Antium, dédicace à la Fortune Publique.

de « *Coronis* » dans l'inscription mutilée que donnaient les *Fastes* d'Antium, « *Co o* », où l'on comprenait un « *Conso* » illicite [23].

On se fiera moins à Ovide pour les détails de dates ! Le fait est surprenant, car, s'il est une chose immuable, c'est bien la date d'une dédicace de temple dans un calendrier romain...

La date déjà donnée relative aux Tempêtes est la date de la reconstruction du temple, non pas celle de sa dédicace, qui se fit un 23 décembre [24]. Erreur analogue à propos des temples de *Mens* [25] et de *Castor* [26]. Janus voisine assez curieusement avec *Salus, Pax* et *Concordia*, dans une dédicace d'autels, le 30 mars [27] : Ovide a commis vraisemblablement une confusion, suppose F. Bömer [28], avec la fermeture du temple de Janus, opérée la même année.

Nous avons exposé déjà les raisons d'une autre confusion que faisait Ovide entre deux temples de Vénus, ainsi que l'étiologie déconcertante qui faisait ériger le temple de Vénus Erycina après la prise de Syracuse par Marcellus [29]. Nous soupçonnions qu'afin de célébrer Marcellus, le glorieux ancêtre de Tibère, de Livie, de Marcellus le Jeune, Ovide faussait les données historiques.

Notre poète confond la véritable dédicante du sanctuaire de *Bona Dea*, une *Claudia*, puisque baptisée par lui « l'héritière de l'antique nom des *Clausus* [30] », avec la Vestale *Licinia*, qui offrit en ce même lieu un sacrifice

---

23. Dédicace à Esculape, Coronis et Véiovis dans *Fast.*, I, 289-294 ; Voir A. Degrassi, dans les *Inscr. Ital.*, 1, p. 23, thèse développée plus tard dans l'article *Coronide madre di Esculapio nel culto di Roma repubblicana*, des *Mélanges L. Herrmann*, Bruxelles, 1960, 253-256 ; dans le même volume, R. Schilling propose la même restitution ! (*Sur un passage lacunaire du calendrier d'Antium*, p. 694-697).

24. Date des *Fasti Antiatini maiores* ; *cf.* A. Degrassi, *Inscr. ital.*, 13, 2, 1963, p. 25 comm. p. 463, qui estime qu'Ovide a donné une date concernant l'*aedes* construite par Scipion ; pour F. Bömer, *F. éd. comm.*, 2, p. 347, c'est une date de restauration ; *cf.* G. Wissowa, *Neue Bruchstücke des Röm. Festkal.*, dans *Hermes*, 58, 1923, p. 385 ; G. Mancini, *Not. Scav.*, Rome, 1921, p. 121.

25. *Fast.*, VI, 241 : le 8 juin ; *cf. Fasti Venus., Maff.*, et Tite-Live, XXII, 9-10 ; autre tradition chez Cicéron, *Nat. Deor.*, II, 23, 51 ; Réserves chez A. Degrassi, *op. cit.*, p. 467.

26. *Fast.*, I, 705-708 ; *Fast. Praen.*, au 27 janvier ; *C.I.L.*, XIV, 1, 3584 ; Tite-Live donne les ides de juillet (II, 20, 12, et II, 42, 5) mais confond la date avec celle de la bataille (comp. Denys, VI, 13) ; *cf.* F. Bömer, *Interpretationen*, dans *Gymnasium*, 64, 1957, 112-135, p. 112.

27. *Fast.*, III, 881-882.

28. D'après F. Bömer, *F. éd. comm.*, 2, p. 204 ; *cf.* J.C. Richard, *Pax, Concordia et la religion romaine de Janus*, dans *M.É.F.R.A.*, 75, 1953, 2, 303-386.

29. Voir p. 104.

30. En V, 155-157 :

et un autel à la déesse, en l'année 123 av. J.-C.[31]. Confusion ? Inexactitude volontaire plutôt : la restauratrice du sanctuaire n'est-elle pas une autre *Claudia*, l'impératrice Livie elle-même, fille et femme de *Claudii* ? Une ligne idéale semble unir ainsi la dédicante originelle et la restauratrice... G. de Sanctis, se fondant sur l'intérêt porté au temple par Livie, estime qu'Ovide n'a pas commis d'erreur[32]. Pour E. Courtney, la meilleure version des manuscrits est *Crassorum* au lieu de *Clausorum*, et la dédicante serait donc une *Licinia*, conformément à l'assertion du *Pro Domo*[33]. La question reste en litige.

Autre point délicat : « En ce jour, » écrit Ovide, à la date du 13 avril, « si je ne m'abuse, la Liberté a pris possession de son *Atrium*, monument tout à fait digne de notre peuple » :

> *Hac quoque, ni fallor, populo dignissima nostro*
> *Atria Libertas coepit habere sua.*
>
> IV, 623-624

Et justement... il s'abuse ! Ce n'est pas l'*Atrium Libertatis* qui fête son anniversaire le 13 avril, mais le temple de Jupiter *Libertas*, fait attesté par le Calendrier d'Antium[34]. Induit en erreur par la proximité des deux noms, Ovide a confondu les deux sanctuaires. Il n'est, certes, pas le seul à avoir commis la confusion : R. Schilling, par exemple, félicite Ovide pour sa note judicieuse sur l'*Aedes*... de Jupiter *Libertas*, sans s'apercevoir qu'Ovide ne parle pas de l'*aedes* mais de l'*Atrium*, et donc que le texte des *Fasti*[35] d'Antium, loin de confirmer celui des *Fastes* ovidiens, l'infirme.

On aurait tort, pourtant, d'incliner au soupçon systématique : la seule donnée que nous possédions sur un temple de Mars à la porte Capène se trouve chez Ovide, et elle a été corroborée par la découverte du calendrier préjulien d'Antium[36]. Il convient donc d'accepter les indications ovidiennes sur le temple de Minerve *Capta*, puisque, exception faite pour une seule inscription[37], nous ne disposons pas d'autres documents le concernant :

> *Dedicat haec ueteris Clausorum nominis heres*
> *Virgineo nullum corpore passa uirum,*
> *Liuia restituit...*

31. Cicéron, *Pro Domo*, 136 ; S. Platner, *A Topographical Dict.*, p. 85.
32. *Storia dei Romani*, IV, 2, t. 1, 1953, p. 280, n. 680.
33. *Problems...*, dans *C.Q.*, 23, 1, 1973, 144-151, p. 150.
34. *The Atrium is not to be confused with the aedes Libertatis on the Aventine*, écrivent S. Platner et Th. Ashby, *op. cit. supra*, p. 56.
35. R. Schilling, *Quel crédit...*, coll. Latomus 107, 1965, 9-24, p. 15.
36. *Fast.*, VI, 191-192 ; dédié le 1er juin 388 (Tite-Live, VI, 5, 8).
37. *C.I.L.*, XI, 3081.

The « littera prisca » was very possibly an archaïc inscription, estime L.R. Taylor [38], *in the shrine, which indicated that the goddess came by « euocatio » from Falerii, presumably at the time of the destruction of the older city, in 241.*

Pour signaler les dangers de l'étiologie historique, nous évoquerons le cas du temple de la Concorde. Sa construction résulte, nous affirme Ovide, d'un vœu formulé par Camille, après le vote des lois Liciniennes en 367 av. J.-C., pour sceller la réconciliation des deux ordres en lutte :

> *Furius antiquam, populi superator Etrusci,*
> *Vouerat, et uoti soluerat ille fidem.*
> *Causa quod a Patribus sumptis secesserat armis*
> *Volgus, et ipsa suas Roma timebat opes.*
> I, 641-644

Tite-Live ne parle pas de ce temple, en même temps qu'il énonce la série de décisions qui accompagnèrent le vote des lois : jeux publics, et addition d'un jour au *triduum*. L'absence de toute mention de ce sanctuaire hors des *Fastes* d'Ovide a amené A. Momigliano [39] et W. Hoffmann [40] à contester son existence à l'époque de Camille. En effet, Plutarque est le seul à nous en parler après Ovide, et la dédicace est assortie de diverses mesures : offrande de couronnes fleuries, addition d'un jour aux Féries latines, et d'un autre jour au *triduum*.

On est en droit de soupçonner ici l'action de l'étiologie, et W. Hoffmann l'a bien vu, qui montre combien le seul nom de *Concordia* pouvait amener les étiologues à mettre en relation l'érection de son temple avec tout épisode relatif à des guerres intestines : *Das Wort Concordia legte es an und für sich nahe, die Gründung des Heiligtums immer wieder in Verbindung mit inneren Umruhen zu bringen* [41]. D. Sabbatucci, en revanche, admet la possibilité d'une création étiologique : *I Romani, non sapendo a chi attribuire il templo della dea Concordia, non esitarono ad attribuirlo a Camillo* [42], mais il oublie de mentionner le texte d'Ovide, pourtant la première attestation que nous possédions.

Lisant chez Tite-Live une phrase qui comporte le nom commun *concordia*, et qui semble introduire un décret officiel justifiant la construc-

---

38. *Local Cults in Etruria*, Rome, 1923, p. 74.
39. *Camille and Concord*, dans *C.Q.*, 36, 1942, 111-120 ; not. p. 115.
40. *Rom und die Griechische Welt im 4 Jahrhundert*, dans *Philologus*, suppl. 27, 1935, 1-144, p. 89 *sqq.* ; Plutarque, *Cam.*, 42, 4.
41. P. 89.
42. *Lo Stato come conquista...*, p. 56-58. Citation p. 57.

tion d'un temple, Ovide en déduit aussitôt qu'on dut édifier un temple à la déesse Concordia. *Ita a diutina ira tandem in concordiam redactis ordinibus,* écrit Tite-Live [43]. Le texte même de l'énoncé appelle irrésistiblement la suite imaginaire : « placuit ut templum Concordiae aedificaretur » !

La Concorde intervient dans un autre passage des *Fastes,* au livre VI [44]. Persuadée que son action se résume dans le verbe *iungere,* unir, elle prétend revendiquer le mois de juin, *Iunius.* C'est sans doute une fantaisie d'Ovide, et l'épisode historique qui justifie les prétentions de *Concordia* évoque, cette fois, la réconciliation des Romains de Romulus et des Sabins de Titus Tatius, après l'enlèvement des Sabines [45] ; l'étymologie est jugée « extravagante [46] ». L'apparition de cette Concorde-là renforce nos doutes sur celle que nous venons de mentionner. Comment procède Ovide ? Il cherche dans l'histoire une page marquée par la réconciliation de deux groupes antagonistes, tombe sur l'alliance romano-sabine, et conclut à l'appellation d'un mois à partir de l'événement. Pourquoi n'en aurait-il pas fait autant lorsqu'il affirme l'érection d'un temple à la Concorde, et songé cette fois au personnage de Camille, qui réunit la plèbe et l'aristocratie ? Les deux réconciliations sont en effet parfaitement interchangeables...

Lactance affecte l'institution des jeux de Flore à un geste de remerciement du peuple romain envers la déesse *Flora,* dont il venait de recevoir l'héritage. Cette historiette a été forgée sur le modèle d'un conte identique, touchant Acca Larentia, attesté plus anciennement. Lactance a joué probablement sur le caractère audacieux des *Floralia* et sur le nom de la maîtresse de Pompée, la courtisane Flora. P. Mingazzini, et il est bien le seul, a ajouté foi à ce que nous raconte Lactance [47] ! On préférera sans peine l'étiologie avancée par Ovide, étayée, elle, par plusieurs monnaies : les jeux furent institués par un décret des édiles *Publicii* [48]. Ovide a reproduit les

---

43. VI, 42, 12 ; sur la restauration du temple par Tibère, lire C. Schrader, *Zu Ovidius Fasten,* dans *J.K.Ph.,* 121, 1880, 763-764.
44. VI, 91-96.
45. V, 96 :
    (Et Lare communi soceros generosque receptos)
    « His nomen iunctis Iunius », inquit, « habet ».
46. H. Le Bonniec, *F. éd. comm.,* 2, p. 190, n. 23.
47. *Diu. Inst.,* I, 20, 8 ; Minucius, *Oct.,* 25, 8 ; Schol. Juv., VI, 250 ; P. Mingazzini : *Due pretese figure mitiche...,* dans *Athenaeum,* 25, 1947, 158-165 : il exista une Flora, qui fonda des jeux pour son anniversaire, lequel, coïncidant avec les *Floralia,* amena la confusion entre la courtisane et la déesse. L'existence du *Flamen Floralis, le mensis flusalis* de *C.I.L.* I², 2, 756, font penser que la thèse est aventureuse.
48. *Fast.,* V, 287-294 ; *cf.* F. Bömer, c.r. de T.R.S. Broughton, dans *BJ.,* 154, 188-190, p. 188. Sur l'aspect politique du culte, on verra J. Cels Saint-Hilaire, B. 169, *passim.*

notices de Varron et de Verrius, en se fiant à Varron pour la qualité exacte des édiles, des *plébéiens*. En effet, Verrius parle des édiles *curules* de 241, les *Publicii Malleoli*, tandis que Varron propose les édiles *plébéiens* de 238 [49]. Notre religion n'est guère éclairée par les textes postérieurs, puisque Velléius propose 241, tandis que Pline préfère 238 [50] ! Tout le monde est d'accord, en revanche, sur le fondateur des Jeux annuels en 173, un Servilius, à cause d'une monnaie portant l'inscription : *C. Seruil*(ius) *C.f.Floral*(ia) *primus* (fecit) [51]. Mais pour la raison qui motiva, en cette année 173, le retour des Jeux sous forme annuelle, (une série de calamités agricoles particulièrement éprouvantes) on est en droit de se montrer sceptique. Ovide est le seul à en faire état, et c'est un lieu commun chez lui qu'une négligence humaine entraîne sur le plan divin des représailles cruelles, suivies d'expiations destinées à enrayer le courroux des dieux : qu'on songe aux *Parentalia* [52] ! Rien ne lui était plus facile que de puiser dans l'impressionnante collection de catastrophes, stérilités, famines, pestes, sécheresses, épidémies diverses qui déclenchent chaque fois, il n'est que de lire Tite-Live pour s'en persuader, l'institution de jeux, prières publiques ou supplications de toutes sortes, voire l'érection de temples ou d'autels. Gageons que la plupart de ces fléaux n'ont qu'une existence... étiologique ! Sans cela, il ne devait pas faire bon vivre dans l'Antiquité [53]...

2. Rituel et commémoration

Avec l'exemple des *Ludi Florales*, nous quittons déjà le domaine du simple fait historique, pour aborder une zone où histoire et étiologie s'interpénètrent. Les cas les plus simples sont ceux où l'étiologie se borne à utiliser le récit historique tel quel, sauf à lui rajouter le petit prolongement qui l'adaptera exactement au rituel dont on cherche l'explication.

Ainsi, l'autel de Jupiter *Pistor* (boulanger), sur le Capitole : pendant le siège de Rome par les Gaulois, les assiégés, à bout de ressources, inspirés

---

49. Festus, *s.u. Publicius cliuus*, p. 276 L. ; Varron, *Ling. Lat.*, V, 158.
50. Velléius, *Hist.*, I, 14, 8 ; Pline, *Nat. Hist.*, XVIII, 286.
51. Grueber, *Coins...*, 1, p. 469, n° 3916.
52. C'est un *topos* pour F. Bömer, *F. éd. comm.*, 2, p. 311 ; sur les Jeux, voir H. Reich, *Der Mimus*, 1, 1903, 171-173 ; J. Colin, *Les Sénateurs aux Megalesia*, dans *Athenaeum*, 32, 1954, 346-355, p. 354.
53. Pourtant, J. Cels Saint-Hilaire admet cette stérilité : « C'est, me semble-t-il, au pied de la lettre, qu'il faut prendre cette information, et il faut la rapprocher de tout ce que nous savons de la ruine de la petite propriété italienne, et des difficultés qu'il y avait alors à nourrir une population urbaine pléthorique et misérable » (B. 169, p. 262).

par un oracle de Jupiter qui leur enjoint de « jeter ce qu'ils voulaient le moins perdre », lancent au bas des murs les quelques pains qui leur restent. Les assiégeants croient que les ressources des Romains sont encore importantes et lèvent le siège. On érige aussitôt un autel à Jupiter *Pistor* :

> *Iam ducibus somnum dederat labor. Increpat illos*
> *Iuppiter, et sacro quid uelit ore docet :*
> *« Surgite, et in medios de summis arcibus hostes*
> *Mittite quam minime mittere uultis opem ! »* (...)
> *Ecce Ceres uisa est. Iaciunt Cerialia dona ;*
> *Iacta super galeas scutaque longa sonant.*
> *Posse fame uinci spes excidit. Hoste repulso,*
> *Candida Pistori ponitur ara Ioui.*
>
> VI, 385...394

Pour élaborer cette charmante anecdote, Ovide exploite deux lignes de Tite-Live [54] : pendant le siège de la citadelle par les Gaulois, les assiégés, à bout de provisions, lancèrent en bas des murailles leurs derniers pains, afin de tromper l'ennemi sur leurs ressources réelles.

L'arrangement de l'épisode par Ovide trahit le travail de l'étiologie sur un canevas historique. Passons sur l'oracle savamment paradoxal qui « ordonne de jeter ce qu'on voudrait le moins perdre », et qui, aussi subtil que les « deux vies en une seule » réclamées par Tellus lors de l'institution des *Fordicidia*, porte la marque de fabrique !

Regardons d'un peu près la conclusion : par reconnaissance envers Jupiter, on érige un autel sur le Capitole, après le départ de l'ennemi. Cela est impossible, puisque le stratagème... échoua ! Non seulement les textes de Tite-Live, de Valère-Maxime, de Florus, ne parlent jamais d'un quelconque autel à Jupiter *Pistor,* mais surtout, l'anecdote des pains jetés débouche directement sur la reddition déshonorante des Romains, et sur le célèbre *Vae uictis* qui sanctionne la défaite romaine devant Brennus ! C'est Ovide, et Ovide *seul* qui, pour la vraisemblance de son étiologie, transforme en *happy end (hoste repulso),* la capitulation fameuse, au mépris de toute vérité historique.

Quelques éléments d'explication.

L'existence de Jupiter *Pistor* est problématique, cautionnée qu'elle est par les seuls Ovide et Lactance, l'un suivant l'autre. Les Modernes ne tiennent pas ce dieu pour authentique. Et si l'on admet l'existence d'un Jupiter *Pistor,* on explique l'épiclèse non plus par référence au siège du Capitole,

---

54. V, 48, 4 ; Valère-Maxime, VII, 4, 3 ; Lactance, *Diu. Inst.,* I, 20, 33.

mais par rapport aux fonctions ordinaires de Jupiter : le nom viendrait, dit L. Preller [55], du verbe *pinsere*, et désignerait le « dieu qui foudroie ». R. Merkel préfère y voir le dieu des boulangers, connu par ailleurs sous l'épithète de *Conseruator* [56].

Nous invoquerons quant à nous un texte de Servius, qui nous paraît étrangement proche de celui d'Ovide. Pendant le siège de Rome, les Romains, à bout de provisions, mangent du cuir bouilli. Après leur libération, ils élèvent un autel à Jupiter *Tutor*, sur le Capitole [57] : *In tantam autem cibi penuriam redacti erant in obsidione, ut coriis madefactis et postea frictis uescerentur, cuius rei argumentum est quod hodieque ara in Capitolio est, Iouis* * *Tutoris (mss. Sutoris, Sôteris), in qua liberati obsidione coria et sola uetera concremauerunt.*

La finale de l'épiclèse de Jupiter, chez Servius, nous fait dresser l'oreille : *Sutor, Tutor*, sont dangereusement proches de *Pistor* !

Des trois versions du nom qui existent chez Servius, laquelle préférer ? *Sutor*, « le cordonnier », est le texte du manuscrit *F* ; *Sôter*, « le sauveur » ne peut être compris que comme la traduction grecque d'un mot latin. G. Thilo, l'éditeur de Servius, a supposé en conséquence que ce nom originel devait être *Tutor*, le « protecteur », corrompu ensuite, par l'influence du récit étiologique qui parle de cuir, en *Sutor*, le cordonnier [58]. Quoi qu'il en puisse être, l'autel de ce Jupiter-protecteur comme celui de ce Jupiter-cordonnier sont aussi inconnus pour nous que l'autel de notre Jupiter-boulanger...

Nous pouvons raisonnablement admettre que le prolongement à l'anecdote contée par Tite-Live est l'œuvre d'Ovide.

Le poète se met en devoir d'expliquer la fête des boulangers du 9 juin. Il se peut que l'autel dont il nous relate la fondation ait été dédié aussi le 9 juin, et que la coïncidence avec la fête des boulangers ait amené Ovide à penser qu'il pouvait avoir un rapport avec la boulangerie. Jupiter, en effet, sous le vocable de *Farreus* [59], celui qui préside à la *confarreatio*, n'est-il pas indirectement en rapport avec la confection des gâteaux et pains ?

---

55. L. Preller, *Röm. Myth.*, 1883³, p. 194.
56. R. Merkel, *Prolegom.*, 1841, p. CCXXIX.
57. *Ad Aen.*, VIII, 652.
58. W.H. Roscher, *Lexicon*, II, 663, 731, y voit plutôt la traduction de *Liberator*. Mais pour avoir entraîné la méprise avec *Sutor*, le mot doit être plus court.
59. Gaïus, *Inst.*, I, 112 : *Farreo in manum conueniunt, per quoddam genus sacrificii quod Ioui Farreo fit, in quo farreus panis adhibetur*. Trad. de J. Reinach (les Belles Lettres) : « Les femmes entrent en main par la farine » (!).

L'inscription de l'autel devait être franchement illisible, pour qu'on pût la transcrire indifféremment par *Tutor, Sôter, Sutor.* L'*aition* de sa fondation conserve le souvenir d'une aide apportée par Jupiter, qu'on remercia par l'octroi d'une épithète *Tutor*, le « protecteur », et devait être emprunté aux diverses traditions qui tournent autour du siège de Rome. Il se peut aussi qu'il relatât l'épisode du cuir mangé par les assiégés, et que Servius nous condense en quelques lignes. Si l'étiologie a toutes les chances d'être tardive, rien n'empêche l'autel de ce *Tutor, Liberator* ou *Conseruator* d'être lié réellement au siège de Rome et à la libération de la citadelle.

Rien n'est plus facile pour Ovide que d'adapter cette historiette à son propos, c'est-à-dire de remplacer la cordonnerie par la boulangerie, en utilisant l'anecdote des pains que lui fournit Tite-Live. A ce moment-là, le nom du Jupiter propriétaire de l'autel, Jupiter *Tutor*, dont le nom a déjà reçu l'équivalent grec Σωτήρ *(Sôter)* peut évoquer aussi bien le mot *Pistios* (Πίστιος), lequel est la traduction grecque de l'épithète ordinaire du Jupiter Capitolin, *Fidius*. On peut imaginer qu'un jeu de mots facile transforma ce *Pistios* en *Pistor* et lui fit exprimer alors les liens existant entre Jupiter et la fête des boulangers. Une preuve que ces interprétations fantaisistes sont possibles, c'est justement l'histoire du Jupiter cordonnier, bâtie sur une autre déformation du *titulus* de l'autel.

Ainsi donc, Ovide a pu transformer un Jupiter *Tutor* en *Pistios*, puis en *Pistor* ; calquer l'*aition* qu'il développe sur celui qui expliquait la dédicace de l'autel pendant le siège de Rome ; inventer un oracle ambigu fondé sur le mot « pain », convenant aussi bien à Jupiter *Pistor* qu'à Vesta : elle est la patronne des boulangers, et l'une des occupations des Vestales s'énonce grâce au verbe *pinsere*[60], celui-là même qu'on affecte comme étymologie à *Pistor* !

Il nous semble raisonnable d'imaginer ici un montage ovidien, l'existence de deux *aitia*, construits sur le même canevas à propos de deux autels inconnus bâtis au même moment sur la même colline invitant aussitôt à suspecter l'authenticité de l'un d'entre eux !

Un cas analogue, et, cette fois, hors de doute, se présente à nous avec l'aventure tragique de Lucrèce et de Tarquin, donnée comme origine au *Regifugium*[61].

L'historicité du récit est certaine. Aucun écrivain, toutefois, traitant de la chute de la royauté, n'établit de rapport entre cet événement et la fête reli-

---

60. Servius, *Ad Buc.*, VIII, 82 ; F.M. Bennett suppose même que les processions des Vestales allaient honorer l'autel de Jupiter *Pistor* (*A Theory...* dans *C.W.*, 7, 1913, 35-57, p. 35).
61. *Fast.*, II, 685-852 ; Tite-Live, I, 53, 4 ; Servius, *Ad Aen.*, VI, 818 ; Denys, IV, 64 *sqq*.

gieuse du *Regifugium*[62]. Quant aux étiologues, ils savaient bien que le rapprochement est fallacieux : Verrius prenait soin de les mettre en garde, et son texte, bien que sérieusement mutilé, a été restitué de façon assez satisfaisante pour pouvoir assurer le sens du passage : (Regifugium dies notatur in fastis a.d.) *VI Kal.* (Mart., qui creditur sic dict)*us quia* (eo die Tarquinius rex fugerit ex Vrbe). *Quod ͺ ͺ al*(sum est : nam e castris in exilium abisse r)*ettul*(erunt Annales. Rectius explicabit qui regem e)*t Salios* (hoc die coniunctos facere sacri)*ficium in* (Comitio eoque perfecto illum inde fugere) *nouerit*[63].

Il faut attendre Ovide, puis les *fastes* de Polémius Silvius pour voir la fête religieuse expliquée par la fuite historique, et B.R. Burchett note à ce propos : *The explanation is too obviously made up to fit the name*[64]. La célébration est obscure et mystérieuse[65]. Elle possède un symétrique dans les *Poplifugia* du 5 juillet, qu'on expliquait par la fuite épouvantée des Quirites après le meurtre de Romulus[66]. L'action de l'étiologie est particulièrement sensible ici, elle qui, en général, méconnaît les traits rituels fondamentaux pour s'attacher de préférence aux détails extérieurs. Plusieurs indices la dénoncent : ce n'est pas un roi politique qui prend la fuite le 24 février, mais un prêtre, le «roi des sacrifices», *Rex sacrorum* ou *Rex sacrificulus*[67]. Il existe, aux 24 mars et 24 mai, la même note *Q.R.C.F.*, dans les calendriers, qui ne peut commémorer deux fois de plus le même événement ! Enfin, à cette fuite rituelle du sacrificateur romain correspond un rite parallèle en Grèce, lors des Dipolies attiques. Ces éléments interdisent de considérer le rite comme la simple commémoration civile d'une « fuite » historique.

Parmi les explications modernes, la plus courante voit dans le rite la « mise à l'écart » du roi avant le sacrifice[68]. Quelques essais plus originaux : B.R. Burchett suppose que, dans les sacrifices primitifs, le roi incarnait en même temps la divinité et la victime, puisque la divinité était censée être sacrifiée elle-même sur les autels. Il prenait donc la fuite pour des raisons

---

62. Tite-Live, I, 53, 4 ; Valère-Maxime, VII, 4, 2 ; Denys, IV, 67-85 ; Eutrope, *Hist.*, I, 8, 1 ; Polyaenos, VIII, 6 ; Plutarque, *Publ.*, I-II.
63. Festus, *s.u. Regifugium*, p. 346 L. ; Paulus, *ibid.*, p. 347.
64. *The Divine Character of the Rex Sacrorum*, dans *C.W.*, 31, 1914, 33-37.
65. On lira *Regifugium* de V. Basanoff, Paris, 1943 ; l'article de M. Marchetti sous le même titre dans *B.A.A.R.*, 1914, 345-363.
66. Plutarque, *Rom.*, 29 ; *Cam.*, 56.
67. Plutarque, *Quaest. Rom.*, 63 : (Διά τί) τῷ καλουμένῳ « ῥῆγι Σακρώρουμ » (οὗτος δ᾽ ἐστὶ βασιλεὺς ἱερῶν)... Voir A. Momigliano, *Il Rex Sacrorum* dans *Quarto contributo*, Rome, 1960, 395-402.
68. G. Devoto, *Poplifugia*, dans *A.I.V.*, 90, 1931, 1075-1086.

bien compréhensibles : *He, then, felt a particular necessity for flight, if he would avoid an untimely death* [69]. Cette fuite, qui n'entraînait pas de catastrophes, fut ensuite imitée par ses successeurs. La conclusion de l'auteur bouscule les rites et les textes : du fait que les rois sont des magiciens, donc occupés avec le temps qu'il fait, et que Jupiter est un dieu « atmosphérique », le *Rex* ne serait pas le prêtre de Janus mais de Jupiter ; c'est une erreur d'Ovide qui a causé son attribution à Janus : comme tous les sacrifices s'adressent d'abord à Janus, il a cru que le *Regifugium* lui appartenait aussi, en oubliant de signaler le véritable dédicataire, Jupiter... Quant à J. Gagé, il pense que le Roi prend la fuite pour éviter les conséquences de son acte de sacrificateur : « Comme un artificier, de nos jours, s'éloigne en courant de la mèche qu'il a allumée, calculant le nombre de secondes, peut-être le roi-magicien était-il censé avoir déchaîné, par son geste sacrificiel, (immolation de l'animal, *uictima*, préparation des instruments sacrificiels ?) une puissance qui pouvait éventuellement se retourner contre lui [70] ». Il faudrait alors que le sacrificateur prît la fuite après *tous* les sacrifices !

Une autre solution est possible, favorisée par la place du *Regifugium* à la fin de l'année. On ne peut que rapprocher du *Regifugium* le processus encore mystérieux par lequel était annuellement assurée la relève du fameux « Roi de Némi », le *Rex Nemorensis*, prêtre de Diane. Il devait, à la fin de chaque année, remettre sa royauté en jeu, et échapper au poignard de celui qui désirait lui succéder. Ainsi l'atteste Ovide : « *La royauté de la forêt appartient à ceux qui ont des bras vigoureux et des pieds agiles* ; chaque roi périt à son tour, victime de l'exemple qu'il a donné lui-même » :

*Regna tenent fortes manibus pedibusque fugaces
Et perit exemplo postmodo quisque suo.*
III, 271-272

Nous trouvons dans ce vers les deux mots qui nous importent : la royauté et la fuite. A.B. Cook tient le même raisonnement que nous, mais en sens inverse, lorsqu'il déduit de l'identité des rites que le *Rex Nemorensis* pouvait être, comme son homologue romain, un successeur de rois de Némi détrônés [71]. On peut imaginer plutôt que le *Rex Sacrorum* romain prenait la

---

69. *The Divine Character of the Rex Sacrorum*, dans *C.W.*, 31, 1914, 33-37 ; citation p. 34.
70. J. Gagé, *Le Témoignage de Julius Proculus...*, dans *A.C.*, 41, 1, 1972, 49-77 ; citation p. 63. On peut lire aussi le premier chapitre des *Origines magiques de la royauté* de J.G. Frazer, B. 323.
71. *Zeus II*, New York, 1965, p. 378 et p. 280, note. Voir aussi F. Poulsen, B. 662, C.B. Pascal, *Rex Nemorensis*, dans *Numen*, 23, 1, 1976, 34-39. Dans *Huit recherches...*, p. 192, J. Gagé établit un rapprochement entre le *cliuus Virbius*, le dieu *Virbius*, le char de Servius, la roue *(orbis)* et le char d'Hippolyte.

fuite, à la fin du dernier mois de l'année primitive, pour éviter d'être tué par son successeur éventuel, en d'autres termes, que la règle successorale de Némi avait existé également à Rome, mais ne s'y maintenait plus, à époque historique, que sous forme de simulacre, tandis qu'à Némi elle persistait sous sa forme sanglante.

Rappelons quelques rapprochements ingénieusement établis par A.B. Cook : le roi romain Servius est un fils d'esclave, et donc un *seruus rex,* ce qui est le titre même des prêtres de Némi ; il adore la Diane de l'Aventin, déesse vénérée aussi sur les bords du lac ; il est tué par Tarquin, fils d'Égérius, nom qui met aussitôt en mémoire celui d'Égérie, et il habite sur le *cliuus Virbius,* selon certains manuscrits de Tite-Live (*Virbius* est le parèdre de la Diane de Némi) ; enfin, lui aussi périt sous le couteau de son successeur... Tous ces échos unissant Némi et Rome ne peuvent être le fruit du hasard ! Nous n'hésiterons donc pas à faire du *Regifugium* l'homologue des rites d'Aricie. Bien que l'Antiquité romaine connût le rite de Némi qu'elle nous décrit elle-même, elle n'a pas su faire ce rapprochement. Un jeu de mots sur *Rex,* un rappel du récit populaire où un roi part en exil : l'étiologie n'en demande pas plus...

Précédant Tarquin le Superbe, sous le règne de qui se déroule l'histoire de Lucrèce, voici Servius Tullius. C'est la mort de ce roi qui va servir à Ovide pour élucider le mystère des toges déposées dans le temple de la Fortune, la divine maîtresse du monarque. La voix populaire affirmant, contre l'avis des érudits, que la statue était celle de Servius, il était bien tentant d'exploiter le récit fameux par lequel Tite-Live relatait le geste criminel de Tullia écrasant sous son char le cadavre de son père.

Ce récit a reçu une exégèse surprenante de la part de J. Gagé : Tullia n'est pas une meurtrière, le coupable, c'est son père (!). « Elle frappait à travers son geste d'apparence monstrueuse, celui qui venait lui-même de se couvrir de sang, et qui allait contaminant choses et gens de sa souillure [72] ». Après de multiples détours, nous apprenons enfin quel fut le « crime » de Servius : du fait que Tullia se sert d'un escabeau pour forcer le cocher récalcitrant à écraser Servius, c'est que cet objet doit être un instrument d'ordalie, et que Servius a dû souiller de sang un objet semblable, sûrement une cassette de sorts... Tout cela relève évidemment de la plus pure fantaisie, et les hypothèses s'enchaînent les unes aux autres sans jamais recevoir le secours d'un texte. Seule idée valable : l'étymologie de *Tullius,* qui, chez Festus, signifie « jets de sang [73] », origine du récit évoquant la mort sanglante de Servius Tullius.

---

72. *La Mort de Servius Tullius et le char de Tullia,* dans *R.B.Ph.,* 41, 1963, 25-62.
73. P. 482 L., *s.u. Tullios.*

Laissons de côté l'étiologie sans doute populaire qui explique le nom de la *Porta Fenestella*, sise près de la maison de Servius [74] et qui jouxte le *cubiculum Fortunae* sur l'Esquilin : c'est, disait-on, le passage qu'empruntait *Fortuna* pour venir nuitamment rejoindre son favori. Et examinons la narration d'Ovide.

Elle est loin d'être convaincante. Pourquoi cette surprenante visite de la fille criminelle au temple de la Fortune, dont Tite-Live, qui nous trace pourtant l'itinéraire détaillé de Tullia, ne souffle mot ? Tullia rentre chez elle, c'est-à-dire aux Esquilies, en venant du Forum où Tarquin, son époux, a été proclamé roi ; elle gagne la *Velia*, emprunte le *uicus Sceleratus*, en haut du *uicus Cyprius*, près du temple de Diane : *Carpento certe, id quod satis constat, in Forum inuecta, nec reuerita coetum uirorum, euocauit uirum e Curia, « Regemque » prima appellauit. A quo facessere iussa ex tanto tumultu quum se domum reciperet, peruenissetque ad summum Cyprium uicum, ubi Dianium nuper fuit, flectenti carpentum dextra in Vrbium (mss. Orbium) cliuum, ut in collem Esquiliarum eueheretur, etc.* [75]. Une redescente de Tullia au Forum Boarium, où se trouve le temple de la Fortune, une fois qu'elle a gagné l'Esquilin où gît le cadavre de son père, et où se trouve sa propre demeure, ne rime à rien, l'obligeant à traverser de nouveau toute la ville. Et si Tullia s'est arrêtée « en passant » dans le temple de la Fortune, elle ne peut pas, son crime n'étant pas encore accompli, avoir entendu la voix courroucée de son père ! Ovide oublia certainement de consulter un plan de Rome avant de construire son récit...

En de nombreux points, le récit ovidien achoppe. Notons seulement ici l'étymologie populaire du *Cliuus Sceleratus*, « la rue du crime », ainsi baptisée d'après le geste horrible de Tullia. L'impie parcourut aussi, selon Tite-Live, le *Cliuus Vrbius,* dont le nom, sabin selon Varron, voisin du *uicus Cyprius* [76], signifierait : « heureux ! » : la cohérence de l'étiologie historique a, on le voit, ses limites. Ovide est bien instruit de l'un des sens possi-

---

74. *Fast.*, VI, 577-578 ; elle est inséparable, pour J. Gagé, *Tanaquil et les rites étrusques de la Fortune oiseleuse,* dans *S.E.*, 22, 2, 1952-1953, 79-102 de la fenêtre à travers laquelle la reine Tanaquil harangue le peuple à la mort de son mari, bien que l'une soit sur l'Esquilin, et l'autre au palais de Tarquin, sur la *uia Noua* près du temple de Jupiter *Stator.*

75. Tite-Live, I, 48.

76. *Ling. Lat.*, V, 159. Festus nomme ce *cliuus « Orbius »*, p. 196 L., à cause des roues du char *(orbes)* ; le *uicus Cyprius* porte un nom sabin signifiant « de bon augure » : *a bono omine, nam « cyprum » sabine « bonum »,* selon Varron, *loc. cit.* Le voisinage des deux ruelles a conduit Denys à traduire Orbius par le grec « Olbios » « heureux ». Pour H.J. Rose, le nom du *uicus Sceleratus* commémore le passage d'Horace, souillé du meurtre de Camille (*De Rel. ant. quaest. tres,* dans *Mnemo.*, 53, 1925, 407-408).

bles de *Sceleratus*, « de mauvais augure [77] », puisqu'il le signale pour le nom de la *Porta Scelerata* ; il change à la fois, dans le cas du *uicus*, d'avis et de domaine étiologique, puisqu'il invoque un *scelus* historique.

Ces points suspects à l'intérieur du récit nous font pressentir que l'explication des toges « de Servius » devra être cherchée ailleurs que dans le domaine historique. La cohésion entre le rite et l'étiologie historique présente ici d'indéniables fêlures.

Avec la quête annuelle des Galles, nous abordons le domaine du rajeunissement historique, dont les *Fastes* nous offrent des exemples impressionnants [78]. Ovide a mis le rite en relation avec une collecte spontanée ordonnée par le peuple romain, et qui permit, en l'an 111 av. J.-C., la reconstruction du temple de Cybèle :

> *Contulit aes populus, de quo delubra Metellus*
> *Fecit, ait. Dandae mos stipis inde manet.*
>
> IV, 351-352

Est-ce à dire que la coutume de mendier le jour des Mégalésies daterait seulement de l'année 111 ? Il faudrait, pour l'admettre, ignorer l'existence d'une corporation sacerdotale, les *Métragyrtes* ou « mendiants de la Grande Mère [79] », que Cybèle importa à Rome avec elle, et qui résidaient officiellement dans l'*Vrbs* depuis 204 av. J.-C. Une coutume asiatique, remontant à la plus haute antiquité, ne saurait dépendre d'un *aition* de cent ans plus récent que la venue de Cybèle à Rome. On touche du doigt avec cet exemple le complet mépris que professe l'étiologie historique pour les nécessités de la chronologie.

Autre superstition perdue dans la nuit des temps et mise indûment en relation avec une date précise, celle du « Jour Noir », *Dies ater,* dont nous avons analysé le nom et constaté l'extension religieuse [80]. Ovide nous en donne un commentaire historique :

> *Omen ab euentu est, illis nam Roma diebus*
> *Damna sub auerso tristia Marte tulit.*
>
> I, 59-60

---

77. C'est le sens exact, selon F. Bömer, *Interpretationen*, dans *Gymnasium*, 64, 1957, 112-135, p. 121. *Cf. Fast.*, II, 202.
78. Ils sont réunis p. 509-510.
79. Voir F. Poland, « *Metragyrtes* », dans *Realenc.*, XV, 2, 1471.
80. Voir p. 241-242.

« Le lendemain de tous ces jours — gardez-vous de toute erreur — sera un jour noir. Ce caractère funeste s'explique par l'histoire : ces jours-là, Rome trouva Mars hostile et essuya de pénibles revers ».

La tradition est abondante au sujet de cette appellation. On fait allusion, en général, à la funeste bataille de l'Allia [81]. Ce rapprochement doit attirer notre attention sur un point délicat.

La bataille eut lieu le 18 juillet. Le calcul le plus simple nous montre bien que ce jour ne pouvait pas être un « lendemain d'ides », puisque les ides tombent, en juillet, le 15 ! Et si l'on pense à la bataille de Cannes, on se heurte à la même difficulté : *Man verlegte auf solchen Tag irgend eine berühmte Niederlage, z.B. die an der Allia oder bei Cannae, obwohl die letztere vom Geschichtschreiber Q. Claudius vielmehr « ante diem quartum Nonas Sextiles » gelegt ward* observe justement W. Deecke [82].

Consultons nos autres sources pour trouver la clef de cette énigme : nous pouvons constater un fait majeur : Ovide a confondu, et il est seul à le faire, les *dies atri* proprement dits, et les *dies religiosi*, d'extension plus grande, qui englobent, eux, 36 *dies atri*, + les jours où « *mundus patet* », + l'anniversaire de la bataille de l'Allia ; ainsi le garantit un texte de Festus : *Dies autem religiosi : quibus nisi quod necesse est nefas habetur facere. Quales sunt sex et triginta atri qui appellantur, et Alliensis atque i quibus mundus patet* [83], où l'auteur établit soigneusement une distinction entre *dies atri* et bataille de l'Allia.

Comment explique-t-on ces sinistres « jours noirs » ? C'est parce que ces jours-là, il arriva que des généraux romains firent des sacrifices aux dieux avant une bataille, ce qui entraîna régulièrement des catastrophes, mais seulement *quelques jours après* ! Le texte de Festus est formel à cet égard : *Hi dies decreto Pontificum atri iudicati sunt, quod, quotienscumque Romani duces belli gerendi gratia his diebus supplicauerunt, male rempublicam gesserunt* [84]. Nous possédons le commentaire de Verrius Flaccus à ce sujet, conservé par Aulu-Gelle : Q. Sulpicius fait un sacrifice le lendemain des Ides, avant de gagner l'Allia ; le surlendemain (c'est-à-dire le 18 juillet), la Ville est prise ! *Vrbe, inquit* (Verrius) *a Gallis Senonibus recuperata, L. Atilius in Senatu uerba fecit : Q. Sulpicium tribunum militum, ad*

---

81. Plutarque, *Quaest. Rom.*, 25 ; Macrobe, *Sat.*, I, 16, 22-24 ; Festus, *s.u. Religiosus*, p. 348 L.
82. *Die Falisker*, Strasbourg, 1888, p. 90. La date du 18 est donnée dans *C.I.L.*, X, 1, 6638 : *Dies Alliae et Fab.*
83. Festus, p. 348 L., *s.u. Religiosus*.
84. Paulus-Festus, p. 186 et 187 L., *s.u. Nonarum*.

Alliam aduersus Gallos pugnaturum, rem diuinam dimicandi gratia postridie Idus fecisse, tum exercitum populi Romani occidione occisum, et post diem tertium eius diei Vrbem praeter Capitolium captam esse [85].

Aucun auteur, avant Ovide, ne s'est avisé d'affirmer qu'on s'était battu les lendemains d'Ides. Au contraire, tous s'accordent à placer les désastres consécutifs aux sacrifices célébrés les lendemains d'Ides *quelques jours après* ces fameux lendemains.

Pour vouloir trop condenser les textes très détaillés que Verrius nous a laissés sur la question, Ovide nous a proposé une définition hybride, qui traite théoriquement du *dies ater,* et nous donne en réalité la définition du *dies religiosus* ! Le désastre de l'Allia pourrait difficilement expliquer le *dies ater,* puisqu'il en est une conséquence, ou, si l'on veut, un prolongement.

Le fin mot de l'affaire, c'est que le terme *rĕlĭgĭōsus* est interdit à Ovide de par sa forme métrique. Il a donc groupé sans vergogne les *dies religiosi* et les *dies atri,* qui présentent une même couleur sinistre, au mépris des exigences chronologiques, puisque, selon son explication, la bataille de l'Allia dut se dérouler le 16 juillet !

Autre bataille fameuse, celle de la Crémère, avec la geste héroïque des trois cent six Fabius, à laquelle se rattache le tabou de la porte Carmentale. E. Païs a réuni un faisceau d'observations intéressantes, qui, toutes, ébranlent l'authenticité de la fameuse bataille, authenticité qui, du reste, éveillait déjà quelques doutes chez les Anciens [86].

La date de la bataille est une première question épineuse. Ovide l'assigne au 13 février. J. Hubaux ne se résigne pas à croire à « une bévue qu'Ovide aurait commise dans un poème didactique et savant [87] ». Ovide a pourtant commis bien d'autres erreurs dans les *Fastes,* et celle-là est certaine : le jour anniversaire de la bataille de la Crémère est, au même titre que l'anniversaire de l'Allia, un *dies religiosus* ; il doit donc tomber *après* les Ides, selon les définitions évoquées plus haut. Or, le 13 février est le jour même des Ides ; donc marqué N^p ; donc consacré à Jupiter ; il est rigoureusement

---

85. Aulu-Gelle, V, 17, 1-2, d'après Verrius, au livre IV du *De Verborum Significatu*.
86. Denys d'Halicarnasse, IX, 22, 1.
87. Dans *Fast.,* II, 195-196 ; J. Hubaux, *Rome et Véies,* Paris, 1958, p. 342, pour qui il faut établir une correspondance entre les 306 Fabius et les 305 jours de l'année (Ovide, *Fast.,* III, 156 *sqq.*) ; pour E. Kornemann, Ovide donne la date de la délivrance de Rome, *Die Alliaschlacht und die Pontifikalannalen,* dans *Klio,* 11, 1911, 335-342, p. 341, n. 2 ; pour F. Bömer, Ovide s'est inspiré d'une tradition familiale des Fabius (*F. éd. comm.,* 2, p. 115). A. Degrassi, *op. cit.,* p. 484, pense à une simple erreur du poète. Du fait que les Fabius participent aux Lupercales le 15 février et que la fête de Faune, le 13, était sans doute une solennité de famille des Fabius, la coïncidence a abusé Ovide.

impossible que la bataille se fût déroulée un 13 février. Les autres auteurs donnent comme date le 18 juillet. Mais alors, la coïncidence exacte avec la date de l'Allia ne peut que renforcer nos doutes sur l'historicité de deux désastres aussi importants à la même date.

Le lieu de la bataille est proche de celui des combats au bord de l'Allia : deux milles seulement les séparent. Et l'on peut repérer aisément un troisième combat, contre Tarquinies, dont le déroulement semble un décalque pur et simple de celui dont nous nous occupons. Cette bataille est située en 358 av. J.-C., et conduite par un Fabius. Elle laisse trois cent sept hommes sur le terrain.

Il est invraisemblable qu'à trois dates de l'histoire romaine, 477, (la Crémère), 390, (l'Allia), 358, (Tarquinies) trois désastres soient imputables à des *Fabii*[88], deux d'entre eux causant la mort de trois cent six et de trois cent sept hommes, deux d'entre eux se déroulant un 18 juillet !

E. Païs estime que la seule bataille réellement dirigée par un Fabius est celle de 358. Les Fabius n'y apparaissant nullement sous un jour glorieux, c'est que le récit n'est pas une fable héroïque bâtie sur une *laus funebris* de la *gens*, mais un événement authentique.

Quant à la bataille de la Crémère, elle emprunte sa date et son lieu à la bataille de l'Allia ; pour le reste, il n'est pas impossible qu'un Fabius Pictor, par exemple, se soit inspiré d'un modèle illustre : la bataille des Thermopyles, tout simplement...

Qu'on en juge : Léonidas et les *Fabii* sont des descendants d'Hercule ; les Spartiates sont trois cents, leurs alliés quatre mille : les *Fabii* sont trois cent six, et quatre mille clients les escortent ; deux traîtres, Éphialte pour les uns, Ménénius pour les autres, portent la responsabilité du drame. Enfin, un seul Fabius reste en vie, tandis que, selon Hérodote, Mégistias aurait renvoyé chez lui son jeune fils, seul rescapé du désastre. Apprécions enfin la proximité des dates : 480 pour les Thermopyles, 477 pour la bataille de la Crémère.

Cette interprétation de la bataille de la Crémère comme la reproduction d'un combat illustre, insérée par l'historien de la *gens Fabia* au sein des traditions nationales, est, à notre avis, tout à fait séduisante, et en tout cas plus convaincante que d'autres fragiles constructions sur la symbolique de

---

88. A l'Allia, trois Fabius sont tribuns militaires à puissance consulaire. La bataille a lieu le 18 juillet selon Tite-Live, VI, 1, 11, Tacite, *Hist.*, II, 91 (15ᵉ jour avant les kalendes d'août) et les Fastes d'Antium.

l'année devenue on ne sait trop comment un récit historique [89]. Il est possible de voir là un produit de la recherche étiologique romaine préoccupée de justifier la malédiction de la porte Carmentale : *Dann ist der Name « Scelerata » älter, und nicht mehr erklärbar, und der Fabierzug ein an diesen Namen nachträglich angefügtes Aition* [90]. Il faudrait simplement faire remonter cette recherche étiologique à Fabius Pictor, qui put profiter de l'occasion de mettre en connexion le nom de sa *gens* et la tradition religieuse attachée à la porte Carmentale, en faisant appel à quelque obscur combat, qu'il s'ingénia à enjoliver sur un modèle célèbre.

On ne peut douter, semble-t-il, que la bataille de la Crémère soit un récit étiologique ; le seul détail de l'enfant resté à Rome confirmerait cette conclusion : « le point le plus invraisemblable de la légende », écrit judicieusement J. Hubaux [91], n'était pas que trois cent six hommes eussent péri le même jour, c'était que, dans une famille où il y avait plus de trois cents *uiri* âgés de 18 à 45 ans, il ne s'en trouvât qu'un seul dont l'âge tombât en-dehors de ces limites ».

Le récit serait donc l'émanation pure et simple du rite. Pourquoi ne doit-on pas sortir par la porte Carmentale ? C'est parce que le franchissement de cette porte a dû, un jour, se révéler générateur de catastrophe. Nul ne s'avise de rapprocher la malédiction de cette porte de ville des malédictions pareilles qui interdisent au passage la porte Décumane du camp romain, cette ville en miniature [92]. On préfère édifier de toutes pièces la belle histoire des *Fabii*, lesquels, d'ailleurs, ne franchirent probablement pas la porte Carmentale... mais le pont Sublicius [93] !

Cette divergence topographique met en évidence la responsabilité de l'étiologie, décidément peu scrupuleuse sur les détails. En effet, l'histoire,

---

89. A.W.J. Holleman, *Myth and Historiography*, dans *Numen*, 23, 3, 1976, 210-218. Aussi *Calendriers* (B. 426).
90. F. Bömer, *Interpretationen...*, dans *Gymnasium*, 64, 1957, 112-135, p. 114-119 ; voir aussi P. Grimal, *Le Dieu Janus...*, dans *L.H.*, 4, 1945, 15-121, p. 53.
91. *Op. cit.*, p. 330.
92. P. Grimal, *op. cit.*, p. 54, d'ap. A. Piganiol, *Les Origines du Forum romain*, dans *M.É.F.R.A.*, 28, 1908, p. 250 *sqq*.
93. Observation de F. Bömer, *op. cit. supra* ; sur la porte Carmentale, la Crémère et les *Fabii*, lire O. Richter, *Die Fabier am Cremera*, dans *Hermes*, 17, 1882, 425-440 ; E. Maass, *Untersuch. zu Properz* dans *Hermes*, 31, 1896, 375-434 ; E. Montanari, *Roma, momenti di una presa di coscienza culturale*, Rome, 1975, p. 85 *sqq*. (étude extrêmement pertinente et pleine de suggestions intéressantes) ; E. Hoffmann, *Der Untergang der Fabier am Cremera, Zu Ovid Fasti II*, dans *J.K.Ph.*, 153, 1896, 685-688 ; A. Elter, *Cremera und Porta Carmentalis*, dans le Progr. de Bonn, 1910 ; la théorie de E. Païs se trouve dans *Ancient Legends*, Londres, 1906, p. 168 *sq*. Bonnes considérations de L.A. Holland, B. 419, p. 242-261.

aussi exaltante qu'elle soit, des 306 Fabius, n'explique aucunement le surnom de la porte « du crime », puisqu'une défaite, et une défaite glorieuse, n'est en rien un crime ! La recherche antique aurait pu s'arrêter de préférence à d'autres crimes célèbres, celui d'Horace passant sous le joug, donc, approximativement sous une arche, celui de Tullia expliquant le nom du *uicus Sceleratus*. Une ruelle, une porte, toutes deux dotées du même surnom de « criminelles », sont mises en rapport avec des épisodes historiques totalement différents ! Il est curieux, en tout cas, qu'on ait laissé subsister cette inadéquation flagrante de l'*aition* au nom qu'il prétend expliquer. C'est l'un des nombreux mystères de la recherche scientifique romaine...

3. L'étiologie créatrice d'histoire

La fuite des Rois, l'assassinat de Servius Tullius, la bataille de l'Allia sont considérés comme *historiques,* seulement ensuite comme étiologiques. En ce qui concerne la série d'étiologies dont nous allons aborder l'étude, les choses sont fort différentes. Elles aussi prétendent à l'authenticité et sont appuyées sur des faits et des dates indubitables : la retraite sur le Mont Sacré, la censure d'Appius Claudius, la loi *Oppia,* et de tels cautionnements historiques nous donnent la mesure des hardiesses de l'étiologie. Pourtant, l'*aition* lui-même, édifié sur ces fondements inébranlables, n'est pas historique. C'est là la différence qui sépare deux récits voisins, relatifs à Jupiter *Pistor* et à Anna Perenna : l'anecdote des pains lancés du haut des murs existe déjà chez Tite-Live, et Ovide se borne à la mettre en rapport avec l'autel dont il désire expliquer la fondation. En revanche, la bonne vieille de Bovillae n'a jamais été accueillie dans aucun développement historique, et si les flûtistes des Quinquatries l'ont été, c'est uniquement, Tite-Live tient à le préciser, parce que leur aventure est liée à d'importants décrets religieux.

Nous consacrerons une première étude à une autre grève, celle que conduisirent les matrones romaines en 195 av. J.-C. Cette grève a donné naissance à « une fable ridicule, qui ne mérite pas qu'on s'y arrête [94] »... le récit d'Ovide, précisément !

Récompensées, après leur geste patriotique pendant la guerre contre Véies [95], par l'octroi d'un privilège particulier (la permission d'utiliser à la

---

94. L. Lacroix, *Recherches sur la religion des Romains d'ap. les F. d'Ovide,* Paris, 1846, p. 93.
95. *Fast.,* I, 617-636 ; Tite-Live, V, 25, 9 ; Festus, *s.u. Pilentis,* p. 282 L. ; Plutarque, *Quaest. Rom.,* 56.

promenade un chariot spécial, le *carpentum* [96]) les dames romaines se voient supprimer ce droit lors des mesures d'austérité édictées par la loi *Oppia* en l'an 215. Aux manifestations de rues qui accompagnent, chez Tite-Live [97], le vote de la loi et indignent si fort le vieux Caton, les femmes ajoutent, chez Ovide, un moyen de pression tout à fait original, en pratiquant l'avortement massif de toutes les femmes enceintes. Le Sénat finit par céder, et restitua, en l'année 195, le privilège des *carpenta,* en même temps qu'il doublait la durée des fêtes de Carmenta.

Il est fort improbable que l'institution de ce second jour de fête remonte à une date aussi tardive : certains calendriers en font une initiative de Romulus [98], et, sur les calendriers de pierre, la fête est inscrite en grosses lettres, signe assuré d'archaïsme.

Si, chez Tite-Live, la grève des femmes se déclenche seulement en 195, lorsqu'on parle d'abroger la loi *Oppia,* Ovide semble bien affirmer, lui, que la stérilité volontaire fut décrétée dès le moment où le privilège fut retiré, c'est-à-dire en 215 :

> *Mox honor eripitur ; matronaque destinat omnis*
> *Ingratos nulla prole nouare uiros.*
>   I, 621-622

Une pareille affirmation est paradoxale : il faudrait admettre que le Sénat aurait attendu vingt ans de stérilité pour abroger la loi !

Le texte d'Ovide agite avant tout la question des *carpenta,* et non l'interdiction des parures qui occupe, dans le récit livien, et surtout dans l'esprit de Caton, une place bien plus considérable ! La raison de ce renversement d'intérêt est naturellement d'ordre étiologique : le nom des *carpenta* lui offre une aubaine inespérée, avec la similitude phonique *carpenta-Carmenta* ; d'autant que le rapport entre le *carpentum* et les femmes n'a, selon G. Lucchi [99], rien d'illogique. L'explication d'Ovide est fondée sur un jeu de mots, peut-être populaire, peut-être aussi de son invention (on peut remar-

---

96. *Cf.* A. Abaecherli-Boyce, *Fercula, carpenta...,* dans *B.A.S.M.,* 6, 1935, 1-20 ; Tullia et Tanaquil l'utilisent (Liv., I, 48 ; I, 34) ; il préexiste donc largement à la loi *Oppia.*

97. XXXIV, 1-8.

98. *Fast. Praen., C.I.L.,* I ², p. 312 ; I.G. Scott explique la dualité de la fête par l'existence de deux dates de célébration, l'une sur le Palatin, l'autre sur le Quirinal *(Evidence from Early Roman Religion concerning the Growth of the City),* dans *T.A.Ph.A.,* 60, 1929, 221-228 ; toutefois, comme le fait remarquer A. Degrassi, *op. cit.,* p. 398, le temple est au pied du Capitole...

99. *Sul Significato del carpentum nella monetazione romana imperiale,* dans *R.I.N.,* 16-17, (5), 1968-1969, 131-141.

quer que le mot *carpenta* n'apparaît pas chez Tite-Live, remplacé par la locution *iunctum uehiculum,* ni chez Festus, où le char est appelé *pilentum*).

D'autre part, le lien qui doit unir la déesse Carmenta et la loi *Oppia* n'apparaît pas très nettement. On doit comprendre, semble-t-il, qu'après la restitution du privilège des *carpenta,* les matrones remercièrent Carmenta, qui avait donné son nom au chariot, par l'octroi d'un second jour de fête.

Le développement d'Ovide prend prétexte de la ressemblance des noms pour proposer une étiologie du second jour de fête, il ne prétend aucunement expliquer le nom de la déesse par le nom du chariot, et les deux vers limpides qu'il consacre à l'étymologie

Nam prius Ausonias matres carpenta uehebant
Haec quoque ab Euandri dicta parente reor
I, 619-620

ont été interprétés à contresens par L.L. Tels de Jong : « Les Anciens connaissaient trois étymologies du nom *Carmentis (-nta),* dont les deux premières sont sans valeur : l'une veut que *Carmentis* ait des rapports avec le mot *carpenta* (réf. au texte d'Ovide). Or, la vérité est sans doute que le nom *Carmenta* a fait naître l'histoire des *carpenta,* et non pas que le nom *carmenta* soit né du mot *carpenta* [100] ». Nul ne songerait à l'affirmer, en effet, et Ovide moins que tout autre : ne dit-il pas expressément que « le nom des chariots a été tiré du nom de la mère d'Évandre » ? L'Antiquité ne connaît que deux étymologies du nom : *carmen* et *carere mente.* Une déesse pourvue d'un Flamine n'aurait pas, du reste, attendu l'an 195 pour venir à l'existence !

Quant à la grève de l'enfantement, elle concourt uniquement à corser le récit, en une fiction fort intelligente, puisque Carmenta était invoquée lors des naissances. Ce rationalisme de l'étiologie est souligné par G. Wissowa et A. Bouché-Leclercq [101] : « Ce conte, au fond duquel il y a un jeu de mots sur *Carmenta* et *carpenta,* le souvenir d'une concession faite jadis aux matrones, et une allusion à l'utilité des véhicules pendant la grossesse, suffisait à l'édification populaire ». Le motif rappelle immédiatement les grèves de l'amour pratiquées en d'autres temps par Lysistrata et ses compagnes, ainsi que des étiologies comparables affectées à d'autres rites romains. Il constitue de ce fait une variation sur le thème de la stérilité féminine, tel qu'on le trouve comme fondement des *Ludi Tauri,* ou de la flagel-

---

100. *Sur quelques divinités romaines de la naissance et de la prophétie,* diss. Leyde, 1959, p. 23. L'auteur a dû prendre *Haec dicta* pour un féminin.
101. G. Wissowa, dans *Rel. u. Kult.,* Munich, 1912, p. 220 ; Bouché-Leclercq, *s.u.* « *Carmenta* », dans *Dict. Ant.,* I, 2, p. 924.

lation des femmes aux Lupercales [102]. On doit en féliciter sans doute l'ingénieuse invention d'Ovide. Quoi qu'il en soit, celle des théories modernes qui souhaite justifier le récit d'Ovide par la supposition d'un ancien nom *Carpenta* pour la déesse, étayé par les mots étrusques *carpnati, Carpnatesa* [103], apparaît, (tout comme celle d'un *carpentum,* char de la lune qui, elle-même protège les femmes en couches), singulièrement fantaisiste. Les explications pseudo-historiques d'Ovide connaissent parfois des prolongements inattendus...

Il en va de même pour une autre de ses créations, Anna de Bovillae, qu'un historien de la religion romaine a prise un moment au sérieux, et utilisée pour définir un cycle de l'ambroisie où les dieux Ases, privés de bière, sont sauvés par une boisson divine, le « *Soma »,* de la même façon qu'Anna sauvait les plébéiens de la famine en leur cuisant des gâteaux. « Qu'on ne prétende pas », écrivait jadis G. Dumézil, « qu'Ovide a forgé ici de son imagination le type exact de conte que la saison et les analogies indo-européennes faisaient attendre [104] ». Le retour d'opinion du savant moderne, quelques années plus tard [105], nous permettra justement de « prétendre ».

Certes, la vieille Anna nous apparaît, chez Ovide, dotée d'un caractère nourricier facile à établir, si toutefois les Anciens ne sont pas victimes de rapprochements de mots ou de confusions entre les légendes. Anna est identifiée comme une vieille boulangère, ou comme l'une des nymphes (Hagnô ?) qui nourrirent Zeus. La mention de la fameuse Sécession de la Plèbe sur le Mont Sacré en 494 semble apporter la caution de l'Histoire ; le nom de la bourgade peut faire songer à une tradition, à un culte d'Anna, peut-être, en ce lieu, éléments dont Ovide se serait contenté de tirer parti, ainsi que le suppose J.G. Frazer [106]. G. Dumézil formule pourtant à ce propos une observation pleine de bon sens : « Il est remarquable que Tite-Live passe l'intervention d'Anna sous silence, et que, topographiquement, la fête d'Anna ne soit nullement liée ni au Mont Sacré, ni au faubourg de Bovillae [107] ». W.F. Otto s'interroge, lui aussi, sur les raisons qui ont pu pousser Ovide à adopter Bovillae pour donner un cadre topographique à

---

102. Festus, p. 478 L. ; Servius, *Ad Aen.,* II, 140.
103. La théorie évoquée est celle de R. Pettazzoni, *Carmenta,* dans *S.M.S.R.,* 17, 1941, 1-16, p. 15. Autre thèse récente chez A. Pagliaro, *Carmenta,* dans *S.M.S.R.,* 21, 1947, 121-122.
104. *Le Festin d'Immortalité,* Paris, 1923, p. 130-135 : « Primitivement, Anna était mieux que nourricière, elle était nourriture ».
105. *Rel. rom. arch.,* p. 329, n. 1.
106. *F. éd. comm.,* 3, 1929, p. 121.
107. *Le Festin...,* p. 132.

son récit : *...Obwohl man sich fragt und nicht kenntlich ist, warum er erwähnt, dass Anna aus Bouillae ist, und ob und welche Beziehung sie zu Bouillae hat* [108].

Voici le scénario du récit ovidien : les plébéiens en révolte, réfugiés sur le Mont Sacré en 494, risquent de périr, faute de vivres. Survient alors une vieille femme, « une vieille aux cheveux blancs ceints d'un léger bandeau, pleine d'activité » :

> *Pauper, sed multae sedulitatis anus,*
> *Illa leui mitra canos incincta capillos*
> *Fingebat tremula rustica liba manu,*
> *Atque ita per populum fumantia mane solebat*
> *Diuidere : haec populo copia grata fuit :*
> *Pace domi facta, signum posuere perenne*
> *Quod sibi defectis illa ferebat opem.*
>
> III, 668-674

Les pains par elle pétris sauvent le peuple de la famine, et valent à la boulangère la consécration d'une statue « pérennisante », d'où son nom de *Perenna*.

L'explication étymologique n'est pas convaincante : tous les personnages honorés par l'érection d'une statue auraient alors le droit de s'appeler *Perennus ou *Perenna* !

Pour ce qui est du conte lui-même, une simple observation peut en infirmer la valeur : comment une déesse fêtée au jour de l'An ancien, c'est-à-dire le 15 mars, et patronnant, pour ceux qui l'en prient, une heureuse poursuite de l'année [109], une déesse, par conséquent, liée à l'année romuléenne, dont le début est situé en mars, pourrait-elle n'avoir existé qu'après 494 ?

Une rencontre troublante éveillait déjà l'attention de W. Warde Fowler : l'existence d'un passage symétrique, quelques vers plus loin, dans le même livre III, à propos des *Liberalia* [110]. Le 17 mars, en effet, les *sacerdotes Liberi*, vieilles femmes couronnées de lierre, vendent des gâteaux au peuple, et offrent la part du dieu sur des réchauds portatifs, au nom de chaque acheteur : *Liberalia dicta quod per totum oppidum eo die sedent,*

---

108. *Römische Sagen*, dans *W.S.*, 34, 1, 1912, 318-331, p. 327.
109. Ovide lui-même voit dans la fête d'Anna une preuve que l'année commençait en mars, *Fast.*, III, 145-146.
110. III, 733-736 et 761-770.

<ut> *sacerdotes Liberi, anus hedera coronatae, cum libis et foculo, pro emptore sacrificantes* [111].

Le 17 mars : deux jours seulement après la fête d'Anna ! Les mêmes rites sont décrits, assortis d'explications fantaisistes, par Ovide. On peut trouver étrange cette répétition d'un même geste, celui de cuire des gâteaux et de les distribuer au peuple, accompli par des vieilles femmes, coiffées, pour l'une, d'un bandeau *(mitra)*, pour les autres, de lierre. Ovide emploie même, pour la production d'Anna, le mot *liba,* indissolublement lié au culte de *Liber* !

W. Warde Fowler a conclu de cette ressemblance que le rite pratiqué le jour des *Liberalia* a dû engendrer l'étiologie qu'Ovide destine à la fête d'Anna Perenna, ce dont nous demeurons d'accord : Anna de Bovillae a bien été inventée sur le modèle des *sacerdotes Liberi.* Seulement, le critique moderne se fait du processus de cette création une idée peu satisfaisante : on devait vendre des gâteaux, dit-il, le jour de la fête d'Anna Perenna, et non le jour des *Liberalia.* Puis, un jeu de mots entre *Liber* et *liba* aurait amené, par la suite, le déplacement du rite (!), qu'on supprima de la fête du 15 mars pour le transporter deux jours plus tard, aux *Liberalia* : *This myth seems to me to have grown out of the custom, to be described directly, of old women selling liba on the 17th (Liberalia), the custom having been transferred to that day through an etymological confusion between liba and Liberalia* [112].

On ne discerne pas clairement quelles raisons auraient pu présider à l'institution d'une vente de gâteaux le jour de la fête d'Anna Perenna, si, pour les *Liberalia,* elles sont évidentes : l'erreur d'étymologie, qui rapprochait les *liba* du dieu *Liber,* ayant engendré un rite. Surtout, le *déplacement d'un rite* est une explication dangereuse, qu'il faut manier avec précaution quand on s'occupe de religion romaine : on imagine mal que les Anciens aient changé la *date* d'un rite sur la foi d'une fausse étymologie ; pareille incartade liturgique surprendrait fort, dans une religion au conservatisme aussi implacable que celle des Romains. Pourquoi privilégier, pour en faire l'origine du rite, l'historiette d'Anna boulangère, que nous rencontrons d'abord et seulement chez Ovide, alors que les *sacerdotes Liberi* sont mentionnées par Varron au cours de la description d'un rite ? Il est plus simple d'admettre qu'Ovide a imaginé l'histoire de la vieille Anna en s'inspirant, pour leur créer une copie conforme, des vieilles prêtresses qu'il voyait officier au coin des rues le 17 mars. Selon les normes de l'étiologie,

---

111. Varron, *Ling. Lat.,* VI, 14.
112. *Roman Festivals,* p. 53.

on attendrait, en guise de conclusion au récit ovidien, quelque formule du type : « pour rappeler ce bienfait, on décréta que des vieilles femmes vendraient chaque année des gâteaux au peuple », mais cela nous ramènerait directement aux *Liberalia.* Ovide nous propose une invention bien faible, celle de cette statue « pérennisante », destinée à justifier le nom de *Perenna.* Venant de romancer les tribulations d'Anna, sœur de Didon, et sur le point de rédiger l'aventure non moins suspecte d'Anna et de Mars, Ovide n'en était point à un arrangement près !

Mais pourquoi Bovillae ?

Il nous est toujours loisible d'imaginer l'existence d'un culte d'Anna à Bovillae, (où est attesté déjà un culte de Véiovis), sans que le silence de la tradition puisse étonner, si lamentablement fragmentaires sont les textes que nous possédons, outre celui des *Fastes,* sur Anna Perenna [113]. Une autre possibilité pourtant s'offre à nous, celle d'emprunter le chemin glissant des allusions politiques, et d'isoler l'évocation allégorique d'une importante création impériale.

Si l'on s'avise, en effet, que Bovillae est de longue date le fief de la *gens Iulia* [114], on ne peut échapper à l'impression qu'Ovide nous a tendu, avec ce nom, la clef de son texte ambigu. De fait, interprétées en termes contemporains, les diverses phases de la fable ovidienne s'éclairent d'une lumière nouvelle : Anna est une habitante de *Bovillae, divinisée,* pour services rendus *au peuple,* services touchant à *l'alimentation,* et ce dans des circonstances très particulières : après une *sédition* de la plèbe.

Interrogeons la vie d'Auguste. Lui-même s'intéresse de près à l'épineuse question du ravitaillement de l'*Vrbs* : parmi les trois préfets qu'il crée, le plus important n'est-il pas, en l'an 8 av. J.-C., le préfet de l'Annone ? Et le Prince ne se voit-il pas déférer l'organisation de cette même annone *à la suite d'une émeute populaire* [115] ? Quant à sa famille, on lui reprochait précisément de compter... des *boulangers* [116] !

Est-il besoin de souligner les échos qui unissent la fable des *Fastes* à ces réalités contemporaines ? Lors d'une sédition populaire, une vieille,

---

113. En tout et pour tout : Macrobe, *Sat.,* I, 12, 6 : *Eodem quoque mense, et publice et priuatim... sacrificatum itur ut annare perennareque commode liceat* ; Martial, IV, 64 ; J. Lydus, *Mens.,* IV, 49 traduisant Macrobe, Aulu-Gelle, XVI, 7, 10 (un titre de mime) et Varron, chez le même Aulu-Gelle, avec la formule *Anna ac Peranna.*
114. St. Weinstock, *Divus Julius,* Oxford, 1971, p. 5-7 ; parmi les divinités présentes à Bovillae, on ne trouve pas Anna Perenna !
115. J. Ellul, *Histoire des Institutions de l'Antiquité,* Paris, 1961, p. 413.
116. Suétone, *Aug.,* 4.

Anna, à Bovillae, ravitaille le peuple. Après une sédition populaire, un homme d'une famille de Bovillae, Auguste, prend en charge le ravitaillement du peuple. Le dénominateur commun des deux énoncés est évidemment le mot *Annona* : sa consonnance évoque aussitôt le nom d'Anna, que, du reste, dans une théorie moderne, il explique [117] ! l'*Annona* impériale, nourricière du peuple, n'est-elle pas, elle aussi, vénérée comme une déesse [118] ? Songeons, enfin, que les bons procédés d'Anna envers le peuple lui valent *la divinisation*, ambition secrète du Prince lui-même ! On mesure alors la plénitude et la portée politique de cette anecdote, apparemment sans importance...

Cette pratique du sous-entendu suggestif était d'ailleurs adoptée déjà par Ovide à l'intérieur de la geste romuléenne : en quelques lignes, Ovide établit au livre II l'incontestable supériorité d'Auguste sur Romulus. Le dessein secret de ces vers, suggère K. Scott [119], est d'insinuer que Romulus, type même du « demi-dieu romain », étant surclassé par l'empereur régnant, la logique voudrait que ce dernier bénéficiât d'une même divinisation : *One could scarcely have built up a better case for the apotheosis of Augustus, than by showing that the princeps surpassed on every count Romulus, the example par excellence of the Roman demi-God.*

On peut refuser d'aller si loin, et de déceler dans le simple conte savoureux d'un poète la glorification voilée de l'annone augustéenne. Il reste qu'Anna ne saurait être ni la terre nourricière, ni le Soma divin, ni la boulangère égyptienne *Enna* [120]. Quelles que soient les raisons qui présidèrent à sa naissance, la fable qui exalte ses bienfaits est à coup sûr une invention ovidienne, enchâssée dans un événement historique ancien.

L'anecdote des flûtistes nous a été conservée par Tite-Live, Valère-Maxime et Plutarque [121]. Elle est relativement récente, puisqu'elle se situe sous la fameuse censure d'Appius Claudius, en l'an 312 ou 311 av. J.-C. Elle appartient aux traditions d'une *gens*, puisqu'une monnaie de la famille *Plautia* en a conservé les symboles [122].

---

117. H. Usener, *Italische Mythen*, dans *Rh.M.*, 30, 1875, 182-229.
118. F. Oehler, dans *Realenc.*, I, 2, col. 2320. La déification de l'annone remonte aux premiers temps de l'Empire.
119. *Emperor Worship in Ovid*, dans *T.A.Ph.A.*, 61, 1930, 43-69, p. 52.
120. Successivement chez F. Altheim, *Terra Mater*, Giessen, *Rel. Vers.*, 22, 2, 1931, 108-129 ; G. Dumézil, *Festin d'Immortalité*, Paris, 1923, 132-134 ; G. Wissowa, dans *Realenc.*, I, 2, c. 2224, 1.20.
121. Tite-Live, IX, 30, 5-10 ; Valère-Maxime, II, 5, 4 ; Plutarque, *Quaest. Rom.*, 55 ; rite chez Censorinus, *De Die*, XII.
122. H. Cohen, *Médailles*..., pl. 33 ; E. Babelon, *Mon. Rep. rom.*..., II, n° 325.

Rappelons le déroulement de l'affaire : les flûtistes romains, devant les refus opposés à leurs revendications, se retirent à Tibur. Mais le Sénat est décidé à les laisser bouder sans faire de concessions et les exigences du culte souffrent de l'absence des musiciens. Un affranchi tiburtin recourt alors à un stratagème pour forcer la volonté des musiciens récalcitrants. Il les invite ; on festoie, on s'enivre. En pleine nuit, fausse alerte : « le maître du domaine est de retour ! » On empile alors les flûtistes éméchés dans un chariot bâché qui les ramène jusqu'à Rome. Le censeur Claudius les attend sur le Forum, et les déguise avec de longues robes et des masques, afin de tromper sur leur nombre réel l'autre censeur, inflexible sur la question de la réintégration des grévistes. Tel est, sommairement résumé, le texte d'Ovide dont voici la conclusion :

> *Claudius, ut posset specie numeroque Senatum*
> *Fallere, personis imperat ora tegi*
> *Admiscetque alios, et, ut hunc tibicina coetum*
> *Augeat, in longis uestibus esse iubet ;*
> *Sic reduces bene posse tegi, ne forte notentur*
> *Contra collegae iussa uenire sui.*
> *Res placuit, cultuque nouo licet Idibus uti,*
> *Et canere ad ueteres uerba iocosa modos.*
>   VI, 685-692

La question intéressante sera ici la comparaison entre le point de vue de l'historien et celui de l'étiologue [123]. Historien, Tite-Live borne son intérêt aux éléments historiques : la cause essentielle de la grève est à ses yeux l'interdiction qui fut faite aux flûtistes de célébrer, comme c'était leur droit [124], leur banquet annuel dans le temple de Jupiter. Les flûtistes émigrent à Tibur, et ce sont les Tiburtins qui, pour complaire au Sénat désireux de récupérer ses musiciens, les chargent sur un chariot pour les ramener à Rome.

Ovide adopte, lui, une perspective étiologique, puisqu'il souhaite expliquer avant tout le costume féminin et le masque portés par les musiciens. Il fait alors état, désirant justifier les revendications des artistes, de la limitation à dix du nombre des flûtistes participant aux cérémonies sacrées, ce qui laisse planer sur la corporation l'ombre noire du chômage :

> *Adde quod aedilis pompam qui funeris irent*
> *Artifices solos iusserat esse decem.*
>   VI, 663-664

---

[123]. Une comparaison sommaire a été tentée par J. Delande, *Une Grève à Rome, il y a 2000 ans*, dans *Ét. Cl.*, 25, 1957, 432-437.
[124]. Tite-Live, IX, 30, 5 ; Ovide, *Fast.*, VI, 651-692.

Or, ladite interdiction ne saurait avoir déclenché la grève de l'année 312, puisqu'elle remonte à... plus de deux siècles auparavant ! exactement, à la loi des Douze Tables [125]. Cette désinvolture touchant la vraisemblance chronologique est un sûr indice d'une intervention de l'étiologie.

Il faut expliquer ensuite les masques et les robes des musiciens. Au lieu d'y voir simplement une tenue de banquet, comme le fera Plutarque, Ovide recourt à une étiologie « étrangement puérile [126] » et invoque un désaccord entre le Censeur « libéral » (Plautius [127]) et son collègue, l'intraitable Appius Claudius : c'est le premier qui déguise les flûtistes, afin de tromper la vigilance de son collègue, ce qui, par parenthèse, n'explique rien du tout : ajouter des femmes aux flûtistes pour dissimuler leur nombre, était vraiment un étrange calcul, puisqu'on augmentait ainsi forcément un contingent déjà jugé trop élevé par les autorités religieuses !

Du fait qu'Ovide et Plutarque remplacent tous deux par des affranchis les magistrats tiburtins qui, chez Tite-Live, prennent en main le rapatriement des flûtistes, J.G. Frazer a conclu un peu hâtivement que ces deux auteurs avaient suivi une même source [128]. Pourtant, des divergences de fond opposent leurs deux textes : Plutarque installe l'épisode aux ides de janvier, Ovide à celles de juin. Il admet que les privilèges des musiciens leur sont retirés par les tribuns militaires tandis que chez Ovide, ce rôle est tenu par un édile. Plutarque, enfin, confond deux *Claudii* différents.

Malgré W. Warde Fowler, qui ne voit pas pourquoi l'aventure des flûtistes ne serait pas authentique *(why it should not be the echo of an actual event* [129]*)*, on peut estimer que ce récit est une simple explication des masques (innovation due à la famille *Plautia,* qui commémore le fait sur ses

---

125. Cicéron, *Leg.,* II, 59.
126. H. Le Bonniec, *F. éd. comm.,* 2, 1971, p. 250, n. 147.
127. A la vérité, le texte d'Ovide porte *Claudius,* non *Plautius* ; mais Appius Claudius est celui des deux Censeurs connu pour son intransigeance ! Il ne faut pas corriger en *Plautius,* car, estime H. Le Bonniec, *op. cit.,* p. 248, n. 146, « la paléographie exclut cette correction ». F. Bömer admet l'erreur d'Ovide, dans la recension de Landi-Castiglioni, dans *Gnomon,* 24, 1952, p. 328 ; G.B. Pighi (éd. du *CSLP,* 1973, 2, p. 75) adopte, au lieu de *collegae iussa,* (les ɔrdres de son « collègue »), *collegi iussa* : les ordres du « collège », et les flûtistes, qui composent ledit collège, se trouvent ainsi s'opposer à leur propre retour !
128. *F. éd. comm.,* 4, 1929, p. 309.
129. *Roman Fest...,* p. 159. Voir les rapports entre les flûtistes et le culte de l'Aurore chez G. Dumézil, dans *Mythe et Épopée,* 3, p. 174-196. Inutile de demander son opinion sur les flûtistes à V. Basanoff, malgré le titre de son étude (*L'Épisode des joueurs de flûte chez Tite-Live et les Quinquatries, fête de Minerve,* dans les *Mélanges F. de Visscher* 1, R.I.D.A., 2, 1949, 65-81) ; comme il arrive dans toutes les études de cet auteur, le contenu n'a aucun rapport avec le titre, et, cette fois, V. Basanoff nous entretient du culte de Palès...

médailles [130]), et des longues robes (costume ordinaire des musiciens grecs ou étrusques [131]). *It is no doubt historically baseless,* juge J.G. Frazer [132]. De fait, ni les masques ni les robes n'ont grand-chose à voir avec les grévistes retirés à Tibur, ni avec la ruse de « *Claudius* », quelque charmante que soit l'anecdote qui les met en scène. Il est possible que l'étiologie ait brodé sur plusieurs faits : le transfert, historiquement attesté [133], de *Iuppiter Victor,* importé à Rome depuis Tibur, une médaille de la *gens Plautia* représentant les flûtistes masqués, et le lointain décret des Douze Tables...

4. Étiologie et roman historique

Avec les flûtistes, nous avons atteint l'étape ultime de notre recherche, celle où l'étiologie pure se transforme en histoire, jusqu'à se voir accueillie dans les ouvrages historiques eux-mêmes !

Nous souhaiterions montrer pour finir, sur deux exemples, comment un récit historique se voit modifier par l'étiologie, et, à l'extrême, comment, d'un récit seulement historique, l'apport successif des siècles peut faire, peu à peu, un mythe. Le second exemple sera celui de Claudia Quinta et du fameux miracle, le premier, l'installation à Rome du culte de Vénus *Verticordia*.

Le récit du prodige qu'on affecte comme *aition* à la fondation de ce dernier culte semble bien d'une indéniable authenticité : il figure dans les recueils de prodiges, et les *Periochae* de Tite-Live qui le résument prouvent que l'historien l'avait accueilli dans son œuvre [134]. Pourtant, son insertion dans la tradition historique soulève quelques problèmes.

En l'an 114, une jeune Romaine, fille d'un chevalier, nommée Helvia, est frappée par la foudre, alors qu'elle voyage à cheval, et l'éclair la jette nue sur le sol. Le tableau du corps abandonné sur la route dépasse en horreur bien des descriptions réalistes : *In inguinibus exerta lingua, per inferiores locos, ut ignis ad os emicuerit* [135]. Une fois la Sibylle consultée, on

---

130. J.G. Frazer, *F. éd. comm.,* p. 306.
131. F. Bömer, *F. éd. comm.,* 2, p. 380 ; F. Altheim, *Persona,* dans *A.R.W.,* 27, 1929, p. 41.
132. *Op. cit.,* p. 307.
133. G. De Sanctis, *Storia dei Romani,* I, 2, Turin, 1960, p. 661 *sqq.*
134. Textes : Orose, *Adu. Pag.,* V, 15, 20 ; Julius Obsequens, *Prod.,* XCVII ; Épitomés de Tite-Live, n° 63.
135. Texte de Julius Obsequens, *cit. supra.*

découvre quel acte sacrilège avait motivé la colère divine et causé la mort d'Helvia : l'adultère de trois Vestales avec trois chevaliers romains ! On punit les coupables selon le rite (enterrement des Vestales, flagellation à mort de leurs complices) ; on élève un temple à Vénus *Verticordia,* en un lieu, du reste, inconnu [136]. Et voilà pourquoi, conclut Ovide, Vénus porte ce surnom de *Verticordia,* « qui tourne les cœurs ».

Le premier problème concerne évidemment le rôle d'Helvia dans cette lugubre histoire. On ne comprend pas pourquoi, même à titre d'avertissement prodigieux, une innocente jeune fille est ainsi anéantie par les dieux, sa responsabilité dans le crime des Vestales étant assurément nulle ! Voici la justification que tente J. Gagé : « De ce que la victime du coup de foudre était une *uirgo,* assurément non suspecte elle-même en ses mœurs, choisie seulement par les dieux pour « avertir », on avait dû conclure qu'une souillure sexuelle pesait sur la Cité, et les rumeurs sur le comportement de quelques Vestales devinrent rumeur accablante [137] ». Cette bonne raison ne convainc pas davantage que les déductions laborieuses des auteurs anciens, fort embarrassés eux aussi pour relier par quelque lien logique le foudroiement d'une innocente enfant et les adultères de trois Vestales ! Apprécions l'adéquation de la réponse donnée par Julius Obsequens : les devins prétendirent que c'était le présage d'un grand déshonneur qui pèserait sur les jeunes filles aussi bien que sur l'ordre équestre, parce que tous les harnais du cheval avaient été dispersés (!) : *responsum infamiam uirginibus et equestri ordini portendi, quia equi ornamenta dispersa erant.* Si le cheval peut, à la rigueur, symboliser l'ordre équestre, une jeune fille n'évoque pas forcément les Vestales. Lesdites Vestales, du reste, n'apparaissent même pas chez Ovide, comme si lui-même avait senti qu'on ne saurait expliquer un culte rendu par les matrones à l'aide de la faute commise par des Vestales impudiques. Voici l'intégralité de l'étiologie ovidienne : « Rome, au temps de nos aïeux, avait trébuché sur la route de la chasteté ; alors vous avez, ancêtres, consulté la vieille Sibylle de Cumes. Elle ordonna d'élever un

---

136. Plutarque, *Quaest. Rom.,* 83.
137. *Matronalia,* Bruxelles, 1963, p. 270. L'auteur rattache le prodige d'Helvia à un ancien culte d'une Vénus « cavalière » sous les auspices de laquelle on aurait pratiqué sur les jeunes filles une ordalie, consistant en une course à cheval... « il est permis de supposer, soit que certaines d'entre elles, sinon toutes, subissaient un entraînement préalable, les familiarisant avec le cheval qui les emporterait, soit que, les enlèvements se faisant pour des groupes, à l'occasion de fêtes déterminées, certaines jeunes filles pouvaient à la rigueur échapper à ce destin, à la condition de savoir traverser elles-mêmes, à cheval, un obstacle, considéré comme inviolable, d'ailleurs au nom d'une règle conventionnelle, plutôt que réellement infranchissable. Elles auraient été, temporairement au moins, tenues pour spécialement intouchables, et placées sous la protection de leur étrange déesse chevaline ». Quelle belle reconstruction !

temple à Vénus ; quand cet ordre eut été ponctuellement exécuté, Vénus dut son surnom de *Verticordia* au changement qu'elle avait opéré dans les cœurs [138] ». Même les enterrements rituels n'apparaissent plus !

En 215, une statue avait été érigée à Vénus *Verticordia* par une certaine Sulpicia, femme de Q. Fulvius Flaccus [139], matrone irréprochable, qui souhaitait, bien avant l'inceste des Vestales en 114, ramener les cœurs des vierges et des matrones *a libidine ad pudicitiam*. Le premier temple construit à Vénus le fut grâce aux sommes versées par des matrones fautives [140] ; la statue fut érigée à la déesse après une période de scandales atteignant le renom des matrones. Pour installer *Verticordia* à Rome, on élit la plus chaste parmi toutes les candidates, soient cent matrones censées se conduire décemment. Et tout se déroule dans une atmosphère de sereine religiosité.

Ainsi aboutit-on à un état de fait surprenant : Vénus *Verticordia* s'installa à Rome sans problèmes, en l'année 215, mais il fallut attendre l'année 114 pour que le prodige d'Helvia lui fasse attribuer un temple, et justifier son surnom... Si l'on suit le raisonnement d'Ovide, Vénus ne s'appelle *Verticordia* qu'après l'érection du temple en 114 ! Ignorait-il donc l'existence de la statue à elle dédiée en 215 ? Quoi qu'il en soit, l'étiologie qu'offre le poète pour le temple de cette Vénus ne saurait s'y appliquer, puisque *Verticordia* réside à Rome, sous ce nom, depuis cent ans déjà.

Mais Ovide n'a pas parlé de ces Vestales, n'a évoqué la fulguration d'Helvia qu'évasivement : son exposé conserve ainsi un vernis de vraisemblance : aucun détail précis (sauf l'appel à la Sibylle de Cumes) n'évoquant l'année 114 plutôt que l'année 215, l'étiologie pourrait, à la rigueur, valoir pour les deux ! La meilleure preuve en est la justification donnée au nom de Vénus : *Inde Venus uerso nomina corde tenet*. Elle est un simple décalque d'une formule que Valère-Maxime donne au sujet de la même Vénus... mais à propos de l'érection de sa statue en 215 : *Merito uirorum commemorationi Sulpicia Serui Paterculi filia Q. Fului Flacci uxor adicitur ; quae cum Senatus, libris Sibyllinis per decemuiros inspectis, censuisset ut Veneris Verticordiae simulacrum consecraretur, quo facilius uirginum mulierumque*

---

138. *Fast.*, IV, 157-160 :
    Roma pudicitia proauorum tempore lapsa est ;
    Cumaeam, ueteres, consuluistis anum.
    Templa iubet fieri Veneri quibus ordine factis
    Inde Venus uerso nomina corde tenet.
139. Valère-Maxime, VIII, 15, 12 ; Pline, *Nat. Hist.*, VII, 120 ; Solinus, I, 126.
140. Tite-Live, X, 31, 9 : *Q. Fabius Gurges... aliquot matronas ad populum stupri damnatas pecunia multauit : ex quo multaticio aere, Veneris aedem, quae prope Circum est, faciendam curauit.*

mens a libidine ad pudicitiam conuerteretur... (VIII, 15, 12). Cette formule devait s'inspirer de quelque titulature plus ancienne et officielle ; elle-même reproduisait au mot près la définition qu'on donnait, à Thèbes, de l'Aphrodite *Apostrophia* : Ἵνα ἐπιθυμίας τε ἀνόμου καὶ ἔργων ἀνοσίων ἀποστρέφῃ τὸ γένος τῶν ἀνθρώπων selon Pausanias [141]. Ovide nous présente donc l'étiologie de l'érection de la statue, sous couvert de nous donner celle du temple !

Ovide et les historiens postérieurs, chez qui le foudroiement d'Helvia entraîne l'édification d'un temple à *Verticordia,* se sont emparés du prodige d'Helvia, qu'ils découvraient probablement dans le même paragraphe des Annales concernant l'année 114, pour le mettre en rapport, de façon très embarrassée, avec l'inceste commis par les Vestales, qui, lui-même, ne pouvait aucunement motiver l'attribution à Vénus de son surnom, bien antérieur. Le temple étant construit en 114, Ovide cherche dans les événements de cette année-là quelque étiologie acceptable, et utilise la mort d'Helvia, mais conserve la véritable étiologie du nom de *Verticordia*, empruntée, elle, à la dédicace de la statue de 215.

Ce montage d'événements entraîne quelques illogismes, dont le moindre n'est pas la signification même du surnom de Vénus.

D'abord, on a du mal à comprendre pour quelle raison le temple serait offert à Vénus, si vraiment il était consécutif à l'*incestum* des Vestales, puisque Vénus est l'instigatrice de la faute, tandis que Vesta est la divinité offensée. C'était pour prier Vénus d'arrêter ses coupables menées, dira-t-on. Pour, donc, la prier de « tourner les cœurs à la vertu ». Quels cœurs ? Ceux des Vestales, promises à la mort ? Il n'est plus temps... Ceux des matrones qui se conduisaient mal, oui. Mais alors, il nous faut remonter jusqu'en l'an 215 pour en trouver l'attestation ! A l'évidence, l'érection du temple n'a rien à voir avec le *stuprum* des Vestales.

On peut discuter aussi la véritable signification de l'épithète *Verticordia*.

Valère-Maxime étant, aussi bien qu'Ovide, un courtisan « julio-claudien », nul doute que leurs deux textes ne nous présentent une Vénus conforme aux idéaux du moment. Avant d'être la respectable ancêtre des *Iulii* toutefois, cette Vénus était, à Rome, *a divinity of questionable reputation* [142]. Son efficacité dans le domaine de la protection des bonnes mœurs est assurément problématique ! L'explication qu'avance

---

141. Pausanias, IX, 16, 4.
142. W. Warde Fowler, *Rom. Fest...*, p. 69.

R. Schilling [143], selon qui le syncrétisme aurait introduit à Rome le remède en même temps que le mal, en la personne de l'*Apostrophia* thébaine, ne nous convainc guère : la lance d'Achille, certes. Mais Vénus...

Or, par deux fois, nous voyons cette Vénus mêlée à des histoires peu claires, où l'on parle de *libido*, de *stuprum*, d'*incestum*. Cela nous amènerait à comprendre le verbe *uertere* de *Verticordia* un peu comme l'entendait S. Reinach [144], au sens de « bouleverser », d' « incliner », certes, mais vers le mal : celle qui « tourne les cœurs », surtout lorsqu'elle se nomme aussi Vénus, ne prend-elle pas un plaisir particulier à affoler les cœurs féminins ? Une scholie de Stace nous confirme dans cette idée, pour qui on implore *Verticordia* à deux fins différentes : pour qu'elle inspire l'amour, ou au contraire pour qu'elle l'arrache du cœur : *Verticordia : ut amorem iniciat, rursum ut auferat* [145] ; en quelque sorte, pour qu'elle modifie l'état existant, fasse aimer les indifférents, et calme les cœurs déchirés par un amour non partagé...

La dédicace du temple et de la statue serait donc un tribut offert à une divinité dangereuse, pour qu'elle arrêtât son action pernicieuse, plutôt qu'une offrande reconnaissante à une Dame de Vertu : car, si Vénus est une puissance moralisatrice, qui donc avait poussé matrones ou Vestales sur le chemin du crime ? Le texte d'Ovide nous invite, d'ailleurs, à constater que les courtisanes honoraient elles aussi Vénus *Verticordia* :

> *Rite deam colitis, Latiae matresque nurusque,*
> *Et uos, quis uittae longaque uestis abest.*
>
> IV, 133-134

Le caractère moral du culte ne doit pas être exagéré, des prostituées pouvant difficilement demander à la déesse la conservation de « leurs bonnes mœurs et de leur réputation »...

Bien entendu, un phénomène de glissement devait se produire. L'idée de « cesser de pervertir les cœurs » équivalant à celle de « commencer d'incliner au bien », le sens de l'épithète et des offrandes dut se voir rapidement altéré, tant sous l'influence probable de l'*Apostrophia*, qu'à cause de la mainmise des matrones respectables sur le culte ; la rivalité entre *Verticordia* et la plus ancienne [146] Fortune Virile, célébrée le même jour, amena, comme dans le cas des deux *Pudicitiae*, la patricienne et la plébéienne, le

---

143. *La Religion romaine de Vénus*, Paris, 1954, p. 231.
144. *Cultes, Mythes et Religions*, Paris, 1909, 5, p. 161.
145. Schol. Stat. *Theb.*, V, 65.
146. Voir discussion dans B. 656.

renforcement des caractères opposés des deux cultes [147]. Les trois écrivains qui nous ont communiqué l'histoire du temple, Tite-Live, Valère-Maxime, Ovide, appartiennent à l'époque impériale en son aurore, et il pouvait paraître opportun, à ce moment-là, de célébrer les mérites de la grande Vénus julienne. Ainsi voit-on, chez le poète, la protection de Vénus s'étendre sur les *nurus* romaines, qui sont ses « belles-filles » :

Semper ad Aeneadas placido, pulcherrima, uoltu
Respice, totque tuas, diua, tuere nurus.
IV, 161-162

Ce vers, disons-le sans y insister, résonne de façon assez ambiguë et l'on pourrait y déceler même une de ces « gamineries » qu'Ovide pratiquait avec délectation. Dans cette pieuse prière adressée dévotement à Vénus, pour qu'elle protège les « jeunes femmes de la lignée d'Énée », se cache peut-être un double sens. Les « descendantes d'Énée » sont les Romaines en général, bien sûr ; mais aussi les filles de la maison impériale *(tuas nurus)*, plus que toute autre *gens* qualifiée d' « Énéade ». Et les deux Julie ont bien besoin de la protection efficace de leur divine aïeule, si celle-ci se mêle de ramener les femmes à la vertu...

Quittons ces Vestales peu recommandables, pour admirer maintenant la conduite en tous points édifiante de la chaste *Claudia Quinta*. Impossible de douter de l'authenticité du fait, puisque, outre l'attestation d'un Tite-Live, nous possédons des reliefs commémoratifs [148] et des représentations figurées, notamment l'autel du Capitole ; puisque, aussi, nous connaissons l'existence de Jeux scéniques où le miracle faisait l'objet d'une représentation [149].

A ses origines toutefois, la « légende » de Claudia, si l'on peut appeler légende un récit remontant seulement à l'année 204 av. J.-C., ne comportait aucun élément merveilleux : elle n'était qu'un fait divers parfaitement historique [150].

Chez Cicéron, dont le témoignage est formel, Claudia avait été choisie pour représenter aux côtés de Scipion, l'*optimus uir* de Rome, le couple sacerdotal romain, qui devait succéder, en vue d'assurer le service cultuel de

---

147. Sur les aspects politiques de l'érection de la statue par Sulpicia, voir la seconde partie de l'étude due à Th. Koeves, *Zum Empfang der Magna Mater in Rom*, dans *Historia*, 12, 1963, 321-347.
148. *C.I.L.*, VI, 492 ; 493 ; 494 ; ex. : (492) : *Matri Deum et Naui Saluiae, uoto suscepto, Claudia Synthyche d.d.*
149. Ovide, *Fast.*, IV, 326 ; *Mira sed et scaena testificata loquar.*
150. Lire F. Bömer, *Kybele in Rom*, dans *M.D.A.I.*, 71, 1964, 130-151.

la déesse, au couple sacerdotal phrygien jusque-là responsable ; et cela, dit l'orateur, parce qu'elle était « la plus chaste des matrones », *matronarum castissima* [151]. Est-il admissible, en effet, qu'on eût choisi, pour tenir l'un des premiers rôles dans une cérémonie aussi solennelle, une femme de réputation douteuse, alors que l'oracle avait enjoint que Cybèle fût reçue par le « meilleur citoyen » ? On n'eût pas pris de pareils risques envers une déesse qui venait pour sauver Rome ! Visiblement, Cicéron ne connaît pas encore le miracle de Claudia, ou plutôt ne le connaît pas comme une ordalie : sont éloquents à cet égard aussi bien son silence du *Pro Caelio* que la flèche décochée à la sœur de P. Clodius qui termine son éloge de l'austère sévérité de Claudia Quinta : *Ne progenies quidem mea, Q. illa Claudia, aemulam domesticae laudis in gloria muliebri esse admonebat*. Et dans le discours sur *la réponse des Haruspices*, Cicéron emploie une expression remarquable : *priscam seueritatem*, l'« antique austérité », en somme, l'antithèse exacte du défaut principal de Claudia chez Ovide ! A la même époque que Tite-Live et Ovide, Properce. Claudia est encore à ses yeux un modèle de sainteté, puisque Cornélie, l'exemplaire mère des Gracques, le symbole même de la matrone irréprochable, la cite comme un exemple de vertu :

Vel tu, quae tardam mouisti fune Cybellen,
Claudia, turritae rara ministra deae [152].

En ces deux vers, une nette progression a mis en valeur le rôle de Claudia, qui « fait mouvoir (la statue de ?) Cybèle » à l'aide d'un câble. La déesse, non le navire, ce qui reste plausible. Et tout de suite après Properce, Ovide : les accusations contre Claudia, l'ordalie, le miracle : est-il possible qu'entre Tite-Live et Properce le rôle de Scipion et celui de Claudia aient été inversés, (puisque, chez l'historien, Claudia reste sur le rivage, et n'a avec la statue de Cybèle aucun rapport particulier, Scipion Nasica étant seul chargé de porter la pierre sainte), est-il possible qu'entre Tite-Live et Ovide le sens, le déroulement même de l'événement aient été aussi profondément altérés ?

Même si la voix populaire avait précédé Ovide dans l'élaboration du miracle, la responsabilité du poète est éclatante et ne doit pas être minimisée. Il est évident que la version de l'ordalie est postérieure à Properce et à Tite-Live, H. Fugier en demeure d'accord [153]. C'est donc entre ces auteurs et Ovide que tout s'est passé, à moins que la mise au point effectuée par Tite-Live ne soit une réaction contre les exagérations de l'imagination populaire frustrant Scipion de son importance historique. Comment naquit cette

---

151. *Har. Resp.*, XIII, 27 ; *Cael.*, XIV, 34. J. Gagé, *Huit Recherches...*, B. 345, p. 199.
152. IV, 11, 51-52.
153. *Recherches sur l'expression du sacré dans la langue latine*, Paris, 1963, p. 255.

idée de miracle ? H. Graillot tente une explication : « La légende se forma par un phénomène de renversement de la cause et de l'effet ; ce fut l'intervention de Claudia dans la cérémonie d'Ostie qui, aux yeux de tous, manifesta sa vertu ; cette vertu était donc suspecte ; cette intervention fut donc fortuite ; quelque incident, grossi par l'imagination populaire, vint déplacer l'intérêt au détriment du rôle officiel, qui finit par être oublié [154] ». L'explication est insuffisante : pour ériger la statue de Vénus *Verticordia*, on s'entoura aussi d'un luxe de précautions destinées à garantir la sainteté indéniable de la dédicante : *ex omnibus matronis (centum, autem, et ex centum decem, in sortem uenerant) castitate praelata est* [155]. Personne ne s'avisa pour autant d'insinuer que Sulpicia n'était chaste que par occasion !

Pour instituer les *Megalesia* et les Jeux scéniques, peut-être éprouva-t-on le besoin de corser un peu un événement trop pauvre en rebondissements, et trop peu susceptible de passionner les foules romaines ? Sans doute, comme le suggère H. Graillot, l'épithète de *Nauisaluia* gravée sur les inscriptions et appliquée à la « Nef salvatrice » qui porta Cybèle, fut-elle interprétée faussement en « Salvatrice de nef » et appliquée à un personnage féminin, quitte à engendrer une étiologie populaire. Il se peut aussi que le nom gentilice de Claudia ait pesé dans l'affaire. Elle porte, en effet, un patronyme illustre, fâcheusement lié à la conduite scandaleuse ou présomptueuse de quelques ancêtres hardies. Le peuple put confondre ainsi cette Claudia Quinta avec diverses autres Claudia fort mal notées, par réaction, peut-être, contre la superbe des *Claudii*, devenue insupportable à la foule romaine [156] ? Il est remarquable, à cet égard, que le texte de Properce unisse à son allusion à Claudia le nom de la Vestale Aemilia, justifiée grâce à l'ordalie du feu rallumé [157].

Pour sa part, Ovide s'efforce de magnifier l'intervention de Claudia, et d'affirmer sa sainteté de mœurs, probablement avec des arrière-pensées politiques : l'ancêtre de Tibère, et, par alliance, de Livie, matrone irréprochable et *Augusta*, devant être elle-même irréprochable, — en même temps que sa justification solennelle par une divinité devait couper court aux rumeurs malignes sur le comportement de *Julie*, fille d'Auguste, elle-même coquette et railleuse. En face des médisances populaires touchant les *Claudii*, la force irrésistible d'une attestation divine [158].

---

154. *Le Culte de Cybèle...*, p. 60. L'hypothèse de *Naui Saluia* a été suggérée à H. Graillot par C. Orelli, *Inscr...*, 1828, n° 1906, p. 343, n. 1 *(Matri Deum et Naui Saluiae)*.
155. Valère-Maxime, VIII, 15, 12 (éd. C. Kempf).
156. Suétone, *Tib.*, 2.
157. Properce, IV, 11, 53-54.
158. *Cf.* étude n° 652 *Klio*, 66, 1984, 93-103.

Rappelons les amplifications apportées par Ovide au déroulement de l'épisode : d'abord l'oracle, qui met en peine les dirigeants romains [159] ; puis une péripétie dramatique : le refus d'Attale et la manifestation directe de la volonté de Cybèle [160] ; ensuite, le détour du cortège par l'*Almo,* inséré à des fins étiologiques, et qui bouscule la vraisemblance topographique ; enfin, la prépondérance du rôle de Claudia sur celui de Scipion, resté à Rome, et son aventure miraculeuse, calquée sur d'autres ordalies célèbres, notamment celle de la Vestale Postumia [161].

Mais Ovide sera surpassé par ses imitateurs enthousiastes, qui rivaliseront dans le merveilleux : Silius Italicus ajoutera quelques miracles supplémentaires : les lions d'argent se mettent à rugir, les tambourins à résonner sans qu'aucune main les frappe [162]. Hérodien et d'autres auteurs montrent la ceinture de Claudia se détachant toute seule de sa taille pour aller s'accrocher d'elle-même à la proue et permettre à la jeune femme de haler le navire sans câble [163]. Mieux encore, Claudia est promue Vestale, ce qui aggrave considérablement les charges qui pèsent sur elle [164] ; chez Claudien, pour finir, la nouvelle Vestale tire le navire à l'aide... de ses tresses [165] !

De nos jours, G. Giannelli choisit tout uniment le relief représentant Claudia pour illustrer son développement sur le costume des Vestales, sans mettre un instant en doute la qualité de prêtresse de Claudia. En ce cas, Rome, qui ne badinait pas avec la conduite de ses prêtresses, — on en a de tragiques exemples —, aurait bien tardé à prendre les mesures qui s'imposaient ! Notons que cette interprétation est déjà contredite par le texte même d'Ovide : si Claudia peut sortir avec « des coiffures trop apprêtées », c'est qu'elle n'était pas soumise aux *sex crines* rituels, et n'était pas Vestale [166].

On peut apprécier ainsi, en ses différentes étapes, Cicéron, Tite-Live, Properce, Ovide, Silius [167] et les auteurs tardifs, le cheminement d'une légende. Que reste-t-il, au bout du compte, du récit livien ? Une merveilleuse fable, dans le style de la « Légende dorée », mais qui n'est plus de

---

159. Voir p. 159.
160. Voir p. 159-160.
161. Tite-Live, IV, 44, 11-12.
162. XVII, 1-47, dont surtout vers 41-43.
163. Hérodien, 46 ; Tertullien, *Apol.,* 22 ; Augustin, *Ciu. Dei,* X, 16, qui appelle l'héroïne *muliercula* !
164. Jérôme, *Adu. Iouin,* I, 25.
165. *Laus Serenae,* 17.
166. *La Donna nel sacerdozio romano,* dans A. & R., 19, 1916, 60-79, p. 67.
167. M. von Albrecht, *Claudia Quinta bei Silius Italicus und bei Ovid,* dans A.U., 11, 1, 1968, 76-95, valable surtout pour Silius.

l'histoire. Tout comme l'étiologie peut, à l'occasion, se faire histoire, l'histoire elle-même peut devenir légende.

CONCLUSION

Que retenir des différentes études auxquelles nous avons procédé pour le compte de l'étiologie historique ?

Dans presque tous les cas, on ne peut accorder aucune valeur aux *aitia* que nous avons étudiés. Le fait historique n'a de sûre valeur étiologique que pour dater les fondations de temples ou de Jeux, ce qui n'est pas exactement de la religion, mais plutôt de la liturgie.

Tous les *aitia* historiques se révèlent donc des rajeunissements indus, artificiellement imposés à des rituels beaucoup plus anciens qu'ils ne les font apparaître. Le même phénomène opère pour tous les groupes étiologiques archétypaux, mais se dessine avec beaucoup plus de netteté dans le domaine de l'histoire.

Non contente d'affecter des origines définies à des rites primitifs identifiables en d'autres lieux que Rome, l'étiologie pousse la précision jusqu'à avancer des dates, et l'audace jusqu'à attribuer à des rites ou des dieux antédiluviens une date d'apparition récente. Aucun scrupule ne semble effleurer l'étiologue, qui se voit pourtant opposer des arguments sérieux : l'existence de Métragyrtes bien avant l'année 111 av. J.-C., celle du surnom *Verticordia* bien avant 114 ; il ne se montre pas davantage sensible à des écarts chronologiques embarrassants : deux siècles et demi séparent l'interdiction promulguée dans les Douze Tables et la réaction du syndicat des flûtistes. Vingt années de stérilité volontaire sont à peine suffisantes pour entraîner l'abrogation d'une loi. Mieux encore, on vient prétendre qu'une vieille boulangère aurait été divinisée en 494 av. J.-C. ! Peut-on faire meilleur marché et de l'authenticité historique et de la vraisemblance religieuse ? Cette façon de mêler le divin à l'humain en pleine période historique témoigne pour le moins d'une curieuse désinvolture.

Ce type d'étiologie finit par revêtir une allure très moderne, celle du roman historique, dont il s'assimile les procédés. Certes, le cadre historique est respecté, les dates, les faits, les hommes, sont fournis généreusement. Quelques noms célèbres de personnages, de lieux, de batailles, viennent apporter une apparence d'authenticité indispensable. Si l'on veut, le lecteur est placé immédiatement en pays de connaissance. Pourtant, le déroulement de la narration est loin de répondre aux critères que respecte l'historien et l'exemple de Jupiter *Pistor* nous a montré qu'à l'occasion, l'étiologue pouvait même transformer l'épilogue d'un récit historique pour adapter les événements réels à son propos. Comme le roman, l'étiologie côtoie sans cesse la réalité, s'appuie sur des faits existants, mais crée toute une floraison d'événements en marge de l'histoire. Ce souci constant de rester dans l'ombre d'un passé vécu permet à l'historien d'entraîner l'adhésion de son lecteur plus sûrement qu'à l'aide d'autres types étiologiques, dépourvus d'une telle précision scientifique. Puisque les grèves des femmes entraînèrent effectivement l'abrogation de la loi Oppia, puisque l'interdiction des parures et des *carpenta* était réelle, pourquoi refuser créance à ce petit complément parfaitement vraisemblable que constitue une grève de la maternité ? Puisque la prise de Rome est un fait indéniable, et que l'anecdote des pains lancés du haut du Capitole figure chez un historien, pourquoi ne pas placer à ce moment-là la fondation d'un autel à Jupiter *Pistor* ? Puisqu'on ne saurait mettre en doute l'existence de Servius Tullius, puisque les péripéties de son assassinat sont dans toutes les mémoires, pourquoi ne pas les faire servir à l'explication des toges amoncelées sur la statue présumée du roi ?

A tout instant, l'étiologie peut se recommander de faits indubitables, s'abriter derrière le bouclier toujours efficace de l'authenticité et de l'inviolabilité dont s'enorgueillit l'histoire. Au point que parfois, n'était la chronologie, on pourrait hésiter à refuser sans remords des *aitia* historiques. Après tout, les historiens n'ont pas retenu tous les détails qui environnent un événement ! Après tout, rien n'empêche qu'on ait élevé un autel à Jupiter après la délivrance du Capitole, une statue à Anna Perenna après le retour de la plèbe romaine dans ses murs...

Nous nous trouvons donc, avec ce genre étiologique, en présence du type d'explication le plus spécieux, le plus troublant, le plus dangereux, qui se donne sans cesse les apparences du vrai, tout en n'étant qu'artifice. Il s'agit en quelque sorte d'un genre littéraire annexe, très proche de l'histoire, (car de religion nous ne trouvons pas trace !) celui de la fiction historique : la fille favorite de l'étiologie romaine, une dixième petite Muse espiègle et hardie, venue rajouter quelques récits trompeurs entre les doctes lignes de sa sœur Clio.

F

LA LÉGENDE

Le penchant favori d'Ovide, celui de conter, va pouvoir se donner libre carrière dans le monde de la légende, particulièrement malléable : « Le mythe et la légende », estime D. Bassi, « ont seulement en commun un caractère, celui d'être l'un et l'autre de la matière fluide : c'est ce qui explique la variété des versions et de l'un et de l'autre [1] ».

C'est si vrai qu'en nombre comme en importance, les étiologies légendaires ont bénéficié de toute la sollicitude de notre poète. Outre le plaisir du conte, le domaine de la légende offre à l'étiologue les plus riches perspectives : si l'on peut prendre avec l'histoire quelques libertés peu condamnables et se laisser séduire par un nom, une date, prometteurs, les libertés et les séductions se voient multipliées dès qu'on aborde le monde semi-mythique de la légende : les noms sont là, la toile de fond est tendue, le canevas déjà esquissé en ses motifs principaux. Le poète délaisse alors les notes sévères

---

1. *Miti e leggende hanno veramente in comune soltanto questo carattere che sono cioè gli uni e le altre materia fluida : cioè che spiega la diversità delle versioni e di queste e di quelli. Mito e leggenda*, dans *M.C.*, 4, 1934, 394-397, p. 394.

de l'érudition varronienne, pour se plonger dans les mémoires des grandes familles : « A son époque, il ne pouvait et ne savait découvrir que des thèmes adaptés à sa fantaisie. Et pour cela, lui suffisaient les mémoires des grandes familles, et les pages imaginatives des historiens, les « eloquentissimi auctores », bien mieux que la sévérité imposante de l'érudition varronienne [2] ». Dès lors, qui pourrait trouver à redire à quelques infimes modifications, dont l'histoire sortirait dénaturée, mais qu'on peut se permettre impunément sur la légende ?

1. Légende ou histoire ?

La légende, c'est, pour un Romain, l'histoire des premiers temps, période difficile à définir parce que hybride, procédant à la fois de l'histoire et de la mythologie. Cette légende peut s'avancer tard dans le temps, puisqu'on voit le roi Servius, personnage déjà historique [3], entretenir commerce avec la déesse *Fortuna*, entité mythique. Les faits cultuels romains sont volontiers mis en relation avec les premières figures de l'« histoire » romaine : ne voit-on pas Romulus assumer, chez Denys d'Halicarnasse, la quasi-totalité des institutions romaines ! On connaît, bien sûr, la cristallisation qui s'ensuivit : toutes les fondations en rapport avec la Fortune furent attribuées au roi Servius, ainsi que certains rituels réservés aux esclaves [4]. Rome fut ainsi redevable d'une grande quantité d'institutions religieuses au roi Numa, dont, déjà, le poète archaïque Ennius énumérait les initiatives :

> *Mensas constituit, idemque ancilia (bis sex)*
> *Libaque fictores Argaeos et tutulatos* [5].

Il faut excepter certains cultes institués par Romulus, d'apparence résolument guerrière, ceux de Jupiter *Stator*, « qui arrête les fuyards » ou *Feretrius*, « qui porte les dépouilles ». En effet, une opposition marquée s'était instituée entre rois belliqueux et rois pacifiques, dont les règnes alternent harmonieusement. R. Verdier a pu dégager ainsi dans l'histoire de Romulus

---

2. *Egli nel tempo non potè nè seppe trovare che i motivi adatti alla sua fantasia ; e a far questo, gli bastavano le memorie delle gente e le imaginose pagine degli storici, gli « eloquentissimi auctores », meglio che la imponente severità della erudizione varroniana.* C. Marchesi, *Leggende romane nei Fasti* (B. 525), p. 110.
3. Sauf pour E. Païs qui le considère comme fictif, étant créé à partir du *seruus rex* de Némi. *Ancient Legends*, p. 128 sqq.
4. Festus, *s.u. Seruorum dies*, p. 460 ; p. 467, *etc*.
5. *Ann.*, frg. II, 120 Vahl., ou p. 152 de A. Ernout, *Textes archaïques*, Paris, 1957. Voir E.M. Hooker, B. 399.

et Rémus et dans celle de Numa un mythe de genèse sociale [6]. Mais déjà, les historiens romains avaient pratiqué cette schématisation : « C'est Tite-Live, c'est Denys d'Halicarnasse, c'est Plutarque, c'est toute la tradition qui s'ingénie à opposer point par point, sur tous les points imaginables, les deux fondateurs, Romulus et Numa [7] ».

Certaines figures se trouvent ainsi privilégiées, parce qu'un de leurs caractères fondamentaux, — bellicisme, piété, origines plébéiennes, — particulièrement accentué et facilement exploité, paraît expliquer d'avance certaines institutions et provoquer ainsi l'étiologie. Si S. d'Élia peut prétendre qu'Ovide borne son intérêt à quelques figures, Romulus, Évandre, Numa, il pourrait en dire autant de toute l'étiologie légendaire à Rome [8]. Les institutions semblent codifiées, et l'étiologie n'a pas le droit d'innover. Il ne viendrait à l'idée de personne qu'Ancus Martius ait pu avoir une quelconque initiative dans le domaine religieux, parce que l'histoire romaine a procédé une fois pour toutes à la répartition qui s'imposait. Cette classification stricte ne plaide guère en faveur de l'imagination romaine, et nous montre, au fond même des mentalités, une soumission aveugle à l'ordre établi. Que l'on songe aux innombrables variantes qui courent, en Grèce, autour d'un personnage célèbre, dont on nous rapporte le trépas ou les mariages de vingt façons différentes !

L'importance religieuse de la légende est, à Rome, un fait capital. Conservée soigneusement par le *mos,* la légende des origines est devenue elle-même religion, tandis que des *aitia* religieux formaient des légendes [9]. La piété romaine, le conservatisme religieux aidant, nul ne s'attarde à distinguer récit historique primitif et récit sacré : tout est dogme. Et si Rome a pu créer de la légende, qu'elle appelle « histoire », à partir d'anciens mythes et d'anciennes liturgies, elle a su élever aussi ses propres légendes à la hauteur d'une liturgie sacrée. Rome n'a pas de Livre Saint, tels la Bible ou le Coran, remarque J. Beaujeu [10] : c'est qu'elle n'éprouve pas le besoin de s'en donner, possédant les livres profanes de ceux qui lui fabriquaient un passé, et qu'elle considérait, elle, comme de l'Écriture sainte ! « La récitation des mythes des origines », fait observer R. Pettazzoni [11], « est incorporée au

---

6. *Le Mythe de genèse du droit dans la Rome légendaire,* dans *R.H.R.,* 187, 1, 1975, 3-25.
7. G. Dumézil, *Idées romaines,* Paris, 1969, p. 201 *sqq.*
8. *Ovidio,* Naples, 1959, p. 330.
9. Les Annales primitives renferment autant de *scattered anecdotes* que de *religious tales,* écrit E. Païs, *op. cit.,* p. 6.
10. *Les Grecs et les Romains,* Paris, 1967, p. 213.
11. *Miti e Leggende,* pref., I, 1948, p. 10 : *La recitazione dei miti delle origine è incorporata nel culto, perchè è culto, essa stessa.*

culte, parce qu'elle est elle-même objet de culte ». Pareille attitude caractérise d'ailleurs, aux yeux de H.J. Rose, les *lower cultures,* les milieux moins développés [12] ! « Il est bien connu que dans beaucoup de milieux moins civilisés, le mythe et le rituel sont deux aspects d'un seul phénomène, plutôt que deux phénomènes distincts [13] ».

A l'époque d'Auguste, on assiste à une tentative constante de schématisation, à l'exaltation concertée de quelques grandes figures, Énée, Romulus, voire Hercule ou Évandre, pour les épisodes italiens de leurs légendes. L'*Énéide,* bien sûr, évoque avec Énée, Évandre, Latinus, la proto-histoire romaine, chant sacré autant qu'épopée littéraire. Tite-Live, précédant Plutarque, fait défiler les personnages des premiers temps, en leur prêtant une majesté et une grandeur proprement religieuses, et C. Marchesi note justement : « Tite-Live embrasse les légendes de Rome comme dans une épopée, et il en discute la réalité comme dans un ouvrage historique. L'antiquité légendaire l'absorbe avec la fascination qu'exerce une force religieuse [14] ».

Plus loin, C. Marchesi peut évoquer la *solennità quasi sacerdotale* qui émane de la recherche passionnée poursuivie par Tite-Live sur l'histoire primitive de Rome. Il est donc parfaitement normal que l'attention des chercheurs soit attirée de préférence, pour leur prêter quelques gestes ou quelques institutions supplémentaires, par certaines figures légendaires, dont l'histoire autant que l'épopée faisaient déjà des figures semi-sacrées.

Pour ce qui est d'Ovide, il vaut la peine de noter que, entre toutes les versions des légendes originelles dont on peut trouver trace chez Denys, Plutarque, Verrius Flaccus, il s'en tient à la vulgate, telle qu'elle apparaît chez Tite-Live : était-ce désir de rivaliser avec le récit le plus fameux à son époque, ou directives officielles ? Nous ne nous attacherons pas néanmoins, comme l'ont fait C. Marchesi et S. d'Élía, à prouver qu'Ovide a maladroitement pillé Tite-Live dans chaque épisode qu'il développe : la comparaison entre Ovide et ses grands prédécesseurs, comparaison qui ne tourne jamais à son avantage, est aujourd'hui un lieu commun, partant, une attitude stérile. Ovide apparaît dans de telles études comme le copiste attendu, dépourvu de toute ambition personnelle, à l'inspiration courte : *Si che quando il poeta ha finito di ricercare, ha finito altresi di cantare* [15].

---

12. H.J. Rose, *Myth and Ritual in Classical Civilisation,* dans *Mnemosyne,* 3, 4ᵉ sér., 1950, p. 281.
13. *Ibid.* : *It is well known that in many of the lower cultures, myth and ritual are rather two parts of one phaenomenon than two separate phenomena.*
14. *Livio abbraccia le leggende di Roma come in un'epopea, e ne discute la realtà come in una storia. E l'antichità leggendaria lo riassorbe col fascino di una potenza religiosa. Op. cit.,* p. 113.
15. C. Marchesi, *op. cit.,* p. 179.

Une recherche historique touchant le noyau de vérité contenu dans chaque légende dépasserait et nos compétences et le cadre de notre étude.

Notre propos sera d'examiner quelques légendes, dans leur contenu et leur utilisation étiologiques, entreprise peu ambitieuse, mais commandée par notre sujet.

2. Les figures fabuleuses

Le personnage le plus ancien est l'obscur *Virbius*, auquel Ovide a consacré deux notices. Dieu des bois de Némi, parèdre de la Diane *Nemorensis*, ce personnage nous est inconnu pour ce qui est de ses attributions originelles, recouvert et étouffé qu'il est par l'assimilation avec Hippolyte, le héros de Trézène, tué par ses chevaux, ressuscité par Artémis et transformé en Virbius : *Virbius, of course, was identified with Hippolytus, but we have no legend that may be called simply the « Virbius-legend » : the figure which we see is always the composite one Virbius-Hippolytus, and so, the comparison with Peloponnesian legend becomes pointless*, estime A.E. Gordon [16]. C'est le besoin étiologique qui a créé la légende. Il fallait bien justifier le tabou archaïque qui interdisait aux chevaux l'accès de la forêt de Némi ! :

> *Hic latet Hippolytus, loris direptus equorum,*
> *Vnde nemus nullis illud aditur equis.*
> III, 265-266

A pu jouer également une bizarrerie étymologique, l'analyse du nom *Virbius* comme condensant un *Vir bis uiuus* à tous égards remarquable, entraînant le rapprochement explicatif de cet «homme deux fois rendu à la vie » avec le héros Hippolyte, ressuscité par Artémis [17]. Cette assimilation n'est pas le fait de mythographes récents, quoi qu'il y paraisse. Quelques analyses modernes : pour E. Païs, les habitants du pays entretenaient des relations avec ceux de Grande-Grèce, dont surtout les gens de Rhégium, qui possédaient les os d'Oreste [18], frère d'Iphigénie, prêtresse de Diane : c'est par leur canal que le culte de Virbius fut introduit par Oreste (!) à

---

16. *On the Origin of Diana*, dans *T.A.Ph.A.*, 63, 1932, 177-191, p. 182 : aussi : *The Cults of Aricia*, Berkeley, 1934.
17. Servius, *Ad Aen.*, VII, 776 ; V, 95 ; VII, 84 ; Virgile, *Aen.*, VII, 778-780 ; M. Grant, *Myths of the Greeks a. Romans*, Londres, 1963, p. 342 ; aussi A. Kalkmann, commentant le texte virgilien, *Über Darstellungen der Hippolytos-Sage*, dans *A.Z.*, 41, 1883, vol. 1, p. 38-80, vol. 2, p. 104-154.
18. Servius, *Ad Aen.*, II, 116.

Aricie [19]. L. Séchan admet, au cours d'une belle étude sur Hippolyte, que le héros fut transplanté dans la région d'Aricie, par des colons venus de Trézène, et que l'assimilation serait un produit de l'exégèse populaire se donnant libre cours [20]. Quant au véritable et primitif Virbius, quel était-il ? Un dieu solaire, répond E. Païs [21] ; un fleuve d'Aricie, estime A.B. Cook, se fondant sur une note du géographe Vibius Sequester, qu'il accueille, du reste, lui-même, avec un scepticisme amusé [22]. J.G. Frazer songe à un dieu de la végétation, incarné dans le cheval [23], S. Reinach à un dieu-cheval déchiré périodiquement par ses fidèles [24] ; mais on s'arrête aussi à un dieu accoucheur [25]. Il y a, on le voit, des hypothèses pour tous les goûts.

En ce qui concerne le texte d'Ovide, il est une simple note en aparté, amenée par l'allusion à Aricie, et il reprend, en les condensant, un texte précédent des *Métamorphoses* et les vers connus de Virgile, eux-mêmes inspirés de Callimaque [26]. Si la légende est ici le prétexte à une reprise littéraire, elle paraîtra davantage à sa place lorsque Ovide contera les origines d'une constellation, le Serpentaire [27] ; il faut remarquer qu'Ovide ne se soucie pas de reproduire les différentes étymologies affectées au nom de *Virbius*, et qui doivent être des spéculations varroniennes [28].

Les attestations d'une confusion précoce entre Virbius et Hippolyte sont assez nombreuses pour dégager, cette fois, la responsabilité d'Ovide. Néanmoins, la mort du malheureux Hippolyte peut difficilement être invoquée pour expliquer l'interdiction aux chevaux d'une forêt italique. On sent bien que c'est l'existence de cette interdiction qui a motivé l'appel à une légende où les chevaux ont commis une «faute» dont l'interdiction de la forêt à eux signifiée serait la punition. Mais l'explication originelle du tabou nous demeure impossible, puisque nous ne savons rien sur le *Virbius* itali-

---

19. E. Païs, *op. cit.*, p. 142 *sqq.*
20. *La Légende d'Hippolyte dans l'Antiquité*, dans *R.É.G.*, 107, 1911, 144-151, d'ap. O. Gruppe, *Griechische Mythologie*, Munich, 1906, p. 370-371.
21. *Op. cit.*, p. 143.
22. *The Golden Bough and the Rex Nemorensis*, dans *C.R.*, 16, 1902, 365-380, p. 372.
23. *Golden Bough*, Londres, 1900², vol. I, p. 1-6. *Origines...*, p. 1 *sqq.*
24. *Cultes, Mythes et Religions*, 3, Paris, 1908, 54-67.
25. G. Wissowa, *Rel. u. Kult.*, 1912, p. 249 ; A.E. Gordon, *op. cit.*, *passim* ; L. Séchan, *op. cit.* Les vues de G. Wissowa sont fondées sur les fonctions de Diane, à Némi, ou d'Égérie, que l'on prie pour un heureux accouchement (*Fast.*, III, 261-270) ; ce n'est pas une raison pour imposer les mêmes tâches à Virbius !
26. *Met.*, XV, 487 *sqq.* ; Virgile, *Aen.*, VII, 774-782 ; Callimaque, cité par Servius, *Ad Aen.*, VII, 778 ; Pausanias, II, 27, 4.
27. *Fast.*, VI, 737 *sqq.* ; Hygin, *Astr.*, II, 14 ; Ératosthène, *Catast.*, 68.
28. L. Séchan, *op. cit.*, p. 50, le suppose ; voir *etyma* dans *Realenc...*, *s.u. Virbius*, c. 2642 (*bis uir*, *uires*, Ἥρως ἀναβεβιωκώς, etc.).

que. Faut-il arguer de l'existence de routes nommées *uicus Virbius, Vrbius, Orbius*, ce dernier mot expliqué par Festus à l'aide du mot *orbis*, la roue [29] ? faut-il rapprocher le tabou des chevaux du fait que le cheval est sacrifié à des divinités solaires, comme Hypérion, selon Ovide lui-même qui nous donne ce dieu comme « couronné de rayons » ? Roue, rayons, chevaux, suffisent-ils pour faire de Virbius un dieu solaire ? Les éléments sont trop peu nombreux pour que l'on puisse se prononcer. Virbius et Diane, compris comme le Soleil et la Lune, ne peuvent que rester dans le domaine de l'hypothèse !

Autre personnage semi-grec : Évandre, qui apparaît aux côtés de sa mère *Carmenta* [30], mais qui joue un rôle très secondaire aux Lupercales [31], le temps de nous prouver qu'Ovide ne connaissait pas ou n'acceptait pas l'assimilation de Faune, « le Favorable », avec Évandre, « l'homme de bien » [32], adoptée par les Modernes [33]. G. Wissowa parle du « nom de *Faunus*, dérivé de *fauere*, et signifiant la même chose que le grec Εὔανδρος, qui déjà en mythologie est un simple doublet de Faune [34] ». Au livre I d'Ovide, ni Évandre ni ses aventures ne peuvent prétendre expliquer quoi que ce soit dans les *Carmentalia* ! Sa venue à Rome, longuement décrite par le poète, est seulement un double prétexte : elle permet d'abord de discrètes allusions aux malheurs des exilés : « C'est quelque chose, que d'être innocent dans les grands malheurs ! » soupire Ovide [35] ; ou encore, cette phrase douloureuse : « Heureux mortel, pour qui le Latium fut une terre d'exil [36] ! » Elle est aussi prétexte à insertions littéraires : où Ovide aurait-il pu installer ailleurs l'histoire de Cacus et d'Hercule, qu'il est tout heureux de réécrire après Tite-Live ?

3. Les grands ancêtres

Le premier personnage latin que nous rencontrerons dans les *Fastes* sera Énée, et ce en trois occasions.

---

29. Fest., p. 196 L. Peut aussi conforter l'hypothèse le fait que les Anciens affectaient déjà une appartenance solaire à Virbius : Servius, *Ad Aen.*, VII, 776 : *V. autem quidam Solem putant esse, cuius simulacrum non est fas attingere, propterea quia nec Sol tangitur...*
30. *Fast.*, I, 465-586.
31. *Fast.*, II, 277-281.
32. Servius, *Ad Georg.*, I, 10 ; *Ad Aen.*, VIII, 314.
33. F.K.A. Schwegler, *Röm. Gesch.*, I, p. 354.
34. *Lexicon*, I, 2, col. 1455 : *Der Name Faunus selbst aber, abgeleitet von fauere und gleichbedeutend mit dem griechischen* Εὔανδρος, *der ja auch im Mythus eine reine Doublette des Faunus ist* ; aussi L. Preller, *Röm. Myth.*, III, 2, 1889, p. 28.
35. *Fast.*, I, 484.
36. I, 540. Lire U. Knoche, *Über die Aneignung Griechischer Poesie im älteren Rom*, dans

Nous avons établi longuement déjà qu'il n'intervient dans le mythe des *Vinalia* qu'avec Ovide. Il y est bien le *pius Aeneas* dont l'*Énéide* a fixé les traits immortels, puisque les termes du vœu qu'il formule pour contrecarrer celui de l'impie Mézence manifestent un éminent sentiment du sacré :

> « *Hostica Tyrrheno uota est uindemia regi :*
> *Iuppiter, e Latio palmite musta feres* ».
> *Vota ualent meliora.*
> IV, 893-895

La légende semblait ainsi appeler le nom d'Énée, puisqu'elle traduit dans les faits une vertu dont il sera plus tard le symbole, alors même que, pour les raisons historiques invoquées précédemment, elle ne pouvait s'appuyer sur le nom du prince troyen, disparu avant que la surenchère des vœux telle que la fixe la tradition pré-virgilienne ait pu avoir lieu. Ovide contrevient donc à la tradition établie. Mais il le fait en quelque sorte légalement : depuis Virgile, Énée est on ne peut mieux habilité à assumer le rôle du *timidus Deorum* [37].

Mais par une sorte de réaction en chaîne, Énée va se voir chargé d'autres responsabilités que Virgile n'avait pas prévues !

C'est à cause de lui, par exemple, qu'on célèbre les *Parilia*, présentés comme la commémoration de son passage à travers l'incendie de Troie [38]. Encore que, dans cette situation, la piété d'Énée ne soit pas le ressort essentiel, Ovide la mentionne au premier chef :

> *An magis hunc morem pietas Aeneia fecit ?*
> IV, 799

« Est-ce la piété d'Énée qui a voulu cela » : doit-on comprendre cette expression comme un tour stylistique remplaçant le *pius Aeneas* ? Faut-il prendre *pietas* dans toute son importance, et considérer au contraire qu'Énée a institué les *Parilia* par piété, c'est-à-dire pour commémorer le bienfait divin qui lui laissait la vie sauve dans l'incendie ?

Si l'on peut hésiter pour les *Parilia*, le doute n'est plus permis aux *Parentalia* : Énée lui-même assume la fondation de cette cérémonie pieuse entre toutes :

Gymnasium, 65, 1958, 321-340. Aussi L. Ramaglia, *La Leggenda di Evandro*, dans *R.S.C.*, 6, 1958, 59-62.

37. Lire N. Moseley, *Pius Aeneas*, dans *C.J.*, 20, 1924-1925, 385-400.
38. *Fast.*, IV, 799-800.

> *Ille patris Genio sollemnia dona ferebat,*
> *Hinc populi ritus edidicere pios*
>
> II, 545-546

ou encore :

> *Hunc morem Aeneas, pietatis idoneus auctor,*
> *Adtulit in terras, iuste Latine, tuas.*
>
> II, 543-544

Bien entendu, c'est Ovide qui a institué un rapport entre les jeux funèbres promis et célébrés par le héros troyen, et les fêtes des Morts romaines ! Mais n'aurait-il pas dû se rendre compte que des jeux virgiliens, inspirés sans doute au poète épique par le souvenir d'autres jeux funèbres, thème obligé de l'épopée depuis Homère, pouvaient difficilement fixer les origines d'une fête archaïque latine ? On perçoit aisément le cheminement intellectuel qui a conduit Ovide à instituer ce rapport, lorsqu'on lit les vers de Virgile :

> *... atque haec me sacra quotannis*
> *Vrbe uelit posita templis sibi ferre dicatis* [39].

L'occasion, avouons-le, était trop belle ! Anchise lui-même, le père d'Énée, réclame à son fils des offrandes annuelles : dans l'optique ovidienne, ces offrandes annuelles ne peuvent qu'être les *Parentalia*, célébrés chaque année à la mémoire des parents disparus. Mais Ovide n'a pas pris garde à un détail mineur, le *templis sibi dicatis*, qui suggère des offrandes portées à Anchise seul, puisque dans « des temples à lui dédiés », ce à quoi ne peuvent correspondre les fêtes des Morts nationales de février. Le texte de Virgile, notons-le au passage, a inspiré à H. Wagenvoort une définition nouvelle des *Parentalia* [40]. A son avis, les *Di Parentes* ne sont nullement les ancêtres eux-mêmes, une fois divinisés, mais les dieux que les ancêtres honoraient. *Parentare* ne signifie pas « honorer les *Di Parentes* », pas plus que *uenerari* ne signifie « honorer Vénus » ou *indigitare* « honorer les *Indigetes* ». Le verbe est calqué sur le modèle de *quiritare*, « invoquer les *Quirites* ». Il veut donc dire : « crier *Parentes* ! », tout comme Énée, sacrifiant aux Mânes d'Anchise, criait : « *Salue, sancte parens !* ».

Dans ces trois exemples, Énée intervient à titre purement étiologique, à cause d'un trait stéréotypé de son caractère, sa fameuse « piété ». Ovide

---

39. *Aen.*, V, 59-60.
40. *The Parentatio in Honour of Romulus*, dans le recueil *Studies in Roman Literature, Culture and Religion*, Leyde, 1956, 169-183 et 290-297.

fait volontiers appel à lui, d'une part parce que joue pleinement à son époque l'influence virgilienne, mais aussi parce que la prédilection d'Auguste pour ce personnage l'y encourageait [41].

On s'attendrait peut-être à découvrir auprès d'Énée quelque allusion à une autre divinité latine, la mélancolique sœur de Turnus, Juturne, honorée sur le Forum romain. Ovide l'a négligée, et n'accorde même pas l'honneur d'une allusion à sa fête de juin [42]. Juturne n'est qu'un prétexte littéraire, qui lui permet de broder une historiette galante, dont l'héroïne est Tacita, une création de sa plume. Rien là de religieux.

Purement étiologiques sont aussi les rois d'Albe, Aventinus et Tiberinus. On sait que la liste desdits souverains répondait à une nécessité, celle de concilier la date de la fondation de Rome, au VIIIe siècle av. J.-C., avec celle de la chute de Troie et de l'arrivée d'Énée en Italie au XIIe siècle : quatre siècles à garnir artificiellement, si l'on veut faire de Rome une fille de Troie [43] ! Si Timée, peu soucieux de ces raccords chronologiques, faisait tout bonnement de Romulus et Rémus les fils d'Énée [44], Denys, Tite-Live, Virgile et d'autres comblèrent l'intervalle béant par une liste de rois fictifs [45]. P. Merlin a dénoncé la pauvreté de l'imagination latine, particulièrement sensible sur Aventinus et Tiberinus : on ne connaît à leur sujet qu'une ligne très sèche : un nom, un lieu, un trépas. Ovide s'est borné à reproduire sans l'enjoliver en rien la courte biographie des deux souverains [46] ; de fait, il lui était difficile de romancer sur un pareil sujet, si visible est le processus de création qui a déduit ces noms de ceux du fleuve ou de la colline sans chercher à individualiser ces rois fantômes [47].

Autre souverain mythique : Janus. Nous ne voulons pas revenir sur l'explication de l'effigie de l'*as* [48]. Notons seulement qu'Ovide a suivi, là

---

41. G. Binder, *Aeneas und Augustus,* Meisenheim, 1971.

42. Sur Juturne, on consultera C. Brackman, *De Iuturna et Dioscuris,* dans *Mnemosyne,* 59, 1931, 427-430. Aussi F. Chapouthier, *Les Dioscures...,* Paris, 1935. La nymphe est citée en *Fast.,* II, 585, 606.

43. E. Gjerstad, « *Legends and Facts...* », *Scripta Minora,* Lund, 1962, 3-45, p. 38 (Ératosthène place la chute de Troie en 1180 av. J.-C.).

44. D'après Lycophron. Voir J. Carcopino, *La Louve du Capitole,* dans *B.A.G.B.,* 6, 1925, p. 7.

45. Sur les différences qui existent entre *Fastes* et *Métamorphoses* au sujet des listes de rois, consulter G. Krassowsky, *Ovidius quomodo a se ipso discrepuerit,* diss. Königsberg, 1897.

46. *Fast.,* IV, 47-48 et 51-52. P. Merlin, *L'Aventin dans l'Antiquité,* Paris, 1906, p. 29.

47. Pour F. Bömer, c'est *Ein typischer Rationalismus. Interpretationen,* dans *Gymnasium,* 64, 1957, 112-135.

48. Elle a été diversement expliquée : importance de la puissance maritime sous les Décemvirs (Th. Mommsen, *Hist. Mon.,* 1, Paris, 1865, p. 194) ; prise d'Antium en 338 (E. Ba-

encore, une tradition solidement établie. Quant au héros Cacus, Ovide lui a ménagé une place dans la geste d'Hercule, — ce qui l'a, du reste, obligé à supprimer une autre histoire typiquement indigène, celle des *Pinarii* et des *Potitii* —, afin de rivaliser avec Virgile. Cacus ne possède, en effet, aucune fête dans le calendrier [49].

4. Autour du fondateur

Bien plus étoffées sont les légendes roméléennes. Nous trouvons relatées dans les *Fastes* les enfances des célèbres jumeaux et leurs premiers exploits, la mort de Rémus, l'enlèvement des Sabines et les guerres contre Tatius, l'apothéose, enfin, du Fondateur. Certains épisodes s'articulent en plusieurs phases, comme la mort de Rémus, divisée entre les *Parilia* et les *Lemuria*. S. d'Élia a reproché à Ovide cet aspect décousu, arguant que le lecteur, s'il veut obtenir un récit cohérent, doit s'ingénier à recoller les pièces éparses [50]. Le sévère critique oublie qu'Ovide n'est pas un historien, et ne se soucie donc pas d'écrire une biographie de Romulus que ses lecteurs n'allaient sûrement pas chercher dans son livre ! Ovide doit s'occuper au premier chef des exigences du rituel : que penserait-on de lui, si, à propos des *Quirinalia* par exemple, il nous retraçait la vie de Romulus depuis les amours de Mars et d'Ilia ? L'intelligence de l'étiologue se manifeste justement lorsqu'il sait sélectionner à l'intérieur d'une légende touffue les traits précis qui s'adaptent exactement au rituel qu'il explique — ou croit expliquer.

C'est au livre III que nous rencontrons Mars et Ilia, au sein d'une légende fort ancienne, puisque nous en relevons déjà la trace dans l'un des fragments les plus développés d'Ennius :

> *Nam me uisus homo pulcher, per amoena salicta,*
> *Et ripas, raptare, locosque nouos...* [51]

---

belon, B. 45, p. IX ; J. Haeberlin, *Aes grave*, Francfort, 1910, p. 26) ; bataille navale de 258 (J.G. Milne, B 554) ; création des *Duouiri nauales* en 311 (P. Grimal, B. 377, p. 110 ; H. Mattingly, B. 537, p. 5 *sqq.*) ; symbole commercial évident (L.A. Holland, B. 419, p. 277). Nous suggérons, dans un développement particulier de ce travail, la commémoration de la fondation d'Ostie, en 338. La coïncidence de cette explication avec une théorie de T. Frank, *Rome's first Coinage*, dans *C.Ph.*, 14, 1919, 314-327, nous a fait renoncer à la reproduire ici.

49. On lira M. Bréal, *Hercule et Cacus*, Paris, 1877 ; F. Münzer, *Cacus, der Rinderdieb*, Progr. Bâle, 1911 ; J. Garret Winter, *The Myth of Hercules at Rome*, dans *Univ. Michigan Studies*, 4, 1911.
50. *Ovidio*, Naples, 1959, p. 345.
51. Ennius, *Ann.*, frg. XXVIII (35) Vahl. Dans A. Ernout, *Textes arch.*, p. 148, 1, 20-36.

Ovide s'est abstenu de nous faire part des doutes qui planaient sur l'identité du dieu Mars, contrairement à Tite-Live, pour qui la question reste en suspens : « soit qu'elle le crût », note-t-il [52], « soit qu'elle estimât plus honorable de rendre un dieu responsable de sa faute, elle attribua au dieu Mars cette paternité douteuse ». Chez Ovide, la réputation d'Ilia demeure intacte, et il a consacré à sa touchante figure le vers le plus harmonieux de l'ouvrage :

Languida consurgit, nec scit cur languida surgat
III, 25

Ce développement souhaite expliquer pourquoi le dieu Mars est honoré à Rome, où il possède le premier mois de l'année ancienne. Ce faisant, Ovide prolonge son récit bien au-delà du nécessaire, jusqu'à la fondation de Rome par le fils du dieu : le culte de Mars n'est pas senti comme une simple commémoration postérieure, mais comme une institution réfléchie, décrétée par Romulus en personne :

« *Arbiter armorum, de cuius sanguine natus*
Credor, et ut credar pignora multa dabo,
A te principium Romano dicimus anno
Primus de patrio nomine mensis erit ».
III, 73-76

Notons qu'Ovide a négligé la seconde raison avancée par Verrius [53] : Rome honore Mars parce qu'elle abrite un peuple belliqueux : *quod ea gens erat bellicosissima*. Sans doute n'offrait-elle pas la même carrière au conteur.

La légende des jumeaux constituerait en elle-même un très vaste sujet d'étude [54]. Et de fait, les analyses, interprétations, comparaisons de toute nature foisonnent dans la littérature religieuse moderne. Quelques exemples : Th. Mommsen décelait dans cette fable une invention grecque, vu la similitude de ses traits constituants avec le conte mythique de Poséidon et Tyro, dans lequel c'est une chienne qui joue le rôle dévolu plus tard à la louve romaine [55]. D'autres auteurs préfèrent la considérer comme une bro-

---

52. Tite-Live, I, 42 : *Vi compressa Vestalis, quum geminum partum edidisset, seu ita rata, seu quia deus auctor culpae honestior erat, Martem incertae stirpis patrem nuncupat.*
53. Festus, *s.u. Martius*, p. 136 L.
54. E. Binder, par exemple, *Die Aussetzung des Königskindes*, Meisenheim am Glan, 1964 ; K. Schefold, *Die Römische Wölfin*, dans *Provincialia*, Bâle, 1968, 428-439 ; D. Briquel, *Les Jumeaux à la louve...*, dans *Rech. sur les Relig. Ital. ant.*, Genève, 1976, 73-97.
55. *Die Remuslegende*, dans *Hermes*, 16, 1881, 1-23 ; Aussi G.C. Lewis, *An Inquiry into the Credibility...*, Londres, 1855, 1, p. 377 *sqq.* ; P. Kretschmer, *Remus u. Romulus*, dans

derie grecque sur un noyau indigène [56]. Pour M. Grant, les Grecs auraient inventé, au Ve siècle, un *Rhomos-Romus,* destiné à fournir un fondateur éponyme commode à la ville de Rome ; les jumeaux seraient nés d'un effort de ces mêmes Grecs pour différencier ce *Romus* d'un autre nom, *Romulus,* désignant originellement un « Romain », tout comme *Siculus,* à côté de *Sicanus,* désigne le « Sicilien » [57]. Mais pour A.H. Krappe [58], on doit s'en tenir à la thèse de J.R. Harris, pour qui Rome est bel et bien une fondation de jumeaux [59].

Le processus est analysé un peu plus profondément par J.B. Carter et par E. Gjerstad. Les Grecs, Damaste de Sigée vers les années 400, et Hellanikos, (d'ap. Denys, I, 72), supposent aux origines de Rome une certaine *Romé,* à moins qu'Agathoclès de Cyzique, selon Festus (p. 326-328 L) ne préfère un *Romos.* Ces formations entrent en concurrence avec le produit local de l'étiologie latine, un *Romulus,* éponyme de la *gens Romilia* rapproché du nom de Rome. Devant la double tradition Ῥῶμος — *Romulos,* les Grecs auraient résolu la difficulté en transformant les deux fondateurs concurrents en deux frères : ce fut l'œuvre de Kallias, de Céphalon de Gergis, ou de Démagoras de Samos [60]. Les Romains à leur tour auraient transformé Ῥῶμος en Rémus [61]. La thèse de J.B. Carter est acceptée par E. Gjerstad sous la forme suivante : les noms de *Romé* ou de *Romos* étant mal acceptés par les esprits romains, on recourut à l'éponyme fictif de la *gens Romilia,* dont le nom avait été formé déjà sur celui de Rome, et on lui adjoignit le Ῥῶμος grec sous la forme *Remus,* quitte à assimiler ce dernier avec l'ancêtre des *Remmii* [62]. Il en résulte que Romulus est un fantôme : *Romulus as an eponym and founder of Rome is no more an histori-*

Glotta, 1, 1909, 288-303 ; C. Trieber, *Die Romulussage,* dans *Rh.M.,* 43, 1888, 569-582 ; W. Soltau, *Die Entstehung der Remuslegende,* dans *A.R.W.,* 12, 1909, 101-125 ; Ῥῶμος *und Remus,* dans *Philologus,* 68, 1909, 154-157. Copieuse étude de H.J. Krämer, *Die Sage von Romulus und Remus, Mélanges W. Schadewaldt,* Pfullingen, 1965, 355-402.

56. A.B. Cook, *Zeus II,* p. 44 éd. 1925.
57. *Myths of the Greeks and Romans,* Londres, 1963, *passim.*
58. *Notes sur la légende de la fondation de Rome,* dans *R.É.A.,* 35, 1933, 146-152.
59. J.R. Harris, *Was Rome a Twin-town ?* dans *Woodbroke Essays,* 8, 1927.
60. Denys d'Halicarnasse, I, 72 ; Festus, p. 326 L., *s.u. Romam.*
61. J.B. Carter, *The Death of Romulus,* dans *A.J.A.,* 13, 1909, 19-29.
62. *Op. cit.,* p. 40. Sur la louve, on lira E. Petersen, *Lupa Capitolina,* 2, dans *Klio,* 9, 1909, 29-47, p. 46 ; et J. Carcopino, *La Louve du Capitole,* dans *B.A.G.B.,* 4 (juill. 1924), 5 (oct. 1924) et 6 (janv. 1925). Pour J. Carcopino (n° 6, p. 5 *sqq.*) la louve du Capitole, érigée pour commémorer l'union des Latins et des Sabins, symbolisés par les deux enfants, aurait été à l'origine de la légende : les enfants auraient été transformés en jumeaux fondateurs, une fois perdue l'intention première qui avait présidé à l'érection du groupe en bronze (p. 11). A. Alföldi manifeste son désaccord : *La Louve du Capitole,* B. 17.

cal person than Romos. On peut admettre le IVe siècle pour y placer la « naissance » du Romulus étiologique, qu'Alkimos mentionne. La première preuve tangible de la légende est la fameuse louve des *Ogulnii*, érigée sur le Capitole en 296 av. J.-C.

Nous retrouvons les jumeaux et la louve au livre II, avec l'étymologie du mot *Lupercal* :

> *Venit ad expositos, mirum, lupa feta, gemellos,*
> *...Illa loco nomen fecit, locus ipse Lupercis*
> *Magna dati nutrix praemia lactis habet.*
>   II, 413-...422

One legend creates the other, note E. Gjerstad [63]. On laissait coexister une légende où la louve permettait la création de Rome par Romulus, et une étymologie des Lupercales par *lupos arcere* [64], « chasser les loups ». En somme, la louve était une bienfaitrice honorée, et Rome, en guise de témoignage de reconnaissance, lui dédiait la fête... des « chasseurs de loups ! ».

Il est possible que la louve n'ait rien à voir avec l'histoire des jumeaux, comme le suppose M. Grant, sans s'expliquer davantage [65], il est possible qu'elle ait créé la légende entière, comme le veut J. Carcopino. Ce qui nous intéresse ici, ce sont plutôt les liens qui existent (ou qui n'existent pas !) entre la louve et la fête des Lupercales.

Notons pour mémoire l'une des plus surprenantes hypothèses à ce sujet, due à G. Marchetti-Longhi : la louve, animal sauvage devenue nourrice, symboliserait l'état marécageux du sol romain transformé en sol fertile par la main de l'homme [66]...

On préférera sans peine une supposition d'E. Gjerstad, selon qui la légende de la louve nourricière serait née d'une fausse étymologie de *Lupercal* par *lupus*, alliée au thème universellement répandu de l'enfant allaité par des animaux. Bref, *the wolf of the Lupercalia is entirely mythological* [67].

---

63. *Op. cit.*, p. 41.
64. Servius, *Ad Aen.*, VIII, 343 ; selon Arnobe, *Adu. Nat.*, IV, 3, Varron préférait *lupa + parcere (quod abiectis infantibus pepercit lupa non mitis, Luperca, inquit, dea, est auctore appellata Varrone)*.
65. *Op. cit.*, p. 356 *sqq*.
66. *Il Lupercale nel suo significato relig. e topogr.*, dans *Capitolium* 9, 1933, 365-379, p. 372 *sqq*.
67. *Op. cit.*, p. 41. *Contra*, A. Alföldi, B. 15, p. 69-85, sur l'importance du loup dans les premières sociétés italiques.

Un paradoxe doit attirer l'attention de tout chercheur non prévenu, encore que l'immense majorité des théories existantes l'ignore, celui d'une incompatibilité totale entre les rites des Lupercales et l'onomastique de la fête. On nous présente, en effet, une fête soit « des loups » soit des « chasseurs de loups », mais... *sans que les rites parlent le moins du monde de loups,* sous quelque forme que ce soit ! Il faut toute l'imagination ou tout le mépris des textes dont fait preuve F. Ribezzo, pour pouvoir écrire que les Luperques portent un vêtement de peau, et *un masque de loup,* confectionné probablement avec la tête de l'animal lui-même : *una veste o gonna di pelle, e la maschera di lupo, tratta probabilmente dalla testa dello stesso animale* [68].

Après F. Schwegler et A.M. Franklin, E. Gjerstad écrit fermement qu' « il n'y a pas l'ombre d'un loup aux Lupercales, en dépit de tout ce que l'on a écrit sur le sujet [69] ». Et c'est bien notre avis !

Faunus est un dieu-bouc, et non pas le dieu-loup que réclamerait une étymologie fantaisiste par *Dhaunus* [70] : il est assimilé avec Pan, s'occupe de la saillie des troupeaux en automne, *etc.* Ses prêtres sont vêtus de peaux de boucs, flagellent les passants avec la peau du bouc immolé dans la grotte le 15 février ; l'autre divinité qui officie le même jour, *Iuno Februlis* [71], porte elle aussi la peau du bouc, *amiculo Iunonis, id est pelle caprina.* Tout le rituel est axé, sans équivoque possible, sur l'action du bouc.

Quant au loup, on ne le trouve que dans les *interprétations* antiques ou modernes. Il est, certes, l'animal favori de Mars, observe W. Warde Fowler [72]. Mais les Lupercales sont-elles de près ou de loin une fête de Mars ? Certes, les *Hirpi Sorani,* dans les montagnes de Sabine, sont des prêtres-loups [73] : rien n'oblige à penser que les Luperques romains fussent leur copie conforme, et le seul rite auquel nous sachions qu'ils procèdent, la

---

68. *Numa Pompilio e la riforma etrusca...,* dans *R.r.A.L.,* 8, 1950, 553-573.
69. *There is not a single trace of a wolf in the rites of the Lupercalia, in spite of all that has been written about the association of wolves with the festival* (*Op. cit.,* p. 11) ; F. Schwegler, *Römische Geschichte,* 1, Berlin, 1867, p. 361 ; A.M. Franklin, *The Lupercalia,* diss. Columbia Univ., 1921, p. 36.
70. D'ap. A. von Blumenthal, F. Altheim, *Röm. Relig.,* p. 131-147 ; et divers auteurs (G. Radke, P. Lambrechts) ; voir mise au point de A. Alföldi, *Struktur d. Voretruskischen Römerstaates,* Heidelberg, 1974.
71. Paulus, p. 75-76 L., *s.u. Februarius.*
72. *Roman Festivals...,* p. 311.
73. Servius, *Ad Aen.,* XI, 785 ; Pline, *Nat. Hist.,* VII, 19 ; A.K. Michels, *Topography a. Interpr...,* dans *T.A.Ph.A.,* 84, 1953, p. 55 ; G. Wissowa, *Rel. u. Kult.,* 1912, p. 559, n. 1.

marche sur des braises ardentes, n'a pas d'équivalent dans les pratiques romaines. Quant aux étymologies modernes qui voient dans le mot un composé de *lupus* et d'un suffixe *-erc*, le résultat, *Luperci*, désignant « ceux qui appartiennent au loup [74] », elles sont influencées par l'existence de la louve mythique, que les étymologistes anciens rapprochaient déjà des Lupercales.

Comment se présente le loup dans le mot *Luperci* ? Nous avons rappelé la tentative **lupus* + *erc.*, et aussi le *lupus* + *arceo*, « écarter les loups » [75]. En voici d'autres : « ceux qui suivent les loups » de J. Grüber [76], soit, à partir de *lupos* + *sequi*, un mot **luposequos*, transformé successivement en **luporequos, luperequos, luperecus, lupercus* ; ou encore le **lupopercus* de A. von Blumenthal [77], soit un « homme-*loups-chênes* » *(Wolfseichenmänner)*... Le dernier en date est le « séparateur de loups », soit celui qui sépare les loups des boucs, mot formé sur *lupus* + *hercisco*, hypothèse de G. Martorana [78], fondée sur un verbe *hercisco*, attesté deux fois chez Cicéron au sens de « partager le patrimoine familial », et sur la double nature de Junon aux Lupercales, *Iuno Caprotina* et *Valeria Luperca*...

Certains Modernes, toutefois, refusent de voir dans la première partie du mot *Luperci* le nom du loup, *lupus*. G.F. Unger, déjà, analysait *Luperci* comme formé de *lues* et de *parcere* [79], tentative qui n'a connu aucune audience, encore que H.J. Rose l'ait jugée « point absurde » [80] ; sans proposer aucune étymologie nouvelle, E. Gjerstad refuse résolument de trouver un loup dans le nom des Lupercales : *I wish to say that I do not think that the first compound of the word has anything to do with « lupus »* [81].

Si la perspective d'une double métathèse ne nous faisait quelque peu hésiter, nous songerions bien à utiliser le mot *luere*, « purifier », qu'utilisait déjà une étymologie antique fantaisiste : *luere per caprum* [82]. Fantaisiste,

---

74. H. Jordan, *Kritische Beiträge*, Berlin, 1879, p. 164.
75. Études de fond : L. Deubner, *Lupercalia*, dans *A.R.W.*, 13, 1910, 481-508 ; W.F. Otto, *Die Luperci u. die Feier der Lupercalien*, dans *Philologus*, 72, 1913, 161-192, p. 169.
76. *Zur Etymologie von lat. Lupercus*, dans *Glotta*, 39, 1961, p. 274.
77. *Die Iguvinischen Tafeln*, Stuttgart, 1931, p. 85 *(lupus + quercus ?)*.
78. *Un'ipotesi sui Lupercalia*, dans *Mélanges E. Manni*, Rome, 1976, 241-258, p. 256 : *In virtù di questi suoi aspetti, la dea può separare i lupi dalla sfera dei capri, affinchè questi possano rivelare la loro caratteristica azione di fecondazione* (!).
79. *Die Lupercalien*, dans *Rh.M.*, 36, 1881, 50-86.
80. *De Lupis, Lupercis, Lupercalibus*, dans *Mnemosyne*, 60, 1933, n. 221.
81. *Op. cit.*, p. 11 ; aussi K. Latte, *Röm. Relig.*, p. 85.
82. Quintilien, *Inst. Or.*, I, 5, 66 : *...et inueniantur qui « Lupercalia » aeque tres partes orationis esse contendant, quasi « luere per caprum »*.

oui, mais qui épouse exactement les rites et le contenu religieux de la fête.

Nous associerions volontiers à la racine de ce verbe *luere* la désignation métonymique des Luperques, *creppi*, commentée par Festus : *Crep-(p)os, id est Lupercos, dicebant a crepitu pellicularum, quem faciunt uerberantes* [83]. L'existence d'un mot *crepi* désignant les Luperques, et formé des mêmes lettres, est tout de même troublante !

Nous obtiendrions alors des *Lu-crepi*, ou « purificateurs-boucs » appellation désignant les prêtres à l'aide de leur fonction : purifier Rome par l'action du bouc, ce qui semble une hypothèse suffisamment licite. Pour arriver à *Luperci*, il nous faut supposer que ces *Lucrepi* hypothétiques furent transformés en *Lucerpi*, sur le modèle de *crepa* donnant *capra* ou de *crino* donnant *cerno* ; puis en *Luperci*, une fois que l'étymologie populaire eut voulu retrouver dans le nom de ces prêtres le loup que Rome voyait adorer au Lupercal depuis 296. De telles métathèses ne sont pas inouïes, le grammairien Diomède en citant au moins trois [84].

Ainsi s'éliminerait de lui-même un loup qui n'existe que dans l'imagination des étymologistes, assez obnubilés par lui pour ne pas voir que des prêtres vêtus de peaux de boucs, armés de courroies pareilles, désignés par le mot *Crepi*, les boucs, pourraient difficilement s'identifier à des « loups ». Le paradoxe a entraîné des thèses de conciliation : F. Schwegler, par exemple, et W. Mannhardt ont supposé des « loups-boucs », des *Lupi-hirci* [85] ; J. Carcopino a posé l'équation : *hirpus*, le loup, = *hircus*, le bouc, dans le dialecte osco-ombrien [86], suggestion adoptée par K. Kérényi [87]. Après A.M. Franklin, M.P. Nilsson, H.J. Rose, A. Alföldi a examiné les arguments qui faisaient pencher en faveur du loup ou en faveur du bouc, et il a conclu que tout amenait à voir dans les Luperques des prêtres-boucs [88].

La légende de la Louve serait donc une création destinée à expliquer l'étymologie du mot *Lupercal* et des mots connexes, fondée peut-être sur

---

83. P. 49 L., *s.u. Crep(p)os*.
84. *Gramm. lat.*, I, 452, 30 : *Leriquias* pour *reliquias* ; *lerigionem* pour *religionem* ; *tanpister* pour *tantisper*, ou, avec absorption d'une lettre dans la langue parlée, *repsitum* pour *repositum*.
85. F. Schwegler, *op. cit.*, p. 217 ; W. Mannhardt, « Die Lupercalien », dans *Mythologische Forschungen*, Strasbourg, 1884, p. 90.
86. *Op. cit.*, p. 16 ; M. Durante, *Osco hirpo : lupo o capro ?* B. 268.
87. *Wolf u. Ziege am Fest der Lupercalia*, dans *Mélanges J. Marouzeau*, 1948, 309-317, p. 316.
88. A.M. Franklin, *op. cit.*, p. 30-48 ; M.P. Nilsson, *Les Luperques*, dans *Latomus*, 15, 1, 1956, 133-136 ; H.J. Rose, *The Luperci, Wolves or Goats ?* dans *Latomus*, 8, 1949, 9-14 ; A. Alföldi, *Das Luperkalienfest* », dans *Struktur d. Voretrusk. Römerstaates*, Heidelberg, 1974, 86-106.

l'existence d'une ou de plusieurs images de bronze, sur d'autres légendes analogues, placées, en Grèce et en Orient, aux origines des fondations de villes. Si les historiens ont raison, qui fixent la naissance de cette légende romaine au IIIe siècle, on ne peut pas admettre cette légende pour expliquer la fête des Lupercales, peut-être plus ancienne que Rome elle-même.

Nous avons traité ailleurs l'épisode de la course des jumeaux, au livre II [89], dans laquelle G. Piccaluga voit un rite originel des Lupercales, travesti ensuite en fable étiologique [90], R. Schilling une tentative d'Ovide pour innocenter Romulus du meurtre de Rémus en faisant de ce dernier un impie passible de la justice humaine [91], et nous-même un pamphlet visant la défaite de Quintilius Varus et d'Auguste, en même temps qu'il tendait à la glorification de Fabius Maximus et de Germanicus, chéris tous deux par la victoire [92]... Quoi qu'il en puisse être, le développement ovidien n'est pas relatif à une tradition rituelle des Lupercales elles-mêmes ; et il emprunte son thème à des récits folkloriques ou historiques assez proches, ce qui réalise avec la fête étudiée un mélange surprenant.

Avançons un peu dans la légende, avec un autre épisode célèbre, cher à Ovide puisque, après l'avoir traité longuement dans l'*Art d'aimer,* il le redonne à deux reprises — et sous une forme étendue — dans les *Fastes* : à propos des *Matronalia,* et, avec quelques modifications de détail, aux *Lupercalia* [93]. L'enlèvement des Sabines n'explique, d'ailleurs, pas davantage les *Matronalia* que les Lupercales [94]. Notons seulement, pour ce qui est de la tenue de la légende, que les Sabines interviennent, leurs enfants sur les bras, comme symbole de la Maternité, dans le livre traitant des *Matronalia,* fête de fécondité placée sous l'invocation de Junon *Lucina.* La justification donnée par Ovide est aussi embarrassée qu'embarrassante : les femmes, ayant fait cesser la guerre, honorent le dieu Mars. A la rigueur, les Sabines, étant des mères, étant intervenues pendant une bataille, pouvaient répondre aux deux conditions requises pour l'établissement d'une étymologie mal fondée. Mais surtout, elles contribuent à faire participer le dieu Mars à des fêtes dans lesquelles il semble bien n'avoir aucune place.

---

89. II, 359-380.
90. *L'Aspetto agonistico dei Lupercalia,* dans *S.M.S.R.,* 23, 1962, 51-62.
91. *Romulus l'élu et Rémus le réprouvé,* dans *R.É.L.,* 38, 1960, 182-199 ; voir aussi Y.M. Duval, *La Victoire de Rémus...,* dans *Caesarod.,* 7, 1972, 201-219.
92. Voir étude : *Un épisode satirique des Fastes et l'exil d'Ovide* dans *Latomus,* 43, 1984, 284-306.
93. *Ars Am.,* I, 101-134 ; *Fast.,* III, 179-228 ; II, 425-450.
94. Voir p. 174-179 et notre étude de *R.É.L.,* 1973, 171-189.

LA LÉGENDE 417

Lorsqu'elles interviennent, stériles cette fois, aux Lupercales, leur guérison contribue à faire prendre la fête pour une cérémonie de fécondité, en dépit de toutes les assertions contraires des auteurs contemporains d'Ovide et antérieurs à lui. Ayant besoin de femmes stériles pour justifier la première flagellation archaïque, et disposant, pour expliquer d'autres aspects de la fête, d'éléments choisis dans le cycle roméuléen, Ovide a réutilisé les Sabines, curieusement devenues stériles, sans s'embarrasser de la contradiction. Déjà étiologique, remarquons-le, était le texte de l'*Art d'aimer* les concernant : « Voilà pourquoi, » concluait Ovide après le récit de l'enlèvement des Sabines, « par fidélité à cette ancienne coutume, maintenant encore le théâtre est plein de pièges pour les belles ». Mais c'est la parodie d'une étiologie : comme si les jeunes Romains allaient chercher fortune au théâtre par piété nationale et religieuse !

Dans les *Fastes*, Ovide a élargi ses références ordinaires, puisque les paroles prononcées par Hersilia reproduisent sa prière à Nerio chez l'annaliste Cn. Gellius [95]. On se reportera aux analyses fouillées de J. Poucet [96], qui démontre, d'abord, que les vierges enlevées n'étaient pas, originellement, des Sabines, et ensuite, que le personnage d'Hersilia et l'intervention des femmes dans la bataille font l'objet de nombreuses divergences entre nos sources. L'examen de ces dernières serait ici démesuré. Citons simplement la conclusion de J. Poucet : « Manifestement, les Romains ne connaissaient pas la raison de la participation précise des *matronae*. La mise en relation de la fête avec l'épisode sabin n'est qu'une explication parmi toutes celles qu'avaient avancées les Antiquaires, soucieux d'en découvrir l'origine. Comme les matrones y étaient à l'honneur, on s'explique d'ailleurs fort bien le glissement de la cérémonie dans une légende dont le caractère envahissant n'est plus à démontrer [97] ».

Autre épisode des guerres sabines : l'assaut donné à la citadelle par Tatius, repoussé grâce à l'intervention du dieu Janus [98]. Encore que ce geste du dieu faisant jaillir les eaux ait été scruté attentivement et exploité

---

95. *Fast.*, III, 205-212. On en trouve la relation chez Aulu-Gelle, XIII, 23, 12-13 ; sur le personnage, voir G. Radke *Nerio*, dans *M.H.*, 34, 1977, 191-198.
96. *Recherches sur la légende sabine des origines de Rome*, Louvain, 1967, p. 155-178, et p. 214-240. P. 182 : « Dans la geste de Romulus, l'élément sabin apparaîtrait comme un corps étranger, doté d'ailleurs d'une vitalité particulièrement grande ». Textes touchant l'intervention des Sabines : Tite-Live, I, 13, 1-4 ; Denys, II, 45 ; Aulu-Gelle, XIII, 23, 13 ; Cicéron, *Rep.*, II, 12-14 ; Plutarque, *Rom.*, 14 ; lire J. Gagé, *Hersilia et les Hostilii*, dans *A.C.*, 28, 1959, 255-272 ; étude générale des rites d'enlèvement dans le mariage par R. Köstler, *Raub und Kaufehe*, dans *Z.S.S.*, 64, 1944, 206-232.
97. *Ibid.*, p. 233.
98. *Fast.*, I, 257-276.

par certaines théories qui tiennent à établir un rapport entre Janus et les eaux[99], nous avons montré ailleurs que le même épisode conté dans les *Métamorphoses* se passait fort bien de l'intervention du dieu. « Il s'agirait donc d'une notice étiologique d'âge relativement récent, qui se serait développée en marge du grand courant annalistique », note J. Poucet[100]. Nous n'hésiterons pas à attribuer à Ovide la paternité du rapport entre la légende et la ruelle de l'Argilète.

Outre les légendes sabines, d'autres moments-clefs ont mérité un développement dans les *Fastes*. La mort de Rémus, par exemple, scindée en deux parties, données respectivement aux *Parilia* et aux *Lemuria*[101]. Dans le second cas, le prétexte étiologique est bien faible. Inspiré sans doute par le nom du lieu-dit *Remoria*, Ovide suppose que les *Lemuria* sont d'anciens *Remuria*, et organise en fonction de Rémus tout un contexte explicatif : l'ombre du jeune prince, sa prière destinée à innocenter Romulus et à incriminer son tribun, Céler, les honneurs, enfin, rendus au frère du roi[102]. Tout cela dans la meilleure tradition épique !

L'utilisation de la mort de Rémus se justifie davantage dans le cas de la fondation de Rome, encore que la présence de Rémus, chez Ovide, aux *Parilia,* ait égaré la recherche moderne.

Selon J.H. Vanggaard, en effet[103], cette légende est l'un des rares *« cult-myths »* (ce que nous appelons des légendes étiologiques) que reconnaisse la religion romaine. Comme le culte passe pour la « reproduction dramatique » du mythe[104], l'auteur propose de voir dans les *Parilia* la reproduction annuelle de la légende : la coïncidence entre les *Parilia* et l'anniversaire de la fondation de Rome s'explique par l'étymologie de la fête, cherchée dans le verbe *pario*, engendrer, qui lui semble *absolutely satisfying* ; le sacrifice d'un agneau (mentionné par le seul Calpurnius Siculus, contre Solinus et Plutarque[105], sans compter le silence d'Ovide !) serait la

---

99. L.A. Holland, par exemple, *Janus and the Bridge*, Rome, 21, 1961, 103-107.
100. *Op. cit.,* p. 199.
101. *Fast.,* IV, 807-862 ; V, 451-484.
102. Les *Remoria* : Denys d'Halicarnasse, I, 85 ; des *Remoria*, sépulture de Rémus, sont mentionnés par Plutarque, *Rom.,* 11 ; le rapport avec les Lémures et les honneurs rendus à Rémus est établi par le pseudo Acron, *Ad Hor. Ep.,* II, 2, 209.
103. *On Parilia*, dans *Temenos*, 7, 1971, 90-103.
104. *Myth and cult constituting a drama : myth is the programm of the drama, so to speak, endowing it with conceptual and spiritual depth ; cult is the dramatic renactment of the myth without which the myth is a dead letter* (p. 91) ; *The urban Parilia could be the yearly renactment of this legend* (p. 92).
105. Calpurnius : II, 62-63 ; Solinus, I, 19 ; Plutarque, *Rom.,* 12.

reproduction du meurtre de Rémus [106] ; quant au saut au-dessus du brasier, il commémorerait le saut fatal du jeune imprudent.

S'il est possible, en effet, que la (fausse) étymologie de *Parilia* par *parere* [107] ait entraîné le choix des *Parilia*, « fêtes de la naissance », pour y placer la fête anniversaire de la naissance de Rome, le reste de cette thèse est moins convaincant.

Comment une fête de purification pourrait-elle commémorer un meurtre qui souilla et le fondateur de Rome et sa Cité elle-même ? Comment les Anciens auraient-ils pu s'abuser jusqu'à conserver pieusement la légende en ses moindres termes, et lui superposer d'autre part une lustration des bergeries sans aucun rapport avec elle ? Pourquoi ferait-on célébrer le meurtre de Rémus par des moutons sautant au-dessus d'un feu ? L'existence, enfin, d'un rite similaire destiné à purifier les descendants d'un homme défunt au retour de ses funérailles [108], interdit de mettre en connexion le saut de Rémus et le saut des bergers : il faudrait supposer que lorsque l'héritier d'un mort bondit au-dessus des braises, il pense commémorer lui aussi le saut de Rémus !

E. Gjerstad a donné récemment une explication satisfaisante de la coïncidence entre *Parilia* et *Natalis Vrbis* : il existerait, ce qui est confirmé par nos textes, des *Parilia* et des *Palilia,* qui ne seraient pas originellement la même fête. Seuls, les *Palilia* seraient liés à la déesse Palès ; ce serait une fausse étymologie de *Parilia* par *partus Iliae* (l'accouchement d'Ilia, mère de Romulus et Rémus), qui aurait provoqué la réunion des *Parilia* aux *Palilia,* puisqu'on retrouvait également dans ce mot le nom propre *Ilia,* et donc la réunion de l'anniversaire de Rome avec la lustration des bergeries [109].

Pour ce qui est du meurtre de Rémus, on a cherché à l'expliquer comme un sacrifice de fondation, destiné à assurer la pérennité des murailles récemment construites, cimentées, en quelque sorte, par du sang humain [110]. A.H. Krappe décèle dans le saut de Rémus d'autres valeurs : il

---

106. G.B. Pighi soutient la leçon du *ms.G, puram humum* au lieu de *duram*, par des considérations analogues : *humum incestam fecit sanguis quae prius pura fuerat ; sic puto pastoralem saltationem cum funesto Remi saltu coniunctam. Illa enim fuit purgationis genus.* Comment le saut de Rémus aurait-il souillé une terre « rendue pure par la lustration » puisque, si elle commémore le saut, la fête est forcément postérieure ?
107. K. Latte, *Röm. Rel.*, p. 88, 1, l'adopte, ainsi que St. Weinstock dans sa critique du livre (*J.R.S.*, 51, 1961).
108. Paulus-Festus, p. 3 L., *s.u. Aqua et igni.*
109. *Pales, Palilia, Parilia,* dans *Mélanges P. Krarup,* Odense 1976, 1-5.
110. P. Kretschmer, *Remus und Romulus,* dans *Glotta,* 1, 1909, 288-303.

reposerait sur le même fondement anthropologique que la légende d'Oineus et de Toxeus [111] : le saut par-dessus une arme, par-dessus une muraille, est censé en détruire magiquement le potentiel de protection. Mais cette explication n'est pourtant, affirme l'auteur, qu'une seconde légende étiologique, greffée sur une première explication (Romulus tue son frère parce qu'il a franchi le mur) — laquelle est elle-même étiologique, alors que le meurtre de Rémus se passe d'explications historiques ou de justifications politiques. « Le certain, c'est que primitivement toute explication de ce genre aurait été superflue : Romulus tue son frère comme Caïn, autre fondateur de ville, tue le sien, comme Set tue Osiris, comme Esaü veut tuer Jacob, tout simplement parce qu'il s'agit de jumeaux qui, dans les croyances des primitifs, se haïssent, se persécutent et se tuent. Nous avons donc affaire à une légende étiologique [112] ».

Grâce à de petites notations, Ovide établit l'innocence de Romulus et rejette la responsabilité du meurtre de Rémus sur le tribun Céler [113]. Il suit ainsi une vue plus humanisée des événements, moins répandue, selon Tite-Live, et certainement postérieure. D'autre part et surtout, il complaît aux idées d'Auguste, soucieux d'exalter la figure du Fondateur, dont il ambitionnait de porter le nom [114]. Il est symptomatique de voir les écrivains du moment s'employer à cette réhabilitation, et montrer Romulus préoccupé d'associer constamment le souvenir de son frère à sa propre glorification ! Dans le *Remo cum fratre Quirinus iura dabunt*, Virgile, assure Servius, ne se soucie-t-il pas de voiler le fratricide [115] : *ne se reum parricidii iudicaret ?*

Pareil dessein se décèle facilement dans la version qu'Ovide propose du meurtre de Romulus lui-même. Les historiens qui l'ont précédé mentionnent équitablement les deux versions : celle de l'apothéose d'un Romulus enlevé aux cieux par son père Mars, ou celle de son assassinat par les Sénateurs [116].

---

111. *Notes sur la légende de la fondation de Rome*, dans *R.É.A.*, 35, 1933, 146-152, p. 148 *sqq.*
112. *Ibid.*, p. 147.
113. Par exemple : *Fast.*, IV, 849 *sqq.*, not. : *Inuito frater adempte, uale*, qu'on opposera à Horace, *Ep.*, VII, 17-20 : « d'amères destinées poursuivent sur les Romains le meurtre impie d'un frère, depuis le jour où le sang innocent de Rémus a coulé sur la terre, malédiction pour ses descendants », *Sic est : acerba fata Romanos agunt / Scelusque fraternae necis / Vt inmerentis fluxit in terram Remi / Sacer nepotibus cruor.*
114. Dion Cassius, LIII, 16, 7 ; voir notre étude *Romulus-Quirinus...*, dans *Aufstieg...*, 17, 2, 1981, 300-342, et les textes rassemblés par G. Radke, dans le même volume, p. 276-299.
115. Servius, *Ad Aen.*, VI, 779 ; aussi, I, 276 et I, 292 ; lire H. Wagenvoort, *The Crime of Fratricide*, dans *Studies in Rom. Lit.*, Leyde, 1956, 290-297.
116. Tite-Live, I, 16 ; Denys d'Halicarnasse, II, 56, 3-7 ; II,\63.

Depuis Denys d'Halicarnasse, on admet deux niveaux dans la formation de la légende : l'apothéose, d'abord, correspondant à un état de mentalité plus archaïque, puis l'assassinat par dépècement, substitué comme une réaction critique et rationaliste à la version plus naïve. En fait, comme le souligne raisonnablement M. Delcourt [117], « sans avoir une grande expérience de l'assassinat, on peut bien penser que la méthode la plus secrète et la plus rapide pour se débarrasser d'un cadavre n'est pas d'en distribuer les morceaux découpés entre les assassins. Si les historiens anciens avaient voulu *à partir de zéro* remplacer une fable par un récit plausible, ils auraient trouvé quelque chose de moins absurde ». Le dépècement est donc, semble-t-il, un autre courant légendaire, bien plus archaïque que l'apothéose, et s'il ne satisfait pas beaucoup plus la raison, dans la version romanesque antique, il a des chances de reposer sur une réalité criminelle.

Cette apothéose est ressentie comme une invraisemblance par des critiques républicains, déjà. Témoin Cicéron, et ses insinuations sur le personnage de Proculus Julius, ce brave Romain qui vient garantir solennellement devant le Sénat l'apparition céleste de Romulus. Loin d'en faire un *uir agrestis,* pour, comme le prétend J. Gagé, « mieux garantir sa bonne foi [118] », l'orateur insinue que Julius était payé par le Sénat : *impulsu Patrum, quo illi a se inuidiam interitus Romuli pellerent.* La même mise en scène sera réutilisée lors des funérailles d'Auguste : un préteur jurera avoir vu l'âme du défunt gagner les hauteurs, et les mêmes insinuations prétendront que le préteur était payé par Livie [119]. Sans doute aucun, les *Iulii* étaient intéressés dans la question : l'assimilation entre Romulus et Quirinus ne date-t-elle pas, selon l'estimation de C. Koch, du Grand-Pontificat de Métellus le Pieux (82-64 av. J.-C.), et ne paraît-elle pas commandée en sous-main par César lui-même [120] ?

Serait-ce alors le dictateur qui aurait commis l'impardonnable sottise de nommer ou de laisser nommer « *Iulius* » le personnage fictif sur la seule attestation duquel on s'empresse de déclarer la divinité de Romulus ? :

> *Sed Proculus Longa ueniebat Iulius Alba,*
> (...)
>   II, 499.

---

117. *Romulus et Mettius Fufétius,* dans *Hommages à G. Dumézil,* Bruxelles, 1960, 77-82, p. 78.
118. *Le Témoignage de Julius Proculus...,* dans *A.C.,* 41, 1, 1972, 49-77, p. 59. Cicéron : *Rep.,* II, 20.
119. Suétone, *Aug.,* 100 ; Dion Cassius, 56, 46, 2 : c'est un certain Numérius Atticus.
120. « *Bemerkungen zum Römischen Quirinuskult* » dans *Religio,* Nuremberg 1960, 17-39, p. 38.

On a peine à le croire. Et pourtant, « peu d'érudits admettraient que les deux noms, — Julius et Proculus — aient été légués par une tradition ancienne [121] », estime fort justement J. Gagé, avant de se lancer dans une théorie insoutenable, d'où il apert que Proculus, nom issu de celui de la tempête, *procella,* serait le *Frontiac* étrusque, le prêtre chargé des rites de brontoscopie, pendant l'orage qui engloutit Romulus (!). Du fait que ce nom apparaît d'abord sous la plume de Cicéron, qui ironise sur l'apothéose, ambition de César son adversaire, et que les tenants de l'apothéose sont toujours désignés par lui à l'aide d'un *quidam* évasif, il nous semble que le nom de Proculus Julius pourrait être une perfidie de l'orateur à la plume acérée, signant du nom même de César, afin que nul n'en ignore, les petits arrangements du dictateur tâchant de faire déifier son ancêtre [122].

Ovide, quant à lui, ignore systématiquement les hésitations de Tite-Live, néglige le silence de Varron. C'est lui qui a fixé de façon définitive la version de l'apothéose, dans les *Métamorphoses* d'abord, puis dans les *Fastes.* Les deux textes, d'ailleurs, ne se ressemblent pas. Dans l'œuvre hellénisante, Proculus Julius se voit remplacé par *Iris,* qui vient consoler Hersilia, la veuve du fondateur, l'emmène sur le Quirinal, et la livre à une comète flamboyante, pour la conduire jusqu'à Romulus, devenu Quirinus. Hersilia divinisée devient alors *Hora,* invoquée en même temps que Quirinus [123].

5. Numa

Quittons Romulus, pour aborder rapidement les légendes qui tournent autour de son successeur, Numa. Nous avons lu déjà et commenté l'oracle des *Fordicidia.* Aux yeux d'Ovide, le second roi de Rome est un spécialiste en oracles et énigmes diverses ; qu'il en résolve une de plus que ne le veut la tradition n'a rien qui doive surprendre. Ovide calque donc, sans broncher, son schéma étiologique des *Fordicidia* sur la consultation de Jupiter *Elicius* par Numa.

---

121. *Op. cit.,* p. 50.
122. Voir *Rep.,* II, 10, 20 ; *Nat. Deor.,* II, 24, 62 ; *Leg.,* I, 3, où Cicéron établit nettement le caractère légendaire de cette « tradition », en l'assimilant au récit de l'enlèvement d'Orithye par Borée. F. Bömer a été lui aussi frappé par l'attitude équivoque de Cicéron, et lui attribuerait volontiers une responsabilité dans l'intervention de Proculus Julius. *Interpretationen...,* dans *Gymnasium,* 64, 1957, 112-135, p. 132.
123. *Met.,* XIV, 805-851 : il est frappant de constater que cette *Hora Quirini* était souvent confondue avec *Horta,* déesse dont le temple était toujours ouvert !(*cf.* la *lex templi* du fameux *ianus*). On lira M. Guarducci, *Hora Quirini,* dans *B.C.A.R.,* 64, 1926, 31-36.

Voyons maintenant la figure étiologique du forgeron des anciles, *Mamurius Veturius*.

L'énoncé de la question est simple, si sa résolution paraît désespérée : avons-nous affaire à un personnage ancien du folklore primitif, analogue à la vieille Anna Perenna, se parèdre suivant E.H. Alton [124], c'est-à-dire à une sorte de « Vieux Mars » primitif ; avons-nous affaire à une trouvaille récente ?

Les thèses modernes qui voient dans Mamurius un « bouc émissaire » ou un « vieux Mars expulsé » à la veille du jour de l'An, se fondent évidemment sur le rituel d'expulsion de Mamurius Véturius : « (la fête d'Anna Perenna) était précédée, le 14 mars, d'un très ancien rite d'expulsion : le peuple poussait devant lui, à travers les rues de Rome, le chassant vers le pays des Osques ennemis, en le frappant de baguettes écorcées, un homme vêtu de peau, *Mamurius Veturius*. Ce vieux Mars que l'on refoule, c'est, en dépit du mythe historiciste que rappelle Lydus, après Ovide et Plutarque, l'expression romaine d'un rituel printanier de purification du temps, et qui conserva toujours, en milieu rural surtout, un caractère très populaire [125] ». Voilà l'une des expressions de la croyance courante de nos jours, selon laquelle le rituel de Mamurius Véturius aurait *toujours* consisté en une expulsion. Mais rien n'est moins sûr.

La légende de Mamurius fabricant des anciles, d'abord, n'a pas toujours existé sous cette forme. Si Properce connaît Mamurius, ce n'est pas encore en tant qu'orfèvre des anciles, mais en tant qu'auteur de la statue du dieu étrusque Vertumne [126].

C'est la « seconde génération » des écrivains augustéens, Verrius Flaccus, Denys d'Halicarnasse, Ovide [127], qui nous livre la légende sous sa forme connue. Avant eux, Varron croit que la formule d'invocation que prononcent les Saliens, *Mamuri Veturi*, ne serait pas le nom de Mamurius Véturius, mais signifierait simplement : *memoriam ueterem : Itaque Salii quod cantant « mamuri ueturi » significant « memoriam ueterem* [128] *»*. Cette explication a déchaîné les foudres de G. Dumézil, dont la véhémence mérite la citation : « C'est proprement affreux, cela vaut les étymologies du Cratyle, dont Platon du moins s'amusait un peu, tandis que Varron parle

---

124. *A. Perenna and Mamurius Veturius*, dans *Hermath.*, 46, 1920, (= t. 19, 1922), 100-104 ; aussi : H. Usener, *Kleine Schriften*, 4, 1913, 122-126 ; *Italische Mythen*, dans *Rh.M.*, 30, 1875, 209-212. J.G. Frazer, *Le Bouc émissaire*, 1925, p. 206-207, *etc.*
125. M. Meslin, *La Fête des kalendes...*, Bruxelles, 1970, p. 12.
126. IV, 2, 61.
127. Festus, *s.u. Mamuri*, p. 117 L. ; Denys, II, 71 ; Ovide, *Fast.*, III, 357-392.
128. *Ling. Lat.*, VI, 49.

avec une gravité toute romaine. La vérité, c'est que Varron se trompe, et avec lui les anciens et les modernes qui l'ont suivi... Non, *Mamuri* ne peut et n'a jamais pu être que le vocatif ou le génitif d'un mot *Mamurius* [129] ».

Nous ne songeons pas à défendre l'étymologie *memoriam ueterem* ! Néanmoins, un fait nous étonne, comme il étonnait J. Loicq : on s'explique mal, « pour le dire en passant, qu'il (= Varron) n'ait pas reconnu Mamurius Véturius [130] ». En effet, si l'on admet que le Chant des Saliens célébrait l'exploit de Mamurius Véturius, comme l'affirme Ovide [131], on ne s'explique pas que Varron ignore l'existence de Mamurius Véturius, et ne l'identifie pas à la fin de l'Hymne. Et l'on ne comprend pas davantage qu'il n'ait pas fait allusion, au moins pour en dénoncer la fausseté, à l'interprétation courante et à l'histoire du forgeron.

De deux choses l'une : ou bien Varron connaissait l'histoire du forgeron légendaire, et n'a pas jugé utile de mentionner son existence ; ou bien... c'est que la légende est née *après* Varron. C'est la solution qui nous paraît la plus légitime, et nous sommes heureuse de nous rencontrer sur ce point avec F. Bömer : *Ich hälte es für wahrscheinlich*, estime l'érudit allemand [132], *dass die Schildgeschichte nach Varro erfunden wurde*. De fait, il est vraisemblable que le nom de Mamurius provient directement des deux mots du Chant, écorchés par les oreilles des auditeurs, ou par la bouche des Saliens eux-mêmes, il n'est que de lire la suite du texte pour s'en persuader ! Plutarque en jugeait déjà ainsi [133]. Les traditions, d'autre part, ne s'accordent pas sur le rôle de Mamurius, et Plutarque hésite encore à condamner formellement le *memoriam ueterem* de Varron : tout cela prouve que la légende n'est pas établie solidement.

Cette légende pourrait être entendue comme le fruit d'une contamination [134], ou plutôt d'une greffe. Bien entendu, les Saliens ne chan-

---

129. *Tarpeia*, Paris, 1947, p. 241.
130. *Mam. Vét. et l'ancienne représentation italique de l'année*, dans *Mélanges J. Bayet*, Paris, 1964, 403-426, p. 417.
131.   *Tum sic Mamurius : « Merces mihi gloria detur,*
    Nominaque extremo carmine nostra sonent »
  Inde sacerdotes, operi promissa uetusto,
  Praemia persoluunt, Mamuriumque uocant,
              III, 389-392
132. *F. éd. comm.*, 2, p. 161. Sur Mamurius Véturius, deux études importantes, outre celles mentionnées ci-dessus : A. Alföldi, dans *Struktur Voretrusk. Römerst.*, p. 181-195, chap. *Der königliche Schmied* ; W.F. Otto, B. 593.
133. *Num.*, 13, 11 : οἱ δ'οὐ Οὐετούριον Μαμούριον εἶναί φασι τὸν ᾀδόμενον, ἀλλὰ οὐέτερεμ μεμόριαμ, ὅπερ ἐστὶ παλαιὰν μνήμην.
134. G. Radke, *Götter*, p. 195.

taient pas *memoriam ueterem,* mais ils pouvaient et devaient invoquer Mars : son absence, remarque P. Lambrechts serait par trop surprenante [135]. Le Chant salien nommant tour à tour tous les dieux anciens de Rome — sauf Vénus [136] —, il est logique que vienne en refrain le nom de Mars, dieu du mois, des anciles, des Saliens et de Rome [137], soit un dieu **Sma(r)-smr̥-ios* selon la formule limpide de la linguistique moderne [138]. Cette place n'est aucunement secondaire ou inférieure : Vesta n'est-elle pas nommée en dernier dans toute prière ? Les Empereurs ne firent-ils pas ajouter plus tard leur propre nom à la fin de l'Hymne [139] ? Il est immanquable que, les prêtres eux-mêmes ne comprenant plus un traître mot aux formules qu'ils égrenaient [140], les paroles se soient, au fil des âges, déformées. Au nom de Mars devenu méconnaissable, on chercha une origine dans une légende parente.

Cette légende, ce pourrait être celle que nous rapporte Servius, avant même de mentionner l'épisode de la confection des anciles : Mamurius aurait fabriqué, pendant la guerre contre Mithridate, les répliques du Palladium [141]. Cette version se recommande par sa date historique ; et la consultation des Augures ou de la Sibylle, implicitement contenue dans le *responsum fuisset* de Servius, paraît plus tangible que la voix de Jupiter tombant du ciel pour adresser la même injonction à Numa ! Il est incontestable d'autre part que le *Palladium* était talisman d'empire, rangé qu'il apparaît parmi les *pignora imperii.* L'étiologie augustéenne put donc rapprocher l'ancien nom de Mars entendu dans l'Hymne [142], de celui de Mamurius Véturius fabricant des *Palladia.* A la simple lecture, du reste, la légende du *Palladium* se révèle un doublet de celle que nous connaissons : on découvre le *Palladium,* on veut le protéger, et on demande à Mamurius de fabriquer un bon nombre d'exactes répliques : *Quod postea, bello Mithri-*

---

135. *Mars et les Saliens,* dans *Mélanges M. Kugener,* Bruxelles, 1946, 111-119, p. 116.
136. Cingius, dans Macrobe, *Sat.,* I, 12, 12.
137. Seul V. Basanoff identifie les *Mamuralia* avec la lustration des armes patronnée par Minerve (le 19 mars !) : *Evocatio,* p. 138.
138. E.E. Norden, *Priesterbücher,* Lund, 1939, p. 231, 1.4.
139. G. Dumézil, *op. cit.,* p. 244.
140. Quintilien, *Inst. Or.,* I, 6, 40.
141. *Ad Aen.,* VII, 188 ; sur les explications modernes du nom, on verra A. Illuminati, *Mamurius Veturius,* dans *S.M.S.R.,* 32, 1961, 41-80 ; L. Deroy, *Les Noms latins du marteau,* dans *A.C.,* 28, 1959, 5-13 ; J. Loicq et G. Dumézil, B. 512 et 244.
142. Sur le nom *Marmar,* proche de celui de Mamurius, on lira A. Ernout *Farfarus et Marmar,* dans *S.E.,* 1956, 311-318. *Mamers* est un nom de Mars, en osque : le pays même où repose Mamurius ! Voir aussi A. Giacalone-Ramat, *Studi intorno ai nomi del dio Marte,* dans *A.G.I.,* 47, 1962, 112-142.

datico, dicitur Fimbria quidam Romanus inuentum indicasse. Quod Romam constat aduectum, et cum responsum fuisset illic imperium fore ubi et Palladium, adhibito Mamurio fabro, multa similia facta sunt.

L'autre version de l'odyssée du *Palladium* est très curieuse : il serait tombé du ciel, tout près d'Athènes, sur un pont ; d'où le nom des prêtres « pontifes » à Athènes : les Γεφυρισταί. On peut se demander si Verrius et Ovide n'auraient pas emprunté à cet épisode l'idée que les anciles seraient tombés du ciel, puisque, selon Denys qui leur est très légèrement antérieur, le premier ancile aurait simplement été découvert dans la *Regia,* sans qu'on sût qui l'y avait introduit.

Ainsi pourrait-on comprendre que Varron n'ait pas fait usage de cette histoire : elle peut être le résultat de calques postérieurs à lui sur l'aventure du *Palladium.*

Le second volet de l'histoire de Mamurius, nous ne l'avons trouvé ni à l'époque républicaine, ni à l'époque impériale, et c'est bien gênant pour les théories qui font de lui l'Année ancienne que l'on expulse, ou bien un bouc émissaire, ou encore le forgeron-sorcier initiateur des jeunes Saliens, que l'on chasse du pays une fois sa tâche achevée [143]. Lorsque M. Meslin parlait d'un « très ancien rite d'expulsion », il commettait sur la légende la même erreur que beaucoup d'autres Modernes qui emploient les textes sans les classer chronologiquement.

En effet, chez Denys d'Halicarnasse, chez Verrius Flaccus, chez Ovide, chez Plutarque même, le forgeron Mamurius est un héros national comblé d'honneurs, dont celui, insigne, d'être nommé après les dieux dans l'Hymne le plus sacré de la Ville. Pas question de l'expulser ! Comment supposer que ces auteurs, en présence d'un rite d'expulsion et d'un personnage malfaisant, auraient passé sous silence et le rituel lui-même, et la justification qu'on en donnait ?

Trop désireux de trouver dans les documents anciens le « vieux Mars » de la critique nouvelle, P. Lambrechts nous révèle dans le texte de Lydus un « vieillard loqueteux » dont il n'est pas question un instant [144], et projette sur le texte de Properce [145], les idées d'expulsion que l'on trouve bien des siècles après lui, pour lui faire dire qu'on chassait Mamurius dans le territoire osque ! Voici ce texte. On jugera s'il y est question d'une quelconque

---

143. Thèse de A. Illuminati ; J. Loicq considère aussi le rite d'expulsion comme ancien.
144. *Op. cit.,* p. 116. Peut-on dire d'un « homme vêtu de peaux de chèvres » qu'il est un « vieillard loqueteux » ?
145. V, 2, 61 (au lieu de IV, 2, 61).

expulsion : « Mais toi, Mamurius, toi qui as gravé mes traits dans le bronze, que la terre des Osques soit légère à tes mains d'artiste » :

> *At tibi, Mamurri, formae caelator aenae,*
> *Tellus artifices ne terat Osca manus...*

La première attestation que nous trouvions du rituel pratiqué lors des *Mamuralia*, nous la relevons chez Servius. Et c'est encore un texte à la louange de Mamurius ! Le jour de sa fête, écrit Servius [146], on frappe des peaux avec des baguettes, pour imiter la technique du forgeron : *Regnante Numa, caelo huius modi scutum lapsum est et data responsa sunt illic fore summam imperii ubi illud esset. Quod ne aliquando hostis agnosceret, per Mamurium fabrum multa similia fecerunt. Cui et diem consecrarunt, quo pellem uirgis feriunt, ad artis similitudinem.* Il faut donc attendre le VIᵉ siècle après Jésus-Christ et le traité de Jean le Lydien, pour entendre parler d'une expulsion [147] ! « On chassait aussi un homme vêtu de peaux de chèvres, et on le frappait avec de fines et longues baguettes, en l'appelant Mamurius ». Suit l'histoire des anciles. Puis : « D'où les gens, en guise de proverbe, lorsqu'ils se moquent d'un homme qu'on bat, disent que ceux qui le frappent « jouent au Mamurius ». Car on raconte qu'après des maux survenus à la suite de la multiplication des anciles par ses soins, les Romains auraient renvoyé Mamurius lui-même, en le frappant de verges ».

Deux interprétations, donc : les Saliens frappent des peaux avec de fines baguettes pour commémorer l'art de Mamurius (Servius), ou bien l'on frappe un homme vêtu de peaux pour le chasser hors de la ville (Jean). Cette dernière théorie ne fait pas intervenir les Saliens, et cite un proverbe populaire.

Il est évident que l'épilogue de l'histoire de Mamurius, ces calamités qui s'abattent sur Rome à cause de lui, et dont il fallut douze siècles pour entendre parler, est une invention étiologique destinée à clarifier un rituel devenu incompréhensible.

A en croire une mosaïque de la villa Borghèse, et une mosaïque de Thysdrus, dont l'interprétation a été longtemps controversée [148], mais qui,

---

146. *Ad Aen.*, VII, 188.
147. *Mens.*, IV, 49 : Ἤγετο δὲ καὶ ἄνθρωπος, περιβεβλημένος δοραῖς αἰγείαις, καὶ τοῦτον ἔπαιον ῥάβδοις λεπταῖς, ἐπιμήκεσι, Μαμούριον αὐτὸν καλοῦντες,... Ὅθεν παροιμιάζοντες οἱ πολλοὶ ἐπὶ τοῖς τυπτομένοις διαγελῶντές φασιν, ὡς τὸν Μαμούριον αὐτῷ παίζοιεν οἱ τύπτοντες.
148. Sur la mosaïque de Thysdrus : H. Stern, *La Représentation du mois de mars d'une mosaïque d'El Djem*, dans *Mélanges A. Piganiol*, 1966, 597-609 ; *Un Calendrier romain illustré de Thysdrus*, dans *R.A.A.L.*, 365, 1968, 177-200 ; L. Fouché, *Sur une image du mois*

rapprochées du texte de Servius, ne semblent présenter aucune équivoque, les Saliens frappaient effectivement un objet avec des baguettes, soit un bouclier (puisque le texte de Servius porte *peltam* au-dessus de *pellem*), soit, ce qui ressort fort bien de la mosaïque Borghèse, une peau de chèvre. Tel était sans doute le rituel ancien du 14 mars.

Naquit ensuite l'histoire du forgeron, destinée à expliquer pourquoi les Saliens invoquaient *Mamurius* à la fin de leur Chant. Ce personnage, une fois créé, fut longtemps considéré comme un bienfaiteur. Les textes latins, jusqu'à Servius inclusivement, nous interdisent de le considérer primitivement comme un indésirable.

Mais un jour ou l'autre, (influence d'autres rites de printemps, notamment du bouc émissaire hébreu ? interprétation de « Véturius » par *ueto*, interdire ? ou déformation du rite, des coups frappés évoquant un châtiment ?) on se mit à expliquer les gestes des Saliens par l'expulsion de Mamurius. Il n'y avait, ensuite, qu'à *dramatiser* cette idée, et à faire figurer le forgeron par un homme vêtu de peaux, au lieu de peaux elles-mêmes, pour *matérialiser* le texte de Jean le Lydien. Néanmoins, les mosaïques nous enseignent que les Saliens, encore à des dates tardives, se bornaient à frapper une peau de chèvre avec des baguettes. L'homme expulsé dut n'être jamais qu'un ajout populaire, une sorte de mise en scène folklorique.

Ainsi, le Chant donna naissance à la légende, et cette légende, déformée, augmentée, exploitée dans le cours du temps, engendra à son tour un rituel nouveau.

CONCLUSION

Avec les Tarquins commencerait l' « histoire » romaine. La légende dans les *Fastes* se clôt donc sur le règne de Numa.

Nous n'avons guère pu apprécier d'initiatives ovidiennes à l'intérieur de cette catégorie étiologique : les données légendaires étaient fixées avant Ovide, les rapports entre les faits religieux et les légendes des origines déjà établis, de nombreux textes, et des textes célèbres, déjà rédigés : on mesure, du reste, l'interpénétration profonde de la religion et de l'histoire des premiers

---

de mars, dans *A.B.*, 81, 1974, 3-11 ; H. Stern, *Note sur deux images du mois de mars*, dans *R.É.L.*, 52, 1974, 70-74 ; M. Meslin, *op. cit.*, p. 12, n. 6, « se sépare de l'explication donnée par H. Stern » à cause des rites d'expulsion relevés par J.G. Frazer, W. Warde Fowler, H. Usener. Les images figurées, les textes surtout, devraient avoir le pas sur des interprétations modernes, davantage attirées par les rituels primitifs actuels que par les documents antiques.

temps : pas un lieu célèbre, pas un lieu sacré, qui ne repose sur quelque épisode légendaire : le Lupercal, l'escalier de Cacus, le figuier Ruminal, le lac de Curtius... C'est vers cette légende primitive que Rome se tourne de préférence pour situer les toponymes dont elle a oublié l'origine véritable, ainsi la fameuse pierre du Forum, interprétée comme scellant le tombeau de Romulus, même si, d'après la légende elle-même, le corps du roi débité en morceaux fut enseveli un peu partout dans la campagne par les Sénateurs ! C'est vers la légende aussi qu'elle se tourne, pour lui demander les origines des rites les plus anciens. La légende nationale envahit et baigne toute la vie de l'*Vrbs*.

Cette légende se montre si envahissante qu'elle en arrive, on s'y attend, à oblitérer tout l'intérêt religieux que présenterait une cérémonie. Il faut désigner et caractériser les personnages, rappeler un contexte légendaire : les vers se déroulent et se multiplient, le poète prend le pas sur le chercheur, et au bout du compte, le lecteur reste sur sa faim s'il a ouvert les *Fastes* dans l'espoir d'y trouver un rituel précis. La mort de Romulus, par exemple, et son apothéose, ont fait oublier à Ovide qu'il fallait aussi s'occuper du rituel des *Quirinalia*. Dieux merci, une curiosité rituelle a retenu son attention, et nous avons pu bénéficier de quelques détails sur les *Fornacalia*. Mais rien sur la liturgie de Quirinus. La naissance de Romulus lui a fait oublier de nous décrire toute la phase des Lupercales qui se déroule dans la grotte elle-même. Si nous avons droit aux affrontements entre Énée et Mézence, leur intérêt dramatique nous prive des rites des *Vinalia* ! Pour les *Parilia*, heureusement, Ovide a pris le temps de nous décrire longuement la cérémonie. On peut regretter toutefois que la coïncidence de date entre *Parilia* et *Natalis* de Rome ne suscite chez lui aucune autre réaction qu'une simple satisfaction littéraire : *Vrbis origo uenit*. La coïncidence est seulement le prétexte à caser une légende célèbre. Ovide ne s'interroge pas sur le personnage ancien de Palès, ne soupçonne pas que le choix de sa fête comme anniversaire de Rome puisse dissimuler par exemple un patronage ancien de la déesse sur la Ville [149]. Pour lui Palès et ses fonctions ne présentent pas un intérêt comparable à celui qu'offrent Romulus et Rémus, ou d'autres personnages de sa galerie favorite de figures sacrées.

Puisque chaque instant du temps romain, chaque pierre du sol romain sont individualisés par la légende, il ne faut pas s'étonner de voir ces « figures sacrées » idéalisées et stylisées par la vénération des siècles, réutilisées pour expliquer une ou deux fondations liturgiques demeurées sans justification. Nous avons pu voir ainsi Ovide introduire Rémus dans les *Lemuria*,

---

149. Lire K. Vahlert, *Prädeismus und Römische Religion*, Limburg (Lahn), 1935, p. 53 *sqq.*

Énée dans les *Parentalia* et les *Parilia,* les Sabines dans les Lupercales. Ce sont les légères discordances de détail qui font soupçonner les arrangements, la tonalité d'ensemble restant, elle, parfaitement accordée à celle d'autres épisodes authentifiés par la recherche étiologique antérieure.

Il serait intéressant de comparer l'attitude d'Ovide, sur le plan de la légende, avec celle d'autres conteurs latins. Grande est la distance qui le sépare de Tite-Live, par exemple. L'historien, esprit positif et sensé, émet des doutes sur les épisodes trop invraisemblables. On connaît sa fameuse préface, et ses déclarations prudentes sur la crédibilité des légendes romaines des origines, en particulier sur le rôle de Mars dans la naissance de Romulus. Et que de notes critiques! Énée repose, « être divin *ou créature humaine»* au bord du Numicus : voilà révoquée en doute l'assimilation du héros avec Jupiter Indigète [150]. Rhéa Silvia est « victime d'un viol », et nous avons rappelé les réserves liviennes sur la belle histoire qu'elle raconte à son réveil [151]. Acca Larentia, prostituée romaine ou femme d'un berger, remplacerait vite la Louve nourricière, et le rationalisme de l'historien trouve la justification de la merveilleuse légende dans la qualité de prostituée *(Lupa)* de leur mère adoptive [152]. Que de doutes aussi, sur la « bonne nouvelle » annoncée par Proculus Julius, « cet homme que l'on croyait même lorsqu'il annonçait les choses les plus incroyables [153] », et la dernière remarque de Tite-Live vaut la peine d'être rapportée : « C'est une chose étonnante de voir une telle confiance accordée au récit de ce personnage, et combien se fut atténué le regret de Romulus dès que le peuple et l'armée le crurent immortel »... Numa n'est plus l'ami de Pythagore, comme des siècles l'avaient cru, et des arguments rationnels (dates, questions de langue) contribuent à prouver l'inanité de telles prétentions [154]. Ce n'est donc pas chez Tite-Live qu'on peut s'attendre à découvrir les entretiens de Numa avec Faune ou avec Jupiter ! L'anecdote à laquelle Ovide consacre 134 vers occupe, chez l'historien, une seule ligne, dépouillée de tout élément merveilleux : « Numa consacra à Jupiter *Elicius* un autel sur l'Aventin [155] ».

En face de cette attitude critique, Ovide, et son inébranlable foi dans la légende des origines. Là où Tite-Live insinue, il réfute avec

---

150. Tite-Live, I, 2.
151. I, 4.
152. I, 4.
153. *Cf.* J.G. Frazer, *Origines magiques...*, B. 323.
154. I, 18.
155. I, 20, 7 : *Ad ea elicienda ex mentibus diuinis, Ioui Elicio aram in Auentino dicauit.*

indignation [156], ou passe sous silence ; là où l'histoire doute, l'étiologie et la poésie affirment avec force :

> *Venit ad expositos, mirum, lupa feta gemellos,*
> *Quis credat pueris non nocuisse feram ?*
> *Non nocuisse parum est, prodest quoque !...*
>   II, 413-415

Ainsi, Ovide raconte avec sérénité les récits les plus merveilleux. Il faut opposer cette attitude envers la légende romaine à son attitude rationaliste et volontiers incrédule envers certaines affirmations de la religion. *The rationalism of Ovid's mentality, the Greek devotion to the « logos » is apparent in every incidental comment he makes on religion or superstition* [157]. Envers la légende, Ovide n'est aucunement rationaliste. Il se rapproche par là de Virgile, qui traite la légende comme un dogme, non comme une suite d'affirmations contestables.

Il est pourtant de bon ton, dans la critique contemporaine, de dénigrer Ovide dès qu'on le compare à Virgile, et pas seulement sur le plan du talent littéraire. C. Santini a consacré ainsi une étude intéressante à certains passages des *Fastes*, à propos desquels il dégage un parti pris humoristique de notre poète, et la volonté de prendre ses distances par rapport au modèle virgilien : *Ovidio ricerca un'atmosfera volutamente anepica, e comunque diversa dal poema virgiliano* [158].

Pourtant, Ovide a adopté sans hésitation les données légendaires fournies par Virgile, lorsque la tradition hésite. Il ignore, nous l'avons dit, la forme de la légende de Mézence et d'Énée antérieure à l'*Énéide*. Il ne veut pas connaître non plus une des versions de l'histoire d'Énée qui apparaît chez Servius, d'après Varron, selon laquelle Énée aurait été aimé d'Anna, non de Didon : *Varro ait non Didonem sed Annam amore Aeneae impulsam se supra rogum interemisse* [159]. A ses yeux, c'est la légende virgilienne qui a force de loi.

Lorsque R. Lamacchia étudie les vers que nous venons de citer, qui concernent le miracle de la Louve, et qu'elle les rapproche du morceau

---

156. Par exemple, sur le meurtre de Romulus par les Sénateurs :
   Luctus erat, falsaeque Patres in crimine caedis.
                                                                II, 497

157. L.P. Wilkinson, *Greek Influence on the Poetry of Ovid*, Entretiens de la Fondation Hardt, 2, 1953, 221-243, p. 224.

158. *Toni e strutture nella rappresentazione delle divinità nei Fasti* dans *G.I.F.*, 25, 1, 1973-1974, 41-62, p. 52.

159. *Cf.* E. Griset, *La Leggenda di Anna*, dans *R.C.S.*, 9, 1961, 303-307.

analogue de l'*Énéide* (VIII, 630-634), elle conclut au rationalisme d'Ovide, qui « désenchante le mythe en soulignant son aspect miraculeux [160] », et elle ajoute : *Un miracolo si accetta, non si analizza razionalisticamente, per rilevarne la inverosimiglianza.* Il nous paraît au contraire évident qu'Ovide a déployé tout son talent pour obliger les sceptiques à s'incliner, et la répétition *non nocuisse/non nocuisse,* loin d'être un artifice de style, acquiert une grande force de conviction. Artificielle, en conséquence, nous paraît l'opposition établie par l'érudite italienne entre Ovide qui *docet* et Virgile qui *mouet* ! J'avoue ne pas comprendre en quoi la description de Virgile, parfait compte rendu littéraire d'un groupe sculptural fameux, peut être plus émouvante que celle de notre poète. Pour ce qui nous occupe, il nous suffira d'affirmer que le *mirum* de II, 413 et l'insistance d'Ovide, loin d'être une affectation ironique, loin de constituer un effort de rationalisme par rapport au texte virgilien, sont au contraire une réaction religieuse vis-à-vis de Tite-Live, et le rejet de son attitude critique en face des légendes vénérables. S'il se fait une âme grecque et sceptique envers certaines croyances religieuses, par exemple en *Fast.* II, 45-46, où il n'accepte pas l'automatisme de la purification qui annule un meurtre grâce à une simple aspersion d'eau, ou envers quelques affirmations mythiques qui passent le sens commun, lorsqu'il s'agit des premiers temps de la République, Ovide redevient foncièrement « Romain », et son ironie, si spontanée en d'autres occasions, ne se fait plus jour : sa religion est peut-être avant tout du patriotisme religieux.

C'est là, sans doute, chez le poète augustéen, obéissance aux idéaux du Prince, soucieux de recréer chez ses sujets la nostalgie de l'âge d'or. Mais c'est aussi conviction profonde de poète inspiré : quel *uates* irait critiquer le tissu légendaire dont il va faire une histoire sacrée ?

---

160. *Ovidio interprete di Virgilio,* dans *Maia,* 12, 1960, 310-330, p. 312.

G

LE MYTHE

1. Rome, terrain mythique ?

« La mentalité romaine apparaît anti-mythique [1] », affirme J. Bayet.
    Rome s'est donc privée d'un moyen d'explication des plus commodes. En effet, sans rappeler ici les interminables discussions menées de nos jours sur la préséance comparée du mythe et du rite, question insoluble [2], il faut insister sur la fonction étiologique du mythe. « C'est à mon sens Aristote qui a le plus intelligemment expliqué la fonction étiologique des mythes » écrit M. Meslin [3] : « Ces derniers n'indiquent pas les causes premières et logiques, les *aitiai*, mais seulement les causes dans la mesure où elles sont des

---

1. *Hist. pol. et psycho...*, p. 45.
2. C. Klukohn, *Myths a. Rituals, a General Theory*, dans *H.Th.R.*, 34, 1942, 45-79 ; J. Fontenrose, *The Ritual Theory of Myth*, dans *U.C.F.S.*, 18, Berkeley, 1966 ; H.J. Rose, *Myth a. Ritual in Classical Civilisation*, dans *Mnemo.*, 8, 5a, 1950, 553-573 ; G. Vallone, *Mitologia come fondazione*, dans *R.C.C.M.*, 16, 1974, 93-98.
3. *Pour une Science de l'histoire des religions*, Paris, 1973, p. 24.

archai, des commencements, non pas les causes immédiates, mais les éléments primordiaux. Ainsi, l'effort pour remonter, par le truchement d'un récit mythique, hors du temps historique, est d'abord un effort pour saisir l'essence même du divin ». Cette fonction elle-même est reconnue tardivement. Plus d'une fois, des rituels semblent remonter à une antiquité préhistorique, note M. Grant [4], tandis que les contes explicatifs qu'on leur rattache appartiennent à une époque beaucoup plus tardive.

Ce que l'on appelle « mythe romain » n'est pas exactement ce que l'on appelle « mythe » pour d'autres peuples, en particulier pour la Grèce. En face des *fresh, living myths* des Grecs, les mythes romains apparaissent comme des *tired, late, artificial literary stories* [5]. Cela tient, bien entendu, au caractère de la religion romaine, fondée sur le culte, sur l'*exemplum* fourni par les grands hommes du passé, ce qui forme un ensemble religieux terriblement humain.

Ce qu'on appelle « mythe romain », c'est-à-dire des récits qui mettent en scène les divinités elles-mêmes : Hercule et les *Pinarii*, Acca et le sacristain d'Hercule, les anchois de Numa [6], Mars et Anna Perenna, Mars et Ilia, Servius et la Fortune, sont des mythes bien particuliers. Ils n'enferment, contrairement au mythe grec, aucune signification philosophique, cosmique, ou simplement morale ; ils font intervenir des personnages que Rome considère par ailleurs comme historiques, Numa ou Servius, par exemple, et le monde humain se mêle ainsi curieusement au monde du divin. Ces récits, juge J. Bayet [7], « ne sont pour la plupart que des fables récentes » — et l'on songe à l'expression d'Ovide *fabula plena ioci* [8] —, ou bien « le produit de la désintégration des anciens mythes », dispersés qu'ils furent « en des contextes chronologiques arbitraires », « dès longtemps détachés de leurs rituels, passés à l'état de récits d'édification morale ou patriotique ». Bien souvent, de tels récits se conçoivent comme des « farces » moyenageuses, dont toute édification est absente, et qui ne cherchent qu'à réjouir, sur des tréteaux ou dans les livres [9], un public romain bon enfant.

---

4. *On more than one occasion, a Roman ritual, custom or name shows signs of prehistoric antiquity, whereas the story introduced to explain belongs to a far latter time* (*Roman Myths*, Londres, 1971, p. 219).

5. M. Grant, *op. cit.*, p. 218.

6. L'expression est de A. Bouché-Leclercq, *Les Pontifes de l'ancienne Rome*, Paris, 1871, p. 100.

7. *Op. cit.*, p. 50.

8. *Fast.*, II, 304.

9. Certains mimes prennent comme thème des aventures « mythiques », ainsi *Anna Perenna*, de Labérius, *Neaera*, de Licinius Imbrex (Aulu-Gelle, XIII, 23) ; songeons aussi

Que reste-t-il pour le domaine mythique lui-même ? Rien. Non seulement les dieux n'interviennent dans aucune légende sacrée qui expliquerait leurs origines ou leur filiation [10], mais ils ne sont dotés d'aucune personnalité, n'éprouvent aucun sentiment : ils sont uniquement la divinisation des gestes, fonctions, travaux humains. Qu'on songe au catalogue des *Indigitamenta* ! L'univers divin n'admet ni familles ni généalogies divines, les dieux n'entretiennent entre eux guère de rapports affectifs, et point du tout de rapports amoureux. Lors même que Rome consent à accueillir des divinités étrangères, comme Cybèle, c'est avec un souci attentif, Denys d'Halicarnasse en fait la remarque judicieuse, de dépouiller leur rituel de tous les mythes qui s'y rattachent : εἴ τινα κατὰ χρησμοὺς ἐπεισηγάγετο ἱερά, τοῖς ἑαυτῆς αὐτὰ τιμᾷ νομίμοις ἅπασαν ἐκβαλοῦσα τερθρείαν μυθικήν [11]. Ce manque de mythes, on ne sait au juste à quoi l'attribuer. Deux conceptions s'opposent : celle pour laquelle il tient à l'esprit romain lui-même, et aux conditions de formation du peuple de Rome [12] ; l'autre, qui songe au résultat d'une démythisation consciente [13]. Quoi qu'il en soit, les mythes « romains » se comptent sur les doigts des deux mains.

D'où vient-il que, paradoxalement, la catégorie des causes mythiques soit, dans les *Fastes,* la mieux représentée ?

Nous nous attendrions en effet à retrouver chez Ovide un reflet de la conception romaine en matière d'étiologie, c'est-à-dire beaucoup de causes sociologiques et historiques, mais point, ou peu, de causes établissant un rapport avec l'histoire ou la personnalité du dieu, puisque les dieux romains n'ont ni personnalité ni histoire !

En cela, Ovide n'est pas Romain.

Certes, on ne rencontrera pas chez lui de véritables mythes, au sens ordinaire du mot, c'est-à-dire des récits empreints d'une valeur philosophique, symbolique, eschatologique. Ne visons pas si haut !

Les mythes grecs constitués ne sont guère envahissants : Minerve et l'invention de la flûte [14], les pérégrinations d'Ino-Leucothéa, la blanche

---

au *saltatur et Magna... Mater,* d'Arnobe, *Adu. Nat.,* IV, 35, qui évoque les mimes consacrés à Vénus, à Hercule.
10. W. Warde Fowler, *Religious Experience...,* p. 45-49.
11. II, 19, 3 ; lire R. Müth, *L'Idea della religione romana,* dans *S.R.,* 7, 1959, 390-404, p. 397.
12. G. Wissowa, *Rel.u. Kult.,* 1912, p. 9 *sqq.*
13. C. Koch, *Der Römische Juppiter,* Francfort, 1937, p. 9-15 ; D. Sabbatucci, *Lo Stato come conquista culturale,* Rome, 1975, p. 113-126.
14. *Fast.,* VI, 693-710.

déesse [15], la naissance miraculeuse de Mars-Arès, qui n'intervient pas, d'ailleurs, au titre d'une étiologie [16], les tribulations de Dionysos, sur lesquelles il passe rapidement [17] ; quelques allusions rapides, encore, à la naissance d'Athéna [18], à l'histoire de la chèvre Amalthée [19], à Deucalion et Phaéton [20]. C'est bien peu ; et la chose est normale, puisqu'un mythe grec ne saurait prétendre expliquer un rite romain.

Qu'est-ce, alors, qu'un mythe « ovidien » ? Ce sera, selon la définition de A.H. Krappe [21], un récit « où les divinités (au sens le plus large du mot) jouent un ou plusieurs des rôles principaux ». Bien entendu, ce seront des mythes à fonction étiologique : « Un mythe », poursuit le même auteur [22], « essaye toujours d'expliquer quelque chose, soit la cause d'un phénomène naturel, soit l'origine d'un récit ou d'une coutume. C'est donc essentiellement un conte explicatif (étiologique) ».

Ainsi qualifierons-nous de « mythe » ou d' « explication mythique » toute cause qui affectera l'origine d'un rite au monde du divin [23].

La voie était tracée à Ovide par Varron, qui, déjà, savait interpréter les rituels sur un plan philosophique, et transposait les données rituelles en termes de physique ou de morale : « Pourquoi la Grande Mère est-elle escortée par des lions ? C'est parce qu'elle est la Terre, et que la culture dompte tous les sols »... Ovide se passe même de ces détours par la philosophie, et raisonne directement en termes mythiques.

Si l'on excepte quelques tentatives varroniennes, Ovide est bien souvent contraint de recourir à ses seules forces, puisque la tradition romaine lui refuse tout appui, lorsqu'il s'agit d'expliquer des détails liturgiques qui n'ont éveillé l'intérêt de personne. En pareil cas, c'est fréquemment à des conceptions grecques qu'il fait appel. Il a su, lui aussi, inventer quelques récits de type mythique : Carna et Janus, Tacita et Mercure, Anna et Mars,

---

15. *Fast.*, VI, 479-550 ; on verra L. Curtius, *Mater Matuta*, dans *M.D.A.I.*, 35, 1921, 479-484 ; M. Halberstadt, *Mater Matuta*, Francfort, 1934.

16. *Fast.*, V, 229-260 ; voir B. 649.

17. *Fast.*, III, 713-770.

18. *Fast.*, III, 841-842.

19. *Fast.*, III, 443-444.

20. *Fast.*, IV, 793-794.

21. *La Genèse des mythes*, Paris, 1952, p. 15.

22. *Op. cit.*, p. 26.

23. On lira avec profit l'introduction de *Mythe et épopée*, due à G. Dumézil, Paris, 1968 ; aussi les quelques pages intitulées *Mythes romains*, dans *Revue de Paris*, 58, 1951, 105-115. Rappelons aussi l'étude de D. Sabbatucci : *Mito e demitizzazione*, dans *R. & C.*, 1, 1970-1972, 539-589.

nés sans doute sous sa plume [24]. Bien entendu, l'accord ne règne pas, sur ce point, chez les Modernes, et il est difficile, évidemment, d'estimer avec certitude si un récit des *Fastes* peut être considéré comme une création ovidienne.

Carna est l'une des divinités privilégiées qui permettent de poser la question de la « mythologie romaine [25] ». Si beaucoup considèrent l'histoire de Carna et de Janus comme une invention ovidienne, d'autres la prennent au sérieux : J.G. Frazer y retrouve le mariage de Janus et de Junon [26], M. Renard voit dans Carna un avatar de Junon et compare l'épisode au rite du *Tigillum Sororium* [27]. Si G. Dumézil a utilisé l'aventure d'Anna Perenna et de Mars pour la rapprocher d'épisodes védiques où la « Fausse Fiancée » dérobe la boisson divine aux dieux [28], R. Schilling qualifie ce même récit d' « anecdote bouffonne qu'on ne saurait élever au rang de mythe [29] ». La mythologie dans les *Fastes* est donc source de controverses.

Dans son travail de création mythique, Ovide a poursuivi l'œuvre des Antiquaires. Ces derniers n'ont fait que « piller les mythologies étrangères ou plus anciennes, transposer des mythes entiers ou certains motifs, tout en les fusionnant avec d'autres éléments, folkloriques ou non [30] ». L'étude de la mythologie dans les *Fastes* nous montrera pourtant qu'Ovide ne se contente pas toujours de copier les traditions antérieures — toujours sous réserve de l'inévitable « source perdue » — ; nous l'avons déjà vu capable en bien des cas de prendre ses distances par rapport à ses sources. Dans le cas présent, ses sources se dérobent elles aussi, et Ovide doit s'improviser créateur.

Le mythe, pense A.H. Krappe [31], n'est pas une création collective ; c'est l'une des fonctions dévolues à l'individu, au poète en particulier. Poète, Ovide devait s'essayer à ce genre de création. Rien de plus simple, puisque la figure des dieux romains n'est pas exactement définie, sauf pour quelques qualités interchangeables, sagesse, bonté, puissance [32]. Le poète doit insuf-

---

24. Selon l'opinion de W. Kraus, « *Ovidius* » dans *Realenc, s.u.*, c. 1957.
25. F. Bömer, *F. éd. comm.*, 2, p. 342.
26. *Golden Bough*, I, 3, 2, Londres, 1890, p. 190.
27. *Aspects anciens de Janus et de Junon*, dans *R.B.Ph.*, 31, 1, 1953, 5-24.
28. *Le Festin d'Immortalité*, Paris, 1923, p. 132-134.
29. *La Religion romaine de Vénus*, Paris, 1954, p. 50.
30. A.H. Krappe, *op. cit.*, p. 26.
31. *Op. cit.*, p. 15 : « Le mythe est un genre « populaire »... Cela ne signifie pas, bien entendu, qu'il est l'œuvre d'une collectivité : les collectivités n'ont jamais rien inventé ni imaginé. Tout mythe, comme tout thème de conte bleu... est le produit d'un homme, ou, tout au plus, de deux ou trois hommes ».
32. *Ibid.*, p. 20.

fler la vie à ces pâles figures figées. Et de fait, nous apprenons par Ovide que Flore n'est pas une divinité prétentieuse ; que Cérès montre une prédilection pour le blanc, qui lui va bien ; que Carna se délecte de fèves au lard, et que Vénus fut bien heureuse de trouver, à sa naissance, un bosquet de myrtes où se cacher...

C'est chez Ovide, à n'en pas douter, que nous pouvons saisir le plus aisément les mécanismes de création d'une étiologie mythique. Pour notre poète en effet, tout rite a été fondé en fonction du dieu, de ses goûts, de sa personnalité, de son histoire. C'est là, semble-t-il, la différence fondamentale qui oppose un créateur de mythe et un simple utilisateur. Pour l'utilisateur, c'est-à-dire pour l'homme ordinaire, le rite est l'émanation du mythe. Le dieu a décrété l'institution de telle prière, de telle offrande, et l'homme se conforme à ses injonctions. Pour l'interprète du mythe, il faut remonter au contraire du rite au mythe. Pour le créateur, enfin, il s'agit d'appliquer à un rite, sur les origines duquel on ne sait rien, le schéma qu'on peut dégager d'autres rituels connus, quitte à doter le personnage du dieu de traits absolument nouveaux, qui n'existent que parce qu'il fallait bien expliquer l'inexpliqué. En ce sens, le rite crée le dieu.

Le mécanisme fonctionne donc de façon exactement inverse, selon qu'on envisage la création ou l'utilisation d'un mythe. Le dilemme a été souvent envisagé : « Les mythes sont-ils la représentation imagée et symbolique de rituels préexistants, ou au contraire les rites sont-ils l'application concrète des paradigmes contenus dans les mythes qui proposent à l'homme des conduites exemplaires types ? » se demande M. Meslin [33]. W.F. Otto répond à cela que l'une et l'autre conception sont à la fois vraies et fausses : « le culte n'est pas né du mythe, ni le mythe du culte [34] ». En effet, que le culte soit né du mythe est une « interprétation naïve » ; que le mythe soit né du culte est impensable : « Il suffit de se représenter le processus de ce prétendu transfert pour être certain qu'aucun participant au culte n'en aurait eu l'idée si le monde mythique sur la scène duquel on veut qu'aient été transférés les événements du culte, n'avait pas déjà été là ». En ce cas, on peut se poser la question que se posait A. Hocart : « Si ce sont les mythes qui ont donné naissance aux rituels, d'où ces mythes viennent-ils eux-mêmes [35] ? »

---

33. *Pour une Science de l'histoire des religions*, Paris, 1973, p. 223.
34. *Dionysos, Mythos und Kultus*, Francfort, 1933, trad. par P. Lévy, Paris, 1969, p. 22.
35. *If there are myths that give rise to ritual, where do those myths come from ? Myth and Ritual*, dans *Man*, 36, n° 230, 1936, p. 167. Définition intéressante de J. Bayet sur le mythe romain, dans *R.B.Ph.*, 1951, p. 7 : « Alors que le mythe est récit d'événements, matière du passé, renouvelée à des fins rituelles, le culte latin se présente le plus souvent comme magie opératoire agissant sur l'avenir ».

Pour trancher provisoirement le débat, nous dirons que pour l'utilisateur, le mythe a créé le rite, tandis que pour le créateur le mythe naît du rite. C'est là une vue sans doute schématique, mais qui nous paraît intelligible.

Pour ce qui est d'Ovide, il est, nous l'allons voir, *à la fois* interprète et créateur.

Nous diviserons notre étude en deux volets, consacrés chacun à un processus de création. Tout d'abord « l'esprit mythique », et ensuite les rapports entre le dieu et le rite.

2. L'esprit mythique

L'esprit mythique n'est autre que l'esprit historique appliqué au domaine du divin. Il consiste à concevoir l'apparition d'un mythe comme un *punctum temporis*, à ramener un rite à un geste unique, accompli par un dieu *in illo tempore* et régulièrement reproduit à titre de commémoration religieuse.

Le cas privilégié de cette historicisation est évidemment celui des sacrifices d'animaux. Et dans les *Fastes*, ils sont nombreux.

Des fables ou des épigrammes alexandrines ont fourni à Ovide un support étiologique pour justifier le sacrifice du bouc à Bacchus et celui de la truie à Cérès [36]. La différence de traitement entre les épisodes ovidiens et ceux qui figurent chez d'autres auteurs s'établit très nette, et fera immédiatement comprendre ce qu'est l'esprit mythique ovidien.

Varron, Virgile, et après eux Servius [37], expliquent le sacrifice du bouc sur un plan général et lui affectent des raisons liturgiques, celles qu'on pouvait trouver sans doute dans les Livres pontificaux : le bouc est immolé à Liber [38] *per contrarietatem*, selon l'expression de Servius. On respecte une aversion particulière de la divinité pour tel ou tel animal, aversion fondée sur des observations d'histoire naturelle, sur les mœurs des animaux [39].

---

36. *Fast.*, I, 349-360. Ex. : *Anthol. Palat.*, IX, 99 ; IX, 75 ; *Epigr. gr.*, 1106 (Évènos, source d'Ovide) ; Babrios, *Fab.*, 181 ; Ésope, *Fab.*, I, 2, 150.
37. *Res rust.*, I, 2, 18-19 ; *Georg.*, II, 380 et comm. de Servius, ad loc. Citation : Varron, *Res rust.* I, 2, 18.
38. Ou plutôt à Bacchus, encore qu'un sacrifice à *Liber* ne soit point à écarter *a priori* : F. Bömer, *F. éd. comm.*, 2, p. 44.
39. Études par B. Gladigow, *Ovids Rechtfertigung der blutigen Opfer*, dans *A.U.*, 14, 1971, 5-23, et E. Lefèvre, *Die Lehre der Entstehung der Tieropfer*, dans *Rh.M.*, 119, 1, 1976, 39-64.

Ainsi, le bouc se plaît à ronger la vigne, ce qui entraîne un antagonisme de nature entre l'animal et la divinité dont la mission est de protéger la plante. La théorie mérite la citation : *Quaedam enim pecudes culturae sunt inimicae ac ueneno, ut istae quas dixi caprae. Eae enim omnia nouella sata carpendo corrumpunt, non minimum uites atque oleas. Itaque propterea institutum diuersa de causa, ut ex caprino genere ad alii (sic) dei aram hostia adduceretur, ad alii non sacrificaretur, cum ab eodem odio alter uidere nollet, alter etiam uidere pereuntes uellet. Sic factum ut Libero patri, repertori uitis, hirci immolarentur, proinde ut capite darent poenam.* Cette conception semble s'inspirer d'idées très anciennes, que nous trouvons déjà chez Théophraste : Αἶγα δ'ἐν Ἰκαρίῳ τῆς Ἀττικῆς ἐχειρώσαντο, πρῶτον ὅτι ἄμπελον ἀπέθρισεν [40].

En face de cet exposé agricole technique, qui concerne tous les boucs et tous les ceps depuis les origines du monde, Ovide nous propose un tableau circonstancié et unique, avec des personnages et un dialogue ; la dramatisation, en somme, d'une étiologie anonyme. Il s'agit de relater la mésaventure d'un bouc bien défini, qui, un jour précis, conçut la malencontreuse idée de brouter un sarment de vigne. Son immolation résulte d'une volonté catégorique exprimée par le dieu offensé, et c'est Liber qui réclame le bouc pour ses autels. Dans les *Métamorphoses*, le tour mythique était moins accentué, et le dieu ne se souciait pas d'intervenir en personne [41]. Dans les *Fastes*, Ovide corse le tableau par l'intervention indignée d'un passant, qui prévient le bouc des désagréments auxquels il s'expose s'il persiste dans ses intentions :

> *Sus dederat poenas : exemplo territus huius,*
> *Palmite debueras abstinuisse, caper !*
> *Quem spectans aliquis dentes in uite prementem,*
> *Talia non tacito dicta dolore dedit :*
> *« Rode, caper, uitem ! Tamen hinc, cum stabis ad aram,*
> *In tua quod spargi cornua possit erit ! »*
> *Verba fides sequitur : noxae tibi deditus hostis*
> *Spargitur adfuso cornua, Bacche, mero.*
>
> I, 353-360

Conçu comme une fable, l'*aition* parle plus à l'imagination populaire que les considérations techniques sur la liturgie. La preuve en est qu'on

---

40. Περὶ εὐσεβείας, frg. 5 Pötscher.
41. *Met.*, XV, 112-137 :
    Vite caper morsa Bacchi mactatus ad aras
    Dicitur ultoris... (114-115)

retrouve, de façon, certes, inattendue, un vers de ce texte dans une épigramme adressée à Domitien, qualifié couramment de « bouc », et qui avait promulgué un édit ordonnant l'arrachage des vignes : « Même si tu me dévores jusqu'à la racine, je porterai toujours assez de fruits pour qu'on puisse faire la libation sur ta tête, ô bouc, lors de ton sacrifice ! ». Ce viticulteur mécontent savait ses *Fastes* par cœur [42]...

Dans le cas de la truie, d'autres auteurs donnaient une explication générale [43], et les Modernes interprètent le sacrifice de la *sus plena* à Cérès par des considérations religieuses : « *Mater frugum* comme Tellus, Cérès tire de cette offrande un supplément de forces créatrices [44] ». Chez Ovide, la divinité à qui s'adresse le sacrifice est elle-même mise en scène : Cérès assiste au saccage de ses semences par la truie gloutonne, exige son sacrifice et s'en réjouit :

> *Prima, Ceres auidae gauisa est sanguine porcae,*
> *Vlta suas merita caede nocentis opes :*
> *Nam sata uere nouo teneris lactentia sucis*
> *Eruta saetigerae comperit ore suis.*
>
> I, 349-352

Cette dramatisation du fait rituel nous permet d'apprécier déjà une originalité certaine d'Ovide dans le traitement des *aitia* mythiques. La mise en scène est sans doute un procédé, elle s'inscrit pourtant fort bien dans les normes de la religiosité romaine : on sait quelle importance on attachait aux « voix célestes » qui réclamaient une vie, une offrande, des prières, et de quelle vogue jouissaient les oracles.

Dramatisée ou non, la justification des sacrifices romains se réclame consciemment du raisonnement juridique. L'animal est sacrifié en raison d'une faute commise, et son égorgement n'est pas une cruauté gratuite de la divinité, mais une vengeance légitime, tirée d'une offense affectant, en principe, des produits dont elle est réputée avoir révélé l'usage aux hommes. L'attribution de tel animal à tel dieu résulte d'une réflexion des liturgistes pleine de logique formelle. Avant les discussions philosophiques élevées sur le paradoxe opposant la « bonté » fondamentale du dieu et ses sanglantes

---

42. Suétone, *Dom.*, XIV.
43. Par exemple, Servius, *Ad Georg.*, II, 380. Ovide, *Met.*, XV, 112-113 :
    Hostia sus meruisse mori, quia semina pando
    Eruerit rostro spemque interceperit anni.
Ce sont les cultivateurs en général qui sont lésés, et Cérès n'intervient pas.
44. H. Le Bonniec, *Le Culte de Cérès...*, p. 64.

exigences, Rome avait résolu l'aporie : la responsabilité des dieux n'est pas engagée, ni celle de l'homme : l'animal est puni par où il a péché.

Esprit naturellement doué de logique, Ovide s'inquiète à bon droit devant des rites qui contredisent cette ordonnance savamment établie, c'est-à-dire ceux qu'on ne peut expliquer par le principe « faute-punition »[45]. C'est le cas pour trois victimes innocentes : la brebis, le bœuf, la biche, dont deux se trouvent être de surcroît des animaux indispensables à l'agriculteur. Ovide souligne l'entorse à la règle générale : « C'est sa propre faute qui a mené la truie à sa perte, sa propre faute qui a fait tort à la chèvre ; mais vous, le bœuf, les paisibles brebis, qu'avez-vous donc fait ? » :

> *Culpa sui nocuit, nocuit quoque culpa capellae,*
> *Quid, bos, quid, placidae commeruistis oues ?*
> I, 361-362

Si nous consultons nos auteurs habituels, nous sommes autant qu'Ovide déçus par notre enquête : personne ne semble s'être avisé du paradoxe, personne ne s'est préoccupé de découvrir à de tels sacrifices une raison plausible. Dans le développement similaire des *Métamorphoses*, nous pouvons relever une question analogue :

> *Quid meruistis, oues, placidum pecus ?* (...)
> *Quid meruere boues, animal sine fraude dolisque*[46] *?*

Mais la question reste sans réponse ! Et l'on mesure alors combien l'information scientifique d'Ovide dépend étroitement de son propos : si l'on pouvait se contenter, dans l'ouvrage antérieur, d'une diatribe philosophique, les *Fastes* étant un ouvrage étiologique, il est nécessaire que toute question y trouve sa réponse, quelque spécieuse qu'elle soit.

Pour le sacrifice de la brebis, le procédé est particulièrement net ; Ovide imagine, sur le modèle des *aitia* qu'il a fournis pour les deux sacrifices précédents, une offense commise par la brebis. Seulement, brebis ou mouton ne sont pas les animaux attitrés d'un dieu unique, et se voient sacrifiés aux *Suouetaurilia,* le jour des Ides, ou peut-être aux fêtes du dieu Terme [47]. Ovide reste donc aussi évasif que possible : la brebis aurait brouté

---

45. E. Lefèvre, *Die Lehre von der Entstehung der Tieropfer...*, dans *Rh.M.*, 119, 1, 1976, 39-64. La conception d'Ovide diffère de celle de Varron *durch den energischeren juristischen Zugriff, und die präzisere Terminologie.*
46. *Met.*, XV, 116 et 120.
47. Festus, *s.u. Suouetaurilia*, p. 372 L. ; Macrobe, *Sat.*, I, 15, 16 ; Ovide, *Fast.*, II, 655 ; mais *contra* : Plutarque, *Num.*, 16 et *Quaest. Rom.*, 15.

des plantes sacrées (lesquelles ?) qu'une vieille femme (?) voulait offrir aux « dieux des champs » (nous avons l'embarras du choix !) :

Poscit ouem fatum : uerbenas improba carpsit
Quas pia dis ruris ferre solebat anus.
I, 381-382

Il serait vain de chercher sous ces vagues allusions un rapport entre cette *causa* et un rituel précis. Tout effort pour établir un lien logique risquerait d'entraîner une bévue aussi amusante que celle que commet F. Bömer. Le savant allemand a cru entrevoir que toute l'étiologie reposait sur le verbe *carpsit*, cueillir, qu'on affectait couramment comme étymologie à *capra*, la chèvre. Aussi confond-il innocemment les chèvres et les brebis ! *Das Aition*, écrit-il en effet [48], *ist purer Rationalismus, und offenbar aus der Etymologie der caprae aus carpere (Varro, Rust., II, 3, 7 « a carpendo caprae », Ling. V, 97, Fest. 48M, 42L, « caprae dictae, quod omne uirgultum carpant » eqs., Isid. XII, 1, 15, Schmekel (Tit. o. I, 337) 16) abgeleitet.* La précision remarquable des références ne peut faire oublier qu'Ovide parle de brebis, non de chèvres ; par conséquent, l'*aition* qu'il nous propose ne peut provenir de l'étymologie de *capra*, même si elle est effectivement *carpere* ! En revanche est très pertinente une remarque adjacente, sur l'expression *poscit ouem fatum*, dans laquelle F. Bömer voit une parodie de l'expression épique correspondante appliquée à un héros que guette le Destin : *Bagatellisierung des vergilischen Motiv vom Helden « quem fatum poscit »* [49].

Pour le sacrifice de la biche à Diane, Ovide se trouve plus à son aise. En effet, ce rituel évoque une légende (grecque) fameuse. Encore une fois, des raisons purement liturgiques ne manqueraient pas : la biche est l'animal favori d'Artémis, comme de Diane chasseresse [50]. Il est évident que cette prédilection s'exerçait sur l'animal bien avant le sacrifice d'Iphigénie, puisque la biche remplace la jeune fille sur l'autel, précisément en tant qu'animal favori d'Artémis ! De cela, Ovide n'a cure. Le sacrifice est à ses yeux une commémoration, celle d'un premier sacrifice entouré de circonstances spéciales (l'arrêt de la flotte grecque à Aulis), répété à travers les âges à ce seul titre. Amusé lui-même de sa trouvaille, Ovide souligne imperturbablement l'illogisme de cette conception d'un sacrifice commémoratif : on immole toujours une biche, bien qu'il n'y ait plus d'Iphigénie à sauver ! :

---

48. *F. éd. comm.*, 2, p. 44.
49. *Studien zum 8 Buch der Aeneis*, Rh.M., 92, 1944, 319-369, p. 327.
50. Plutarque, *Quaest. Rom.*, 4 : tous les temples de Diane, hormis celui de l'Aventin, sont décorés de cornes.

Quod semel est geminae pro uirgine caesa Dianae
Nunc quoque pro nulla uirgine cerua cadit.
I, 387-388

Ces quelques mots sont en fait une définition critique, pertinente, moderne, de l'explication mythique et de la genèse du mythe. Notons qu'à Rome il ne s'agit pas d'une biche, mais d'une brebis qu'on immolait sous le nom de biche, la *ceruaria ouis* [51]. Rome obviait ainsi aux difficultés que causaient certaines exigences divines, une brebis étant moins difficile à trouver qu'une biche !

Encore un « mythe » pour rendre compte du troisième sacrifice, celui du bœuf : la légende d'Aristée et de ses abeilles [52]. Nous avons pu dire, sans trop de rigueur, que cet *aition* n'expliquait pas grand-chose : sacrifie-t-on ordinairement un bœuf, dans la liturgie romaine, parce qu'on souhaite reproduire ses essaims ? Ovide a opéré une jonction abusive entre des éléments étrangers les uns aux autres, et utilisé à ses propres fins le texte de Virgile [53] : *Die Schlachtung des Rindes durch Aristaios und die Opferung an die Götter sind für die Ursprungstheorie heterogene Elemente, die erst durch Ovid zusammengefügt werden*, note F. Bömer [54]. Emprunt littéraire, sans doute, mais aussi expédient nécessaire, puisque aucun crime commis par le bœuf ne pourrait expliquer son immolation selon les normes admises. Ovide avait déjà démarqué le passage virgilien dans les *Métamorphoses* [55], mais sans l'exploiter à des fins d'étiologie religieuse. Et de fait, il n'y a pas là une once de religion ! La technique ovidienne en la matière se rapproche de la méthode ordinaire du poète mythographe : « Il se sert de certains motifs tout faits, espèce de clichés, originairement étrangers au récit [56] ». Une recette agricole d'utilisation restreinte se trouve donc promue au rang de cause universelle d'un rite répandu, sans qu'Ovide s'attarde à faire le départ entre l'utilisation du sang de bœuf par l'apiculteur et l'immolation du bœuf par les prêtres [57]. On ne peut seulement parler de « copie » d'un texte

---

51. Festus, p. 49 L. ; lire G. Capdeville, *Substitution de victimes dans les sacrifices d'animaux à Rome*, dans M.É.F.R.A., 83, 1971, 283-323, not. p. 312-317.
52. *Fast.*, I, 362-380.
53. *Georg.*, IV, 281-558.
54. *F. éd. comm.*, 2, p. 44.
55. XV, 364-367 :
    I scrobe delecto mactatos obrue tauros
    Cognita res usu, de putri uiscere passim
    Florilegae nascuntur apes, (quae more parentum
    Rura colunt, operique fauent in spemque laborant).
56. A.H. Krappe, *op. cit.*, p. 19.
57. Isidore reproduit Ovide : *Etym.*, XI, 4, 3.

virgilien : il y a *détournement* conscient du mythe par Ovide à ses fins personnelles, exploitation religieuse d'un texte étranger au domaine religieux.

Autre sacrifice encore, auquel s'applique, dans les *Fastes*, l'idée d'une faute originelle commise par un seul membre de l'espèce, et expiée éternellement par toute la race : l'*aition* des massacres de renards aux *Cerealia*[58]. La faute commise le fut envers Cérès, créatrice des moissons brûlées. Mais quel rapport établir entre le renard, qu'on voit brûler aux jeux, et les produits de Cérès, l'animal n'étant nullement un herbivore ? Ovide recourt alors à un personnage intermédiaire, le gamin qui, par jeu, enflamme la queue de la bête capturée par lui, et se trouve être, en somme, le seul vrai responsable.

Un chercheur antique aurait pu au moins établir un rapport entre la couleur du renard, celle du feu, et celle du blé mûr, pour conclure peut-être à quelque magie de sympathie[59] ; ce rapport, pourtant évident, n'a pas attiré l'attention d'Ovide ; pour lui, un rite doit refléter exactement l'étiologie, s'articuler sur les moindres phases des situations décrites. Si l'on sacrifie des renards par le feu, c'est qu'il a dû exister « un jour » une mise à mort de renards par le feu. Il ne reste qu'à inventer les circonstances de cette mise à mort.

Et l'entreprise est aisée pour le juriste qu'il est aussi : la source évidente d'Ovide, nous la trouvons dans des législations antédiluviennes : celui qui a nui aux récoltes n'est-il pas *brûlé vif après avoir été lié* : *qui aedes aceruumue frumenti iuxta domum positum combusserit uinctus uerberatus igni necari iubetur* : ainsi l'établit le texte de Gaïus conservé par le Digeste (XLVII, 9, 9) : il ne restait qu'à appliquer au cas du renard la loi des XII Tables et le châtiment par le feu...

En ce qui concerne le sacrifice des oiseaux, l'aspect mythique en est plus accentué dans les *Métamorphoses* que dans les *Fastes*. Si dans ce dernier ouvrage l'offense commise est générale, puisqu'il s'agit de la trahison involontaire commise par les oiseaux auguraux, dont le cri, le vol ou l'appétit livrent des renseignements aux hommes sur la volonté divine, dans l'œuvre antérieure, deux vers déjà étiologiques ramènent le massacre de la gent ailée à une trahison unique :

*...mea poena uolucres
Admonuisse potest ne uoce pericula quaerant*[60].

---

58. *Fast.*, IV, 679-712. Voir p. 150-158.
59. En II, 571-582, Ovide a reconnu la magie de sympathie de *Tacita*.
60. *Met.*, II, 564-565, et *Fast.*, I, 445-450 ; E. Lefèvre n'a pas compris qu'il s'agissait d'oiseaux auguraux, et évoque les *Oiseaux* d'Aristophane...

Il faudrait rappeler ici le sacrifice de l'âne et le récit étiologique qui en rend compte [61]. Ovide doit expliquer au livre I le sacrifice de l'âne à Priape, au livre VI le chômage de l'âne aux *Vestalia*. Il fait donc d'une pierre deux coups, conte d'abord la mésaventure de Priape, trahi par le braiement de l'âne au moment où il allait abuser de Lotis endormie (ce qui entraîne le meurtre rituel de l'animal pour satisfaire la rancune du dieu), puis relate une même tentative du même dieu couronnée par un même échec, cette fois-ci auprès de Vesta (ce qui entraîne la gratitude de la déesse envers son fidèle serviteur). S'il y a quelque désinvolture dans le ré-emploi — et presque terme à terme ! — du même *aition* [62], il y a beaucoup d'ingéniosité dans la supposition qu'un même acte d'un même animal peut entraîner des conséquences opposées et des rites contraires : fureur de Priape et meurtre de l'âne, reconnaissance de Vesta et récompense à son sauveur.

Le récit originel est sans doute le premier, Priape et Lotis. Il paraît oriental, et si Arnobe atteste qu'on ne sacrifiait pas d'ânes, il ne garantit pas le fait pour Lampsaque, cité à laquelle Ovide se réfère expressément [63] : on ne voit pas pourquoi Ovide aurait introduit ce récit dans les *Fastes* s'il ne devait justifier aucun rituel existant. D'autre part, le récit originel devait se clore sur la métamorphose de Lotis en lotus : Ovide a supprimé l'épilogue dans les *Fastes,* mais relate cette métamorphose dans son ouvrage consacré à ce phénomène [64]. On ne connaît pas, en revanche, de tradition analogue concernant Vesta, et l'on peut conclure, pour le livre VI, à une invention ovidienne calquée sur le récit du livre I. C'est, selon F. Bömer, *eine ovidische Phantasie* [65].

Le récit concernant Priape et Vesta est complété par une autre cause indiquée entre les lignes, et d'appartenance religieuse : les *Vestalia* sont la fête des boulangers ; l'âne tourne la meule qui broie le blé pour en faire de la farine ; donc, la fête des boulangers est aussi celle des ânes, que l'on honore par des couronnes fleuries et l'octroi d'un jour de vacances :

---

61. *Fast.*, I, 391-440. Sur l'âne dans le culte de Vesta, *cf.* A. Brelich, *Vesta*, Zurich, 1949, p. 85 *sqq.*
62. Le doublet fait l'objet de plusieurs travaux : B. Pressler, *Quaestionum ovidianarum capita duo*, diss. Halle, 1903 ; *Die Wiederholung der Priapusfabel..., (Krit. u. Exeg.)* de G. Nick, dans *Phil.*, 36, 1877, 445-464.
63. Arnobe, *Adu. Nat.*, VII, 16 et F. Bömer *ad. loc. Ovid.* ; H. Herter accepte l'éventualité du sacrifice, dans *De Priapo, Rel. Vers.*, 23, Giessen, 1932, p. 81 ; discussion par E. Lefèvre, *op. cit.*, p. 51-54.
64. *Met.*, IX, 340-348.
65. *Op. cit.*, p. 46-47. E.H. Alton (*C.R.* 32, 1918, p. 60) pense que le récit Priape-Vesta est l'original.

> *Ecce coronatis panis dependet asellis,*
> *Et uelant scabras florida serta molas.*
> *Sola prius furnis torrebant farra coloni,*
> *Et Fornacali sunt sua sacra deae :*
> *Subpositum cineri panem focus ipse parabat,*
> *Strataque erat tepido tegula quassa solo.*
> *Inde focum seruat pistor dominamque focorum,*
> *Et quae pumiceas uersat asella molas.*
>
> VI, 311-318

Au vers suivant, un *praeterea*, « au surplus », qui introduit l'anecdote relative à Priape semble bien indiquer que l'*aition* mythique est une concession au lecteur, point du tout une étiologie officielle. Pourtant, le développement copieux qu'Ovide lui accorde amènerait à en juger autrement. La première raison, évidente, restreinte, paraissait-elle trop sèche ? Ovide, conteur-né, ne pouvait-il s'empêcher de broder une historiette *multi ioci*, « bien divertissante », sur une donnée trop simple ? Est-il persuadé de l'excellence de l'étiologie mythique ? Il faut le croire, puisqu'il récidive ailleurs : avec le mythe d'Attis furieux, ajouté à l'étiologie rapportée par Verrius, selon qui les Galles se mutilent pour avoir bu au fleuve qui rend fou [66] ; avec le songe de Numa, inspiré par Faunus, qui vient corser les deux vers modernes, d'une précision et d'une pénétration toutes scientifiques qu'il venait d'accorder à la boucherie des *Fordicidia*. Pour ce dernier exemple, G. Dumézil a fort bien exprimé la différence de point de vue qui sépare l'explication religieuse de l'explication mythique : « L'historiette de Numa confirme l'intention de la fête telle qu'Ovide l'a d'abord annoncée. Simplement, comme il est fréquent, le mythe parle d'une première catastrophe conjurée là où le rituel ne veut qu'aider à l'accomplissement d'un processus normal [67] ».

Comme les *Fordicidia*, dont l'idéologie n'a pas d'âge [68], les *Parentalia*, fête des Morts, ont des correspondants à toute époque, dans tout pays. A en croire Ovide, pourtant, on attendit Énée pour s'aviser qu'il fallait honorer les disparus. L'imagerie populaire ayant répandu le groupe célèbre d'Énée portant Anchise sur ses épaules, le seul mot de « père », *parens*, amenait dans tous les esprits le nom d'Énée [69]. Un mécanisme analogue entraîne l'al-

---

66. Voir p. 166 *sq.*
67. Sur le doublet des *Fordicidia* : *Fast.*, IV, 641-672, et vers religieux : 633-634. G. Dumézil, *Rituels indo-européens...*, 1954, p. 12.
68. On connaît un rituel analogue en Chine (dispersion dans les champs de vaches en céramique, brisées) : C. Clemen, *Römische Feste und Ovid's Fasten*, dans *H.G.*, 45, 1934, 88-95.
69. Voir p. 407.

lusion à Numitor et les paroles qu'Ovide lui prête, à propos du nom de mai [70] : Romulus ne peut repousser la requête à lui adressée par l'aïeul sans défense ! Là encore, un nom célèbre vient colorer et préciser une institution cultuelle dont l'étiologie véritable se perd dans la nuit des temps.

Lorsque nous disposons d'autres documents que le texte d'Ovide, nous pouvons préciser mieux les limites de son action personnelle. Voici *Tacita*, la déesse Muette. Une tradition rapportée par Plutarque nous montre qu'on peut commenter ce nom à partir d'autres critères que ceux adoptés par Ovide. Pour notre poète, Tacita est une déesse muette. Pour l'auteur grec, elle est le « Silence » divinisé, ce qui est sensiblement différent [71]. L'affirmation de l'historien est corroborée par l'existence d'une tablette de défixion, sur laquelle figure une incantation adressée aux *Tacitae Mutae* (sorte de nom double, où le même concept s'exprime deux fois : *p. ex. Aius Locutus, Fenta Fatua*). Cette multiplication de Tacita infirme du même coup l'étiologie ovidienne : car toutes n'ont pu subir la même mutilation consécutive à la même mésaventure. Toutes ne sont donc pas « muettes », mais « sources de mutisme ».

Une déesse « du Silence » est une figure trop schématique pour une imagination de poète. Ovide va s'empresser de parer cette indécise abstraction de contours plus vivement éclairés. Influencé peut-être par la mythologie grecque, peut-être simplement stimulé par cette épithète de *Muta*, il considère Tacita non comme un simple *numen* du Silence, mais comme un personnage doté d'une existence terrestre et d'une histoire. Tacita étant « la Muette », il s'agit d'élucider un mystère immédiat : comment et pourquoi l'est-elle devenue ?

Le thème est facile à esquisser pour l'auteur des *Métamorphoses*. C'est celui du mortel insolent ou trop audacieux puni par la divinité. La punition présente toujours, en mythologie, un étroit rapport avec la faute — qu'on songe à l'histoire d'Arachné [72]. La conclusion est donc inévitable : Tacita est devenue muette parce qu'elle aura trop parlé ! La culture grecque du poète lui suggère immédiatement le verbe $\lambda\alpha\lambda\epsilon\tilde{\iota}\nu$, bavarder, que nous avons commenté déjà [73], et *Tacita* devient, pour le début de ses aventures, la nymphe *Lala*. A propos de quoi aurait-elle pu bavarder ? Ovide trouve son

---

70. *Fast.*, V, 75-76 :
    Et Numitor dixisse potest : « *Da, Romule, mensem*
    Hunc senibus ! » *nec auum sustinuisse nepos.*
71. *Num.*, VIII, 11.
72. Ovide, *Met.*, VI, 1-145.
73. Voir p. 238.

sujet dans l'*Énéide*[74], avec les amours de Jupiter et de Juturne, qu'il doit, du reste, modifier pour les besoins de la cause, puisque, dans l'œuvre virgilienne, Jupiter attrape effectivement Juturne et récompense sa virginité perdue par le don de l'immortalité. Pour conférer une assise religieuse à son récit, notre étiologue rapproche artificiellement le nom *Lara* d'autres noms respectables, *Larunda, Larentia,* la « Mère des Lares », et cela en dépit d'une différence de quantité qui paraît interdire le rapprochement. Puis il invente, pour justifier cette maternité incongrue, une suite à son premier récit, inspirée de la légende de Procné, Philomèle et Térée[75]. Il en résulte ainsi un hybride gréco-romain, où se mêlent noms et concepts grecs (le verbe $\lambda \alpha \lambda \varepsilon \tilde{\iota} \nu$, le thème de la poursuite amoureuse, la violence faite à une muette, le personnage d'Hermès Psychopompe) à des personnages bien romains : Jupiter, Juturne ou les Lares.

Tout cela resterait une aimable invention sans conséquence — *Mit dem Kultus hat diese frei erfundene Figur nichts zu thun,* estime G. Wissowa[76] —, si les fantaisies d'Ovide n'invitaient certains lecteurs à se poser la question attendue : existe-t-il un lien religieux entre Tacita et les Lares ? Oui, répond E. Tabeling[77], qui ne croit pas à une invention ovidienne. Oui, répond également E. Païs, qui, sans se laisser arrêter, il l'avoue lui-même, par la différence de quantité[78], accorde au récit d'Ovide, qu'il rapproche d'une charmante peinture de Pompéi, une substance religieuse bien réelle.

A son avis, Larunda, mère des Lares, étant appelée aussi *Mania* par Varron[79], *Angerona,* déesse des Morts étant représentée avec un doigt sur la bouche[80], on comprend pourquoi *Lara-Larunda-Mania* est appelée *Tacita.*

J. Carcopino a repris les idées de E. Païs pour les exploiter à ses fins : Acca Larentia, Rhéa Silvia, « Lara, la nymphe du Tibre que Mercure aurait fécondée sur la route des Enfers où il l'entraînait par ordre de Jupiter, sont les formes changeantes d'une invariable matière ; les mythes qui les dessi-

---

74. XII, 138-141 et 875-884.
75. J.M. Frécaut, *L'Esprit et l'humour...,* 1972, p. 293, n. 127.
76. *Lexicon,* II, 2, col. 1866 ; F. Bömer, *F. éd. comm.,* 2, p. 127.
77. *Mater Larum u. Acca Larentia,* Francfort, 1932, p. 39 ; 40 ; 69 etc.
78. *Ancient Legends,* 1906, p. 65-68 ; p. 289, n. 2.
79. *Ling. Lat.,* IX, 61 : *Videmus enim Maniam matrem Larum dici.*
80. Sur cette déesse, lire P. Lambrechts, *Diua Angerona,* dans *A.C.,* 13, 1944, 45-49 ; J. Hubaux, *Diua Angerona,* dans *A.D.,* 13, 1944, 37-43. Sur Mania : *Mania und Lares* de W.F. Otto, dans *A.L.L.,* 15, 1908, 113-120. Sur la *Mater Larum,* les articles de U. Pestalozza et de L.R. Taylor, B. 616 et 766.

ment constituent autant de variations sur un thème unique, celui de la Terre, mère des Lares, unie au Tibre [81] ».

La conclusion est la suivante : *Maïa* étant la Bonne Déesse et la Terre-Mère selon Macrobe, les Arvales invoquant la Mater Larum qui est *Acca Larentia, Acca* se trouve être la même divinité que *Maïa*, puisque toutes deux sont des *Matres. Maïa Volkani* est, par conséquent, la *Mater Larum* !

Il s'en faut, hélas, d'une lettre. Car la véritable Mère des Lares est désignée par Macrobe, non sous le nom de *Maïa*, mais sous celui de *Mania* [82] : c'est elle que l'on honore dans les carrefours, aux *Compitalia*, en même temps que les Lares, grâce à un sacrifice de substitution. *Mania* n'est pas, comme *Maïa*, unie à *Volkanus*, et la démonstration évoquée pèche à la base.

Il faudrait citer aussi d'autres trouvailles, d'inégale valeur. Celle de A. Stenico, pour qui les *Lares Praestites* sont les fils de Lara et de Mercure, et, portant un nom matronymique, sont forcément des divinités étrusques [83]. Pour G. Radke [84], *Tacita* est le Silence cultuel, le *kultisches Schweigen*. Là où les choses se gâtent, c'est lorsque l'auteur fait des *Feralia* une fête de la naissance *(Geburtsfest)*, car l'étymologie de *Larentia* (**ghl-r-ere → ghlarere → larere → laros*) montre en elle une déesse « verdoyante »...

Plus légitime apparaîtrait l'observation de P. Lambrechts, assimilant *Tacita* avec *Angerona* [85], car, écrit-il, « s'il est un nom parlant, c'est bien celui de la *taciturne* », et faisant remarquer que leurs deux fêtes tombent le même jour à deux mois d'écart : le 21 décembre et le 21 février.

S'il faut croire à un jeu de mots ovidien, nous inclinerions à en reconstituer ainsi le mécanisme : Ovide doit expliquer une figure divine nommée *Tacita* ; lui-même l'a baptisée en grec *Lala*, et transformée en *Lara*. Ce qui l'a poussé sans doute à cette transformation, c'est l'expression connue qu'il emploie lui-même [86] : *Taciti Manes*. De *Taciti* à *Tacita*, il n'y a qu'une lettre, de *Manes* à *Mania*, à peine plus. Or, *Mania* est la Mère des Lares, comme nous l'avons rappelé plus haut. La confusion, ou le glissement

---

81. *Virgile et les origines d'Ostie*, Paris, 1968², p. 94-100.
82. Macrobe, *Sat.*, I, 7, 35 : ...*mactarentur Maniae Deae, Matri Larum.*
83. *Di alcune divinità italiche*, dans *Athenaeum*, 25, 1947, 55-79 : *Il passo di Ovidio è quello che, ripetendo la spiegazione data da Plutarco, Q.R., 51...* (p. 77) : cette tournure est dangereuse !
84. *Beobachtungen...*, dans *Rh.M.*, 106, 1963, 313-335.
85. *Op. cit.*, p. 45-49 ; citation p. 48.
86. *Fast.*, V, 422.

verbal nous paraît évident, et Tacita devient la Mère des Lares. Ses rites, du reste, appelaient un rapprochement avec le monde infernal, puisque l'essentiel en est l'enchaînement des langues, et que le monde des Morts est, selon Virgile, peuplé d'*Vmbrae silentes* [87].

Le rite magique rapporté par Ovide correspond bien, du reste, à la notion de Silence divinisé [88], mais ne présente aucun lien avec l'histoire de la malheureuse Tacita inventée par lui : une fois encore, rite et étiologie se côtoient sans se confondre.

Le livre II renferme une autre étiologie, où l'on voit parler et agir le dieu lui-même : l'anecdote rappelant les difficultés que rencontrèrent les bâtisseurs du temple capitolin avec le dieu *Terminus*... Le petit dieu refuse de se plier à l'extradition exigée par l'installation de son supérieur, Jupiter. Comme il persiste à ne pas bouger, on se résout à découper le toit de son temple, pour ménager son orgueil, afin qu'il « ne voie rien au-dessus de lui » :

> *Terminus, ut ueteres memorant, inuentus in aede*
> *Restitit, et magno cum Ioue templa tenet.*
> *Nunc quoque, se supra ne quid nisi sidera cernat,*
> *Exiguum templi tecta foramen habent.*
>
> II, 669-672

Verrius Flaccus, au même moment qu'Ovide, adoptait une explication religieuse : il était impossible de sacrifier à Terminus autrement qu'à ciel ouvert, explication reprise par Servius, et puisée, donc, dans les livres rituels : *Terminus quo loco colebatur, super eum foramen patebat, quod nefas esse putarent Terminum intra tectum consistere* [89]. Pour ces auteurs, le découpage du toit répond à une règle sacrificielle. Ovide préfère l'expliquer par un geste orgueilleux du dieu lui-même, on n'ose écrire : têtu comme une borne ! plutôt que par une exigence de son rituel. Et il s'offre même le luxe d'un subtil jeu de l'abstrait au concret, dans le vers *se supra ne*

---

87. *Aen.*, VI, 264.
88. Sur le rituel de Tacita, lire les pages pleines de finesse de A.M. Tupet, p. 411-414 de *La Magie dans la poésie latine*, Paris, 1976, où notamment est expliquée l'allusion au petit rat par une tablette de défixion, où son nom, *mus*, forme jeu de mots et *carmen* incantatoire avec le mot « muet » *mutus*, qui représente le résultat à obtenir magiquement. Pour A.M. Tupet, p. 413, « la *Dea Muta* n'est pas une manifestation de la *Dea Tacita* » ; la tablette prouve qu'Ovide « n'a pas inventé la déesse *Muta* pour préparer la légende étiologique qui suit » et elle « confirme de façon éclatante le sérieux du témoignage apporté sur les rites par le poète ». Aussi *Ovide et la magie*, B. 779.
89. Paulus, *s.u. Termino*, p. 505 L. ; Servius, *Ad Aen.*, IX, 446. Denys d'Halicarnasse, IV, 59-61.

quid cernat, puisque le *supra se,* « au-dessus de lui », peut signifier « au-dessus de sa tête » aussi bien que « supérieur à lui ». Tite-Live adoptait, touchant le problème de l'extradition, un point de vue historique et liturgique : lorsqu'on désire débarrasser la colline des bâtiments antérieurs pour faire place à Jupiter Capitolin, on consulte les Augures, et ce sont eux qui refusent le recours à l'extradition pour Terminus, les signes célestes étant défavorables [90] : rien, là, de merveilleux. Ovide a, lui, substitué au point d'histoire un développement mythique, en transformant la borne passive en petit dieu têtu, actif et volontaire [91]. A ses yeux, note judicieusement H. Fränkel, « Terminus contient en lui-même les caractéristiques d'un objet, d'une loi juridique et d'une divinité [92] ». Si nous suivons les sinuosités de la légende, nous remarquons la présence aux côtés de Terminus ; chez saint Augustin, de *Mars* et de *Iuuentas* [93]. On peut y déceler, pense Th. Koeves [94], une trace des efforts accomplis par les Scipions pour introduire, dans une légende significative, « leur » déesse, *Iuuentas*.

Après avoir rencontré plusieurs fois, sous diverses formes, une petite divinité, qui, sans Ovide, nous demeurerait complètement inconnue, il nous faut retrouver maintenant Anna Perenna sous sa figure divine, dans le « mythe » qui l'oppose à Mars [95]. Anna n'est pas, chez Ovide, une personnification abstraite de l'année, mais un personnage haut en couleurs. Pour donner une justification aux paroles obscènes que doivent chanter les jeunes filles le 15 mars,

Nunc mihi cur cantent superest obscena puellae
Dicere ; nam coeunt certaque probra canunt.

III, 675-676

Ovide ne se réfère pas à la valeur religieuse traditionnelle des obscénités, gestuelles ou verbales, c'est-à-dire à une efficacité apotropaïque ou fertilisante — qu'on songe aux exclamations obscènes poussées par les esclaves aux Nones caprotines, fête de la fécondation [96] ; pas davantage ne fait-il allusion à certaines cérémonies scabreuses qu'il devait connaître, et auxquelles doit se référer le vers connu de Martial, « Anna Perenna, qui se

---

90. Tite-Live, I, 55, 3-6 ; aussi Plutarque, *Num.,* 16 ; *Quaest. Rom.,* 15.
91. Il est suivi par Lactance, *Diu. Inst.,* I, 20.
92. *Ovid, a Poet Between Two Worlds,* Berkeley, 1956, p. 150.
93. *Ciu. Dei,* IV, 29 ; V, 21.
94. *Zum Empfang der Magna Mater in Rom,* dans *Historia,* 12, 1963, 321-347, p. 335 *sqq.*
95. *Fast.,* III, 675-696.
96. Bonne étude de M. Lejeune, *Caprotina,* dans *R.É.L.,* 22, 1967, 194-202.

réjouit du sang des vierges [97] ». Ovide regarde ces *opprobria rustica* [98] comme le rappel d'un bon tour joué à Mars par la vieille Anna, complaisante entremetteuse, qui se substitue à Minerve, convoitée par le dieu. Cette histoire de la mariée voilée, qui, lorsqu'on soulève son voile, n'est pas celle que l'on croyait, rappelle à G. Dumézil le mythe de l'*Amərətāt-Amṛta* [99], et à nous-même l'épisode biblique des noces de Jacob, désirant Rachel et forcé d'épouser Lia. Le thème est donc répandu dans l'Orient ancien. Faut-il voir dans l'intervention d'Anna le rajeunissement d'un vieux conte populaire mettant en scène Mars et Nério, comme le voit J.G. Frazer [100] ? Cela serait étonnant, puisque, dans la formule des *Satires Ménippées* de Varron [101], Anna Perenna est citée indépendamment des *Nerienes* (incarnations de *Nerio*). Est-ce, alors, une invention d'Ovide, comme le suggère R. Schilling [102] ? Il existe pourtant un mime perdu de Labérius, intitulé « Anna Perenna » : quel en pouvait être le thème, si ce n'était cette burlesque aventure, bien dans le style du mime [103] ? On n'en sait pas davantage. Deux remarques, toutefois : l'élément mythique a pris le pas sur l'élément religieux, et l'aventure d'Anna et de Mars n'explique rigoureusement rien : en quoi est-elle obscène ? En quoi peut-elle servir de support à des obscénités rituelles ?

Autre petit drame dans le même style, l'aventure de Faune et Omphale. On connaît l'amusante méprise de Faune, guidé nuitamment vers la couche d'Omphale par une passion irrépressible, et qui tombe sur... Hercule, égaré par l'échange de vêtements que le caprice de la reine avait imposé à son amant. Nous avons parlé déjà de ce fameux échange, qui repose sur un fondement rituel effectif, puisqu'on y procédait pour célébrer les mystères d'Hercule *Inuictus*. Le reste de la légende se justifie, dit-on [104], par la protection qu'Hercule accorde aux *Fabii*, laquelle *gens* fournissait l'un des deux groupes de Luperques. Il est possible aussi qu'aient joué de très anciennes réminiscences. Dans le panorama que J. Carcopino a tracé, après J. Bayet, du développement romain des mythes relatifs à Hercule, on peut retenir quelques éléments intéressants, notamment la place du sanctuaire

---

97. Martial, IV, 64.
98. Expression d'Horace, *Ep.*, II, 1, 146.
99. *Le Problème des Centaures*, 1929, p. 199.
100. *F. éd. comm.*, 3, 1929, p. 121-124.
101. Chez Aulu-Gelle, XIII, 23.
102. *Ovide, poète des Fastes,* dans *Mélanges J. Carcopino,* Paris, 1966, 867-875, p. 871.
103. Voir O. Ribbeck, *Com. rom. fragm.*, Leipzig, 1855, 2, p. 279. Titre du mime chez Aulu-Gelle, XVI, 7, 10.
104. H. Le Bonniec, *F. éd. comm.*, 2, p. 72 et *F. éd.*, p. 42.

d'Hercule à la *Porta Trigemina,* au pied de l'Aventin, domaine de Faunus ; ou encore, l'antagonisme primitif entre ce dernier dieu et Hercule, rapporté par Plutarque d'après Derkylos [105]. Revue et corrigée par les mythographes postérieurs ou, comme on est tenté de le croire, par le seul Ovide, cette première lutte entre Hercule et Faunus se transforme en inoffensive et galante aventure. On aurait tort, toutefois, de tirer des conclusions décisives à partir de certains détails du récit, sur l'initiation dionysiaque d'Hercule et d'Omphale [106].

Dans le mythe d'Attis *furens,* responsable de la castration des Galles, le mécanisme de la création mythique se laisse saisir parfaitement. Ce n'est pas le geste d'Attis qui peut faire comprendre l'émasculation des prêtres, c'est bien plutôt l'exigence rituelle qui a enfanté, pour sa justification, un « premier geste » que l'on commémore fidèlement. Comment la castration elle-même peut-elle s'expliquer en dehors du mythe d'Attis ? Le raisonnement de H.J. Rose nous paraît un peu tortueux : l'auteur établit un rapport paradoxal entre la figure de la divinité desservie, la Terre féconde, et l'état de ses prêtres, l'infécondité, prétendant que si les prêtres sont inféconds, c'est parce qu'ils ont sacrifié toute leur fécondité à leur maîtresse divine [107]. L'explication avancée par A.D. Nock paraît plus recevable : la castration assimile peu ou prou les Galles aux jeunes gens impubères ou aux jeunes filles vierges que réclament beaucoup de cultes [108] : Isidore de Séville ne fait-il pas dériver *castus* de *castratio* [109] ?

Ovide, une fois encore, a préféré le personnage au geste anonyme et multiple des prêtres qui buvaient, pour leur malheur, au fleuve pernicieux. Dans une même optique, c'est un geste fortuit qui amena certains bergers à frotter deux silex et à découvrir le feu, un second hasard qui fit se trouver là un tas de paille et donna aux bergers l'idée irraisonnée de commémorer cette aventure par l'institution des *Parilia*. Rappelons aussi la chèvre de Véiovis, en laquelle Ovide eût pu voir simplement l'animal sacrificiel du dieu, comme le fait d'ailleurs Aulu-Gelle : *immolaturque (illi) ritu humano capra : eiusque animalis figmentum iuxta simulacrum stat* [110]. Mais

---

105. *Aspects mystiques de la Rome païenne*, Paris, 1942, p. 178, 185.
106. R. Turcan, *A propos d'Ovide, Fast., II, 267-452, conditions préliminaires d'une initiation dionysiaque*, dans *R.É.L.*, 37, 1959, 195-203. H. Le Bonniec en réponse, *Hercule et Omphale dans les Fastes d'Ovide, Hommages à A. Grenier*, dans coll. Latomus, Bruxelles, 1962, 2, 974-980.
107. *Anchises and Aphrodite*, dans *C.Q.*, 18, 1924, 11-16, p. 14-15.
108. A.D. Nock, *Eunuchs in Ancient Religion*, dans *A.R.W.*, 23, 1925, 25-33, p. 28.
109. *Etym.*, X, 33.
110. V, 12, 12 ; Ovide, *Fast.*, III, 443-444 :

comment se résigner à laisser l'animal à cet anonymat, surtout lorsqu'on dispose d'une chèvre célèbre, Amalthée ! Notre poète individualise donc sans vergogne la compagne de Véiovis, et ne semble pas se soucier de l'invraisemblance que comporte cette intrusion de la mythologie grecque dans le culte d'un dieu purement italique.

Les exemples qui précèdent nous ont fait saisir un premier aspect de l'étiologie mythique : le recours systématique au mythe pour éclairer certains faits religieux ; lorsqu'on ne découvre aucun mythe existant qui puisse être rapproché du rite, la tendance à conférer un « tour mythique » à une explication jugée trop abstraite, grâce à des procédés dramatiques : mise en scène, dialogues, détails précis qui insufflent soudain au vieux rite une vie éphémère. Certes, l'exactitude scientifique y perd un peu. Mais combien de questions pouvaient-elles être résolues scientifiquement, dans l'Antiquité ? Ovide n'est pas le seul à connaître et à utiliser les mythes : chez lui, pourtant, le recours au mythe se révèle plus spontané que chez d'autres écrivains. Qui d'autre que lui aurait pu rapprocher Deucalion et Phaéton des *Parilia* ? Ne lui devons-nous pas des contes, sans valeur étiologique bien sûr, mais en eux-mêmes très réussis, et qui savent s'incruster assez bien dans l'atmosphère folklorique romaine pour faire hésiter les folkloristes modernes, — Anna et Mars, Carna et Janus, Proca et les Striges, Lara et Mercure, Faune et Omphale... Si Ovide avait eu les coudées franches, il y a fort à parier que, metteur en scène de génie, poète et presque homme de théâtre, il aurait « dramatisé » la religion romaine pour les lui fournir, ces mythes inexistants, et en abondance...

3. Le dieu et le rite

a) Le geste divin

Du second ressort de l'étiologie mythique ovidienne, le « geste divin », nous pourrions prétendre qu'Ovide est sinon le créateur du moins l'un des meilleurs propagandistes, tant le procédé est mécanique.

Stat quoque capra simul : nymphae pauisse feruntur,
    Cretides, infanti lac dedit illa Ioui.
Sur les interprétations antiques du dieu, lire M. Longhi, *Vejove ed Apollo*, dans *Capit.*, 15, 1940, p. 789 *sqq.* ; sur la « jeunesse » de Véiovis, voir les réflexions étonnantes de L. Van Johnson, *Natalis Vrbis and principium anni*, dans *T.A.Ph.A.*, 91, 1960, 109-119, et *Agonia, Indigetes*, dans *Latomus*, 26, 1967, 316-336. Pour ce qui est de la chèvre, A.L. Frotingham l'explique par *the idea of heat and fire* (B. 329, p. 380) dans le culte d'un dieu volcanique. (les Anciens affirmaient que les chèvres avaient toujours la fièvre, ce qui justifie leur sacrifice à un dieu du feu !).

Le rite qu'on doit expliquer suscite l'invention d'un trait mythique, qui vient doter d'une nouvelle particularité la divinité en cause. Au moment où l'étiologue se pose la question, le trait mythique ne préexiste pas, et n'existerait même pas s'il n'y avait l'urgence de la réponse à fournir. En d'autres termes, le rite *crée un mythe*. Puis un retournement obligé se produit : le rite père est conçu comme la reproduction fidèle, religieuse et scrupuleuse, du mythe qu'il a pourtant lui-même créé.

La plupart des rites étudiés dans les *Fastes* se réclament d'une sorte de « fonds commun » de la pensée religieuse humaine, d'un symbolisme permanent à travers les temps et les lieux. L'explication de l'usage des cierges, par exemple, habituel autant dans la religion chrétienne que dans mainte cérémonie antique, n'est pas à chercher ailleurs que dans un symbolisme de la lumière-joie ou de la lumière-espérance. Pour un esprit d'étiologue antique, il *doit* exister chaque fois une explication différente, conçue en fonction des particularités de la fête en cause. On reliait le rite d'allumage des torches pour les mystères d'Éleusis à l'histoire de Déméter et de Perséphone. Cherchant sa fille disparue, la mère divine avait arraché à l'Etna deux pins, qu'elle avait allumés en guise de flambeaux, et les mystères reproduisaient ce détail du mythe en donnant à leurs fidèles des torches allumées :

Illic accendit geminas pro lampade pinus :
Hinc Cereris sacris nunc quoque taeda datur.
IV, 493-494

Impossible dès lors, l'explication étant trop étroitement liée à l'histoire mythique de Déméter, de la réutiliser pour justifier l'emploi des torches à l'intérieur d'autres cultes. Si bien qu'au moment où notre poète évoque les torches allumées pour célébrer les *Floralia,* la nécessité de découvrir un autre rapport explicatif se fait impérieuse. Ledit rapport s'établit cahin-caha entre les fleurs de Flore, — qui « brillent » — et les torches, grâce à l'emploi commun du mot *praelucere* :

Vel quia purpureis collucent floribus agri,
... Vel quia nec flos est hebeti, nec flamma colore.
V, 363 et 365

Dans les causes que nous allons passer en revue, ce sera donc le geste de la divinité dont la reproduction fidèle constituera le ressort du rite. « Le dieu un jour l'a fait ; voilà pourquoi nous le faisons aujourd'hui ». Telle est la réponse commode, adaptable comme un vêtement élastique à autant de rites qu'on voudra, et dont Ovide fait un si fréquent usage qu'elle semble, chez lui, érigée en institution.

Il convient de souligner l'originalité de cette conception étiologique. Il s'agissait jusqu'ici d'emprunts à d'autres domaines, histoire, physique, sociologie. On retaillait, on ajustait, on renouvelait, mais l'*aition* existait en puissance, ou si l'on veut, il existait un fait social, un événement historique, une loi physique, lesquels, indépendants de la liturgie romaine, se voyaient un beau jour transformés en *aitia* et placés à l'origine de phénomènes religieux. Avec l'étiologie mythique, nous sommes maintenant dans le domaine de la création, et bien souvent de la création ovidienne.

Nous venons d'évoquer les torches de Cérès ; nous pourrions leur adjoindre le rite de la nourriture prise, à Éleusis, au crépuscule, par ceux qui souhaitent s'initier aux mystères de Déméter :

> *Illa soporiferum paruos initura Penates*
> *Colligit agresti lene papauer humo...*
> *Quae, quia principio posuit ieiunia noctis,*
> *Tempus habent mystae sidera uisa cibi.*
>
> IV, 531-536

Déméter cherchant Proserpine s'est donc nourrie, par hasard, de graines de pavot. Pourquoi de pavot ? C'est une étiologie implicite, la plante étant consacrée à Déméter[111]. Et ce serait la raison pour laquelle les initiés mangent au crépuscule ! Mais ceux-ci n'absorbent nullement du pavot, ils se nourrissent du *Kykéon*, mélange de farine, d'eau et de pouliot ; l'étiologie n'épouse pas exactement le rite, et il semble bien qu'Ovide ait eu en tête seulement l'idée de justifier l'heure tardive de ce repas rituel, non sa composition. L'hymne homérique dont il pouvait s'inspirer s'articulait mieux sur le rituel existant. Il mettait même lucidement en évidence le mécanisme étiologique, puisque Déméter acceptait la mixture consacrée « pour fonder le rite », et cela était dit expressément :

> δεξαμένη δ' ὁσίης ἕνεκεν, πολυπότνια Δηώ...[112].

D'autres traditions conjointes existent. Chez les uns, ce sont Baubô ou Iambé qui parviennent, l'une d'entre elles par des moyens bien peu recommandables[113], à faire rire Déméter, qui prend la nourriture offerte. Dans l'Hymne déjà cité, ce rôle échoit à Métanire, mais dans le texte de Callimaque, c'est au dieu *Hespéros*, le Soir[114]. L'introduction du personnage nous fait saisir la technique de création d'un mythe : les initiés mangent

---

111. Callimaque, *Hymn. Dém.*, VI, 44 ; Virgile, *Georg.*, I, 212, *(Cereale papauer)* et le commentaire de Servius *ad loc.*
112. *Hymne hom. à Déméter*, 211.
113. Arnobe, *Adu. Nat.*, V, 25. Voir A.B. Cook, *Zeus II*, Cambridge, 1925, (réimpr. 1965), p. 132 *sqq.*, ou Ch. Picard, *R.H.R.*, 1, 1927, 220-255.
114. *Hymne à Déméter*, 8-9 :
Ἕσπερος, ὅστε πιεῖν Δαμάτερα μῶνος ἔπεισεν,
ἁρπαγίμας ὅκ' ἄπυστα μετέστιχεν ἴχνια κώρας.

au coucher du soleil ; pourquoi ? Parce que Déméter elle-même mangea au coucher du soleil. Qui l'y poussa ? le soir. Et ce moment de la journée se symbolise dans le personnage allégorique d'Hespéros. Cette méthode, parfaitement assimilée par Ovide, sera employée par lui dans la création de maintes autres étiologies.

Et déjà, pour la boisson nuptiale, dont Ovide nous livre la recette détaillée : « N'hésitez pas », dit-il, « à prendre du pavot écrasé dans du lait blanc comme neige, avec du miel pur exprimé des rayons : dès qu'on l'eut conduite à son amoureux époux, Vénus but ce breuvage. A partir de cet instant, elle fut sa femme » :

> *Nec pigeat tritum niueo cum lacte papauer*
> *Sumere et expressis mella liquata fauis,*
> *Cum primum cupido Venus est deducta marito,*
> *Hoc bibit : ex illo tempore nupta fuit.*
> IV, 151-154

La recette, il l'a empruntée à Verrius Flaccus [115], mais l'*aition* est son œuvre personnelle. Si l'on a mis la boisson en relation avec le culte de Vénus, c'est parce que la déesse fut la première à y goûter : tel est son raisonnement, analogue à celui que nous venons d'étudier pour le *kykéon*. A quelle occasion put-elle y goûter ? Ovide propose les noces de Vénus, épisode bien connu, puisque la boisson en question était absorbée par les jeunes mariées romaines. Le lait et le miel, qui entrent dans la composition du breuvage, permettent de lui assigner une provenance grecque selon K. Wyss [116], tandis que le pavot pose d'épineux problèmes à F. Bömer. Cette plante appartient à Déméter, nous l'avons dit plus haut, et le culte de Vénus l'emploie dans la seule ville de Sicyone [117]. Il est impossible que Rome l'ait empruntée à Sicyone, estime le savant allemand, et impensable qu'elle ait créé elle-même le mélange : *Es ist nicht anzunehmen, dass diese singuläre und lokale Verbindung ausgerechnet von Sikyon nach Rom gekommen sei, unwahrscheinlich auch dass Rom sie neu geschaffen hat.* Aussi, F. Bömer se lance-t-il dans des considérations érudites et tortueuses

---

115. P. 35 L. : *Cocetum : genus edulii ex melle et papauere factum.*
116. *Die Milch im Kultus der Griechen u. Römer*, dans *Rel. Vers.*, 15, 2, 1914, 1-67, p. 12.
117. *F. éd. comm.*, 2, 1958, p. 217. P. 217, F. Bömer cite U. von Wilamowitz, dans *Glaube der Hellenen* I, 97, lequel affirme avec raison qu'Aphrodite n'a rien à voir avec les noces *(mit der Ehe hat Aphrodite sonst nie etwas zu schaffen)* ; p. 218, il atteste son rôle fécondant : *Der umgekehrte Vorgang ist der Übergang der der Aphrodite ihrem Wesen und Ursprung nach Zukommenden Symbole der vegetativen Fruchtbarkeit (Granatapfel, Myrte, Taube), ins Chthonische.* Deux raisons de refuser l'étiologie, puisque Vénus est la mariée chez Ovide, et que le *cocetum* n'est point boisson fécondante mais analgésique (*cf.* n. p. 17).

pour expliquer ce phénomène : Vénus *Verticordia,* dit-il, est la même divinité que l'Aphrodite *Apostrophia* de Thèbes ; cette dernière est unie à Arès, mais aussi à Déméter *Erinys.* Le fruit de Déméter est donc attribué, par osmose, à Aphrodite *Apostrophia,* puis à Vénus *Verticordia.* Mais ce raisonnement ne vaut (!) que si l'époux de Vénus est Mars-Arès. F. Bömer s'appuie, pour faire accepter ses vues, sur le vers d'Ovide *est deducta marito,* en ajoutant : *sc. Marti.* Mais quand Vénus a-t-elle épousé Mars ou quand Aphrodite a-t-elle épousé Arès ? F. Bömer connaît bien, pourtant, le fameux épisode homérique contant la ruse de l'époux légitime d'Aphrodite, Héphaïstos, le Vulcain latin, qui enferma aux mailles solides d'un filet son épouse adultère unie au dieu Arès et convia tout l'Olympe au spectacle !

Si donc Ovide a écrit le mot *maritus,* surtout après l'expression rituelle *deducta est* qui fait allusion à la procession nuptiale accompagnant l'épouse chez l'époux, c'est bien qu'il songe aux noces légitimes de Vénus, mariée, on le sait [118], à Vulcain. Et si l'on veut ironiser, on comprend aisément que devant pareil conjoint, Vénus ait dû recourir à une boisson aphrodisiaque !

Mais le breuvage est-il bien un aphrodisiaque, comme le prétend R. Schilling, et son absorption est-elle bien un rite des *Veneralia* ?

Le *cocetum* se trouve mentionné par Ovide au sein d'un groupe de vers assez décousu [119], où le poète évoque d'abord Vénus, puis passe à la Fortune Virile, avant de revenir à Vénus. Et l'on ne s'accorde même pas sur les propriétés de cette mixture ! R. Schilling ou U. Pestalozza [120] la considèrent comme une boisson aphrodisiaque ; selon ce dernier auteur, l'absorption de cette boisson correspond au bain des femmes dans les thermes réservés aux hommes : *l'amoroso filtro,* écrit-il, *dissipando la ignoranza virginea, e risvegliando, nella dea, limpidi e netti, la nozione ed il desiderio della vita e del piacere sessuali, aveva fatto della virgo una nupta, della fanciulla una donna, già prima ch'ella tale fisicamente divenisse nell'amplesso gagliardo del divino consorte* [121]. En ce cas, on s'explique mal qu'entre dans la composition du breuvage le pavot, dont la valeur... soporifique est plus qu'évidente, et largement attestée [122]. Cette difficulté a amené J. André à

---

118. Selon, du moins, l'*interpretatio graeca* ; il en va différemment pour Rome : J. Carcopino, *Virgile et les origines d'Ostie,* Paris, 1968², p. 98, 100, *etc.* : Vulcain a pour parèdres Maïa et Vesta.
119. Sur la construction du texte, voir B. 656.
120. *La Religion romaine de Vénus,* Paris, 1953, p. 226-233 ; et *Veneralia,* dans *S.M.S.R.,* 8, 1932, 176-188.
121. *Op. cit.,* p. 180.
122. Ovide, *Am.,* II, 6, 31 ; Columelle, *R. rust.,* X, 104 ; Virgile, *Georg.,* I, 78 ; IV, 545, *etc.*

soutenir, avec raison semble-t-il, que ladite boisson n'était pas un aphrodisiaque mais un analgésique [123].

Il est probable qu'on ne doit pas comprendre l'absorption du *cocetum* sur la foi du texte d'Ovide comme un rite essentiel des *Veneralia*. Le recours au mythe est, nous le croyons, purement gratuit. Ovide a pris occasion d'une fête de Vénus, déesse liée à l'amour et non aux fêtes nuptiales, en un jour où l'on célèbre aussi la Fortune Virile, pour indiquer au passage la composition de la boisson que prenaient les jeunes mariées romaines la nuit de leurs noces, et, comme garantie de son effet infaillible, a recouru à un *exemplum* inattaquable : les noces de Vénus elle-même. On pourrait rapprocher de ce dernier exemple la grenade dont Proserpine, aux Enfers, mange trois grains, épisode qu'Ovide mentionne, sans y attacher d'étiologie [124]. En fait, il s'agit seulement de la projection dans le domaine mythique d'une coutume nuptiale humaine : la dégustation, le jour des noces, d'une grenade, dont les pépins symbolisent, par leur nombre, la fécondité [125].

En revanche, on peut hésiter, pour l'explication d'un rite curieux dans le service liturgique de Mater Matuta : l'expulsion rituelle des esclaves hors de son temple [126]. Cette expulsion est justifiée par la dénonciation commise par une servante d'Athamas, et qui entraîna les malheurs de l'infortunée Ino. Ce même rite existe à Chéronée, et Plutarque lui accorde une assez longue notice : un gardien du temple demeure assis sur le seuil, un fouet à la main, et clame : « Que n'entre ici ni serf ni serve, ni Étolien ni Étolienne » [127]. A. Brelich estime qu'il n'y a pas à s'interroger longtemps, l'expulsion des esclaves étant forcément incluse dans l'interdiction du culte à toutes les femmes mariées plus d'une fois [128]. Néanmoins, il oublie le texte de Plutarque, selon qui un intérêt particulier s'attache à une esclave que l'on prend la peine de faire entrer dans le sanctuaire pour la gifler. Ovide n'a pas signalé le scénario de l'expulsion, et mentionne seulement une défense, sans doute parce qu' « il n'y voit, lui aussi, qu'une expression sensible, une mise en drame, qui n'ajoute rien d'essentiel ni de différent à l'interdit [129] ».

---

123. C.r. de la thèse de R. Schilling, paru dans *R.Ph.*, 31, 1, 1957, p. 136.
124. *Fast.*, IV, 607-608.
125. A.H. Krappe, *Genèse...*, p. 338.
126. *Fast.*, VI, 551-558.
127. Plutarque, *Quaest. Rom.*, 16.
128. D'après Tertullien, *Monog.*, 17 ; A. Brelich, *Osservazioni sulle esclusioni rituali*, dans *S.M.S.R.*, 22, 1950, 1-21, p. 16.
129. G. Dumézil, « Mater Matuta », dans *Déesses latines et mythes védiques*, Paris, 1956, p. 9-43 ; citation, p. 27.

L'explication donnée par G. Dumézil se réfère aux rituels védiques, où, pour schématiser, l'Aurore n'est plus sentie comme une bienfaitrice, mais comme celle dont la présence retarde l'arrivée du jour : il faut donc s'en débarrasser : « On comprend maintenant pourquoi les dames romaines, à la fête de leur Aurore, accomplissent ce second rite : introduire une femme esclave puis l'expulser en la battant, c'est signifier, et, par action sympathique, confirmer les brèves limites, le court intervalle de temps où doit se restreindre le service de l'aurore. Le peuple romain, comme les tribus védiques, appelle la venue quotidienne de la déesse, mais, aussitôt après, aspire à son départ, si elle s'attarde, si elle devient *durhanayu,* souhaite la voir disparaître [130] ».

Il paraît difficile de rapprocher trop scrupuleusement un mythe védique, celui d'Indra qui brise le char de l'Aurore [131], et le rite romain de l'expulsion d'une esclave. C'est bien, en effet, le choix d'une esclave qui embarrasse G. Dumézil, et il le justifie en une note évasive : « une femme esclave, comme il est naturel pour figurer dans un rituel un personnage malmené [132] ». Et G. Dumézil de rapprocher de cette expulsion l'autre expulsion fameuse (!) que comporte l'année romaine, celle de Mamurius Véturius. Or, d'une part Mamurius n'est pas un esclave ; c'est un ouvrier du bronze, dont le statut social, aux temps primitifs, ne semble pas avoir été si méprisable, puisqu'on lui attribue volontiers une puissance magique [133] ; et d'autre part, nous ne dirons jamais assez que la simplification par laquelle on donne force de loi au seul texte de Jean le Lydien, moine byzantin du V-VIe siècle ap. J.-C., contre les textes d'Ovide, de Verrius Flaccus, de Properce, de Servius, qui nous montrent en Mamurius un bienfaiteur national honoré par une mention dans l'Hymne Salien, nous paraît inadmissible. Il fallait, à Rome, un bouc émissaire ; les « naturalistes » et les « primitivistes » ont donc monté en épingle le seul texte qui leur en fournissait un ; et sur la seule foi de leurs écrits, on parle couramment de l'« expulsion de Mamurius Véturius », et un G. Dumézil lui-même, pourtant ennemi de tels mirages, l'utilise pour fortifier l'une de ses thèses !

Aucune des théories présentées n'explique la seconde partie de l'interdiction relative aux Étoliens et aux Étoliennes, dont le héraut associe, chez

---

130. *Op. cit.*, p. 38. Il est embarrassant aussi de voir un acte forcément quotidien célébré seulement une fois l'an. A tout prendre, l'« expulsion du vieux mars » se justifierait mieux.
131. P. 32.
132. P. 38, n. 1.
133. G. Dumézil, *Tarpeia,* Paris, 1947, p. 207-246 ; A. Illuminati, *Mamurius Veturius,* dans *S.M.S.R.,* 32, 1961, 41-80. Voir généralement les deux études de E. Cerulli, B. 170, sur le forgeron initiateur africain.

Plutarque, les noms à ceux, généraux et sociologiques, des esclaves mâles et femelles. En quoi cette ethnie avait-elle démérité pour se voir ainsi exclue ? Il peut s'agir d'un ajout local provoqué peut-être par une circonstance historique particulière à la Béotie ? Une incursion d'Étoliens lors d'une fête de Leucothea ? On peut, naturellement, tout imaginer.

Lorsque l'établissement du moindre rapport logique entre les éléments d'un rite et l'histoire du dieu se révèle impossible, il faut bien se résoudre à formuler tout de même une hypothèse. L'étiologue peut s'inspirer alors d'explications préexistantes, et s'essayer à la création. Ainsi fait Ovide pour l'attribution des *liba* à Liber, des tours à Cybèle.

Le type d'explication auquel il a recours est très ancien. Lui-même s'y réfère lorsqu'il conte la légende d'Athéna et de Marsyas, à propos de la présence des flûtistes aux Quinquatries [134]. Cette légende est attestée depuis le Ve siècle av. J.-C. [135]. Depuis cette époque, Athéna passe pour l'inventrice de la flûte, et le schéma de la légende peut être facilement réutilisé : rien d'étonnant à ce que Vulcain ait inventé les trompettes [136], Liber les *liba* et Cybèle les tours...

Voyons d'abord les gâteaux sacrés de Liber :

Nomine ab auctoris ducunt libamina nomen,
Libaque, quod sanctis pars datur inde focis.
Liba deo fiunt, sucis quia dulcibus idem
Gaudet, et a Baccho mella reperta ferunt.

III, 733-736

Tout d'abord, Ovide est seul à prêter l'invention du miel à Liber, en contradiction avec ce qu'il écrivait ailleurs [137]. Verrius lui-même ne connaît Liber que comme l'« inventeur du vin », le *repertor uini* [138]. Et si même Liber avait inventé le miel, pourquoi lui offrir des gâteaux, dont le miel n'est qu'un ingrédient, au lieu de miel en rayons ?

Varron établissait un rapport entre le nom des *liba* et leur usage, l'offrande religieuse, grâce au verbe *libare* : *libum*, écrit-il [139], *quod ut libaretur*

---

134. *Fast.*, VI, 695-710.
135. S. Reinach, *Cultes, Mythes et Religions*, 4, Paris, 1912, IV, p. 29-44.
136. *Fast.*, V, 725-726 ; Vulcain intervient tardivement dans les *Tubilustria*, et il y est évidemment l'Héphaistos grec.
137. *Pont.*, IV, 2, 9 :
    Quis mel Aristaeo, quis Baccho uina Falerna
    Triptolemo fruges, poma det Alcinoo ?
138. Festus, *s.u. Liber*, p. 103 L.
139. Varron, *Ling. Lat.*, V, 106.

priusquam essetur erat coctum [140]. Cette étymologie « fonctionnelle » ne fait pas l'affaire d'Ovide, qui ne peut laisser échapper une étymologie séduisante et fallacieuse : *liba* ←→ *Liber*. Aussi compose-t-il les deux vers dont nous avons dégagé déjà les subtilités [141] : « les *libamina* tirent leur nom de leur inventeur (soit : *liba* ← *Liber*), parce qu'on en offre une parcelle sur les foyers sacrés (soit : *liba* ← *libare*). La périphrase *partem dare*, qui recouvre le verbe technique *libare*, est soigneusement étudiée pour supprimer la contradiction de deux étymologies différentes dans une même phrase ! On touche du doigt combien ce qu'on veut appeler la « rhétorique » ovidienne est d'utilité première, lorsqu'elle lui permet de satisfaire les exigences de l'étymologie populaire tout en reproduisant l'étymologie qui fait autorité, celle de Varron.

Même élégance d'Ovide à propos d'un accident analogue : malheureusement pour son système étiologique, l'offrande des *liba* ne s'adresse pas qu'au seul Liber !

Au mois de juin, en effet, se place un rite assez peu connu, l'offrande de gâteaux sacrés à *Mater Matuta*. Le terme technique employé pour désigner ce plat sacrificiel est celui de *testuacium*, dont Varron explique la formation : *quod in testu caldo coquebatur, ut etiam nunc Matralibus id faciunt matronae* [142], « parce qu'on le cuisait dans un moule d'argile, comme le font encore les dames romaines aux *Matralia* ». Infortuné Ovide ! Il ne peut passer ce rite sous silence ; et il ne peut pas davantage insérer dans ses distiques le mot exact, puisque *tēstŭăcĭum* n'est pas admis dans le rythme dactylique. Il doit donc se résoudre à le remplacer par *libum*. Impossible de s'inspirer alors des structures étiologiques habituelles, et de prétendre que Mater Matuta a inventé les gâteaux sacrés, puisque Ovide a dit que leur inventeur était Liber ! Et du reste, le rapprochement phonique suggestif *liba/Liber*, s'il favorisait l'éclosion d'une fallacieuse étymologie au livre III, ne peut jouer dans le cas d'une autre divinité, honorée par l'offrande de *liba*, mais dont le nom ne présente aucune parenté avec ce mot.

Qu'à cela ne tienne ! Ovide, qu'il est bien difficile d'amener à capitulation, annexe séance tenante au mythe de Leucothea-*Matuta* un épisode nouveau, jailli de sa fertile invention. Il suppose une rencontre, plutôt inat-

---

140. Voir p. 228 pour la valeur de l'étymologie.
141. P. 227. Le texte figure en *Fast.*, III, 725-762.
142. *Ling. Lat.*, V, 106. Ce rituel est resté mystérieux, et la littérature religieuse le dédaigne unanimement. F. Bömer, *F. éd. comm.*, II, p. 375, évoque seulement un texte de Pausanias attestant l'offrande de gâteaux trempés dans l'eau à Épidaure Limera, dans le culte d'Ino, (III, 23, 8). Cette offrande de gâteaux ne pourrait-elle correspondre à la conception que les Romains avaient de *Matuta*, déesse du blé mûr ? (Augustin, *Ciu. Dei*, IV, 8 : *praefecerunt ergo frumentis... maturescentibus deam Matutam*, selon Varron).

tendue, entre Leucothea errante et... Carmenta ! la seconde offrant à la première des gâteaux cuits de sa main :

> *Hospita Carmentis fidos intrasse Penates,*
> *Diceris, et longam deposuisse famem.*
> *Liba sua properata manu Tegeaea sacerdos*
> *Traditur, in subito cocta dedisse foco.*
> *Nunc quoque, liba iuuant festis Matralibus illam.*
> VI, 529-533

Cette petite histoire est, à n'en pas douter, une fantaisie d'Ovide. D'abord, il n'existe pas plus de liens entre Carmenta et Leucothea qu'entre Leucothea et la pâtisserie ; ensuite, l'emprunt d'Ovide à lui-même, — car son récit est calqué sur la halte de Cérès chez Métanire ! — est signé par la répétition textuelle d'un fragment de vers emprunté à ce dernier épisode :

Longamque imprudens exsoluisse famem, de IV, 534,
qui devient :

Et longam deposuisse famem.

Ce thème du dieu errant recueilli et réconforté par un mortel compatissant est bien commode. Ce n'est certes pas le *diceris* ou le *traditur* d'Ovide qui nous feront croire à l'authenticité d'une tradition.

Rappelons un dernier moment du rituel des *Matralia* : les femmes y prient la déesse non, comme il est naturel, pour leurs propres enfants, mais pour ceux de leurs sœurs :

> *Non tamen hanc pro stirpe sua pia mater adoret,*
> *Ipsa parum felix uisa fuisse parens.*
> *Alterius prolem melius mandabitis illi :*
> *Vtilior Baccho quam fuit ipsa suis.*
> VI, 559-562

Le même rituel existe, selon Plutarque toujours, à Chéronée. Son mystère a été sondé de différentes façons. H.J. Rose a compris que les *pueri sororii* n'étaient pas les « enfants des sœurs », mais les adolescentes, à cause d'un verbe *sororiare* qualifiant le gonflement des seins à la puberté [143]. G. Dumézil a fait justice de cette interprétation hardie [144], et placé l'explication sur

---

143. *De Religionibus antiquis quaestiunculae tres,* dans *Mnemosyne,* 53, 1925, 407-410 et 413-414. Aussi : *Two Roman Rites,* dans *C.Q.,* 28, 1934, 156-157.
144. *Déesses latines et mythes védiques,* Paris, 1956, 9-43. Aussi, *Fêtes romaines...,* 38-41 ; *Mythe et Épopée,* 3, 1973, 305-330, ou *Les Enfants des sœurs...,* dans *R.É.L.,* 33, 1955, 140 *sqq.*

un plan mythique : le rite traduirait une phase imagée du mythe des Aurores, qui, dans les textes védiques, « choient le Soleil », leur neveu. Ovide avait déjà proposé une étiologie de type mythique, en se référant à l'histoire d'Ino elle-même, qui fut mère malheureuse mais tante privilégiée. Il est amusant de voir St. Weinstock revenir à un système d'explication antique [145] : ne suggère-t-il pas qu'une femme ayant, un jour, par hasard, prié pour son neveu, cette initiative accidentelle fut transformée en rite, par simple imitation !

Venons-en à Cybèle et à ses tours. Pourquoi la déesse porte-t-elle cette étrange couronne crénelée ? C'est, répond Ovide, parce que Cybèle a inventé les tours :

> « *At cur turrifera caput est onerata corona ?*
> *An primis turres urbibus illa dedit ?* »
> *Adnuit.*
>
> IV, 219-221

Les autres *aitia* [146] que l'on a pu donner à cet emblème curieux, sont en majorité de type « fonctionnel », c'est-à-dire nécessitent à la base n'importe quelle interprétation du *Wesen* de Cybèle, philosophique, morale, physique, mais ne supposent pas de sa part une intervention directe et agissante. Ils sont, qu'on nous pardonne le modernisme de l'expression, *statiques,* tandis que celui d'Ovide est *dynamique.* Tous se fondent sur une idée abstraite : Cybèle est la Terre, et la terre est couverte de villes. Les tours symbolisent donc l' « essence » de la divinité, ses « fonctions » essentielles : *quod autem turritam gestat coronam, ostendit superpositas terrae esse ciuitates, quas insignitas turribus constat*, et Servius s'inspire sans doute de Varron [147]. Négligeant l'interprétation philosophique, Ovide est allé au plus simple.

Aux yeux des Modernes, la couronne crénelée est souvent le symbole d'une activité poliade de la déesse [148]. Il faut noter pourtant l'explication originale de A. Rapp : la coiffure première de Cybèle aurait été l'attribut des déesses matronales, le *Pôlos* ou *Modius*, sorte de chapeau en forme de boisseau renversé ; et les fidèles contemplant sa statue l'auraient interprétée abusivement comme une couronne crénelée [149]. P. Lambrechts se range à

---

145. C.r. de l'ouvrage de K. Latte (*Röm. Relig.*), dans *J.R.S.*, 51, 1961, 206-215, p. 212.
146. *Met.*, X, 696 et *Tr.*, II, 24 ; Virgile, *Aen.*, VI, 795 et X, 253 ; Lucrèce, *Nat. Rer.*, II, 606 *sq.* ; Properce, III, 17, 35 et IV, 11, 52.
147. *Ad Aen.*, III, 113 ; Varron, chez Augustin, *Ciu. Dei*, VII, 24.
148. Par exemple L. Preller, *Röm. Myth.*, 2, 1881, p. 353 ; M.P. Nilsson, *Gesch. Griech. Relig.*, 2, Munich, 1949, réed., 1967.
149. Dans *Lexicon...*, II, 1, 1638-1672, col. 1647. Bonne analyse, par P. Boyancé (*Une Exégèse stoïcienne...*, dans *R.É.L.*, 19, 1941, 147-166) du passage correspondant chez Lucrèce :

l'avis commun, mais avec une précision intéressante, qui met en lumière la préférence romaine pour cette représentation : « Cybèle n'apparaît presque jamais sans la couronne murale. Il semble naturel d'admettre que cela est dû au fait que, dès son adoption à Rome, elle fut considérée en premier lieu comme divinité protectrice de la Ville. Le symbolisme oriental ne sert ici qu'à habiller une pensée romaine [150] ».

Il ne faudrait point établir de façon trop tranchée cette prédilection d'Ovide pour l'élément mythique. Dans le cas de Cybèle, justement, nous constatons un mépris superbe du mythe, et cela dans des conditions qui nous demeurent difficilement explicables. Il est vrai qu'Ovide se réfère tout de même à un acte commis par la divinité, mais si vague, si embarrassé, qu'on ne doute pas qu'il l'ait imaginé au moment même où, la question posée, il devait bien trouver une réponse. Le problème est celui des lions attachés au char de la déesse :

> ... *Coepi : « Cur huic genus acre leonum*
> *Praebent insolitas ad iuga curua iubas ? »*
> *Desieram. Coepit : « Feritas mollita per illam*
> *Creditur. Id curru testificata suo est ».*
>
> IV, 215-218

La Mère des dieux a enchaîné les lions à son char afin de signifier par là qu'elle avait « vaincu la férocité ». Mais quand, pourquoi, comment Cybèle a-t-elle vaincu la férocité ? Ovide serait bien en peine de nous donner des précisions ! Ces lions sont probablement, comme le suggère F. Cumont, le totem des sauvages tribus anatoliennes [151] ; on pourrait imaginer aussi que Cybèle apparaît dans les contrées orientales où elle est née, comme la « Maîtresse des Fauves », la fameuse *Potnia Thérôn*. Ovide a remplacé les lions par leur image abstraite, la sauvagerie, la féroce puissance ; puis, il a transposé sur le plan mythique la situation des lions enchaînés au char, qui évoque aussitôt, pour un esprit romain, l'idée de triomphe, et créé alors de toutes pièces sa *causa*, qui, en fin de compte, retrouve l'image antédiluvienne de la Maîtresse des Fauves !

L'examen des causes proposées par d'autres écrivains antiques est tout aussi décevant. Nous y retrouvons les mêmes jeux d'abstractions maladroi-

---

muralique caput summum cinxere corona/eximiis munita locis quia sustinet urbes, II, 606-607.
150. *Cybèle, divinité étrangère ou nationale ?* dans *B.S.b.A.P.*, 62, 1951, 44-60, p. 55.
151. *Les Religions orientales dans le Paganisme romain*, Paris, 1963 (d'ap. 1929⁴), p. 45. Sur un plan plus général, voir les remarques de J. Przyluski sur la « Maîtresse des fauves » dans les religions méditerranéennes (*La Grande Déesse*, Paris, 1950).

tes, et l'on dirait qu'il existe un schéma originel philosophique, dont chacun se servirait comme d'une grille, en y plaçant divers équivalents, sans lien direct avec Cybèle. On nous assure que la Mère des dieux a enchaîné des lions à son char « parce que la culture dompte tout » ; *nullum genus esse terrae tam remotum, ac uehementer ferum, quod non subigi colique conueniat* [152]. Ou bien, parce que la piété maternelle dompte tout : *maternam pietatem totum posse superare* [153]. Et voici le raisonnement le plus retors : la Terre est entourée par le Ciel, dont le naturel farouche (!?) est comparable au caractère du lion : *Leonibus uehitur ualidis impetu atque feruore animalibus, quae natura caeli est, cuius ambitu aer continetur, qui uehit terram* ; cette trouvaille confondante est celle de Macrobe [154].

Notons qu'Ovide est le seul à faire intervenir directement Cybèle en tant que déesse agissante : cet *aition* est conforme à son système mythique habituel.

Mais Ovide aurait pu faire mieux. En effet, nous découvrons dans un autre texte un véritable *mythe* explicatif : c'est un appendice au mythe d'Atalante et d'Hippomène, de caractère, au demeurant, assez léger. Les deux amants s'unissent dans le bois de Cybèle, et la déesse outragée les transforme tous deux en lions, animaux qui, aux dires de Servius dont le texte s'inspire d'un écrit de Pline [155], s'accouplent volontiers avec des femelles d'une autre espèce, et rarement avec des lionnes. Laissons cette affirmation aventureuse sous la responsabilité du grave naturaliste, et bornons-nous à remarquer que cette historiette piquante aurait dû tenter le talent léger d'un Ovide. Au fait, où Servius a-t-il déniché son anecdote ? Dans les *Métamorphoses*, précisément [156] !

Nous nous sommes posé ailleurs la question de savoir pour quelle raison Ovide avait changé d'explication entre les *Métamorphoses* et les *Fastes*. Il est probable que l'historiette était trop scandaleuse pour être admise dans un ouvrage sérieux, romain et religieux ; aussi, le penchant favori d'Ovide pour la *retractatio* n'eut-il pas lieu de s'exercer, et notre étiologue dut se rabattre sur un gauche et fade *aition* pseudo-philosophique. Ce qui lui appartient sans conteste, c'est le rapport entre le récit concernant Atalante et Hippomène et le culte de Cybèle, qu'il établit lui-même ; pour

---

152. Varron, chez Augustin, *Ciu. Dei*, VII, 24.
153. Servius, *Ad Aen.*, III, 113.
154. *Sat.*, I, 21, 8.
155. Servius, *Ad Aen.*, III, 113.
156. X, 681 *sqq*.

des besoins étiologiques, selon M. Haupts [157], encore que les *Métamorphoses* ne prétendent pas être un ouvrage d'étiologie. Dans le texte d'Hygin, en effet, les deux amants couchent non pas dans le bois de Cybèle, mais dans le temple de Jupiter [158]. Ce serait Ovide qui aurait, par conséquent, changé l'appartenance de ce bois.

Le même schéma directeur inspire les explications qu'Ovide affecte à l'attribution à Liber et Vénus de deux plantes sacrées, le lierre et le myrte. Ovide ne prétend pas, cette fois, que Liber a inventé l'un et Vénus l'autre. Il montre que les deux plantes ont joué, dans l'histoire des deux personnages célestes, un rôle important, qui leur valut la consécration.

Dans les écrits serviens, nous découvrons des observations scientifiques destinées à justifier le patronage de Vénus sur le myrte. Cette herbe, dit le philologue, guérit les maladies spécifiques des femmes ; ou bien, elle est aussi fragile que l'amour inconstant, apanage de la capricieuse déesse ; ou encore, c'est une plante qui pousse au bord de la mer, lieu de naissance de Vénus [159]. Nous lisons également sous la plume de Servius deux histoires scabreuses, celle de la prêtresse d'Aphrodite, Myrrhène, ou celle de Myrrha, que son propre père rendit, par la violence, mère d'Adonis [160]. Ovide, naturellement, n'a pas le monopole de toutes les métamorphoses dont foisonne la mythologie grecque, mais il nous semble qu'il pouvait connaître celles-là, étroitement liées, du reste, à son sujet. Mais Ovide a sans doute compris l'incongruité que constituait l'insertion d'un conte licencieux au milieu d'un rite matronal romain, au sein du culte de Vénus dont il cherche à moraliser le personnage [161], au mépris de ce que représentait à ses yeux Vénus, lorsqu'il n'était, dans les *Amours* ou dans *l'Art d'Aimer,* que le frivole poète de la *nequitia*.

Quelles sont donc, selon lui, les origines du bain *sub myrto*, auquel les Romaines couronnées de myrte procédaient le 1er avril ?

Vos quoque sub uiridi myrto iubet ipsa lauari,
Causaque cur iubeat, discite, certa subest.

---

157. *Ovid setzt die Cybele ein, um die Löwen der Cybele zu erklären,* éd. des *Métamorphoses,* Dublin, 1966, 2, p. 175.

158. Hygin, *Fab.,* 185 : *cum ea in fano* (Iouis Victoris) *concubuit.*

159. *Vel quod, ut medicorum indicant libri, haec arbor apta est mulierum necessitatibus plurimis ; uel quia fragilis est ut amor inconstans ; uel iucundi odoris, ut « sic positae quoniam suaues miscetis odores »... Huic autem myrtus consecrata est, uel quod haec arbor gaudet litoribus, et Venus de mari dicitur procreata. Ad Buc.,* VII, 62 ; *Ad Georg.,* II, 64. Isidore, *Etym.,* XVII, 50.

160. *Ad Aen.,* V, 72 ; III, 23. Elle figure dans les *Métamorphoses,* X, 298-518.

161. Nous avons étudié les efforts moralisateurs d'Ovide : *Les Fastes d'Ovide et le sourcil latin,* dans *Latomus,* 37, 4, 1978, 851-873.

Litore siccabat sudantes rore capillos,
Viderunt Satyri, turba proterua, deam.
Sensit, et opposita texit sua tempora myrto.
                                        IV, 139-143

A l'en croire, Vénus, cernée nue sur le rivage par les impudents Satyres, se dissimule sous un myrte épais : voilà pourquoi les femmes se baignent lors des *Veneralia* avec un rameau de myrte entortillé dans les cheveux !

Nous tenons là un bon exemple de la parenté tout extérieure qui unit rite et mythe chez Ovide. Le souci de calquer l'explication sur le rite amène Ovide à faire fi de la vraisemblance. Parce que le rite exige des couronnes de myrte, il faut que sa Vénus étiologique se place elle aussi une couronne de myrte sur les tempes, et ce moyen de dissimuler sa nudité peut faire sourire. Servius, qui, lui, explique l'usage du myrte en général, non le rite des couronnes aux *Veneralia*, dégage l'étiologie de l'emprise étouffante du rite pour proposer des événements une vision très logique : la déesse court se dissimuler dans un *bosquet* de myrte : *cum a mari exisset, latuit in myrto, ne nuda conspiceretur* [162]. Ovide faisait parfois cadrer de force un rite avec les étiologies dont il disposait, nous le voyons ici accorder la primauté au rite, en risquant une étiologie invraisemblable.

Cette invention ovidienne [163] a provoqué de curieuses observations chez les savants modernes. Si elle n'a d'autre valeur, écrit R. Schilling [164], « elle a du moins le mérite de souligner la signification du rite ». Faut-il donc croire que la couronne placée autour des tempes des matrones contribuait à voiler leur nudité ? Tout dépend de l'endroit où l'on plaçait la couronne, répondrait sans doute U. Pestalozza, lui qui suppose sans l'aveu des textes que les Romaines plaçaient leur myrte, à l'origine, autour des hanches, et en contact avec les organes sexuels : *tale il portare in dosso, durante l'immersione, o sul capo, a guisa di corona, o forse, in origine, intorno ai fianchi, ed a contatto, percio, degli organi del sesso, le fronde afrodisiache del mirto* [165]. Jusqu'à plus ample informé, une couronne étant destinée à être portée sur la tête, nous ne suivrons point l'imaginatif Italien dans ces sentiers équivoques.

Qu'en est-il pour la consécration du lierre à Liber, ou, en religion hellénisée, Dionysos ?

---

162. *Ad Buc.*, VII, 62.
163. H. Winther, *De Fastis V.F...*, p. 21 : *haud dubie ipse sibi finxit.*
164. *La Religion romaine de Vénus*, Paris, 1954, p. 232.
165. *Veneralia*, dans *S.M.S.R.*, 8, 1932, p. 179.

Ce sont des considérations médicales qui expliquent, ailleurs que chez Ovide, l'attribution de la plante au dieu, avec une propriété spéciale du lierre, celle de combattre les fumées de l'ivresse : *Varro ait Liberum patrem propter calorem uini hedera coronatum ; (...) haec herba nimium frigida est, et uini calorem temperat* [166]. Mais on préfère parfois un rapport plus extérieur : le lierre toujours vert convient bien à un Bacchus toujours jeune [167] ; ou encore un rapport philosophique subtil : le lierre, qui s'attache à tout ce qu'il touche, convient au dieu du vin, qui, lui aussi, « attache » les esprits des buveurs, embrumés par ses vapeurs nocives : *hedera dicta quod haereat : quae sic in tutela Liberi putabatur esse, quia ut ille iuuenis semper, ita haec uiret ; uel, quia ita omnia, sicut ille mentes hominum inligat* [168]. Quant à Macrobe, il semble bien qu'il joue sur le nom de *Liber,* et lui attribue le lierre, — plante qui entrave —, par antiphrase : *habet enim hedera uinciendi obligandique naturam* [169]. Songe-t-il à Liber dieu « libre », ou à Dionysos *Eleutheros* [170] ?

Voyons ce que nous réserve Ovide. Les considérations scientifiques ou médicales ne l'inspirent guère. Il s'est arrêté, lui, à un épisode mythique, choisi dans les récits consacrés aux enfances du dieu. Les plantes dédiées aux divinités semblent avoir pour fonction essentielle de les protéger dans des circonstances critiques. Le lierre protégera donc Bacchus, caché sous ses entrelacs à sa naissance, par les nymphes de Nysa :

> *Nysiadas nymphas puerum, quaerente nouerca,*
> *Hanc frondem cunis opposuisse ferunt.*
>
> III, 769-770

Le mot «*ferunt*», « les gens disent... », a pour unique objet de parer d'un semblant d'authenticité un récit qui ne figure que chez Ovide. Lorsqu'il relate la naissance de Dionysos dans ses *Métamorphoses,* le poète ne fait pas la moindre allusion ni au berceau ni au feuillage salvateur :

> *... Inde datum nymphae Nyseides antris,*
> *Occuluere suis lactisque alimenta dedere* [171] ;

---

166. Servius, *Ad Buc.*, VIII, 12.
167. Paulus, p. 89 L., *s.u. Hedera.*
168. *Ibidem.*
169. *Sat.*, I, 19, 2 ; Servius, *Ad Georg.*, I, 166 : *Liber ab eo quod liberet dictus est.*
170. Plutarque, *Quaest. Rom.*, 104 ; *cf.* G.W. Elderkin, *Dionysos Eleutheros and Liber,* dans *C.Ph.*, 31, 3, 1936, 259-261.
171. *Met.*, III, 314-315 ; lire G. Krassowsky, *Quomodo Ovidius... a se ipso discrepuerit,* diss. Königsberg, 1897, p. 12.

d'autre part, dans un passage des *Fastes* consacré au catastérisme des Hyades, ce sont ces nymphes qui se voient déférer l'honneur d'avoir nourri Bacchus : *Pars Bacchum nutrisse putat* [172].

Deux derniers exemples, où, cette fois, les voyages du dieu vont servir de prétexte étiologique : les *mutitationes* organisées en l'honneur de Cybèle, et la monnaie de bronze frappée au Ianus.

On se lance, au mois d'avril, des invitations entre patriciens, pour imiter, dans les mœurs humaines, le « voyage », (c'est-à-dire le changement de résidence !) de la divine Mère :

> *Quod bene mutarit sedem Berecyntia, dixit,*
> *Captant mutatis sedibus omen idem.*
>
>   IV, 355-356

Cette même cause, ou ce même expédient, se retrouve sur le marbre des Fastes de Préneste : *Nobilium mutitationes cenarum solitae sunt frequenter fieri, quod Mater Magna ex libris Sibullinis arcessita, locum mutauit ex Phrygia Romam* [173]. Il n'est pas certain, toutefois, que Verrius soit le créateur de cette étiologie : H. Winther, dans son étude comparée des deux séries de Fastes, admet que pour cette explication, Ovide a pu inspirer son savant contemporain [174]. Nous n'hésiterions guère à l'affirmer : les différents exemples examinés jusqu'ici montrent que le recours à l'histoire de la divinité est chez Ovide un réflexe instinctif. Les *mutitationes* patriciennes ne seraient qu'un exemple de plus, et le texte qui en fait mention contient un procédé stylistique particulier à Ovide, massivement représenté dans les *Fastes* et que nous étudierons bientôt. Verrius, en revanche, n'établit presque jamais ces rapports mythiques.

Qu'il faille attribuer l'*aition* à Verrius ou à Ovide, on ne lui accordera pas plus de valeur dans l'un et l'autre cas. L'existence de *mutitationes* analogues et antérieures, pratiquées, cette fois, par les *plébéiens*, et dans le culte de Cérès [175], nous interdit de tenter un rapprochement exclusif entre les *mutitationes* et Cybèle ! On s'invite, entre nobles, dans la liturgie de Cybèle, qui a voyagé ; mais on s'invite aussi, entre gens du commun, dans

---

172. *Fast.*, V, 167. Voir aussi Apollodore, *Bibl.*, III, 4, 3 ; chez Homère, *Il.*, VI, 132, les nymphes sont nommées, sans lieu d'origine ; sur Nysa, lire H. Jeanmaire, *Dionysos*, Paris, 1951, p. 350 *etc.*
173. *C.I.L.*, I², p. 316.
174. *De Fastis V.F...*, p. 23.
175. Aulu-Gelle, II, 24, 2 et XVIII, 2, 11. Voir H. Le Bonniec, *Le Culte de Cérès...*, p. 365-367 ; p. 366 : « cet exclusivisme devait puissamment renforcer ce que nous appellerions aujourd'hui la *conscience de classe* ».

celle de Cérès, qui n'a jamais quitté Rome ; et l'on ne s'invite pas, dans le culte du voyageur Esculape ! Il faut donc entendre les *mutitationes* patriciennes plutôt sur le plan de l'histoire religieuse, comme une étape de la rivalité entre les deux cultes de Cérès, plébéien, et de Cybèle, sur lequel l'aristocratie mit d'emblée la main en fondant, pour mieux marquer sa volonté de concurrence, des *mutitationes* identiques aux joyeux repas qu'on s'offrait entre voisins lors des fêtes de Cérès.

Terminons sur la monnaie de bronze frappée du Janus.

La pièce, célèbre, porte au revers une proue de bateau [176], et la question intéressante est de découvrir le cheminement de pensée qui institua un rapport entre la gravure de l'avers et celle du revers. Or, les liens qu'entretient Janus, l'autochtone le plus affirmé de la religion romaine, avec le monde de la mer et la navigation ne sont pas des plus évidents. Le dieu protecteur des ports n'est pas Janus, on le sait, mais *Portunus* [177]. Dans la sphère du raisonnement antique, il convient, si l'on désire expliquer la proue, de découvrir quand le dieu Janus put avoir pris le bâton de pèlerin.

Janus est un cas désespéré. Mais par bonheur, il a entretenu, durant son séjour sur la terre, des relations suivies avec un Grec étranger, Saturne, exilé en Italie [178]. C'est du moins ce qu'affirmait Protarchus de Tralles, suivi par Hygin, deux avis recueillis par Macrobe [179]. Et ils ne sont pas les seuls à relater les séjours de Saturne en terre italienne : Lactance énumère [180] les témoignages de Diodore, Thallus, Cornélius Népos, Varron, Cassius. Enfin, document précieux s'il renferme une information exacte, Tertullien nous affirme que la visite de Saturne à Janus était célébrée par le Chant des Saliens [181], ce qui assignerait des dates fort lointaines à ce qui pourrait

---

176. Intéressantes reproductions dans l'ouvrage de A. Alföldi, *Early Rom and the Latins*, Ann Arbor, 1966. Sur le type de la proue, J.G. Milne, *Problems of the Early Roman Coinage*, dans *J.R.S.*, 2, 1912, 91-100.

177. Hypostase de Janus ? (P. Grimal, B. 377, p. 111). Mais il possède son propre Flamine (J.S. Speÿer, B. 752, p. 22). Pourtant, les définitions du nom, (*portuum portarumque praeses*, Varr. *ap.* Schol. Veron., *Ad Aen.*, V, 241), les emblèmes du dieu (clef et baguette : Macrobe, *Sat.*, I, 9, 7), le fait que *portus* désigne originellement la maison (Loi des XII Tables, *ap.* Paulus-Festus, p. 262 L.), la date de dédicace, le jour des *Portunalia*, du temple de Janus, en 260 (Varron, *Ling. Lat.*, VI, 19) font croire à une identité primitive des deux divinités.

178. Servius, *Ad Aen.*, VIII, 357 ; Tacite utilise le même argument pour la gravure d'une liburne sur les monnaies d'Isis (*Germ.*, IX). L'exil de Saturne est pour le moins curieux !

179. *Sat.*, I, 7, 20. Voir F. Bömer, *Interpretationen...*, dans *Gymnasium*, 64, 1957, 118-135, p. 117.

180. *Diu. Inst.*, I, 12.

181. *Apol.*, chap. 10 : *in qua Saturnus post multas expeditiones ...exceptus ab Iano, uel Iane, ut Salii uolunt...*

paraître une invention de mythographes hellénisants. Saturne étant forcément arrivé en Italie par bateau, un esprit inventif pouvait tout de suite saisir les perspectives offertes par les relations entre Janus et un navigateur, Saturne, pour expliquer l'effigie du bronze :

> *At bona posteritas puppem formauit in aere,*
> *Hospitis aduentum testificata dei.*
>
> I, 239-240

Plutarque mentionnant ce rapprochement sous le terme générique de οἱ πολλοί [182], « la plupart des gens », nous concéderons, pour une fois, qu'Ovide n'est pas l'auteur du rapport entre Janus et les voyages de Saturne. Plutarque lui-même, du reste, n'est pas entièrement d'accord avec ces perspectives trop faciles. Il le dit d'emblée, et l'objection qui se présente à la pensée de tout lecteur avait déjà été formulée par l'écrivain grec : Saturne n'est pas la seule divinité à être arrivée par mer ! Pourquoi l'avoir ainsi privilégié ?

En effet, l'élément important des aventures de Saturne n'est certes pas la mer. Si l'on eût voulu évoquer réellement Saturne, on eût de préférence adopté son attribut habituel, la faux : n'est-il pas, chez Ovide, le « dieu à la faux », *falcifer deus*[183] ? Ces évidences n'arrêtent pas l'étiologie, qui n'hésite pas, si elle n'est pas à même de proposer un rapport direct entre un dieu et un objet appartenant à sa sphère liturgique, à faire intervenir un dieu voisin et ami, dans la mythologie duquel elle puisera l'élément souhaité.

Pour conclure, nous laisserons Ovide énoncer lui-même, puisqu'il a su l'identifier très consciemment, le mécanisme qu'il utilise en maintes occasions : « l'événement est bien lointain ; mais l'imitation de cet événement subsiste encore », *res latuit, priscique manent imitamina facti* [184].

b. *L'image divine*

La phase suivante de cette étude du mythe dans les *Fastes* sera constituée par l'examen des *causae* qui ne se rapportent plus à un acte du dieu lui-même, mais à un trait de sa physionomie divine, à l'un de ses goûts, bref, au domaine de la représentation religieuse du dieu. Religieuse, mythique, ou ...ovidienne, s'entend ! Ce domaine étant particulièrement extensible et malléable, il était bien difficile à l'inventif Ovide de renoncer au plaisir de

---

182. *Quaest. Rom.*, 41.
183. *Fast.*, I, 234.
184. *Fast.*, IV, 211. Autre formule analogue en IV, 709 : *Factum abiit, monimenta manent.*

l'exploitation outrée, voire de la création. Effectivement, soit parti pris, soit expédient en face d'une question rebelle, il nous apparaîtra souvent que certaines réponses sont parfaitement arbitraires, et que certains caractères du dieu se modèlent au fur et à mesure des questions posées, nous dirions, si nous ne craignions le jeu de mots, pour les besoins de la cause. Et le lecteur soupçonneux ressent souvent l'impression que certains goûts vestimentaires ou gastronomiques de la divinité, certaines exigences dont il n'avait jamais entendu parler auparavant, se superposent si exactement au rite qu'ils semblent déterminés par lui, et par lui seulement.

Le domaine des préférences personnelles des dieux, modifiable à volonté, offre un large éventail au chercheur. Nous allons rencontrer désormais d'autres thèmes : « parce que le dieu aime que... », « parce qu'on représente le dieu ainsi ».

Il s'agit donc de mettre au jour des liens, si ténus qu'ils puissent apparaître, entre un dieu et son culte. Or, il est normal qu'existent des analogies entre la représentation du dieu, et les phénomènes liturgiques. Une fois qu'un personnage céleste est conçu comme dieu de la guerre, par exemple, ou une déesse comme déesse de l'accouchement, il est normal que sa liturgie comporte une symbolique de la guerre ou de l'accouchement. Cela est si vrai que, souvent, ce sont ces rites survivants qui aident les Modernes à circonscrire avec exactitude le domaine de tel dieu sur les fonctions duquel ne subsistaient plus que des fragments, ou dont les Anciens avaient, au fil des âges, au fil des hypothèses, complètement altéré la figure divine. Un cas célèbre est celui de *Consus,* que les Romains définissent comme dieu du *consilium* ou comme Neptune équestre [185], tandis que les Modernes, référence faite à son autel souterrain, aux dates de ses fêtes, à ses alliances avec *Ops Consiua*, le définissent comme un dieu des silos et de l'engrangement [186].

L'ingéniosité des Anciens, dans l'élaboration de ces correspondances, ne connaît pas de limites. Nous nous bornerons à rappeler une étiologie fort convaincante, due à Isidore de Séville, et qui permet de mesurer à elle seule l'ampleur du mal : « Pourquoi le dieu Vulcain est-il contrefait ? C'est parce qu'il est dieu du feu, et qu'une flamme n'est jamais droite [187] »...

---

185. Paulus, *s.u. Consualia*, p. 36 L. ; Tite-Live, I, 9 ; Denys d'Halicarnasse, I, 33 ; Plutarque, *Quaest. Rom.*, 48 ; Servius, *Ad Aen.*, VIII, 635.
186. Voir les bonnes études de G. Dumézil sur la question, dans *Idées romaines*, Paris, 1969, p. 289 *sqq.* Aussi P. Stehouwer, *Études sur Ops et Consus*, Utrecht, 1956.
187. *Etym.*, I, 40, 4.

Pour ce qui est d'Ovide, les rapports qu'il entrevoit sont toujours d'une extrême subtilité, et l'ingéniosité qu'ils présupposent est telle qu'on rend bien souvent les armes, sans être totalement convaincu.

Il n'est pas rare également qu'Ovide introduise dans ce type d'explication des artifices de style, destinés à suppléer des raisons religieuses manquantes, et à doter l'étiologie fragile d'une sorte d'évidence extérieure, afin que, pris par une ressemblance spécieuse entre le rite et le dieu, le lecteur séduit ne cherche pas plus avant.

Ce caractère artificiel apparaît éloquemment dans les explications qu'Ovide affecte aux différents moments des *Liberalia*. Varron se borne à indiquer les rites sans les commenter, personne ne s'est soucié, semble-t-il, de le faire à sa place : *Liberalia dicta quod per totum oppidum eo die sedent < ut > (Kent) sacerdotes Liberi, anus hedera coronatae, cum libis et foculo, pro emptore sacrificantes* [188].

Et c'est tout. Ovide est le seul à se poser des questions plus précises touchant l'usage des gâteaux, les couronnes de lierre, la fonction des vieilles femmes, et le seul aussi à fournir à ces questions des réponses très relativement satisfaisantes. Nous avons déjà commenté le pourquoi du lierre et des gâteaux ; reste la vieille femme : c'est une femme, nous assure Ovide, parce que le dieu est servi par des Bacchantes ; et elle est vieille parce que les vieillards aiment particulièrement le vin !

> *Femina cur presset non est rationis opertae :*
> *Femineos thyrso concitat ille choros.*
> *« Cur hoc anus faciat ? » quaeris. Vinosior aetas*
> *Haec erat, et grauidae munera uitis amans.*
> III, 763-766

Ce rapport établi avec les Bacchantes, outre qu'il concerne plutôt Dionysos que Liber, paraît spécieux, et c'est également l'avis de F. Bömer : *Ovids Verbindung griechischer und römischer Elemente ist Rationalismus* [189]. Très habile est, en revanche, la scission du problème en deux, d'un côté les femmes, de l'autre les *vieilles* femmes, ce qui lui permet d'introduire les Bacchantes qu'il a évidemment envie d'évoquer, lorsqu'il parle du dieu du vin, sans risquer l'invraisemblance d'une assimilation entre les fougueuses prêtresses et les vieillardes décrépites que l'on voit officier dans les carrefours romains !

---

188. Varron, *Ling. Lat.*, VI, 14.
189. *F. éd. comm.*, 2, p. 127 *sqq*.

Quant aux insinuations d'Ovide concernant le jus de la treille, c'est une plaisanterie sur un thème largement exploité dans l'Antiquité et popularisé par la statuaire [190], effleuré déjà par le poète à propos de Tacita [191]. Mais c'est aussi le résultat de doctes observations médicales. Ouvrons les *Quaestiones conuiuales* de Plutarque : nous y trouvons affirmé que les vieilles personnes ont une prédilection pour le vin, parce qu'il ramène la chaleur dans leurs membres ankylosés par l'âge [192].

Le don de la *toga libera* aux jeunes gens le jour des *Liberalia* n'embarrasse guère Ovide, nous l'avons vu, bien que la relation établie entre le nom de Liber et le vêtement « de liberté » soit récent [193] ; et qu'il n'y ait guère là que le fruit d'une *etymologische Konstruktion* [194]. Ce rapprochement figure, bien entendu, chez Ovide, en même temps que quelques autres approximations : il est normal que des adolescents honorent un dieu adolescent [195], ou que les pères confient leurs rejetons à un dieu surnommé *pater* [196].

Les deux assertions sont des vérités spécieuses : il existe, nous affirme Macrobe, *des statues de Liber à tous les âges* [197]. Et les trois quarts des dieux romains ont été gratifiés du *cognomen* de *pater*, sans pour autant avoir engendré le moindre enfant. Dès l'aube de la littérature romaine, le satirique Lucilius tourne en dérision, déjà, ce surnom parfaitement inadéquat :

> *Nemo sit nostrum quin aut Pater Optimus Diuum*
> *Aut Neptunus pater, Liber, Saturnus pater, Mars,*
> *Ianus Quirinus pater siet ac dicatur ad unum* [198].

Rarement peut-être, dans les *Fastes*, l'étiologie s'est davantage contentée de mots...

Un semblable procédé de similitude artificielle est mis en œuvre lorsqu'il s'agit de rendre compréhensible l'interdiction de se marier à certaines périodes de l'année :

---

190. Par exemple, la vieille femme au lagyros de la Glyptothèque de Munich.
191. *Fast.*, II, 579-580.
192. *Quaest. Conu.*, III, 3 et I, 7.
193. Properce, IV, 1, 132.
194. F. Bömer, *op. cit.*, p. 197.
195. *Fast.*, III, 773-774.
196. III, 775-776.
197. *Sat.*, I, 18, 9 : *partim puerili aetate, partim iuuenis fingunt, praeterea barbata specie, senili quoque...*
198. Lucilius, *Sat.*, frg. 1, 1, 25-27.

Conde tuas, Hymenaee, faces, et ab ignibus atris
Aufer : habent alias maesta sepulcra faces.
II, 561-562

Le lien tangible entre l'interdiction et sa justification est constitué par l'usage des torches, allumées tant pour célébrer des funérailles qu'en tête du cortège nuptial. Mais les deux fêtes étant, deuil et joie, l'antithèse l'une de l'autre, on ne saurait utiliser en un même jour les deux sortes de flambeaux à la fois. L'antithèse, assez précieuse, puisque, si les torches funéraires sont purement religieuses, les torches d'Hyménée appartiennent au contraire à la poésie alexandrine [199], vient ici heureusement illustrer l'idée abstraite en la matérialisant dans des objets très concrets ; une cause banale, du type : « la période du deuil est contraire au mariage », se pare de richesses inattendues et le souci stylistique devient, en ce cas, méritoire.

La couleur du vêtement de rigueur aux cérémonies célébrées en l'honneur de Flore et en l'honneur de Cérès est fondamentalement différente, puisqu'à l'une on préfère les tenues bigarrées, à l'autre le blanc pur. La justification est aisée dans le premier cas : Flore étant déesse des fleurs, elle aime de préférence les coloris chatoyants ; aussi, le vêtement des fidèles rappelle les goûts de la divinité :

Cur tamen ut dantur uestes Cerialibus albae,
 Sic haec est cultu uersicolore decens ?
An quia maturis albescit messis aristis,
 Et color et species floribus omnis inest ?
Adnuit, et motis flores cecidere capillis ;
V, 355-359

Pourtant, déesse en réalité de la floraison, Flore étend son patronage sur bien d'autres plantes que les fleurs, plantes souvent d'un beau vert uniforme ; et surtout, les vêtements colorés étaient le costume ordinaire des courtisanes, indépendamment de tout symbolisme religieux [200] !

Le goût du parallélisme entraîne Ovide à rendre compte des vêtements blancs qu'on arbore aux fêtes de Cérès par une raison analogue : la couleur qui convient aux fonctions de la déesse. Il va se heurter de ce fait à un

---

199. G. Kaibel, *Epigr.*, 241 a, v. 1 ; *cf.* Lexicon, art. de A. Sauer, I, 2, 2800-2804.
200. *Ars Am.*, I, 31 ; II, 600 ; III, 169 ; *cf.* H. Herter, *Die Soziologie der antiken Prostitution*, dans *Jb.A.C.*, 3, 1960, 70-111, p. 98. On lira aussi J.P.V.D. Balsdon, *Roman Women*, Londres, 1962 ; J. Leipoldt, *Die Frau in der antiken Welt*, Gutersloh, 1962 |; S. Treggiari, *Libertine Ladies*, dans *C.W.*, 64, 1970-1971, 196-198 ; O. Kiefer, *Kulturgeschichte Roms unter besonderer Berücksichtigung der Römischen Sitten*, Berlin, 1933, p. 106-144.

inconvénient majeur : entendue comme déesse des moissons, Cérès est partout, et pour cause, qualifiée de « blonde », *flaua Ceres*. Qu'à cela ne tienne ! Il est vital pour la tenue de son étiologie qu'Ovide découvre une similitude entre Cérès et la couleur blanche, afin de renforcer, grâce à la parité des explications, l'étiologie qu'il a proposée des vêtements colorés portés aux *Floralia*. Aussi lit-on avec quelque surprise que les moissons... blanchissent, *albescit messis* [201] !

Ovide ou son lecteur n'auraient-ils jamais vu un champ de blé ? Ce cloisonnement de la recherche s'accompagne hélas d'une inévitable étroitesse de vues : les yeux fixés sur Cérès, Ovide oublie d'envisager d'autres fêtes que les siennes, où l'usage des vêtements blancs est également de rigueur, fêtes qui n'ont aucun point commun ni avec Cérès ni avec les moissons : par exemple, les cérémonies du premier janvier, dont il a mentionné les rites au livre I, les *Robigalia*, les *Terminalia*... Notons au passage que, dans le cas de Robigo, le système adopté par notre poète déboucherait sur un paradoxe embarrassant, puisque cette entité divine porte dans son nom la couleur rouge ! Aussi, Ovide évite-t-il prudemment de se poser la question, et mentionne-t-il les tenues blanches sans épiloguer à leur sujet :

Hac mihi Nomento Romam cum luce redirem,
Obstitit in media candida turba uia.
IV, 905-906

Pour les *Terminalia*, pareille mention évasive :

Spectant, et linguis candida turba fauet
II, 654

Et l'on ne peut que rappeler l'interdiction de vêtements colorés dans certains sanctuaires grecs [202].

Lorsque Ovide évoque la *uenatio* des chevreuils et des lièvres aux *Floralia*, il met cet acte rituel, une fois encore, sur le compte des goûts de la déesse : « Elle me répondit qu'elle n'avait pas reçu en partage les forêts, mais les jardins et les champs, inaccessibles aux bêtes féroces [203] ». R.M. Ogilvie pense pourtant que ces animaux ont été réunis à cause de leur grande activité sexuelle [204], et somme toute, l'idée serait recevable, dans un

---

201. Devant la difficulté, certains, dont G.B. Pighi, dans l'édition du C.S.L.P., 1973, ont adopté la version *ardescit*, « flamboie ». Avec la disparition du verbe « blanchir », la difficulté disparaît... mais hélas aussi l'étiologie !
202. Platon, *Lois*, XII, 956 A ; Eschine, *c. Ctés.*, 77, *etc.*
203. *Fast.*, V, 373-374.
204. *The Romans and their Gods in the Age of Augustus*, Londres, 1969, p. 82-83.

contexte de fêtes avant tout sexuelles. En revanche, J. Cels Saint-Hilaire [205], lorsqu'il décrypte l'expression ovidienne en lui donnant un sens politique, nous propose une lecture de ce texte difficile à accepter. « Un tel discours », écrit-il, « n'a-t-il pas une définition socio-politique ? La forêt pourrait bien évoquer les plaisirs aristocratiques, tandis que les jardins et les champs seraient réservés au peuple laborieux » ; cependant que l'insistance d'Ovide à opposer la forêt et les jardins révélerait « la vieille peur que cette plèbe n'a cessé d'inspirer aux classes dominantes ». Une interprétation sociologique d'un texte aussi limpide nous paraît hors de propos.

Les *Fastes* renferment bien d'autres exemples de cette démarche, où le dieu se substitue en quelque sorte aux composantes religieuses de son culte. Ainsi, lorsque Ovide se demande pour quelle raison les *Megalesia* sont les premiers Jeux de l'année, le lecteur soupçonne qu'il tient en réserve une explication toute prête. Le fait paraît fortuit, et n'a guère préoccupé ni les Anciens ni les Modernes. Nous nous trompions : Cybèle, reine des *Megalesia*, est la Terre ; la Terre est la Mère des Dieux : il est bien normal que les dieux cèdent la place d'honneur à leur mère :

> *Institeram quare primi Megalesia ludi*
> *Vrbe forent nostra, cum dea — sensit enim !*
> *Illa deos, inquit, peperit. Cessere parenti*
> *Principiumque dati Mater honoris habet.*
> IV, 357-360

Voilà qui est fort subtil. L'*aition* ainsi déterminé présuppose une assimilation antérieure de Cybèle à la Terre, probablement d'origine philosophique [206] ; il faut ensuite que Cybèle soit Gaïa, déesse hellénique avec laquelle on confondit la Mère de l'Ida troyen. Mais cela suppose encore une hiérarchie à l'intérieur du Panthéon, notion absolument étrangère à la religion romaine. Cela exige enfin une conception des rapports entre les dieux calqués sur les rapports sociaux romains, où tous les honneurs entourent la *Materfamilias*. Curieux mélange ! Retenons qu'il s'agit d'une décision consciente émanant de la volonté des dieux eux-mêmes, et non pas d'une simple intervention humaine, décrétant que les jeux de la Terre mère seraient les premiers de l'année.

Il était si simple de considérer que, célébrant l'arrivée de Cybèle à Rome le 4 avril, les Jeux commémoratifs devaient forcément se situer en avril ! Le hasard seul, à moins que ce ne fût la mauvaise saison toute proche, a voulu qu'il n'y eût pas de *Ludi* en janvier, février et mars. P. Lam-

---

205. B. 169, p. 273.
206. H. Le Bonniec, *Le Culte de Cérès...*, p. 325.

brechts reproduit une idée de A. Piganiol [207], selon qui le culte de la Grande Mère aurait été introduit à Rome pour faire échec aux cultes plébéiens de Cérès et de Flore ; et il ajoute ces lignes pertinentes : « comme ces derniers, qui jouissaient d'une grande faveur, avaient lieu du 12 au 19 avril, et du 28 avril au 3 mai, les patriciens les auraient fait précéder immédiatement par les fêtes de la Grande Mère, les *Megalesia,* qui se situaient du 4 au 10 avril, ou le 4 et le 10 avril [208] ».

Un petit problème reste à signaler. Lorsque Ovide prétend que les *Megalesia* sont les premiers jeux de l'année, il oublie ce qu'il affirmait à propos des *Liberalia* du 17 mars. L'une des explications qu'il propose au don, ce jour-là, de la toge virile, repose sur la venue en ville des paysans le 17 mars, à propos des jeux ! Et, conscient peut-être des protestations qu'il va soulever, puisqu'il sait bien que Liber prend part aux jeux de Cérès le 19 avril, Ovide ajoute un commentaire embarrassé pour dire que Liber possédait des jeux particuliers, à date ancienne, le 17 mars :

> *Rusticus ad ludos populus ueniebat in Vrbem*
> *Sed dis, non studiis ille dabatur honor :*
> *Luce sua, ludos uuae commentor habebat,*
> *Quos cum taedifera nunc habet ille dea.*
> III, 783-786

Cet embarras, augmenté de l'assertion selon laquelle les premiers jeux tombent, à Rome, le 4 avril, nous font soupçonner que ces jeux du 17 mars, sur lesquels, au surplus, nous ne savons rien, ont été inventés par Ovide.

La Terre mère, pour Ovide, c'est aussi Vesta ; et de cette conception provient, selon lui, le choix du châtiment infligé aux Vestales qui ont trahi leurs vœux, et que l'on enterrait vivantes. Les évocations détaillées de ce fameux châtiment ne manquent pas, dramatiques et angoissantes [209]. Mais d'explications, nous n'en avons guère. Voici celle d'Ovide : on enterre la coupable, afin que la divinité qu'elle a offensée, Vesta, qui est aussi la Terre mère, se venge elle-même en engloutissant l'impure dans son sein [210]. Voilà qui paraîtrait ingénieux, si Ovide n'avait démontré de façon tout aussi convaincante que Vesta est le Feu ! Dès lors, le doute s'installe.

> *Sic incesta perit, quia, quam uiolauit, in illam*
> *Conditur, et Tellus Vestaque numen idem.*
> VI, 459-460

---

207. *Les Jeux romains,* Strasbourg, 1921, p. 87.
208. *Cybèle, divinité étrangère...,* dans *B.S.b.A.P.,* 62, 1951, 44-60, p. 45.
209. Plutarque, *Num.,* 9 et 10 ; *Quaest. Rom.,* 96.
210. L'étude la plus raisonnable à ce sujet est encore celle de G. Wissowa, *Vestalinnenfrevel,* dans *A.R.W.,* 22, 1923, 201-205.

L'explication est donnée sous forme d'énigme, ce qui fait ressortir la subtilité de la déduction, et n'est pas sans rappeler certain vers où l'on voit le feu se cacher sous ses propres cendres [211]. Le rapport entre le dieu et le rite est rendu si palpable qu'il semble avoir présidé au choix du supplice, si bien adapté au *Wesen* de Vesta, et non pas surgir après coup, lorsqu'on s'occupe d'étiologie. Grâces en soient rendues à l'esprit d'Ovide, naturellement.

Qu'arrivera-t-il alors, lorsque la physionomie religieuse de la divinité n'offre aucune possibilité d'explication raisonnable ? Ovide va-t-il faire aveu d'impuissance ? Non.

Il lui est toujours loisible, en effet, de rejeter l'institution d'un rite sur une préférence de la divinité, dont on lui laisse l'entière responsabilité, tous les goûts étant dans la nature. Tel plat rituel peu appétissant peut être déclaré « nourriture antique », susceptible, par conséquent, de convenir à n'importe quel dieu, les dieux étant, par définition, plus vieux que le monde...

Et personne ne pourra s'inscrire en faux contre de si bonnes raisons. Pourquoi offre-t-on du miel à Liber Pater ? « Parce que Liber Pater aime le miel » : *Melle pater fruitur* [212]. Pourquoi se couronne-t-on de lierre aux fêtes du même dieu ? « Parce qu'il aime le lierre » : *Hedera est gratissima Baccho* [213]. Pourquoi offre-t-on des fleurs à Junon ? « Parce que Junon aime les fleurs » : *(dea) gaudet florentibus herbis* [214]. L'étiologie est, fort prudemment, une étiologie par degrés, et Ovide oublie de se poser les questions complémentaires : pourquoi Liber aime-t-il le miel ? Pourquoi Junon aime-t-elle les fleurs ?

Autres réponses tout aussi automatiques : Pourquoi s'habiller de blanc aux *Cerealia* ? « Parce que le blanc va bien à Cérès » [215]. Pourquoi courir nu en l'honneur de Pan ? « Parce que Pan aime à courir nu » :

> *Ipse deus uelox discurrere gaudet in altis*
> *Montibus, et subitas concipit ipse fugas.*
> *Ipse deus nudus nudos iubet ire ministros.*
>
> II, 285-287

Pourquoi honorer Minerve avec des jeux de gladiateurs ? « Parce que Minerve, déesse guerrière, aime voir les lames nues » : *Ensibus exsertis*

---

211. *Fast.*, III, 48.
212. *Fast.*, III, 761.
213. III, 767.
214. III, 253.
215. IV, 619.

bellica laeta dea est [216]. Et pourquoi déposer devant Palès une curieuse mixture ? « C'est parce que Palès aime les mets rustiques » : *Rustica praecipue est hoc dea laeta cibo* [217].

Pour certaines de ces bonnes raisons, Ovide se borne à se référer à un penchant connu de la divinité, ou qui s'inscrit dans le cadre de ses activités ordinaires, ainsi pour les arts martiaux, la course. Pour d'autres, et notamment les plats d'offrande, au lieu de s'interroger sur le contenu des recettes dont il énumère d'ailleurs consciencieusement les ingrédients, il préfère s'attacher à leur aspect extérieur, primitif ou rustique. Signe de « modernisme », cette moue perceptible devant des plats grossiers ? Ainsi cette réflexion devant les gâteaux de Carmenta : « le zèle rustique (de Carmenta) fut plus agréable (à Ino) que ses talents culinaires », ainsi pourrait-on rendre le *Rustica sedulitas gratior arte fuit* de *Fast.*, VI, 534. Doit-on croire que les offrandes romaines ne valaient pas par leurs qualités gustatives ?

Le résultat de cette désinvolture ovidienne, c'est que nous obtenons à propos de trois déesses, — dont l'une au moins n'est ni rustique ni ancienne ! — le même type de raisons qui n'en sont pas :

> *Prisca dea est, aliturque cibis quibus ante solebat*
> VI, 171
> *Cognoscat priscos ut dea prisca cibos*
> IV, 372
> *Rustica praecipue est hoc dea laeta cibo*
> IV, 744

Le premier vers et le second étant parfaitement interchangeables, il est à penser que l'on confondait les cultes de Cybèle et de Carna...

c. *L'équation étiologique*

Il nous faut réserver un sort particulier à un groupe d'étiologies, fortement individualisé par un caractère commun : le recours constant à l'anadiplose [218], enrichie éventuellement par chiasmes, litotes, métonymies, asyndètes, et autres figures de rhétorique.

Ce qui peut n'être ailleurs que jeu gratuit, quelque expressif que le jeu verbal puisse être, revêt dans les *Fastes* un intérêt particulier. La répétition

---

216. III, 814.
217. IV, 744.
218. On demandera définitions et exemples à A. Yon, introd. de l'*Orator*, Paris, 1964 (les Belles Lettres), p. LXXXVI *sqq.*, et J.M. Frécaut, *L'Esprit et l'humour chez Ovide*, Grenoble, 1972, p. 46 *sqq.*

à elle seule, insistons bien sur ce point, servant à souligner une conséquence logique, tient lieu de raisonnement scientifique, et *la rhétorique se fait étiologie.* Point de commentaires superflus, d'explications oiseuses : les mots portent si bien l'idée qu'il devient inutile de l'exprimer en propres termes. La cause ainsi évoquée est dotée d'une apparence de *logique pure* si aveuglante que toute objection est victorieusement anéantie d'avance, et que le lecteur se satisfait de l'impeccable vernis extérieur sans en demander davantage. Ce qui est déduction gratuite, rapprochement hasardeux, a-peu-près bien fragile, est transformé par magie, car il s'agit bel et bien chez Ovide d'une magie du verbe, en évidence pure, en vérité première, tant le raisonnement est (ou paraît) inattaquable. Puisque *l'aition* est calqué sur le mythe, le rite ou la nature du dieu, à la lettre ou au mot près, de quoi se plaindrait-on ?

Cette puissance contraignante du mot, cette *mathématique de l'étiologie,* constitue l'un des aspects fondamentaux de l'étiologie ovidienne : prouver sans démontrer, convaincre sans contraindre, séduire bien plus que convaincre...

Tous les exemples que nous allons énumérer procédant d'une même technique, à travers les variations dans les procédés de style (cas, nombre, place des mots, *etc.*[219]), nous nous bornerons à les présenter sans long commentaire : aussi bien l'évidence saute-t-elle aux yeux !

Une double application de ce procédé permet d'expliquer le choix de la victime offerte à Tellus : la Terre *pleine* exige des vaches *pleines* :

Nunc GRAVIDVM pecus est, GRAVIDAE quoque semine terrae,
Telluri PLENAE uictima PLENA datur.
IV, 633-634

On offre à *l'antique* Cybèle une nourriture *antique,* qu'elle reconnaîtra :

Cognoscat PRISCOS ut dea PRISCA cibos.
IV, 372

Pour la *jolie* Vénus, une *jolie* saison :

Et FORMOSA Venus FORMOSO tempore digna est.
IV, 129

La chasteté rituelle des Vestales se comprend aisément, si l'on sait qu'elles sont au service d'une *vierge* :

---

219. Étude du procédé par G. Howe, *A Type of Verbal Repetition in Ovid's Elegy,* dans *Studies in Philology,* 13, 1916, 81-91. On pourrait aussi ajouter un vers de II, 287 :
Ipse deus NUDUS NUDOS iubet ire ministros.

Quid mirum VIRGO si VIRGINE laeta ministra ?
VI, 289

Minerve, déesse de l'*ingenium,* le « génie » devait fatalement se voir décerner un surnom en rapport avec le domaine intellectuel. Comme ce surnom est *Capta,* le lien entre ce mot et *caput,* la tête, siège de l'intelligence, grâce à un détour par *capitale,* « génial », (ce sens de l'adjectif n'ayant que le tort de n'être nulle part attesté !) est bien vite découvert. Mais il est plus piquant de le donner sous une forme périphrastique, en laissant au lecteur l'énigme, aisément résolue, du passage de *ingeniosa* à *Capta*[220] :

... *Capitale uocamus*
INGENIVM sollers : INGENIOSA dea est.
III, 839-840

Puisque Cérès elle-même se complaît à porter du blanc, ses fidèles doivent adopter aussitôt les vêtements blancs dans ses cérémonies :

ALBA decent Cererem ; uestes Cerialibus ALBAS
Sumite !
IV, 619-620

Les Lares sont accompagnés de leur chien : les uns et les autres aiment les carrefours, les uns et les autres sont des gardiens. En comparaison des conséquences compliquées qu'en tirent les Modernes[221], la clarté et la simplicité des déductions antiques ressortent à l'évidence lorsqu'on les établit sous une forme aussi éloquente :

COMPITA GRATA deo, COMPITA GRATA cani ;
... *PERVIGILANTQVE Lares, PERVIGILANTQVE canes.*
V, 140 et 142

Lorsqu'il s'agit du chien immolé prétendument à la Canicule, le jour des *Robigalia,* l'évidence mathématique voile au mieux un montage de sources illicite :

Pro CANE sidereo, CANIS hic imponitur arae.
IV, 941

---

220. Notons au passage que dans son étude sur l'étymologie populaire (*Volksetymologie,* p. 39), O. Keller donne raison à Ovide, en admettant le lien entre *caput* et *capta* (*Capta* ← *Caputata, -pitata*).

221. *Op. cit.,* p. 301 ; certains veulent voir dans le chien la preuve d'un fétichisme originel (p. ex. : K. Meuli, *Altrömischen Maskenbrauch,* dans *M.H.,* 12, 1955, 222-225 ; E. Tabeling, *Mater Larum,* Francfort, 1932, p. 92 *sq.*) Pour F. Bömer, le chien signifie seulement que les Lares sont des gardiens : *Kann man denn in der Religionsgeschichte jemanden, der einen*

Voici quelques autres exemples, où s'ajoutent à la simple répétition quelques effets supplémentaires : un rappel, par exemple, de la divinité concernée, sans qu'Ovide se donne la peine de la nommer. Il s'agit en l'occurrence de Flore, désignée simplement par le verbe *florere* :

> *Et monet aetatis specie, dum FLOREAT, uti.*
>   V, 353

Ayant écrit en IV 372 : *Cognoscat PRISCOS ut dea PRISCA cibos*, Ovide ne pouvait décemment reproduire la même équation en VI 171. Pourtant, le rapport étiologique qu'il désire exprimer est identique. Il varie alors simplement l'expression, et une périphrase, *quibus ante solebat*, remplace, dans le vers :

> *PRISCA dea est, aliturque cibis quibus ante solebat,*

un *cibis PRISCIS* inévitable. Mais nul n'est dupe !

Le Soleil, dieu « rapide », (encore que ce ne soit pas là son aspect dominant !) exige le sacrifice d'un animal rapide, le cheval. Bien évidemment, le Soleil est rapide pour les besoins de l'étiologie, et sa victime est nommée grâce à une litote, qui raffine l'expression :

> *Placat equo Persis radiis Hyperiona cinctum,*
> *Ne detur CELERI uictima TARDA deo.*
>   I, 385-386

Le pentamètre équivaut à *Vt detur CELERI uictima CELERIS deo*. Et la litote a réussi à tromper même un savant moderne, E. Lefèvre, qui juge le vers *echt ovidisch, jedenfalls rationalistisch, trivial*[222]. Typiquement ovidien... Non ! l'étiologie a été empruntée par Ovide à Hérodote[223], et si elle est exprimée grâce à un tour familier à Ovide, ne lui appartient pourtant aucunement.

Les voyages de Cybèle constituent un exemple remarquable d'anadiplose pure, avec la répétition d'une même expression diversement fléchie :

> *Quod bene MVTARIT SEDEM Berecyntia, dixit,*
> *Captant MVTATIS SEDIBVS omen idem.*
>   IV, 355-356

Hund bei sich hat und « Wächter » heisst, nicht als solchen stehen lassen ? Warum muss immer ein Geheimnis dahinter stehen ?

222. *Die Lehre von der Entstehung der Tieropfer in Ovids Fasten*, dans *Rh.M.*, 119, 1, 1976, 39-64, p. 50.

223. I, 216 : « Leur intention, en choisissant ces victimes, est d'offrir au plus rapide des dieux le plus rapide de tous les êtres mortels » : θεῶν δὲ μοῦνον Ἥλιον σέβονται, τῷ

Les *Liberalia* se trouvent, sous le rapport de la recherche stylistique, particulièrement favorisés : nous relevons, dans trois distiques successifs, trois fois le même procédé, soulignant trois fois un rapport parfaitement artificiel... mais exprimé de façon si convaincante ! La toge est donnée aux enfants parce que Liber est lui-même un enfant :

> *Restat ut inueniam quare toga libera detur*
> *Lucifero PVERIS, candide Bacche, tuo.*
> *Siue quod ipse PVER...*
> III, 771-773

Mais on peut aussi trouver instructif le fait que les pères recommandent leurs enfants au dieu surnommé lui-même « père » :

> *Seu quia tu PATER es, PATRES sua pignora natos*
> *Commendant...*
> III, 775-776

A moins que l'on ne préfère épiloguer sur la désignation de la toge comme étant toge « libre », prise sous les auspices d'un dieu qui porte la liberté dans son nom :

> *Siue quod es LIBER, uestis quoque LIBERA per te*
> *Sumitur, et uitae LIBERIORIS iter.*
> III, 777-778

L'évidence est peut-être moins palpable dans le cas des Mânes. « Derniers » habitants du monde, ils sont responsables de la place de février, dernier mois, dans le calendrier. Le mot *imus* est employé selon deux acceptions différentes, soit avec le sens spatial, qui est son sens habituel, soit avec un sens temporel, rarement attesté ailleurs [224]. Employé pour qualifier février, l'adjectif ne peut que signifier « le dernier d'une série », tandis que, appliqué aux Morts, il signifie : « qui appartient aux profondeurs » :

> *Qui sacer est IMIS Manibus, IMVS erat.*
> II, 52

Voici enfin une série de rapprochements qui sont nettement destinés à rendre limpide un raisonnement qui ne l'est pas. Quels liens le dieu de la

θύουσι ἵππους. Νόος δὲ οὗτος τῆς θυσίης · τῶν θεῶν τῷ ταχίστῳ πάντων τῶν θνητῶν τὸ τάχιστον δατέονται.

224. G. Freund, *Grand Dictionnaire de la langue latine*, 2, Paris, 1862, p. 220. *Thesaurus*, VII, 1, p. 1403, 1, 14. Même approximation dans une équivalence donnée en VI, 436, destinée à expliquer pourquoi la garde du Palladium est confiée à Vesta : *Quod assiduo lumine cuncta uidet* : le jeu sur *lumen*, lumière et du feu et du regard, sert ici d'étiologie.

guerre peut-il revendiquer, pour réclamer la participation des matrones à sa liturgie ? Aucun. Ovide est donc réduit à chercher dans l'entourage mythique du dieu des indices qui orientent vers des concepts matronaux. Il les découvre à l'aide de détours subtils : en religion grecque, Héra est la mère d'Arès, le Mars latin. Héra-Junon étant une déesse des fonctions féminines, on affirme alors que les dames romaines honorent le fils à cause de la mère :

>   MATER amat nuptas, MATRVM me turba frequentat.
>   III, 251

Sentant lui-même que ce rapprochement n'est point aussi naturel que la forme de son vers le laisse entendre, Ovide va recourir à d'autres considérations pour épuiser le problème. Il utilise cette fois la mythologie nationale. Ilia étant devenue, grâce à Mars, l'heureuse mère des jumeaux fondateurs, les mères honorent l'amant divin :

>   Vel quod erat de me feliciter Ilia MATER
>   Rite colunt MATRES sacra diemque meum.
>   III, 233-234

Il reste encore à élucider un point épineux : avec toutes ces belles raisons, le mois de mars est tout de même néfaste aux mariages ! Ovide pratique alors la métonymie, et, confondant le *mois* de mars et le *dieu* Mars, produit ce superbe chiasme :

>   Arma mouent PVGNAS, PVGNA est aliena maritis.
>   III, 395

CONCLUSION

Les pages qui précèdent nous ont permis d'isoler et d'étudier trois aspects de l'utilisation du mythe par Ovide. L'esprit « historique », avec la tendance innée à *dater* l'institution d'un rite grâce à un mythe. L'esprit « dynamique », ensuite, avec ce réflexe qui pousse chaque fois l'homme à se tourner vers la divinité, pour supposer quelque geste de sa part susceptible d'avoir entraîné l'institution d'un rite commémoratif. C'est ce que K. Kérényi appelait « créer des rapports entre le monde archétypal de la mythologie et le monde ectypal de la vie [225] ». L'esprit « mythique », enfin, qui enrichit

---

225. *Die Antike Religion*, Dusseldorf, 1963, p. 243.

de traits nouveaux instantanément déterminés la représentation religieuse d'un dieu précédemment sommaire.

Il s'en dégage le sentiment d'une particulière originalité d'Ovide spécialement dans l'utilisation de procédés que, certes, il n'invente pas, mais qu'il utilise de façon intensive. Organisant ainsi des bribes mythiques en récits cohérents, pourvus d'un aspect quasi historique, le poète augmente le fonds romain, si pauvre, d'un nombre respectable de fables sacrées. Il met en action les figures si abstraites de la religion romaine, qui, trop souvent, se résument en un nom et quelques rites, telle *Carna,* dramatise leur liturgie, donne vie à ce qui pourrait être sèche démonstration ou exposé ardu. Les rapports observés par lui sont bien souvent ténus. Ils reposent, plus que sur une valeur religieuse authentique, sur une profonde logique intellectuelle. La ressemblance est toujours étroite entre le rite et la figure du dieu, dont les traits ne sont pas conformes, naturellement, à ceux que retient la science moderne. Mais les rapprochements établis par notre poète prouvent de sa part une observation attentive des phénomènes religieux. Plus qu'une recherche scrupuleuse mais limitée, qui veillerait à ne livrer que des faits, Ovide nous offre le fruit d'un travail intellectuel sur la religion de Rome et d'ailleurs, sur les liens qui unissent monde divin et monde humain. Ce monde divin se calque étroitement, nous venons de le voir, sur le monde humain, et pareil phénomène n'est pas seulement le fruit du hasard, ou des nécessités de la recherche qui exige qu'un auteur crée des réponses lorsque ses sources restent muettes. On sentirait presque, dans les vers que nous venons de commenter, et où le rite répond au mythe comme un écho fidèle, le sentiment d'une conception religieuse particulière, une sorte de déterminisme. Le sentiment que tout, en religion, est logique pure, que rien n'est laissé au caprice ou à l'initiative des hommes, mais que tout peut s'expliquer par la volonté des dieux, ou sinon, par une observation attentive et raisonnée du monde des dieux. Dans les équations quasi mathématiques que nous citons ci-dessus, il y a, plus que le simple jeu verbal, la conviction que, vu les similitudes frappantes qui existent entre tel dieu et tel rite, l'institution de ce rite ne pouvait se comprendre que par la volonté du dieu. Cette profonde conviction tient lieu, chez Ovide, de jugement grammatical ou scientifique. Désinvolture ? Croyance en un déterminisme fondamental qui fait correspondre contenu et contenant, qui permet de comprendre la création d'un rite comme une éclosion intelligente et raisonnée ?

Cette conception des choses, surprenante peut-être chez un poète qu'on qualifie ordinairement de superficiel, de frivole, de capricieux, existe chez d'autres que chez lui — mais pas à Rome. Il serait temps de replacer ces orientations majeures de l'étiologie mythique ovidienne dans une perspective plus générale.

Certes, la méthode ovidienne ne s'inscrit pas dans le cadre classique de la recherche romaine telle que la pratiquent Varron ou Verrius Flaccus. La recherche du premier, telle que nous la pouvons saisir, essentiellement à partir de l'exposé critique qu'en a laissé saint Augustin, procède par un appel fréquent aux assimilations philosophiques. On appelle Vesta *Vesta* parce qu'elle est la Terre, et que la Terre *uestiatur herbis*. La recherche du second semble parler religion ou sociologie chaque fois qu'Ovide parle mythe : il en est ainsi à propos de la castration des Galles, du temple de Terminus, du *Regifugium,* de l'attribution à Liber du lierre et à Vénus du myrte, *etc.*

En ce qui concerne des questions que Verrius aussi bien que Varron devaient juger oiseuses, et auxquelles Ovide répond par un trait mythique (le pourquoi du *moretum,* des vieilles prêtresses aux *Liberalia,* du *palatuar,* du *testuacium*), on ignore, bien sûr, comment ils auraient répondu. Il serait étonnant, pourtant, que Varron comme Verrius aient évoqué la visite de Leucothéa à Carmenta, ou confondu vénérables Sibylles et accortes Bacchantes. Tous deux, et Verrius plus encore que Varron, ne font que chercher des similitudes dans d'autres textes existants, et ne se risquent jamais à inventer les déductions qu'invente audacieusement Ovide. Ils nous livrent l'état de la science religieuse à leur époque, et ne font confiance qu'aux documents ou aux mythes existants.

Ovide n'obéit donc pas à des principes romains, en sa recherche résolument personnelle, en sa logique impeccable, en ses rapprochements risqués, mais à des principes plus anciens et sans doute universels.

Voici comment, à travers les conceptions des savants modernes, on peut imaginer la genèse d'un mythe.

La première étape est définie par A.H. Krappe [226] : « Quoique toutes les coutumes, à plus forte raison tous les rites, aient leur raison d'être, il ne s'ensuit pas de cela que cette raison d'être est connue à un moment donné. Il est plutôt avéré que la plupart des coutumes et surtout les rites se maintiennent en vigueur longtemps après la disparition et l'oubli des circonstances qui les ont vues naître. Pour les expliquer ou pour les justifier, l'homme imagine alors quelque récit purement étiologique : il invente un mythe ». Rite et mythe sont donc deux phénomènes similaires, mais qui expriment une même idée sur des plans différents. L'un en termes événementiels et dramatiques, comme l'estime Th. Gaster [227], *the purpose of ritual is to present a situation formally and dramatically in its immediate punctual*

---

226. *La Genèse des Mythes,* Paris, 1952, p. 336.
227. *Myth and Story,* dans *Numen,* 1, 1954, 184-212, p. 186.

aspect. L'autre au contraire se situe dans le domaine de l'idéal : *that of myth on the other hand, is to present it in its ideal, transcendental aspect.*

Soit donc un rite incompréhensible, comme le sont tant de rites de la religion romaine. A sa cause disparue, on substitue une explication fondée sur un rapport logique établi entre le rite et le dieu.

Dans une seconde phase, la conception que l'homme se fait du mythe évolue. Une fois établie l'origine mythique fictive d'un rituel, on en vient à concevoir ce dernier comme la conséquence d'une obéissance observée d'âge en âge aux ordres d'un dieu. Nous emprunterons cette fois à M. Eliade une définition plus technique : « Tout mythe, indépendamment de sa nature, énonce un événement qui a eu lieu *in illo tempore* et constitue, de ce fait, un précédent exemplaire pour toutes les actions et « situations » qui, par la suite, répéteront cet événement. Tout rituel, toute action pourvue de sens, exécutés par l'homme, répètent un archétype mythique [228] ». Et M. Eliade élargit cette conception par le recours à des textes védiques, où il s'exprime sans la moindre ambiguïté, que nous citerons du reste avec d'autant plus de plaisir qu'ils s'appliquent admirablement à l'étiologie mythique ovidienne : « *Nous devons faire ce que les dieux ont fait au commencement* » ou mieux « *ainsi ont fait les Dieux, ainsi font les hommes* [229] ».

<p style="text-align:center">**</p>

Puisque Ovide n'est pas « romain », ce que nous affirmions en commençant, Ovide serait-il « grec » ?

La vie propre de la divinité, son histoire, ses alliances, ses aversions et ses préférences, tout cela n'intéresse nullement la religion romaine. Les personnalités distinctes des dieux ne manifestent leurs distinctions qu'au niveau du rite, et la liturgie ne recourt pas au monde mythique pour justifier les différences qui séparent les rituels. Toutes les prescriptions imposées au *Flamen Dialis*, par exemple, sont comprises indépendamment de la personnalité ou des fonctions de Jupiter.

Ainsi, lorsque Ovide pourvoit les dieux romains de passions, de sympathies, de sentiments divers, lorsqu'il les dote en fait d'une psychologie quasiment humaine, avons-nous l'impression qu'il raisonne « à la grecque ». Des récits comme ceux de Faunus et Omphale, de Lara et Mercure, de Janus et Carna, sont, bien évidemment, conçus sur des types helléniques

---

228. *Traité d'histoire des religions*, Paris, 1970, p. 360.
229. *Ibid.*, p. 349 ; textes tirés respectivement de *Satapatha Bram.*, VII, 2, 1, 4 et de *Taittirīya Bram.*, I, 5, 9, 4.

catalogués. Des causes telles que la prédilection personnelle de Carna pour les mets rustiques, paraissent s'inspirer aussi de conceptions grecques.

En fait, il semble bien que la Grèce, de son côté, conçoive l'histoire des dieux comme atemporelle, s'il est vrai que les activités humaines n'y sont jamais tenues pour la continuation ou la répétition des activités divines [230]. La mythologie est totalement indépendante d'une liturgie qu'elle n'explique pas.

Aussi la position d'Ovide est-elle très particulière. Il a créé un monde divin à la manière grecque, mais il le fait servir à l'explication du monde humain, ce que la Grèce ne fait pas. Le besoin étiologique l'aura donc amené à créer un composé nouveau, qui unit rite et mythe en un mélange original. Sans doute Ovide ressentait-il confusément l'obligation d'un certain « esprit mythique », sans lequel un rite ne peut être justifié solidement, et apparaît comme le produit gratuit d'un décret humain arbitraire. Ainsi le pense H.J. Rose : *Without some rudiment of myth, in other words, some conception, however vague, of the tastes and powers of the deity approached, it is hardly possible to have cult* [231].

A propos de l'indigence des mythes qui caractérise la religion romaine, H.J. Rose écrit encore : *It is certain as any negative historical proposition can ever be, that Rome had at least none of a kind which could possibly associate themselves with cult* [232]. Le fait est certainement vrai avant Ovide, après lui, il cesse de l'être : Rome possède désormais des mythes explicatifs, quelle que soit leur valeur, destinés à expliquer ses cultes ; les dieux romains ont un visage, un langage, des penchants, des sentiments. Peu importe que ces « mythes » soient fabriqués de toutes pièces ! La « grande mythologie » grecque, si elle possède des lettres de noblesse dues à son antiquité, ne connaît pourtant pas, dans la plupart des cas, de motivations plus sérieuses.

Dans la recherche étiologique romaine, l'étape représentée par les *Fastes* est sans aucun doute une étape importante. Ovide ne se contente pas d'être un copiste, il est aussi un créateur. Et l'on pouvait s'y attendre : les premiers mythes, après tout, ne furent-ils pas l'œuvre des poètes ?

---

230. K. Kérényi, *op. cit.*, p. 243-244 : *Was auch immer die Menschen tun, nie wird es als eine Fortsetzung oder Wiederholung der Göttergeschichten betrachtet.*
231. C.r. du « *Römische Jupiter* » de C. Koch (1937), dans *Gnomon*, 14, 1938, p. 258.
232. *Myth and Ritual in Classical Civilisation*, dans *Mnemosyne*, IVa, 3, 1950, 281-287.

TROISIÈME PARTIE

SYNTHÈSE ET CONCLUSION

1. Les Fastes et leurs paradoxes :

a. *Le paradoxe de l'auteur*

Toute recherche sur un auteur n'a d'intérêt que si elle contribue à fixer certains traits de sa personnalité humaine ou scientifique, puisque l'œuvre d'un homme est avant tout un précieux témoignage de ce qu'il fut ou voulut être.

Les *Fastes* sont à cet égard le plus déconcertant et le plus instructif des documents. Ils nous permettent de tracer de leur auteur un portrait multiple, contradictoire et original, assez divers pour qu'en le contemplant, tout humaniste non prévenu reconnaisse Ovide au premier coup d'œil, puis hésite à le reconnaître, puis le reconnaisse à nouveau.

Nous avons insisté, en commençant, sur les jugements malveillants dont on poursuit notre poète, à cause d'écrits légers et frivoles, de petits riens mis en vers, la chevelure de Corinne ou son perroquet. L'aisance souveraine de ses vers, l'exquis badinage qui effleure les sujets les plus divers d'une plume ailée et transforme en jeux savants les thèmes les plus graves, ces brillantes qualités littéraires ont nui beaucoup à la réputation d'Ovide. Parce qu'il sourit souvent, on tient cet aimable sourire pour la marque d'un esprit superficiel, incapable de profondeur, incapable de faire partager une émotion qu'il ne ressent jamais. Et puisque dans ses autres œuvres Ovide a donné libre cours à sa facilité, on veut qu'il ait abordé la rédaction des *Fastes* avec un même dilettantisme, soucieux seulement de rythmer les ouvrages savants rédigés par d'autres que lui, afin de remporter à moindre prix des succès mondains, sans apporter à la tâche entreprise ni conscience ni véritable intérêt.

L'étude approfondie des *Fastes* n'est pas sans provoquer, à ce point de vue, quelque surprise, comme nous l'avons constaté chemin faisant. Et nous rappellerons simplement la mention qu'Ovide fait lui-même de ses enquêtes orales passionnées, notamment auprès d'un hôte de Carséoles qui lui conte maintes anecdotes « dont l'ouvrage en chantier devait tirer profit » :

Vnde meum praesens instrueretur opus,
IV, 690

Il ne faudrait pas se méprendre dès l'abord, et juger les *Fastes* sur les mêmes bases que les autres ouvrages d'Ovide. On n'apprécie pas à l'aide des mêmes critères un essai poétique et un devoir d'algèbre. Et il ne faudrait pas minimiser, d'une part l'originalité de cette composition d'algèbre en alexandrins, ni, de l'autre, les difficultés et les paradoxes que comportait son entreprise. Les *Fastes* représentent, dans l'œuvre d'Ovide, un cas particulier, en rupture totale avec les préoccupations antérieures du poète : ils représentent aussi dans l'histoire de la religion romaine un cas unique et paradoxal, par là même privilégié.

L'auteur en est un poète. Un poète avant tout épris de poésie, c'est-à-dire moins intéressé par les hautes inspirations que par la technique de son art ; doué d'un étincelant brio, d'un talent incomparablement nuancé, fantasque, insaisissable. Sa tournure d'esprit devait donc l'entraîner de préférence vers le domaine de l'irrationnel, de l'imprécis, de l'*inexplicable.* Sa plume est encline à susciter des impressions, point du tout à aligner laborieusement les phases d'une déduction rigoureuse ou d'une tortueuse philosophie : la poésie n'est-elle pas l'apanage de l'esprit de finesse, opposé fatidiquement à l'esprit de géométrie ? Élégiaque, sa nature propre le pousse à chanter les amours nombreuses et éphémères, les caprices imprévisibles des hommes et des dieux. Héritier des Alexandrins, sa formation intellectuelle l'amène à se passionner pour le thème fluide et changeant des métamorphoses, domaine des éternelles mouvances.

Et voici ce chantre de l'immatériel confronté à une tâche diamétralement opposée à ses tendances, à sa formation, à ses goûts. Il ne faut plus effleurer, il faut fouiller en profondeur, expliquer, décrire avec exactitude. Il ne faut plus inventer et lâcher la bride à sa fantaisie, il faut plier son génie — et quel capricieux génie ! — à ce qui *existe,* et ne doit, surtout à Rome, subir aucune modification, le rituel. Il ne faut pas seulement décrire, il faut *expliquer,* et cela dans le domaine le plus rigide et figé qui soit, celui de la religion romaine, d'où toute marque personnelle est impitoyablement exclue. Grave et austère, le Romain de la religion romaine est un soldat, un politicien ou un magistrat qui s'adresse aux dieux, bien ancré sur la terre de ses deux pieds solides, tête obstinée, raisonnable et raisonneuse. Sa religion est à son image, organisée méthodiquement, soumise à l'immuable tradition, rassurée par sa permanence et sa solidité mêmes, roc inébranlable sur lequel Rome entière est construite. Une citadelle aussi bien défendue ne se réduit pas si facilement, lorsque celui qui s'y essaye est un simple poète. Le geste, on le sait bien, y prime sur la pensée, l'élan de l'âme y est inconnu. Il ne faut point demander de parler philosophie à un « papillon du Parnasse » selon la charmante définition de La Fontaine. Encore moins doit-on lui confier l'écrasante tâche de disserter sur les institutions religieuses de Rome. Le matérialisme le plus pesant ne saurait se concilier avec l'idéalisme le plus aérien. Question de nature.

b. Le paradoxe du public

Outre les difficultés inhérentes au sujet traité, outre les lacunes innombrables dont souffrait la connaissance qu'on pouvait avoir alors des rituels primitifs, Ovide devait affronter et résoudre un autre paradoxe. L'élégant mondain doit se faire comprendre d'un public auquel jusqu'alors il ne s'adressait point, la foule urbaine, bien sûr, mais surtout les campagnards des alentours, ceux-là mêmes dont les pères avaient enfanté la religion romaine, ceux qu'intéressent le coucher de Sirius ou les pluies des Hyades. Les *Fastes*, théoriquement, s'adressent à des gens qui nettoient les bergeries, couronneront, s'ils appliquent dans leur tâche quotidienne les prescriptions du livre, les bornes des champs ou sacrifieront à leurs fourneaux. Liront-ils les *Fastes*, ceux-là ? On a du mal à l'imaginer, quand bien même ils en auraient eu la possibilité matérielle. Aussi nous paraît bien ironique l'antinomie qui oppose l'œuvre et ses lecteurs : le public des champs, dont la religion forme le contenu des *Fastes*, ne songera pas à les lire : celui des villes lira l'ouvrage, mais sans retrouver dans les préoccupations religieuses exposées, qui furent celles de ses ancêtres mais ne sont plus les siennes, sa propre orientation de vie. Ovide était-il conscient, lorsqu'il écrivait les premières lignes des *Fastes*, de la gageure à laquelle il s'attaquait : faire assimiler en profondeur aux dilettantes raffinés de l'époque une religion de terriens, à des aristocrates hellénisés, rompus aux joutes philosophiques, une liturgie primitive et sauvage, conçue selon le rythme des saisons et les pulsations de la nature ? Et la plèbe oisive, blasée et volontiers cynique, celle que l'on rencontre déjà dans les croquis de Catulle et d'Horace, pouvait-elle se montrer sensible aux rudes vertus ancestrales du travail et de la famille ?

c. Le paradoxe du sujet

Et cela nous amène au paradoxe le plus aigu, celui des ambitions de l'ouvrage. Les *Fastes* servent, dit-on couramment, le projet augustéen de réforme morale, qui amena le Prince à organiser, dans les lettres, les institutions, dans son image personnelle et sa vie privée mêmes, tout un courant de retour à l'ancien et de réhabilitation des mœurs ancestrales. Les *Fastes* s'inscrivent fort bien dans ce contexte, puisque destinés à rappeler aux oublieux les lois sévères qui régissaient l'existence physique et morale des ancêtres, et les obligations qu'entraînait la coexistence pacifique avec le monde du divin. Or, la piété austère des grands ancêtres pouvait encore exalter les âmes, lorsqu'elle se conjuguait, dans les vers d'un Virgile, avec le patriotisme et l'enthousiasme, toujours fervent, pour le nom et la grandeur romains. Lorsque les grands sentiments se manifestaient par neuf fèves mâchées que l'on crachait derrière soi [1] en tapant frénétiquement à minuit sur une casserole de bronze, ou par l'arrachement atroce d'un fœtus de veau aux entrailles de la vache égorgée, ils ne touchaient plus des esprits trop cultivés et depuis longtemps détachés des sources naturelles de la religion. Il est même étonnant qu'aucun écrivain de ce siècle des lumières n'ait, en considérant la somme de rites qu'on proposait à sa vénération, crié à l'infantilisme ou à la barbarie.

On s'en est bien aperçu au fil des liturgies que nous avons entrevues : la religion romaine était peu désignée pour développer le sens moral de ses pratiquants. Ce qui est moral, c'est le *mos* en lui-même, c'est-à-dire l'observance stricte des anciens cultes au nom des ancêtres. Mais ce n'est pas le contenu de ces cultes, ni surtout l'étiologie qui en prétend donner la justification. Chaque sacrifice apparaît comme une injuste mise à mort d'animaux inoffensifs, dont on a du mal à inventer quelque crime destiné à dégager la responsabilité des dieux. Les Argées ? Les Sigillaires ? Les honneurs rendus à *Verticordia* ? Le rire des Luperques ? Le supplice des Vestales ? A l'énoncé de chacun de ces thèmes se lèvent vaguement dans les mémoires d'obscurs échos que l'on s'efforce de neutraliser au mieux, vieillards noyés, jeunes filles enterrées, jeunes hommes égorgés, vierges foudroyées... Dans d'autres cultes, c'est la sexualité brutale qui affleure sans vergogne : Nones Caprotines, Saturnales, cultes de *Bona Dea*, de *Fortuna Virilis*, de *Mutunus Tutunus* ou du Liber lanuvien ! Les explications scabreuses qu'on affectait aux Lupercales, aux *Floralia*, au culte d'*Anna Perenna*, les honneurs qu'on rendait à des prostituées illustres, dont la mère du Fondateur, les étiologies sanglantes que l'on attribuait au *Regifugium*, aux *Parilia*, aux *Lemuria*, à l'amoncellement des toges dans le temple de *Fortuna*, toute cette sauvagerie et cette crudité des rituels servaient bien peu des idéaux élevés. Nous avons montré ailleurs qu'Ovide s'était employé de son mieux à rogner les aspérités

---

1. Si l'on adopte le texte *accipit ore fabas*, « il prend des fèves dans sa bouche », au lieu de *accipit ante fabas*, « auparavant, il a pris des fèves » (V, 436). Cette leçon a l'intérêt d'expliquer l'usage des fèves, tandis que le *ante*, tour maladroit, souligne simplement une omission d'Ovide touchant les fèves au début du rite.

trop incisives de son sujet [2]. S'il a parfois transformé, selon l'expression de R. Lugand [3], en « fêtes galantes » de vieilles légendes frustes et brutales, peut-être était-ce moins pour obéir à ses penchants personnels que pour ne point devoir présenter à Auguste un tableau qui aurait, involontairement et infailliblement, trahi la mission à lui confiée...

Avec tout cela, il reste qu'Ovide a écrit les *Fastes*. Et le simple fait qu'il ait osé les écrire doit nous engager à nuancer notre opinion sur le résultat de ses efforts.

2. Les Fastes et Ovide :

a. *Portrait d'un érudit*

L'enseignement le plus immédiat que l'on peut tirer de l'œuvre étudiée, est une révélation multiple sur les capacités intellectuelles d'Ovide. Son aptitude à appréhender de vastes ensembles, autant que son aisance à mettre en valeur d'insignifiants détails, sa capacité d'absorption, prouvée par ses innombrables lectures, nous doivent donner une opinion favorable de sa prédisposition à l'étude scientifique : ce rêveur avait la tête bien faite.

Cette prédisposition lui est pourtant universellement déniée, et nous nous bornerons, pour l'affirmer, à la formule lapidaire de C. Marchesi : *Ovidio non è un ricercatore* [4]. Prouver le contraire ne sera point, au terme de notre travail, une tâche impossible.

La recherche c'est, idéalement, la création ; chercher, c'est trouver, et produire du nouveau. Inutile de rappeler ces fables sacrées qu'Ovide a construites de toutes pièces, et qui mettent en scène des personnages du monde divin. Surtout, Ovide ne se contente pas de ces essais littéraires. Le silence de ses sources est un stimulant pour lui, en ce qu'il l'oblige à payer de sa personne sur nombre de points litigieux. Il doit créer alors ces rapports étroits entre la personnalité du dieu et les détails de son rituel, comme la visite de Leucothea à Carmenta pour expliquer l'offrande du gâteau moulé appelé *testuacium*, trouvailles bénéfiques en ce qu'elles habillent un peu une religion bien nue. La légende, l'histoire, il les a enrichies d'un bon nombre

---

2. *Les Fastes d'Ovide et le sourcil latin*, dans *Latomus*, 3, 37, 4, 1978, 851-873.
3. *Le Viol rituel chez les Romains*, dans *R.A.*, 32, 1930, 36-57, p. 51. Aussi A.W.J. Holleman, *Leggendo i Fasti*, Sulmone, 1978, p. 7-8.
4. *Leggende romane nei Fasti...* (B. 525), p. 110.

d'épisodes nouveaux, dont on peut toujours lui contester la paternité [5], mais que l'on n'aurait pas connus sans lui ! Évoquait-on, avant Ovide, la stérilité des Sabines ? La course des jumeaux spoliés ? la dramatique entrevue de Tullia et de son père mort ? L'apparition de l'ombre de Rémus ? Les voyages d'Anna ? La consultation du dieu Faune par Numa endormi ? Dans l'histoire, surtout, presque chaque épisode est une création étiologique : la vieille Anna et les plébéiens affamés, l'édification d'un autel à Jupiter *Pistor*, la grève de l'enfantement, le miracle de Claudia Quinta. Même la sèche étymologie n'entrave pas son effort créateur. Qu'importe si ses propositions sont difficilement recevables ? Admettons l'inanité des *etyma Chloris Remuria, Lala* ; il reste qu'Ovide a expliqué le premier correctement *Porrima* et *Postuerta*, le nom du manipule, celui d'Auguste. Sans compter d'autres étymologies, à propos desquelles il convient, en l'absence d'une documentation complète, de se montrer prudent avant de les considérer comme des créations, mais qui apparaissent pour la première fois dans notre ouvrage : *ui stando* pour expliquer *Vesta*, par exemple.

La création, pourtant, ne s'effectue pas toujours *ex nihilo*. Créer, c'est aussi modeler la matière existante pour la transformer en un objet nouveau. En ce sens, Ovide se révèle un sculpteur de premier ordre.

Nous avons consacré un long chapitre aux arrangements qu'Ovide avait fait subir à la tradition : amalgame d'épisodes indépendants (*Elicius* et les Saliens), insertion d'éléments perturbateurs dans des traditions constituées (oracles de Cybèle, de Faune, de Junon *Lucina*, des Saturnales réemployé pour les Argées ; rites d'Hercule rapprochés des Lupercales avec la course des jumeaux, *etc*.). Mais Ovide a pratiqué aussi d'autres combinaisons originales : appel à des réalités profanes (le rituel des noces comme fondement des *Parilia*), déplacement d'étiologies (Rémus passant des *Parentalia* aux *Lemuria*), contaminations favorisées par des similitudes phoniques (*Anna* et *Énée, Carna* et *Cardea*). Qui d'autre qu'Ovide a su créer ainsi, aussi abondamment, aussi intelligemment, aussi effrontément, puisque bien souvent les Modernes eux-mêmes se sont laissé prendre à ses minutieuses manipulations ?

S'il est vrai que chercher c'est d'abord créer, Ovide, étant créateur, est incontestablement un chercheur.

Mais chercher, c'est aussi réunir diligemment un maximum de données destinées à éclairer un point précis, proposer une synthèse des résultats acquis, exposer objectivement l'opinion d'autres savants sur les problèmes

---

5. Ainsi, G. Dumézil suppose-t-il tout à fait gratuitement que la stérilité des Sabines n'est pas de son cru (*Rel. rom. arch.*, p. 464).

délicats. Les listes d'étiologies possibles destinées à répondre à une seule question, que l'on a tant reprochées à Ovide sous prétexte qu'il ne savait pas se décider, nous montrent également en lui un chercheur scrupuleux.

Que dirait-on toutefois d'un chercheur qui se bornerait à reproduire scrupuleusement, fût-ce en un tableau complet, les résultats antérieurs, travailleur utile, mais d'esprit étroit ? Ne l'appellerait-on pas plagiaire, ou, à tout le moins, compilateur ?

S'il est également vrai que chercher c'est aussi imprimer sa marque personnelle aux travaux antérieurs, si c'est avoir « l'œil critique », alors, en ce sens également, Ovide savait chercher. Combien de textes varroniens ou verriens sont-ils rapportés par lui sans altération ?

Qu'on en juge sur quelques rappels. Dans le domaine grammatical, les exemples les plus révélateurs sont bien les étymologies doubles, qui supposent un délicat travail de fusion : *Vertumnus, ancile, liba, Augustus, Galli, Anna, Ianus,...* Mais il faut mentionner aussi les choix d'Ovide indépendants des autorités de son époque : *uictima, hostia, agonia, iungere, maiestas, manipulus, Solymus, Porrima, Capta.* Ovide ne sait-il pas refuser, d'autre part, ce qui lui paraît inepte ? Les étymologies de *Summanus*, de *Vacuna*, les trouvailles de Verrius pour les *Agonalia*, les Argées, l'assimilation varronienne de *Ianus* et du gosier, *etc.* Ne rejette-t-il pas systématiquement les étiologies obscènes, même si elles sont admises officiellement ?

Admettons qu'il ait eu tort de le faire : mais ne s'écarte-t-il pas de ses devanciers sur des questions importantes : *Regifugium, Quinquatrus,* l'étymologie d'avril, pour laquelle il affronte Varron et Verrius ensemble, les gâteaux de Liber, l'existence de *Mamurius* ? Ne s'oppose-t-il pas à toute une tradition et même à ses propres opinions, pour affirmer la valeur fécondante des Lupercales ? Ovide n'hésite pas à contester les valeurs établies, pour affirmer hautement les droits de la science populaire, en face de celle des savants : qu'importent la force étymologique, la tradition livresque, puisque aux yeux de l'immense majorité des Romains, les Quinquatries duraient cinq jours et les Lupercales donnaient des enfants ?

Nous le voyons alors quêter ses renseignements au sein de la grande foule, interroger campagnards, vieillards, soldats, prêtres... Dans son livre, nous saisissons véritablement la recherche « en marche ». Auprès d'autres descriptions qui sentent le pastiche littéraire, par exemple la mutilation d'Attis chantée par Catulle, celles d'Ovide sont admirablement vivantes, et l'on *voit* réellement le poète perdu dans la foule qui s'écrase au passage des eunuques étrangers, les oreilles déchirées par les modulations bizarres des flûtes et le rythme obsédant du tympanon, ou s'apprêtant à bondir, les *februa* serrés dans sa main, par-dessus le brasier crépitant du 21 avril.

Pour toutes ces raisons, Ovide *est* un chercheur. Poète mal préparé à l'enquête scientifique et à ses méthodes rigoureuses, il a procédé pourtant avec patience et minutie à des investigations difficiles.

b. *Portrait d'un théiste*

Indépendamment de sa personnalité scientifique et de ses aptitudes à mener à bien une recherche intellectuelle, il nous semble que la question souvent soulevée de la foi personnelle d'Ovide et de son intérêt pour l'œuvre entreprise peut être abordée maintenant avec sérénité.

Ovide nous est souvent présenté comme un incrédule, dont les efforts laborieux pour donner le change ne peuvent dissimuler le scepticisme. En fait, rien ne prouve qu'Auguste lui ait imposé son sujet : l'évidence lui montrait que son choix eût été curieux, si le véritable Ovide est bien celui que nous dépeignent ses ouvrages légers antérieurs aux *Fastes*. Pour chanter les anciennes institutions et les grands hommes du passé, il eût fallu le talent d'un Properce, d'un Virgile.

En revanche, il n'est pas étonnant qu'Ovide ait de lui-même ressenti le désir d'étudier l'étiologie des anciens rites. Il venait de consacrer une notable partie de son temps à traiter des dieux et des héros grecs, dans un aspect très particulier de leur histoire : la métamorphose. Montrant pour quelles raisons un objet, un animal, une plante, sert d'enveloppe temporaire à telle ou telle créature humaine infortunée, Ovide faisait déjà de l'étiologie. Lorsqu'il choisit de traiter des dieux et des rites romains, d'analyser le pourquoi des formes déconcertantes que revêt souvent l'adoration de ses compatriotes, Ovide ne fait que poursuivre dans une nouvelle voie un style de recherches qui lui tient à cœur. Cela ne prouve pas qu'il crût à ces dieux qu'il décrivait ? Sans doute ; néanmoins, ce choix manifeste un intérêt certain de sa part pour leur figure et leur culte, dont il examine les moindres détails. Peut-être la crédulité de l'homme intelligent qu'il est sans conteste connaissait-elle beaucoup plus de restrictions que n'en pouvait connaître l'aveuglement populaire, prêt à accepter sans chercher plus avant les fantaisies les plus absurdes qu'avaient engendrées la piété ou l'humour des ancêtres. D'un autre côté, Ovide n'est pas animé par une haine farouche de la religion, qui lui ferait fustiger d'une satire acharnée les croyances qu'il réprouverait. Son œuvre n'est pas celle d'un hérétique, et les torrents d'invectives qui discréditent la religion romaine ne commencent certes pas avec les *Fastes*. Quelque ironie dans le livre ? Sans doute ; mais elle n'a rien de corrosif ou de sournois. Elle marque simplement les distances prises par l'auteur avec les aspects les plus contestables de son sujet, dont il se désolidarise, sans pour autant leur déclarer une guerre ouverte. Rien de commun entre l'amusement supérieur d'un Ovide et l'animosité pesante de Lucrèce, l'acharnement violent et guère plus subtil d'Arnobe ou d'Augustin. Cicéron lui-même se montrait, à l'égard des croyances traditionnelles, plus prompt à la critique [6].

Peut-être entre-t-il quelque calcul, en revanche, dans la façon dont Ovide se présente en pieux observateur des prescriptions ancestrales, peut-être quelque coquetterie dans sa feinte naïveté, lorsqu'il s'avise de l'inexistence des statues de Vesta, ou se demande pourquoi l'année commence en plein hiver [7]. Nous y avons décelé la condescendance d'un esprit éclairé pour certaines croyances populaires, une sorte de délectation à se couler dans l'intelligence du premier venu. En revanche, des refus catégoriques, celui de l'automatisme de la purification par l'eau, des sacrifices humains qui risqueraient d'avilir la mémoire des ancêtres, sont tout à son honneur et prouvent chez lui un véritable sens du sacré. Ovide était sans doute trop avisé pour ajouter foi au ramassis de sottises que l'invention populaire avait entassées durant des siècles, et pour considérer sans sourire la physionomie des divinités que la religion officielle proposait à la vénération des foules. Il pouvait même pratiquer l'humour au second degré, et composer lui-même des récits étiologiques parfaitement dignes de l'invention populaire, susceptibles de s'intégrer assez bien dans un ensemble dogmatique déjà constitué. Mais cela n'implique pas qu'il n'ait pas cru aux dieux eux-mêmes, ou à quelque forme plus élevée de la divinité. On ne travaille pas vingt ans de sa vie sur la matière religieuse sans être soi-même un peu théiste ; à preuve la peine qu'il a prise à des enquêtes personnelles auprès des responsables liturgiques de Rome. Ovide pouvait fort bien ne pas croire qu'on célébrât les *Parilia* à cause de Deucalion et de Phaéton, il n'empêche qu'il ne répugnait pas à sauter aussi bien qu'un autre au-dessus des braises ardentes. Il pouvait sourire des anciens vocables sacrés [8], nous le voyons tout de même respecter les interdictions ancestrales touchant les dates du mariage [9] lorsqu'il désire célébrer les noces de son enfant. Et si les superstitions qu'il note scrupuleusement au passage ne pouvaient que divertir son esprit cultivé, lorsqu'il boit à la source des Camènes, c'est « à gorgées précautionneuses » :

Saepe, sed exiguis haustibus, inde bibi

(III, 274)

---

6. *Cf.* R. Goar, *Cicero and the State Religion*, Amsterdam, 1972.
7. *Fast.*, VI, 295-296 :
   Esse diu stultus Vestae simulacra putaui,
   Mox didici curuo nulla subesse tholo.
et I, 149-150.
8. *Nomina ridebis*, dit Janus, évoquant ses noms de *Patulcius* et *Clusius*, *Fast.*, I, 129-130.
9. *Fast.*, VI, 219 *sqq.*

si les histoires d'envoûtement que l'on raconte au sujet des eaux habitées par les nymphes allaient être vraies ?...

Cet homme écrivit, certes, un jour de sa jeunesse, un vers audacieux :

Expedit esse deos, et, ut expedit, esse putemus [10].

« Cela nous arrange que les dieux existent, et puisque cela nous arrange, croyons donc qu'il y en a ». Si l'on rattache ce vers à ceux qui le précèdent, où Ovide montre que Jupiter lui-même pratique les faux serments dans le domaine amoureux s'il y trouve son intérêt, ce vers peut passer pour l'affirmation assez cynique d'une scandaleuse impiété ; pourtant, les vers qui suivent prouvent bien que telle n'est pas l'intention d'Ovide, et l'on peut comprendre ce vers autrement : « portons l'encens et le vin sur leurs antiques foyers. Et ils ne sont pas plongés dans un repos sans préoccupations et semblable au sommeil : menez une vie pure, la divinité vous voit ». Rien n'obligeait Ovide, dans le contexte qu'il traitait, à ajouter ces vers, qu'on opposera facilement aux affirmations contraires de Lucrèce, pour qui les êtres divins, *semota ab nostris rebus seiunctaque longe* [11], « jouissent de l'immortalité au milieu de la paix la plus profonde, étrangers à nos affaires dont ils sont tout à fait détachés ». On pourrait comprendre alors le vers de l'*Ars* comme l'affirmation que l'existence des dieux est la réponse la plus satisfaisante aux innombrables questions que se pose l'homme sur l'univers qui l'entoure et sur sa propre existence. Quand bien même ce vers ne serait que l'expression du caractère sécurisant de la religion pour l'homme inquiet, il serait encore la preuve qu'Ovide avait réfléchi sur le phénomène religieux, ses raisons d'être et son utilité, et donc qu'il ressentait parfois des angoisses métaphysiques.

Lorsqu'il édicte à l'usage de ses lecteurs des prescriptions religieuses, Ovide apporte toujours beaucoup de sérieux à leur énoncé, et ne sous-entend jamais que la dévotion populaire peut être dérisoire ou ridicule. Ce n'est point lui qui tâchait de « dégager les esprits des liens étroits de la superstition [12] ». Ovide au contraire engage les gens simples à se conformer en tout point, même si les rites les déconcertent, aux injonctions religieuses :

---

10. *Art d'aimer*, I, 637. R. Braun écrit : « Parti de l'agnosticisme grec, Ovide rejoint, sans se poser apparemment de problèmes métaphysiques, le respect du *mos maiorum* en matière religieuse, (B. 125), p. 231. Dans une étude sur la composition des *Fastes*, J. Pfeiffer reconnaît à Ovide le sens inné de la sacralité (Bibl. n° 625, p. 190) : *Neben Freude an Gelehrsamkeit, antiquarischen Eifer und der römischen Neigung zu ätiologischem Denken, muss ein gewisses Gefühl für* sacra, *ihre Wichtigkeit und ihren Wert für römischen Wesen Ovid zu seiner Aufgabe hingezogen haben. (...).*

11. *Nat. rer.*, II, 646-648.

12. *Ibid.*, I, 931-932 : *Et artis/Religionum animum nodis exsoluere pergo.*

« Accourez vite, qui à pied, qui en barque, et n'ayez pas honte de rentrer ivres chez vous [13] », « N'ayez pas honte de prendre du pavot écrasé dans du lait blanc comme neige, avec du miel pur exprimé des rayons [14] » ou encore : « Tourné vers le Levant, dis quatre fois cette prière, et lave-toi les mains dans une eau vive. Alors, tu pourras préparer en guise de cratère une écuelle, et boire le vin cuit pourpré avec le lait neigeux ; puis tu pourras lancer d'un pied agile ton corps vigoureux à travers les tas ardents de paille crépitante [15] ». Si les *Métamorphoses* s'occupaient de présenter le plus agréablement possible des traditions étrangères aux lecteurs romains instruits, les *Fastes* ne sont pas destinés à fournir un aimable divertissement de salon, mais à pourvoir l'utilisateur quotidien des renseignements indispensables à la pratique de la liturgie. Sous ce rapport, Ovide s'est acquitté de sa tâche avec beaucoup de conscience.

Quelle idée retenir de la vision que pouvait avoir Ovide de la religion qu'il pratiquait ? Sans doute le tableau lumineux qu'il avait gardé dans les yeux du peuple montant, le premier janvier, au Capitole : « Voyez-vous comme le ciel brille de feux odorants, et comme le safran de Cilicie pétille sur les foyers embrasés ? La flamme frappe de son éclat l'or des temples et répand sa vacillante clarté à la cime des sanctuaires. En vêtements immaculés on se rend à la colline Tarpéienne... Salut, jour de liesse, reviens-nous toujours plus heureux, et digne d'être célébré par le peuple qui règne sur le monde [16] ». Cet enthousiasme au son vrai, bien éloigné des lugubres peintures d'autres esprits chagrins, nous fait comprendre qu'Ovide avait foi dans le nom romain, et adhérait aux croyances romaines. Aussi nous paraît bien irritante la tentative de A.W.J. Holleman, qui, en dépit d'un amour déclaré pour Ovide, se propose de lire les *Fastes* en y mettant en relief l'érotisme incorrigible du poète [17], qui « fait sombrer dans le ridicule le renouveau des valeurs religieuses et morales ».

Ce que d'aucuns appellent scepticisme, c'est-à-dire une certaine distance prise avec le monde du divin, ce n'est peut-être, dans le domaine religieux, que le reflet d'une attitude d'Ovide à l'égard du monde en général, et

---

13. *Fast.*, VI, 778.
14. *Fast.*, IV, 151-152.
15. *Fast.*, IV, 777-782. P. Fargues est moins sévère que d'autres sur le sujet de la foi d'Ovide (B. 302, p. 451) : « S'il n'avait guère de vénération pour les dieux, il aimait, depuis sa jeunesse, les vieilles cérémonies. (...) (cette fête) lui inspire même une vague émotion religieuse ».
16. *Fast.*, I, 75-88.
17. *Leggendo i Fasti*, Sulmone, 1979, p. 8 : ... *in poche parole, uno che faceva cadere nel ridicolo il ripristino dei valori religiosi e morali*.

de ses semblables en particulier, qu'il étudie d'un œil critique. Il était fatal que la fréquentation des phénomènes religieux l'amenât à prendre ces distances : pénétrant plus avant dans la compréhension des mécanismes qui régissent les créations cultuelles, il passait insensiblement du rang de simple croyant à celui d'initié, et par là même de maître. Le « proverbe » n'est-il pas vrai : *maior e longinquo reuerentia* ? [18]... Une fois en sa possession les clefs de la croyance humaine, cette familiarité nouvelle avec les êtres divins devait diminuer, c'est bien évident, le respect qu'il avait pu vouer aux dieux. Comment vénérer sans arrière-pensée ces êtres que lui-même sentait créés de la main des hommes ? Car c'est bien Ovide qui écrivait aussi : *Facta dea est Fornax*... Les éléments trop visiblement humains de la liturgie romaine pouvaient le faire sourire, parce qu'il en comprenait le processus de création, sans diminuer pour autant de véritables sentiments religieux, ceux que nous sentons à la lecture de certains passages : « la déesse me toucha, et tout aussitôt s'ouvrirent à mes yeux les causes [19] »...

Nous avons commenté déjà l'attitude du poète à l'égard du monde du divin, et conclu à une sorte de croyance à un déterminisme fondamental [20] qui fait du monde religieux humain le reflet du monde divin, et permet d'imaginer les êtres qui imposèrent aux hommes leurs préférences et leurs caprices. Plus que l'exposé des explications traditionnelles que le poète se borne à emprunter à ses prédécesseurs, cette facette de la recherche ovidienne est révélatrice d'une inquiétude religieuse réelle, en ce qu'elle nous montre l'homme Ovide s'interrogeant sur les phases de la création rituelle, et établissant entre la représentation des dieux et leurs rites ces rapports d'évidence qu'aucun autre auteur n'avait établis ni n'établira plus.

Irait dans le même sens la conception qu'il a de l'être divin agissant dans l'instant : Cérès offensée réclamant le sacrifice de la truie, Vesta désireuse d'une vengeance personnelle sur la prêtresse dont la conduite a offensé ses interdictions, Cybèle manifestant sa hâte d'émigrer vers Rome : l'intervention directe et efficace d'une divinité dans l'édification de son culte montre assez que l'homme qui conçoit ainsi les structures divines n'est pas l'affreux matérialiste qu'on a trop souvent cru reconnaître en lui.

On y était poussé, il est vrai, par celle des meilleures qualités d'Ovide qui fait de lui un esprit positif, son sens de la logique [21]. L'univers a été

---

18. Tacite, *Ann.*, I, 47, 2.
19. *Fast.*, IV, 17. C'est là, exactement, la conception qu'on se faisait du *uates*, l'inspiré des dieux. J.K. Newmann a étudié l'emploi du mot dans *The Concept of Vates in Augustan Poetry*, Bruxelles, 1967.
20. Voir p. 488.
21. Voir p. 52 *sqq*.

organisé selon des normes mûrement réfléchies, et tout doit être explicable pour la raison humaine. Il s'ensuit que la transcendance divine doit elle-même se plier à ces principes d'organisation, ce qui ne laisse qu'une place restreinte à son libre arbitre. L'un des systèmes d'explication les plus fréquents est la projection des us et coutumes des humains sur le monde des dieux. Les jeunes coquettes préfèrent le blanc : Cérès elle-même jugera que le blanc lui sied, contredisant ainsi le poète, qui, des années plus tôt, affirmait que le blanc va bien aux brunes [22] ; tandis que Flore, la joyeuse déité, se plaira davantage au spectacle des tenues éclatantes revêtues par les courtisanes. Cette vision pragmatique des dieux est somme toute bien romaine, puisqu'on avait soin de coiffer et de maquiller tous les jours Minerve et Junon, tandis qu'un dévot de bonne volonté escaladait les pentes du Capitole pour dire l'heure à Jupiter [23]... Nous avons relevé déjà les nombreuses exceptions à cet ordre des choses bien réglé, exceptions qui soulevaient chaque fois les inquiétudes d'Ovide. Cette logique innée est peut-être la clef qui nous permet de répondre à la question précédemment posée, celle de l'incompatibilité entre un tempérament de poète et des enquêtes scientifiques ou philologiques approfondies. Ovide, bien que poète, était doué d'un esprit capable d'apprécier instantanément les correspondances entre un fait religieux et les exigences de la raison humaine. Si les caractéristiques de l'institution envisagée s'intègrent facilement dans un système cohérent, tout est pour le mieux. Dans le cas contraire, on perçoit l'insatisfaction du chercheur devant des décrets récalcitrants ou des faits liturgiques qui bousculent l'ordre attendu : les lions sagement attachés au char de la Mère des Dieux, ou, le premier jour de l'année, les échanges de monnaies inutilisables. Ce tempérament positif, tranché, rigoureux, Ovide le devait sans doute à ses études juridiques. Et l'alliance entre un goût certain pour les choses de la religion et un esprit critique, rationaliste, désireux d'éclaircissements détaillés, fait d'Ovide l'une des personnalités les plus riches et les plus complexes qu'on puisse imaginer. Sa recherche, à la fois capricieuse et rigoureuse, tâtillonne et brouillonne, est, du reste, l'exact reflet des contradictions de son auteur.

3. Les Fastes et le phénomène étiologique

Tout conditionnés qu'ils sont fatalement par la personnalité de l'écrivain, les *Fastes* sont un témoignage précieux touchant l'état des

---

22. *Ars Am.*, III, 270 : *Nigrior ad Phariae confuge uestis opem.*
23. Augustin, *Ciu. Dei*, VI, 10, d'ap. Sénèque, *De superstitione.*

conceptions scientifiques et religieuses d'une époque. Curieuse et complexe époque, elle aussi, qui pratique pieusement des rites dont elle n'a plus la clef, au nom de l'obéissance aux enseignements des ancêtres. Combien de Romains qui allaient chercher au mois d'avril les tiges de fèves, la cendre d'embryons de veaux et le sang de cheval à l'autel de Vesta [24], étaient-ils capables de savoir exactement ce qu'ils faisaient ?

Éloignée de ses sources, coupée des véritables raisons qui engendrèrent les anciennes liturgies, l'époque augustéenne doit se résoudre à la spéculation scientifique, plus ou moins aidée par la tradition. Cette position, incorfortable pour elle, est pour nous privilégiée, en ce qu'elle nous permet de saisir les mécanismes de la recherche antique et la façon dont on réagissait, au temps d'Auguste, devant les problèmes que posait la liturgie héritée d'époques révolues, et dont on ne connaissait plus le processus d'établissement, si on en connaissait encore assez bien l'efficacité.

La recherche religieuse, à laquelle on se livre alors avec une passion encouragée par Auguste (mais qui préexistait à son régime, puisqu'on en saisit déjà des manifestations chez Cicéron et chez Varron), et, partant, la recherche étiologique, en quoi consiste-t-elle exactement ?

L'étiologie ne consiste certes pas en la découverte de la véritable origine d'un rite. Nous avons compris au passage que la recherche antique n'y pouvait prétendre, que la recherche moderne avait tort d'y prétendre, et que l'on devait borner ses ambitions à avancer des probabilités prudentes. L'essentiel, c'est de *répondre,* quelle que soit la valeur de cette réponse. Si aucune réponse n'est recevable ou plausible, car il faut faire la part du hasard, des traditions étrangères, des caprices de la foule ou du législateur, on peut s'en tirer, et Ovide sait admirablement s'y résoudre, par quelque pirouette de conteur, la *militia* des femmes ou l'ivrognerie des vieilles [25].

L'étiologie n'est donc pas une science exacte, mais la découverte de *rapports,* apparemment convenables et essentiellement artificiels, entre le rite et quelque autre fait, mythe, légende, institution, qui présente avec lui une analogie satisfaisante, quelque fragile qu'elle soit ressentie. Il ne reste plus alors qu'à déclarer que l'un se trouve à l'origine de l'autre ! Ainsi procède ordinairement toute l'étiologie antique. On dispose d'un cheval sacrifié [26]. On ferme les yeux sur les modalités du sacrifice, sa date, sa finalité, encore qu'on en soit parfaitement instruit ; et on cherche dans l'histoire ancienne quelque cheval célèbre, même s'il n'est pas question qu'on le

---

24. Ovide, *Fast.,* IV, 731 : *I, pete uirginea, populus, suffimen ab ara.*
25. *Fast.,* III, 244 ; III, 765-766.
26. Paulus-Festus, *s.u.,* p. 190.

sacrifie ! C'est le hasard seul qui fait répondre alors : « le cheval... de Troie [27] », à une question concernant le sacrifice à Rome du Cheval d'Octobre : on eût pu évoquer tout aussi bien Pégase ou Bucéphale ! Ainsi pour les *Parilia* : on procède à des investigations dans divers domaines où l'on pourrait découvrir, à cause du modeste tas de paille enflammé, des incendies célèbres. La légende répond : « l'incendie occasionné par Phaéton » ou « l'incendie de Troie ». Elle aurait pu répondre tout aussi bien « l'incendie d'Athènes en 480 », « l'incendie des navires d'Énée » ou « l'incendie du temple d'Éphèse », ni les uns ni les autres, ni les étiologies conservées par Ovide, ne présentent le moindre rapport avec la lustration des bergeries. Ignorant l'importance des contextes (par exemple : que la tasse d'eau dont on asperge les brebis puisse commémorer le déluge universel !), ignorant les incompatibilités et les invraisemblances, l'étiologie isole *le* détail commun qui permet le rapprochement souhaité, et ne veut connaître que lui. Aussi, le seul cas où le mythe corresponde, sur un plan symbolique, avec le rite, est-il celui des *Fordicidia*, où le mythe est une création ovidienne. Créateur, le poète pouvait organiser les détails en un tout cohérent, ce qu'il ne peut faire lorsqu'il emprunte.

L'étiologie se révèle donc, plus qu'une recherche scientifique, un jeu intellectuel qui exerce l'ingéniosité du chercheur, un jeu d'associations d'idées. Qu'on songe à ces formules brillantes que nous avons rassemblées [28], et qui font prendre si habilement le faux pour le vrai ! Tout est baptisé *causa* : les véritables causes, les coïncidences, les conséquences, les acrobaties verbales. On ne s'élève jamais au niveau d'une réflexion générale sur la légitimité des rapports entre religion et fait historique, par exemple, voire entre religion romaine et philosophie ou mythologie grecques.

a. *Distorsions et invraisemblances*

Ni les invraisemblances ni les incompatibilités, n'arrêtent jamais l'étiologue, qui fait bon marché de la géographie et de la chronologie. Comment les oies du Capitole pourraient-elles rendre compte d'un sacrifice égyptien offert à Isis ? Comment une collecte isolée de 111 av. J.-C. expliquerait-elle les quêtes des ordres mendiants phrygiens, Galles et Métragyrtes, courantes en Asie Mineure ? Ovide fait appel à un personnage virgilien pour éclairer d'une curieuse lumière les fonctions de l'archaïque divinité qui préside au jour de l'An, Anna Perenna, et, sans transition aucune, cette Anna, sœur de Didon, se transforme en une vieille plébéienne vivant au

---

27. Timée, chez Polybe, *Hist.*, XII, 4, b.
28. Des pages 482 à 487.

V⁰ siècle av. J.-C. Or, si l'on avise le vers introductif de l'aventure du dieu Mars dupé par Anna Perenna, on s'aperçoit qu'Anna « vient d'être divinisée [29] » sous l'apparence d'une vieille femme *(comis anus)* : la nouvelle déesse est par conséquent la vieille plébéienne de Bovillae, état de fait qui nous oblige à placer après 494 av. J.-C. les déboires du dieu Mars. Si Anna doit être Thémis, autre affirmation ovidienne, il faut alors un prodigieux saut dans le temps pour faire admettre qu'elle puisse être la sœur de Didon ou la vieille banlieusarde romaine ! Lorsqu'on s'occupe de Minerve, on explique indifféremment son surnom par un événement de l'année 241 av. J.-C., ou par la naissance de la déesse, située beaucoup plus haut dans le temps mythique. Même démarche pour les Argées, qui sont une institution d'Hercule aussi bien qu'un résultat de l'invention du pont électoral en 146 av. J.-C. Le forgeron Mamurius est soit un ouvrier de l'époque de Numa, soit l'orfèvre de la statue de Vertumne, importée à Rome en 264 av. J.-C., à moins qu'il ne soit contemporain de Mithridate, ce qui nous amène cette fois aux années 85-65 av. J.-C. ! Si le temple de Janus a été édifié, comme le veut l'histoire, par le roi Numa, l'étiologie n'a plus le droit de le mettre en rapport avec les légendes roméléennes qui lui préexistent. C'est la loi des XII tables qui déclenche, deux cents ans après sa publication, la grève des flûtistes, et le Sénat attend vingt années d'avortements systématiques avant d'abroger la loi Oppia ! Enfin, puisque tous les auteurs affirment qu'à l'époque du potlatch de Mézence, Énée est déjà mort et a laissé le commandement des troupes à son fils Ascagne, on ne peut le voir ressusciter qu'avec surprise dans la fameuse scène des *Vinalia*...

Outre les anachronismes visibles, d'autres incompatibilités flagrantes permettent de conclure que l'étiologie se satisfait des ressemblances extérieures et se rapproche du conte de fées ou du roman historique plus que de la recherche mathématique. Si Vesta est la terre nourricière, porteuse, donc, de toutes les fécondités, comment peut-elle être aussi la vierge Hestia, qui n'admet à son service que des vierges ? Hestia, que l'on sache, ne fut jamais considérée comme la Terre [30]. Puisque d'autres peuples, qu'Ovide énumère complaisamment [31], honorent le dieu Mars, sans avoir pour fondateur un fils du dieu, la raison qu'Ovide donne de la primauté de Mars dans le calendrier ne tient plus. La déesse Carmenta, le dieu Portunus, la déesse Flora, ont un culte très ancien, desservi par un flamine, sûr indice de leur antiquité. Ils ne sauraient donc être, l'une la mère d'Évandre, le héros grec exilé, l'autre le fils d'Ino, la reine de Thèbes, la troisième l'amante du volage Zé-

---

29. *Fast.*, III, 677 : *Nuper erat dea facta...* et 684 : *Conueniunt partes... comis anus !*
30. A. Preuner, *Hestia-Vesta*, Tubingen, 1864, p. 282-293.
31. *Fast.*, III, 85-96 ; *cf.* Censorinus, *De Die*, 22, 9, d'ap. Varron.

phyr ! Les Galles, prêtres de Cybèle, se retrouvent également dans le culte de la déesse Syrienne : il est difficile d'invoquer une légende phrygienne pour expliquer leur émasculation [32].

Cette désinvolture, ou, plus exactement, ce refus de déceler les obstacles dont l'existence interdit d'adopter l'explication proposée, se concrétise dans une formule surprenante d'Ovide : *Quid uetat ?* (II, 423) « qu'est-ce qui empêche ? » Rien, évidemment. Néanmoins, des considérations annexes peuvent constituer des entraves : qu'une fête romaine s'explique, par exemple, grâce aux rites arcadiens. En fait, rien n'arrête Ovide sur le chemin de ses belles trouvailles : Liber est, en tant que *Bacchus*, accompagné des jeunes Bacchantes, mais à Rome, ce sont de *vieilles* prêtresses qui leur sont assimilées ; lorsqu'on explique le don de la toge virile aux *Liberalia,* le dieu se trouve être à la fois *puer* et *pater* ! La discordance flagrante entre l'étiologie qui se fonde sur le patronage de Liber-Dionysos sur le vin, et le rituel des *Liberalia,* où il n'est pas question de vin [33] ne suscite aucune réflexion salutaire de la part du poète, pas plus que n'en suscite le décalage entre les rites des Lupercales, leur place en février, les définitions varroniennes et verriennes, et sa propre étiologie par la fécondité des Sabines. Ne le frappe pas davantage une impossibilité qui eût dû alerter d'emblée son attention : comment les nymphes *Carmentes* pourraient-elles chanter l'une, *Porrima*, l'avenir du nouveau-né, l'autre, *Postuerta,* son passé, puisqu'un nouveau-né possède peut-être un avenir, mais certainement pas de passé, — R. Pettazzoni en fait la remarque judicieuse [34]. C'est un événement de l'an 114 qui lui paraît expliquer l'attention portée par les Romains du temps à l'Aphrodite Thébaine, l' « *Apostrophia* », installée à Rome sous le nom de Vénus *Verticordia* : ignorait-il que la déesse était domiciliée à Rome sous ce même nom, depuis l'année 295, avec son étiologie particulière ? Nous avons relevé les différents emplois surprenants de l'épithète *Quirinus*, décernée à Romulus encore vivant. Lorsque Ovide aborde la déification d'Énée, dans les *Métamorphoses,* sous les espèces de Jupiter *Indigète* [35], c'est avec le vers : *Quem turba Quirini/Nuncupat, Indigetem, temploque arisque recepit.* L'inconséquence est comparable : Romulus-Quirinus n'est pas près de naître, à l'époque d'Énée, puisqu'il en est le lointain descendant, et qualifier les Romains de « *turba Quirini* » constitue un anachronisme. Dernier exemple,

---

32. Voir notre étude B. 647, à propos de l'analyse faite par G.B. Pighi d'un passage des *Fastes* relatif aux déesses Palestiniennes (IV, 236).
33. K. Kircher, *Die sakrale Bedeutung des Weines im Altertum,* Giessen, 1910, 1-102, p. 88-89 : *...das beweist die Natur des römischen Liber, der ursprünglich gerade so wenig allein für den Wein zu sorgen hat, wie der griechische Gott, den man ihm später gleichsetzt.*
34. *Carmenta,* dans *S.M.S.R.,* 17, 1941, 1-6.
35. *Met.,* XIV, 607-608.

celui du *ianus*, qui contient une belle somme de contradictions : le temple fermé retient la Paix, laquelle se promène librement dans le monde, tandis que le dieu Janus retient, dans son temple, les « sanglantes Guerres » : la guerre et la paix se trouvent ainsi cohabiter en un même lieu [36]...

C'est le souci d'informer complètement son lecteur qui amène Ovide à aligner de multiples causes possibles. Mais si l'on considère l'ensemble des explications qui commentent un même rite, on découvre alors d'étranges associations : Rémus et Énée se retrouvent aux *Parilia* avec Deucalion et Phaéton ; Hercule rencontre les sexagénaires romains sur le pont Sublicius, et la Louve roméenne s'étonne de se voir associée aux pâtres arcadiens, aux Satyres et à la belle Omphale, le jour d'une des fêtes les plus typiquement romaines qui soient...

Ces libertés prises avec la chronologie pourraient être le fait du seul Ovide ; pourtant, l'exemple du cheval d'Octobre que nous rappelions plus haut, ou bien la lecture des *Questions romaines* de Plutarque, nous laissent entrevoir que la recherche romaine en général souffrait de ce même défaut, qui, reconnaissons-le, ne semblait incommoder personne.

b. *L'historicisation*

Une autre des tendances majeures de l'étiologie ovidienne, reflet très net d'une caractéristique bien ancrée de l'époque augustéenne, est celle de l'historicisation. Nous savons que le Romain avait plus que tout autre le sens de l'histoire ; ce sens était si envahissant qu'il l'amenait à ranger dans les récits des Annales des événements qui n'avaient rien d'historique. Dans les *Fastes*, la part est largement faite à l'histoire, mais hors de la catégorie étiologique qui porte ce nom, Ovide pratique instinctivement l'historicisation, et rattache volontiers rites et institutions anonymes à des noms célèbres.

Ainsi fait, du reste, Verrius Flaccus, ainsi font la plupart des auteurs romains, qui classent sous un seul nom, celui de Numa de préférence, ou encore celui de Servius, la presque totalité des créations religieuses dont leur vie liturgique quotidienne se nourrit. Le Romain semble incapable d'imaginer ses dieux sans liens avec quelque personnage célèbre, et les caractéristiques de leurs cultes elles-mêmes dépendent régulièrement, nous l'avons vu, d'un incident quelconque dans l'histoire du dieu. Lorsqu'il propose une étymologie, Ovide préfère systématiquement le nom propre et

---

36. L'étiologie de la fermeture est de type mythique (le dieu enferme la Paix), celle de l'ouverture de type sociologique (retour des guerriers) : il y a là une inconséquence de méthode. Lire J. Bridge, *Ianus, Custos Belli*, B. 140.

le personnage connu à l'objet commun : *Flora* vient de *Chloris,* non de *flos* ; *Lemuria* de *Remus,* non de *Lemures* ; *Auentinus* du nom du roi *Auentinus,* non de *aues* ou de *uehendo* ; *liba* vient de *Liber,* non de *libare.* Ainsi faisait sans doute la foule romaine, davantage attirée par l'éclat et les promesses d'un nom célèbre que par les anonymes déductions grammaticales : et ceux qui font la religion, ce ne sont pas quelques rats de bibliothèque perdus dans leurs grimoires, ce sont les gens du peuple qui la vivent à leur manière, et la parent des couleurs qui leur plaisent. Nous avons maintes fois souligné les complaisances d'Ovide pour les étiologies populaires, cette pratique de l'historicisation en serait une preuve de plus.

Ainsi, la chèvre de Véiovis, loin de rester un animal sacrificiel anonyme, reçoit la personnalité de la célèbre chèvre Amalthée ; Mater Matuta, dont le nom vient, selon Verrius, de *mane* ou de *maturus,* s'enrichit des passionnantes légendes de la grecque Ino-Leucothea ; là où Varron propose d'entendre *memoriam ueterem* dans le Chant des Saliens, Ovide préfère reconnaître *Mamurius Veturius.*

Les institutions religieuses commémorent souvent des événements historiques : les flûtistes se déguisent aux Quinquatries depuis l'épisode de 212 av. J.-C., le prêtre de Janus s'enfuit du Comitium depuis 509, le Forum Boarium est ainsi appelé depuis la visite d'Hercule. Le domaine mythique est lui aussi sollicité : on boit le *cocetum* depuis les noces de Vénus, le *kykeon* depuis les errances de Cérès, on prononce des obscénités le premier jour de l'an depuis la déconfiture de Mars devant Minerve, et l'on habite un pays dénommé *Latium* depuis l'exil de Saturne en Italie. Il n'est pas jusqu'à des rites désespérants qu'on ne puisse rattacher à quelque événement situé dans le temps : le sacrifice des renards a été institué depuis l'imprudence d'un garçon de Carséoles.

Cette tendance s'exprime également dans la préférence marquée d'Ovide pour le geste créateur, qu'il soit d'un dieu (Liber créant les *liba,* Cybèle les tours), ou d'un homme (Énée instituant les *Parentalia,* Romulus honorant Numitor par le nom du mois de mai, Numa instituant les *Fordicidia* à la suite d'un songe oraculaire). Ovide étant avant tout metteur en scène [37], ce goût pour l'animé et pour le décor précis créé par un nom seul n'a rien d'étonnant. C'est, encore une fois, condescendance pour les préférences populaires : nous avons évoqué déjà ces représentations théâtrales rudimentaires qui mettaient en scène l'arrivée de Cybèle, les aventures d'Anna Perenna, de Nério, et probablement de bien d'autres personnages divins.

---

37. Étude de cette tendance ovidienne, dans l'ouvrage de J.M. Frécaut, *L'Esprit et l'humour chez Ovide,* Grenoble, 1972, p. 358 *sqq.,* chap. : « le metteur en scène et ses personnages ».

Ainsi Ovide est satisfait lorsqu'il peut confondre un dieu avec un personnage humain : Quirinus avec Romulus, Anna avec la vieille boulangère, Carmenta avec la Mère d'Évandre, *etc.* C'est là mettre en pratique une habitude romaine : dès les premiers temps de Rome, on avait bien fait d'Acca Larentia une prostituée...

Donnons la parole à G. Dumézil, qui, dans quelques passages de son étude centrée sur les *Mythes romains,* a clairement caractérisé cette attitude des Romains vis-à-vis de leurs dieux : « Il n'est pas contestable que, pour une raison ou pour une autre, les dieux des Romains ne nous apparaissent jamais qu'« au bureau », jamais « chez eux », fonctionnaires ponctuels et surchargés, mais sans vie privée ni échos mondains ». Et encore : « A ces fêtes, des dieux président et souvent donnent leur nom. Et pourtant, les récits qui s'y rattachent sont uniformément des récits humains ; mieux : des récits romains, liés aux origines ou à une période ancienne de la vie ou de la préhistoire supposée de Rome... Les Romains ne s'intéressent qu'à leur propre ville et à leur propre passé, à leurs débats de frontières et aux actions de leurs ancêtres ; l'univers dans son ensemble, le monde invisible, les pays et les temps lointains, les monstres et la création, ce qui enchante tant de peuples, n'excite pas leur curiosité. Conséquence : ils n'ont pas de mythes divins ni cosmiques, mais les offices rituels ou didactiques, explicatifs ou exemplaires, que de tels mythes assurent dans d'autres sociétés, sont remplis chez eux par ce qu'ils croient être leur vieille histoire [38] ».

c. *L'hellénisme envahissant*

A côté de cette fidélité inébranlable à leur sentiment national, de cette explication du divin tirée uniformément des richesses du patrimoine national, les Romains de l'époque augustéenne pouvaient se montrer sensibles aux séductions d'autres systèmes d'explication, d'autant que leur mythologie propre était traversée, envahie, depuis bien des lustres, par la mythologie grecque. Sous ce rapport, les *Fastes* nous sont le plus précieux des témoignages, en ce que l'on y voit cohabiter concepts nationaux et concepts étrangers, les uns, souvent, expliquant les autres.

Si le souci de la distinction entre mythologie grecque et religion romaine préoccupe tous les instants de la recherche moderne, pareille exigence demeurait à peu près étrangère aux esprits romains, et cela par la force des choses : des hommes qui ne connaissaient qu'une religion hellénisée depuis des siècles ne pouvaient faire le départ entre héritages archaïques et apports

---

38. *Mythes romains,* dans *R.P.,* 58, 1951, 105-115, p. 109 et 110.

nouveaux [39]. F. Altheim a tiré argument de cette situation, et montré que ce que l'on tient pour l'état le plus ancien, le plus authentique de la religion romaine, n'est encore « qu'un tableau désespérément repeint de couches étrangères ». Bien avant qu'on le crût possible, « des dieux étrusques et grecs sous déguisement étrusque se trouvaient dès les débuts à côté d'autres divinités de provenance latine ou sabine [40] ». Si, dans le domaine des rites, les autorités religieuses préservaient jalousement l'autorité nationale, les similitudes qui rapprochent dieux grecs et dieux latins amenaient fatalement à des confusions, et pouvaient même entraîner certains étiologues — souvent grecs — à expliquer la liturgie latine en recourant à des considérations étrangères. La mentalité romaine fut vite portée à s'enquérir des réalités mythiques grecques et orientales, propagées du reste par poètes et tragédiens, plus attrayantes que les sommaires indications parcimonieusement distribuées par une religion avare de développements mythiques. « Après les lentes imprégnations et les dosages fruits de contacts prolongés », note J. Bayet, « la saisie du « capital religieux » de la Grande-Grèce est presque aussitôt suivie de la curiosité et même de la hantise de l'hellénisme oriental, au quasi-mépris de la Grèce propre [41] ».

L'idée d'une continuité historique entre la Grèce, Troie et Rome, qui s'est imposée aux esprits romains, devait vite entraîner la même conception sur le plan religieux, et engendrer l'idée d'une continuité par rapport à la Grèce sur le plan spirituel et moral. L'étiologie devient le domaine de prédilection des influences grecques, qu'il s'agisse de retrouver les origines hellènes des grandes familles, les traditions troyennes de l'*Vrbs*, ou le pourquoi de rituels religieux peu clairs. A peine entend-on quelques protestations contre les outrances de ce syncrétisme étiologique : celles de Varron, qui ne veut pas entendre parler d'étymologies latines pour le Tibre étrusque [42], celles de Servius qui refuse les explications latines de noms grecs et grecques de noms latins [43] ; ce ne sont que voix isolées, et les progrès des assimilations gréco-latines sont irrésistibles. Varron lui-même expliquera les danses des Saliens, cérémonie archaïque latine, comme une fête introduite depuis la Grèce par Salios de Mantinée [44] !

---

39. Étude pertinente à ce sujet, due à O. Gigon, *Probleme der Römischen Religionsgeschichte*, dans *Mélanges Nicolau d'Olwer*, 1, 1961, 77-87.
40. Les deux citations sont extraites de *La Religion romaine antique* (trad. Del Medico), 1955, p. 138.
41. *Hist. pol. et psycho.*, 1957, p. 8.
42. *Ling. Lat.*, V, 29.
43. *Ad Georg.*, II, 4, contre Donat.
44. Chez Isidore, *Etym.*, XVIII, 50.

De par sa formation, sa culture, ses goûts, Ovide était plus que tout autre exposé à la contagion. Si F. Bömer a consacré une brève étude aux tendances nationalistes de son ouvrage [45], L.P. Wilkinson a pu mettre en lumière les motivations de l'hellénisme ovidien, à l'intérieur de l'hellénisme de l'étiologie romaine dans son ensemble [46]. La mythologie grecque, dont Ovide reste le spécialiste incontesté, avait envahi, pour ainsi dire, toutes ses fibres, et, par un réflexe inconscient, c'est vers elle qu'il se tourne, pour découvrir des explications satisfaisantes à des rites que l'indigence de la mythologie nationale ne lui permet pas d'expliquer. Déjà, H. Fränkel, S. d'Elia, L. Lacroix, et en dernier lieu R. Schilling [47], ont donné l'absolution à notre poète. Ovide n'est que rarement pénétré de l'originalité foncière du rituel romain, auquel on devrait apporter, en principe, des justifications issues d'une forme de pensée romaine. Plus universaliste que beaucoup d'entre nous, Ovide apparaît parfois comme le premier des chercheurs comparatistes.

Qu'Ovide confonde les rituels de Cérès et ceux de Déméter, de Liber et de Dionysos, donne au lierre de ce dernier et au myrte de Vénus des origines grecques, la chose n'est pas blâmable en soi, si l'on songe que les divinités grecques introduites à Rome et superposées aux dieux latins avaient amené avec elles leur clergé, leurs rites, leurs mystères et leurs légendes. Dans cette optique, puisque l'assimilation est déjà une histoire ancienne, on n'en voudra point trop à notre étiologue de demander à la Grèce un supplément d'information, pour ce qui reste des rites latins originels dévolus aux dieux ainsi étouffés, et d'assimiler aux Bacchantes les prêtresses romaines qui assuraient le service du Liber antérieur à Bacchus. On ne cherchera point trop sous l'Hercule de l'*Ara Maxima* un *Recaranus* dont les Romains eux-mêmes avaient bien oublié l'existence [48] ; et puisque Portunus est déjà identifié à Palémon, on lira sans trop d'arrière-pensées le long développement qui confond Mater Matuta et Ino - Leucothea, - cependant avec un coup d'œil curieux sur un vers qui nous indique l'étymologie du nom [49].

---

45. *Interpretationen...*, p. 134-136.
46. *L'influence grecque sur la poésie latine, de Catulle à Ovide*, dans *Entretiens A.C.*, 2, 1953, Vérone, 1956, 221-243.
47. *Ovid, a Poet Between Two Worlds...*, p. 146 ; *Ovidio...*, p. 332 ; *La religion des Romains...*, p. 18 ; *Quel crédit...*, p. 18.
48. Lire M. Bréal, *Hercule et Cacus*, Paris, 1877.
49. *In portus nato ius erit omne tuo/Quem nos Portunum, sua lingua Palaemona dicet* (VI, 546-547) qui semble établir une relation (fausse) entre les deux noms. Or, Palémon signifie « le lutteur » et n'a rien à voir avec le port. S. Ferri, frappé par l'inanité de l'équation *Mélicerte = Palémon = Portunus*, propose un même sens de « roi » pour les 3 mots (**palmus* et *puruth* = chef), dans *R.P.A.A.*, 37, 1964, p. 60.

Pourtant, ces références automatiques interviennent aussi dans le cas de dieux bien latins, dont aucune assimilation intempestive n'est venue altérer la figure originelle.

Janus, par exemple, est un pur autochtone, et l'auteur des *Fastes* ne parvient pas à lui trouver de correspondant dans le panthéon grec. Cela n'empêche pas Ovide d'expliquer par les voyages de Saturne l'*as* en bronze frappé du *Bifrons* et de la proue. Mieux, son historiette de Janus et de Carna, dans laquelle nous avons décelé une imitation de la *Lysistrata* d'Aristophane, peut avoir été inspirée aussi par d'autres éléments grecs. Sans qu'on puisse affirmer, bien sûr, qu'Ovide avait vu des vases grecs sur lesquels était peinte la poursuite d'Orythie par Borée, il se pouvait que le poète eût lu des descriptions de ce dieu, dont il connaît la légende [50]. Or, la caractéristique de Borée est précisément... d'avoir deux visages regardant en sens opposé, symbole des directions possibles des vents. Un *Bifrons* à la poursuite d'une nymphe : le thème ne pouvait qu'inspirer l'histoire du *Bifrons* romain et de Carna [51].

Romains eux aussi, les Lares se voient mêlés à une audacieuse historiette hellénisante, dans laquelle le thème des amours de Jupiter et le conseil des Nymphes, sans compter l'intervention finale d'Hermès Psychopompe, apportent des éléments inattendus ! Que dire des Argées, en lesquelles un rapport linguistique entrevu qui évoque les Argiens, domine et écrase l'aspect typiquement indigène du rite, présidé par les Vestales, les Pontifes, la *Flaminica Dialis,* relié aux divisions antédiluviennes de la ville et à ses *sacraria* les plus vénérables. Palès et les *Parilia* ont toujours été sentis comme une fête et une divinité purement latines, en liaison avec la fondation même de Rome : on les voit expliquer par des légendes étrangères et mal adaptées au sujet, celles de Deucalion et de Phaéton. Admettons que Virbius ait été de bonne heure confondu avec Hippolyte ; il reste que la déesse italique *Maïa,* parèdre de *Volcanus,* ne l'a jamais été avec la Maïa grecque, mère d'Hermès et amante de Zeus : Ovide a pourtant réalisé sans beaucoup de scrupules [52] l'assimilation séduisante. Pour Anna Perenna, joyeuse figure du folklore italique, dont on ne connaît non plus d'équivalent en Grèce, elle doit se plier à des assimilations pour le moins incongrues avec Io, Thémis ou l'Azanide Hagnô... Quant aux *Fabii,* E. Montanari s'étonne que, dédaignant le texte de Varron cité par Denys d'Halicarnasse [53], qui les fait descendre de Modius Fabidius, fils de Quiri-

---

50. *Met.* VI, 675-716.
51. On lira sur cette légende K.B. Stark, *Borea ed Orizia,* dans *A.I.L.,* 32, 1960, 320-345.
52. *Fast.,* V, 103-106.
53. II, 48, 2-4 ; Silius, *Pun.,* VI, 633 ; Plutarque, *Fab.,* I, 1. E. Montanari, *Roma, momenti di una presa di coscienza culturale,* Rome, 1975, p. 92-96.

nus, tradition certainement latine et ancienne, Ovide ait donné, le premier, Hercule comme l'ancêtre divin de leur *gens*. Ovide était-il gêné, puisqu'à ses yeux Quirinus est Romulus, de voir les *Luperci Fabiani,* théoriquement ses descendants, associés à Rémus, sans compter l'inacceptable décalage de générations qui donnerait aux petits-fils de Romulus le même âge que leur grand-père, lors de la course des Lupercales ! Voulait-il accroître le prestige de son ami Fabius, en substituant à l'ancêtre obscur de sa race l'illustre divinité grecque ? Quoi qu'il en soit, cette initiative ovidienne rend sensible l'attrait que présentaient pour les Romains d'alors les noms étrangers.

Aux yeux d'Ovide, bien des divinités ne sont *que* grecques. Le retour nostalgique à une Arcadie de rêve hante encore son époque. Carmenta patronne, chez lui, les naissances, on ne sait trop pour quelle raison : n'est-elle pas en réalité la Mère d'Évandre ? Aussi, une fois découvert le moule grec dans lequel on va pouvoir couler l'obscure divinité archaïque, perd-on de vue ses fonctions précédemment exposées. Flore n'est que la nymphe Chloris, Faune n'est que Pan latinisé, Liber, en somme, un autre nom de Dionysos. Il est significatif à ce titre qu'Ovide passe sous silence les rites des *Cerealia* pour ne faire référence qu'aux mystères d'Éleusis ! Cela prouve-t-il qu'à son époque l'assimilation ait été réalisée uniformément ? Non, sans doute. Chez d'autres auteurs, rites et traits anciens subsistent parfois : Faunus a gardé des traits indigènes dans ses rapports avec *Bona Dea*[54] ; *Matuta* est encore la protectrice du blé mûr, conformément au rapprochement établi entre son nom et l'adjectif *maturus*[55] ; Liber préside à l'émission des semences humaines et animales[56] ; *Flora* s'occupe des épis, pas seulement des fleurs, ce que, du reste, Ovide sait fort bien[57]...

Un autre aspect de l'hellénisme dans les *Fastes,* s'il est moins évident, n'est pas moins important : il s'agit de l'appel à des concepts grecs, introduits de gré ou de force dans une religion qui ne les reconnaît pas. Ainsi voit-on, dans l'épisode mettant en scène Faunus et Picus, se dessiner une hiérarchie fonctionnelle entre les dieux, les deux génies inférieurs redoutant de s'immiscer dans les attributions du dieu suprême :

> *Di sumus agrestes, et qui dominemur in altis*
> *Montibus ; arbitrium est in sua tecta Ioui.*
> III, 315-316

---

54. Macrobe, *Sat.,* I, 12, 16-29.
55. Augustin, *Ciu. Dei,* IV, 8.
56. *Ibid.,* VI, 9.
57. Le *Florifertum* est une offrande d'épis (Paulus, p. 81 L. ; Varron, *Res Rust.,* I, 6) ; Ovide, *Fast.,* V, 261-274.

On reconnaît là des catégories bien établies dans l'Olympe grec. Même conception d'une « échelle sociale » dans le panthéon, avec la primauté des *Megalesia* sur d'autres jeux, répondant à la primauté de Cybèle, mère des dieux, sur le reste des êtres divins : ces vues supposent l'assimilation de Cybèle avec la Rhéa crétoise puis grecque, et le recours aux généalogies divines, ignorées à Rome. Les filiations divines, en effet, ne sont pas familières à la mentalité religieuse : on sait bien que des « couples » comme *Palès I et II, Cerus* et *Ceres, Tellus* et *Tellumo, Faunus* et *Fauna,* correspondent à la division en deux formes, mâle et femelle, d'une même fonction, et non à des liens conjugaux. Ainsi, en stricte religion romaine, Mars ne peut être le fils de Junon, pas plus que Vénus l'amante de Mars. L'introduction de telles notions dans la liturgie entraîne Ovide à justifier l'ordre des mois par des conceptions propres à la mythologie grecque, ou à confondre calendes de mars et *Matronalia* pour des raisons tout à fait spécieuses.

Plus simples, mais tout aussi contestables, les explications de sacrifices romains qui font référence à des légendes grecques : la chèvre de Véiovis identifiée à la chèvre Amalthée, l'immolation de la *ceruaria ouis* justifiée par le sacrifice d'Iphigénie, la mise à mort du bœuf expliquée par les essaims d'Aristée. Il faudrait évoquer également un développement embrouillé, dans lequel Ovide nous entretient des rites du premier avril, et où l'on a bien du mal à démêler ce qui revient à *Fortuna Virilis* de ce qui appartient à Vénus *Verticordia*. Ch. Floratos, en une démonstration lumineuse, a découvert la clef du problème : Ovide devant traiter d'un bain rituel pour lequel il n'avait peut-être que peu de renseignements, s'est appliqué à reproduire la structure d'une pièce célèbre de Callimaque, le *Bain de Pallas,* dont toutes les articulations se retrouvent dans le morceau des *Fastes*[58]. La réussite du pastiche est certaine ; celle de la description et de l'interprétation religieuse l'est beaucoup moins, dans la mesure où le recours à des concepts et des modèles grecs a troublé la clarté de l'exposé latin.

Ces échanges gréco-latins s'opèrent parfois aussi... en sens inverse. Le dieu Pan se voit baptisé *Faunus* lors de sa tentative malheureuse pour séduire Omphale, lors même qu'Ovide a nommé imperturbablement le dieu par son nom grec tout au long des récits romains concernant les Lupercales ! F. Bömer a tenté d'établir une répartition entre l'emploi du mot *Thybris,* apparemment grec, et celui de *Tiberis,* vraisemblablement latin, lorsqu'il s'agit d'évoquer le Tibre. Partant du principe que les *Métamorphoses* sont un ouvrage grec, et les *Fastes* un ouvrage latin, il eût aimé un résultat en concordance avec le caractère des deux œuvres. En fait, le bilan s'avère décevant : dix emplois de *Thybris* dans les *Métamorphoses,* et dix dans les

---

58. *Veneralia*, dans *Hermes*, 88, 1960, 197-216, p. 208-215.

Fastes. Il est vrai que le mot *Tiberinus* apparaît une seule fois dans les *Métamorphoses* et sept fois dans les *Fastes*, que *Tiberis* n'apparaît jamais dans l'ouvrage hellénisant, mais douze fois dans l'ouvrage romain. Et une remarque désabusée de l'auteur allemand rejoint notre découragement devant l'emploi arbitraire de *Pan* et de *Faunus* : Ovide, lorsqu'il met le nom du Tibre dans la bouche de Janus ou de la *Flaminica Dialis* emploie régulièrement le grec *Thybris* [59]... Autre détail, mais révélateur : la grecque *Nicostratè* reçoit, à son arrivée en terre romaine, le nom de *Carmenta*. Ovide ayant omis de mentionner le premier vocable, la déesse semble s'être appelée déjà ainsi en Arcadie.

Il faut pourtant faire la part des circonstances : « Le déséquilibre que nous ressentons parfois entre la description rituelle et la justification mythique ne doit pas accabler le poète : il correspond à un déséquilibre réel, au contraste fondamental qui existait entre les traditions religieuses de Rome et le goût hellénistique de l'ère augustéenne [60] ». De fait, partagé entre les tendances fortement marquées du nationalisme romain et l'insidieux appel des mythologies étrangères, Ovide incline tantôt vers les unes et tantôt vers l'autre. Ne sait-il pas refuser systématiquement les métamorphoses (celle de Lotis en lotus, celle d'Atalante et d'Hippomène en lions, celle d'Attis en pin), sentant bien que la métamorphose n'était pas admise par les esprits romains comme un phénomène habituel. Au terme de séries de causes possibles, Ovide n'indique-t-il pas, souvent, sa préférence pour la *causa* latine : les colons romains aux origines des *Parilia*, la louve de Romulus et la course des jumeaux pour les Lupercales, la vieille de Bovillae pour Anna Perenna, ou ne refuse-t-il pas l'$\dot{\alpha}\gamma\omega\nu\iota\alpha$ callimachéenne pour le vieil et national *agonia* ? L.P. Wilkinson conclut donc avec raison que les *Fastes* sont *Ovid's most Roman work in spirit* [61]. En effet, les récits qu'on trouve dans les *Fastes*, accommodés « à la grecque », n'ont de grec que l'apparence, et G. Dumézil peut écrire : « Comment un Grec eût-il appelé ces anecdotes des mythes ? Les philosophes et les rhéteurs de l'Égée, auxquels pesaient comme un scandale les surabondants caprices de leurs Olympiens, coiffés de cosmogonies monstrueuses et sanglantes, préféraient au contraire vanter la pureté de la religion romaine [62] ».

d. *Esprit critique ?*

Grecque ou romaine, l'étiologie augustéenne ne connaît pas davantage l'exercice de l'esprit critique. La réflexion la plus sommaire permet de

---

59. *Interpretationen...*, p. 134-135.
60. R. Schilling, *Quel crédit...*, p. 18 ; G. Wissowa, *Rel. u. Kult.*, 137.
61. *Greek influence...*, *Ent.A.C.*, 1956, p. 234.
62. G. Dumézil, *op. cit.*, p. 109.

comprendre que si les rites ne se correspondent pas exactement entre les deux pays, il est vain de s'attarder à des ressemblances phoniques hasardeuses : si l'on excepte l'identité des syllabes, quelle similitude existe-t-il entre *Argées* et rites Argiens ?

Car l'étiologie romaine manque singulièrement de largeur de vues, et les auteurs, penchés sur un rite, oublient de regarder un peu autour d'eux. L'existence d'autres rites similaires n'est jamais prise en compte ni même signalée, car les valeurs dont ils se réclament peuvent contredire l'étiologie qu'on essaye d'accréditer. Ainsi, la pratique du saut purificatoire au-dessus du feu par l'héritier d'un défunt ne vient-elle jamais éclairer la définition des *Parilia,* sentis pourtant comme lustratoires : on préfère leur adapter le saut de Rémus, qui, s'il peut, avec beaucoup d'aménagements, passer pour l'explication de la fête commémorative de la naissance de Rome, ne saurait expliquer le rite funéraire. Si l'on définit les *Fordicidia* et leurs offrandes de vaches pleines, on ne se soucie pas d'évoquer la vache pleine qu'une veuve désireuse d'un remariage offrait selon les rites à Proserpine ; lorsqu'on commente les vêtements blancs portés en l'honneur de Cérès, on ne se demande pas si le rapport entrevu avec la couleur spécifique de la divinité peut tenir dans le cas de *Robigo,* la déesse rouge, pour qui les vêtements blancs seraient un paradoxe s'ils se justifiaient par sa couleur propre ; pas davantage d'allusions, du reste, aux vêtements blancs portés le premier de l'An ou aux fêtes de Terminus ! Les *liba* tirent leur nom de celui du dieu Liber : on n'en pourra dire autant des *liba* offerts à Summanus ou à Leucothea... L'interdiction des cuirs est valable pour plusieurs temples, outre celui de Carmenta, la peine capitale frappe les voleurs d'un bon nombre de sanctuaires : on explique (et dans le premier cas, ce *on* n'est pas Ovide mais Verrius Flaccus !) les interdictions par un rapport établi avec le personnage qui habite le temple en question. Et le nom de *Sceleratus* que portent un *uicus* et une *porta* admet deux *aitia,* dont l'un n'est pas un *scelus* !

Par rapport à la linguistique, l'étiologie se montre tout aussi capricieuse. Si le nom de *Patulcius* signifie « celui qui ouvre », comment le fera-t-on dériver de *pateo* « être ouvert » et non pas « ouvrir » ? Si l'indication de sens qu'on tire de la particule *-ue* invite à considérer *Ve-iouis* comme un « petit Jupiter », que fera-t-on de la valeur augmentative de ce même *-ue,* amplement attestée ? On l'escamote ! La différence de quantité entre *fĕro* et *Fēralia* ne semble non plus troubler personne...

Par rapport au rite lui-même, guère plus de discipline. L'étiologie des *Lemuria* par le nom de Rémus et les honneurs qu'on lui rend contrarie tout le sens de la fête, adressée contre les morts malfaisants : n'importe ! Vesta est nommée la dernière dans les oraisons romaines, il n'empêche que, pour rendre compte du mot *uestibulum,* elle passe sans crier gare à la première place. On ne se soucie pas de nous expliquer comment la statue cachée sous des togos de fillettes peut, si elle représente le roi Servius, protéger la *pudicitia* des femmes de la ville : on l'affirme, et c'est tout. Quant à l'étymologie de *hostia* par *hostis,* elle amènerait à croire que tous les sacrifices romains suivaient des victoires !

En fin de compte, de même que l'époque augustéenne est celle d'un vaste brassage entre bien des types religieux d'horizons très différents, l'étiologie qu'on pratique alors est le résultat du mélange le plus incroyable qui soit entre toutes les formes d'explication, sans qu'on se soucie ni d'harmonie, ni de vraisemblance, ni même de satisfaisante correspondance avec le rite étudié.

e. *Jeu et spéculation*

L'étiologie en arrive donc à s'éloigner de son propos initial, qui est tout de même d'expliquer la raison d'être des usages religieux. Loin de considérer la tâche entreprise comme un ennuyeux pensum, il arrive parfois que l'étiologue en fasse un jeu, d'autant plus délectable qu'il est gratuit. L'exercice de virtuosité devient en effet si passionnant en soi que le chercheur en oublie qu'il doit remplir une mission bien définie. Le cas le plus remarquable est celui du sacrifice du coq. Fidèle à sa conception du sacrifice comme le châtiment d'une offense, Ovide crée le plus parfait sacrifice-punition qui soit, celui du coq à la Nuit [63]. L'étiologie en arrive alors à se passer du rite, puisqu'il n'existe à Rome ni de déesse « Nuit » ni de sacrifice de coq, et c'est bien là un tour de force ovidien !

Devenue créatrice on peut dire *ex nihilo,* l'étiologie se met à susciter des personnages inconnus, des événements ignorés avant que se fût exercée la réflexion précise d'un homme sur un ensemble rituel. La stérilité des Sabines prend naissance du jour où Ovide se met en tête d'expliquer la flagellation aux Lupercales, peut-être justement parce que les Sabines sont un symbole reconnu de fécondité. La démarche est analogue à celle qui commande l'étude des métamorphoses : un personnage est envisagé sous son état actuel, par exemple une araignée ; et l'on se pose la question de savoir qui était l'araignée auparavant, et comment la femme a été amenée à prendre cette forme. Dans les *Fastes,* la création étiologique suit les mêmes principes : soit un personnage encombré d'enfants : avant de l'être, il devait forcément subir l'état contraire, donc la stérilité. On rencontre une même suite de raisonnement dans le cas de la déesse Muette, *Tacita* : avant de se taire, elle était forcément bavarde, et l'on crée donc la nymphe *Lala* ; puis, l'aventure étiologique nous explique comment elle a été amenée à se taire pour l'éternité.

63. Voir p. 292, n. 117.

Quelquefois, des légendes parentes peuvent engendrer des surgeons. Nous pensons à l'apparition d'Hector, qui a créé la vision nocturne d'Anna ; à la mort d'Énée, qui a permis d'inventer les circonstances qui entourèrent la disparition de la même Anna. On en dirait autant de l'étiologie affectée à l'autel de Jupiter *Pistor*, qui crée une explication parente de l'épisode livien du siège de Rome. Et le guerrier Solymus ne doit son existence qu'à la création par Virgile d'autres hommes faussement célèbres à partir de toponymes [64]. Si la visite de Cérès à Métanire, qui a engendré la visite ovidienne de Leucothea à Carmenta, n'a pas créé de rite et s'est cantonnée à un prolongement légendaire, l'étiologie des Quinquatries a obtenu ce résultat remarquable de provoquer effectivement l'allongement à cinq jours d'une fête unique : puissance des conceptions populaires !

Ce plaisir de la gratuité, ou plutôt cet enthousiasme qui dépasse les données rituelles, est partagé, et c'est plus fâcheux, par la science moderne, qui crée parfois des rites, ou suppose des réalités rituelles là où rien ne les exige, et ce à cause de l'étiologie.

Nous avons parfois mis en évidence ces audaces modernes, tels tous ces chiens roux des *Robigalia*, dont la couleur est plébiscitée par la signification du nom de la Déesse Rouille, mais n'apparaît, malheureusement, dans aucun texte. Lorsque le maillon essentiel manque ainsi dans la chaîne de la reconstruction étiologique, au lieu d'avouer que cette reconstruction ne peut que rester fragmentaire, ou d'invoquer la carence des textes qui s'oppose à une hypothèse pourtant raisonnable, on préfère souvent, et c'est dommage, fermer les yeux, et « faire comme si » les textes latins comportaient les précisions souhaitées.

D'autres constructions, qui accumulent les suppositions les plus hasardeuses, nous font parfois l'effet de bien fragiles châteaux de cartes, ainsi la supposition, selon laquelle le meurtre de Tatius serait dû à la profanation de broches sacrificielles qu'il aurait imprudemment maniées [65]. Voici que Virbius combat les Troyens aux côtés de Turnus [66], que la Fortune d'Antium devient *Vortuna*, parèdre de *Vortumnus* [67]. Et quelle belle reconstitution des rites du *Tigillum Sororium* : « Aussi bien, lorsque les Romains

---

64. Voir p. 219. Ce plaisir de la création gratuite peut expliquer la genèse de la constellation du milan (III, 793), que les astronomes n'ont jamais trouvée dans le ciel. *Cf.* P. Fargues (B. 302), p. 457 du fasc. 1.
65. J. Gagé, *Les Primitives ordalies tibérines*, dans *Hommages à J. Carcopino*, Paris, 1977, 119-138.
66. J. Audin, *Janus, le Génie de l'Argilète*, dans *L.H.*, 10, 1951, 52-91, p. 77. D'ap. *Aen.*, VII, 761-782 ; Virbius y est fils d'Hippolyte.
67. *Ibid.*, p. 88.

ramènent leurs ennemis vaincus, vont-ils les dévouer au paternel Janus. Au linteau, que supportent deux piliers, seront suspendues leurs têtes coupées. Et si les Romains, pour s'assurer des esclaves, les épargnent, ils accrocheront au joug des *oscilla* qui représenteront les têtes réclamées par Janus ; en même temps, sous la poutre, ils feront passer leurs captifs, prenant soin de leur voiler la tête afin que Janus ne puisse pas voir qu'elle n'est pas coupée. Quant aux armes des ennemis, elles sont suspendues en trophées aux deux piliers latéraux [68] ». Il faudrait tout de même rendre au *Tigillum*, à Jupiter *Feretrius*, à la légende d'Horace et aux *Compitalia* ce qui leur appartient !

Et que dire des constructions des philologues, qui préfèrent des arrangements de syllabes souvent sibyllins à l'enseignement des rites ! Or, si l'impeccable dérivation linguistique a pu rencontrer en chemin des obstacles qui en ont fait dévier la rectitude, — ainsi les confusions phoniques, les hasards des rencontres entre thèmes semblables, maintes greffes dues aux influences de la langue parlée, — le domaine du rite demeure, lui, un terrain solide. Aussi, G. Radke a-t-il tort, par exemple, d'accorder toute confiance à la dérivation *ana * gerere* qui prétend expliquer *Angerona,* et d'en faire une déesse de la naissance, hypothèse vaguement confortée par l'espace de 274 jours qui sépare ses deux fêtes et qui est celui de la gestation [69]. Le rituel montre une statue tenant son doigt sur sa bouche, et honorée au mois de décembre : rien, là, qui relève du domaine de l'enfantement. Le même auteur nous propose une dérivation $^{*}l\bar{a}r\check{e}\mskip-1mu\underset{\cdot}{\mathstrut}o \leftarrow {}^{|}hl\bar{a}r\check{e}\underset{\cdot}{\mathstrut}o \leftarrow ghl\bar{a}re\underset{\cdot}{\mathstrut}o \leftarrow \hat{g}h\underset{\cdot}{l}\text{-}r$ pour le nom de Larentia, ce qui permet de la tenir pour une déesse de l'herbe verdoyante : les rites parlent au contraire de *parentatio,* de tombeau, de froidures hivernales, de libations funéraires : mais on n'écoute pas la voix des rites. Lorsque J. André suppose que le patronage (affirmé par Pline d'après Plaute) de Vénus sur les légumes serait en fait une méprise de Pline sur le texte du Comique, lequel, écrivant « *képos* » (κῆπος) faisait un jeu de mots sur le sexe féminin, désigné de la même façon en grec, ne pouvons-nous accepter cette dérivation sans discussion : les rites nous montrent que les marchands de légumes fêtaient Vénus leur patronne le 19 août : on n'avait pas pour habitude, à Rome, de créer des rites en se fondant sur des obscénités grecques [70]. Et lorsque Ch.W. Mitscherlich repousse une étymologie *luere per caprum* des Lupercales, sous prétexte que la légende parle de la Louve, il oublie que le rituel parle, lui, exclusivement, des boucs [71] : il est

---

68. *Ibid.,* p. 89.
69. *Götter...,* p. 63-64. Ce même écart entre les 2 fêtes d'Anna l'amène à en faire également une déesse accoucheuse.
70. Cette supposition se trouve dans le commentaire de l'ouvrage de R. Schilling. *La Religion romaine de Vénus,* dans *R.Ph.,* 31, 1957, p. 137 (Pline, *Nat. Hist.,* XIX, 50).
71. *Lupercalium origo et ritus,* diss. Göttingen, 1823, p. 5, n. 5.

souhaitable que le rituel l'emporte sur des présomptions tirées de l'étymologie.

Puisque nous en sommes arrivés aux Modernes, il serait temps de replacer brièvement la recherche ovidienne à l'intérieur de la recherche religieuse en général, et d'examiner l'utilisation qu'ont faite nos époques de ses propositions étiologiques.

f. Ovide et son temps, Ovide et le nôtre

Le témoignage d'Ovide est en effet de première importance, et bien souvent, la compréhension qu'on peut avoir d'un rituel se fonde sur son seul texte. Ainsi avons-nous pu souligner que la tradition des Lupercales fête de fécondité prenait sa source dans le seul texte d'Ovide, II, 425-452 [72]. G. Giannelli est sans doute trop scrupuleux lorsqu'il hésite à affirmer que le prêtre de Janus soit le *Rex Sacrorum* [73] et la fête principale du même dieu les *Agonalia* : en effet, Ovide est le seul à nous donner des renseignements exprès sur ces questions. Comme aucun texte ancien n'assure que le *Rex* soit responsable du culte de Janus, et que l'on déduit cette appartenance du seul vers des *Fastes* I, 333, on mesure alors l'importance capitale du texte, concernant l'un des dogmes de la hiérarchie sacerdotale romaine et même du panthéon romain, puisque la place de Janus à sa tête dépend en grande partie de la place de son prêtre avant tous les autres prêtres. Si le texte d'Ovide n'existait pas, toute la question serait à reconsidérer !

Nous connaissons bien d'autres affirmations uniques des *Fastes*, sources d'interminables controverses : sur la présence du Flamine de Quirinus aux *Robigalia*, sur celle du *Dialis* aux *Lupercalia*, sur le sacrifice des renards ou les ingrédients des *Parilia, etc.* Dans le domaine propre de l'étiologie, son influence a été également marquante. C'est le même texte d'Ovide sur les Lupercales qui entraîne, par exemple, Y.M. Duval à privilégier la présence de Junon *Lucina* et ce que son nom éveille comme échos dans le domaine de la natalité, pour faire bon marché des aspects lustratoires et funéraires de ce rituel et en orienter la signification sur l'éveil du printemps [74]. C'est la curieuse union des *Matronalia* et des Lupercales, toujours dans ce même passage, à la fin duquel le poète, par complaisance pour un groupe de vers de sa plume qui lui plaisait particulièrement, réinstalle un rite d'une fête de mars dans une fête de février, qui amène G. Binder

---

72. Voir p. 173-179 et suiv.
73. B. 354, p. 215-216 : *Nè possiamo noi asserire che fosse offerto in origine a Ianus, perchè non sappiamo quanto antico e quanto sicuro sia il riferimento ad esso di questa festa, che solo Ovidio gli attribuisce.*
74. *Les Lupercales, Junon et le printemps*, dans *A.B.*, 83, 1976, 253-272.

à approuver le lien illusoire entre les deux fêtes : *Es ist daher nicht verwunderlich dass in Rom die Luperkalia und die Matronalia als Feste gleichen Charakters in enge Verbindung zueinander gebracht wurden* [75]. Cette étroite liaison repose exclusivement sur le remplacement aux Lupercales de Junon *Februlis* par *Lucina,* initiative personnelle de notre poète.

C'est aussi une intervention de sa part dans la tradition, avec le transport de Rémus des *Parentalia* aux *Lemuria,* qui a entraîné I. Danka à assimiler, contre toutes les estimations antérieures, les deux fêtes des morts aux caractères si opposés [76]. L'interversion de janvier et de février par les Décemvirs est une affirmation seulement ovidienne, qui a amené Ch. Guittard, peut-être avec raison, cette fois, à supposer une étape intermédiaire entre le calendrier de Numa et le calendrier républicain, étape marquée, précisément, par l'intervention des Décemvirs [77]. En revanche, ce n'est pas Ovide qui a prétendu que la procession des *Vestalia* montait jusqu'à l'autel de Jupiter *Pistor* : au contraire, Ovide a écrit le verbe *descendere* ! Le seul fait, pourtant, qu'il ait traité de cet autel à propos des fêtes de Vesta a incité F.M. Bennett [78] à risquer la supposition. Il faudrait également rappeler le problème de la *lauatio* [79] : on en attribue l'introduction au règne de Claude [80], et pourtant, Ovide, mort plusieurs dizaines d'années avant l'accession de Claude au trône, nous décrit ce rituel, posant ainsi un problème chronologique crucial.

Et que dire de ses curieuses modernisations ! de l'identification d'Anna avec la sœur de Didon, ce qui amène E. Teltscher à faire d'Anna Perenna une divinité punique [81] ; de la modernisation des Annales vénérables (dans lesquelles Ascagne, survivant à Énée, assume le pari des « *Vinalia* »,) grâce à la substitution du virgilien Énée à l'antique Ascagne, substitution dont R. Schilling a pris prétexte pour introduire Vénus dans les *Vinalia* [82].

Si Ovide n'est pas le seul responsable de l'étymologie erronée des *Feralia,* il reste que son texte a eu suffisamment de force de conviction pour entraîner une adhésion quasi générale et provoquer des conclusions trop rapides : « En ce qui concerne les *Feralia,* nous savons trop peu de choses sur elles, *(sic)* sauf que leur nom venait de la coutume de porter des *epulae*

---

75. E. Binder, B. 88, p. 113.
76. B. 204, *passim.*
77. B. 389.
78. *A Theory concerning the Origins...,* p. 35.
79. Voir notre étude B. 652.
80. M. van Doren, *L'Évolution des mystères phrygiens à Rome, A.C.,* 22, 1963, 79-88.
81. B. 770 ; son nom est « channah ».
82. Voir p. 92-93.

aux tombeaux des morts, et que cette coutume venait du peuple des inhumants, donc des Sabins [83] ».

Les contes vraisemblablement ovidiens qui concernent *Tacita* ou *Carna* ont suscité des hypothèses souvent aventureuses. On discute à perte de vue sur les liens qui peuvent unir *Lara, Larunda, Larentia*, les *Lares*, selon toutes les combinaisons permises... ou non. Pour Carna, on tire généralement du texte d'Ovide l'assurance d'un lien étroit entre Janus et Junon : Janus, en effet, possède Carna, laquelle est fêtée un premier juin, jour de dédicace, également, du temple de Junon Moneta. Voilà qui suffit à R. Pettazzoni pour associer fortement Janus et Junon [84]. En revanche, si les idées d'Ovide sur le jeune Jupiter — *Veiouis* — ont pu séduire un moment, A.L. Frotingham parle à leur sujet d' « hypothèses pour corbeille à papiers » : *This conjecture has been very properly relegated to the waste-paper basket* [85].

Il n'en est pourtant pas toujours ainsi. Qu'Ovide ait eu la curieuse idée d'adapter à ses Lupercales la fameuse légende des *Pinarii* et des *Potitii*, et voilà qu'on en conclut à une manducation d'entrailles aux Lupercales [86] ; qu'il ait introduit une rivalité entre les deux groupes des *Fabii* et des *Quintilii*, voilà tout de suite sur le tapis rites de passage et initiations, — initiations à quoi ? On aimerait parfois le savoir. Semblablement, P. Drossart conclut que l'insertion dans février de la geste des 306 *Fabii*, à une place qui, primitivement, (c'est-à-dire avant l'insertion des vers 3-18), rendait le groupe de vers symétrique du passage sur le viol de Lucrèce (246 vers séparent ces deux morceaux du milieu du chant), aurait une signification eschatologique : « chacune des deux séquences historiques représente une sorte de *deuotio*, épurée, bien entendu, de tout rituel superstitieux, et qui certes n'assure pas la victoire immédiate, mais promet une revanche posthume à la *uirtus* victime dans les deux cas de la mauvaise foi étrusque. En tant qu'épreuve de la vertu, la mort est une victoire, condition du passage de la collectivité à une vie plus haute [87] ». Pour l'auteur, la présence des *Fabii* aux Lupercales se justifie « parce que sa signification initiatique se retrouve dans l'esprit de la fête ».

L'auteur reconnaît un peu plus loin, avec une louable lucidité, qu' « Ovide n'en savait pas si long » [88]. Cette lucidité n'inspire pas toujours

---

83. J. Paoli, *La Signification du sigle Nᵖ*... dans *R.É.L.*, 28, 1950, 251-279, p. 263.
84. *Carna*, dans *S.E.*, 14, 1940, 163-172, p. 169.
85. *Veiouis, The Volcanic God*, dans *A.J.Ph.*, 38, 1917, 370-391, p. 373.
86. G. Piccaluga (B. 630).
87. *Structure et signification du livre II...*, dans *I.L.*, 24, 1972, 67-76, p. 70.
88. Si Ovide avait été conscient de la signification mystique des Lupercales, il aurait sans

les autres savants, tel G.B. Pighi, dont le bel enthousiasme pour l'ouvrage de notre poète, et surtout pour le manuscrit *Gemblacensis,* n'hésite pas à prétendre qu'Ovide « était meilleur théologien que ceux qui le commentent [89] ».

De fait, à côté de ses fantaisies responsables de lourdes erreurs modernes, il arrive que le texte des *Fastes* soit riche en enseignements précieux, notamment sur l'évolution des légendes. Nous avons noté que le texte ovidien faisait charnière dans la tradition des Lupercales, et invitait peut-être à placer à l'époque augustéenne l'interprétation des coups de lanières par la fécondation magique des femmes, ce qui irait bien dans le sens des idées d'Auguste concernant la natalité à Rome. Nous devons noter également l'absence des rites de la grotte, ce qui ne signifie pas forcément qu'ils soient d'introduction postérieure à Ovide, mais doit inviter à la prudence, lorsqu'on veut dégager de la fête ancienne trop de symbolismes eschatologiques mort-résurrection. Une même intervention d'Auguste est peut-être à placer à l'origine du bain de Cybèle, la *lauatio* [90]. Quand il consacre quelques lignes aux *Quirinalia,* Ovide en souligne les structures curiates, et place l'alliance *Quirinalia-Fornacalia* sous le signe d'une organisation curiate, non sous celui d'une fonction agraire de Quirinus. Il faut considérer, surtout, sa version des « *Mamuralia* » du 14 mars, où se trouve exaltée la figure de Mamurius Veturius, celui dont l'habileté technique a permis de sauvegarder pour Rome l'ancile divin, le plus précieux des talismans d'empire, ce qui empêche de placer trop haut dans le temps les rituels qui en font le vieux Mars détrôné et expulsé. L. Deroy montre bien [91] que la racine **mar-* permet de rattacher ce personnage aux bronziers étrusques, et que le rituel accompli par les Saliens *ad imitationem artis* ne supposait qu'une exaltation de son habileté d'orfèvre. L. Deroy aurait dû continuer de faire confiance à Ovide, et ne pas mentionner une idée d'expulsion et de bouc émissaire qui ne cadre pas du tout avec sa théorie : Mamurius est, de deux choses l'une, vénéré ou expulsé. Si les Saliens imitent son art, ce n'est pas pour chasser l'artisan comme un malfaiteur.

En somme, il convient de faire confiance à Ovide, lorsque ses étiologies ne contredisent pas la signification probable du rituel, ou ne tranchent

---

doute fait allusion à la partie du rituel qui permet de parler de symbolisme mort-résurrection : le rituel de la grotte et l' « initiation » des deux adolescents.
89. *Le Dee palestine...* dans *A.M.S.L.A.V.,* 147, 1970-1971, p. 515. Aussi éd. des Fastes, p. 37 : sur cette édition, voir les comptes rendus critiques de H. Le Bonniec, dans *R.É.L.,* 52, 1974, 46-70, de nous-même dans *Gnomon,* 48, 1976, 667-670.
90. Cette question est traitée dans B. 652.
91. *Les Noms latins du marteau...,* dans *A.C.,* 28, 1959, 5-31.

pas catégoriquement avec les affirmations d'autres auteurs. Sinon, la plus grande prudence s'impose. Dans tous les cas, une étude chronologique des sources met en évidence la valeur du texte ovidien, toujours placé à un moment critique dans l'évolution des conceptions antiques, souvent responsable de cette évolution, ou qui, tout au moins, l'atteste précieusement.

L'attitude des Modernes à l'égard des *Fastes,* si tant est qu'on puisse schématiser ainsi sans susciter de virulentes protestations, est paradoxale. On soupçonne Ovide des plus coupables fantaisies, on dénigre les informations qu'il nous livre ou sa manière de nous informer, tout en l'utilisant aveuglément, de préférence à des traditions beaucoup plus solides et cohérentes. On incrimine une dérivation *Fordicidia ← fero* qui n'est pas de lui, et on cite sous le nom de Suétone une dérivation *augustus ← augeo* qu'il est le premier à avoir clairement reconnue. On commente son texte sur les *Robigalia* comme s'il contenait les informations que nous donne Verrius Flaccus à propos de l'*Augurium Canarium* : ou bien on prend pour un « rappel mythique annuel [92] » la légende de la louve aux Lupercales, ce qui entraîne à accorder aux loups bien plus de place qu'ils n'en ont réellement dans la fête.

Il serait vain d'adopter à l'égard des *Fastes* une attitude unique : rejet catégorique ou aveugle crédulité. Une fois reconnues les motivations qui ont pu le pousser à gauchir ses explications ou à travestir quelque peu la vérité, il convient d'examiner de très près les documents qu'Ovide nous livre, et d'en utiliser judicieusement les données. Il est évident que les ambitions d'Ovide étaient immenses, telles que les rappelle W. Fauth : « La variété de ses prétentions didactiques (étymologie des noms de dieux, de lieux, de mois ; énumération des constellations et de leurs mouvements, accompagnée de prévisions météorologiques ; précis de l'histoire du calendrier romain, et par-dessus tout, explication étiologique de prescriptions rituelles à moitié tombées dans l'oubli, à l'aide d'un trésor de légendes mythico-historiques) semble objectivement dépasser les capacités qu'avait Ovide de donner une information fiable [93] ». Il est vrai qu'on juge trop durement les résultats obtenus, d'après des critères modernes : « sans aucun doute, de tels jugements sont portés seulement par des érudits, d'après la conception naïve que l'on peut et doit mesurer les informations antiques à

---

92. A. Alföldi, *La Louve du Capitole,* dans *Hommages à J. Carcopino,* Paris, 1977, 1-11, p. 6.
93. B. 304, p. 109 : *Die Mannigfaltigkeit seiner didaktischen Prätentionen — das Etymologisieren von Götter-, Orts- und Monatsnamen, das Registrieren von Gestirnkonstellationen und -bewegungen samt Wetterprognose, ein Abriss der Geschichte des römischen Kalenders, vor allem aber die ätiologische Erklärung halbvergessener kultischer Observanzen mit Hilfe eines mythologisch-historischen Legendenschatzes — scheint das Vermögen Ovids zu verlässlicher Auskunft objektiv zu überfordern.*

l'aune de la science contemporaine »[94]. Néanmoins, on doit reconnaître en fin de compte que beaucoup de nos acquisitions certaines touchant la religion romaine dépendent du texte d'Ovide, et tout un chacun préoccupé de ces études devrait humblement l'en remercier.

Aussi, le bilan que nous avons dressé, s'il met en évidence quelques traits qui ne contribueront pas à faire prendre les *Fastes* pour une œuvre scientifique, se défend pourtant d'être un réquisitoire. Certes, on a relevé à plaisir les contradictions, les doublets, les illogismes ; on a fait grief à Ovide de son manque de scrupules qui le pousse à affirmer impudemment ce qu'il sait être faux, de sa partialité augustéenne, — à laquelle nous avons ajouté quelques traits supplémentaires. Certes, la recherche ovidienne n'est pas toujours systématique, les méthodes du poète toujours très orthodoxes. Mais il ne faut pas méconnaître les difficultés considérables auxquelles il se heurtait, ne serait-ce que celle de rédiger un traité technique en vers[95]. Il ne faut pas méconnaître l'importance de tous les rituels précieux qu'il nous a décrits en détail ; il ne faut pas sous-estimer ses aptitudes à la recherche : souci d'être complet et de rendre compte de *tous* les aspects d'un rite (son *lumina restabant* de *Fast.*, V, 361, nous montre bien qu'il envisage chaque question comme un dossier qui doit être complet), don de la formule claire, rigoureuse et esthétiquement parfaite ; esprit profondément logique et curieux, en particulier des détails restés inexpliqués. Les *Fastes* sont un témoignage de l'étiologie du temps, « un témoignage direct, intelligent et lucide, dont le prix est inestimable pour l'historien de la religion romaine [96] ». Ovide s'y révèle un chercheur passionné par son sujet, un professeur qui s'efforce consciencieusement de tout expliquer à ses disciples, pour leur fournir tous les éléments d'un dossier, un génie de la contamination de textes, dont nous avons mis en relief les redoutables conséquences ; un esprit indépendant et critique, capable de prendre fréquemment ses distances par rapport aux affirmations antérieures. Si beaucoup de rapprochements paraissent saugrenus dans les *Fastes,* Ovide reste dans les limites du bon sens, ce que ne font pas toujours les érudits de son temps.

Ce qui pèse sur les *Fastes,* au point d'en faire sous-estimer l'ensemble, ce sont des historiettes légères, celle de Tacita, celle de Priape, dont on

---

94. *Ibid.*, p. 110 : *Solche Warnungen sind allerdings nur angebracht bei Gelehrten mit der naiven Vorstellung, man könne und müsse an einen antiken Berichterstatter die Elle neuzeitlicher Wissenschaftlichkeit legen.*

95. P. Drossart, *op. cit.*, p. 68 : « il existe comme une harmonie préétablie entre ce rythme et le morcellement du temps dans le calendrier ; le cours saccadé, spasmodique que le distique latin donne à la narration convenait à la discontinuité que la combinaison des *tempora* et des *causae* imposait au discours ». Il ne faudrait pas exagérer en sens inverse !

96. H. Le Bonniec. *F. éd.*, 1965, p. 10.

exagère à dessein l'importance : comme si leur auteur avait pu être capable d'écrire quelque chose de sérieux [97] ! Il ne faudrait pourtant pas oublier que notre poète, s'il consent quelques concessions au goût populaire, sait que son ouvrage sera lu dans les cercles cultivés, friands de beaux passages littéraires, et se révèle à l'occasion fin grammairien, sociologue expert, liturgiste compétent.

Qu'on ne rabaisse pas l'énorme travail de recherche et de création que représentent les *Fastes,* au niveau d'un recueil de *nugae.* Il est agréable de citer à ce propos l'hommage que rend J. Loicq à Ovide : « Mais sans parler de la tradition vivante, de l'expérience quotidienne, il demeure si peu de chose des documents de toute nature que le poète a eus certainement aussi à sa disposition, et qu'aucune *Quellenforschung* ne réussira jamais à enfermer [98] ! » Les *Fastes* nous ont conservé l'écho de multiples interprétations auxquelles Ovide fait allusion, sans en nommer exactement les responsables — inconvénient de la forme versifiée —, mais qui pour nous seraient irrémédiablement perdues si Ovide n'avait pris soin de les recueillir.

Qu'on apprécie aussi, même si l'on en est victime, la suprême habileté avec laquelle sont réalisés modifications coupables et arrangements trompeurs, la subtilité foncière qui fait intégrer à la moelle des *aitia* les intentions politiques favorables ou hostiles aux *Iulii.* Dans ce mélange sans égal de duplicité et de naïveté, de sérieux et de badinage, de considérations hautement liturgiques et de facéties populaires, ressort surtout l'*intelligence,* qui se manifeste avec éclat de toutes les façons : dans les définitions religieuses pertinentes, dans les coutures invisibles, dans les formules séduisantes qui savent si bien tromper, dans les contaminations abusives aussi bien que dans les descriptions rituelles minutieuses, et jusque dans cette indépendance hautaine et audacieuse vis-à-vis des écrivains les plus autorisés. A n'en pas douter, et malgré certains partis pris ou jugements hâtifs de ceux qui s'arrêtent aux tentatives scabreuses de Priape ou aux formulations maladroites de la datation, Ovide est bien, et de loin, comme le voulait déjà Sénèque, *poetarum ingeniosissimus* [99].

*
**

---

97. Ce préjugé oriente un bon jugement de J. Bayet, amoindri par l'appréciation finale : « La grandeur du projet des *Fastes,* leur documentation qui fait l'admiration des historiens des religions, la fraîcheur même de certaines de leurs intuitions, souffrent d'un « formalisme élégiaque », dont il faut bien dire qu'il révèle l'abus et la fin d'un genre ». Discussion de l'exposé de L.P. Wilkinson B. 813, p. 253.
98. B. 513, p. 494.
99. *Quaest. Nat.,* III, 27, 13.

L'étiologie dans les *Fastes*... Un sujet limité, nous le disions en commençant, qui nous a entraînée en fait à poursuivre des investigations dans bien des domaines. Car l'étiologie, c'est en réalité le plus profond et le plus noble ressort de la connaissance humaine : découvrir les motivations cachées des rituels, sonder les mystères de la représentation divine, s'interroger sur le pourquoi d'une adoration imposée par la tradition, n'est-ce pas exercer l'un des dons les plus précieux octroyés à l'homme, celui de *curiosité* ? La transcendance humaine se manifeste, en effet, par son effort pour comprendre les lois de son existence. Lorsqu'elle ne peut saisir complètement le pourquoi des choses, elle se reconnaît humblement inférieure aux mystères qui l'entourent et la précèdent, et, renonçant à se découvrir elle-même, renonçant à mettre au jour les puissances qui l'ont créée, elle organise toute une dévotion adressée à des êtres qui la dépassent, et qu'elle doit bien créer et personnaliser, puisqu'elle ne saurait rendre compte sans eux de sa propre existence. Il n'est pas moins enrichissant de scruter l'âme des Anciens pour découvrir quels raisonnements obscurs et vénérables ont présidé à l'institution de ces cultes ; et en cela, la recherche étiologique se révèle la plus complète et la plus délicate de toutes, surtout à l'époque d'Ovide, où les cultes anciens subsistaient, mais en tenant jalousement secrètes les causes de leur institution.

Il nous plaît que les *Fastes* soient une œuvre inachevée, sans que nous sachions *pourquoi*. Il nous plaît que leur auteur, interrompant son enquête pour gagner la terre de l'exil, n'ait jamais non plus daigné nous livrer un *pourquoi*. Tout amateur de paradoxes peut croire ainsi à une dernière coquetterie de l'élégant étiologue, choisissant de clore sa recherche étiologique et de fermer sa vie sur une série de points d'interrogation.

Et tout sincère ami d'Ovide peut alors quitter les *Fastes* sur la vision nostalgique de celui qui consacra tant d'efforts à tâcher de saisir le pourquoi des choses, s'enfonçant dans l'oubli et dans la mort, sans avoir livré les dernières clefs de son savoir, de son génie et de son destin même, — ou peut-être à la recherche, lui-même, de l'ultime réponse.

ABRÉVIATIONS

On se reportera à l'Année Philologique pour les abréviations usuelles.

A.A.	Acta Archeologica.
A. & A.	Art and Archeologie.
A.A.A.S.H.	Acta archeologica Academiae Scientiarum Hungaricae.
A.A.H.G.	Anzeiger für die Altertumswissenschaft, publ. par l'Österreischischen Humanistischen Gesellschaft.
A.A.S.L.A.V.	Atti e Memorie dell'Academia di Scienze Lettere ed Agricoltura di Verona.
A.B.	Annales de Bretagne et des Pays de l'Ouest.
A.C.I.O.	Atti del Congresso Internazionale ovidiano (1958 Sulmone).
Acta. Tomes	Acta Conventus omnium gentium ovidianis studiis fovendis, Tomis, 1972 (Budapest, 1976).
A.C.U.D.	Acta Classica Universitatis Scientiarum Debreceniensis.
Ac.Cl.	Acta Classica.
A.É.H.É.	Annales de l'École des Hautes Études.
Aesc.	Aesculape.
A.É.S.C.	Annales : Économie, Société, Civilisations.
A.F.L.N.	Annali della Facoltà di Lettere Filosofia e Magistero della Università di Napoli.

A.G.I.	Archivio Glottologico Italiano.
A.I.A.R.	Annali dell'Istituto archeologico di Roma.
A.I.C.A.	Annali dell'Istituto di Corrispondanza Archeologica.
A.I.L.	Annali dell'Istituto Lombardo.
A.I.Ph.O.U.B.	Annuaire de l'Institut de Philologie et d'Histoire orientale de l'Université libre de Bruxelles.
A.I.V.	Atti dell'Istituto Veneto di Scienze Lettere ed Arti.
A.L.L.	Archiv für Lateinische Lexicographie.
A.P.	Archivio Penale.
Ar.C.	Archeologia Classica.
Ar.Cq.	L'Archéologie classique.
A.S.	L'Année Sociologique.
At.	Atlantis.
Athen.	Athenaeum.
A.U.B.	Annales Universitatis Budapestinensis.
A.V.B.G.	Abhandlungen und Vorträge von der Bremerwissenschaftliche Gesellschaft.
B.A.A.R.	Bollettino dell'Associazione archeologica.
B.A.S.M.	Bollettino dell'Associazione di Studi Mediterranei.
B.C.A.R.	Bollettino della Commissione archeologica communale in Roma.
B.E.C.	Bibliothèque de l'École des Chartes.
Belf.	Belfagor.
B.F.L.	Bulletin de la Faculté des Lettres de Strasbourg.
B.F.L.P.	Bulletin de la Faculté des Lettres de Poitiers.
B.I.B.R.	Bulletin de l'Institut historique belge de Rome.
B.I.D.R.	Bollettino dell'Istituto di Diritto romano.
B.J.	Bonner Jahrbücher des Rheinischen Landesmuseums.
B.N.	Beiträge zur Namensforschung.
B.S.b.A.P.	Bulletin de la Société belge d'Anthropologie et de Préhistoire.
By.Z.	Byzantinische Zeitschrift.
Cambr. Anc. Hist.	Cambridge Ancient History.
C.E.A.	Cahiers d'Études Anciennes.
C.I.S.	Cahiers Internationaux de Sociologie.
C.M.G.	Conférences du Musée Guimet.
Crit.	Critique.
C.S.L.P.	Corpus Scriptorum Latinorum Parauianum.
C. Sud	Cahiers du Sud.
C.W.	The Classical Weekly, puis : The Classical World.
Dion.	Dioniso.
D.H.A.	Dialogues d'Histoire ancienne.

ABRÉVIATIONS

Em.	Emerita.
Entr. Ant. Class.	Entretiens sur l'Antiquité Classique.
G.A.	Giornale Arcadico.
G.B.	Gräzer Beiträge.
H.G.	Humanistische Gymnasium.
Hi.S.	Historische Studien.
H.R.	History of Religions.
H.S.	History of Sciences.
I.L.S.	Inscriptiones latinae selectae, publ. Dessau, Berlin, 1892 rééd. 1955.
J.A.C.	Jahrbuch für Antike und Christentum.
J.A.T.	Journal archéologique de Tunis.
J.I.E.S.	Journal of Indoeuropean Studies.
J.k.Ph.	Jahrbuch für klassische Philologie u. Altertumskunde. Nous avons réuni sous ce même sigle les différents noms de cette revue : Neue Jahrbücher für Philologie u. Paedagogic, et Fleckeisen Jahrbücher.
Latinitas	Latinitas.
Lexicon	Lexicon der Griechischen und Römischen Mythologie, publ. W. Roscher.
L.E.W.	Lateinisches Etymologisches Wörterbuch, publ. A. Walde et J.B. Hofmann, Heidelberg (1938-1956).
M.A.A.R.	Memoirs of the American Academy in Rome.
M.A.I.	Mémoires de l'Académie des Inscriptions et Belles Lettres.
M.C.	Il Mondo classico.
Mém. É.L.	Mémorial des Études latines, 1943.
Mém. S.A.F.	Mémoires et dissertations sur les Antiquités nationales et étrangères, publiés par la Société des Antiquaires de France.
M.F.L.U.T.	Miscellanea della Facoltà di Lettere dell'Università di Torino.
M.H.	Museum Helveticum.
M.I.F.	Mémoires de l'Institut national de France.
M.I.L.	Memorie del reale Istituto Lombardo.
Mous.	Mouseion.
MSAF	Mémoires de la Société des Antiquaires de France.
M.V.k.Ph.W.	Mitteilungen des Vereins für klassische Philologie in Wien.
N.Ch.	Numismatic Chronicle.
N.J.	Neue Jahrbücher für das klassische Altgeschichte.
N.J.P.P.	*Cf.* J.k.Ph.

N.R.H.D.F.É.	Nouvelle Revue Historique de Droit français et étranger.
N.Sc.A.	Notizie degli Scavi di Antichità.
Ogam	Ogam, tradition celtique.
Onom.	Onomastica.
Paid.	Paideuma.
P.P.	La Parola del Passato.
P.B.S.	Papers of the British School at Rome.
P. & I.	Le Parole e le Idee.
Q.R.C.C.M.	Quaderni della Rivista di cultura classica e medioevale.
R.A.	Revue archéologique.
R.A.A.L.N.	Rendiconti dell'Academia di Archeologia, Lettere e Belle Arti di Napoli.
R.A.A.R.	Rendiconti dell'Academia archeologica di Roma.
R.C.C.	Revue des Cours et Conférences.
R.C.C.M.	Rivista di Cultura classica e Medioevale.
R. & C.	Religioni e Civiltà.
R.D.A.	Revue des Droits de l'Antiquité.
R.É.I.E.	Revue des Études Indo-Européennes.
Rel. Vers.	Religionsgeschichtliche Versuche und Vorarbeiten.
R.F.I.C.	Rivista di filologia e di istruzione classica.
R.F.P.	Revue française de Psychanalyse.
R.H.D.F.É.	Revue Historique de Droit français et étranger.
R.I.L.	Rendiconti dell'Istituto Lombardo.
R.I.N.	Rivista italiana di Numismatica e scienze affini.
R.I.S.G.	Rivista italiana per le Scienze giuridiche.
R.M.	Römische Mitteilungen.
R.P.	Revue de Paris.
R.P.A.A.	Rendiconti della Pontifica Accademia di Archeologia.
R.r.A.L.	Rendiconti della reale Accademia dei Lincei.
R.S.A.	Rivista Storica dell'Antichità.
R.S.C.	Rivista di Studi Classici.
R.S.I.	Rivista Storica italiana.
R.T.	Revue Tunisienne.
S.A.I.B.	Cptes rend. Séances Académie Inscriptions.
S.D.H.I.	Studia et Documenta Historiae et Iuris.
S.Ph.	Studies in Philology.
S.R.	Studi Romani.
S.S.Z.	Savigny-Stiftung für Rechtsgeschichte, römische Abteilung.
Tem.	Temenos.
U.M.S.	University of Michigan Studies.

U.W.S.	University of Wisconsin Studies in classical Philology.
W.aG.	Welt als Geschichte.
W.B.	Wiener Blätter.
Z.R.G.	Zeitschrift für Religions-und Geistesgeschichte.

L'abréviation « Aufstieg » fait référence à la série d'études *Aufstieg und Niedergang der Römischen Welt,* en cours de publication (Berlin, New York).

Les lettres qui suivent parfois une référence sont les initiales des éditeurs (V = Vahlen, Q = Quicherat, L = Lindsay, *etc.*).

BIBLIOGRAPHIE

Cette bibliographie a dû être considérablement réduite pour l'édition. Dans les notes, le sigle B. suivi d'un nombre permet de retrouver l'étude citée dans la bibliographie.

Le sigle L.E.W. renvoie à B. n° 799.

ÉDITIONS

1. F. BÖMER, *P. Ovidius Naso, Die Fasten*, 2 vol., texte, trad., comm., Heidelberg, 1957 et 1958 *(F. éd. comm.)*.
2. J.G. FRAZER, *The Fasti of Ovid*, 5 vol., texte, trad., comm., Londres, 1929 *(F. éd. comm.)*.
3. C. LANDI et L. CASTIGLIONI, *P. Ovidii Nasonis Fastorum libri sex*, texte, Turin, 1950 (C.S.L.P.), 2ᵉ éd.
4. H. LE BONNIEC, *Ovide, Fastes, lib. 1,* texte, comm., Paris, 1965, (Érasme), 2ᵉ éd. *(F. éd.)*.
5. H. LE BONNIEC, *Ovide, Fastes, lib. 2,* texte, comm., Paris, 1969, (Érasme) *(F. éd.)*.
6. H. LE BONNIEC, *Ovide, les Fastes,* texte, trad., notes, 2 vol., Catane, 1969 (1 à 3) et Bologne, 1970 (4 à 6) *(F. éd. comm.)*.
7. R. MERKEL, *P. Ovidii Nasonis Fastorum, libri sex*, texte, comm., (prolégomènes), Berlin, 1841, *(F. éd.)* réimpr. anast.

8. II. Peter, *P. Ovidii Nasonis Fastorum libri sex*, texte et comm., 2 fasc., Leipzig, 1889, 3ᵉ éd.
9. G.B. Pighi, *P. Ovidii Nasonis Fastorum libri*, texte, comm., 2 vol., (1 : trad. mss., texte, apparat ; 2 : comm., *indices,* sources, tableaux, *etc.*), Turin, 1973 *(C.S.L.P.) (F. éd. comm.)*.

OUVRAGES ET ARTICLES

10. A.L. Abaecherli-Boyce, *Fercula, Carpenta and Tensae in the Roman Procession, B.A.S.M.*, 6, 1935, 1-20.
11. V. d'Agostino, *Il Culto dei morti presso i Romani, R.S.C.*, 8, 1960, 311-328.
12. M. von Albrecht et E. Zinn, *Ovid*, recueil d'articles, Darmstadt, 1968.
13. M. von Albrecht, *Claudia Quinta bei Silius Italicus und bei Ovid, A.U.*, 11, 1, 1968, 76-95.
14. G. Alessio, *Concordances toponymiques sicano-ligures, Onom.*, 2, 1948, 198-199.
15. A. Alföldi, *Struktur des Voretruskischen Römerstaates*, Heidelberg, 1974, 86-106.
16. A. Alföldi, *« Der neue Romulus »*, chap. de *Die Geburt der kaiserlichen Bildsymbolik, M.H.*, 8, 1951, 190-215.
17. A. Alföldi, *La Louve du Capitole, quelques remarques sur son mythe, à Rome et chez les Étrusques*, Hommages à J. Carcopino, Paris, 1977, 1-11.
18. A. Alföldi, *Early Rom and the Latins*, Ann Arbor, 1966.
19. L. Alfonsi, *La Sacralità e la lingua latina, P. & I.*, 12-14, 1970-1972, 19-40.
20. A.K. Allen, *The Fasti of Ovid and the Augustan Propaganda, A.J.Ph.*, 43, 1922, 250-266.
21. F. Altheim, *Altrömisches Königtum, W.aG.*, 1, 1935, 123-141.
22. F. Altheim, *Griechische Götter im alten Rom*, Giessen, 1930 (= *Rel. Vers.*, 22, 1).
23. F. Altheim, *Römische Religionsgeschichte*, Baden-Baden, 1953, 2ᵉ éd. (1ʳᵉ éd. : 1931 ; trad. frç. 1955).
24. F. Altheim, *Terra Mater, Untersuchungen zur altitalischen Religionsgeschichte*, Giessen, 1931, (= *Rel. Vers.*, 22, 2).
25. W. Altmann, *Die italischen Rundbauten*, Berlin, 1906.
26. E.H. Alton, *Quaestiunculae ovidianae, Hermath.*, 46, 1920, = t. 19, 1922, 271-291.

27. E.H. ALTON, *Ovidiana, Notes on the Fasti I-III*, C.R., 32, 1918, 13-19 ; 58-62 ; 153-158.
28. E.H. ALTON, D.E.W. WORMELL, E. COURTNEY, *Problems in Ovid's Fasti*, C.Q., 23, 1973, 144-151.
29. E.H. ALTON, *Anna Perenna and Mamurius Veturius*, Hermath., 46, 1920, = t. 19, 1922, 100-104.
30. E.H. ALTON, *Martial, IV, 64*, C.R., 38, 1924, 111-112.
31. W. ALY, *Über das Wesen Römischer Religiosität*, A.R.W., 33, 1936, 57-74.
32. C. AMPOLO, *Analogie e rapporti fra Atene e Roma arcaica, osservazioni sulla Regia, sul Rex Sacrorum, e sul culto di Vesta*, P.P., 26, 1971, 443-457.
33. J. ANDRÉ, Compte rendu de R. Schilling, *La Religion romaine de Vénus*, R.Ph., 31, 1957, 135-137.
34. J. ANDRÉ, *Les Mots à redoublement en latin*, Paris, 1978.
35. J. ANNEQUIN, *Recherches sur l'action magique et ses représentations*, Besançon, 1973.
36. G. APPEL, *De Romanorum precationibus*, Giessen, 1909 (= Rel. Vers., 7, 2).
37. M.E. ARMSTRONG, *The Significance of Certain Colours in Roman Ritual*, Diss. Hopkins Univ., Menasha Wisconsin, 1917.
38. F. ARNALDI, *Il Mondo poetico di Ovidio*, S.R., 6, 1958, 389-406.
39. P. ARNOLD, *Les Sacrifices humains et la deuotio à Rome*, Ogam, 9, 1957, 27-36 ; C. Sud, 280, 1946.
40. P. ARNOLD, *Le Mythe de Mars*, C. Sud, 299, 31, 1950, 93-108.
41. E. ASSMANN, *Zu Martialis IV, 64*, Rh.M., 60, 1905, 637-639.
42. A. AUDIN, *Janus, le Génie de l'Argilète*, L.H., 10, 1951, 52-91.
43. E. AUST, *De Aedibus sacris*, Marbourg, 1889, 2 vol.
44. M. AYER RUBINS, *A New Interpretation of Jupiter Elicius*, M.A.A., 10, 1932, 85-102.
45. E. BABELON, *Les Monnaies de la République romaine*, Paris, 1885-1886, 2 vol.
46. E. BABELON, *La Déesse Maïa*, R.A., 2, 1914, 182-190.
47. J. BACHOFEN, *Das Mutterrecht*, Stuttgart, 1861.
48. C. BAILEY, *Roman Religion and the Advent of Philosophy*, Cambridge Ancient History, 8, 1930, 423-465.
49. C. BAILEY, *Phases in the Religion of Ancient Rome*, Berkeley, 1932. Rééd., Greenwood, 1972.
50. J.P.V.D. BALSDON, *Roman Women : their History and Habits*, Londres, 1962.
51. J.P.V.D. BALSDON, *The Salii and Campaigning in March and October*, C.R., 16, 1966, 146-147.

52. L. BANTI, *Il Culto dei morti nella Roma antichissima, S.I.F.C.*, 7, 1929, 171-198.
53. K. BARWICK, *Ovids Erzählung vom Raub der Persephone, und Nikanders « Eteroïoumena », Philologus*, 80, 1925, 454-466.
54. V. BASANOFF, *Evocatio*, Paris, 1947.
55. V. BASANOFF, *Les Dieux des Romains*, Paris, 1942.
56. V. BASANOFF, *Regifugium, la « fuite du roi », histoire et mythe*, Paris, 1943.
57. V. BASANOFF, *L'Épisode des joueurs de flûte chez Tite-Live, et les Quinquatries, fêtes de Minerve, Mélanges F. de Visscher*, 1, Bruxelles, 1949, 65-81.
58. D. BASSI, *Mito e leggenda, M.C.*, 4, 1934, 394-397.
59. J. BAYET, *Histoire politique et psychologique de la religion romaine*, Paris, 1957 (rééd. 1969).
60. J. BAYET, *Croyances et rites dans la Rome antique* (recueil d'études antérieures), Paris, 1971.
61. J. BAYET, *Les Feriae Sementivae et les indigitations dans le culte de Cérès et de Tellus, R.H.R.*, 137, 1950, 172-206 (= Croyances, 177-205).
62. J. BAYET, *Les Cerialia, altération d'un culte latin par le mythe grec, R.B.Ph.*, 29, 1951, 5-32 et 341-366 (= Croy., 89-129).
63. J. BAYET, *Le Phénomène religieux dionysiaque, Crit.*, 80, 1954, 20-33 et 132-146. (= Croy., 241-270).
64. J. BAYET, *La Religion romaine, de l'introduction de l'hellénisme à la fin du Paganisme, Mém. É.L.*, 1943, 330-373 (bibliographie).
65. J. BAYET, *Les Origines de l'Hercule romain*, Paris, 1926.
66. P. BECKER, *Ovid und der Prinzipat*, Diss. Cologne, 1953.
67. K. BECKER, *Studien zur Opposition gegen den Römischen Prinzipat*, Diss. Tubingen, 1950.
68. F. BEDUSCHI, *Osservazioni sulle notizie originali di « fas » e di « ius », R.I.S.G.*, 2, 10, 1935, 209-270.
69. F. BELLANDI, *Sanguine laeti, Ipotesi sulla danza curetica di Lucrezio, II, 629 sqq., Athenaeum*, 53, 1975, 18-32.
70. F.M. BENNETT, *A Theory concerning the Origin and the Affiliations of the Cult of Vesta, C.W.*, 7, 1913, 35-37.
71. H. BENNETT, *Sacer esto, T.A.Ph.A.*, 61, 1930, 43-69.
72. C. BENNETT PASCAL, *Rex Nemorensis, Numen*, 23, 1976, 23-39.
73. É. BENVENISTE, *Liber et Liberi, R.É.L.*, 14, 1936, 52-58.
74. É BENVENISTE, *Le Symbolisme social dans les cultes gréco-italiques, R.H.R.*, 129, 1945, 5-16.
75. É. BENVENISTE, *Le Suffixe -um (« Notes étrusques »), S.E.*, 7, 1933, 252-258.

76. É. BENVENISTE, *Le Don et l'échange dans le vocabulaire indo-européen*, A.S., 3, 1948-1949, paru 1951, 7-20.
77. É. BENVENISTE, *Trois étymologies latines*, B.S.L., 32, 1931, 68-85.
78. É. BENVENISTE, *Le Vocabulaire des institutions indo-européennes*, Paris, 1969, 2 vol.
79. J. BÉRANGER, *Recherches sur l'aspect idéologique du Principat*, Bâle, 1953.
80. D. van BERCHEM, *Hercules Melquart à l'Ara Maxima*, R.P.A.A., 32, 1959-1960, 61-68.
81. A. BERGER, *Encyclopedic Dictionary of Roman Law*, édité par T.A. Philosophical Soc., Philadelphie, 1953.
82. A. BERNARDI, *L'Interesse di Caligola per la successione del Rex Nemorensis, e l'arcaica regalità nel Lazio*, Athenaeum, 31, 1953, 273-287.
83. A. BERNARDI, *Periodo sabino e periodo etrusco nella monarchia romana*, R.S.I., 66, 1954, 5-20.
84. F. BERNINI, *Ovidio*, Milan, 1939, 2ᵉ éd.
85. I. BIANCHI, *Recenti Studi sulla religione romana*, St. R., 19, 1971, 315-322.
86. E. BICKEL, *Der altrömische Gottesbegriff*, Leipzig, 1921.
87. E. BICKEL, *Beiträge zur Römischen Religionsgeschichte, Flamen Curialis und Juno Curritis*, Rh.M., 71, 1916, 548-571.
88. E. BINDER, *Die Aussetzung des Königskindes*, Meisenheim am Glan, 1964.
89. E. BINDER, *Compitalia und Parilia, Properz, IV, 1, 17-20*, M.H., 24, 1967, 104-115.
90. Th. BIRT, *Pontifex und Sexagenarii de ponte*, Rh.M., 45, 1926, 115-127.
91. R. BLOCH, *Interpretatio*, dans *Recherches sur les religions de l'Italie antique*, Genève, 1976.
92. R. BLOCH, *Un Mode d'interprétation à deux degrés : de l'Uni de Pyrgi à Ilithye et Leucothoe*, Ar.C., 21, 1969, 58-65.
93. R. BLOCH, *Tite-Live et les premiers siècles de Rome*, Paris, 1965.
94. R. BLOCH, *Les Prodiges dans l'Antiquité classique*, Paris, 1963.
95. R. BLOCH, *Volsinies étrusque, essai historique et topographique*, M.É.F.R.A., 59, 1947, 9-39.
96. R. BLOCH, *La Danse guerrière dans l'Italie primitive*, R.H.R., 153, 1958, 138-140.
97. R. BLOCH, *Sur les danses armées des Saliens*, A.É.S.C., 13, 1958, 706-715.
98. A. von BLUMENTHAL, *Zum Römischen Religion der archaischen Zeit 1 und 2*, Rh.M., 87, 1938, 267-277, et Rh.M., 90, 1941, 310-334.
99. N. BOËLS, *Le Statut religieux de la Flaminica Dialis*, R.É.L., 51, 1973, (1974) 77-100.

100. G. Boissier, *Un Calendrier romain d'après les Fastes d'Ovide*, R.Ph., 8, 1884, 55-74.
101. G. Boissier, *L'Opposition sous les Césars*, Paris, 1885, 2ᵉ éd.
102. G. Boissier, *La Religion romaine d'Auguste aux Antonins*, Paris, 1880, 2ᵉ éd. (1ʳᵉ éd. 1874).
103. F. Bömer, *Interpretationen zu den Fasti des Ovids*, Gymnasium, 64, 1957, 112-135.
104. F. Bömer, *Die Römische Ernteopfer und die Füchse im Philisterlande*, W.S., 69, 1956, 372-384.
105. F. Bömer, *Kybele in Rom, die Geschichte ihres Kults als politisches Phänomen*, M.D.A.I., 71, 1964, 130-151.
106. F. Bömer, *Ahnenkult und Ahnenglaube*, Leipzig, 1943, (= A.R.W., suppl. 1).
107. F. Bömer, *Jupiter und die Römische Weinfeste*, Rh.M., 90, 1941, 30-58.
108. F. Bömer, *Rom und Troia, Untersuchungen zur Frühgeschichte Roms*, Baden-Baden, 1951.
109. F. Bömer, *Compte rendu* de T.R.S. Broughton (*The Magistrates of the Roman Republic*, New-York, 1951), B.J., 154, 1954, 188-190.
110. F. Bömer, *Compte rendu* de l'édition Landi-Castiglioni des *Fastes*, Gnomon, 24, 1952, 324-328.
111. F. Bona, *Contributo allo studio della composizione del De Verborum significatione di Verrio Flacco*, Milan, 1964.
112. P. Bonfante, *Storia del diritto romano*, Milan, 1959, 2 vol.
113. F. Börtzler, *Janus und seine Deuter*, A.V.B.G., 4 (3-4), 1930, 103-196.
114. G. Bottiglioni, *Osservazioni etimologiche e lessicali a proposito di alcune basi indoeuropee*, Athenaeum, 4, 1926, 370-372.
115. A. Bouché-Leclercq, *Manuel des Institutions romaines, « Le culte public »*, Paris, 1886.
116. A. Bouché-Leclercq, *Les Pontifes de l'ancienne Rome*, Paris, 1871.
117. A. Bouché-Leclercq, *Histoire de la divination dans l'Antiquité*, Paris, 1882, t. 4.
118. P. Boyancé, *Études sur la religion romaine*, Paris, 1972 (recueil d'articles).
119. P. Boyancé, *Cybèle aux Mégalésies*, Latomus, 13, 1954, 337-342.
120. P. Boyancé, *Sur les mystères phrygiens*, R.É.A., 37, 1935, 161-164 (= Études, 201-204).
121. P. Boyancé, *Les Origines de la Vénus romaine*, R.É.A., 61, 1959, 108-110, avec réponse de R. Schilling.
122. P. Boyancé, *Fulvius Nobilior et le dieu ineffable*, R.Ph., 29, 1955, 172-192 (= Études, 227-252).

123. P. BOYANCÉ, *L'Épicurisme dans la société et la littérature romaines*, *B.A.G.B.*, 19, 1960, 499-516.
124. R. BRAUN, *Les Tabous des Feriae*, *A.S.*, 3, 1959, 49-125.
125. R. BRAUN, *Diogène le Cynique et le « credo » d'Ovide*, *A.F.L.N.*, 35, 1979, 223-233.
126. M. BRÉAL, *Notes grecques et latines*, *M.S.L.*, 7, 1892, 20-38.
127. M. BRÉAL, *De quelques mots latins tirés du grec*, *M.S.L.*, 6, 1899, 1-10.
128. M. BRÉAL, *Mélanges de mythologie et de linguistique, « Hercule et Cacus »*, Paris, 1877, 2ᵉ éd. (1ʳᵉ : 1863).
129. M. BRÉAL, *Variétés*, *M.S.L.*, 4, 1881, 82-84.
130. M. BRÉAL, *Étymologies*, *M.S.L.*, 5, 1884, 339-348.
131. A. BRELICH, *Offerte e interdizioni alimentari nel culto della Magna Mater a Roma*, *S.M.S.R.*, 36, 1965, 27-42.
132. A. BRELICH, *Tre Variazioni romane sul tema delle origini*, Rome, 1955.
133. A. BRELICH, *Appunti sul Flamen Dialis*, *A.C.U.D.*, 8, 1972, 17-21.
134. A. BRELICH, *Deux Aspects religieux de la Rome archaïque*, *A.C.*, 20, 1951, 335-343.
135. A. BRELICH, *Die geheime Schutzgottheit von Rom*, Zurich, 1949.
136. A. BRELICH, *Quirinus, una divinità romana alla luce della comparazione storica*, *S.M.S.R.*, 30, 1959, 63-119.
137. A. BRELICH, *Vesta*, Zurich, 1949.
138. A. BRELICH, *Osservazioni sulle « esclusioni rituale »*, *S.M.S.R.*, 22, 1949-1950, 1-21.
139. A. BRELICH, *Introduzione alla storia delle religioni*, Rome, 1966.
140. J. BRIDGE, *Janus, custos belli*, *C.J.*, 23, 1927-1928, 610-614.
141. D. BRIQUEL, *Perspectives comparatistes sur la disparition de Romulus*, *Latomus*, 36, 1977, 253-282.
142. D. BRIQUEL, *La triple fondation de Rome*, *R.H.R.*, 189, 1976, 145-176.
143. D. BRIQUEL, *Les Jumeaux à la louve, et les jumeaux à la chèvre, à la jument, à la chienne, à la vache*, dans *Recherches sur les religions de l'Italie antique*, Genève, 1976, 73-97.
144. A. BRUHL, *Liber Pater, origine et expansion du culte dionysiaque à Rome et dans le monde romain*, Paris, 1953.
145. N. BRÜLLOW-SCHASKOLSKY, *Die Argeerfrage in der Römischen Religion*, *W.S.*, 33-34, 1912, 155-172.
146. K. BÜCHELER, *Compte rendu* de F. Ritschl (Priscae Latinitatis monumenta epigraphica), *J.k.Ph.*, 87, 1863, 325-342 et 769-786.
147. W.W. BUCKLAND, *Ritual Acts and Words in Roman Law*, *Mélanges P. Koschaker*, 1, Leyde, 1939, 16-26.

148. B.R. BURCHETT, *The Divine Character of the Rex Sacrorum*, *C.W.*, 31, 1914, 33-37.
149. B.R. BURCHETT, *Janus in Roman Life and Cult*, Menasha Wisconsin (publ. prof. Banta), 1918.
150. W. BURKERT, *Caesar und Romulus-Quirinus*, *Hist.*, 11, 1962, 356-376.
151. A.W. van BUREN, *The Vestals*, *C.W.*, 13, 1919, 31-32.
152. A.W. van BUREN, *Vacuna*, *J.R.S.*, 6, 1916, 202-204.
153. E.E. BURRISS, *The Place of the Dog in Superstition*, *C.Ph.*, 30, 1935, 32-42.
154. E.E. BURRISS, *Survivals of Magic in Early Roman Religion*, *C.J.*, 24, 1928, 112-123.
155. E.E. BURRISS, *The Use and Worship of Fire*, *C.W.*, 24, 1930, 43-45.
156. E.E. BURRISS, *The Use and Worship of Water*, *A. & A.*, 30, 1930, 221-228 et 233.
157. E.E. BURRISS, *The Roman and his Religion*, *C.J.*, 24, 1928, 599-603.
158. E.E. BURRISS, *Taboo, Magic, Spirits, a Study of primitive Elements in Roman Religion*, New York, 1931, (3 éd. Greenwood 1972).
159. K. BUSCHENHAGEN, *Das Cerealienfest, die Robigalien und Simsons Füchse*, *Gymnasium*, 61, 1954, 422-426.
160. R. CAGNAT, *Les Vestales*, *C.M.G.*, 35, 1906, 61-98.
161. G. CAPDEVILLE, *Les Épithètes cultuelles de Janus*, *M.É.F.R.A.*, 85, 2, 1975, 395-436.
162. G. CAPDEVILLE, *Substitution de victimes dans les sacrifices d'animaux à Rome*, *M.É.F.R.A.*, 83, 1971, 283-323.
163. G. CAPOVILLA, *Per l'Origine di alcune divinità romane*, *Athenaeum* 35, 1957, 89-120.
164. J. CARCOPINO, *Aspects mystiques de la Rome païenne*, Paris, 1941.
165. J. CARCOPINO, *La Louve du Capitole*, *B.A.G.B.*, 4, 1924, 3-19 ; 5, 1924, 16-49 ; 6, 1925, 3-39.
166. B. CARDAUNS, *Varro und die Römische Religion ; Zur Theologie, Wirkungsgeschichte und Leistung der Antiquitates Rerum Divinarum*, dans *Aufstieg...*, II, 16, 1, 1978, 80-103.
167. J.B. CARTER, *De Deorum Romanorum cognominibus*, Leipzig, 1898.
168. J.B. CARTER, *The Reorganisation of the Roman Priesthoods, at the Beginning of the Republic*, *M.A.A.R.*, 1, 1915, 9-17.
169. J. CELS SAINT HILAIRE, *Le Fonctionnement des Floralia sous la République*, *D.H.A.*, 3, 1977, 253-286.
170. E. CERULLI, *Il fabro afr:cano, eroe culturale*, *S.M.S.R.*, 28, 1957, 79-113 et *S.M.S.R.*, 28, 1957, 87-101.
171. K. CICHORIUS, *Römische Studien ; Historisches, Epigraphisches, Literaturgeschichtliches aus 4 Jahr. Roms*, Darmstadt, 1961, 2ᵉ éd. (1ʳᵉ éd. Leipzig, 1922).

172. R. CIRILLI, *Les Prêtres-danseurs de Rome, étude sur la corporation des Saliens*, Paris, 1913.
173. C.J. CLASSEN, *Romulus in der Römischen Republik, Philologus*, 106, 1962, 356-376.
174. C.J. CLASSEN, *Zur Herkunft der Sage von Romulus und Remus, Hist.*, 12, 1963, 447-457.
175. C. CLEMEN, *Römische Feste und Ovids Fasten, H.G.*, 45, 1934, 88-95.
176. C. CLEMEN, *Die Tötung des Vegetationsgeistes, Rh. M.*, 79, 1930, 338-341.
177. L. CLERICI, *Die Argei, Hermes*, 77, 1942, 90-100.
178. E. COCCHI-ERCOLANI, *Iconografia di Veiove sulla moneta romana repubblicana, R.I.N.*, 16, 5, 1968-1970, 115-136.
179. E. COCCHIA, *Elementi naturalistici e poetici della mitologia romana, nel culto di Giano, Mous.*, 1, 1923, 3-23.
180. M. de COLA, *Callimaco e Ovidio*, Palerme, 1937.
181. J. COLLART, *Edition de Varron, Ling. lat. lib. 5*, Paris, 1954.
182. J. COLLART, *Varron, grammairien latin*, Paris, 1954 (not. p. 251-302).
183. R.S. CONWAY, *The Italic Dialects*, Cambridge, 1897 ; rééd. Hildesheim, 1967.
184. R.S. CONWAY, *The Praeitalic Dialects*, Cambridge, 1933, rééd. Hildesheim, 1968.
185. R.S. CONWAY, *The Etruscan Influence on Roman Religion*, Manchester, 1931 ; publié dans le *Bulletin of the John Rylands Library*, n° 16, 1932 ; réimpr. en 1967, p. 376-395.
186. A.B. COOK, *Zeus II*, New York, 1965, 2ᵉ éd. (1ʳᵉ éd. : 1925).
187. A.B. COOK, *Zeus, Jupiter and the Oak, C.R.*, 17, 1903, 268-270 ; 403-420 ; et 18, 1904, 75-88.
188. A.B. COOK, *The Golden Bough and the Rex Nemorensis, C.R.*, 16, 1902, 365-380.
189. M. CORSANO, *Alcune ipotesi sulla rielaborazione ovidiana dei Fasti, Gymnasium*, 29, 1976, 93-121.
190. M. CORSANO, *Sodalitas et gentilité dans l'ensemble lupercal, R.H.R.*, 191, 1977, 137-158.
191. W. CORSSEN, *Aussprache der Lateinischen Sprache*, 2, Leipzig, 1890.
192. W. CORSSEN, *Kritische Beiträge zur Lateinischen Formenlehre*, Leipzig, 1863.
193. Sp. CORTSEN, *Der Monatsname Aprilis, Glotta*, 26, 1938, 270-275.
194. G. COSTA, *L'Italicità di Rea Silvia, R.S.A.*, 2, 1907, 237.
195. J.R. CRAWFORD, *De Bruma, et brumalibus festis, By.Z.*, 23, 1914, 365-396.

196. J.A. CROOK, *Law and Life of Rome*, Londres, 1970, 2ᵉ éd.
197. J.H. CROON, *Die Ideologie des Marskultes unter dem Prinzipat und ihre Vorgeschichte, Aufstieg.*, II, 17, 1, 1981, 246-275.
198. O. CRUSIUS, *Die Fabiani in der Lupercalienfeier, Rh.M.*, 39, 1884, 164-168.
199. F. CUMONT, *Lux perpetua*, Paris, 1949.
200. F. CUMONT, *Les Religions orientales dans le Paganisme romain*, Paris, 1963, d'ap. réimpr. anast. 4ᵉ éd. 1929 (1ʳᵉ éd. : 1905).
201. A. CUNY, *Latin « Aprilis »*, *M.S.L.*, 14, 1906-1908, 286-288.
202. L. CURTIUS, *Mater Matuta*, *M.D.A.I.*, 36, 1921, 479-484.
203. I. DANKA, *De Religione ovidiana*, dans *Ovidianum, Acta conu. omn. gent. ovidianis studiis fouendis*, Bucarest, 1976, 215-232.
204. I. DANKA, *De Feralium et Lemuriorum consimili natura*, Eos, 64, 1976, 257-268.
205. R.J. DEFERRARI, M.I. BARRY, M. Ap. McGUIRE, *A Concordance to Ovid*, Washington, 1939.
206. A. DEGRASSI, *Inscriptiones Italiae*, Rome, 1963 ; *« Fasti et Elogia »*, vol. XIII, section 2 : *Fasti anni numani et juliani*.
207. A. DEGRASSI, *Coronide, madre di Esculapio, nel culto di Roma repubblicana*, *Hommages à L. Herrmann*, Bruxelles, 1960, 253-256.
208. P. DEKKERS, *Des Ordalies en droit romain*, *R.D.A.*, 1, 1948, 55-78.
209. J. DELANDE, *Une Grève à Rome, il y a 2 300 ans*, *É.C.*, 25, 1957, 432-437.
210. L. DELATTE, *Quelques fêtes mobiles du calendrier romain*, *A.C.*, 5, 1936, 381-404.
211. L. DELATTE, *Recherches sur quelques fêtes mobiles du calendrier romain*, *A.C.*, 6, 1937, 93-117.
212. M. DELCOURT, *Romulus et Mettius Fufetius* dans *Hommages à G. Dumézil*, Bruxelles, 1960, 77-82.
213. M. DELCOURT, *Stérilités mystérieuses et naissances maléfiques*, Liège, 1938.
214. E. van DEMAN, *The Atrium Vestae*, Washington, 1909.
215. W. DEONNA, *La Légende d'Octave-Auguste, dieu, sauveur et maître du monde*, dans *R.H.R.*, 83, 1921, 32-58.
216. L. DEROY, *Boucliers, formules et vieilles méprises*, *É.C.*, 47, 3, 1979, 235-243.
217. L. DEROY, *Le Culte du Foyer dans la Grèce mycénienne*, *R.H.R.*, 137, 1950, 26-43.
218. L. DEROY, *Les Noms du marteau, et la racine étrusque « mar »*, *A.C.*, 28, 1959, 5-31.
219. L. DESCHAMPS, *Quelques clins d'œil de Varron dans les Satires Ménippées*, *Mélanges J. Collart*, Paris, 1978, 91-100.

220. F. DESSERTEAUX, *Capitis deminutio maxima et media*, dans *Mélanges G. Cornil*, 1, Paris, 1905, 183-213.
221. L. DEUBNER, *Zum Argeer-Opfer*, *A.R.W.*, 14, 1911, 305-306.
222. L. DEUBNER, *Lupercalia*, *A.R.W.*, 13, 1910, 481-508.
223. L. DEUBNER, *Zur Entwicklungsgeschichte der Altrömischen Religion*, *N.J.K.A.*, 27, 1911, 321-334.
224. L. DEUBNER, *Altrömische Religion*, dans *Die Antike*, 2, 1926, 61-78.
225. L. DEUBNER, *Lustrum*, *A.R.W.*, 16, 1913, 134-135.
226. L. DEUBNER, *Die Bedeutung des Kranzes im klassischen Altertum*, *A.R.W.*, 30, 1933, 70-104.
227. L. DEUBNER, *Römische Religion 1925-1933*, *A.R.W.*, 33, 1936, 100-136 (bibliogr.).
228. L. DEUBNER, *Römische Religion 1915-1924*, *A.R.W.*, 23, 1925, 298-317 (bibliogr.).
229. L. DEUBNER, *Zum Römischen Religionsgeschichte*, *M.D.A.I.*, 36-37, 1920-1923, 14-33.
230. L. DEUBNER, *Mater Matuta ?*, *M.D.A.I.*, 40, 1925, 281-288.
231. G. DEVOTO, *Vertumno*, *S.E.*, 14, 1940, 275-280 (série : *Nomi di Divinità etrusche*, 3).
232. H. DIELS, *Sibyllinische Blätter*, Berlin, 1890.
233. A. DIETERICH, *Mutter Erde*, Berlin, 1913.
234. A. von DOMASZEWSKI, *Die Festcyclen des Altrömischen Kalenders*, *A.R.W.*, 10, 1907, 333-344.
235. J.H. DRAKE, *Again « Hoc age »*, *C. Ph.*, 30, 1935, 72-74.
236. P. DROSSART, *Structure et signification des Fastes d'Ovide*, *I.L.*, 24, 1972, 2, 67-76.
237. P. DROSSART, *La Mort de Rémus chez Ovide*, *R.É.L.*, 50, 1972, 187-204.
238. J.É. DUGAND, *Aphrodite-Astarté*, dans *Hommages à P. Fargues*, *A.F.L.N.*, 21, 1974, 72-98.
239. G. DUMÉZIL, *La Religion romaine archaïque*, suivie d'un appendice sur la religion des Étrusques, Paris, 1966 ; rééd. : 1974.
240. G. DUMÉZIL, *Idées romaines*, Paris, 1969.
241. G. DUMÉZIL, *Fêtes romaines d'été et d'automne*, suivi de *Dix questions romaines*, Paris, 1975.
242. G. DUMÉZIL, *Déesses latines et mythes védiques*, Paris, 1956.
243. G. DUMÉZIL, *Les Dieux des Indoeuropéens*, Paris, 1952.
244. G. DUMÉZIL, *Tarpeia*, Paris, 1947.
245. G. DUMÉZIL, *Le Problème des Centaures*, Paris, 1929.
246. G. DUMÉZIL, *Le Festin d'immortalité*, Paris, 1923.
247. G. DUMÉZIL, *Les Débuts de la religion romaine*, dans *Mém. Ét. lat.*, Paris, 1943, 316-329.

248. G. DUMÉZIL, *Rituels indo-européens à Rome*, Paris, 1954.
249. G. DUMÉZIL, *Mythes romains*, *R.P.*, 58, 1951, 105-115.
250. G. DUMÉZIL, *Mariages indo-européens*, suivi de *Quinze questions romaines*, Paris, 1979.
251. G. DUMÉZIL, *Jupiter, Mars, Quirinus*, 1941, 2e éd.
252. G. DUMÉZIL, *Mythe et épopée*, Paris, vol. 1, 1968, et vol. 3, 1971.
253. G. DUMÉZIL, *Quelques cas anciens de liquidation des vieillards*, dans *Mélanges F. de Visscher*, (*R.I.D.A.*, 5) 1950, 447-450.
254. G. DUMÉZIL, *Religion romaine et critique philologique : Carna*, *R.É.L.*, 39, 1961, 87-91.
255. G. DUMÉZIL, *Les Enfants des sœurs à la fête de Mater Matuta*, *R.É.L.*, 33, 1955, 140-151.
256. G. DUMÉZIL, *Le Curtus equos de la fête de Palès, et la mutilation de la jument Viš-palà*, *Eranos*, 54, 1956, 232-245.
257. G. DUMÉZIL, *Religion romaine et critique philologique : Le Flamen Quirinalis aux Consualia*, *R.É.L.*, 39, 1961, 31-33.
258. G. DUMÉZIL, *Quaestiunculae indo-italicae, le mythe des Vinalia priora*, *R.É.L.*, 39, 1961, 266-270.
259. G. DUMÉZIL, *Virgile, Mézence et les Vinalia*, *Mélanges J. Heurgon*, 1, Rome, 1976, 253-263.
260. G. DUMÉZIL, *Quaestiunculae indo-italicae : trois règles de l'aedes Vestae*, *R.É.L.*, 37, 1959, 94-101.
261. G. DUMÉZIL, *Quaestiunculae indo-italicae : Vesta extrema*, *R.É.L.*, 39, 1961, 250-257.
262. G. DUMÉZIL, *Remarques sur Augur-Augustus*, *R.É.L.*, 35, 1957, 149-150.
263. G. DUMÉZIL, *Helernus*, *J.I.E.S.*, 1, 1973, 304-308.
264. G. DUMÉZIL, *Vacuna*, *Mélanges G. Widengren*, Leyde, t. 1, 1972, 307-311.
265. G. DUMÉZIL, *Meretrices et virgines dans qq. légendes politiques de Rome*, *Ogam*, 6, 1954, 3-8.
266. G. DUMÉZIL, *Les deux Palès*, *R.É.L.*, 40, 1962, 109-117.
267. G. DUMÉZIL, *Méthode comparative et religion romaine*, *A.C.*, 24, 1955, 426-430.
268. M. DURANTE, *Osco « hirpo » : lupo o capro ? P.P.*, 63, 1958, 412-417.
269. M. DURANTE, *Victima*, *Maïa*, 4, 1951, 145-146.
270. E. DURKHEIM, *Les formes élémentaires de la vie religieuse*, Paris, 1937, 3e éd.
271. G. DURY-MOYAERS et M. RENARD, *Aperçu critique de travaux relatifs au culte de Junon*, *Aufstieg* II, 17, 1, 1981, 142-202.
272. Y.M. DUVAL, *Les Lupercales, Junon et le printemps*, *A.B.*, 83, 1976, 253-272.

273. Y.M. DUVAL, *Des Lupercales de Constantinople aux Lupercales de Rome*, R.É.L., 55, 1977, 222-270.
274. J. DWIGHT, *The Origin of the Prejulian Calendar*, C.J., 41, 1946, 273-275 ; 283.
275. J. DWIGHT, *The Early Roman Calendar*, C.J., 39, 1944, 487-490.
276. P.T. EDEN, *Venus and the Cabbage*, Hermes 91, 1963, 448-458.
277. R. EGGER, *« Zu einem Fluchtäfelchen aus Blei »* dans *Ausgewählte Schriften*, Klagenfurt, 1963, 2 vol., vol. 2, 247-253.
278. V. EHRENBERG, *Monumentum Antiochenum*, Klio, 19, 1925, 189-213.
279. R. EISLER, *Kuba-Kybele*, Philologus, 68, 1909, 118-151, 161-209.
280. S. EITREM, *Obsutum maenae caput*, C.R., 36, 1922, 72.
281. S. EITREM, *Opferritus und Voropfer der Griechen und Römer*, Christiania, 1915 ; Hildesheim, 1977.
282. S. EITREM, *Some Roman Festivals Expiatory and Purificatory* dans *Mélanges A. Torp*, Christiania, 1913, 71-87.
283. G.W. ELDERKIN, *Dionysos Eleutheros and Liber*, C.Ph., 31, 1936, 259-261.
284. S. d'ELIA, *Ovidio*, Naples, 1959.
285. M. ÉLIADE, *Traité d'histoire des religions*, Paris, 1970, 4e éd. (1re éd. : 1949).
286. J.C. ELSTER, *Observationes ad P. Ovidii Nasonis libros VI*, Progr. Helmstadt, 1840.
287. A. ELTER, *Cremera und Porta Carmentalis*, Progr. Bonn, 1910.
288. A. ERNOUT, A. MEILLET, *Dictionnaire étymologique de la langue latine*, Paris, 1967, 5e éd. (1re éd. : 1932).
289. A. ERNOUT, *Les Éléments dialectaux du vocabulaire latin*, Paris, 1909.
290. A. ERNOUT, *Augur-Augustus*, M.S.L., 22, 1921, 224-238 (= *Philologica*, 1, Paris, 1946, 67-71).
291. A. ERNOUT, *Remarques sur l'étymologie latine*, R.É.L., 3, 1925, 101-129.
292. A. ERNOUT, *Les Éléments étrusques du vocabulaire latin*, B.S.L., 30, 1929, 82-124 (= Phil. 1, 1946, 21-51).
293. A. ERNOUT, *Les Noms en -ago, -igo, -ugo du latin*, R.Ph., 15, 1941, 85-111.
294. A. ERNOUT, *Venus, uenia, cupido*, R.Ph., 30, 1956, 7-27 (= Phil., 2, 87-111).
295. A. ERNOUT, *Consus, Ianus, Sancus*, dans *Mélanges M. Niedermann*, Paris, 1956, 115-121 (= Phil. 2, 173-178).
296. A. ERNOUT, *Vacuna, Vesuna*, Philologica, 3, Paris, 1965, 69-75.
297. A. ERNOUT, *Les Origines de la Vénus romaine*, Latomus, 17, 1958, 3-26.

298. A. ESMEIN, *Les Coutumes primitives dans les écrits des mythologues grecs et romains*, N.R.H.D.F.É., 26, 1902, 113-146 ; 4-31 ; 25, 1901, 121-135.
299. E. EVANS, *The Cults of the Sabine Territory*, Rome, 1939.
300. Ph. FABIA, *Decem menses*, R.É.A., 33, 1931, 33-40.
301. P. FABRE, *La Religion romaine*, Paris, 1955.
302. P. FARGUES, *Ovide, l'homme et le poète*, R.C.C., 40, 2, 1939, 449-475 ; 41, 1, 1939, 141-149 ; 41, 1, 1940, 205-212.
303. L.R. FARNELL, *Sociological Hypothesis concerning the Position of Women in Ancient Religion*, A.R.W., 7, 1904, 70-95.
304. W. FAUTH, *Römische Religion im Spiegel der « Fasti » des Ovid*, dans *Aufstieg...*, II, 16, 1, 1978, 104-186.
305. E.W. FAY, *Greek and Latin Word Studies*, C.Q., 1, 1907, 28-30.
306. P. FERRARINO, *Laus Veneris*, dans *Ovidiana*, publ. par N.I. Herescu, Paris, 1958, 301-316.
307. S. FERRI, *Osservazioni ai nomi di alcuni Dei Indigetes*, R.P.A.A., 37, 1964-1965, 49-62.
308. F.C.A. FICK, *Vergleiches Wörterbuch der indogermanischen Grundsprache*, Göttingen, 1894, 2ᵉ éd. (1ʳᵉ éd. : 1868) ; 2 vol.
309. E. FIESEL, *Zur Benvenistes Deutung von Aprilis*, S.E., 7, 1933, 295-297.
310. R. FLACELIÈRE, *Deux rites du culte de Mater Matuta*, R.É.A., 52, 1950, 18-27.
311. E. FLINCK, *Auguralia und Verwandtes*, Helsingfors, 1921.
312. Ch. FLORATOS, *Veneralia*, Hermes, 88, 1960, 197-216.
313. J. FONTENROSE, *The Ritual Theory of Myth*, Berkeley, 1966.
314. P. FOUCART, *Les grands mystères d'Éleusis*, M.I.F., 37, 1904, 1-156.
315. L. FOUCHER, *Flagellation et rite de fécondité aux Lupercales*, A.B., 83, 2, 1976, 273-280.
316. L. FOUCHER, *Découvertes archéologiques à Thysdrus, en 1961*, J.A.T., 5, 1962, 46-48.
317. L. FOUCHER, *Sur une image du mois de mars*, A.B., 81, 1974, 3-11.
318. H. FRÄNKEL, *Ovid, a Poet Between Two Worlds*, Berkeley, 1956, 2ᵉ éd., (1ʳᵉ éd. : 1945).
319. P. de FRANCISCI, *Primordia ciuitatis*, Rome, 1959.
320. C. FRANCKE, *De Ovidii Fastorum fontibus, capita tria*, Diss. Halle, 1909.
321. T. FRANK, *Rome first Coinage*, C.Ph., 14, 1919, 314-327.
322. A.M. FRANKLIN, *The Lupercalia*, Diss. Columbia University, New York, 1921.
323. J.G. FRAZER, *Les Origines magiques de la royauté*, trad. P.H. Loyson, Paris, 1920, 2 vol.

324. J.G. FRAZER, *La Crainte des morts dans les religions primitives*, Paris, 1934-1935, 2 vol.
325. J.G. FRAZER, *Golden Bough (Le Rameau d'or)*, Londres, 1913-1920, 13 vol. + 1 suppl., 4ᵉ éd.
326. J.G. FRAZER, *The Prytaneum, the Temple of Vesta, the Vestals, the Perpetual Fires*, J.Ph., 14, 1885, 145-172.
327. J.M. FRÉCAUT, *L'Esprit et l'humour chez Ovide*, Grenoble, 1972.
328. W.H. FRIEDERICH, Der *Kosmos Ovids*, Mélanges Fr. Dornseiff, Leipzig, 1953, 94-110.
329. A.L. FROTINGHAM, *Vediovis, the Volcanic God*, A.J.Ph., 38, 1917, 370-391.
330. H. FUGIER, *Recherches sur l'expression du sacré dans la langue latine*, Paris, 1963.
331. N.D. FUSTEL DE COULANGES, *La Cité antique*, Paris, 1963 ; 1ʳᵉ éd. : 1864.
332. J. GAGÉ, *Romulus-Augustus*, M.É.F.R.A., 47, 1930, 138-187.
333. J. GAGÉ, *Les Sacerdoces d'Auguste et ses réformes religieuses*, M.É.F.R.A., 48, 1931, 75-108.
334. J. GAGÉ, *Lucia Volumnia, déesse ou prêtresse*, R.Ph., 35, 1961, 29-47.
335. J. GAGÉ, *La Magie sociale dans l'ancienne Rome*, R.H.R., 153, 1958, 119-122.
336. J. GAGÉ, *Les Traditions des Papirii et quelques-unes des origines de l'equitatus romain et latin*, R.H.D.F.É., 33, 1955, 165-194, et 20-50.
337. J. GAGÉ, *Matronalia*, Bruxelles, 1963.
338. J. GAGÉ, *La Poutre sacrée des Horatii*, dans *Mélanges W. Deonna*, Bruxelles, 1957, 226-237.
339. J. GAGÉ, *Le Témoignage de Julius Proculus sur l'assomption de Romulus-Quirinus, et les prodiges fulguratoires dans l'ancien ritus comitialis*, A.C., 41, 1972, 49-77.
340. J. GAGÉ, *La Mort de Servius Tullius et le char de Tullia*, R.B.Ph., 41, 1963, 25-62 (= Enquêtes, 36-64).
341. J. GAGÉ, *Les Traditions mixtes de l'Étrurie méridionale, et les premiers chemins de l'hellénisme religieux à Rome*, R.H., 240, 1968, 1-32.
342. J. GAGÉ, *Classes d'âge, rites et vêtements de passage, dans l'ancien Latium*, C.I.S., 24, 1958, 34-64.
343. J. GAGÉ, *Le Dieu Inuentor et les Minucii*, M.É.F.R.A., 78, 1966, 79-122.
344. J. GAGÉ, *Sur les origines du culte de Janus*, R.H.R., 195, 1979, 1-33.
345. J. GAGÉ, *Huit recherches sur les origines italiques et romaines*, Paris, 1950.

346. C. GALLINI, *Katapontismos*, *S.M.S.R.*, 34, 1963, 61-90.
347. C. GANZENMÜLLER, *Aus Ovids Werkstatt*, *Philologus*, 70, 1911, 274-311 et 397-437.
348. J. GARRET WINTER, *The Myth of Hercules at Rome*, (*U.M.S.*, 4), 1911, 171-273.
349. Th. H. GASTER, *Myth and Story*, *Numen*, 1, 1954, 184-212.
350. C. GATTI, *Per la Storia del culto della Magna Mater in Roma*, *R.I.L.*, 82, 1949, 253-262.
351. A. von GERKAN-MESSERSCHMIDT, *Il Sito del sacello di Giano Gemino a Roma*, *R.A.A.R.*, 21-22, 1941, 263-273.
352. T. GESZTELYI, *Tellus-Terra Mater in der Zeit des Prinzipats*, *Aufstieg*, II, 17, 1, 1981, 429-456.
353. G. GIANNELLI, *Juno*, *M.I.L.*, 23, 1915, 173-194.
354. G. GIANNELLI, *Janus*, *R.F.I.C.*, 52, 1924, 210-232.
355. G. GIANNELLI, *La Donna nel sacerdozio romano*, *A. & R.*, 19, 1916, 60-79.
356. G. GIANNELLI, *Il Sacerdozio delle Vestali romane*, Florence, 1913.
357. G. GIANNELLI, *Culti e miti della Magna Grecia*, Florence, 1963, 2ᵉ éd. (1ʳᵉ éd. : 1922).
358. O. GIGON, *Probleme der Römischen Religionsgeschichte*, *Estudes Nicolau d'Olwer*, Barcelone, 1961, vol. 1, 77-87.
359. W. GILBERT, *Zu Ovidius Fasten*, *J.k.Ph.*, 117, 1878, 771-784 ; 127, 1883, 272.
360. O. GILBERT, *Geschichte und Topographie der Stadt Rom im Altertum*, Leipzig, 1885, 2 vol.
361. C. GIOFFREDI, *Aquae et ignis interdictio*, *A.P.*, 9-12, 1947, 426-441.
362. J.L. GIRARD, *La Place de Minerve dans la religion romaine au temps du principat*, *Aufstieg*, II, 17, 1, 1981, 203-232.
363. E. GJERSTAD, *Legends and Facts of Early Roman History*, *Scripta minora*, Lund, 1962.
364. E. GJERSTAD, *Veiovis, a Pre-indoeuropean God in Rome ? Opuscula romana*, 9, 4, Stockholm, 1973, 35-42.
365. E. GJERSTAD, *Palès, Palilia, Parilia*, dans *Mélanges P. Krarup*, Odense, 1976, 1-5.
366. E. GJERSTAD, *Notes on the Early Roman Calendar*, *A.A.*, 32, 1961, 193-214.
367. B. GLADIGOW, *Ovids Rechtfertigung der blutigen Opfer*, *A.U.*, 14, 1971, 5-23.
368. B. GLADIGOW, *Die Sakrale Funktion der Liktoren*, dans *Aufstieg*, I, 2, 1972, 295-313.
369. R.J. GOAR, *Cicero and the State Religion*, Amsterdam, 1972.
370. A.E. GORDON, *The Cults of Aricia*, Berkeley, 1934.

371. H. GRAILLOT, *Le Culte de Cybèle, Mère des Dieux, à Rome et dans l'Empire romain*, Paris, 1912.
372. M. GRANT, *Ancien Roman Religion*, New York, 1957.
373. M. GRANT, *Myths of the Greeks and Romans*, Londres, 1963.
374. M. GRANT, *Roman Myths*, Londres, 1973, 2ᵉ éd. (1ʳᵉ éd., New York, 1971).
375. A. GRENIER, *Les Religions étrusque et romaine*, Paris, 1948.
376. P. GRIMAL, *Dictionnaire de la mythologie grecque et romaine*, Paris, 1963.
377. P. GRIMAL, *Le Dieu Janus et les origines de Rome*, L.H., 4, 1945, 15-121.
378. P. GRIMAL, *La Colline de Janus*, R.A., 24, 1945, 56-87.
379. P. GRIMAL, *Le Janus de l'Argilète*, M.É.F.R.A., 64, 1952, 39-58.
380. E. GRISET, *La Leggenda di Anna, Didone ed Enea*, R.S.C., 9, 1961, 302-307.
381. A. GROTH, *Der Argeerkultus*, Klio, 22, 1928, 303-334.
382. V. GROH, *Sacrifizi umani nell'antica religione romana*, Athenaeum, 11, 1933, 240-249.
383. J. GRÜBER, *Zur Etymologie von lat. Lupercus*, Glotta, 39, 1961, 274-276.
384. O. GRUPPE, *Griechische Mythologie und Religionsgeschichte*; Munich, 1906, 2 vol.
385. O. GRUPPE, *Dies ater*, Hermes, 15, 1880, 634.
386. M. GUARDUCCI, *Il Culto di Anna e delle Paides, nelle iscrizioni sicule di Buscemi, e il culto latino di Anna Perenna*, S.M.S.R., 12, 1936, 25-50.
387. M. GUARDUCCI, *Janus Geminus*, dans *Mélanges A. Piganiol*, 3, Paris, 1966, 1607-1621.
388. P. GUIRAUD, *L'Étymologie*, Paris, 1972.
389. Ch. GUITTARD, *Le Calendrier romain, des origines au milieu du cinquième siècle av. J.-C.*, B.A.G.B., 1973, 2, 203-219.
390. G.D. HADZSITS, *The Dates of the Megalesia*, T.A.Ph.A., 61, 1930, 165-174.
391. M. HALBERSTADT, *Mater Matuta*, Francfort, 1934.
392. L. HALKIN, *Le Problème des decem menses de la quatrième églogue de Virgile*, É.C., 16, 1948, 357-359.
393. M. HAMMARSTRÖM, *Griechisch-Etruskische Wortgleichungen*, Glotta, 11, 1921, 111-117.
394. D.P. HARMON, *The Public Festivals of Rome*, dans *Aufstieg*, II, 16, 2, 1978, 1440-1468.
395. D.P. HARMON, *The Family Festivals of Rome*, dans *Aufstieg*, II, 16, 2, 1978, 1592-1603.

396. J.R. HARRIS, *Was Rome a Twin-town ?* Cambridge, 1927. (Woodbrooke Essays, 8).
397. J. HARTUNG, *Religion der Römer,* Erlangen, 1836.
398. F. HAVERFIELD, *The Name « Augustus »*, *J.R.S.*, 5, 1915, 249-250.
399. L. HAVET, *Études latines*, *M.S.L.*, 4, 1881, 228-238.
400. J. HECKENBACH, *De Nuditate sacra sacrisque vinculis,* Giessen, 1911,(Rel. Vers., 9, 3).
401. R. HEINZE, *Ovids elegischè Erzählung,* Leipzig, 1919.
402. W. HELBIG, *Sur les Attributs des Saliens, M.A.I.,* 37, 2, 1905, 205-276.
403. W.J. HENDERSON, *What Ovid tells us about the Roman Calendar, Akroterion,* 17, 4, 1972, 9-20.
404. H. HEPDING, *Attis, seine Mythen und sein Kult,* Giessen, 1903, (Rel. Vers., 3).
405. R. HERBIG, *Mosaik im Casino der Villa Borghese, M.D.A.I.,* 40, 1925, 288-318.
406. N. HERESCU, *Les Decem menses et les calculs chronologiques des Romains, R.É.L.,* 33, 1955, 152-165.
407. N. HERESCU, *Au dossier des decem menses, R.Ph.,* 72, 1946, 12-21.
408. G. HERMANSEN, *Studien über den Italischen und den Römischen Mars,* Copenhague, 1950.
409. H. HERTER, *Die Soziologie der antiken Prostitution, J.A.C.,* 3, 1960, 70-111.
410. H. HERTER, *Ovids Persephone Erzählungen und ihre hellenistischen Quellen, Rh.M.,* 90, 1941, 236-268.
411. G. HERZOG-HAUSER, *Zum Römischen Seelenkult, W.S.,* 55, 1937, 172-179.
412. J. HEURGON, *Une datation de la prophétie de Végoia, R.É.L.,* 37, 1959, 46-49.
413. A.J. HILD, *Les Fastes d'Ovide, B.F.L.P.,* 1887, 5-17.
414. A.J. HILD, *Fables et superstitions populaires dans la littérature latine : les Argées, B.F.L.P.,* 1889, 36-50 et 115-132.
415. H. HILL, *Dionysus of Halicarnassus and the Origins of Rome, J.R.S.,* 51, 1961, 88-93.
416. G. HIRST, *The Pons Sublicius, P.B.S.,* 14, 1938, 137-151.
417. A. HOCART, *Myth and Ritual, Man,* 36, 230, 1936, 137.
418. E. HOFFMANN, *Zu Ovidius Fasten, J.k.Ph.,* 115, 1877, 396-400.
419. L.A. HOLLAND, *Janus and the Bridge,* Rome, 1961 ; appendice : *Vestals, Argei, and the Island Legend.*
420. L.A. HOLLAND, L.R. TAYLOR, *Janus and the Fasti, C.Ph.,* 47, 1952, 137-141.
421. A.W.J. HOLLEMAN, *Femina virtus, Some New Thoughts on the*

Conflict Between Augustus and Ovid, dans *Acta conuentus... Tomes, 1972*, Bucarest, 1976, 407-420.
422. A.W.J. HOLLEMAN, *Ovid and the Lupercalia, Hist.*, 22, 1973, 260-268.
423. A.W.J. HOLLEMAN, *An Enigmatic Function of the Flamen Dialis and the Augustan Reform, Numen*, 20, 1973, 222-228.
424. A.W.J. HOLLEMAN, *Myth and Historiography : the Tale of the 306 Fabii, Numen*, 23, 1976, 210-218.
425. A.W.J. HOLLEMAN (sur le titre : L. HOLLEMAN), *Leggendo i Fasti*, trad. de *Lerend in de Fasti*, Ovidiana, 5, 1978, Sulmone, 5-32.
426. A.W.J. HOLLEMAN, *Les Calendriers préjuliens à Rome, A.C.*, 47, 1978, 201-206.
427. A.W.J. HOLLEMAN, *Larentia, Hercules and Mater Matuta, A.C.*, 45, 1976, 197-207.
428. H. HOMMEL, *Vesta und die frührömische Religion*, dans *Aufstieg*, I, 2, 1972, 397-420.
429. E.M. HOOKER, *The Significance of Numa's Religious Reform, Numen*, 10, 1963, 87-132.
430. G. HOWE, *A Type of Verbal Repetition..., S.Ph.*, 13, 1916, 81-91.
431. J. HUBAUX, *Rome et Véies*, Paris, 1958.
432. Ch. HÜLSEN, *Varronianae doctrinae quaenam in Ovidii Fastis vestigia exstent*, Diss. Berlin, 1880.
433. Ph.E. HUSCHKE, *Das alte Römische Jahr und seine Tage*, Breslau, 1869.
434. HUTH, *Janus*, Bonn, 1932.
435. O. HUTH, *Vesta*, Leipzig, 1943 (*A.R.W.*, suppl. 2).
436. A. ILLUMINATI, *Mamurius Veturius, S.M.S.R.*, 32, 1961, 41-80.
437. O. IMMISCH, *Der Hain der Anna Perenna, Philologus*, 83, 1928, 183-192.
438. J.P. JACOBSEN, *Les Mânes*, Paris, 1924, 3 vol. trad. E. Philipot.
439. E. JOBBÉ-DUVAL, *Les Morts malfaisants, Larves, Lémures, d'après le droit et les croyances populaires des Romains*, Paris, 1924.
440. L. van JOHNSON, *The Prehistoric Roman Calendar, A.J.Ph.*, 84, 1963, 28-35.
441. L. van JOHNSON, *Agonia, Indigetes, and the Breeding of Sheep and Goats, Latomus*, 26, 1967, 316-336.
442. L. van JOHNSON, *Natalis Vrbis and Principium Anni, T.A.Ph.A.*, 91, 1960, 109-119.
443. H. JORDAN, *Topographie der Stadt Rom, Hermes*, 4, 1870, 229-265 ; 2, 1866, 76-95, 407-417.
444. H. JORDAN, *Kritische Beiträge*, Berlin, 1879.
445. W. KAHL, *Cornelius Labeo, Philologus*, suppl. 5, 1889, 732-753. (L'ensemble va de 719 à 806).

446. A. KALKMANN, Über Darstellung der Hippolytos-Sage, A.Z., 41, 1883, 38-80 ; 104-154.
447. M. KASER, Das altrömische Jus, Göttingen, 1949.
448. O. KELLER, Zur Lateinischen und Griechischen Sprachgeschichte, Argei, J.k.Ph., 133, 1886, 845-854.
449. O. KELLER, Lateinische Etymologien, J.k.Ph., 87, 1863, 766-768.
450. O. KELLER, Lateinische Volksetymologie und Verwandtes, Leipzig, 1891, avec un chapitre sur les Argées.
451. K. KÉRÉNYI, Wolf und Ziege am Fest der Lupercalien, dans Mélanges J. Marouzeau, Paris, 1948, 309-317.
452. K. KÉRÉNYI, Die Antike Religion, Amsterdam, 1940 ; rééd. Dusseldorf, 1952 ; 1963 ; trad. : La Religion antique, Genève, 1951 et 1957.
453. D. KIENAST, Rom und die Venus vom Eryx, Hermes, 93, 1965, 478-489.
454. K. KIRCHER, Die sakrale Bedeutung des Weines im Altertum, Giessen, 1910 (Rel. Vers., 9, 2).
455. R.H. KLAUSEN, Aeneas und die Penaten, Hambourg, 1839.
456. P. KLOSSOWSKI, Origines cultuelles et mythiques d'un certain comportement des dames romaines, N.R.F., 13, 1965, 778-809.
457. C. KLUCKOHN, Myths and Rituals, a General Theory, H. Th.R., 34, 1942, 45-79.
458. G. KNÖGEL, De Retractatione Fastorum ab Ovidio Tomis instituta, Diss. Mont-Thabor, 1885.
459. C. KOCH, Der Römische Jupiter, Francfort, 1937.
460. C. KOCH, Untersuchungen zur Geschichte der Römischen Venus-verehrung, Hermes 83, 1955, 1-51.
461. C. KOCH, Drei Skizzen zur Vesta-Religion, dans Mélanges D.M. Robinson, 2, St-Louis, 1951-1953, 1077-1091 ; repris dans Religio, Nuremberg, 1960, 1-16.
462. J. KÖCHLING, De Coronarum apud Antiquos vi atque usu, Giessen, 1914 (Rel. Vers., 14, 2).
463. Th. KOEVES, Zum Empfang der Magna Mater in Rom, Hist., 12, 1963, 321-347.
464. M.A. KOOPS, De Augusto, Mnemosyne, 5, 1937, 34-39.
465. E. KORNEMANN, Die Alliasschlacht und die Pontifikalannalen, Klio, 11, 1911, 335-342.
466. H.J. KRÄMER, Die Sage von Romulus und Remus, dans Mélanges W. Schadewaldt, Pfullingen, 1965, 355-402.
467. A.H. KRAPPE, La Genèse des Mythes, Paris, 1952.
468. A.H. KRAPPE, Acca Larentia, A.J.A., 46, 1942, 490-499.
469. A.H. KRAPPE, Notes sur la légende de la fondation de Rome, R.É.A., 35, 1933, 148-152.

470. G. KRASSOWSKY, *Ovidius, quomodo in isdem fabulis enarrandis a se ipso discrepuerit,* Diss. Königsberg, 1897.
471. W. KRAUS, *Ovid Forschungsbericht seit 1942, A.A.H.G.,* 11, 1958, 129-146 ; *A.A.H.G.,* 16, 1963, 1-14 ; *A.A.H.G.,* 18, 1965, 193-207 (Bibliographie).
472. K. KRAUSE, *De Romanorum hostiis quaestiones selectae,* Marbourg, 1894.
473. P. KRETSCHMER, *Remus und Romulus, Glotta,* 1, 1909, 288-303.
474. P. KRETSCHMER, *Die protindogermanische Schicht, Glotta,* 14, 1925, 300-319.
475. O. KREUSSLER, *Observationes in Ovidii Fastos,* Progr. Bautzen, 1872.
476. R. KRIEGSHAMMER, *De Varronis et Verrii fontibus, comm. phil. Ienenses,* 7, 1, Iéna, 1903, 86-101.
477. L. LACROIX, *Recherches sur la religion des Romains d'après les Fastes d'Ovide,* Paris, 1846.
478. G. LAFAYE, *Bulletin archéologique de la religion romaine, R.H.R.,* 18, 1888, 68-96.
479. G. LAFAYE, *Introduction à l'édition des Métamorphoses d'Ovide,* Paris, 1904.
480. G. LAING, *The Origin of the Cult of the Lares, C.Ph.,* 16, 1921, 124-140.
481. R. LAMACCHIA, *Annae festum geniale Perennae, R.P.,* 13, 1958, 381-403.
482. R. LAMACCHIA, *Ovidio interprete di Virgilio, Maïa,* 12, 1960, 310-330.
483. P. LAMBRECHTS, *Auguste et la religion romaine, Latomus,* 6, 1947, 177-191.
484. P. LAMBRECHTS, *Les Lupercales, une fête prédéiste ?* dans *Mélanges J. Bidez et F. Cumont,* Bruxelles, 1948, 167-176.
485. P. LAMBRECHTS, *Vesta,* dans *Mélanges G. Heuten,* Bruxelles, 1946, 321-329.
486. F. LÄMMLI, *Vom Chaos zum Kosmos, zur Geschichte einer Idee,* Bâle, 1962 (Schw. Beiträge 10), 2 vol.
487. K. LATTE, *Römische Religionsgeschichte,* Munich, 1960.
488. H. LE BONNIEC, *Sur quelques vers litigieux des Fastes d'Ovide, R.É.L.,* 45, 1967, 389-395.
489. H. LE BONNIEC, *Notes critiques sur les Fastes d'Ovide, R.Ph.,* 34, 1960, 194-215.
490. H. LE BONNIEC, *Hercule et Omphale dans les Fastes d'Ovide,* dans *Hommages à A. Grenier,* Bruxelles, 1962, 2, 974-980.
491. H. LE BONNIEC, *Les Renards aux Cerialia,* dans *Mélanges J. Carcopino,* Paris, 1966, 605-612.

492. H. LE BONNIEC, *Le Culte de Cérès à Rome, des origines à la fin de la République*, Paris, 1958.
493. H. LE BONNIEC, *La Fête de Junon au pays des Falisques*, Colloque « l'Élégie romaine », *Bull. Fac. Lett. Mulhouse*, 10, 1980, 233-244.
494. H. LE BONNIEC, *Nudus ara, sere nudus*, dans *Mélanges P. Wuilleumier*, Paris, 1980, 215-220.
495. H. LE BONNIEC, *État présent des études sur les Fastes d'Ovide*, dans *Acta conuentus... Tomes, 1972*, Bucarest, 1976, 407-420.
496. A.G. LEE, *Ovid's Lucrezia*, *G. & R.*, 22, 1953, 107-118.
497. F.H. LEE, *Etymological Tendancies of the Romans*, *C.W.*, 7, 1914, 90-96.
498. G. van der LEEUW, *Phänomenologie der Religion*, Tubingen, 1933, trad. sous le titre *La Religion dans son essence et ses manifestations*, Paris, 1970, 2e éd.
499. G. van der LEEUW, *Die « do ut des » Formel in der Opfertheorie*, *A.R.W.*, 20, 1921, 241-253.
500. F. LEFÉBURE, *Le Bouc des Lupercales*, *R.H.R.*, 59, 1909, 73-81.
501. E. LEFÈVRE, *Die Lehre von der Entstehung der Tieropfer in Ovids Fasten*, *Rh.M.*, 119, 1976, 39-64.
502. A. LEVI, *Il Tempo di Augusto*, Florence, 1951.
503. H. LÉVY-BRUHL, *Sur la Laïcisation du droit à Rome*, *R.I.D.A.*, 6, 1951, 83-101.
504. H. LÉVY-BRUHL, *Nouvelles études sur le très ancien droit romain*, Paris, 1947.
505. G.C. LEWIS, *An Inquiry into the Credibility of the Early Roman History*, Londres, 1855 (surtout vol. 1, 297-344 et 377-546).
506. G. LIEBERG, *Juno bei Ovid, Fast., VI, 1-100*, *Latomus*, 28, 1969, 923-947.
507. J.H.W.G. LIEBESCHUETZ, *Continuity and Change in Roman Religion*, Oxford, 1979.
508. W.M. LINDSAY, *Etyma latina : rubra Canicula*, *C.R.*, 31, 1917, 128.
509. R.J. LITTLEWOOD, *Ovid's Lupercalia, F. II, 267-452 : a Study in the Artistry of the Fasti*, *Latomus*, 34, 1975, 1060-1072.
510. R.J. LITTLEWOOD, *Ovid and the Ides of March, Fasti III, 523-710, a Further Study in the Artistry of the Fasti* dans *Studies in Latin Literature and Roman History* 2, Bruxelles, 1980, 301-321.
511. E.M. LOEB, *Staatsfeuer und Vestalinnen*, *Paid.*, 8, 1962, 1-24.
512. J. LOICQ, *Mamurius Veturius et l'ancienne représentation italique de l'année*, dans *Mélanges J. Bayet*, Bruxelles, 70, 1964, 402-426.
513. J. LOICQ, *Le Témoignage de Varron sur les Ecurria*, *Latomus*, 23, 1964, 491-501.
514. M. LONGHI, *Vejove ed Apollo*, *Capitolium*, 15, 1940, 789-802.

515. A. de LONGPÉRIER, *Junon Anthéa et Flora : illustration d'un passage du 5e livre des Fastes d'Ovide*, M.S.A.F., 20, 1850, 165-186.
516. G. LUCCHI, *Sul Significato del carpentum nella monetazione romana imperiale*, R.I.N., 16-17, 1968-1969, 131-141.
517. S. LUNAIS, *Recherches sur la lune*, Leyde, 1979.
518. W.B. McDANIEL, *The Abuse of Fire*, C.W., 7, 1914, 121-125 ; 7, 1914, 129-132.
519. L.A. McKAY, *Janus*, U.C.Ph., 15, 1956, 157-182.
520. V. MAGNIEN, *Les Mystères d'Eleusis, leurs origines, le rituel de leurs initiations*, Paris, 1950, 3e éd.
521. L. MALTEN, *Der Raub der Koré*, A.R.W., 12, 1909, 285-312.
522. W. MANNHARDT, *Mythologische Forschungen*, Strasbourg, 1884.
523. W. MANNHARDT, *Antike Wald-und Feldkulte*, Berlin, 1877, 2e éd.
524. E. MANNI, *Romulus e parens patriae nell'ideologia politica e religiosa romana*, M.C., 4, 1934, 106-118.
525. C. MARCHESI, *Leggende romane nei Fasti di Ovidio*, A. & R., 13, 1910, 110-119 ; 170-184.
526. M. MARCHETTI, *Sur l'âge du Feriale romanum*, B.A.A.R., 1914, 267-280.
527. M. MARCHETTI, *Regifugium*, B.A.A.R., 1914, 345-363.
528. G. MARCHETTI-LONGHI, *Il Lupercale, nel suo significato religioso e topografico*, Capitolium, 9, 1933, 157-172.
529. S. MARIOTTI, *La Carriera poetica di Ovidio*, Belf., 12, 1957, 609-635.
530. I. MARIOTTI, *« Vegrandis », « vescus », e Ovid. Fast., III, 445 sg.*, S.F.I.C., 33, 1961, 114-126.
531. J. MARQUARDT, *Le Culte romain*, trad. par M. Brissaud de *Römische Staatsverwaltung*, Paris, 1889-1890, 2 vol.
532. J. MARQUARDT, *La Vie privée des Romains*, trad. par V. Henry de *Römische Privatleben*, Paris, 1892-1893.
533. P.M. MARTIN, *La Propagande augustéenne dans les Antiquités romaines de Denys d'Halicarnasse*, R.É.L., 49, 1971, 162-179.
534. E. MARTINI, *Einleitung zu den Fasten des Ovid*, Prague, 1933.
535. G. MARTORANA, *Un'Ipotesi sui Lupercalia*, dans *Mélanges E. Manni*, Rome, 1976, 241-258.
536. H. MATTINGLY, *Veiouis and Diuus Augustus*, N.Ch., 13, 1933, 232-233.
537. H. MATTINGLY, *Roman Coins, from the Earliest Times to the Fall of the Western Empire*, Londres, 1928.
538. G. MAY, *Le Flamen Dialis et la Virgo Vestalis*, R.É.A., 7, 1905, 3-16.
539. M. MAZZA, *Strutture sociali e culti muliebri in Roma arcaica*, R.F.I.C., 92, 1964, 481-490.
540. V. MELICHOFF, *Die Sündentilgung durch Wasser*, A.R.W., 17, 1914, 353-413.

541. B. MELZAR-ALLEN, *The Early Roman Calendar*, *C.J.*, 43, 1947, 163-168.
542. R. MERKEL, *Quaestiones ovidianae criticae*, Diss. Halle, 1835, 18-94.
543. P. MERLIN, *L'Aventin dans l'Antiquité*, Paris, 1906.
544. E.T. MERRILL, *The Roman Calendar and the Regifugium*, *C.Ph.*, 19, 1924, 20-39.
545. E.T. MERRILL, *The Attitude of Ancient Rome toward Religion and Religious Cults*, *C.J.*, 15, 1919-20, 196-215.
546. M. MESLIN, *La Fête des calendes de janvier sous l'Empire romain*, Bruxelles, 1970.
547. M. MESLIN, *Pour une Science de l'histoire des religions*, Paris, 1973.
548. K. MEYER, *Die Bedeutung der Weissen Farbe in Kult und Brauch*, Diss. Fribourg Henn, 1927.
549. E. MEYER, *Quirinalia, Stultorum Feriae*, *A.U.B.*, 2, 1974, 51-57.
550. A.K. MICHELS, *Early Roman Religion, 1945-1952*, *C.W.*, 48, 1955, 25-35 ; 41-45.
551. A.K. MICHELS, *Topographie and Interpretation of the Lupercalia*, *T.A.Ph.A.*, 84, 1953, 35-59.
552. A.K. MICHELS, *The Calendar of Numa, and the Pre-julian Calendar*, *T.A.Ph.A.*, 80, 1949, 320-346.
553. A.K. MICHELS, *The Calendar of the Roman Republic*, Princeton, 1967.
554. J.G. MILNE, *Problems of Early Roman Coinage*, *J.R.S.*, 2, 1912, 91-100.
555. P. MINGAZZINI, *Due pretese figure mitiche, Acca Larenzia e Flora*, *Athenaeum*, 25, 1947, 159-165.
556. Ch. W. MITSCHERLICH, *Lupercalium origo et ritus*, Diss. Göttingen, 1822.
557. A. MOMIGLIANO, *Camille and Concord*, *C.Q.*, 36, 1942, 111-120.
558. A. MOMIGLIANO, *An Interim Report of the Origin of Rome*, *J.R.S.*, 53, 1963, 95-121.
559. A. MOMIGLIANO, *Il Rex Sacrorum e l'origine della Repubblica*, *Quarto Contributo*, Rome, 1960, 395-402.
560. A. MOMIGLIANO, *Tre figure mitiche, Tanaquilla, Gaïa Cecilia, Acca Larenzia*, avec un appendice sur Tarpéia, *M.F.L.U.T.*, 2, 1938, 16-23.
561. Th. MOMMSEN, *Die Unteritalische Dialekte*, Leipzig, 1850.
562. Th. MOMMSEN, *Römisches Staatsrecht, (Le droit public romain)*, Leipzig, 1871-1875, 3 vol., réimpr. Graz, 1952.
563. Th. MOMMSEN, *Römisches Strafrecht, (le droit pénal romain)* ; Leipzig, 1899, Graz, 1955 ; trad. J. Duquesne, Paris, 1907.
564. Th. MOMMSEN, *Die Remuslegende*, *Hermes*, 16, 1881, 1-23.
565. E. MONTANARI, *Roma, momenti di una presa di coscienza culturale*, Rome, 1975.

566. K. O. MÜLLER, *Die Etrusker*, Stuttgart, 1877, 2ᵉ éd. en 1965, 2 vol.
567. V. MÜLLER, *The Shrine of Janus Geminus in Rome*, A.J.A., 47, 1943, 437-440.
568. L. MÜNDLE, *Flora, Floralia*, dans *R.L.A.C.*, 56, 1969, 1124-1131.
569. R. MÜTH, *L'Idea nella religione Romana*, S.R., 7, 1959, 390-404.
570. R. MÜTH, *Vom Wesen Römischer Religion*, dans *Aufstieg.*, II, 16, 1, 1978, 290-354.
571. É. NAGEOTTE, *Ovide, sa vie, ses œuvres*, Mâcon, 1872.
572. J. P. NÉRAUDAU, *Sexagenarii de ponte, réflexions sur la genèse d'un proverbe*, R.É.L., 56, 1978, (1979), 159-174.
573. J. P. NÉRAUDAU, *La Jeunesse dans la littérature et les institutions de la Rome républicaine*, Paris, 1979.
574. H. NETTLESHIP, *Contributions to Latin Lexicography*, Oxford, 1889.
575. G. NICK, *Kritisches und exegetisches zu Ovids Fasten*, *Philologus*, 41, 1882, 445-464.
576. G. NICK, *Noch einmal die Datierung der Feralia*, *Philologus*, 41, 1882, 538-539.
577. G. NICK, *Varro und Ovid*, *Philologus*, 40, 1881, 380-382.
578. G. NICK, *Kritisches und Exegetisches zu Ovidius Fasten*, *Philologus*, 36, 1877, 428-444.
579. M. NIEDERMANN, *Studien zur Geschichte der Lateinischen Wortbildung*, I.F., 10, 1899, 221-286 ; surtt. p. 247-256.
580. M. P. NILSSON, *Les Luperques*, *Latomus*, 15, 1, 1956, 133-136.
581. M. P. NILSSON, *Primitive Time Reckoning*, Lund, 1920.
582. P. NOAILLES, *Fas et Jus*, Paris, 1948.
583. P. NOAILLES, *Junon, déesse matrimoniale des Romains*, dans *Mélanges P. Koschaker*, 1, Leyde, 1939, 386-400.
584. A. D. NOCK, *Augustan Restoration*, C.R., 36-37, 1925-1926, 60-67.
585. A. D. NOCK, *Eunuchs in Ancient Religion*, A.R.W., 23, 1925, 25-33.
586. J. A. NORTH, *Conservatism and Change in Roman Religion*, P.B.S.R., 44, 1976, 1-12.
587. R. M. OGILVIE, *The Romans and their Gods in the Age of Augustus*, Londres, 1969.
588. R. M. OGILVIE, *Lustrum condere*, J.R.S., 51, 1961, 31-39.
589. S. G. OLIFANT, *The Story of the Strix, Ancient*, T.A.Ph.A., 44, 1913, 133-149.
590. S. G. OLIFANT, *The Story of the Strix, Isidorus and the Glossographers*, T.A.Ph.A., 45, 1914, 49-63.
591. H. OSTHOFF, *Griechische und Lateinische Wortdeutungen*, I.F., 6, 1896, 1-47.
592. B. OTIS, *Ovid and the Augustans*, T.A.Ph.A., 69, 1938, 188-229.
593. W. F. OTTO, *Römische Sagen*, W.S., 34, 1912, 318-331 ; 35, 1913, 62-74.

594. W. F. OTTO, *Römische Sondergötter*, Rh.M., 64, 1909, 460-465.
595. W. F. OTTO, *Juno, Beiträge zum Verständnisse der ältesten und wichtigsten Thatsachen ihres Kultes*, Philologus, 64, 1905, 161-223.
596. W. F. OTTO, *Aufsätze zur Römischen Religionsgeschichte*, Meisenheim am Glan, 1975.
597. W. F. OTTO, *Die Luperci und die Feier der Luperkalien*, Philologus, 72, 1913, 161-192.
598. W. F. OTTO, *Mania und die Lares*, A.L.L., 15, 1908, 113-120.
599. W. F. OTTO, *Lustrum*, Rh.M., 71, 1916, 17-40.
600. A. OTTO, *Die Sprichwörter und Sprichwörtlichen Redensarten der Römer*, Leipzig, 1890 ; Hildesheim, 1962.
601. L. M. de PADIERNIGA, *Naturaleza de Jano según los Fastos de Ovidio*, Emerita, 10, 1942, 66-97.
602. A. PAGLIARO, *Carmenta*, S.M.S.R., 21, 1947, 121-122.
603. E. PAIS, *Ancient Legends of Roman History*, New York, 1905, trad. de l'italien.
604. E. PAIS, *Storia dell'Italia antica*, vol. 1, Turin, 1925.
605. M. PALLOTTINO, *Le Origini di Roma*, Ar.C, 12, 1960, 1-36.
606. M. PALLOTTINO, *Fatti e Leggende moderne sulla più antica storia di Roma*, S.E., 31, 1963, 3-37.
607. R. A. PALMER, *The Archaïc Community*, Cambridge, 1970.
608. R. A. PALMER, *The King and the Comitium*, Wiesbaden, 1969.
609. J. PAOLI, *La Signification du sigle N^p dans les calendriers romains*, R.É.L., 28, 1950, 251-279.
610. J. PAOLI, *Les Définitions varroniennes des jours fastes et néfastes*, R.H.D.F.É., 30, 1952, 293-327.
611. J. PAOLI, *Le Monde juridique du Paganisme romain*, R.H., 4, 23, 1945, 1-7.
612. E. PARATORE, *Storia della Letteratura italiana*, Florence, 1951.
613. C. PASCAL, *Le Divinità infere e i Lupercali*, R.A.L., V, 4, 1895, 138-156.
614. F. PEETERS, *Les Fastes d'Ovide, histoire du texte*, Bruxelles, 1932.
615. E. PERRUZZI, *Sulla prostituzione sacra nell'Italia antica*, dans *Mélanges G. Bonfante*, Brescia, 1975, 673-686.
616. U. PESTALOZZA, *Mater Larum et Acca Larenzia*, R.I.L., 66, 1933, 905-960.
617. A. PESTALOZZA, *I Caratteri indigeni di Cerere*, Milan, 1897.
618. E. PETERSEN, *Lupa Capitolina, II*, Klio, 9, 1909, 29-47.
619. M. D. PETRUSEVSKI, *L'Évolution du Mars italique, d'une divinité de la nature à un dieu de la guerre*, A.A.A.S.H., 15, 1967, 417-422.
620. R. PETTAZZONI, *Miti e Leggende*, Turin, 1948, vol. 1 et préf.
621. R. PETTAZZONI, *Per lo studio della religione dei Romani*, (Atti congresso St. Rom.), S.R., 1, 1929, 243-247.

622. R. Pettazzoni, *Per l'Iconografia di Giano*, S.E., 24, 1955, 79-90.
623. R. Pettazzoni, *Carmenta*, S.M.S.R., 17, 1941, 1-16 ; repris dans *Numen*, suppl. 1, 1954.
624. R. Pettazzoni, *Carna*, S.E., 14, 1940, 163-172.
625. J. Pfeiffer, *Untersuchungen zur Komposition und Erzählungstechnik von Ovids Fasten*, Diss. Tubingen, 1952.
626. A.-J. Pfiffig, *Religio etrusca*, Graz, 1975.
627. G. Pfligersdorffer, *Ovidius Empedocleus, Zu Ovidius Janusdeutung*, G.B., 1, 1973, 177-209.
628. G. Piccaluga, *L'Anti-Jupiter*, S.M.S.R., 34, 1963, 229-236.
629. G. Piccaluga, *Penates e Lares*, S.M.S.R., 32, 1961, 81-97.
630. G. Piccaluga, *L'Aspetto agonistico dei Lupercalia*, S.M.S.R., 33, 1962, 51-62.
631. R. Pichon, *Histoire de la littérature latine*, Paris, 1898.
632. R. Pichon, *Le Rôle religieux des femmes dans l'ancienne Rome*, C.M.G., 39, 1912, 77-135.
633. M. Piettre, *Au commencement était le Mythe : Genèse et jeunesse des mythes*, Paris, 1968.
634. A. Piganiol, *Les Origines d'Hercule*, dans Mélanges A. Grenier, Paris, 1962, 1261-1264.
635. A. Piganiol, *Recherches sur les Jeux romains*, Strasbourg, 1921.
636. G. B. Pighi, *Note ovidiane*, dans Mélanges Q. Cataudella, 3, Catane, 1972, 345-353.
637. G. B. Pighi, *La Religione romana*, Turin, 1967.
638. V. Pisani, *Mytho-Etymologica*, R.É.I.E., 1, 1938, 220-256.
639. A. Pitsi, *L'Institution romaine des Vestales, d'après les textes littéraires et épigraphiques*, Louvain, 1942.
640. S. B. Platner et Th. Ashby, *A Topographical Dictionary of Ancient Rome*, Oxford, 1929 ; Rome, 1965.
641. M. St. Poplawski, *La Vie sexuelle dans les religions antiques*, Eos, 29, 1926, 101-134.
642. D. Porte, *Les Fastes d'Ovide et le sourcil latin*, Latomus, 37, 4, 1978, 851-873.
643. D. Porte, *Anna Perenna, « Bonne et heureuse année ! » ?*, R.Ph., 45, 1971, 282-291.
644. D. Porte, *Note sur les Luperci nudi*, dans Mélanges J. Heurgon, 2, Rome, 1976, 834-850.
645. D. Porte, *Le Témoignage de Varron et de Verrius Flaccus sur les Lupercales*, R.É.L., 54, 1976, 54-60.
646. D. Porte, *Le Devin, son bouc et Junon*, R.É.L., 51, 1973 (1974) 171-189.
647. D. Porte, *Trois vers problématiques dans les Fastes d'Ovide*, Latomus, 35, 4, 1976, 834-850.

648. D. PORTE, *Romulus-Quirinus, prince et dieu, dieu des princes*, dans *Aufstieg.*, II, 17, 1, 1981, 300-342.
649. D. PORTE, *La Fleur d'Olène et la naissance du dieu Mars, Latomus*, 42, 4, 1983, 877-884.
650. D. PORTE, *Les Enterrements expiatoires à Rome. Revue de Philologie* 58, 2, 1984, 233-243.
651. D. PORTE, *Un Épisode satirique des Fastes et l'exil d'Ovide Latomus*, 43, 1, 1984, 284-306.
652. D. PORTE, *Claudia Quinta et la cérémonie de la lauatio dans les Fastes, Klio*, 66, 1984, 93-103.
653. D. PORTE, *La Noyade rituelle des hommes de jonc (Mélanges G. Radke*, à paraître, 1985).
654. D. PORTE, *Jupiter Elicius ou la confusion des magies (Mélanges Le Bonniec* à paraître).
655. D. PORTE, *Les Fastes d'Ovide et leur imitation dans les calendriers du XIIe siècle, Actes du colloque « Présence d'Ovide »*, oct. 1980, Tours, 1982, 191-213.
656. D. PORTE, *Ovide et les deux Fortunes*, (à paraître).
657. J. P. POSTGATE, *On Ovid Fasti, VI, 271, C.Q.*, 12, 1918, 139 ; *On Ovid Fasti*, VI, 263, *C.Q.*, 4, 1910, 196 ; *C.Q.*, 8, 1914, 247.
658. A. POTT, *Etymologische Forschungen*, Lemgo, 1836, 2 vol.
659. J. POUCET, *Recherches sur la légende sabine des origines de Rome*, Kinshasa, 1967.
660. J. POUCET, *Archéologie, tradition et histoire : les origines et les premiers siècles de Rome, É.C.*, 47, 3, 1979, 201-214.
661. J. POUCET, *Semo Sancus Dius Fidius, une première mise au point, R.Ph.L.*, 3, 1972, 33-68.
662. F. POULSEN, *Der Sklavenpriester von Nemi, At.*, 13, 1941, 185-188.
663. L. PRELLER et H. JORDAN, *Römische Mythologie*, Berlin, 1881, 3e éd.).
664. A. PREUNER, *Hestia-Vesta*, Tubingen, 1864.
665. Th. PRINCE-FALMAGNE, *Les Jumeaux fondateurs de Rome, essai d'interprétation topographique, C.É.A.*, 3, 1974, 17-22.
666. A. L. PROSDOCIMI, *Etimologie di teonimi : Venilia, Summanus, Vacuna*, dans *Mélanges V. Pisani*, 2, Brescia, 1969, 795-801.
667. K. R. PROWSE, *The Vestal Circle, G. & R.*, 14, 2, 1967, 174-187.
668. J. PRZYLUSKI, | *Les Confréries de loups-garous dans les sociétés indo-européennes, R.H.R.*, 121, 1940, 128-145.
669. J. PRZYLUSKI, *La Grande Déesse*, Paris, 1950 (Introd. à l'hist. comparative des religions).
670. J. PUHVEL, *Remus et frater, H.R.*, 15, 1975-1976, 146-157.
671. G. RADKE, *Die Götter Altitaliens*, Munster, 1965.
672. G. RADKE, *Beobachtungen zum Römischen Kalender, Rh.M.*, 106, 1963, 313-335.

673. G. RADKE, *Augustus und das Göttliche*, dans *Mélanges H.E. Stier*, Munster, 1972, 257-279.
674. G. RADKE, *Die Bedeutung der Weissen und Schwarzen Farbe in Kult und Brauch*, Diss. Berlin-Iéna, 1936.
675. G. RADKE, *Quirinus, dans Aufstieg*, II, 17, 1, 1981, 276-299.
676. I. RAPAPORT, *Les Faits de castration rituelle : essai sur les formes pathologiques de la conscience collective*, Paris, 1945.
677. R. REFAIT, *Le Dieu Janus, sa légende, son histoire*, Aesc., 28, 1938, 206-211.
678. J. S. REID, *Human Sacrifices at Rome, and other Notes on Roman Religion*, J.R.S., 2, 1912, 34-52.
679. J. S. REID, *Roman Ideas on Deity*, J.R.S., 6, 1916, 170-184.
680. S. REINACH, *Cultes, Mythes et Religions*, Paris, 1912, 4 vol.
681. M. RENARD, *Aspects anciens de Janus et de Junon*, R.B.Ph., 31, 1953, 15-21.
682. M. RENARD, *Le Nom de Junon, Phoibos*, 55, 1951, 141-143.
683. F. RIBEZZO, *Per l'Etimologia di Quinquatrus*, R.I.G.I., 10, 1, 1926, 100 ; 10, 5, 1926, 143-144.
684. F. RIBEZZO, *Hostia*, R.I.G.I., 10, 4, 1926, 62.
685. F. RIBEZZO, *I Testi etruschi C.I.E. 5237 E, 4538*, R.I.G.I., 13, 1929, 95, n.1.
686. J. C. RICHARD, *Pax, Concordia, et la religion romaine de Janus*, M.É.F.R.A., 75, 2, 1963, 303-386.
687. J. C. RICHARD, *Le Calendrier préjulien*, R.É.L., 46, 1968, 54-62.
688. R. RIBEZZO, *Lar, Lara, Larunda*, R.I.G.I., 21, 1937, 156.
689. O. RICHTER, *Die Fabier am Cremera*, Hermes, 17, 1882, 425-440.
690. E. RIPERT, *Ovide, poète de l'amour, des dieux et de l'exil*, Paris, 1921.
691. B. RIPOSATI, *I Lupercali in Varrone*, dans *Mélanges J. Collart*, Paris, 1978, 57-70.
692. F. RITSCHL, *Priscae Latinitatis monumenta epigraphica*, Berlin, 1862.
693. F. RITSCHL, *Ino-Leucothea*, Bonn, 1865.
694. J. C. ROLFE, *Notes on Suetonius*, T.A.Ph.A., 45, 1914, 35-47 ; p. 39 surtout.
695. J. C. ROLFE, *Notes on Suetonius*, C. Ph., 28, 1933, 38-39.
696. H. J. ROSE, *Ancient Roman Religion*, Londres, 1948.
697. H. J. ROSE, *A Misunterstood Passage in Martial*, C.R., 38, 1924, 64-65.
698. H. J. ROSE, *De Lupis, Lupercis, Lupercalibus*, Mnemosyne, 60, 1933, 385-402.
699. H. J. ROSE, *Manes exite paterni*, U.C.Ph., 12, 6, 1933, 90.
700. H. J. ROSE, *De Terminalibus, Regifugio, mense intercalari*, Mnemosyne, 52, 1924, 349-357.

701. H. J. ROSE, *The Oath of Philippus and the Di Indigetes*, H.Th.R., 30, 1937, 165-181.
702. H. J. ROSE, *The Pre-Caesarian Calendar*, C.J., 41, 1946, 273, 275, 283.
703. H. J. ROSE, *Anchise and Aphrodite*, C.Q., 18, 1924, 11-16.
704. H. J. ROSE, *Myth and Ritual in Classical Civilisation, Mnemosyne*, 8, 1950, 553-573.
705. H. J. ROSE, *The Roman Questions of Plutarch*, Oxford, 1924.
706. D. SABBATUCCI, *Storia delle Religioni*, Turin, 1971, vol. 3, 1-80.
707. D. SABBATUCCI, *Lo Stato come conquista culturale*, Rome, 1975.
708. D. SABBATUCCI, *Sacer*, S.M.S.R., 23, 1951, 90-101.
709. D. SABBATUCCI, *Acca Larentia*, S.M.S.R., 29, 1958, 41-76.
710. D. SABBATUCCI, *Mito e demitizzazione nell'antica Roma*, R. & C., 1, 1970-1972, 539-589.
711. D. SABBATUCCI, *Diritto augurale e religione romana*, S.M.S.R., 33, 1963, 228-236.
712. E. SACHS, *Some Notes on the Lupercalia*, A.J.Ph., 84, 1963, 266-279.
713. E. SAMTER, *Die Entwicklung des Terminuskultes*, A.R.W., 16, 1913, 137-142.
714. E. SAMTER, *Die Ursprung des Larenkultus*, A.R.W., 10, 1907, 375-381.
715. G. de SANCTIS, « *Lo Svolgersi e il declinare dell'antica tradizione religiosa* », dans *Storia dei Romani*, Florence, 1953, IV, 2, t. 1, 121-376.
716. C. SANTINI, *Toni e strutture nella rappresentazione delle divinità nei Fasti*, G.I.F., 25, 1973-1974, 41-62.
717. K. SCHAUENBURG, *Herakles und Omphale*, Rh.M., 103, 1960, 57-76.
718. K. SCHEFOLD, *Die Römische Wölfin und der Ursprung der Romsagen* dans « *Provincialia* », *Mélanges R. Laur-Belart*, Bâle, 1968, 428-439.
719. I. SCHEFTELOWITZ, *Hörnermotiv in die Religion*, A.R.W., 15, 1912, 451-487.
720. R. SCHILLING, *La Religion romaine de Vénus*, Paris, 1954.
721. R. SCHILLING, *Ovide, poète des Fastes*, dans *Mélanges J. Carcopino*, Paris, 1966.
722. R. SCHILLING, *Quel crédit faut-il accorder à Ovide poète des Fastes ? recueil des conférences de la Soc. des Études latines de Bruxelles*, 1965-1966 (coll Latomus, 107), 8-24.
723. R. SCHILLING, *Ovide interprète de la religion romaine*, R.É.L., 46, 1968, 222-235.
724. R. SCHILLING, *Religion et magie à Rome*, A.É.H.É., 75, 1967-1968, 31-55.

725. R. SCHILLING, *Le Temple de Vénus Capitoline et la tradition pomériale*, R.Ph., 23, 1949, 27-35.
726. R. SCHILLING, *La Relation Vénus-venia*, Latomus, 21, 1962, 3-7.
727. R. SCHILLING, *La Politique religieuse d'Auguste*, dans *Mélanges L. Senghor*, Dakar, 1977, 453-464.
728. R. SCHILLING, *Die Sinnbezogenheit des Wortes « Venus », zu seinen Stammverwandten Formen*, Hermes, 93, 1965, 233-243.
729. R. SCHILLING, *Roman Festivals and their Significance*, Ac.Cl., 7, 1964, 44-56.
730. R. SCHILLING, *De Religione interiore Ovidii*, dans *Acta... Conventus... Tomes, 1972*, Bucarest, 1976, 549-554.
731. R. SCHILLING, *Un Passage lacunaire du calendrier préjulien d'Antium*, dans *Mélanges L. Herrmann*, Bruxelles, 1960, 694-697.
732. R. SCHILLING, *Romulus l'élu et Rémus le réprouvé*, R.É.L., 38, 1960, 182-199.
733. R. SCHILLING, « The Roman Religion » dans *Hist. Religionum* de J. Bleeker et G. Widengren, Leyde, 1969, 442-494.
734. R. SCHILLING, *Janus, le dieu introducteur, le dieu des passages*, M.É.F.R.A., 72, 1960, 89-131.
735. R. SCHILLING, *Le Romain de la fin de la République et du début de l'Empire en face de la religion*, A.C., 41, 1972, 540-557.
736. R. SCHILLING, *L'Originalité du vocabulaire religieux latin*, Romanitas, 9, 1970, 83-105 ; R.B.Ph., 49, 1971, 31-54.
737. R. SCHMITT, *Vergils decem menses*, dans *Mélanges V. Pisani*, Brescia, 1969.
738. U.-W. SCHOLZ, *Studien zum altitalischen und altrömischen Marskult und Marsmythos*, Heidelberg, 1970.
739. W. SCHULZE, « Das Rätsel vom trächtigen Tiere », dans *Kleine Schriften*, Göttingen, 1933, 640-646.
740. F. K. A. SCHWEGLER, *Römische Geschichte*, Tubingen, 1858-1869, 2 vol.
741. K. SCHWENCK, *Die Fabier und Romulus*, Rh.M., 6, 1839, 481-484.
742. F. SCHWENN, *Die Menschenopfer bei den Griechen und Römern*, Giessen, 1915, (Rel. Vers., 15, 3).
743. K. SCOTT, *Emperor Worship in Ovid*, T.A.Ph.A., 61, 1930, 43-69.
744. L. SÉCHAN, *La Légende d'Hippolyte dans l'Antiquité*, R.É.G., 107, 1911, 144-151.
745. E. L. SHIELDS, *Juno, a Study in Early Roman Religion*, Northampton, 1926.
746. E. C. H. SMITS, *Faunus*, Diss. Utrecht, 1946.
747. E. SOFER, *Livius als Quelle von Ovids Fasten*, Progr. Vienne, Maximilian Gymnasium, 1905-1906.

748. W. SOLTAU, *Die Entstehung der Remuslegende, A.R.W.*, 12, 1909, 101-125.
749. W. SOLTAU, *Rômos und Remus, Philologus*, 68, 1909, 29-47.
750. W. SOLTAU, *Zu den Römischen Tagen, J.k.Ph.*, 137, 1888, 833-842.
751. F. SOMMER, *Zur Venetischen Schrift und Sprache, I.F.*, 42, 1924, 90, 132.
752. J. S. SPEŸER, *Le Dieu romain Janus, R.H.R.*, 26, 1892, 1-47.
753. K. B. STARK, *Borea ed Orizia, A.I.L.*, 32, 1960, 320-345.
754. A. STAZIO, *Sul Culto di Vejove a Roma, R.A.A.L.N.*, 23, 1946-1948, 135-147.
755. A. STENICO, *Di alcune divinità italiche, Athenaeum*, 25, 1947, 55-79.
756. H. STERN, *La Représentation du mois de mars d'une mosaïque d'El Djem*, dans *Mélanges A. Piganiol*, Paris, 1966, 597-609.
757. H. STERN, *Un Calendrier romain illustré de Thysdrus, Atti del Convegno... Acc. dei Lincei*, Quad. 105, Rome, 1968, 179-200.
758. H. STERN, *Note sur deux images du mois de mars, R.É.L.*, 52, 1974, 70-74.
759. C. STOICESCO, *La Magie dans l'ancien droit romain*, dans *Mélanges G. Cornil*, Paris, 1905.
760. J. M. STOWASSER, *Etymologica, W.S.*, 31, 1910, 145-152.
761. R. SYME, *History in Ovid*, Oxford, 1978.
762. G. J. SZEMLER, *The Priests of the Roman Republic : A Study of the Interactions Between Priesthoods and Magistracies*, Bruxelles, 1972.
763. E. TABELING, *Mater Larum, Zum Wesen der Larenreligion*, Francfort, 1932.
764. E. TAVENNER, *Three as a Magic Number in Latin Literature, T.A.Ph.A.*, 47, 1916, 117-143.
765. E. TAVENNER, *The Roman Farmer and the Moon, T.A.Ph.A.*, 49, 1918, 67-82.
766. L. R. TAYLOR, *The Mother of the Lares, A.J.A.*, 29, 1925, 299-313.
767. L. R. TAYLOR, *Livy and the Name Augustus, C.R.*, 32, 1918, 158-161.
768. L. R. TAYLOR, *The Worship of Augustus in Italy during his Lifetime, T.A.Ph.A.*, 51, 1920, 116-133.
769. L. L. TELS DE JONG, *Sur quelques divinités romaines de la naissance et de la prophétie*, Diss. Leyde, 1959.
770. E. TELTSCHER, *Über das Wesen der Anna Perenna und Dido*, Progr. Gymn. Mitterburg, 1877.
771. J. TOUTAIN, *La Religion romaine d'après les Fastes d'Ovide, J.S.*, 1931, 105-120.
772. J. TOUTAIN, *Les Sacrifices humains et le culte des divinités fluviales*, dans *Actes du Congrès d'Histoire des Religions*, 2, Paris, 1923, 156-162.

773. J. TOUTAIN, *Les Cavernes sacrées dans l'Antiquité grecque*, C.M.G., 39, 1912, 137-187.
774. J. TOUTAIN, *Observations sur le culte d'Hercule à Rome*, R.É.L., 6, 1928, 200-212.
775. A. TRAGLIA, *Dottrine etimologiche ed etimologie varroniane*, dans *Entretiens sur l'Ant. class.*, 9, 1963, 35-67.
776. S. TRENKNER, *A Popular Short Story : the Sources of Diphilus Klérouménoi (The Casina of Plautus)*, *Mnemosyne*, 6, 1953, 216-222.
777. C. TRIEBER, *Die Romulussage*, Rh.M., 43, 1888, 569-582.
778. A. M. TUPET, *La Magie dans la Poésie Latine*, Paris, 1976.
779. A. M. TUPET, *Ovide et la magie*, dans *Acta Conventus... Tomes, 1972*, Bucarest, 1976, 575-584.
780. R. TURCAN, *A propos d'Ovide, Fast., II, 267-452 : conditions préliminaires d'une initiation dionysiaque*, R.É.L., 37, 1959, 195-203.
781. R. TURCAN, *Janus à l'époque impériale*, *Aufstieg* II, 17, 1, 1981, 374-402.
782. N. TURCHI, *La Religione di Roma antica*, Bologne, 1939.
783. C. ULBACK, *The Sacred Groves in Italy*, C.J., 29, 1934, 658-662.
784. G. F. UNGER, *Die Lupercalien*, Rh.M., 36, 1881, 50-86.
785. H. USENER, *Italische Mythen*, Rh.M., 30, 1875, 182-229.
786. H. USENER, *Götternamen*, Bonn, 1896.
787. K. VAHLERT, *Prädeismus und Römische Religion*, Diss. Limburg a.d.Lahn, 1935.
788. J. H. VANGAARD, *On Parilia*, Tem., 7, 1971, 91-103.
789. A. VANIČEK, *Etymologisches Wörterbuch*, Leipzig, 1881.
790. R. VERDIER, *Le Mythe de genèse du droit dans la Rome légendaire*, R.H.R., 187, 1975, 3-25.
791. M. J. VERMASEREN, *Cybele and Attis ; The Myth and the Cult*, Londres, 1977.
792. P. VOCI, *Diritto sacro romano in età arcaica*, S.D.H.I., 19, 1953, 38-103.
793. F. VOGEL, *Vestibulum*, Rh.M., 43, 1888, 319-320.
794. J. WACKERNAGEL, *Dies ater*, A.R.W., 22, 1923-1924, 215-216.
795. Th. WÄCHTER, *Reinheitsvorschriften in Griechischen Kult*, Giessen, 1910-1911, (*Rel. Vers.*, 9, 1).
796. H. WAGENVOORT, *Auguste et Vesta*, dans *Mélanges J. Carcopino*, Paris, 1966, 965-978.
797. H. WAGENVOORT, *Wesenszüge Altrömischer Religion*, dans *Aufstieg.*, I, 2, 1972, 348-376.
798. H. WAGENVOORT, « *The Crime of Fratricide, the Figure of Romulus-Quirinus in the Political Struggle of the First Century B.C.*, » dans *Studies in Roman Literature, Culture and Religion*, Leyde, 1956, 161-183 ; aussi p. 290-297.

799. A. WALDE, J.-B. HOFMANN, *Lateinisches Etymologisches Wörterbuch*, 2 vol., Heidelberg, 1938, 3ᵉ éd.
800. W. WARDE FOWLER, *Roman Festivals of the Period of the Republic*, Londres, 1922, 3ᵉ éd., (1ʳᵉ éd. 1899).
801. W. WARDE FOWLER, *The Religious Experience of the Roman People*, Londres, 1922, 2ᵉ éd. (1ʳᵉ éd. 1911).
802. W. WARDE FOWLER, *Country Festival in Tibullus*, II, 1, *C.R.*, 22, 1908, 36-40.
803. W. WARDE FOWLER, *Roman Ideas of Deity, in the last Century before the Christian Era*, Londres, 1914.
804. W. WARDE FOWLER, *The Original Meaning of the Word « sacer »*, *J.R.S.*, 1, 1911, 57-63.
805. G. WARTENBERG, *Quaestiones ovidianae*, Diss. Berlin, 1884.
806. G. WEICKER, *Antike Gespenster*, *W.B.*, II, 8, 1924, 135-137 et 163-168.
807. St. WEINSTOCK, *Tellus*, *Glotta*, 22, 1933, 140-152.
808. E. R. WHARTON, *Etyma Latina*, Londres, 1890.
809. J. WHATMOUGH, *Fordus and Fordicidia*, *C.Q.*, 15, 1921, 108-109.
810. J. WHATMOUGH, *The Calendar in Ancient Italy outside Rome*, *H.S.*, 42, 1931, 157-179.
811. E. L. WHITE, *Rex Nemorensis*, *C.W.*, 12, 1918, 68-69.
812. U. von WILAMOVITZ-MÖLLENDORFF, *Lesefrüchte*, *Hermes*, 60, 1925, 280-316.
813. L. P. WILKINSON, *Ovid Recalled*, Cambridge, 1955.
814. L. P. WILKINSON, *Greek Influence on the Poetry of Ovid*, dans *Entretiens Ant. class.*, 2, Genève, 1956, 221-243.
815. H. WILLEMSEN, *De Varronianae doctrinae apud Fastorum scriptores vestigiis*, Diss. Bonn, 1906.
816. H. WINTHER, *De Fastis Verrii Flacci ab Ovidio adhibitis*, Diss. Berlin, 1885.
817. G. WISSOWA, *Religion und Kultus der Römer*, Munich, 1912, 2ᵉ éd. (1ʳᵉ éd. 1902).
818. G. WISSOWA, *Analecta romana topographica*, Diss. Halle, 1897. (= *Ges.Abh.*, 253-279).
819. G. WISSOWA, *Gesammelte Abhandlungen zur Religions und Stadtgeschichte*, Munich, 1904 (recueil d'articles).
820. G. WISSOWA, *Neue Bruchstücke des Römischen Festkalenders*, *Hermes*, 58, 1923, 369-392.
821. G. WISSOWA, *Vestalinnenfrevel*, *A.R.W.*, 22, 1923, 201-214.
822. E. WISTRAND, *Om Grekernas och Romarnes hus*, *Eranos*, 37, 1939, 1-69.
823. N. W. de WITT, *Vesta Unveiled*, dans *Mélanges B.G. Ullman*, Saint-Louis du Missouri, 1960, 48-54.

824. N. W. de WITT, *The Arrow of Acestes*, *A.J.Ph.*, 41, 1920, 369-378.
825. Th. WORSFOLD, *The History of the Vestal Virgins*, Londres, 1932.
826. H. W. WRIGHT, *The Sacra Idulia ; in Ovid's Fasti ; a Study in Ovid's Credibility in regard to the Place and the Victim of this Sacrifice*, Univ. of Pensylvania, Newark, New-Jersey, 1917.
827. E. WUNDERLICH, *Die Bedeutung der roten Farbe im Kultus der Griechen und Römer*, Giessen, 1925, (*Rel. Vers.*, 20, 1).
828. R. WÜNSCH, *Zu Ovids Fasten*, *Rh.M.*, 56, 1901, 392-403.
829. N. J. ZAGANIARIS, *Sacrifices de chiens dans l'Antiquité classique*, *Platon*, 27, 1975, 322-328.
830. A. ZIMMERMANN, *Etymologisches Wörterbuch der Lateinischen Sprache*, Hanovre, 1915, 2 vol.

INDEX VERBORVM
ET
RERVM NOTABILIVM

n. = en note
abeilles, 129 ; 145 ; 444
accouchement, 62 ; 113 ; 175 ; 214 ; 253 ; 336-337 ; 404 ; 419 et *cf.* naissance.
Achate, 147.
Actium, 105.
adultère, 130 ; 348 et *cf. incestum.*
aedes Vestae, 287.
Aemilia (Vestale), 395.
Agelastos (rocher), 33.
agneau -elle, 175 ; 418.
Agnone (Tables d'), 240.
Agonalia, 71 ; 209-213 ; 247 ; 248 ; 262 ; 274 ; 525.
agonia, 209-213 ; 247.
agonium, 212.
ail, 128.
Allia, 375-376.
Almo, 28 ; 189 ; 286 ; 396.
Amalthée, 234 ; 236n. ; 436 ; 455.
ambroisie, 139.
amour, 16 ; 79 ; 88 ; 98 ; 468.
ancêtres, 74 ; 168-170 ; 203 et *cf. maiores.*
ancile, 128 ; 131-139 ; 200 ; 227 ; 244 ; 247 ; 251 ; 258 ; 423-428 et *cf.* Mamurius.

Anchise, 160 ; 407 ; 447-448.
âne, 446-447.
Anio, 144.
Angerona, 449-450 ; 524.
Anna Perenna, 13 ; 18 ; 27 ; 38 ; 44 ; 52 ; 66 ; 70-71 ; 129 ; 142-143 ; 188 ; 226 ; 262 ; 324 ; 336 ; 452-453.
Anna de Bovillae, 70 ; 100 ; 378 ; 381-385.
Anna (sœur de Didon), 16 ; 44 ; 66 ; 70 ; 142-150 ; 190 ; 226 ; 431.
année (début de l') 54 ; 55 ; 345 ; 382.
(durée de l') 301-303 ; 335-336.
annone, 384-385.
aphrodisiaque, 88 n. ; 459-460.
Aphrodite, 74-79 ; 229 ; 247 et *cf.* Vénus.
Aphrodite *Apostrophia*, 391 ; 459.
apothéose, *cf.* divinisation.
Apollon, 37 ; 105 ; 141 ; 159-160 ; 283.
Apollon *Thuraios*, 341.
Appius Claudius, 385-388.
Apru, 82 ; 230.
aquae et ignis interdictio, 269 ; 307-308.
Aquaelicium cf. Nudipedalia.
Ara Maxima, 51 ; 173 ; 260.
Ara Pacis, 99 n.
arbor felix, 275-276, *cf.* grenade, rameau

Arcadie, 118-119 ; 167 ; 316.
arculum, 275-276.
Arès, 69 ; 79 ; 459 ; 487.
Aréthuse, 72.
Argea, 185-186.
Argées, 69 ; 71 ; 143 ; 179-187 ; 190 ; 287 ; 294 ; 310-312 ; 510 ; 517.
Argiens, Argos, 71 ; 181 ; 185 ; 208.
argile, 185 ; 463.
Argilète, 106 ; 112 ; 170 ; 212 ; 418.
Ariane, 37.
Aricie, 283 ; 295 ; 355 ; 404.
Aristée, 45 ; 129 ; 444.
Artémis, 443.
artisans, 122.
Arvales, 36.
Arx, 35 ; 171.
as, 173 ; 408-409 n. ; 472-473.
Ascagne, 92-93.
Ascalaphus, 72.
Atalante et Hippomène, 467.
Athamas, 130-131 ; 460.
Athéna, 462.
Athéna *Tritogenia*, 212 ; 436.
atri dies, 241-242 ; 289 ; 373-374.
Atrium Libertatis, 362.
Attale, 159 ; 396.
Attis, 166 ; 221 ; 222 ; 447 ; 454.
Auentinus (roi), 46 ; 208 ; 257 ; 408.
augure (bon), 113 ; 277-278 ; 280.
Augures, 25 n. ; 35 ; 224 ; 292 ; 445 ; 452.
Augurium Canarium, 150-155.
Auguste, 12 ; 14 ; 47 ; 74 ; 81 ; 93 ; 99-108 ; 160 ; 179 ; 206 ; 223-226 ; 277 ; 331 ; 384-385 ; 408 ; 416 ; 420 ; 421 ; 497-498 ; 528.
augustus, 223-226 ; 277-278 ; Aurore, 461 ; 465.
autel de Consus 474
    de Jupiter *Elicius*, 136.
    de Jupiter *Pistor*, 366-368.
Aventin, 78 ; 131 ; 136 ; 251 ; 337 ; 430.
avortement, 156 ; 379-380.
avril, 68 ; 74 ; 79-82 ; 96-99 ; 229-230 ; 247 ; 248 ; 264.
Bacchantes, 475.
Bacchus, 72 ; 439-441 ; 470.
bain, 28 ; 189 ; 459 ; 468-469 ; 519.
Baubô, 457.
bélier, 211-213 ; 276.

Béotie, 48 n.
bergers, bergerie, 70 ; 117-118 ; 296 ; 309 ; 316-317 ; 344 ; 419 ; 454.
biche, 19 ; 442.
Bifrons, 110-112 ; 141 ; 341 ; 517.
blé, 76 ; 164-165 ; 445.
bœuf, 45 ; 57 ; 76 ; 129 ; 260 ; 442 ; 444.
bois sacré, 75 ; 149 ; 158.
Bona Dea, 38 ; 48 ; 361.
Borée, 69 ; 341 ; 422n. ; 517.
bouc, 68 ; 72 ; 118-120 ; 174-179 ; 413-415 ; 439-441.
bouc émissaire, 48 ; 423-428.
bouclier, 166 et *cf. ancile*.
boulangerie, 70-71 ; 337 ; 348 ; 365-368 ; 381 ; 384 ; 446-447.
Bovillae, *cf.* Anna.
brebis, 57 ; 84 ; 162 ; 442.
breuvage nuptial, 17 ; 458-460.
brigands, 119.
Brutus, 73 ; 104 ; 160 ; 320.

Cacus, 51 ; 405 ; 409.
cadeaux, 29 ; 54 ; 62 ; 182 ; 268 ; 279.
cadeaux sucrés, 113 ; 280.
Caelius (mont), 104.
calendrier, 12 ; 18 ; 24 ; 25 ; 40 ; 42-56 ; 74 ; 76 ; 136 ; 212 ; 302-307 ; 316-318 ; 526.
Calendrier de Numa, 44 ; 96.
    épigraphique, 85-86.
calpar, 84.
Camasène, 172.
Camille, 363.
Canens, 172.
Canicule, 150-157 ; 253 ; 484.
capital, 262-263.
Capitole, 58 ; 83 ; 98 ; 103 ; 138 ; 170 ; 291 ; 359 ; 365-368 ; 451-452.
Cardea, 140-142 ; 189 ; 230-232.
Caristia, 195 ; 251.
Carmenta, 52 ; 113-114 ; 201 ; 208 ; 253 ; 284-286 ; 336 ; 379-380 ; 405 ; 464.
Carmentalia, 482 ; 511.
Carna, 104 ; 121 ; 140-142 ; 172 ; 189 ; 230-232 ; 262 ; 271 ; 295 ; 320 ; 437-438.
Carséoles, 29 ; 150-158.
Carthage, 145-146.
Castor, 361.

INDEX VERBORVM ET RERVM NOTABILIVM

castration, 165-168 ; 454 et *cf.* Galles.
Caton, 379.
cendres, 17 ; 116 ; 146 ; 276.
Céler, 101 ; 169 ; 418.
Céos (loi de), 313.
Cerealia, 29 ; 43 ; 47 ; 149-155 ; 163-165 ; 190 ; 445 ; 481.
Cérès, 37 ; 53 ; 72 ; 76 ; 84 ; 87 ; 88 ; 97 ; 150-158 ; 163-165 ; 273 ; 438 ; 471 ; 477.
ceruaria ouis, 444.
César, 81 ; 104 ; 422.
Champ de Mars, 179.
chandelles, 128.
chant des Arvales, 87.
  des Saliens, 80 ; 110 ; 132-133 ; 241 ; 258 ; 424-425 ; 461 ; 472-473.
Chaos, 248-250 ; 337-342.
char, 56 ; 72 ; 371-372 ; 466-468.
chariot, 379 ; 386.
chasteté, 388-396.
chaussures, 285-286.
cheval, 116 ; 157 ; 283 ; 389 et n. ; 403-405 ; 485 ; 508-509.
cheveux, 62 ; 128 ; 132-133 ; 287.
chèvre, 72 ; 234 ; 236 ; 247n. ; 291 ; 427 ; 443 ; 454-455.
chevreuil, 56 ; 109 ; 478-479.
chien, 49 ; 51 ; 152-155 ; 158 ; 173 ; 253 ; 291 ; 484.
Chloris, 239 ; 251.
chronologie (erreurs de), 44 ; 90 ; 93 ; 95 ; 128 ; 157 ; 160 ; 179 ; 325 ; 361-362 ; 373 ; 377 ; 397 ; 509-513 ; 526.
Cirque, 29 ; 149 ; 157-158.
Claudia Quinta, 28 ; 68 ; 107 ; 189 ; 393-397.
Claudii, 104 ; 362 ; 395.
clôture (rites de), 77 ; 177 ; 319-320.
Clusius, 252 ; 261.
cocetum, cf. breuvage nuptial.
Comitium, 29 ; 45n. ; 170-171 ; 293-294.
Compitalia, 132n. ; et *cf. Ludi* ; Lares.
commencements, 110 ; 113 ; 122 ; 213.
Concordia, 74 ; 104 ; 105 ; 361 ; 363.
conjugaux (rites), 29 ; 62.
Consus, 474.
coq, 292 ; 522.
cornes, 336-337.

Coronis, 188 ; 361.
cortège, *cf.* procession.
Corybantes, 166 ; 236.
couleur : blanc, 165 ; 291 ; 477-478 ; 481 ; 484 ; 505.
  multicolore, 109 ; 477.
  noir, 57 ; 155.
  roux, rouge, 152-155.
couronne, 28 ; 40 ; 49 ; 169 ; 446-447 ; 469.
course, 118-120 ; 157 ; 158 ; 296 ; 323 ; 481.
courtisanes, *cf. meretrices.*
Crémère, 123 ; 283 ; 375-378.
Crète, 167 ; 189.
Creüse, 146.
culte impérial, 99 *sqq.*
Curètes, 167.
Cures, 76 ; 212 ; 259-260.
curia, 194 ; 322-325 ; 528.
cuir, 284-286.
Curio Maximus, 323.
Cybèle, 53 ; 54 ; 68 ; 69 ; 72 ; 97 ; 159-160 ; 165-168 ; 189 ; 207 ; 295 ; 373 ; 393-397 ; 435 ; 462-468 ; 471-472 ; 478-479 ; 483-485.

Damia, 38.
Daphné, 141.
Daunus, 172.
Décemvirs, 77 ; 526.
Delphes, 159.
Déméter, 37 ; 164 ; 456-458.
Deucalion (et Phaéton), 67 ; 118 ; 296 ; 436 ; 455.
deuil (durée du), 303 ; 312.
deuotio, 310.
devin, 174.
Diane, 336-337 ; 370-371 ; 403-405 ; 443-444.
Didon, 66 ; 71 ; 145-150 et *cf.* Anna.
dies comitialis, 271.
dies endotercisus, 271.
dîme, 49 ; 183.
Dionysos, 37 ; 40 ; 72 ; 436 ; 454 ; 469 ; 475.
Dipolies, 369.
Dis Pater, 181 ; 185.
Dius Fidius, 127.
divinisation, 75 ; 99n. ; 101 ; 144 ; 148-

150 ; 259 ; 384-385 ; 397 ; 420-422 ; 429.
dix, 301-304 ; 335-336.
Dodone, 183.
Domitien, 441.
Duumvirs, 121.

eau, 49 ; 50 ; 68 ; 116-117 ; 136. 162 ; 170-173 ; 269 ; 343-344 ; 417-418.
éclairs, 50.
édiles, 29.
Egérie, 131 ; 161 ; 355.
Éleusis, 33 ; 45 ; 76 ; 164 ; 456.
Énée, 12n. ; 16 ; 59 ; 71 ; 79 ; 90 ; 117-118 ; 160 ; 189-190 ; 219 ; 405-409 ; 429-430.
Énéide (avant Virgile), 92-93.
Énéide (pastiche de), 144-145.
Enfers, 72 ; 457.
enterrement rituel, 33 ; 116 ; 348-349 ; 389 ; 480.
entremetteuse, 71.
épeautre, 274 ; 322-325.
épis verts, 84.
épis mûrs, 155 ; 164 ; 349.
Épicurien, 338-340.
Equiria, 242 ; 263n.
Erato, 31 ; 54 ; 208 ; 247.
érotisme, 13 ; 100.
Eryx, 88.
Esquilies, 46 ; 258 ; 372.
Esquilin, 60.
esclaves, 29 ; 62 ; 130 ; 400 ; 460-461.
Etna, 456.
Étolien, -ne, 130 ; 460.
Étrurie, étrusque, 82 ; 92-95 ; 119 ; 128 ; 174 ; 201 ; 204 ; 227.
Étymologie, 27 ; 34 ; 35 ; 37 ; 42 ; 46 ; 52-54 ; 55 ; 65-66 ; 71 ; 72 ; 73-75 ; 77 ; 79-82 ; 96 ; 104 ; 115 ; 122 ; 136 ; 140-143 ; 168-169 ; 173 ; 194 ; 197-264 ; 319-320 ; 346 ; 348 ; 403 ; 411-415 ; 419 ; 462-463.
eunuque, 27 ; 166-167 ; 207 ; 221.
Evandre, 44n. ; 405.
Evhémérisme, 111.
évocation (rite d'), 35 ; 204 ; 242.
exil, 10 ; 42 ; 71 ; 257 ; 269 ; 307 ; 405.
expiation, 18 ; 131 ; 170 ; 178 ; 283 et cf.
    lustration, purification.

expulsion, 48 ; 130 ; 168 ; 179 ; 423-428 ; 460-462.
exta, 189 ; 271 ; 527.
Fabii, 12n. ; 375-378 et *cf. gens Fabia*.
Fabius Maximus, 416 ; 518.
Faléries, 46 ; 64 ; 72 ; 208.
famine, 127.
far, 324 et *cf.* épeautre.
fas, fastus, 32 ; 271 ; 304-306.
Faunus, 48n., 119 ; 131-139 ; 160-163 ; 173-179 ; 247 ; 296 ; 375n. ; 405 ; 413 ; 453-454.
Faustulus, 41.
februa, 32 ; 37 ; 174-179 ; 269 ; 274.
Februarius, 32 ; 119 ; 274 ; 319-320 ; 486.
Februus, 274.
fécondation, 214.
fécondité, 18 ; 37 ; 60 ; 117 ; 142 ; 151 ; 174-179 ; 194n. ; 266-267 ; 275 ; 349 ; 416-417 ; 452 ; 454 ; 458 ; 525 ; 285 ; 315.
femmes, 29 ; 38 ; 47 ; 51 ; 59-63 ; 96 , 173 ; 174-179 ; 285 ; 334-335 ; 350 ; 379-380 ; 390-393 ; 416-417 ; 463 ; 468-469 ; 486.
Feralia, 157 ; 205 ; 243.
feriae, 36.
Féries Latines, 363.
feu, foyer, 17 ; 50 ; 68 ; 115-117 ; 150-158 ; 207 ; 228 ; 255 ; 269 ; 284 ; 290-291 ; 343-344 ; 345-351 ; 445 ; 455n. ; 481.
fèves, 17 ; 29 ; 49 ; 109 ; 116 ; 121 ; 232 ; 238 ; 295 ; 320 ; 498.
février, 48n. ; 76.
flagellation, 47 ; 100 ; 118-120 ; 174-179 ; 381 ; 389.
Flamen Dialis (= de Jupiter), 17 ; 84 ; 95 ; 107 ; 158 ; 234 ; 275 ; 277 ; 285 ; 289 ; 291.
    Carmentalis, 380.
    Floralis, 240.
    Martialis, 46 ; 121.
    Quirinalis, 17 ; 31 ; 158 ; 323.
Flaminica Dialis, 31 ; 37 ; 85 ; 274 ; 275 ; 287 ; 289 ; 312.
fleurs, 29 ; 62 ; 103 ; 108-109 ; 481.
Flora, 33 ; 46 ; 52 ; 69 ; 108-109 ; 128 ; 203 ; 205 ; 239 ; 251 ; 262 ; 318 ; 364-365 ; 438 ; 456 ; 477 ; 485.

Floralia, 29 ; 33 ; 56 ; 109 ; 364-365 ; 456 ; 478-479.
Florifertum, 108 ; 518n.
flûte, flûtistes, 122 ; 166 ; 385-388 ; 435 ; 462.
fondation (mythe de, sacrifice de), 102 ; 138 ; 419-420.
fondation de Rome, 43 ; 67 ; 70 ; 360 ; 408 ; 410 ; 418.
Fons, 172 ; 350.
forda (vache), 16 ; 160.
Fordicidia, 116 ; 140 ; 160-163 ; 206-207 ; 266 ; 268 ; 273 ; 296 ; 324 ; 366 ; 422 ; 447 ; 498.
forgeron, 128 ; 132-139 ; 427 ; 461 et *cf.* Mamurius.
Fornacalia, 207 ; 429.
Fornax, 113 ; 295 ; 322-325.
Fortuna *Barbata*, 350.
Fortuna *Breuis*, 49.
Fortuna *Primigenia*, 46 ; 121.
Fortuna *Virilis*, 38 ; 392-393 ; 459 ; 519.
Fortune d'Antium, 523.
Fortune « de Servius », 57 ; 371-372 ; 400.
Forum *Boarium*, 260 ; 349 ; 372.
Forum *Holitorium*, 260.
foudre, 131-139 ; 235-236 ; 388-389.
Frontiac, 422.
funéraires (rites), 46 ; 194n. ; 269-270 ; 407 ; 419 ; 477.
fuseau, 51.

Gaïa Caecilia, 51.
Galles, 54 ; 121 ; 165-168 ; 207 ; 221 ; 373 ; 447 ; 454.
gâteaux, 50 ; 70 ; 349 ; 367 ; 381-385 ; 462-464 ; 482 et *cf. liba.*
Gélase (pape), 176.
gens Fabia, 123 ; 173 ; 453-454 ; 517-518 ; 527.
gens Iulia, 37 ; 46 ; 81 ; 96-97 ; 98-108 ; 259 ; 384-385.
gentilice, 73 ; 81 ; 104.
Germanicus, 416.
gladiateurs, 481.
gonds, 231-232.
Grand Autel, *cf. Ara Maxima.*
Grèce (rites de la), 133 ; 141-142 ; 163-165 ; 183 ; 246 ; 255 ; 368 ; 376-377 ; 391 ; 401 ; 405 ; 435-436 ; 443-444 ; 449 ; 458-460 ; 519 et *cf.*

Dipolies ; Éleusis ; *Pithoigia* ; Thesmophories.
grenade, 72 ; 275-276 ; 460.
grotte, 47 ; 48n. ; 141 ; 167 ; 429.
guerre, 29 ; 59-63 ; 79 ; 288 ; 321 ; 410.
Guerre, 78 ; 106.

Hagnô, 44 ; 66n.
Halaesus, 208.
hasta caelibaris, 288.
Hébé, 65 ; 74.
Hector, 148.
Hellé (et Phryxus), 144.
hellénisme, 16 ; 37 ; 47 ; 51 ; 52 ; 61 ; 68-70 ; 75 ; 79 ; 105 ; 128 ; 130-131 ; 136 ; 163-165 ; 187 ; 188 ; 211 ; 212 ; 227 ; 229 ; 231 ; 239 ; 245-251 ; 266 ; 330-331 ; 346 ; 348 ; 351 ; 411-412 ; 443-444 ; 448-449 ; 455 ; 472-473 ; 479 ; 487 ; 490-491 ; 514-520.
Helvia, 388-393.
Hercule, 49 ; 51 ; 69 ; 102-103 ; 128 ; 173-174 ; 179 ; 187 ; 260 ; 294 ; 324 ; 405.
Hercule *Inuictus*, 173 ; 453-454.
Hermès, 74.
Hersilia, 417.
Hespéros, 457-458.
Hestia, 105 ; 349.
Hippolyte, 37 ; 403-405.
Hirpi Sorani, 413.
Hora, 422-429.
Horatius, 267.
hostia, 214-216.
Hyades, 157 ; 471.
Hypérion, 405 ; 485.

ianus, 56 ; 106 ; 170 ; 321.
Ida, 159 ; 167 ; 189 ; 479.
Ilia, 60 ; 144 ; 409 ; 419 ; 430 ; 487.
immolation, 324.
inauguration, 84-85 ; 319.
incantation, 113 ; 246 ; 272 ; 448 ; 451.
incestum (des Vestales), 33 ; 116 ; 348 ; 389-391.
indigitamenta, 239 ; 435.
Inferiae, 168-169.
Ino-Leucothéa, 130-131 ; 435 ; 460.
interdictions, 34-35 ; 38 ; 49 ; 51 ; 61n. ; 122 ; 173 ; 177 ; 283-285 ; 287 ; 289 ; 291 ; 348 ; 386 ; 476-478.

Io, 44 ; 66n. ; 141 ; 337.
Iphigénie, 19, 403 ; 443.
Isis, 58 ; 472.
Iulii, cf. gens Iulia.
iuuenes, 65 ; 74 ; 203 ; 311 ; 319-320.

Janicule, 173.
Janus, 31 ; 41 ; 52 ; 56 ; 66 ; 72 ; 106 ; 110-113 ; 122 ; 140-142 ; 170-173 ; 189 ; 204 ; 211 ; 212-213 ; 228 ; 248-250 ; 252 ; 255-256 ; 261 ; 267 ; 280 ; 316 ; 319-320 ; 337-342 ; 361 ; 370 ; 408 ; 417-418 ; 437 ; 472-473 ; 525.
janvier, 41 ; 76 ; 319-320.
jardins, 87-99.
jeu de mots, 128-132 ; 133 ; 143 ; 146 ; 149 ; 159-160 ; 161 ; 184 ; 226 ; 232 ; 244 ; 482 sqq.
jeunes gens, 48 et n. ; 74 ; 137 ; 203 ; 235 ; 314-316 ; 452-454 ; 476-477.
Jeux, *cf. ludi* et 68 ; 393 ; 479-480.
Jeux Séculaires, 179.
juin, 18 ; 65 ; 74-75 ; 104 ; 289 ; 364.
Julia, 82.
Julie (fille d'Auguste), 107 ; 393-397.
Junon; 65 ; 72 ; 74 ; 105 ; 142 ; 170 ; 320 ; 481.
Junon *Caprotina,* 38.
Junon *Curitis,* 288 ; 325.
Junon *Februlis,* 174-179 ; 413.
Junon *Lucina,* 59-63 ; 75 ; 174-179 ; 334-336 ; 525.
Junon *Moneta,* 359 ; 527.
Junon *Sospita,* 288.
Jupiter, 47 ; 58 ; 83-99 ; 164 ; 172 ; 233-236 ; 245 ; 324 ; 370 ; 386 ; 449.
Jupiter *Almus,* 350.
Jupiter Capitolin, 451-452.
Jupiter *Elicius,* 128 ; 131-139 ; 189 ; 422-429 ; 430.
Jupiter *Farreus,* 289 ; 367-368.
Jupiter *Feretrius,* 400.
Jupiter *Frugifer,* 350.
Jupiter Indigète 93 ; 148-149 ; 259n. ; 430.
Jupiter infernal, 234.
Jupiter *Inuictus,* 122.
Jupiter *Libertas,* 188 ; 362.
Jupiter *Pistor,* 365-368 ; 526.
Jupiter *Ruminus,* 350.

Jupiter *Stator,* 400.
Jupiter, *Sutor,* 367-368.
Jupiter *Tutor,* 367-368.
Jupiter *Victor,* 388.
Juturne, 49 ; 172-173 ; 408 ; 449.
Juventas, 75 ; 452.
kalendes, 59 ; 62 ; 268.
Kikuyu du Kénya, 266.
kykéon, 457-458.

lacus Curtius, 333.
laine, 48 ; 51 ; 274 ; 276.
lait, 48 ; 49 ; 458.
Lampsaque, 446.
Lara-Tacita, 238 ; 247 ; 262 ; 448-449.
lard, 121 ; 232, 295, 320.
Larentalia, 41.
Larentia (Acca), 41 ; 46 ; 102-103 ; 121 ; 127-128 ; 194n. ; 364 ; 430 ; 450 ; 524.
Lares, 239 ; 247 ; 449 ; 484.
Lares *Compitales,* 107 ; 128 ; 190.
Lares *Praestites,* 107 ; 190 ; 261-262 ; 450.
Larunda, 238.
Latinus, Latins, 162 ; 91-92.
Latium, 72 ; 257 ; 318.
lauatio, 28 ; 165 ; 526.
laurier, 17 ; 105 ; 117.
Lautolae, 170 ; 173 ; 189 ; 267.
Lavinia, 93 ; 147-148 ; 162.
Lébadès, 48n.
légumes, 84 ; 260 ; 524.
Lemuria, 24 ; 47 ; 74 ; 101 ; 121 ; 168-170 ; 189 ; 195 ; 237-238 ; 243 ; 251 ; 262 ; 288 ; 295 ; 320 ; 409 ; 429 ; 498.
Leucothéa, 188 et cf. Ino.
liba, 26 ; 40 ; 227-228 ; 383 ; 462-464.
libations, 46 ; 95 ; 228.
Liber, 37 ; 40 ; 127 ; 129 ; 227-228 ; 291 ; 314-316 ; 462-464 ; 469 ; 480.
Libera, 37.
Liberalia, 33 ; 40 ; 314-316 ; 382-385 ; 475-476 ; 480 ; 486.
Licinia, 361.
licteur, 37 ; 275.
lierre, 40 ; 382-385 ; 469 ; 470 ; 481.
lièvre, 56 ; 109 ; 479.
lion, 28 ; 55 ; 72 ; 396 ; 436 ; 466-468.
Livie, 49 ; 104 ; 361-362 ; 395 ; 421.

locuples, 46 ; 202.
lois *Julia de adulteriis*, 100n.
   Liciniennes, 363.
   Oppia, 379-380.
   des XII Tables, 326 ; 387 ; 397 ; 445 ; 472n.
Lotis, 100 ; 174 ; 446.
loup, 48n. ; 194 ; 248 ; 412-415.
loup-garou, 48n.
louve, 68 ; 411 ; 430 ; 431-432.
Lucrèce, 12 ; 44-45 ; 368-371.
lucus Libitinensis, 83.
ludi Ceriales, 157-158.
ludi Compitalicii, 47.
ludi Piscatorii, 50.
ludi Plebei, 50.
ludi Romani, 46.
ludi Robiginis, 157-158.
ludi Tauri, 380-381.
lune, 44 ; 66n. ; 335-336.
Lupercalia, 17 ; 37 ; 47-48 ; 49 ; 68 ; 69 ; 75 ; 100 ; 107 ; 118-120 ; 173-179 ; 525 ; 189 ; 194 ; 207 ; 267 ; 274 ; 276 ; 291 ; 296 ; 412-416 ; 525 ; 527.
Luperci, 137n. ; 315 ; 323 et *cf. Lupercalia*.
Luperci Fabiani, 173 ; 453.
Lupercus (Faunus), 247.
lupin, 29.
lustratio pagi, 139.
lustrum, 241.

macte esto, 226.
magie, 17 ; 102n. ; 108-109 ; 119 ; 131 ; 132 ; 147 ; 151 ; 156 ; 168 ; 321 ; 370 ; 420 ; 445 ; 451 ; 461.
Magna Mater, 221 ; 286 ; 436 et *cf.* Cybèle.
mai, 73 ; 288.
Maïa (mère d'Hermès), 73 ; 74 ; 217 ; 320.
Maïa Volkani, 74 ; 450.
Maiestas, 74 ; 105 ; 217.
maiores, 73-75 ; 203 ; 217 ; 319-320.
Malte, 145-146.
Mamuralia, 48 ; 176n.
Mamurius Veturius, 48 ; 128 ; 131-139 ; 258 ; 333 ; 423-428 ; 461 ; 528.
Mânes, 238 ; 450 ; 486.
Mania, 449-450.
manipulus, 46 ; 218.

Manlius, 183-184.
mannequins, 71 ; 179 ; 190 ; 287 ; 312.
Marcellus, 104 ; 361.
Marcius Rex, 82.
mars, 55 ; 60 ; 74 ; 76 ; 288 ; 317-318 ; 487.
Mars, 69-70 ; 74 ; 79 ; 85 ; 100 ; 122 ; 129 ; 136 ; 188 ; 242 ; 317-318 ; 324 ; 335 ; 362 ; 409 ; 413 ; 428-430 ; 436 ; 452-453 ; 486.
Mars *Gradiuus*, 53 ; 59-63.
Mars *Vltor*, 81.
Marsyas, 462.
masques, 386-387 ; 413.
Mater Matuta, 38 ; 48n. ; 53 ; 130-131 ; 271 ; 460-463.
Matralia, 29 ; 460-465.
Matronalia, 29 ; 47 ; 59 ; 63 ; 70 ; 75 ; 175 ; 416.
matrones, 96 et *cf.* femmes.
Meditrinalia, 85.
Megalesia, 27 ; 165 ; 179 ; 395 ; 479-480.
Mélicerte-Palémon, 130 ; 516.
Mens, 361.
Mercure, 31 ; 53 ; 72 ; 201 ; 449.
meretrices, 29 ; 33 ; 85 ; 89 ; 102-103 ; 109 ; 127-128 ; 240 ; 392 ; 477.
Messala l'Augure, 249.
métamorphose, 26 ; 109 ; 130 ; 446 ; 467-468 ; 520.
Métanire, 457-458 ; 464.
Métellus le Pieux, 421.
Métragyrtes, 373.
métriques (difficultés), 10 ; 11 ; 16 ; 53 ; 132 ; 205 ; 236n., 243-246 ; 270-271 ; 283 ; 313 ; 375 ; 463 ; 530.
meurtre, 37 ; 69 ; 70 ; 78 ; 101 ; 104 ; 130-131 ; 274 ; 308 ; 310-311 ; 369-372 ; 416 ; 418-422.
Mézence, 12n. ; 90-94 ; 148 ; 150 ; 429.
miel, 49 ; 280 ; 458 ; 462-463 ; 481.
millet, 295.
mimes, 434-435 ; 453.
Minerve, 31 ; 53 ; 71 ; 85 ; 122 ; 242 ; 435 ; 453 ; 481.
Minerve *Capta*, 64 ; 219 ; 262 ; 295 ; 362 ; 484.
mira, 68.
miracle, 68 ; 69 ; 170 ; 393-396 ; 436.
Mithridate, 128 ; 425.
Modène, 99n.

moisson, 84 ; 109 ; 151-158.
mola-salsa, 37n. ; 324.
monnaie, 54 ; 173 ; 234-235 ; 236 et n. ; 268 ; 281 ; 295 ; 312 ; 385 ; 472-473.
moretum, 55 ; 295.
mort, 48 ; 284-286 ; 348.
morticinum, 285-286.
morts, 49 ; 77 ; 168-170 ; 195 ; 238 ; 274 ; 288-289 ; 291 ; 321 ; 407 ; 451 ; 527.
mos, 59 ; 290-294 ; 297-298 ; 300-301 ; 311 ; 401 ; 498 ; 504n. ; 508-509.
mouches, 51 ; 173.
moutons, 247.
Muses, 49 ; 65 ; 74n. ; 217 ; 324.
Muta (Dea), 17 ; 238 ; 448-449 ; 451n.
mutitationes, 29 ; 471-472.
Myrrha, 468.
myrte, 49 ; 468-469.
mystères, 75 ; 173 ; 456.
mythe ; mythologie, 67 ; 79 ; 100 ; 117-118 ; 126 ; 163-165 ; 172 ; 188 ; 230-236 ; 353-354 ; 358 ; 433-491.
mythe de substitution, 128 ; 133 ; 235.

N° (sigle), 16.
naissance, 60 ; 69 ; 113-114 ; 175 ; 284 ; 335 ; 380 ; 450 ; 524.
Nauisaluia, 395.
nefas, nefastus, 32 ; 271 ; 304-305.
Némi, 355 ; 370-372 ; 403-404.
Neptune, 35 ; 88 ; 172 ; 474.
Nério, 417 ; 453.
nielle des blés, 153-154 ; 253.
Nysus (et Euryale), 98.
noces, 32n. ; 117 ; 177 ; 287-289 ; 324 ; 487.
noix, 29 ; 281.
nom, 27 ; 34-35 ; 52-54 ; 132 ; 135.
nom de Rome, 34-36.
Nones Caprotines, 176n. ; 452.
Nouvel-An, 54 ; 177 ; 212 ; 226 ; 268-269 ; 279 ; 291 ; 295 ; 344-345 ; 382 ; 505.
noyade, 92 ; 143-144 ; 149 ; 150 ; 180-187 ; 226 ; 310-314.
nudité, 107 ; 118-120 ; 147 ; 173 ; 205 ; 285 ; 316 ; 333 ; 481.
Nudipedalia, 285.

Numa, 76 ; 131-139 ; 161-162 ; 171 ; 245 ; 400 ; 422-429 ; 430 ; 447.
numen, 35 ; 111 ; 142.
Numicus, 143 ; 148 ; 150 ; 253 ; 430.
Numitor, 448.
nundines, 248 ; 271.
nuptiaux (rites), 17 ; 117 ; 129 ; 269 ; 324 ; 458-460.
Nymphes, 136 ; 141 ; 171 ; 470.
Nysa, 470.

obscénités rituelles, 68 ; 452.
offrandes, 17 ; 55 ; 94 ; 482-483.
offrandes aux morts, 168-170.
oie, 58 ; 359.
oignon, 128 ; 132-133.
oiseau, 280 ; 292 ; 445.
olitores, cf. légumes.
omen, 102 ; 112 ; 132 ; 269 ; 279-280 ; 283-284.
omission, 28-29 ; 46-52 ; 121.
Omphale, 69 ; 119 ; 173-174 ; 453-454.
onctions, 48.
oniromancie, 161-162.
Ops, 474.
optimus uir, 189.
oracle, 48n. ; 68 ; 69 ; 75 ; 119 ; 130 ; 158-163 ; 170 ; 174-179 ; 179-187 ; 189 ; 278 ; 366 ; 422 ; 441.
ordalie, 189 ; 371-372 ; 394-396.
Orithye, 69.
orphisme, 47.
oscilla, 186.
Osque, 426-427.
Ostie, 394-396.
Ouranides, 235.
ouverture (rites d'), 77 ; 106 ; 112 ; 172 ; 177 ; 280 ; 319 ; 321 ; 361.

Paganalia, 139.
paille, 117 ; 156 ; 179-185.
pain, 56n. ; 88.
Palatin, 53 ; 317.
palatuar, 271.
Palès, 53 ; 97 ; 214 ; 242 ; 271 ; 295 ; 419 ; 429 ; 482.
Palladium, 128 ; 425.
Pallas, 242.
Pan, 118 ; 141 ; 142 ; 413 ; 481.
Pan *Lykaios*, 248.
Pâris, 74.

Parentalia, 67 ; 168-170 ; 189 ; 237-238 ; 283 ; 365 ; 406 ; 430 ; 447-448.
Parilia, 17 ; 19 ; 27 ; 30 ; 33 ; 43 ; 65n. ; 67 ; 70 ; 116 ; 129 ; 213-214 ; 267 ; 269 ; 296 ; 307-309 ; 343-344 ; 355 ; 360 ; 406 ; 409 ; 429-430 ; 454 ; 509.
passage, 56 ; 282 ; 319-320.
pastiche, 146-150 ; 160 ; 161-163.
patriciens, 471 ; 480.
Patulcius, 201 ; 252 ; 261 ; 521.
pavot, 128 ; 457-458.
Pax, 78 ; 361.
peau, 48 ; 413 ; 423-428.
pecunia, 46 ; 202.
Pergame, 159.
Pessinonte, 159.
peste, 135-136 ; 170 ; 237.
Phénicie, 49 ; 62 ; 214.
Phrygie, 159-160 ; 166-167 ; 189.
phrygiennes (fêtes), 28.
Phryxus (et Hellé), 130-131.
piaculum, 36n. ; 306.
Picus, 131-139.
pied, 147 ; 205 ; 285-286 ; 333.
Pinarii et *Potitii,* 51 ; 409 ; 527.
Pithoigia, 84.
Planétarium d'Archimède, 345-346.
Plautii, 385.
plébéiens, 29 ; 471-472 ; 480.
pluie, 285-286.
pois chiches, 49.
poisson, 26 ; 50 ; 88 ; 132.
politique, 14 ; 81 ; 98-108 ; 120 ; 178 ; 229 ; 324 ; 381-385 ; 391 ; 393 ; 395-396 ; 420 ; 479.
Pomone, 223.
pont Milvius, 183.
pont Sublicius, 179-187 ; 310-314.
pont au vote, 179 ; 310-314.
Pontife, 36 ; 274 ; 276 ; 426.
Poplifugia, 360 ; 369.
populaire (étiologie), 35 ; 54-56 ; 90 ; 109 ; 110-112 ; 120-123 ; 162 ; 211 ; 243 ; 372 ; 428 ; 437 ; 501 ; 503 ; 513.
(étymologie), 71 ; 81n. ; 85 ; 197-198 ; 204 ; 707 ; 215 ; 221 ; 226 ; 228 ; 240 ; 246 ; 263 ; 332 ; 419 ; 523.
porc, 76 ; 247n.

Porrima et *Postuerta,* 113-114 ; 208 ; 253.
porte, 56n. ; 110-112 ; 122 ; 228 ; 252.
porte Capène, 362.
porte Carmentale, 282-283 ; 375-378.
porte Colline, 83 ; 98 ; 103 ; 212.
porte *Fenestella,* 372.
porte *Ianualis,* 56n. ; 170.
porte *Pandana,* 170.
porte *Scelerata,* 373.
porte *Stercoraria,* 287.
porte *Trigemina,* 454.
Portunus, 472-473 ; 516.
Poséidon, 144 ; 410.
Postumia (Vestale), 396.
Postumius Silvius, 46n.
potlatch, 132.
Potnia Thérôn, 466.
praemetium Cereris, 84.
Praesul, 245n.
prémices, 84 ; 94-95.
Préneste (Fastes de), 15 ; 42 ; 46 ; 96 ; 103.
Préteur urbain, 50.
Priape, 100 ; 174 ; 446.
prière, 29 ; 56 ; 62 ; 105 ; 213 ; 255 ; 316 ; 425 ; 464.
prima, primauté, 56 ; 105 ; 112-113 ; 213 ; 255-256 ; 280 ; 316.
Proca, 271.
procession, 27 ; 29 ; 103 ; 166 ; 286 ; 526.
Procné (et Philomèle), 449.
Proculus Julius, 101 ; 421 ; 430.
procuratio fulminis, 132-135.
prophète (dieu), 113-114 ; 253.
Proserpine, Perséphone, 33 ; 43 ; 45 ; 47 ; 72 ; 76 ; 163-165 ; 456-458 ; 460 ; 521.
Protée, 203 ; 222.
proue, 173 ; 472-473.
proverbe, 289 ; 310-314 ; 355 ; 427.
Publicii (édiles), 365.
Pudicitia, 38 ; 392-393.
pueri lenonii, 46.
punition, 57-58 ; 72 ; 76 ; 326 ; 348 ; 404 ; 440-442 ; 445 ; 522.
purification, 17 ; 18 ; 37 ; 68 ; 70 ; 77 ; 117-120 ; 136 ; 141 ; 150 ; 174-179 ; 189 ; 266-267 ; 269 ; 274-276 ; 296 ; 308-309 ; 343-344 ; 351 ; 415.
Pythagore, pythagoricien, 51 ; 52n. ; 81 ;

117 ; 199 ; 217 ; 329-330 ; 346 ; 430.
Pythie, 159-160.
Q.R.C.F., 293-294 ; 369.
Quinquatrus, 77 ; 85 ; 122 ; 240-243-264 ; 266 ; 462 ; 523.
Quintilius Varus, 416.
Quirinal, 212.
Quirinalia, 29 ; 322-326 ; 429.
Quirinus, 29 ; 52 ; 75 ; 101 ; 258-260 ; 266 ; 323-326 ; 421.
quiritare, 407.
Quirites, 75 ; 259-260 ; 407.
rameau de myrte, 469.
rameau de pin, 37 ; 274.
Regia, 136 ; 426.
Regifugium, 29 ; 45 ; 104 ; 177 ; 264 ; 294 ; 360 ; 368-371.
Regina Sacrorum, 275-276.
religio, 283.
religion d'Ovide, 10 ; 11 ; 13-15 ; 502 ; 504 ; 507//329-330.
religiosi dies, 283 ; 287 ; 289 ; 375.
Remoria, 238 ; 418.
Rémus, 44 ; 78 ; 101-102 ; 169 ; 195 ; 237 ; 408-422 ; 429.
renards, 29 ; 150-158 ; 445.
repas, 29 ; 33n. ; 62 ; 122 ; 386 ; 457 ; 472.
retractatio, 127-128 ; 467.
revenants, 67 ; 102 ; 168-170 ; 320.
Rex Nemorensis, 370-372.
Rex Sacrorum, 29 ; 45 ; 199 ; 213 ; 274 ; 277 ; 293-294 ; 316 ; 525.
Rhéa Silvia, *cf.* Ilia.
rhombe (ou rouet ?), 51.
rire rituel, 48.
rituel (importance du), 14 ; 17 ; 19 ; 24 ; 27-30 ; 66 ; 114-120 ; 383 ; 413 ; 429 ; 496.
Robigalia, 17 ; 84 ; 150-155 ; 253 ; 324 ; 478.
Robigo, Robigus, 150-155 ; 253.
(jeux de) Robigo, 46.
Romulus, 44 ; 48n. ; 74 ; 75 ; 78-79 ; 101-102 ; 119 ; 169 ; 174 ; 244 ; 258-259 ; 317 ; 369 ; 379 ; 385 ; 400 ; 408-422 ; 429-430.
roue, 50 ; 405.
Rumina, 244.

Ruminal (figuier), 244.
Sabin, Sabine, 29 ; 44 ; 47 ; 60-61 ; 74 ; 101 ; 108 ; 119 ; 170-179 ; 189 ; 206 ; 259 ; 267 ; 296 ; 364 ; 372 ; 416-417.
sacer, 269 ; 307.
sacrifice, 19 ; 35 ; 45 ; 46 ; 49 ; 57-58 ; 61n. ; 72 ; 76 ; 119 ; 152-153 ; 160-161 ; 209-210 ; 212 ; 214-216 ; 253-254 ; 260 ; 266 ; 283 ; 289 ; 320 ; 326 ; 368-369 ; 374 ; 418 ; 439-446 ; 454 ; 522.
sacrifice de substitution, 50 ; 128 ; 131-139 ; 179 ; 184 ; 206 ; 271-272 ; 290 ; 294 ; 450.
sacristain *(aedituus)*, 102.
Salacia, 172.
Saliens, 28 ; 36 ; 37 ; 45n. ; 47 ; 48 ; 60 ; 131-139 ; 189 ; 241 ; 244 ; 245 ; 287 ; 291 ; 354-355 ; 423-428.
Salius (de Mantinée), 37.
Salus, 361.
sandales, 51.
sang, 48 ; 116 ; 276.
sardines, 128 ; 132-133.
Saturnales, 35 ; 62 ; 132n. ; 179-187 ; 190.
Saturne, 68 ; 128 ; 181-182 ; 257 ; 472-473.
Saturnia tellus, 182-183.
saut, 117 ; 245 ; 270 ; 309 ; 419 ; 521.
Scipions, 189 ; 393 ; 452.
Sécession de la Plèbe, 381.
sécheresse, 49.
secret religieux, 34-37.
Segetia, 36.
Seia, 36.
sel, 37 ; 274.
Selles (prêtres), 285.
semences, 130 ; 273.
Sementiuae, 139-140 ; 189 ; 273.
Semo Sancus, 51.
senatus, 207.
serment, 51.
Servius Tullius, 49 ; 57 ; 69 ; 258 ; 371-372 ; 400.
sexagénaires, 69 ; 179 ; 184 ; 310-314.
sexe, 36 ; 57 ; 230n. ; 350 ; 469.
sexualité, 214 ; 478-479 ; 498.
Sibylle, 103 ; 159 ; 388.

Sicyone, 458-460.
Sigillaires, 184-185.
Sirius, 253-254.
Soleil, 38 ; 72 ; 110 ; 127 ; 151 ; 341 ; 405 ; 465 ; 485.
solstice, 54 ; 320 ; 344-345.
Solymus, 219.
soma, 381 ; 385 ; 437.
soufre, 117.
sources, 162 ; 170-173.
Sparte, 208.
statues, 51 ; 57 ; 65 ; 66n. ; 68 ; 103 ; 114 ; 115 ; 128 ; 222 ; 234-236 ; 260 ; 332-333 ; 390 ; 423 ; 476.
statuettes, 184.
stercus, 287.
stérilité, 75 ; 108 ; 116 ; 119 ; 127 ; 174-179 ; 267 ; 349-350 ; 379-380 ; 416-417.
Stoïciens, 33 ; 38 ; 115 ; 198-199 ; 228 ; 338-340.
striges, 232 ; 245-246 ; 271.
strip-tease, 29 ; 109.
Stultorum Feriae, 29 ; 322-325.
suffitio, 269.
Sulmone, 46 ; 219.
Sulpicia, 390 ; 395 // 62.
Summanus, 50.
Suouetaurilia, 442.
sympathie (magie de), 18 ; 55 ; 58 ; 160 ; 273 ; 445 ; 478.
Syracuse (prise de), 103 ; 361.
Syrienne (Déesse), 166.
Syrinx, 141.

tabou, 36 ; 51n. ; 266-267 ; 282-285 ; 295 ; 304 ; 359 ; 375-378 ; 403.
Tacita, 27 ; 121 ; 188 ; 238-239 ; 448-449.
Tarpéia, 171.
Tarquinies, 377-378.
Tarquins, 29 ; 45 ; 104 ; 242 ; 264 ; 293 ; 333 ; 360 ; 368-371.
Tellus, 97 ; 161 ; 273 ; 348 ; 366 ; 483.
Tempêtes, 360.
temples, 49 ; 50 ; 51 ; 57 ; 59 ; 60 ; 64 ; 70 ; 78 ; 82-99 ; 103-106 ; 130 ; 170-173 ; 188 ; 252 ; 262 ; 267 ; 276 ; 280 ; 284 ; 286 ; 295 ; 324 ; 345 ; 360-365 ; 371-372 ; 373 ; 389-391 ; 451-452 ; 454 ; 460-461 ; 468 ; 512.

Terminalia, 177 ; 478.
Terminus, 127 ; 308 ; 442 ; 451-452.
testuacium, 271 ; 463.
Thapsus, 99n.
Thémis, 44 ; 66 ; 336.
Thermopyles, 376-378.
Thesmophories, 76.
Thraces, 127.
terre, 115-117 ; 160-161 ; 345-351 ; 450 ; 478-479 ; 480.
Tibère, 74n. ; 361.
Tiberinus, 46 ; 172 ; 208 ; 257 ; 408.
Tibre, 50 ; 71 ; 181-185 ; 203 ; 251 ; 287 ; 310-314 ; 333 ; 519.
Tibur, 386-388.
Tigillum Sororium, 142 ; 267 ; 437 ; 523-524.
Titans, 235.
Titus Tatius, 101 ; 170 ; 259 ; 417 ; 523.
toges, 57 ; 69 ; 254 ; 314-316 ; 371-372 ; 476-477 ; 480 ; 486.
tonneaux, 84.
torches, 33 ; 109 ; 150 ; 182-184 ; 190 ; 318 ; 456-457 ; 477.
tours, 28 ; 462 ; 465-466.
tribunaux, 303-304.
Trinacrie, 46 ; 208.
Troie, 65 ; 92-93 ; 118 ; 145-146 ; 344 ; 406.
trompettes, 462.
Trophonios, 48n.
truie, 76 ; 84 ; 175 ; 273 ; 439-441.
-*trus, 240-241.
Tubilustrium, 122 ; 462.
Tullia, 70 ; 371-372.
Turan, 82.
Turnus, 90 ; 172.
Tusculum, 73 ; 83n.

uallis Murcia, 83.
* *ue-*, 233-236.
uenatio, 56 ; 109 ; 478-479.
uestibulum, 254.
uicus Cyprius, 372.
uicus Sceleratus, 372.
uictima, 214-216.
uiscera, 140 ; 230-232.

vacarme, 28 ; 166.
vaches pleines, 160-161 ; 163 ; 206 ; 266 ; 273 ; 483 ; 521.
Vacuna, 121 ; 290.

veau, 17 ; 46 ; 116 ; 121 ; 206 ; 273 ; 276.
végétation (Esprit de la), 151 ; 404.
Véiovis, 37 ; 46-47 ; 52 ; 114 ; 201 ; 232-236 ; 384 ; 454 ; 527.
Vélabre, 18 ; 205 ; 333.
Veneralia, 85 ; 460 ; Vénilia, 172.
Vénus, 38 ; 44 ; 53 ; 58-59 ; 68 ; 74 ; 79-99 ; 100 ; 117 ; 150 ; 189 ; 229 ; 264 ; 343 ; 425 ; 438 ; 458-460 ; 468-470 ; 483 ; 524.
Vénus *Erycina,* 59 ; 83-99 ; 109 ; 440.
Vénus *Genetrix,* 81.
Vénus *Libitina,* 83.
Vénus *Obsequens,* 83.
Vénus *Verticordia,* 38 ; 96 ; 388-393 ; 395 ; 459.
Vertumne, 18 ; 128 ; 201 ; 203 ; 222-223 ; 232-234 ; 423.
Vesta, 33 ; 100 ; 105 ; 115-118 ; 252 ; 254-255 ; 285 ; 333 ; 345-351 ; 425-446 ; 480.
Vestales, 33 , 37n. ; 116 ; 136 ; 189 ; 286 ; 345-351 ; 361 ; 388-393 ; 480 ; 483.

Vestalia, 286 ; 333 ; 446-447 ; 526.
Vestini, 240.
vêtements, couleur : 291 ; 477.
échange de : 173-174 ; 386-387 ; 453-454 et *cf.* toges.
victimes, 57 ; 155 ; 209.
vieillards, 17 ; 31 ; 40 ; 70 ; 74 ; 129 ; 203 ; 208 ; 310-314 ; 381-385 ; 423-428 ; 443 ; 475-476.
vigne, 49 ; 72 ; 82-99 ; 109 ; 440.
Viminal, 170.
Vinalia, 27 ; 58-59 ; 82-99 ; 189 ; 406.
Virbius, 37 ; 371 ; 403-405 ; 523.
virginité, 116 ; 140-142 ; 349-350 ; 449 ; 453-454 ; 483.
visites, *cf. mutitationes.*
Volcanus, 50 ; 450.
Volsinii, 204 ; 333.
Volturnus, 204.
Vulcain, 122 ; 458-460 ; 462 ; 474.

Zankle, 208 ; 248.
Zéphyr, 69 ; 239.
Zeus, 141n. ; 166-167 ; 220 ; 235.

INDEX LOCORVM OVIDIANORVM

FASTES livre I

vers 1-2	p. 26
29-30	p. 303
35-36	p. 302
39-40	p. 79
39-44	p. 76
47-48	p. 32 ; 304
49-52	p. 271
53	p. 271
59-60	p. 373
69	p. 321
75-88	p. 505
79-80	p. 292
89-90	p. 341
101-112	p. 338
103	p. 249
109	p. 339
110	p. 339
111-114	p. 249
117-120	p. 341
126	p. 228
127	p. 228
129-130	p. 252 ; 503
137-139	p. 111
139-140	p. 112
143-144	p. 111
149-150	p. 55 ; 503
149-160	p. 345
163-164	p. 55 ; 345
165-170	p. 281
171-172	p. 56 ; 213 ; 255 ; 256
173-174	p. 112
175	p. 279
175-182	p. 280
175-226	p. 113
178	p. 112
185-186	p. 280
187-188	p. 281
189-226	p. 54
219-221	p. 268
234	p. 473
238	p. 257
239-240	p. 473
255	p. 31
257-258	p. 56 ; 172
257-272	p. 170
257-276	p. 417
279-280	p. 112 ; 321
281-288	p. 107
289	p. 34
289-294	p. 361
293-294	p. 47
317-332	p. 209
321-322	p. 210
331-334	p. 212
332	p. 71
335-336	p. 215

349-352	p. 441	47-54	p. 77
349-360	p. 439	51	p. 316
353-360	p. 440	52	p. 486
355-360	p. 72	59-66	p. 99
361-362	p. 57 ; 442	133-144	p. 317
362-380	p. 45 ; 444	195-196	p. 375
381-382	p. 443	201-204	p. 282
385-386	p. 485	202	p. 373
387-388	p. 444	277-281	p. 405
391-440	p. 446	277-288	p. 118
445-446	p. 292	282	p. 158 ; 291
445-450	p. 445	285-287	p. 481
447-448	p. 292	287	p. 483
451-452	p. 292	289-302	p. 118 ; 316
453-454	p. 58 ; 292	303-358	p. 119 ; 173
455-456	p. 292	304	p. 64 ; 434
463-464	p. 49	359-380	p. 119
465-586	p. 405	361	p. 119
467	p. 52 ; 113 ; 253	413	p. 68
484	p. 405	413-415	p. 431
581-582	p. 260	413-422	p. 412
589-616	p. 99	423-424	p. 248
609-612	p. 277	425	p. 100
611-612	p. 224	425-450	p. 416
617-636	p. 378	425-452	p. 174
619-620	p. 380	427	p. 37
621-622	p. 370	431-434	p. 108
627-628	p. 114	440-441	p. 68
629-630	p. 284	449-450	p. 75
635-636	p. 113	449-452	p. 174
641-644	p. 363	477	p. 52
657	p. 42	479	p. 52 ; 75 ; 76
657-704	p. 139	480	p. 52 ; 259
662	p. 272	497	p. 101 ; 431
665	p. 139	513-532	p. 322
671-674	p. 273	523-535	p. 295
705-708	p. 361	527-530	p. 258
709-722	p. 99	533-534	p. 169
711-712	p. 105	543-544	p. 407
		545-546	p. 407
		551	p. 67
FASTES livre II		557	p. 288
vers 21-22	p. 274	557-562	p. 177
23	p. 37 ; 274	561-562	p. 477
24	p. 274	563-564	p. 289
25-26	p. 274	569-570	p. 169 ; 205
25-28	p. 275	571-582	p. 17 ; 445
29-31	p. 32	571-616	p. 238
31-32	p. 119 ; 176 ; 296	579-580	p. 476
32	p. 118	585	p. 408
35-46	p. 308	599-600	p. 238

606	p. 408		259-260	p. 28 ; 134
615-616	p. 239		261-262	p. 355
617-620	p. 251		261-270	p. 404
619-622	p. 195		263-264	p. 283
654	p. 478		265-266	p. 403
655	p. 442		271-272	p. 370
669-672	p. 451		274	p. 503
671-672	p. 127		300	p. 162
683-684	p. 302		315-316	p. 518
685-852	p. 104		327-328	p. 131
685-852	p. 368		333-334	p. 134
713-714	p. 160		337-342	p. 132
861	p. 53		343-344	p. 134
			345-346	p. 134
			370	p. 68

FASTES livre III

			377	p. 137 ; 227 ; 244
vers 11-70	p. 60		378	p. 227
25	p. 410		383-392	p. 128 ; 258
48	p. 481		387	p. 245
57	p. 41 ; 103		389-392	p. 132 ; 424
73-76	p. 410		395	p. 287 ; 487
79-98	p. 18		437	p. 234
85-96	p. 510		438	p. 235
89-98	p. 317		443-444	p. 436 ; 454
101-110	p. 303		445	p. 448
115-116	p. 218		543-544	p. 66
117-118	p. 46 ; 218		551	p. 145
121	p. 335		555-556	p. 145
127-134	p. 302		557	p. 145
135-150	p. 55 ; 177		560	p. 146
145-146	p. 382		566	p. 146
156	p. 375		572	p. 146
169-170	p. 59		575	p. 145
169-228	p. 29		597-598	p. 147
175	p. 39		602	p. 147
179-228	p. 416		603	p. 147
205-212	p. 417		607	p. 149
231-232	p. 60		635	p. 147
233-234	p. 60 ; 487		637-638	p. 148
234	p. 62		639-641	p. 148
235	p. 60		654	p. 32 ; 52 ; 143 ; 226
235-244	p. 60		657-660	p. 336
241-244	p. 335		662	p. 70
243-244	p. 61 ; 508		668-674	p. 382
245-246	p. 46 ; 60		673	p. 52
251	p. 487		675-676	p. 452
251-252	p. 61 ; 70		675-696	p. 100 ; 452
253	p. 481		677	p. 510
253-268	p. 62		697-710	p. 99
255	p. 75		713-770	p. 436
255-258	p. 174		723-726	p. 26

590 l'ÉTIOLOGIE RELIGIEUSE

723-736	p. 462	116	p. 82
733	p. 227	125-128	p. 82
733-734	p. 382	127-128	p. 229
734	p. 228	129	p. 483
761	p. 481	129-130	p. 79
761-762	p. 32	133-134	p. 392
761-770	p. 382	139-143	p. 469
763-766	p. 475	151-152	p. 17 ; 505
763-770	p. 40	151-154	p. 458
765-766	p. 508	157-160	p. 390
767	p. 481	161-162	p. 393
769-770	p. 470	169-182	p. 140
771-773	p. 486	179-372	p. 27
771-790	p. 33	195-196	p. 247
773-774	p. 476	195-372	p. 31
773-779	p. 30	196	p. 208
775-776	p. 476 ; 486	197-210	p. 68
777-778	p. 486	207-208	p. 167
777-788	p. 314	209-212	p. 166
783-786	p. 480	214	p. 167
809-810	p. 77	215-217	p. 30 ; 56 ; 72
809-834	p. 122	215-218	p. 466
810	p. 78 ; 240	219-221	p. 465
812	p. 78 ; 219	221-223	p. 166
814	p. 482	243-244	p. 166
839-840	p. 484	259	p. 159
841-842	p. 220 ; 436	267	p. 69
843-844	p. 65 ; 219	326	p. 68
845-846	p. 262	329-340	p. 28
849-850	p. 122	351-352	p. 373
851	p. 144	355-356	p. 471 ; 485
881-882	p. 361	357-360	p. 479
883-884	p. 360	361-362	p. 55
		361-366	p. 222
		364-365	p. 207

FASTES livre IV

		367	p. 17 ; 55
vers 9-60	p. 99	372	p. 482 ; 483 ; 485
11-12	p. 26	373-376	p. 360
13	p. 97	377-386	p. 31 ; 99
17	p. 26 ; 506	417	p. 43
19	p. 81	417-618	p. 163
41-42	p. 46	418	p. 165
47-48	p. 46 ; 208 ; 257 ; 408	420	p. 46 ; 208
51-52	p. 46 ; 208 ; 257 ; 408	465-466	p. 76
61-62	p. 80	474	p. 46 ; 208 ; 248
73	p. 208	493-494	p. 33 ; 456
73-74	p. 46	503-504	p. 33
79	p. 219	531-536	p. 457
79-80	p. 46	534	p. 464
85-86	p. 81	535-536	p. 33
115-116	p. 68	583	p. 72

INDEX LOCORVM OVIDIANORVM

605	p. 72
607-608	p. 460
619	p. 481
619-620	p. 484
623-624	p. 362
625-628	p. 99
629-672	p. 160 ; 273
631	p. 206
633-634	p. 273 ; 417 ; 483
634	p. 140
635-636	p. 324
641-672	p. 447
651	p. 161
652	p. 161
654	p. 161
655	p. 162
662	p. 140
665-666	p. 161
670	p. 161
679-682	p. 157
679-712	p. 150 ; 445
697-712	p. 31
690	p. 496
709	p. 473
721-782	p. 33
724	p. 214
725-728	p. 17
726	p. 269
731	p. 269 ; 508
732	p. 269
732-734	p. 116
735	p. 269
736	p. 117 ; 269
739	p. 269
739-740	p. 117
743	p. 17
743-744	p. 271
744	p. 482
777-782	p. 505
778	p. 117 ; 269
781-782	p. 117
783-784	p. 30 ; 66
783-862	p. 33
785-786	p. 117 ; 344
786-801	p. 30
787-790	p. 117 ; 342
791	p. 307
791-792	p. 117 ; 269
793	p. 67
793-794	p. 68 ; 117 ; 436
795-796	p. 344

799	p. 406
799-800	p. 117 ; 406
801	p. 70
801-806	p. 117 ; 309
807-808	p. 44
807-862	p. 418
817	p. 281
845-850	p. 102
849	p. 420
855	p. 75
865-900	p. 83
871-877	p. 97
873-874	p. 102
877-878	p. 58 ; 90
877-900	p. 92
878	p. 86
891-900	p. 189
893-894	p. 90
893-895	p. 406
897-900	p. 91
905-906	p. 478
905-942	p. 152
907	p. 63
907-942	p. 31
939-942	p. 154 ; 253
941	p. 484

FASTES livre V

3-6	p. 65
11-52	p. 217
45-46	p. 105
49	p. 217
57-78	p. 203
64	p. 207
75-76	p. 448
96	p. 364
102	p. 118 ; 176 ; 296
103	p. 217
103-106	p. 517
108-110	p. 65
129-146	p. 107
133-136	p. 261
140	p. 484
142	p. 484
143-144	p. 107
145-146	p. 107
148	p. 48
155-157	p. 361
167	p. 471
183-376	p. 33

195-196	p. 52 ; 239	91	p. 74
211	p. 473	91-92	p. 105
215-220	p. 109	91-96	p. 217 ; 364
221-260	p. 109	97-100	p. 65
229-260	p. 436	101-182	p. 231
261-274	p. 518	117-118	p. 141
279-281	p. 46	139-140	p. 246
280-281	p. 202	156	p. 100
287-294	p. 364	157-162	p. 272
331-350	p. 109	169-170	p. 17 ; 232
335-345	p. 109	171	p. 482 ; 485
341-342	p. 319	181-182	p. 232
353	p. 33 ; 485	191-192	p. 362
353-354	p. 109	193-194	p. 360
355-359	p. 477	213-218	p. 51
361-368	p. 318	219	p. 503
363	p. 456	219-234	p. 287
365	p. 456	226-234	p. 31
371-372	p. 50	227-232	p. 287
373-374	p. 478	235	p. 50
422	p. 450	241	p. 361
425-426	p. 168	251	p. 105
427-444	p. 238	267-269	p. 116
436	p. 498	267-282	p. 346
442	p. 168	289	p. 484
443	p. 168	291-292	p. 116
451-484	p. 418	295-296	p. 503
457-480	p. 169	297-299	p. 503
469-472	p. 102	299-304	p. 254 ; 255
479-480	p. 101	301	p. 116 ; 207
481-482	p. 237	303-304	p. 255
490	p. 288	305-310	p. 290
623-624	p. 70 ; 310	311-318	p. 447
625-631	p. 180	315-318	p. 348
633-634	p. 310	319-348	p. 100
635	p. 71	385-394	p. 366
653-656	p. 71	395-397	p. 286
657-660	p. 185	399-416	p. 31
695-720	p. 31	401-414	p. 333
725-726	p. 378 ; 462	407-408	p. 333
727-728	p. 293	409	p. 223
		409-410	p. 203 ; 205
		410	p. 222
		412	p. 205

FASTES livre VI

vers 7-8	p. 31
17-64	p. 104
22	p. 11
35-36	p. 74
39	p. 75
83-88	p. 74
89-100	p. 104

415-416	p. 18
458-460	p. 116
459-460	p. 33 ; 349 ; 480
478	p. 260
479-550	p. 436
529-533	p. 464
551-558	p. 130 ; 460

559-562	p. 464	693-696	p. 77
569-572	p. 57	693-710	p. 122 ; 435
571-572	p. 66	695-710	p. 31 ; 462
577-578	p. 372	697-728	p. 78
585-586	p. 43 ; 70	731	p. 50
612	p. 68 ; 69	737	p. 404
615-616	p. 69	778	p. 505
637-648	p. 99 ; 105	781-782	p. 121
650	p. 122	783-784	p. 122
651-692	p. 386	783-784	p. 122
663-664	p. 386	799-812	p. 49
685-692	p. 386	801-810	p. 31

TABLE DES MATIÈRES

INTRODUCTION : « *Felix qui potuit* » 1-20

Première Partie

RECHERCHE ET CRÉATION

Chapitre 1 : LES FASTES, ŒUVRE ÉTIOLOGIQUE (A) 23
    1. Les intentions étiologiques de l'œuvre 23
    2. La structure étiologique 26
    3. Les systèmes question-réponse 30
    4. Le contexte étiologique romain 34

Chapitre 2 : LE CHOIX D'OVIDE (B) 39
    1. La sélection des thèmes 42
    2. Les silences ovidiens 46
    3. Les curiosités ovidiennes 52
    4. Le choix parmi les documents 63
        a. L'érudit perplexe 64
        b. L'érudit s'engage 67
            1. Ovide face à son texte 67
            2. L'étiologie versatile 71
            3. Le choix préorienté : les *Vinalia* 78
            4. L'étiologie subjective 108
            5. L'étiologie souveraine 114
    Conclusion : les *Fastes* et l'étiologie populaire 120

Chapitre 3 : INITIATIVES ET AUDACES CRÉATRICES (C)   125
    Exemples de novation   129
        Ino   129
        Elicius et Numa   131
        Les *Sementiuae*   139
        Carna et Janus   140
        Anna Perenna et l'*Énéide*   142
        Les renards de Carséoles   150
        L'oracle de Cybèle   158
        L'oracle de Faunus   160
        Proserpine aux *Cerealia*   163
        La castration des Galles   165
        Lemuria   168
        Lautolae   170
        Les Lupercales   173
        Argées et Saturnales   179
    Conclusion   187

Deuxième Partie

LES CADRES ÉTIOLOGIQUES

Chapitre 1 : L'ÉTYMOLOGIE (A)   197
    1. Rome et l'étymologie   197
    2. L'étymologie soumise   202
    3. L'étymologie indépendante   208
    4. L'étymologie double   220
    5. La probité du philologue   230
    6. Le philologue et le poète   236
                    Ovide grammairien   236
                    les contraintes du distique ...   243
    7. Les tentations de l'hellénisme   246
    8. La souveraineté de l'étymologie   252
    9. L'étymologie et l'étiologie   256
    Conclusion   262
Chapitre 2 : LA RELIGION (B)   265
    1. Une étiologie bâtarde   268
    2. Quelques analyses pénétrantes   271
    3. De précieuses définitions : *februa, augustus*   274
    4. Le mot *omen* ; les tabous   279

	5. Le *priscus mos* ; Q.R.C.F.	290
	Conclusion	294
Chapitre 3 :	LA COUTUME ET LA LOI (C)	299
	1. Questions calendaires	301
	2. *Aquae et ignis interdictio*	307
	3. *Sexagenarii de ponte*	310
	4. *Liberalia*	314
	5. L'ordre des mois	316
	6. Les *Quirinalia*	322
	Conclusion	325
Chapitre 4 :	LA PHYSIQUE (D)	329
	1. Géographie	332
	2. Biologie	334
	3. Chaos et genèse	337
	4. Vesta et le Feu	345
	Conclusion	351
	Le groupe des causes archétypales	354
Chapitre 5 :	L'HISTOIRE (E)	357
	Histoire et historicisation	357
	1. Le fait historique brut : dates et dédicaces	360
	2. Rituel et commémoration	365
	3. L'étiologie créatrice d'histoire	378
	4. Étiologie et roman historique	388
	Conclusion	397
Chapitre 6 :	LA LÉGENDE (F)	399
	1. Légende ou histoire ?	401
	2. Les figures fabuleuses	403
	3. Les grands ancêtres	405
	4. Autour du Fondateur	409
	5. Numa	422
	Conclusion	428
Chapitre 7 :	LE MYTHE (G)	433
	1. Rome, terrain mythique ?	433
	2. L'esprit mythique	439
	3. Le dieu et le rite	455
	le geste divin	455
	l'image divine	473
	l'équation étiologique	482
	Conclusion	487

Troisième Partie

SYNTHÈSE ET CONCLUSION

Chapitre 1 : LES *FASTES* ET LEURS PARADOXES 495
    Le paradoxe de l'auteur 495
    Le paradoxe du public 497
    Le paradoxe du sujet 497

Chapitre 2 : LES *FASTES* ET OVIDE 499
    Portrait d'un érudit 499
    Portrait d'un théiste 502

Chapitre 3 : LES *FASTES* ET LE PHÉNOMÈNE ÉTIOLOGIQUE 507
    Distorsions et invraisemblances 509
    L'historicisation 512
    L'hellénisme envahissant 514
    Esprit critique ? 520
    Jeu et spéculation 522
    Ovide et son temps, Ovide et le nôtre 525

ABRÉVIATIONS 533

BIBLIOGRAPHIE 539

INDEX NOMINVM ET RERVM NOTABILIVM 575

INDEX LOCORVM OVIDIANORVM 587

TABLE DES MATIÈRES 597

ACHEVÉ D'IMPRIMER PAR
CORLET, IMPRIMEUR, S.A.
14110 CONDÉ-SUR-NOIREAU

N° d'Éditeur : 2490
N° d'Imprimeur : 5762
Dépôt légal : avril 1985

Imprimé en France